元華文創

儒家與佛教思想之多元論述

儒家與佛教，在中國經歷數千年之歷史分合，
在哲學思維、經典討論，及時空環境之推演下，
互相融合，已是自然之趨勢，沛然莫之能禦。

周誠明——

著

李威熊教授序

　　中國文化的主流，來自儒家思想，但自東漢明帝佛教傳入中國之後，經過魏晉南北朝與本土學術文化相互融攝，有衝突也有調適吸收，隋唐之時，形成十多家宗派，佛教中國化了，成為中國文化很重要的內涵，多元統一、形塑中國學術文化別具特色，周誠明教授以「儒家與佛教思想之多元論述」為中國學術文化作了廣度及深入的探討，如沒深厚學術根基，和豐富的人生閱歷，實難竟其功。

　　本論著寫作的主要目的，是面對當前社會文化的混亂，作者想藉由儒佛思想的融合，以建立中國的新文化，目標極為正大，且有作者獨特的見解。所謂融合，並不是將儒學和佛學融化為一，而是透過歷史的觀察，認為儒家與佛教的思想的宗旨同在修身濟世救人，但在實行人生理想的過程中稍有不同。作者說：「儒家修己治人，內聖外王之思想，與佛教比較，有其相近之處。佛教之小乘思想，講求個人之苦修，祈求阿羅漢果，永登極樂。儒家內聖工夫，亦屬個人之修養，但儒家志在經世濟民，為天下人謀幸福，以及孔子殺身成仁、孟子捨生取義之說，與佛教小乘思想不同，但在小乘思想融入儒家濟世思想後，逐漸轉變為大乘佛法，其修持方法，主張以真誠之願心，布施眾生，與儒教思想相通。釋迦摩尼佛教示眾生，如八正道三無漏學、四無量心等，都是要眾生修養心性，破妄我執，達到自在無為之境界，與儒家內聖工夫並無二致。不過儒家把內聖之工夫，連繫到治國、平天下之事業上。佛教把人生淨化，用在渡化眾生之上，二者都是救世濟人。故佛教傳入中國之後，不僅為中國人接受，而且在中國文化之涵融之下，顯得更加圓融周衍。」這種涵融互補，並不是把儒家和佛教合成一種思想，儒學、佛教還是各自獨立，但可相互取長補短，這是作者論儒、釋二家融合的獨特見解。

　　孔子曾說：「如有所譽，其有所試。」儒學、佛教各有其長處，本文

論證方法，以二家在中國歷史的發展情形，作為論證的依據，佛教自漢代傳入中國後，曾分分合合，如魏晉南北朝時期，儒、釋二家就有不少的爭執，甚至北魏太武帝、北周武帝曾有滅佛論。但在此期間也有晉孫綽倡孔、禪一致之理，又北齊顏之推，也曾倡導奉行儒佛二教。大約經過五百年爭論，到了隋唐雖然儒釋二家仍難免有所爭論，但大體上佛教已融入中國文化的大家庭，不管儒者或一般書生，具有普通的佛學素養，就是社會一般庶民也大多信仰佛教，佛學大眾化了。到宋元、明清的理學家，心學家和儒學諸多學派，更脫不了與佛學的關係，如濂派周敦頤其心學源自禪，關派張載出入佛老，邵雍亦受釋道影響，陸象山亦與禪學不可分。明代王陽明更由釋轉儒，也有一些佛學大師深通儒學，如明蕅益大師援佛入儒，都可以看出儒學、釋家相互影響之深。

　　周教授又從儒、佛兩家的哲學思維分析彼此的同異。在形上論指出儒家之道源於太極，其道變動不居，以天為宇宙萬有之主宰，有生養萬物之功，它表現於人倫便是禮樂仁義，講求善思果報。而佛教認為天的起源來自心識，講天道三世因果，天有好生之德；佛教講萬法歸心，心即為本體。儒家強調人本論，釋家則重在解脫。儒家之氣論，為生命之所在，佛教講地、水、火、風四氣，應用到人的身上即為氣本論。此氣之強、軟、暖、動，稱為人體之四大，混一即為元氣，此說與儒家氣學可相互啟發。再者儒、佛二家的人生論，對生命觀、人生觀、價值觀、世間觀，其說雖有小異，但在大原則重視人生並無太大差別。在倫理論，對孝道、家庭、婚姻、社會的觀點，表面上看像有很大差別，但實質上卻合流同歸，唯儒家以國家、天下的安危為己任，「為天地立心，為生民立命，為往聖繼絕學，為萬世開太平」，這是人生的究竟，與佛教「淨土」說，以西方極樂、琉璃世界為人生理想國度，是有所不同。至於道德論，周教授很具體的指出，儒家講立志、仁愛、禮制、義行、智慧、誠信、勤奮、定力，佛教講發心、布施、儀規、持戒、般若、正語、精進、禪定，用語雖然不同，但意義、內涵並無太大殊異。周教授從哲學根源處析論儒佛二家同異所在。

　　今天欲了解儒家和佛學的內容，最主要的依據便是二家的經典文獻，

儒有儒藏，佛有大藏經，由於兩家經典多如汗牛充棟，為集中論點，周教授選擇《大學》、《中庸》、《論語》、《孟子》、《荀子》五部典籍，作為討論儒佛二家說法不同的依據。《大學》重在修己治人，入世思想十分濃厚。佛教則在講求如何出世解脫之道。儒家《中庸》在強調中道思想，以「致中和」為人生究竟；這與佛教的「中觀」之說並不相同，佛教有空宗一派，主張一切法無自性，諸法畢竟空，遠離顛倒戲論，得知正確真實之十二因緣法，因此而得正見，致涅槃，稱為中觀，印度龍樹菩薩以觀察中道作為核心思想與修持方法，闡發緣起性空的義理，所以中觀又稱性空學。儒家《論語》講究經世濟民，以實現大同世界；而佛教修行的目的，是要解除人生的苦難，出離三界，超脫生死輪迴。再如儒家《孟子》則重在倡導仁政，主張為政貴在保民而王，與民同樂，爭取民心，才是長治久安之道。至於佛教旨在追求成佛之道，上求菩薩，下化眾生，自利利他，以成菩薩、成佛為目標，已超脫仁心、仁政的訴求。再有儒家的別支《荀子》，主張「人之性惡，其善者，偽也」，所以必須隆禮，以化性起偽。而佛教本是世間佛教，人生活在三法界中，一切眾生皆可成佛，社會即是道場，所以修佛不必在山林清淨之地，生活即是修練，追求人間淨土，這是人間佛教的真諦。

世界文明有不同的類型，中國儒家文明和印度的佛教文明，是很特殊的二大流派，自十六世紀以來以歐美野性外傾文明主導的世界，是非不斷，二次世界大戰的發生，由歐美文明的矛盾而起，至今全世界仍動盪不安，顯然歐美文明無法拯救人類世界，那麼追求人性、回歸佛心的儒家、佛教思想，或可拯救人類於倒懸。周教授從歷史驗證、哲學思維的討論，以及重要經典文獻分析，最後得出儒佛二家應自然融合互補，建立中國新文化，將是拯救紛亂世界人類的良方。

周誠明教授是位資深教授，在民國六十六年即通過部審教授資格，至今近五十年，在這期間，任教臺中科技大學，退休後轉至中臺科技大學，擔任人文社會學院院長及通識中心主任，教學內容豐富生動，深受學生愛戴。周教授是位學而不厭的學者，退休後到本校進修博士，有幸與周教授在多門課堂上互相討論，受啟發甚多。今七七高齡，仍然研究、著述不

輟，發表孔孟學報、月刊論文，至今已達六篇，深受學界重視。本論著超過六十萬字，榮幸被邀寫一篇序文，茲鈎其重點，以方便讀者閱讀。由於篇幅甚長，涉及之範圍廣大，難免會有遺珠之憾，建議讀者諸君仔細閱讀，就如進入寶山，必會有豐碩之收穫。

逢甲大學榮譽教授

前　言

　　儒家思想自堯、舜、禹、湯、文、武、周公，傳承至孔子，編訂六經，將儒家思想發揚光大。六經係一套完整周密之治國藍圖。歷代帝王皆重用儒士，助其擘劃治國宏猷。尤以漢武帝時，董仲舒罷黜百家，獨崇儒術。隋、唐以後，以科舉掄才，亦以明經科為主。儒生多飽讀經書，明曉修己治人之道。滿懷為國盡瘁之熱忱，忠君保民。故歷代君王，重視儒術，即在於此。

　　東漢明帝後，佛教傳入中國，已經數千餘年，每遇改朝換代，都兵燹不斷，民不聊生。百姓在饑荒災變之下，佛教之暮鼓晨鐘，清淨寂滅，已成為百姓膜拜皈依之原因。由於佛教重視輪迴解脫，民眾亦冀望來生前往極樂淨土，脫離六道輪迴之苦。故在民間，佛教傳播甚速。但見南朝四百八十寺，都在樓台煙雨中。一般文士，亦喜前往寺廟，與高僧往來。自己亦參閱佛典，與高僧問答。儒佛融合之勢，可謂水到渠成。

　　筆者早年閱讀佛典，但求明其經義，撰述論文。後遇一高僧，告訴筆者與佛無緣，筆者震撼納悶，不知緣由。高僧沉吟片刻，又告訴筆者與觀音菩薩有緣，後請一尊觀音至家中，時時膜拜祈福。其後數年，始知信佛應布施、持戒、禪坐、忍辱、精進、般若。後與慧哲禪師結緣，時聆開釋講經，若《維摩詰經》、《法華經》、《雜阿含經》、《妙雲集》等，皆逐字講解，悟解漸增，至今年已七十餘。深感儒家與佛教，在歷史之分合、哲學思維、經典解析、思想融合上，都有不同之見解。綜觀兩家思想，儒家主生，佛教重死，兩者經兩千餘年之融合，已是合則雙美，分則兩傷之勢。近百年來，儒家仍是中國文化之主流。而佛教自太虛大師提倡人間佛教之後，佛教亦成民間重要之信仰。至於兩者之解析比較，論述漸多，實應撰寫一部從歷史之分合，哲學之思維，經典之分析，儒釋之融合之論述。希望將儒釋之思想，整合成中國之新文化，將是一件可以期待之

大事。故在近十年以來，翻閱《大藏經》，及儒家經典，加以整理比較，完成此一著作。唯《大藏經》浩瀚精深，無數高僧、比丘，經行甚深，筆者尚有許多未能參悟之處，亦待補足改正；儒家經典亦經四千年來，無數學者之鑽研考證，早已開花結果。希望將來能有更通達之著作問世，則筆者此書，可視為引領啟發之作可矣！

目　次

李威熊教授序

前　言

第一章　儒家與佛教之歷史分合

第一節　漢魏時期之儒家與佛教思想

儒家思想傳至孔、孟、荀時，已顯現周密完善之治國藍圖。雖然秦代並未實行儒家思想，而幫助秦始皇統一六國之李斯，是儒家荀子之弟子。在戰國征戰中原時，君主需要富國強兵之策略，儒家制禮作樂，修己治人之術，時君以為緩不濟急。故秦代轉而實施法家制度，法家思想受到垂青。儒家到漢武帝時，董仲舒罷黜百家，獨崇儒術，始大行於世。

佛教東漢明帝時傳入中國。曹魏時，朱士行遠度流沙。由弟子弗如檀將佛教經典帶回洛陽。經沙門竺法寂與竺叔蘭共同校訂，稱為《放光般若》，中國始有佛經。其後不斷譯經，經典漸多，又融入中國之傳統文化，成為大乘佛學，廣受學者民眾之誦讀信仰，佛教漸趨興盛。

一、儒家與佛教思想之起源

儒家起源於何時？據《漢書・藝文志・諸子略》序云：

> 儒家者流，蓋出於司徒之官。助人君順陰陽明教化者也。游文於六經之中，留意於仁義之際。祖述堯、舜，憲章文、武，宗師仲尼，以重其言，於道最為高。孔子曰：「如有所譽，其有所試。」唐虞之隆、殷周之盛，仲尼之業已試之效者也。然惑者既失精微，而辟者又隨時抑揚，違離道本，苟以譁眾取寵。後進循之，是以五經乖析，儒學寖衰，此辟儒之患。[1]

---

[1]　班固《漢書》，卷30，頁1701。

依班固所述，儒家之學，出於古代司徒之官；其功用在「助人君，順陰陽，明教化」之事。憑藉六經與仁義，宗奉堯、舜、文、武、孔子；又引孔子之言，以說明儒家於道為最高，且行之有實效；並論述遠離道本之辟儒，乖析五經。使儒學逐漸衰微。

儒家代表之經典為詩、書、易、禮、樂、春秋六經。儒者任司徒之官，掌理教育。幫助君主順應天地陰陽之道，以治理邦國，並以禮樂教化百姓。在道德標準上，極為崇高。

儒家之宗師為孔子（B.C.551～478），魯國曲阜（今山東曲阜）人。生於周靈王二十一年，卒於周敬王四十一年，享壽七十四歲。孔子飽讀詩書，嫻熟禮樂，三十歲時，開平民講學之風，教授禮、樂、射、御、書、數六藝。嘗為魯國大司寇，攝行相事。當時季桓子受齊女樂，三日不聽政，朝綱不振。孔子帶領顏回、子路、子貢、冉求等十餘弟子，離開魯國，周遊列國十四年。六十八歲年終歸返魯國，刪詩書、定禮樂、贊周易、修春秋。以六經授徒講學，後世尊為至聖先師。

釋尊釋迦牟尼（B.C.464～546），印度迦毗羅衛國人。生於西元前四六四年，依《菩提伽耶碑記》，寂滅於西元前五四六年。享壽八十五歲。從小喜歡思考人生之問題，二十九歲時，捨離妻、子、王位，遁入山林苦修，尋求解脫之道。三十五歲時，在菩提樹下證得無上正等正覺，開悟成道，開始宣揚佛法。

佛陀在鹿野苑開始傳道，為憍陳如等五比丘宣說「四聖諦」，以示轉（初轉），教轉（二轉），證轉（三轉），三次宣說四聖諦，稱為三轉法輪。在《解深密經》中，說明佛在人間「初轉法輪」。先從四聖諦（即苦、集、滅、道）開始說明眾生之生死流轉，到煩惱之還滅。最具代表性之經典為《阿含經》。「第二轉無相法輪」，藉由體悟世間一切法皆空，無自性。並認知煩惱、生死和涅槃不二。因此升起悲憫眾生之大慈悲心。同時，不住於涅槃，不證入實際，在無數阿僧祇中利益眾生，使入於無餘涅槃；代表之經典為《大品般若經》、《小品般若經》、《大般若波羅蜜多經》等。

佛陀在大唐三藏法師玄奘譯《大般若波羅蜜多經・佛國品》中，佛陀

對善現開示，云：

> 一切法皆無自性，無性故空，空故無相，無相故無願，無願故無生，
> 無生故無滅。由此諸法本來寂靜，自性涅槃。[2]

大唐三藏法師玄奘譯《解深密經・無自性相品》中，佛陀告勝義生菩薩，云：

> 若諸有情從本來以來，未種善根，未清淨障，未成熟相續，未多修勝
> 解，未能積集福德、智慧二種資糧。我為彼故，依生無自性性，宣說
> 此法。[3]

佛陀對無善根之眾生說法，認為一切法皆無自性，無自性故空，空故無相，無相故無願，無願故無生，無生故無滅。由此諸法本來寂靜，自性涅槃。同時對一切行心生怖畏，深厭患已遮止過惡者。於諸惡法能不造作，於諸善法能勤加修習者。習善因故，未種善根者，能種善根。未清淨障者，能令清淨。未成熟相續者，能令成熟。由此因緣，多修勝解，多積福德、智慧二種資糧。如實了知生無自性，解脫煩惱雜染，而得無上安穩涅槃心，當得解脫。

佛陀在世說法時，有著名之十大弟子：摩訶迦葉（頭陀第一）、目犍連（神通第一）、富樓那（說法第一）、須菩提（解空第一）、舍利弗（智慧第一）、羅睺羅（密行第一）、阿難陀（多聞第一）、優波離（持律第一）、迦旃延（議論第一）、阿那律（天眼第一）。比丘尼眾中佼佼者，有大愛道比丘尼、蓮花色比丘尼、差摩比丘尼等。

佛陀入滅後，迦葉、阿難、馬鳴、龍樹諸賢，繼續弘揚佛法，並傳入中國，將小乘佛法轉為大乘佛法。唐代十三宗並興，佛教終於發揚光大。

---

[2]　《大正藏》經 220，卷 536，頁 751。
[3]　《大正藏》經 676，卷 5，頁 690。

二、儒家與佛教思想接觸於東漢明帝時

佛教傳入中國，據《後漢書‧西域傳‧天竺》記載：

> 世傳明帝夢見金人，長大，頂有光明，以問群臣。或曰：「西方有
> 神，名曰佛，其形長丈六尺而黃金色。」帝於是遣使天竺問佛道法，
> 遂於中國圖畫形像焉。[4]

此記載不見於《後漢書‧明帝紀》。後《魏書‧釋老志》又加以申
述，云：

> 後孝明帝夜夢金人，頂有白光，飛行殿庭，乃訪群臣，傅毅始以佛
> 對。帝遣郎中蔡愔，博士弟子秦景等，使於天竺，寫浮屠遺範，愔乃
> 與沙門攝摩騰、竺法蘭，東還洛陽。中國有沙門及跪拜知法，自此始
> 也。[5]

此言東漢明帝永平七年（64）正月十五日。漢明帝劉莊夜夢金人之
事，《周書異記》記載，但此書是隋、唐時期之佛教著作，講述西周兩代
國君，曾預言釋迦牟尼佛之出生和死亡。其真偽尚待考證。

又大唐西明寺沙門釋道宣撰《續高僧傳‧曇無最傳》。記載北魏正光
（520-524）年間，僧道論辯時，曇無最言：

> 佛當周昭王二十四年，四月八日生，穆王五十二年二月十五日滅度。
> 計入涅槃經三百四十五年，始到定王三年，老子方生，生已年八十
> 五。至敬王元年，凡經四百三十年，乃與尹喜西遁。[6]

4　《新校本後漢書》，卷88，頁2921。
5　《新校本魏書》，卷114，頁3025。
6　《大正藏》經2060，卷23，頁624。

永平八年（64），遣蔡愔等往西域求佛經。十年（67），蔡愔訪求佛法返國，邀得天竺高僧竺法蘭與大月氏高僧迦葉摩騰同來洛陽傳教。並以白馬馱回佛像及經卷。其後在洛陽城外建白馬精舍。此為中國最初有伽藍寺院，供奉佛像及佛法之處。二人並將大夏文之《法句經》，譯出第一部中文佛教經典，名為《佛說四十二章經》[7]，佛教正式傳入中國。

依南朝梁僧祐撰《出三藏記集・支謙傳》記載：哀帝元壽元年（2），博士弟子景盧受大月氏使臣伊存口授《浮屠經》。其後竺法蘭，精通六國語，從東吳孫權黃武元年（222），至孫亮建興年間，約三十餘，譯出「《維摩詰》、《大般泥洹》、《法句》、《瑞應本起》等二十七經，曲得聖義，辭旨文雅。」[8]

曹魏時代，朱士行於魏甘露五年（260），從陝西雍州出發，西渡流沙，輾轉抵達於闐，於太康年三年（282），由其弟子弗如檀[9]將佛教經典送回洛陽；元康元年（291），沙門竺法寂與竺叔蘭共同校訂，稱為《放光般若》，即為後世《放光般若經》之標準本，廣為東晉義學僧伽所研討。

其後佛典漸多，中土人士，始知有釋氏之學，儒、佛兩家思想之接觸，日漸密切。唐・道宣《大唐內典錄》[10]記載：後漢傳譯佛經，包括經律等三百三十四部，四百一十六卷。如迦葉摩、筑法蘭、安清、支樓迦讖、安玄、竺佛朔、支曜等，皆在當時弘教於中土。而儒者考察研習佛學者，亦不乏其人。

儒學在秦代雖經焚書坑儒，儒典燒毀，儒士坑殺。但經兩漢諸儒，如鄭玄等人，傳經講聞，訓詁大明。加上漢武帝獎掖儒學，聽從董仲舒之建議，罷黜百家，獨崇儒術。儒學成為漢代之官學。設五經博士，傳授於太學。儒學一時稱盛。

東漢於白虎觀集會群儒，就儒學經義，進行辯論。漢章帝親臨稱制，顧命史臣，著為通義。東漢儒學巨構《白虎通義》於是成書。漢和帝亦曾

---

[7] 《佛說四十二章經》收於《大正藏》冊 17，〈經集部〉。內容是把佛陀所說之某一段話稱作一章，共選四十二段話，編集而成。

[8] 《大正藏》經 2145，卷 13，頁 97。

[9] 《出三藏記集》作「不如檀」。

[10] 《大正藏》經 2149，頁 219。

數幸東觀，覽閱書林。漢順帝永建六年（131），重修太學，擴建二四○房、一八五○室，召公卿子弟為諸生。儒學一時盛行。

　　東漢光武帝劉秀，曾以符瑞圖緯起兵。即位後崇信圖緯，讖緯之學逐漸興起。朝廷用人施政，都要依讖緯決定。對於儒家經典之解釋，也要依讖緯論述。讖緯與經學之結合，使漢代經學走向讖緯化。

三、儒佛學理之探討始於東漢牟融《理惑論》

　　牟融（？～79）字子優，廣西蒼梧（今廣西蒼州）人。《漢書》稱「牟子」，漢靈帝、獻帝之際人。博學多才，修經傳諸子，書無大小，靡不好之。雖讀神仙不死之書，既而不信，以為虛誕。是時靈帝崩後，天下擾亂，獨交州略安。北方異人，咸來此州，多習神仙、辟穀、長生之術，遂與母避世交趾。其地黃老神仙之學盛行。牟子常以五經之義難之，道家術士莫敢對焉。比之於孟軻距楊朱、墨翟。年二十六，歸蒼梧娶妻，太守以其博學多識，謁請任職署吏。融以當世擾攘，非顯己才能之時，意不出仕。既而州牧辟之，復稱疾不起。於是銳志於佛、道。兼研《老子》五千文。含玄妙為酒漿，玩五經為琴簧。世俗之徒，以為背五經而向異道，加以非議。融乃著《理惑論》三十七篇，略引聖賢之言解之。牟融回答沙門問佛經深妙靡麗，胡不談之於朝廷，論之於君父，修之於閨門，接之於朋友？其云：

> 問曰：「若佛經深妙靡麗，子胡不談之於朝廷，論之於君父，修之於閨門，接之於朋友？何復學經傳、讀諸子乎？」牟子曰：「子未達其源而問其流也。夫陳俎豆於壘門，建旌旗於朝堂。衣狐裘以當蕠賓，被絺絡以御黃鐘。非不麗也，乖其處，非其時也。故持孔子之術，入商鞅之門。齎孟軻之說，詣蘇、張之庭。功無分寸，過有丈尺矣。……渴不必待江河，而飲井泉之水，何所不飽。是以復治經傳耳。」[11]

---

[11]　《大正藏》經 2102，卷 1，頁 4。

　　牟融認為論佛經時間、地點不對。因為佛教談出世解脫之道，不在朝廷、閨門談論。至於研治經傳，則屬經世之學，與佛經不同。又回答沙門問七經之中，不見佛道，堯、舜、周、孔，亦不修持。云：

> 問曰：「佛道至尊至大，堯、舜、周、孔，曷不修之乎？七經之中，不見其辭。」牟子曰：「書不必孔丘之言，藥不必扁鵲之方。合義者從，愈病者良。君子博取眾善，以輔其身。子貢云：『夫子何常師之有乎？』堯事尹壽，舜事務成，旦學呂望，丘學老聃，亦俱不見於七經也。四師雖聖，比之於佛。猶白鹿之與麒麟，燕鳥之與鳳凰也。堯、舜、周、孔，且猶學之。況佛身相好變化，神力無方。焉能舍而不學乎？」[12]

　　牟融認為君子必須博取眾善，以輔其身。孔子就無固定不變之師。佛陀有多種神力，身有三十二相，焉能捨之不學？牟融又回答沙門剃頭，廢棄倫常，違背孝道之問題。云：

> 問曰：「《孝經》言：『身體髮膚，受之父母，不敢毀傷。』曾子臨沒，啟予手，啟予足。今沙門剃頭，何其違聖人之語，不合孝子之道也？……」牟子曰：「……昔齊人乘船渡江，其父墮水。其子攘臂捽頭，顛倒使水從口出，而父命得蘇。夫頭顛倒，不孝莫大，然以全父之身。若拱手修孝子之常，父命絕於水矣。孔子曰：『可與適道，未可與權。』所謂時宜施者也。且《孝經》曰：『先王有至德要道。』而泰伯祝髮文身，自從吳越之俗，違於身體髮膚之義，然孔子稱之。其可謂至德矣。仲尼不以其捽髮毀之也。由是而觀。苟有大德，不拘於小。沙門捐家財、棄妻子，不聽音視色，可謂讓之至也。何違聖語不合孝乎？」[13]

12　《大正藏》經 2102，卷 1，頁 2。
13　《大正藏》經 2102，卷 1，頁 2。

　　牟融認為孝道要懂得權衡時宜，所謂至德，必須不拘泥於小節。沙門捐家財、棄妻子，應屬謙讓之至也。又回答沙門問不能繼嗣、不娶、無後等不孝之問題。云：

> 問曰：「夫福莫逾於繼嗣，不孝莫過於無後。沙門棄妻子，捐財貨，或終身不娶。何其違福孝之行也？……」牟子曰：「……妻子財物，世之餘也。清躬無為，道之妙也。老子曰：『名與身孰親，身與貨孰多。』又曰：『觀三代之遺風，覽乎儒、墨之道術。誦詩書，修禮節。崇仁義，視清潔。……』故前有隋珠，後有虎虎。見之走而不敢取，何也？先其命而後其利也。許由棲巢木，夷齊餓首陽。舜、孔稱其賢。曰：『求仁得仁者也。』不聞譏其無後、無貨也。沙門修道德，以易遊世之樂。反淑賢，以背妻子之歡。是不為奇。」[14]

　　牟融認為沙門修道德之行，而棄遊世之樂，是視修行勝過繼嗣、無後，而有一清淨之身，以利其早登彼岸也。又回答沙門問佛道無為淡薄，為何世人學士多毀謗之？云：

> 牟子曰：「至味不合於眾口，大音不比於眾耳。作〈咸池〉，設〈大章〉。發簫〈韶〉，詠〈九成〉。莫之和也。張鄭、衛之弦歌，時俗之音。必不期而拊手也。故宋玉云：客歌於郢，為〈下里〉之曲，和者千人。引商激角，眾莫之應。此皆悅邪聲，不曉於大度者也。韓非以管闚之見而讓堯、舜，接輿以毛氂之分而刺仲尼，皆耽小而忽大者也。夫聞清商而謂之角。非彈弦之過，聽者之不聰矣。見和璧而名之石，非璧之賤也，視者之不明矣。」[15]

　　牟融認為眾人因不明佛理，而加以評論。有如下里巴人，聽者不聰；又如見和璧而名之石，視者不明也。佛道如至味、大音，凡俗不明其高深

之哲理。又回答沙門問佛經如江海，其文如錦繡。又為何引詩書之言，以申述佛法？云：

> 問曰：「子云經如江海，其文如錦繡。何不以佛經答吾問。而復引詩、書，合異為同乎？」牟子曰：「渴者不必須江海而飲，饑者不必待敖倉而飽。道為智者設，辯為達者通。書為曉者傳，事為見者明。吾以子知其意，故引其事。若說佛經之語，談無為之要。譬對盲者說五色，為聾者奏五音也。師曠雖巧，不能彈無弦之琴。狐貉雖熅，不能熱無氣之人。」[16]

牟融認為佛經須對佛道有信念之人設說，不須對盲人說五色，對聾者奏五音。師曠不能彈無弦之琴，狐貉不熱無氣之人。又回答沙門問如何見佛道之博？云：

> 問曰。「見博其有術乎？」牟子曰：「由佛經也。吾未解佛經之時，惑甚於子。雖誦五經，適以為華，未成實矣。吾既睹佛經之說，觀無為之行。……還視世事，猶臨天井而闚谿谷，登嵩岱而見丘垤矣。五經則五味，佛道則五穀矣。吾自聞道以來。如開雲見白日，矩火入冥室焉。」[17]

牟融認為佛經淵博精深，睹佛經之說，觀其無為之行後，如雲開見白日，矩火入冥室一般。可見十分尊崇佛道之說。

其他如對其批評沙門違貌服之制，事鬼神、夷狄之術，耽好酒漿、譬喻、辟穀等事，皆一一舉聖人之言解釋，合方內、方外之說，齊出世、入世之道，儒道之融合相輔，牟子可謂開其端緒也。

---

[16] 《大正藏》經 2102，卷 1，頁 5。
[17] 《大正藏》經 2102，卷 1，頁 5。

四、東吳沙門康僧會倡調和儒佛之説

康僧會為三國吳著名之高僧、譯經師。據《高僧傳‧康僧會傳》記載：康僧會（？～280）祖籍康居（漢時西域古國）人。世居天竺。其父因商賈，移居交趾。年十餘歲，二親雙亡。奉孝服畢，即出家為僧，勵行甚峻。僧會為人弘雅，有識量，篤志好學，從學於南陽韓林、潁川皮業、會稽陳慧等人，學習漢譯佛典和禪觀。故明解三藏，博覽六經。天文圖緯，多所綜涉。辯於樞機，頗屬文翰。

由於吳地初染大法，風化未開。僧會欲道振江左，乃杖錫東遊。赤烏十年（247），初達建業，營立茅茨。設像行道，弘揚佛教。被訴於吳主孫權，言有胡人入境。自稱沙門，容服非恆，事應檢察。孫權召而詰之，以靈驗奇跡，大為歎服。即為之建塔，吳地始有佛寺，號建初寺。由是江左大法漸興。

孫皓即位，法令苛虐。廢棄淫祀，波及佛寺，並欲毀壞。皓遣張昱詣建初寺詰會。昱雅有才辯，難問縱橫。會應機騁詞，文理鋒出，由是折服。張昱、孫皓以此大集朝賢，以馬車迎會，並詢問佛教善惡報應之事。皓問曰：「佛教所明，善惡報應，何者是耶？」會對曰：「夫明主以孝慈訓世，則赤烏翔而老人星見；仁德育物，則醴泉湧而嘉禾出。善既有瑞，惡亦如之。故為惡於隱，鬼得而誅之；為惡於顯，人得而誅之。《易》稱積善餘慶，《詩》詠求福不回。雖儒典之格言，即佛教之明訓也。」皓曰：「若然，則周、孔已明，何用佛教？」會曰：「周、孔所言，略示近跡。至於釋教，則備極幽微。故行惡有地獄長苦，修善則有天宮永樂。」皓乃誠服。[18]從此，康僧會之聲譽，益加崇隆。

僧會於建初寺譯出《阿難念彌陀經》、《鏡面王》、《察微王》、《梵皇經》、《小品》、《六度集》、《雜譬喻》等，並妙得經體，文義允正。又注《安般守意》、《法鏡》、《道樹》等三經，並製經序。辭趣雅便，義旨微密，並見重於後世。唯其經注已佚，僅有〈安般守意經

---

[18] 《大正藏》經 2059《高僧傳》，卷 1，頁 325-326。

序〉，〈法鏡經序〉兩篇序文，收錄於《出三藏記集》卷六。吳天紀四年四月，孫皓降晉。九月，僧會遘疾而終。是歲為晉武帝太康元年（280）。

依梁釋僧佑撰《出三藏記集》康僧會〈法鏡經序〉以心為眾法之原。云：

> 夫心者，眾法之原，臧否之根。同出異名，禍福分流。[19]

康僧會認為宇宙萬象森然，究其原本，心是眾法之源頭，善惡禍福之根本。心無形無聲，深微細妙。《出三藏記集》〈安般守意經序〉云：

> 情有內外，眼、耳、鼻、口、身、心，謂之內矣；色、聲、香、味、細滑，邪念，謂之外也。……心之溢蕩，無微不浹。忽惚髣髴，出入無間。視之無形，聽之無聲。逆之無前，尋之無後。深微細妙，形無絲髮。……彈指之間，心九百六十轉，一日一夕，十三億意。[20]

此言心能攀萬緣、起萬法。法緣相隨，而有生滅變化。心意發動，身即隨之。彈指之間，已九百六十轉。一日一夕，達十三億意。意者，眾苦之萌基，故須守意。一旦引生妄心，即牽動情欲。情欲不斷，將牽纏人心，難以遏抑。故眾生必須攝心。攝心之法，在修禪定。將心止於一處，以達無形無欲之態。如此捨離邪欲，滅除穢念。心無滯礙，謂之淨也。又稱為「安般行法」[21]。

其次，康僧會〈安般守意經序〉中，復闡明「四禪」與「還」、「淨」。云：

> 是以行寂繫意著息，數一至十。十數不誤，意定在之。小定三日，大定七日。寂無他念，泊然若死，謂之一禪。……意定在隨，由在數

---

[19] 《大正藏》經 2145，卷 6，頁 46。

[20] 《大正藏》經 2145，卷 6，頁 43。

[21] 梵語 Ana-apana 音譯阿那波那、安般，漢譯為數息觀。ana 是出息，apana 是入息；數息觀為靜心澄慮之觀法，靜心默數呼吸之出入，從一至十，循環計數，以對治心思之散亂。

> 矣。垢濁消滅，心稍清淨，謂之二禪也。……行寂止意，懸之鼻頭，
> 謂之三禪也。還觀其身，自頭至足。反覆微察內體，汚露森楚。毛豎
> 猶睹，膿涕於斯，具照天地人物。其盛若衰，無存不亡。信佛三寶，
> 眾冥皆明，謂之四禪也。[22]

　　此說明「一禪」是繫意著息，數一至十。由三日至七日，寂無他念，
泊然若死，謂之一禪；數息之後，隨息出入，意定不亂。繼則垢濁消滅，
心漸清淨，謂之「二禪」；意念繫於鼻頭，即是止。止則滅除煩惱與汙
濁，心清淨無染，謂之「三禪」；進而觀照己身，從頭到腳，反覆細察體
內。遍佈膿涕，汙穢不淨。並且了悟天地人物，盛必有衰，存必趨亡。故
須篤信三寶，以求解脫。此之謂「四禪」。然後，攝心收念，滅絕諸陰，
而歸於「還」。除盡穢欲，心無他想，而臻於「淨」。以上「數、隨、
止、觀、還、淨」，即安般之六行。依此實踐，當可趣入禪定之境。康僧
會〈安般守意經序〉又云：

> 得安般行者，厥心即明。舉眼所觀，無幽不睹。往無數劫方來之事，
> 人物所更，現在諸剎。……無遝不見，無聲不聞。怳惚髣髴，存亡自
> 由。[23]

　　修證安般行法之人，其心明徹，能照見極其幽微之事物。對於無數劫
以來之人物，以及目前所居之環境，見聞之知識，均可自由自在，觀照無
遺，而得不可思議之力。此對當時企慕方術之者，頗有接引其向佛之功。
　　康僧會明解三藏，博覽六經，藉儒家「仁德」、「孝慈」之概念，迻
譯《六度集經》，並將之視作佛家之訓條。結合儒、佛，且自身亦具道家
隱逸灑脫之風，復以玄學之「本無」概念，翻譯佛經，而有「自本無
生」、「還神本無」之譯語。因此，康僧會可稱為三國吳時融合三教之高
僧。

---

[22]　《大正藏》經 2145，卷 6，頁 43。
[23]　《大正藏》經 2145，卷 6。頁 43。

第二節　兩晉南北朝時期之儒家與佛家思想

　　兩晉南北朝時期，儒家與佛教交融漸深，許多不同之論說，相繼出現。激盪出無數火花，引起陣陣漣漪。當時，玄風漸盛，文人對漢末以來，品評政事與人物之清議，感到不滿。再加上天下分崩，政治紊亂，文士多遠離政治，轉向清談。

　　以辨析名理，暢談三玄為務。即以《周易》、《老子》、《莊子》之思想為中心。如竹林七賢、郭象、王弼、何晏等人，都以自然、名教，延伸到虛無、本末、動靜、有無、體用、言意等問題上。再加上《般若經》、《道行經》等佛經之流傳，空無、性空、法性、實相、真如、般若等觀念融入三玄之中，激盪出魏晉南北朝時期，玄佛合流之勢，儒家思想，一時沒落。

　　晉時，孫綽高倡「孔禪一致」之理，說明周、孔與佛道並無衝突。看儒家之至德微言之外，還須看佛、道之妙趣雋言。東晉陶淵明以儒家思想為本，而恥屈身異代。放情詩酒之餘，常與蓮社高僧、賢士交往，詩文亦受佛教影響。慧遠大師博綜六經，尤善莊、老。在廬山清修，弘揚淨土法門，被尊為淨土宗初祖。南朝宋文帝以儒、玄、史、文四學為官學，建儒學館於北郊，儒學走上復興之路。南朝謝靈運、顏延之等人，為文學大家，並篤信佛法，作佛學之詩文甚多。梁武帝貴為天子，猶親自參與佛經之義記。講經時，聽眾常達萬餘人。北齊顏之推出身儒家，亦歸心於釋教，常有信佛、護佛之說。

一、晉孫綽倡孔禪一致之理

　　孫綽（？～371），字興公。太原中都（今山西平遙）人，後遷會稽（今浙江紹興）。晉廢帝太和六年卒。享年約五十八歲。據《晉書·孫綽傳》記載：綽博學，善屬文，少與高陽許詢俱有高尚之志。居於會稽，遊放山水十有餘年，乃作《遂初賦》以致其意。又作《天台山賦》，辭致甚

工。[24]明人輯有《孫廷尉集》傳世。有文集十五卷傳於世。

綽與高陽許洵，皆為一時名流。時人或愛洵高邁，而鄙於綽；或愛綽才藻，而無取於洵。沙門支遁曾試問孫綽：「君何如許？」即問其與許洵相比如何？綽答云：「高情遠致，弟子早已服膺；然一詠一吟，許將北面矣。」綽自稱情致不及許洵，至於吟詠詩文，則勝過許洵。

晉哀帝隆和元年（362），大司馬桓溫北伐，收復洛陽。後陰謀篡位，欲移都洛陽。並請在永嘉之亂南渡者，北徙河南。朝廷畏溫，不敢違異。而北土蕭條，人情疑懼。雖知不可，莫敢先諫。綽乃上〈諫移都洛陽疏〉一文。疏中言遷都乃「**捨安樂之國，適習亂之鄉；出必安之地，就累卵之危。將頓仆道塗，飄溺江川。**」[25]疏上，遷都乃止。

綽為當時文士之冠，其「玄言詩」在東晉士族中，甚具影響力。溫嶠、王導、郗鑒、庾亮諸公之薨，必請綽作碑文，然後刊之於石。文譽之隆，由此可見。

孫綽信奉佛教，與名僧竺道潛、支遁都有交往。撰述有關佛教之文，如〈喻道論〉、〈名德沙門論目〉、〈道賢論〉等。在〈道賢論〉中，將兩晉時之七位名僧，附會魏晉間之「竹林七賢」：以竺法護比山濤（巨源），竺法乘比王戎（浚沖），帛遠比嵇康（叔夜），竺道潛比劉伶（伯倫），支遁比向秀（子期），竺法蘭比阮籍（嗣宗），于道邃比阮咸（仲容），以彰顯七位名僧皆高雅通達，超群絕倫。

據梁楊都建初寺釋僧佑撰《弘明集》〈喻道論〉一文，是以問答之形式，對周、孔之教與佛教之關係，出家是否違背孝道等問題，進行論證。

首先對未解佛道，懷疑佛教之至道者。加以駁斥。云：

> 或有疑至道者，喻之曰：「……纏束世教之內，肆觀周、孔之跡。謂至德窮於堯、舜，微言盡乎老、易。焉復睹夫方外之妙趣，寰中之玄照乎？」[26]

---

[24]　《晉書》，卷 56，頁 1554-1556。

[25]　《全上古三代秦漢三國六朝文》〈全晉文〉，卷 61，頁 1807。

[26]　同上註。

此言在教化方面，世人都觀周、孔之事跡，堯、舜之至德，老、易之微言。還需要看方外之妙趣，一睹佛教敘述幽冥燭照之事。因此，周、孔與佛道並無衝突，有其一致之理。

又對於因果報應之事，加以說明。云：

> 或難曰：「報應之事，誠皆有徵。則周、孔之教，何不去殺？……」答曰：「……暨于唐、虞，禮法始興。爰逮三代，刑罔滋彰。刀斧雖嚴，而猶不懲。至於君臣相滅，父子相害。吞噬之甚，過於豺虎。聖人知人情之固於殺，不可一朝而息。故漸抑以求厥中。……刑依秋冬，所以順時殺。春蒐夏苗，所以簡胎乳。三驅之禮，禽來則韜弓。聞聲睹生，肉至則不食。釣而不網，弋不射宿。其於昆蟲，每加隱惻。至於議獄緩死，眚災肆赦。刑疑從輕，寧失有罪。流涕授鉞，哀矜勿喜。生育之恩篤矣，仁愛之道盡矣。」[27]

孫綽認為儒家對刑殺之事，是行中道思想，故秋冬刑殺，春狩獵，夏育苗，獵時網開一面；對牲畜，聞其聲，不忍食其肉；釣魚不用網；弋鳥不射宿；對昆蟲有惻隱之心；刑罰有疑慮時，寧可從輕發落；因過失而成害時，盡量赦免罪罰；授鉞殺人時，流涕不已；哀憐百姓疾苦，不幸災樂禍。儒家篤念天生萬物之德，已盡到仁愛之道。

又對佛教何以懲暴止姦，統理群生？其云：

> 難曰：「周、孔適時而殺，佛欲頓去之，將何以懲暴止姦，統理群生者哉？」答曰：「不然！周、孔即佛，佛即周、孔，蓋外內名之耳。故在皇為皇，在王為王。佛者，梵語。晉，訓覺也。覺之為義，悟物之謂。猶孟軻以聖人為先覺，其旨一也。應世軌物，蓋亦隨時。周、孔救極弊，佛教明其本耳。共為首尾，其致不殊。即如外聖，有深淺之跡。……故逆尋者每見其二，順通者無往不一。」[28]

---

[27] 同上注。
[28] 《大正藏》，經2102，卷3，頁16。

孫綽以為周、孔即佛，佛即周、孔。佛與儒家之聖人皆覺者。周、孔救極弊。佛教明其本。兩者言論雖殊，只是深淺之不同而已。

又對於佛教有違孝道之解說，其云：

> 或難曰。「周、孔之教，以孝為首。孝德之至，百行之本。本立道生，通于神明。故子之事親。生則致其養，沒則奉其祀。三千之責，莫大無後。體之父母，不敢夷毀。是以樂正傷足，終身含愧也。而沙門之道，委離所生，棄親即疏。刉剔鬚髮，殘其天貌。生廢色養，終絕血食。骨肉之親，等之行路。背理傷情，莫此之甚。……」答曰：「……孝之為貴，貴能立身行道，永光厥親。……昔佛為太子。棄國學道。……釋其鬚髮，變其章服。……捨華殿而即曠林，解龍袞以衣鹿裘。遂垂條為宇，藉草為茵。去櫛梳之勞，息湯沐之煩。……端坐六年，道成號佛。三達六通，正覺無上。雅身丈六，金色煜曜。光過日月，聲協八風。相三十二，好姿八十。……大範群邪，遷之正路。眾魔小道，靡不遵服。……父王感悟，亦升道場。以此榮親，何孝如之。……佛有二十部經。其四部專以勸孝為事。[29]

孫綽從儒、佛兩方面，分別解說佛教之基本教義，以孝為貴。佛有二十部經。其四部專以勸孝為事。並舉佛陀孝親之事為例。儒家之教化，周、孔之教，亦以孝為首。孝德之至，百行之本。子之事親。生則致其養，歿則奉其祀。並舉樂正傷足，終身愧對其親。說明儒、佛兩家，道本一致，並可互補。

二、東晉陶淵明之儒學與佛學思想

陶淵明（約 365～427），字元亮，又名潛，號五柳先生，世稱靖節先生，潯陽柴桑（今江西省九江市）人，生於晉廢帝年間，卒於南朝宋文帝

---

[29] 《大正藏》，經 2102，卷 3，頁 17。

元嘉四年，享年六十三歲。晉據宋度宗咸淳年間，四明東湖沙門志磐撰
《佛祖統紀・不入社諸賢》中記載：陶淵明為大司馬陶侃之曾孫。少懷高
志，著〈五柳先生傳〉以自況，時人以為實錄。初為建威參軍，謂親朋
曰：「聊欲絃歌，為三徑之資。」執事者聞之，以為彭澤令。郡遣督郵
至，縣吏曰：「應束帶見之。」潛歎曰：「吾不能為五斗米折腰，拳拳事
鄉里小兒。」解印去職，賦〈歸去來〉紓志。及宋受禪，自以晉宰輔之
後，恥屈身異代，居潯陽柴桑，與周續之、劉遺民不應辟命，世號「潯陽
三隱」。夏日虛閒，高臥北窗之下，自謂羲皇上人。性不解音律，蓄素琴
一張，絃徽不具。每朋酒之會，則撫而和之，曰：「但識琴中趣，何勞絃
上聲。」嘗往來廬山，使一門生二兒舁籃輿以行。時慧遠法師與諸賢結蓮
社，以書招淵明。淵明曰：「若許飲則往。」許之，遂造焉。忽攢眉而
去，然潛以無酒皺眉而去。[30]

　　由上所記，陶淵明僅與蓮社高僧、高賢交往，討論佛理。未皈依佛
教，但觀其思想和詩文，卻處處受到佛教之影響。

　　東晉是佛教與玄學交融之時代，學者大都兼具儒、道、佛三家思想。
陶淵明之思想，是以儒家思想為本，但其行徑，較似道家。其詩文從內容
形式上觀之，則受佛教思想之薰陶。

　　陶淵明隱居潯陽柴桑之南村，以菊花、詩、酒相伴，躬耕桑田，其
〈飲酒〉詩其五云：

　　採菊東籬下，悠然見南山。[31]

〈歸去來辭〉云：

　　攜幼入室，有酒盈罇。引壺觴以自酌，眄庭柯以怡顏。[32]

---

[30] 《大正藏》，經 2035，卷 26，頁 269-270。
[31] 《陶淵明集校箋》，卷 3，頁 144。
[32] 《陶淵明集校箋》，卷 5，頁 267。

陶淵明〈感士不遇賦〉中，對魏晉以來儒家之人性思想，重新發明其義。其序云：

> 懷正志道之士，或潛玉於當年。潔己清操之人，或沒世以徒勤。……
> 寓形百年，而瞬息已盡。立行之難，而一城莫賞。此古人所以染翰慷
> 慨，屢伸而不能已者也。[33]

此言古之文人，讀聖賢書，懷志道之志，卻生不逢時。雖抱樸守靜，懷瓊握蘭，卻悲歎人生百年，瞬息已盡，窮愁以終。

陶淵明辭彭澤令後，歸隱田園。次年作〈歸園田居〉，詩中有莊子心齋、坐忘之心。其五首之二云：

> 野外罕人事，窮巷寡輪鞅。白日掩荊扉，虛室絕塵想。時復墟曲中，
> 披草共來往。相見無雜言，但道桑麻長。桑麻日已長，我土日已廣。
> 常恐霜霰至，零落同草莽。[34]

陶淵明之田園詩，不止描寫田園風景，還描寫農家之生活；最值得稱述者，陶淵明躬自農耕，體驗種植桑麻之喜悅。將樸實之農家生活，如實地描述出來。詩中敘述淵明和農人共道「桑麻」之成長，並從中獲得真趣。

陶淵明於義熙元年（405）罷彭澤令，次年春月，作〈歸去來辭并序〉。敘述自己在田園生活中，獲得真正之樂趣。如其云：

> 雲無心以出岫，鳥倦飛而知還。景翳翳以將入，撫孤松而盤桓。……
> 或命巾車，或棹孤舟。既窈窕以尋壑，亦崎嶇而經丘。木欣欣以向
> 榮，泉涓涓而始流。……或植杖而耘耔。登東皋以舒嘯，臨清流而賦
> 詩。聊乘化以歸盡，樂夫天命復奚疑？[35]

---

[33]　《陶淵明集校箋》，卷5，頁255。
[34]　《陶淵明集校箋》，卷2，頁29。
[35]　《陶淵明集校箋》，卷5，頁267。

　　陶淵明在田園中，看到白雲出岫，倦鳥知還。又看到草木欣欣向榮，清泉涓涓流動。在田園中，可以撫孤松，棹孤舟。尋深谷，經丘陵。又可以舒嘯、賦詩，盡情享受山水之樂趣。此種入世之精神，與佛教去除五蘊，生出離心。度人間一切苦厄，而入涅槃，有所不同。

　　陶淵明面對現實社會，選擇歸隱田園，作為生活之歸宿。從田園追求自己內心之安靜、淡泊。有時還會自得其樂一番。如在〈與子儼等書〉中云：

　　常言五六月中，北窗下臥，遇涼風暫至，自謂是羲皇上人。[36]

　　此與唐代王維身在現實，心繫山水。又深受禪宗之影響，表現出超脫世俗之心境，有所不同。

　　晉安帝元興三年（404），慧遠作〈形盡神不滅論〉。九年後，又作〈萬佛影銘〉。寫到：「體神入化，落影離形。」已涉及形、影、神之討論。陶淵明在當時或稍後，撰寫〈形影神〉三首並序，以回覆慧遠之作。序云：

　　貴賤賢愚，莫不營營以惜生，斯甚惑焉！故極陳形影之苦，言神辨自然以釋之。好事君子，共取其心焉。

　　此言人不論貴賤賢愚，莫不為憐惜生命而營求，是十分疑惑之事。人常陳述形影無法長生而苦惱。如能分辨自然與人類精神之關係，就容易了解人之年壽有窮，自然之山水常存。又〈形贈影〉云：

　　天地長不沒，山川無改時。草木得常理，霜露榮悴之。謂人最靈智，獨復不如茲。適見在世中，奄去靡歸期。奚覺無一人，親識豈相思。但餘平生物，舉目情悽洏。我無騰化術，必爾不復疑。願君取吾言，得酒莫苟辭。

36　《陶淵明集校箋》，卷7，頁301。

此言形體贈言影子：天地永恆存在，山川萬古常存。草木循自然之規律，受到霜露而有榮枯。萬物之靈之人類，卻不能如此。人活在世間，就如匆匆過客，倏忽離去，再無歸期。不覺世上已無一人相識，親友也不再思念。只餘留生前遺物，見到不禁情傷。我形體無飛騰變化之術，你影子也不用懷疑。願你聽我勸言，有酒切莫推辭。又〈影答形〉云：

> 存生不可言，衛生每苦拙。誠願遊崑華，邈然茲道絕。與子相遇來，未嘗異悲悅。憩蔭若暫乖，止日終不別。此同既難常，黯爾俱時滅。身沒名亦盡，念之五情熱。立善有遺愛，胡爲不自竭？酒云能消憂，方此詎不劣！

此言影子回答形體：想存活生命不可靠，保養生命也苦惱拙下。誠心要遊崑崙山學道，此路卻渺茫不通。自從我影子與你形體相遇，一直同享悲苦喜悅。若憩息在樹蔭下，你與我暫時分離。若停止在陽光下，你就和我不會分別。黯然神傷者，我們形影會與時俱滅。形體離世，名亦不再存在。想到此就五情俱熱。唯有立善可以遺下美名，爲何不竭力留名後世？雖說酒能消憂，但與立善相比，豈不相形見劣！又〈神釋〉云：

> 大鈞無私力，萬理自森著。人爲三才中，豈不以我故。與君雖異物，生而相依附。結托既喜同，安得不相語。三皇大聖人，今復在何處？彭祖愛永年，欲留不得住。老少同一死，賢愚無復數。日醉或能忘，將非促齡具？立善常所欣，誰當爲汝譽？甚念傷吾生，正宜委運去。縱浪大化中，不喜亦不懼。應盡便須盡，無復獨多慮。[37]

此言神作闡釋：造化無偏私，萬物都按自然之規律，森然羅列。人在三才之中，豈非是有我之緣故。我與汝等形影不同，生來就互相依附。既然結爲一體，豈能不互相對話：三皇是古代大聖人，而今卻在何處？彭祖

---

[37] 以上三首，見《陶淵明集校箋》，卷2，頁47-50。

活到八百餘歲，也留不住生命。不論老少同一死，聰明愚笨亦相同。每日
醉酒能忘憂，卻促壽齡早結束。行善常為人所欣，身後誰會稱譽汝？多思
此事傷自身，該託命運去安排，縱情放浪大化中。人生無喜亦無懼，生命
應盡讓它盡，無須多慮多添愁。

　　此三首詩，陶淵明用寓言之形式，將生命之存在，分為形、影、神三
種形態表達，使之相互對話，各自表述欲望、追求、境界。並在駁難、質
疑、解釋中，陳述自己之人生哲學。其中論述，不同於魏晉時期，服食求
仙，標舉名教之說。而以進入田園，躬耕南畝，作為其自然觀。詩中言：
「我無騰化術，必爾不復疑。」抨擊求仙術之虛幻；「得酒莫苟辭」、
「日醉或能忘，將非促齡具？」、「酒云能消憂，方此詎不劣！」又說明
自己對飲酒之人生態度。飲酒不能促齡，不能消解生死之苦，又覺得拙
劣，但有其不得已之苦衷。詩中言及行樂、立善、順化等，應為其人生觀
之三種境界。《文子・下德篇》引老子，云：

　　　　治身，太上養神，其次養形。神清氣平，百節皆寧。[38]

《淮南子・原道訓》云：

　　　　夫形者，生之舍也；氣者，生之充也；神者，生之制也。一失位則三
　　　　者傷矣。[39]

　　此言人體之形、氣、神三者，對於生命各有各其功能。形體是生命寄
存之處，氣則充塞於軀體之中，神是控制身體之神經系統。三者互相聯
繫，不可缺一。只要其中一項有缺，三者都受傷害。《淮南子・原道訓》
云：

---

[38]　《文子校釋》，卷9，頁338。
[39]　《淮南子校釋》，卷1，頁124。

> 以神爲主者，形從而利。以形爲制者，神從而害。[40]

此言人體是以神爲主，以形爲輔，是神貴於形之觀念。同時，形神一致，有不可分割之聯繫。漢初司馬談推崇黃老思想，在《史記・太史公自序・論六家要旨》云：

> 凡人之所生者神也，所託者形也。神大用則竭，形大勞則敝，形神離則死，死者不可復生，離者不可復反。故聖人重之。[41]

以上論證，皆屬道家之說，比較接近陶淵明之思想。儒家甚少對形、影、神三者加以論述，只有在《周易・繫辭》云：「陰陽不測之謂神。」[42]《荀子・天論》云：「形具而神生。」[43]見到形神之說，未見深入探討。故陶淵明此詩，與道家較有淵源。

與陶淵明同時之沙門慧遠大師，曾作《形盡神不滅論》、《佛影銘》等，以發揮此一理論。《佛影銘》云：

> 廓矣大象，理玄無名，體神入化，落影離形。[44]

慧遠以佛教大師之名分，宣揚神形分離，各自獨立。其實，廣大寥廓之宇宙萬象，不論理、玄，都是無形無名，如能體認人活著時，形影不離，神形影相伴之情形。但生命終結時，形影不存，神亦入幻化之中。故死亡是影落形離之時刻。此種以生死說明形、影、神三者之關係，代表佛教對形骸與精神之認知。

40　《淮南子校釋》，卷 1，頁 125。
41　《新校本史記》，卷 130，頁 3289。
42　《周易正義》，卷 7，頁 149。
43　《荀子集解》，卷 11，頁 206。
44　《大正藏》經 2103，卷 15，頁 198。

三、東晉廬山慧遠通達儒佛二家之深旨

晉代佛教之傳播，日益隆盛。西土高僧大德，東來弘教，亦不絕於途。自東漢、三國、兩晉，併前後秦所譯之經典，據《大唐內典錄》之記載，凡一三八七部、三八四九卷。當時北方有竺法護、鳩摩羅什等，南方有佛圖澄、釋道安等，皆為曠代高僧，風教所及，遐邇尊仰。再加上朝廷之提倡，民間之風靡，使佛教成為當時最具代表之思想。

慧遠大師（334～416），俗姓賈，并州雁門樓煩縣（今山西寧武）人。生於東晉成帝咸和九年，卒於晉安帝義熙十二年。享年八十三歲。幼而好學。年十二時，隨舅令狐氏遊學許洛。博綜六經，尤善莊、老。宿儒先進，莫不服其深致。二十一歲時，欲渡江從學范寧。適值時局混亂，南路梗塞，有志不遂。時沙門釋道安建剎於太行常山（今河北曲陽），弘揚佛法，遂隨道安抽簪落髮。《東林十八高賢傳》云：

> 初聞安師講《般若經》，豁然開悟。歎曰：九流異議皆糠粃耳。遂與母弟慧持投簪受業。精思諷誦，以夜繼晝。……二十四歲，大善講貫，有客聞說實相義。往復問難，彌增疑昧。師為引莊子之說以相比類，惑者釋然。安師因許令不廢外典。常臨眾歎曰，使道流東國者，其在遠乎！[45]

晉孝武帝太元三年（378），隨道安南遊襄陽。值秦將符丕為寇，兵圍襄陽。道安法師為免徒眾遭受戰禍，分遣大眾往各地布教。慧遠大師率弟子數十人南適荊州，居上明寺。六年（381），欲往羅浮山（今廣東境內），與同門慧永約結屋靜修。至潯陽（今江西九江），見廬山峰林閒曠，可以修習身心。乃立龍泉精舍，領眾清修，弘法濟生。並在廬山東林寺組織蓮社，弘揚西方淨土法門，故稱廬山慧遠或東林慧遠。被尊為淨土宗初祖。

---

[45] 《大正藏》經 2035，卷 26，頁 261。

　　當時，儒門學士，亦多棲心佛法。如廬山東林寺十八高賢，皆是謹律息心之士，絕塵清信之賓，不期而至。慧永（同師安公，先居西林）、慧持（遠師同母弟）、道生、曇順（並羅什門弟）、僧叡、曇恒、道昺、曇詵、道敬（並遠師門人）、佛馱邪舍（覺明罽賓國人）、佛馱跋陀羅（六覺賢迦維衛國人）。名儒劉程之（號遺民）、張野、周續之、張詮、宗炳、雷次宗、周道祖等，世號十八賢。復率眾百二十三人，同修淨土之業。又造西方三聖像（阿彌陀佛、觀音菩薩、大勢至菩薩）。建齋立誓。令劉遺民著發願文，王喬之等為念佛三昧詩以見志。其中雷次宗、宗炳、周道祖等，皆以儒學名家，修持淨土業。

　　遠公身為淄流，而博於儒學。雖修淨土業，而不棄詩、禮。安帝元興（402～404）年間，太尉桓玄欲令沙門一律對王者敬禮，致書慧遠，徵詢意見。慧遠即時作答，提出異議，並撰《沙門不敬王者論》五篇：〈在家〉、〈出家〉、〈求宗不順化〉、〈體極不兼應〉、〈形盡神不滅〉致書桓玄，宣稱沙門乃方外之賓，不應向君主禮拜，就是史上聞名之「沙門不敬王者論」。桓玄收到此信後，就取消僧侶須向王者禮拜之命令。茲舉《弘明集》卷五〈沙門不敬王者論〉中，〈在家〉之要旨，云：

> 在家奉法，則是順化之民。情未變俗，跡同方內，故有天屬之愛。奉主之禮，禮敬有本，遂因之而成教。[46]

　　慧遠大師認為在家奉公守法，就是順從受化之民。心與世俗未變，行跡亦在方土之內，有天歸附之愛。百姓先奉親而敬君。只要君主親民教愛，自成王道之教。又〈出家〉之要旨，云：

> 凡在出家，皆遯世以求其志，變俗以達其道。變俗則服章不得與世典同禮，遯世則宜高尚其跡。夫然者，故能拯溺俗於沈流，拔玄根於重劫。遠通三乘之津，廣開天人之路。如令一夫全德，則道洽六親，澤

流天下。雖不處王侯之位，亦已協契皇極，在宥生民矣。是故內乖天屬之重，而不違其孝。外闕奉主之恭，而不失其敬也。[47]

　　此言出家者遯世變俗，袈裟非朝宗之服。鉢盂非廊廟之器。塵外之客，不應致敬王者。應讓出家者高尚其跡，拔除累世之重劫，豈得與世典同其禮敬。佛子要廣開天人之路，指引世人通貫三乘。不處王侯之位，而宥助下民。在家有違天倫之道，而不違背孝道。在闕外恭敬君主，而不失禮敬。又〈求宗不順化〉之要旨，云：

　　　　反本求宗者，不以生累其神。超落塵封者，不以情累其生。不以情累
　　　　其生，則生可滅。不以生累其神，則神可冥。冥神絕境，故謂之泥
　　　　洹。故沙門之所以抗禮萬乘，高尚其事，不爵王侯，而沾其惠者也。[48]

　　此言人雖有萬殊，只是有靈與無靈之不同。無靈則形朽而化滅，有情則感物而動。其生不絕。故反本求宗。不以生累其神，不以情累其生。天地雖以生生為大，而不能使生者不死，而神入冥神絕境，謂之泥洹。又〈體極不兼應〉之要旨，云：

　　　　如來之與周、孔，發致雖殊，潛相影響。出處咸異，終期則同。故雖
　　　　曰道殊，所歸一也。不兼應者，物不能兼受也。[49]

　　此言道法之與名教，如來之與周、孔。雖出處不同，在生命之期限結束時，卻是相同。因此，慧遠大師從生命之哲理，論述儒佛之異同。儒家重入世，對出世、生死、靈魂之事，較少涉及，故將儒佛之說加以融會，其義深遠。又〈形盡神不滅〉之要旨，云：

---

[47]　《大正藏》經 2102，卷 5，頁 30。
[48]　《大正藏》經 2102，卷 5，頁 30。
[49]　《大正藏》經 2102，卷 5，頁 30-31。

夫稟氣極於一生，生盡則消液而同無。神雖妙物，故是陰陽之所化
耳。既化而為生，又化而為死。既聚而為始，又散而為終。因此而
推，固知神形俱化，原無異統。精粗一氣，始終同宅。宅全則氣聚而
有靈，宅毀則氣散而照滅。散則反所受於天本，滅則復歸於無物。反
覆終窮，皆自然之數耳。孰為之哉？若令本異，則異氣數合。合則同
化，亦為神之處形。猶火之在木，其生必存，其毀必滅。形離則神散
而罔寄，木朽則火寂而靡托，理之然矣。假使同異之分，昧而難明。
有無之說，必存乎聚散。聚散，氣變之總名，萬化之生滅。故莊子
曰：「人之生，氣之聚。聚則為生，散則為死。」若死生為彼徒苦，
吾又何患？古之善言道者，必有以得之。若果然耶，至理極於一生。
生盡不化，義可尋也。答曰：「夫神者何耶？精極而為靈者也。德精
極則非卦象之所圖。故聖人以妙物而為言。雖有上智，猶不能定其體
狀，窮其幽致。……若夫如來之道，則無所不應矣。五明形盡神不
滅。謂火之傳於薪，猶神之傳於形。火之傳異薪，猶神之傳異形。方
生方死，往來無窮。」[50]

此言人之生死，是氣之聚散。人如住宅，住宅安全，則氣聚而有靈；
住宅毀壞，則氣散而照滅。人之生死，即自然之變化。神與形為一體，形
離則神散而無所寄託。故神與形之關係，是形之精氣化為神靈。其體狀幽
致，雖上智無法確定其體狀。佛僧在圖求泥洹不變，而不隨順於生生化
化。流動無窮之境。是一種薪火相傳之理。又《三報論》，云：

由世典以一生為限，不明其外。其外未明，故尋理者自畢於視聽之
內。此先王即民心而通其分，以耳目為關鍵者也。如令合內外之道，
以求弘教之情。則知理會之必同，不惑眾塗而駭其異。若能覽三報以
觀窮通之分，則尼父之不答仲由，顏冉對聖匠而如愚，皆可知
矣。……又三業殊體，自同有定報。定則時來必受，非祈禱之所移，

---

50   《大正藏》經 2102，卷 5，頁 31。

智力之所免也。將推而極之，則義深數廣，不可詳究，故略而言之。相參懷佛教者，以有得之。世或有積善而殃集，或有凶邪而致慶。此皆現業未就，而前行始應。故曰禎祥遇禍，妖孽見福。疑似之嫌，於是乎在。何以謂之然？或有欲匡主救時，道濟生民。擬步高跡，志在立功。而大業中傾，天殃頓集。或有棲遲衡門，無悶於世。以安步為輿，優遊卒歲。而時來無妄，運非所遇。世道交淪，於其床習。或有名冠四科，道在入室。全愛體仁，慕上善以進德。若斯人也，含沖和而納疾，履信順而夭年。此皆立功、立德之舛戀，疑嫌之所以生也。大義既明，宜尋其對。對各有本，待感而發。逆順雖殊，其揆一耳。[51]

　　此論屬報應之說，文中有詳細分論。業有三報：一曰現報，二曰生報，三曰後報。業指人的行為、言語和思想活動。業有三種性質：善、惡和無記。無記指非善非惡。人們依業之不同，而得不同之報應。所謂現報，就是今生作業，今生便受報應；生報是今生作業，下一世受報應；後報是今生作業，經二生三生、百生千生而受報應。報應之所以有先後，是由於受報應要通過人心。心對事物有所感受，才有反應活動。感應有快慢，所以報應有先後。慧遠大師針對時人積善而殃集、凶邪而致慶之事實，提出質問。強調現業未就，而前行始應。善人受禍，惡人受福，是其前世行為所得之報應。至於今生之報應，則視業之情形，而有不同之果報。

　　慧遠大師通達儒、佛之道，對二家學說之分野，亦能融合貫通。故雷次宗、宗炳等學者，皆聞風而歸附焉！

四、六朝諸儒多藉佛理疏釋儒家經傳

　　六朝時代，佛學研究益趨精細深微，名僧大德所撰之經論注疏甚多。儒家亦相仿效，為聖賢經傳撰述義疏。變更兩漢訓詁之說，作更深入之解

---

[51]　《大正藏》經 2102，卷 5，頁 34。

說。此乃儒學之一大轉變也。

　　自魏晉以來，佛教如春日花木，方興未艾。廬山慧遠兼通儒、佛，使儒家思想和佛教思想，互相濡沫。清‧沈善登（1830～1902）《報恩論》云：

> 以佛理入儒書，蓋始於魏、晉。今《易》、《論語》注疏及《皇侃義疏》可證。此亦所謂入而俱化，不自覺知。苟足發明，雖聖人復起，亦不責也。[52]

　　茲舉〈先進篇〉：「子畏於匡，顏淵後。子曰：『吾以汝為死矣！』曰：『子在，回何敢死！』」梁‧皇侃《論語義疏》引庾翼《論語釋》云：

> 顏子未能盡窮理之妙。妙有未盡，則不可以涉險津；理有未窮，則不可冒屯路。故賢不遭聖，運否必隱；聖不值賢，微言不顯。是以夫子因畏匡而發問，顏子體其旨而仰酬。稱入室為指南，起門徒以出處。豈聖賢之誠言，互相與起予者也。[53]

　　此段注文，其思維方式，大率出自《維摩詰經》之思想。文中之概念，是將孔子與顏回都視為聖賢，而非一般凡俗之人。故以「互相與起予」作為兩人對話之涵義。

　　《新校本梁書‧伏曼容傳》，敘述伏曼容擅長以經解經。其《周易集解》「蠱‧元亨」注云：

> 蠱，惑也。萬事由惑而起，故以蠱為事也。案《尚書大傳》云：「乃命五史，以書五帝之蠱事。」然為訓者，正以太古之時，無為無事也。今言蠱者，是卦之惑亂也。時既漸澆，物情惑亂，故事業因之以

52　《卍字續藏》冊110，卷1，頁245。
53　《論語集釋》，卷23，頁684。

起惑矣。故《左傳》云:「女惑男,風落山,謂之蠱。」是其義也。[54]

上文中,「萬事由惑而起」一語,乃從佛教「無明緣起」蛻出。又《尚書正義‧序》,孔穎達疏云:

> 道本沖寂,非有名言。既形以道生,物由名舉。則凡諸經史,因物立名物有本形,形從事著聖賢闡教。事顯於言,言愜羣心,書而示法。既書有法,因號曰書。……且言者意之聲,書者言之記。是故存言以聲意,立書以記言。故《易》曰:「書不盡言,言不盡意。」是言者,意之筌蹄,書言相生者也。[55]

又唐‧賈公彥《儀禮注疏‧序》云:

> 道本沖寂,非言無以表其疏;言有微妙,非釋無能悟其理。是知聖人言曲事,資注釋而成。[56]

以上所引孔穎達、賈公彥之說,「道本沖寂」一辭,為道家之語。可見儒家疏解經書,往往雜以佛、道之說。蓋在佛、道盛行之時,若不如是解經,即不易為人理解也。

又梁楊都建初寺釋僧佑撰《弘明集》,記載晉‧孫綽〈喻道論〉。將儒、佛二家,以內學、外學,內教、外教作為區分,以說佛家。儒家書中,亦沿用不諱。「外儒內佛」,其云:

> 周、孔即佛,佛即周、孔。蓋外內名之耳。……周、孔救極弊,佛教明其本耳。共為首尾,其致不殊。[57]

---

[54]　《新校本梁書》,卷48,頁662-663。
[55]　《尚書正義》,卷1,頁5。
[56]　《儀禮注疏》,卷1,頁2。
[57]　《大正藏》經2102,卷3,頁16。

　　大唐西明寺沙門釋道宣撰《廣弘明集》又記載北周‧道安《二教論‧歸宗顯本第一》，對儒、釋之分內外，有更清楚之說明，其云：

> 救形之教，教稱為外；濟神之典，典號為內。是以《智度》有內外兩經，《仁王》辯內外二論，《方等》明內外兩律，《百論》言內外二道。若通論內外，則該彼華、夷。若局命此方，則可云儒、釋。釋教為內，儒教為外。[58]

　　至於儒家經典，如《論語‧先進篇》：「季路問事鬼神。子曰：『未能事人，焉能事鬼。』曰：『敢問死』。曰：『未知生，焉知死。』」梁‧皇侃《論語義疏》云：

> 外教無三世之義，見乎此句也。周、孔之教，唯說現在，不明過去未來。[59]

　　前引諸文中，皆以儒家為外教，非皇侃一人之說。當時已多以佛教為內教，儒家為外教。乃至疏解經傳之儒者，亦不免作如是稱矣。推其原因，魏、晉以還，玄釋思想盛行，名士如王羲之、殷仲堪等儒士，既奉道教，又習佛法，可謂儒、道兼綜。高僧如支遁既讀儒經，復著道家《莊子‧逍遙遊義辨》；盧山慧遠少習儒書，尤善《老》、《莊》，並治道書。可謂儒、釋、道三家之學，皆研入深境，故言佛理，三教之義理，能各有相應也。

五、南朝時儒佛並弘而不相忤

　　宋武帝受晉禪，其子文帝，甚好學。元嘉中，以儒、玄、史、文四學為官學，建儒學館於北郊，命雷次宗立儒學，命丹陽尹何尚之立玄學，太

---

[58]　《大正藏》經 2103，卷 8，頁 136。
[59]　《論語義疏》，卷 22，頁 658。

子率又令何承天立史學，謝元立文學，總稱為四學。打破玄學在思想界之主導地位，使儒學在南朝開始走上了復興之道路。其中雷次宗、何尚之，皆釋門之淨土信眾，亦是儒學之名家。又其時之文士，如謝靈運、顏延之等，並篤信佛法，作有關佛教之詩文甚多。《南齊書‧高帝本紀》云：

> 太祖資表英異，龍顙鍾聲，鱗文遍體。如是類次宗立學於雞籠山，太祖年十三受業，治《禮》及《左氏春秋》。[60]

又《南齊書‧武十七王》云：

> 五年（竟陵文宣）王位司徒，給班劍[61]二十人，侍中如故。移居雞籠山，集學士抄五經、百家，依《皇覽》例，為《四部要略》千卷。招致名僧講語佛法，造經貝新聲。道俗之盛，江左未有也。[62]

此言南齊太祖蕭道成時，儒學稱盛；及武帝（460～494）時，荊州名士劉虯（437-495），研精佛理，曾述道生頓悟成佛等義。子竟陵文宣王蕭子良時，除做《四部要略》千卷之外，又門下有興皇寺法朗、長干寺智辯、禪眾寺慧勇、棲霞寺慧布四人，都長於三論。又嘗請柔、次二法師於普弘寺共講《成實》，大致通勝，冠蓋成陰。其時儒、佛兩家之學，並盛於江左。

梁武帝雖因佞佛而亡國，但其為好學之君，於儒、佛兩家，並相弘倡。當時有沈重者，博覽群籍，尤精儒家《詩》、《禮》之學與釋典，亦無不通涉。著述《詩禮疏義》凡百餘卷。武帝命於紫殿講三教義，道俗聽眾二千餘人。士大夫沈約等與僧人結成「千僧會」。

梁時，皇侃貶抑儒學。《論語‧公冶長》：「子貢曰：『夫子之文章，可得而聞也。夫子之言性與天道，不可得而聞也已矣』」梁‧皇侃

---

[60]　《新校本南齊書》，卷1，頁3。
[61]　班劍，指儀仗。
[62]　《新校本南齊書》，卷40，頁698。

《論語義疏》云：

> 文章者，六籍也。六籍是聖人之筌蹄，亦無關於魚兔矣。六籍者，有
> 文字章著，煥然可修耳目，故云：「夫子之文章，可得而聞也。」[63]

　　皇侃義疏引莊子語，說子貢之所以發此感慨，乃由六經之典籍，是聖
人之遺文，只修耳目，無關孔子深微之意旨。但孔子深微之意旨為何？皇
侃並未說明。皮錫瑞《經學歷史》云：

> 如皇侃之《論語義疏》，名物制度，略而弗講。多以老、莊之旨，發
> 為駢儷之文，與漢人說經，相去懸絕。此南朝經書之僅存於今者，即
> 此可見一時風尚。[64]

　　此言皇侃之《論語義疏》，是採用老、莊之說，闡發其意旨。未如漢
人說經，多說理精微，甚至名物制度，亦多論述。湯用彤《魏晉玄學論
稿·言意之辨》亦云：

> 漢代經學，依於文句。故樸實說理，而不免拘泥。魏世以後，崇尚玄
> 遠。雖頗乖於聖道，而因得意，思想言論乃較為自由。[65]

　　南朝儒學，因受道家思想，以及玄學之影響，以較自由之方式，詮釋
經書。造成解經之文，與漢儒相去甚遠。故唐代以後，經書之義理，較不
採用南朝學者之說。而由孔穎達等撰述《五經正義》，作為士子研讀經之
文本，其來有自。

---

[63]　《儒藏》〈精華編〉冊 104，頁 290。
[64]　《經學歷史》，卷 6，頁 176。
[65]　《湯用彤學術論文集》，頁 217-218。

六、梁武帝篤信佛教又注疏儒典

梁武帝蕭衍（464～549），字叔達，小字練兒。南蘭陵中都里人（今江蘇常州市武進區西北）。南朝梁開國君主，廟號高祖。蕭衍本南齊宗室，亦是蘭陵蕭氏之世家子弟，出生於秣陵（今南京），少年時受儒家教育，是文學名士竟陵八友之一。南齊中興二年（502），齊和帝禪位蕭衍，建立梁朝，即位四十八年，改善前朝留下之弊政，並整理文史書籍，晚年多次出家，並資助佛教發展，導致國庫空虛，在侯景之亂時亡。在位時間近四十八年。享年八十六歲。

梁武帝稱帝後，即下《舍事道法詔》，歸信佛教。大唐西明寺沙門釋道宣譯《廣弘明集》詔書云：

> 維天監三年四月八日，梁國皇帝蘭陵蕭衍稽手和南，十方諸佛、十方尊法、十方聖僧。伏見經云，發菩提心者，即是佛心。其餘諸善，不得為喻。能使眾生出三界之苦門，入無為之勝路。故如來漏盡智凝成覺，至道通機，德圓取聖。……度眾生於苦海，引含識於涅槃。登常樂之高山，出愛河之深際。言乖四句，語絕百非。應跡娑婆，……若不逢遇大聖法王，誰能救接？在跡雖隱，其道無虧。弟子經遲迷荒，耽事老子。歷葉相承，染此邪法。習因善發，棄迷知返。今舍舊醫，歸憑正覺。願使未來生世，童男出家，廣弘經教。化度眾生，同共成佛。寧可在正法中，長淪惡道，不樂依老子教，暫得生天。涉大乘心，離二乘念。正願諸佛菩薩攝受。蕭衍和南。[66]

此言梁武帝篤信道家，現在反邪就真，捨道歸佛。是因為佛教能使眾生出三界之苦門，入無為之勝路。而梁武帝自己未來之世，希望能以童男出家，以大乘心廣弘經教，度化眾生，共取成佛正覺之路。並宏願入諸地獄，普濟群萌。惟稱道教為邪法，不樂依老子教，暫得生天之說。

---

[66]　《廣弘明集》，卷4，頁112。

其實，梁武帝對儒、釋、道兼涉之說，有所說明，《廣弘明集·述三教詩》云：

> 少時學周孔，弱冠窮六經。孝義連方冊，仁恕滿丹青。踐言貴去伐，為善在好生。中復觀道書，有名與無名。妙術鏤金版，真言隱上清。密行遺陰德，顯證在長齡。晚年開釋卷，猶月映眾星。苦集始覺知，因果方昭明。不毀惟平等，至理歸無生。分別根難一，執著性易驚。窮源無二聖，測善非三英。大椿徑億尺，小草裁云萌。大雲降大雨，隨分各受榮。心想起異解，報應有殊形。差別豈作意，深淺固物情。[67]

此詩中梁武帝自謂少時學周、孔，弱冠窮六經；又謂中年復觀道書，老、莊有名與無名；晚年開釋卷，猶月映眾星。可見武帝學習之歷程是先儒、中道、後佛，可謂集三教於一身。其中晚學釋教，與前詔書所言天監三年棄道學佛不一致，是存疑之處。故晚年指自己學佛最晚，而非晚年。

梁武帝對儒家思想之弘揚，有很大之貢獻。據《梁書·武帝紀下》云：

> 修飾國學，增廣生員，立五館，置五經博士。……於是穆穆恂恂，家知禮節。……於是四方郡國，趨學向風，雲集於京師矣。[68]

此言梁武帝當時，儒學稱盛。同時，梁武帝還親自著作或注疏儒家典籍。《梁書·武帝紀下》云：

> （梁武帝）文思欽明，能事畢究。少而篤學，洞達儒玄。雖萬機多務，猶卷不輟手。燃燭側光，常至戊夜。造《制旨孝經義》、《周易講疏》、及六十四卦、二《繫》、《文言》、《序卦》等義，《樂社義》、《毛詩答問》、《春秋答問》、《尚書大義》、《中庸講

疏》、《孔子正言》、《老子講疏》，凡二百餘卷，並正先儒之迷，
開古聖之旨。……天監初，則何佟之、賀瑒、嚴植之、明山賓等覆述
制旨，并撰吉凶軍賓嘉五禮，凡一千餘卷。……又造《通史》，躬製
贊序，凡六百卷。天情睿敏，下筆成章。千賦百詩，直疏便就，皆文
質彬彬，超邁今古。詔銘贊誄、箴頌牋奏。爰初在田，泊登寶歷。凡
諸文集，又百二十卷。六藝備閑，棋登逸品。陰陽緯候，卜筮占決，
並悉稱善。[69]

　　此言武帝在儒學上，用力甚勤。不僅在五經上皆有著述，在《通史》
上，亦加著墨，甚至道家之《老子》、陰陽緯候，卜筮占決、棋藝等，亦
涉及之。故武帝對儒學，實有匡濟之功。《廣弘明集・淨業賦序》云「朕
布衣之時，惟知禮義。」[70]至於弘揚儒、道之學，應在登基之後。

　　在佛教方面，梁武帝不論釋典、講經之時，聽眾無數。《梁書・武帝
紀下》云：

　　（梁武帝）兼篤信正法，猶長釋典，製《涅槃》、《大品》、《淨
　　名》、《三慧》諸經義記，復數百卷。聽覽餘閑，即於重雲殿及同泰
　　寺講說，名僧碩學，四部聽眾，常萬餘人。[71]

　　此言梁武帝雖貴為天子，猶親自參與佛經之義記，講經時，聽眾常萬
餘人。同時，又重視淨土業，在天子之時，仍過著清苦如僧侶之生活。
《廣弘明集・淨業賦序》又云：

　　及至南面，富有天下。遠方珍饈，貢獻相繼。海內異食，莫不畢至。
　　方丈滿前，百味盈俎。乃方食輟箸，對案流泣。恨不得以及溫清，朝
　　夕供養。何心獨甘此膳，因爾蔬食，不噉魚肉。雖自內行，不使外

---

[69]　《新校本梁書》，卷3，頁96。
[70]　《廣弘明集》，卷29，頁336。
[71]　《新校本梁書》，卷3，頁96。

知。……誰知我不貪天下，唯當行人所不能行者。今天下有以知我心。復斷房室，不與嬪侍同屋，四十餘年矣。[72]

此言梁武帝面對珍饈異食，卻因不能供養雙親，每日食蔬食，不噉魚肉。此與佛教五戒似無關係。至於不與嬪侍同屋，又於皇帝廣蓄侍妾不合。表示武帝表面是帝王生活，實際上欲淨除惡障，行淨業之行，以達到自性涅槃之境界。

七、北魏太武帝、北周武帝滅佛，佛教受到重創

北朝佛教，經北魏太武帝及北周武帝滅佛，佛教之元氣大傷。北魏太武帝自太平真君七年（446）下詔滅佛，至其駕崩（452）為止，共六年。史稱「太武滅佛」。

北魏太武帝拓跋燾原本崇尚佛教。據北齊魏收（506～572）撰《魏書・釋老志》記載：

世祖初即位，亦遵太祖、太宗之業，每引高德沙門，與共談論。於四月八日，輿諸佛像，行於廣衢，帝親御門樓，臨觀散花，以致禮敬。[73]

北魏太宗時，遵太祖之業，佛、道並重。太武帝初即位時，亦能禮敬沙門。其後則由佛轉道之經過，《魏書・釋老志》云：

世祖初即位，亦遵太祖、太宗之業。每引高德沙門，與共談論。於四月八日輿諸佛像，行於廣衢。帝親御門樓，臨觀散花，以致禮敬。……世祖即位，銳志武功，每以平定禍亂為先。雖歸宗佛法，敬重沙門，而未存覽經教，深求緣報之意。及得寇謙之道，帝以清淨無為，有仙化之證，遂信行其術。時司徒崔浩，博學多聞，帝每訪以大

---

[72] 《廣弘明集》，卷29，頁336。
[73] 《新校本魏書》，卷114，頁3034。

事。浩奉謙之道，尤不信佛，與帝言，數加非毀，常謂虛誕，為世費
害。帝以其辯博，頗信之。[74]

由上敘述，太武帝初即位時，能與沙門談論佛理，禮敬有加。後受寇
謙之、司徒崔浩之影響。轉信道教。《魏書‧世祖紀下》記載：

（太平真君）三年，春，正月甲申，帝至道壇，親受符籙，備法駕，
旗幟盡青。[75]

從太武帝至道壇，親受符籙，備法駕，旗幟盡青等語。可知太武帝已
深信道教清淨無為，能仙化之說。太炎年間，由於沙門眾多，詔罷年五十
以下者，令其還俗。四四〇年，太武帝改元為太平真君，對佛教已存偏
見。五年（444）九月，誅殺政變未遂之僧領玄高、慧崇等人。六年
（445）春，正月，下詔曰：

愚民無識，信惑妖邪。私養師巫，挾藏讖記、陰陽、圖緯、方伎之
書，又沙門之徒，假西戎虛誕，生致妖孽。非所以壹齊政化，布淳德
於天下也。自王公以下，至於庶人，有私養沙門、師巫、及金銀工巧
之人在其家者，皆遣詣官曹，不得容匿。限今年二月十五日，過期不
出，師巫、沙門身死，主人門誅。明相宣告，咸使聞知。[76]

七年（446），太武帝西征，抵達長安，見到佛寺僧侶多破戒，釀酒、
匿藏兵器、淫亂婦女，數以萬計贓賄之物，密室等。司徒崔浩要求滅佛。
三月，下詔曰：

有司宣告征鎮諸軍、刺史，諸有佛圖形像及胡經，盡皆擊破焚燒，沙

---

[74]　《新校本魏書》，卷 114，頁 3035。
[75]　《新校本魏書》，卷 4，頁 94。
[76]　《新校本魏書》〈太祖本紀〉，卷 4，頁 97。

門無少長悉坑之。……土木宮塔，聲教所及，莫不畢毀矣。[77]

　　此次坑殺長安沙門，擊破焚燒佛圖形像及胡經。並命留守平城之太子拓跋晃執行滅佛。太子素敬佛道，頻上表陳刑殺沙門之濫，非圖像之罪。土木丹青，遭受毀滅。如是再三呈請，仍不允許。太子乃緩宣詔書，使遠近皆豫聞知，得各為計。四方沙門，多亡匿獲免。在京邑者，亦蒙全濟。金銀寶像及諸經論，得秘藏之。而土木宮塔，聲教所及，則莫不盡毀矣。

　　此次滅佛，表面上是太武帝崇道滅佛，實際上是胡漢相爭。當時佛教之支持者是鮮卑貴族，漢士族崔浩企圖藉崇道崇儒，以及修史等舉措，對鮮卑政權進行漢化。鮮卑貴族深恨崔浩，而拓跋燾本人亦對崔浩漢化政策產生懷疑，最終崔浩被處死、族滅，崔浩之姻親河東柳氏、范陽盧氏，慘遭滅門。崔浩死後，太武帝失股肱重臣。正平二年（452）二月，宦官宗愛謀殺太武帝，立南安王拓跋余為帝，十月，又殺拓拔余。大臣劉尼、源賀等立太武帝之孫拓跋濬繼位，是為文成帝。文成帝下詔恢復佛法，佛教得以恢復。

　　北周武帝滅佛，自建德三年（574），至其駕崩（578），共五年。史稱「建德毀佛」。北周武帝比較重視儒學。據《周書·武帝紀上》記載建德二年（573）十二月癸己：

集羣臣及沙門、道士等。帝升高座，辨釋三教先後，以儒教為先，道教為次，佛教為後。[78]

　　次年，開始對佛、道限制，詔令禁斷佛、道二教。《周書·武帝紀上》云：

初斷佛、道二教，經像悉毀，罷沙門、道士，並令還民。並禁諸淫

---

[77]　《新校本周書》〈太祖本紀〉，卷4，頁83。
[78]　《新校本周書》，卷5，頁83。

祀，禮典所不載者，盡除之。[79]

　　周武帝將北周境內之寺廟及所屬土地、貨產全部沒收，充作軍國費用，百餘萬僧侶及僧抵戶，佛圖戶皆編入均田戶，合齡丁男入軍隊。當時權臣宇文護崇佛，對北周長期弱於北齊，遂欲以佛教消弭胡漢差異，達到統合人心，吸收財富之目的。宇文邕時，北周逐漸強大。滅北齊後，慫恿武帝滅佛。《續高僧傳・淨影寺釋慧遠傳》云：

> 愚民嚮信，傾竭珍財，廣興寺塔。既虛引費，不足以留。凡是經象，盡皆廢滅。父母恩重，沙門不敬。勃逆之甚，國法豈容。並退還家，用崇孝始。朕意如此，諸大德謂理何如？[80]

　　周武帝滅佛，廢滅經象，沙門還家。雖經淨影寺慧遠法師據理力爭，並未成功。又據唐龍朔元年於京師西明寺實錄《集古今佛道論衡》記載：

> 帝已行虐三年，關隴佛法，誅除略盡，既克齊境，還淮毀之。爾時魏齊東川，佛法崇盛，見成寺廟，出四十千，並賜王公，充為第宅。五眾釋門，減三百萬。皆復軍民，還歸編戶。融刮佛像，焚燒經教。三寶福財，簿錄入官。登即賞賜，分散蕩盡。[81]

　　經過北周武帝滅佛之後，北方佛教遭到嚴重摧殘。《續高僧傳・靜藹傳》記載：

> 數百年來官私佛法，掃地並盡。融刮聖容，焚燒經典。禹貢八州，見成寺廟，出四十千，並賜王公，充為第宅。三方釋子，減三百萬，皆復軍民，還歸編戶。三寶福財，其貨無數，簿錄入官，登即賞賚，分

---

[79]　《新校本周書》，卷 5，頁 88。
[80]　《大正藏》經 2060，卷 8，頁 490。
[81]　《大正藏》經 2104，卷 1，頁 17。

散蕩盡。[82]

北朝二武滅佛，對佛教產生了重大之影響，其後繼位者北周宣帝崇信佛教，立即頒佈復佛詔，使佛教得以迅速恢復。並逐步修復往時所毀寺塔。佛像經論，皆復得顯。

八、北齊顏之推兼奉儒佛兩教之行

北齊顏之推（531～591），瑯琊臨沂（今山東臨沂）人。生於梁武帝大通三年，卒於隋開皇十一年，享年六十一歲。祖籍鄒魯，東漢關內侯顏盛之後。出生於江陵（今湖北江陵）士族家庭。七歲時，能誦讀《魯靈光殿賦》。十二歲時，聽講老、莊之學，因虛談非其所好，還習《禮》、《傳》。侯景之亂爆發，顏之推被俘，為侯景行台郎中王則相救，未被殺害，囚送建康。承聖元年（552），侯景敗死，獲釋還江陵。西魏攻陷江陵，再次被俘，遷移長安；後出逃北齊，出逃之日，值河水暴漲，具船將妻子來奔，經砥柱之險。北齊宣帝天保八年（557），北周兵陷晉陽，之推出任平原太守，守河津。北周大象末（579），徵為御史上士。隋朝開皇中，太子楊勇召為學士，甚見禮重。開皇十一年（591），以疾卒。

顏之推在生活上，好飲酒，多任縱，不修邊幅。但博覽群書，爲文辭情並茂。之推任官四朝。依其自敘所云：「予一生而三化，備荼苦而蓼辛。」歎息自己「三爲亡國之人。」著有《顏氏家訓》，是北朝後期重要之散文作品。《北齊書》本傳載《觀我生賦》，亦為賦作之名篇。

顏之推對於儒、釋二教，並相宗奉。其態度與孫綽、宗炳相同。其所著《顏氏家訓・歸心篇》論述其歸心釋教，信佛、護佛之觀點，其云：

> 內外兩教，本為一體。漸極為異，深淺不同。內典初門，設五種禁。
> 外典仁義禮智信，皆與之符。仁者，不殺之禁也；義者，不盜之禁

也；禮者，不邪之禁也；智者，不酒之禁也；信者，不妄之禁也。至
於畋狩軍旅，燕饗刑罰，因民之性，不可卒除。就為之節，使不濫淫
耳。歸周、孔而背釋宗，何其迷也！[83]

顏之推認為儒學與佛教本為一體，只是有深淺漸極之不同。王利器注
引《廣弘明集》十八謝靈運〈辨宗論〉云：

> 釋氏之論，聖道雖遠，積學能至。累盡鑑生，不應漸悟。孔氏之論，
> 聖道既妙，雖顏殆庶，體無鑑周，理歸一極。[84]

文中對釋、孔之論，皆稱聖道。認為釋氏之論，必須積學能至，非一
蹴可即。又《周書‧薛善傳》言其弟慎云：

> 太祖雅好談論。並簡名僧深識玄宗者一百人，於第內講說。又命慎
> 人，兼學佛義，使內外俱通。由是四方競為大乘之學。[85]

由此可知，北周朝廷對儒家六經及子史之學，與佛教大乘之學，皆並
重之。

顏之推〈歸心篇〉又談論「戒殺」一事，云：

> 儒家君子，尚離庖廚。見其生不忍其死，聞其聲不食其肉。高柴、折
> 像，未知內教，皆能不殺，此乃仁者自然用心。含生之徒，莫不愛
> 命；去殺之事，必勉行之。[86]

此言之推引孟子言君子遠庖廚之語，不忍殺生；孔子弟子高柴及長，
不殺生；東漢折像，不殺昆蟲。皆表示贊同佛教之戒殺，愛惜眾生之生

---

[83]　《顏氏家訓集解》，卷 5，頁 339。
[84]　《顏氏家訓集解》，卷 5，頁 341。
[85]　《新校本梁書》，卷 35，頁 624。
[86]　《顏氏家訓集解》，卷 5，頁 366。

命。同時以為佛教之五戒，與儒家之五常相同，故對儒、佛二家，同樣宗奉不疑。至於出家，則不必剃落鬚髮。其云：

> 內教多途，出家自是一法耳。若能誠孝在心，仁惠為本，須達、流水，不必剃落鬚髮。[87]

顏之推認為儒佛兩教，本為一體。就如《梁書・徐勉傳》云：「以孔、釋二教殊塗同歸。撰《會林》五十卷」[88]但不必出家，只要心存誠孝，以仁惠為本。不必剃落鬚髮。

上言顏之推兼奉儒、佛二道，但無出世之思想。故在篇末又云：

> 君子處世，貴能克己復禮，濟時益物。……汝曹若觀俗計，樹立門戶。不棄妻子，未能出家。但當兼脩戒行，留心讀誦，以為來世資糧。人生難得，勿虛過也。[89]

之推行事，仍循儒家克己復禮之態度，依禮而行。不必學佛教出家。人生難得，不可出家苦行，虛度歲月。

第三節　隋唐時期之儒家與佛家思想

隋文帝楊堅出生於馮翊（陝西大荔縣）般若寺，受天佛所佑，登基以後，以黎民為念。《資治通鑑》評其性猜忌，不悅學，卻廣建寺塔，度僧尼，寫佛經，交僧侶，修佛經。其實是藉佛教以致太平。煬帝楊廣昏荒殘暴，亦效法其父，受菩薩戒，修習大乘佛學。其實見其苛虐百姓，荒淫殘暴，學佛只是愚民之假相。故隋末農民起義，王朝隨即覆滅。

---

[87]　《顏氏家訓集解》，卷 5，頁 366。
[88]　《新校本梁書》，卷 25，頁 387。
[89]　《顏氏家訓集解》，卷 5，頁 363-364。

　　隋代儒家有王通精研六經，並通佛學。佛教則發展寺院經濟，譯經不多。但佛經總數，依《隋書・經籍志》記載，大小乘經典，包含經、律、論，達一千九百五十部，六千一百九十八卷。

　　唐代儒、佛並興。儒士經科舉入朝為官。朝廷喜用明經科出身之儒生，故儒家一直為官吏必讀之經典。佛教經漢、魏、晉、南北朝以來之發展，空無寂滅之道，已深植人心，並發展為大乘佛學。一時宗派有毗曇、俱舍、成實、三論、天台、華嚴、法相、淨土、律宗、淨土、密宗、禪宗等十一宗，毗曇宗統一各家經論，為小乘正宗；俱舍宗言五蘊、界品，明無我之理；成實宗以空解脫生死輪迴之苦；三論宗以《中論》、《百論》、《十二門論》，發揚大乘之教；天台宗倡《法華》經義，以一心三觀、一念三千、圓融三論，以顯中道思想；華嚴宗以事理無礙法界觀，盡圓融之極致；法相宗言心外無境，萬法唯識；淨土宗奉行念佛法門，即念阿彌陀佛，發願往生極樂淨土；律宗以戒律斷煩惱、制邪非；密宗言秘密真言，以明即事而真之理。禪宗以心傳心，明心見性，世稱教外別傳。

　　唐初高祖惑於傅奕之說，排斥佛教。法琳作〈破邪論〉，慧乘作〈辯正論〉，群臣亦以佛教興自累朝，宏善遏惡，理無廢棄。唐太宗時，儒佛並重。一方面獎掖儒學，置弘文館，設孔子廟；下詔令孔穎達等撰《五經正義》，以平南北經義之爭。貞觀十九年，玄奘三藏法師自印歸來，法相宗興起。曾斥責信佛之大臣，又流放法琳等人。晚年以為佛經莫測高深，命祕書省手寫新翻經九部流傳。

　　武后時代，儒、佛並重，自己篤信佛教，佛教空前繁榮，不僅修建大量寺廟，塑造許多佛像。譯經數量十分龐大。又派使者往于闐求取《華嚴經》，並請譯者翻譯，促使華嚴宗興起。同時重視科舉，提拔經學人才，國家清明安定。玄宗時，佛教興盛。荊溪倡行之天台宗、善無畏、一行、金剛智、不空等傳譯密教經典，密宗興起。然當時文士皆志在科舉，潛心詩文。故唐代詩人有王維、李白、杜甫，文學有韓愈、柳宗元、白居易等，文學光輝燦爛，儒學浸衰。武宗時，遭會昌法難，佛教受到重創。後宣宗篤信佛教，佛教隨即復興。

　　唐代文人中，王維晚年思想空寂，長齋奉佛，詩中亦富禪理。李翱

〈復性書〉三篇，深受《大乘起信論》、《圓覺經》影響，更表現其援佛入儒之思想。韓愈一生，篤好儒學，推崇周、孔、孟之說，佐翼六經，卻排斥佛教，視為異端邪說。柳宗元統合儒、釋思想，為北宋理學之先導。白居易博覽佛典，但篤信禪宗，晚年轉向信仰彌勒淨土。

一、隋代王通儒佛並重

　　王通（584～617），字仲淹，隋河東郡龍門縣通化鎮（今山西省萬榮縣通化鄉）人。生於隋文帝開皇四年，卒於煬帝大業十三年。享年三十四歲。其父王隆，曾於隋開皇初，以國子博士待詔雲龍門，向隋文帝奏《興衰要論》七篇。故王通家學淵源，自小受到儒學之薰染。《中說・立命篇》有「夫子十五為人師」之記載。可見王通少年時期，即精通儒學。文帝仁壽四年（604）西游長安，見隋文帝，奏《太平十二策》，主張尊王道，推霸略、稽今驗古，不為當政者採納。由於同鄉薛道衡推薦，授蜀郡司戶書佐、蜀王侍郎。王通並不滿意，不久就棄官歸鄉，以著書講學為業，不復出仕。

　　王通棄官歸鄉後，潛心鑽研儒家之六經。曾經受《書》於東海李育、學《詩》於會稽夏典，問《禮》於河東關子明，正《樂》於北平霍汲，考《易》於族父仲華。不解衣者六年，其精志如此。又作《王氏六經》，或稱《續六經》。開始在河汾之間（今山西黃河與汾水之間）白牛溪聚徒講學，門人自遠而至，常以百數，時稱「河汾門下」。唯河南董恒、南陽程元、中山賈瓊、河東薛收、太山姚義、太原溫彥博、京兆杜淹等十餘人為俊穎，而以姚義慷慨，方之仲由；薛收理識，方之莊周。此記載大體可信。後世附會唐初名臣房玄齡、杜如晦、魏徵、李靖、薛收等，皆從受業，顯然是偽造。

　　王通主要著作有《中說》十卷，是其子及弟子纂錄其遺言而成。又模仿孔子作《禮論》、《樂論》、《續詩》、《續書》、《元經》、《贊易》，合稱《王氏六經》。今存《元經》一書，題王通撰。至於〈薛收傳〉，阮逸注，實出於偽造，前入辨之已明。又《中說》，應為其自作。

通死後，其門人諡稱「文中子」。其孫王勃，為初唐文學「四傑」之一。

王通，《隋書》無傳，新、舊《唐書》王績、王勃、王質傳中，雖均曾提及，然皆極簡略，僅稱其為隋末大儒而已。

王通為學，以紹承孔子之道自任。然於佛學，亦未嘗不尊重研考。如《文中子·周公篇》云：

> 或問佛。子曰：「聖人也。」曰：「其教如何？」曰：「西方之教也。中國則泥軒車不可以適越，冠冕不可以之胡，古之道也。」[90]

此言王通稱佛為聖人，至其教化，則屬西方之教。中國人泥而不化，其實中國與印度之禮樂文明不同。古人以為天子之軒車不可往南越，冠冕不可以往北胡，皆禮教不同之緣故。又云：

> 子曰：「《詩》、《書》盛而秦世滅，非仲尼之罪也；虛玄長而晉室亂，非老、莊之罪也；齋戒脩而梁國亡，非釋迦之罪也。《易》不云乎！苟非其人，道不虛行。」[91]

此言各朝代都有其興亡之因素，不可一概而論。如秦亡非仲尼之罪，晉亂非老、莊之罪，梁亡非釋迦之罪。王通雖深崇佛教，但信佛因人而異，各有不同之修行方法。至於為國者，應致力於治國安民。如梁武帝捨身去國，則不可取也。又《文中子·問易篇》云：

> 程元曰：「三教何如？」子曰：「政惡多門矣。」曰：「廢之何如？」曰：「非爾所及也。」[92]

程元問文中子儒、釋、道三教如何？文子以為政治有許多種惡處，程

---

[90]　《文中子》，卷4，頁32。
[91]　《文中子》，卷4，頁34。
[92]　《文中子》，卷5，頁38。

元問可否廢除惡政，文子以為推翻暴虐之政權，不是你所能做到之事。在朝廷之下，一般人微不足道，豈能與官府爭鬥。又云：

> 子讀《洪範讜議》曰：「三教於是乎可一矣！」程元、魏徵進曰：「何謂也？」曰：「使民不倦？」[93]

此言儒、釋、道三教不可廢，可以統一於儒教。因為《周易‧繫辭下》云：「神農氏沒，黃帝、堯、舜氏作，通其變，使民不倦，神而化之，使民宜之。易窮則變，變則通，通則久。是以自天祐之，吉无不利。」[94]只要知所變通，三教可融於一。又云：

> 豈獨三教而已哉！夫通變之謂教，執方之謂器。通其變，天下無弊法。執其方，天下無善教。[95]

此言儒、釋、道三教，不可偏廢。要在執事者通其變而應用之。初唐名臣，如房玄齡、杜如晦等，皆崇護佛學，王通已導其先機矣！

二、唐代佛教各宗並興，高僧輩出，獲得空前發展

佛教在六朝蔚然興起，深浸人心。唐代益見開展，十一宗並興，高僧輩出。如智儼、法藏、妙興華嚴；吉藏大師，宏通三論；智顗、灌頂，闡揚天台；智首、道宣，開啟律宗；玄奘、窺基，演弘法相；神秀惠能，盛啟禪門；道綽、善導，大倡淨土；無畏、不空，廣宣密教。此八宗皆大乘宗派；另有成實宗、俱舍宗、毗曇宗三宗為小乘宗派。以上開啟各派之宗師，除密教外，皆是中土賢哲。若非六朝時期，西來高僧之弘導，不會有如此崇高之成就。再加上譯學發達，中土高僧在佛學之造詣，已臻上乘境

93　《文中子》，卷5，頁39。
94　《周易正義》，卷8，頁167。
95　《文中子》，卷5，頁40。

界，才使唐朝佛教日臻繁盛。

在歷代佛教發展之過程中，高僧眾多，信眾誠篤，未有過於唐代者。在譯經方面，玄奘譯經七十五部，一千三百二十五卷；義淨譯經六十一部，二百三十九卷。此皆唐代高僧自印度攜經歸來所譯之業績，至於西土大德來華傳譯者，有實叉難陀、菩提流志、地婆訶羅、善無畏、不空等數十人，所譯經典近千卷。此外疏論之文，亦空前隆盛。中土佛教之興盛，未有盛於唐代者。

唐初佛教極盛於北方，以國都長安為中心。法相宗之宗師玄奘、華嚴宗之宗師法藏，同時得勢；天台宗則獨秀於東南，但不能與法相、華嚴抗衡。

武后至玄宗時期，法相、華嚴漸衰，而神秀之北派禪，大盛於京洛。安史之亂後，北派禪衰微，而惠能之南派禪宗興盛於江南，融和華嚴，侵逼天台，成為佛學之正宗。

唐代前期天台宗之傳法世系有東土九祖，即龍樹、慧文、慧思、智顗‧灌頂、智威、慧威、玄朗、湛然。其中智顗（538～597）是天台宗之創始者。灌頂以下皆是繼承者。主要經典是《法華經》。

天台宗最基本之思想是真如緣起論。認為世界是永恆之心。天台智者大師說《妙法蓮華經玄義》云：「三界無別法，唯是一心作。」[96]但智者大師所說之心，不是凡心，而是真如，也就是真心。南嶽思大禪師曲授心要《大乘止觀法門》云：

> 一一眾生心體，一一諸佛心體。本具二性，而無差別之相。一味平等，古今不壞。但以染業熏染性故，即生死之相顯矣。淨業熏淨性故，即涅槃之用現矣。[97]

此言眾生與諸佛所共具之心體，有染、淨兩種性體。染是真如被煩惱妄想熏習，而生世間種種生死之相；淨是真如不被熏染而成聖之相。由此

---

[96]　《妙法蓮華經玄義》經 1716，卷 2，頁 693。
[97]　《大乘止觀法門》經 1924，卷 1，頁 646。

知生死與涅槃取決於一心。天台智者大師說《妙法蓮華經玄義》云：

> 其一法者，所謂實相。實相之相，無相不相。不相無相，名為實相。
> 此從不可破壞真實得名。又此實相，諸佛得法，故稱妙有。妙有雖不
> 可見，諸佛可見，故稱真善妙見。實相非二邊之有，故名畢竟空。空
> 理湛然，非一非異，故名如如實相寂滅，故名涅槃。覺了不改，故名
> 虛空。佛性多所含受，故名如來藏。寂兆靈知，故名中實理心。不依
> 於有，亦不附無，故名中道。最上無過，故名第一義諦。如是等種種
> 異名，俱名實相。[98]

此言法華之心法，有所謂實相。此實相是真實之義。諸佛可見，稱真
善妙見。如實相寂滅，名為涅槃。佛性多所含受，故名如來藏。不依於
有，亦不附無，故名中道。而本體不空。雖具足而自性空寂，所謂真空不
礙妙有，妙有不礙真空。若言其有，妙有非有；若言其空，真空不空。離
一切相，即一切法，故如《華嚴經》講一真法界、《楞嚴經》講如來藏，
一真法界、如來藏是實相，實相是佛與眾生都具有之真如本性。實相一講
就該明瞭，其實不易明瞭。實相有「無相」之實相、「無不相」之實相。
「無相不相是無不相」之實相，包含一切諸法。就佛法而言，就是真如佛
性。

其次，天台宗又從認識論上，提出「一念三千、一心三觀。」天台智
者大師說《摩訶止觀》云：

> 夫一心具十法界，一法界又具十法界、百法界。一界具三十種世間，
> 百法界即具三千種世間。此三千在一念心。若無心而已，今爾有心，
> 即具三千。[99]

此言三千在一念心，一念心中具十法界，十法界是天、人、阿修羅、

---

[98]　《妙法蓮華經玄義》經1716，卷8，頁783。
[99]　《大正藏》經1911，卷5，頁67。

地獄、惡鬼、畜生、聲聞、緣覺、菩薩、佛。每一法界都有自身之屬性，如相、性、體、力、業、因、果、緣、應、本末究竟。此十法界同一心性，宋四明沙門知禮述《十不二門指要鈔》云：

> 若示一念，統攝諸法，則顯諸法同一真性。故釋籤云「俗即百界千如，真則同居一念。」須知同一性故，方能同居一念故。以同居一念，用顯同一真性。非未便將一念名為真諦。……此性圓融，遍入同居剎那心中。……以三千同一性故，故總在一念也。[100]

此言一念能具三千，必須同一真性。方能同居一念。同居一念，用顯同一真性。故此一念，即圓融之真性。

又天台宗主張之「一心三觀」，是依其所觀法，確立空、假、中三諦。又依其所觀智，確立空、假、中三觀。三諦具足，只在一心；三觀具足，亦在一心。然二者有何區別？天台沙門湛然述《止觀義例》云：

> 問：「一心三觀與三觀一心，二文何別？」答：「一心三觀即是假，三觀一心即是空。非三非一即是空。」……此是佛法大體，又是一家要門。[101]

一心三觀及三觀一心，是天台宗觀察世界，發現萬境唯一心，而空、假、中三諦。天台智者大師《摩訶止觀》云：

> 一空一切空，無假中而不空，總空觀也；一假一切假，無空中而不假，總假觀也；一中一切中，無空假而不中，總中觀也。[102]

此言一切法即空、即假、即中。觀因緣所生法是初門，初門即是空；

---

[100] 《大正藏》經 1928，卷上，頁 710。
[101] 《大正藏》經 1913，卷下，頁 456。
[102] 《大正藏》經 1911，卷 1，頁 1。

一空一切空，即是第二門；此初門即假，一假一切假，即是第三門；此初
門即中，一中一切中，即是第四門。初門既是三門，三門即是一門。一門
分為四門，理無隔別，亦即圓教四門。菩薩由假入空，一空一切空，不僅
生死空也。凡夫由空入假，於眾生無益也。

　　天台宗又講止觀，止是禪定。觀是智慧。兩者是修行定、慧，自利利
人之方法。天台智者大師說《修習止觀坐禪法要・具緣第一》云：

> 若夫泥洹之法，入乃多途。論其急要，不出止觀二法。所以然者，止
> 乃伏結之初門，觀是斷惑之正要；止則愛養心識之善資，觀則策發神
> 解之妙術；止是禪定之勝因，觀是智慧之由借。若人成就定慧二法。
> 斯乃自利利人，法皆具足。故《法華經》云：「佛自住大乘，如其所
> 得法，定慧力，莊嚴，以此度眾生。」當知此之二法，如車之雙輪，
> 鳥之兩翼。若偏修習，即墮邪倒。故經云：「若偏修禪定福德，不學
> 智慧，名之曰愚；偏學知慧，不修禪定福德，名之曰狂。」狂愚之
> 過，雖小不同。邪見輪轉，蓋無差別。若不均等，此則行乖圓備。何
> 能疾登極果？[103]

　　此言修行止觀，是泥洹大果之要門，行人修行之勝路。終得圓滿之旨
歸，無上極果之正體也。可接引學者登上正道之階梯。修止觀是安心之智
慧，可斷三惑，即見思惑、塵沙惑、無明惑。證三智，即一切智、道種
智、一切種智。見空、假、中三諦，可使心通向大智大慧。故心為諸法之
本也。

　　次言三論宗，其傳世法系依序為龍樹、鳩摩羅什、僧肇（或道生）、
懸濟、僧朗、僧詮、法朗、吉藏。其中吉藏（549～623）是實際創始者。
其基本思想為一切皆空，即諸法之真實本性為空。此空為緣起自性空。吉
藏《十二門論・觀因緣門疏》云：

---

[103]　《大正藏》經 1915，卷 1，頁 462。

因緣生法無自性，無自性故畢竟空。自性空從本以來空，非佛作，亦非余人作。諸佛為可度眾生，說是畢竟空。

吉藏認為一切皆空，而此空為畢竟空、自性空、本以來空。現有之萬物為假名，是因緣幻化之假象。為破一切法，龍樹菩薩造姚秦鳩摩羅什譯《中論·觀因緣品》中提出「八不說」，云：

不生亦不滅，不斷亦不常，不一亦不異，不來亦不出。能說是因緣善滅諸戲論。我稽首禮佛，諸說中第一。[104]

此八不就在總破一切法，有言萬物從大自在說、有言從韋紐天說、有言從和合生、有言從時生、有言從世性生、有言從變生、有言從自然生、有言從微塵生。佛陀欲斷此邪見，說十二因緣。一切法不生不滅，不一不異，畢竟空無所有。其他六事，亦是不生不滅意。

吉藏又提出「二諦論」，二諦是世俗諦與第一義諦。龍樹菩薩造姚秦鳩摩羅什譯《中論·觀四諦品》云：

世俗諦者，一切法性空。而世間顛倒故，生虛妄法，於世間是實。諸賢聖真知顛倒性，知一切法皆空無生，於聖人是第一義諦，名為實。諸佛依是二諦，而為眾生說法。[105]

此言眾生應分別二諦，若謂一切法皆空無生，不須俗諦，是不能如實知甚深佛法。就如不能正觀空。因為空有世間空與出世間空，方知萬物之生滅。若云世間空，則無四聖諦。眾生因緣具足和合而生，是物屬眾因緣，故無自性。佛陀欲引導眾生，以假名說。離有無二邊，故名中道。

「中道」是三論宗之基本思想，不論八不、二諦，都以「中道」為中心。要把握中道，應從心外無塵著手。吉藏《百論序疏》云：

---

[104] 《大正藏》經 1564，卷 1，頁 1。
[105] 《大正藏》經 1564，卷 4，頁 32。

實由心計塵，而心外無塵。以心為本，以塵為末。[106]

此言中道要以心為本，「塵」是塵垢，能染污情性。六塵有內六塵、外六塵之分。眼、耳、口、鼻、舌等六根，相應於六塵，而升起六識，六識能生起「貪、瞋、痴」三毒，此「三毒」能害善根，損減功德，導致眾生纏縛於生死苦海之中。

吉藏認為應該破塵想，塵想即是無明。見塵即有淨與不淨之想。從無明生顛倒，生貪瞋。若能悟塵本空，則無明滅。無明滅，則不起淨不淨。由此，不起貪瞋，不起業苦，便得解脫。龍樹菩薩造姚秦鳩摩羅什譯《中論‧成壞品》云：

若未以眼見，而有生滅者。則為是癡妄，而見有生滅。[107]

此言以眼見而有生滅，是愚癡顛倒。若知第一義中實無生滅，則心外實無有色。菩薩從初發心至於佛地，皆做無塵識觀。

三論宗之結論是「無情有性」，此說天台宗九祖湛然已提出。吉藏則依據龍樹菩薩造後秦龜茲國三藏法師鳩摩羅什奉詔譯《大智度論‧釋初品中到彼岸義》云：

一切法皆無生，何但未來無生，如一時義中，已破三世，三世一相，所謂無相。如是則無生相。復次無生，名為涅槃。以涅槃不生不滅故，涅槃者，末後究竟，不復更生。以是故佛說一切法皆是無生際。[108]

此言三世一相，皆為無相。無生相，名為涅槃。涅槃是末後究竟，不復更生。故佛說一切法皆是無生際。由此中生無情，僅有真如佛性。

次言法相宗，依其師承，有無著、世親、陳那、護法、戒賢、玄奘、

---

[106]《大正藏》經 1827，卷 1，頁 237。
[107]《大正藏》經 1564，卷 3，頁 28。
[108]《大正藏》經 1509，卷 33，頁 303。

窺基。其中玄奘是法相宗之創立者。基本之思想是「阿賴耶識論」、「種子說」。護法等菩薩造三藏法師玄奘譯《成唯識論》云：

> 由假說我法，有種種相傳。彼依識所變，此能變唯三。[109]

此論開宗明義說明佛法是由假立，非實有性。法相隨緣而異，皆依識轉變。若識有我，定非實我，乃我執所致。將虛幻說為實有，是阿賴耶識之作用。其變有三，即異熟、思量、及了別境識。也就是第六、七、八識。《成唯識論》又深入解說其理。云：

> 變為識體，轉似二分。……或似內識，轉似外境。……諸識生時，變似我法，此我法相。雖在內識，而由分別似外境現。諸有情類，無始時來，緣此執為實我、實法。如患夢者，患夢力故。心似種種外境相現。緣此執為實有外境。愚夫所計實我實法，都無所有。但隨妄情而施設故，說之為假。[110]

此言人類妄情，將我法相執著為實我、實法，其實都無所有，稱之為假。就如患眼病或做夢之人，愚夫視為實有之外境一般。

人類之第八識阿賴耶識，含藏各類「種子」。故《成唯識論》引經頌云：

> 由攝藏諸法一切種子識，故名阿賴耶。[111]

此言第八識阿賴耶能攝藏諸法之一切種子。前言「異熟」識，乃含藏於阿賴耶中之善、惡種子成熟時，就會招感六道中之果報。因為阿賴耶識中有兩種種子，有漏種子和無漏種子，有漏種子生世間法，使人陷入生死

---

[109] 《大正藏》經 1585，卷 1，頁 1。
[110] 《大正藏》經 1585，卷 1，頁 1。
[111] 《大正藏》經 1585，卷 1，頁 14。

輪迴，無法解脫；無漏種子生出世間法，是成佛之種子。

唯識宗在八識之基礎上，玄奘提出「轉識成智」，即八識皆可轉變為成佛之智慧。依唯識理論，前七識執著有「我」，會產生煩惱障；執著有「法」，會產生所知障。若破除二執，法轉為空，就可以從生死輪迴中解脫，進入涅槃境界。不過要斷除有漏種子，去除邪見薰染，達到真如境界，就要不斷修行，才能增長無漏種子，成就解脫。

次言華嚴宗，傳法世系有法順、智儼、法藏、澄觀、宗密。實際創建者為法藏（549～623）。其基本思想為「法界緣起論」。

法界緣起即是真如緣起，華嚴宗將法界稱為宇宙萬有之本體。魏國西寺沙門法藏述《華嚴經明法品內立三寶章·法界緣起章》云：

> 夫法界緣起為礙容持，如帝網該羅，若天珠交涉，圓融自在，無盡難名。略以四門指陳其要。一緣起相由門，二法性融通門，三緣性雙顯門，四理事分無門。[112]

此將法界緣起比喻為帝釋天宮殿中之羅網天珠，光彩輝映，圓融自在。又以緣起相由門，法性融通門，緣性雙顯門，理事分無門四門，說明圓融自在之理。清涼山大華嚴寺鎮國沙門澄觀述《大華嚴經略策》亦云：

> 此經以法界緣起、理實因果、不思議為宗也。法界者，是總相也，包事包理及無障礙，皆可軌持，具於性分；緣起者，稱體之大用也；理實者，別語理也；因果者，別名事也。……由斯自在，靡所不通。唯證相應，故超言念。包含無外，盡是經宗。論其義趣，覽之成觀，速證佛果。[113]

此言《華嚴經》以法界緣起、理實因果、佛不思議法為宗旨。法界是一經之玄宗，包含事法界、理法界、理事無礙法界、事事無礙法界。皆可

---

[112] 《大正藏》經 1874，卷下，頁 620。
[113] 《大正藏》經 1737，頁 702。

軌持，具於性分；緣起者，體之大用，即法界大緣起門。理實因果，即理與事也。《華嚴經》中，論及十信圓妙、十波羅蜜、普賢十運、悲智雙流、止觀雙運、圓融行布、佛不思議等，都以證相應，超越言念，覽之可速證佛果。

　　《華嚴經》主張「萬法歸一」。法藏將世界上一切之存在，統稱為法。前言事法界、理法界、理事無礙法界、事事無礙法界等四法界，若合理事無礙，二而無二，無二即二，是為法界。若性相不存，為理法界；不礙事相宛然，是事法界。可見事理可相容，而不相礙，是萬法歸一之道理。

　　但若與緣起性空之說相融，則為「一心緣起」之說。京大薦福寺沙門法藏述《華嚴義海百門・緣生會寂門》云：

> 塵是心緣，心是塵因。因緣和合，幻相方生。由是緣生，必無自性。何以故？今塵不自緣。必待於心。心不自心。亦待於緣。今塵不自緣，必待於心。心不自心，亦待於緣。由相待故，則無定屬緣生。以無定屬緣生，則名無生。非去緣生說無生也。[114]

　　此言緣起萬有，即諸法皆從緣起，無緣即不起。因緣皆非外有，以心為緣。故塵為心緣，心是塵因。塵緣必待於心，心亦待於緣。心與緣相待，故原屬無生，因緣而生塵也。塵從緣起立，塵起而有生滅之相。如心能去塵相而入空無，則心寂靜而入真如矣。

　　次言律宗，律宗重視戒律。遠祖為印度優婆離尊者。中國戒律始於魏明帝時，天竺沙門曇柯迦羅至洛陽，宣揚戒律開始。

　　佛陀說法之時，即制定戒律。其後宗派衍生分歧，多達二十餘派。所用戒律由原始戒律，逐漸不一。我國譯出之戒律，大乘有《菩薩戒經》、《梵網經》等，小乘有《十誦律》、《四分律》、《五分律》、《摩訶僧祇律》等。

---

[114]　《大正藏》經 1875，頁 702。

　　我國僧伽受戒，大抵依據《四分律》，故律宗亦以《四分律》為主。《四分律》為姚秦時佛陀耶舍譯出。北魏孝文帝（471～479）時，法聰律師於平城（今山西省大同市）開講此律，其弟子道覆作《四分律疏》六卷。其後，光統律師（468～537）作《四分律疏》百二十紙，開律宗之先河。其後門人道云、道暉、洪理、懸隱撰《四分律疏》九卷。其後不斷修改，至智首（567～635）又撰《四分律疏》。

　　唐有南山道宣、相部法礪（569～635）、東塔懷素（625～698）三派。其中道宣以小乘律釋通大乘，光大律學，為律宗之開創者。

　　律宗規定比丘凡二百五十戒，比丘尼凡三百四十八戒，稱為具足戒。又初修十戒曰沙彌，完成二百五十具足戒者為大僧。

　　戒律又分四科。一曰戒法，指佛陀所制定之各種戒律；二曰戒體，指佛弟子從師受戒之法體；三曰戒行，指佛弟子受戒時依律法之行為；四曰戒相，指佛弟子持戒堅定而顯現於外之相。學佛者應先持戒，再以禪定、智慧破除煩惱。故不論大乘、小乘，皆以戒為戒、定、慧為三學之首。

　　次言禪宗，其傳承本有西天二十八祖與東土五祖。西天二十八祖較多附會，東土五祖是以達摩（？～536）為初祖，依據《楞伽師資記》所記述之法系為：求那跋陀羅、菩提達摩、慧可、僧燦、道信、弘忍、神秀、普及、惠能。創立禪宗者為惠能。宋左街天壽寺通慧大師撰《宋高僧傳·惠能傳》記載：

　　　釋惠能，姓盧氏，南海新會人也。……父既少失母且寡居。家亦屢空，業無膴產。能負薪矣日售荷擔。偶聞廛肆間誦《金剛般若經》，能凝神屬垣，遲遲不去。問曰：「誰邊受學此經？」曰：「從蘄州黃梅馮茂山忍禪師勸持此法。」云：「即得見性成佛也。」能聞是說，若渴夫之飲寒漿也。……略有姑無盡藏恆讀《涅槃經》。能聽之即為尼辨析中義。怪能不識文字。乃曰：「諸佛理論若取文字，非佛意也。」尼深歎服。……明日遂行，至樂昌縣西石窟。依附智遠禪師侍座談玄。遠曰：「行者迢非凡常之見龍。吾不知之甚矣。」勸往蘄春五祖所印證去，吾終於下風請教也。未幾造焉，忍師睹能氣貌不揚，

試之曰：「汝從何至？」對曰：「嶺表來參禮。唯求作佛。」忍曰：「嶺南人無佛性。」能曰：「人有南北，佛性無南北。」曰：「汝作何功德？」曰：「願竭力抱石而舂，供眾而已。如是勞乎井臼。」……武太后孝和皇帝，咸降璽書。詔赴京闕，蓋神秀禪師之奏舉也。續遣中官薛簡往詔。復謝病不起。子牟之心敢忘鳳闕。遠公之足不過虎溪，固以此辭。非邀君也。遂賜摩納袈裟一、緣缽一口、編珠織成經巾，綠質紅暈，花綿巾絹五百匹，充供養云。又舍新興舊宅為國恩寺焉。……以先天二年八月三日俄然示疾。異香滿室，白虹屬地。飯食訖沐浴更衣，彈指不絕。氣微目瞑，全身永謝。爾時山石傾墮，川源息枯。鳥連韻以哀啼，猿斷腸而叫咽。或唱言曰：「世間眼滅吾疇依乎！」春秋七十六矣。[115]

禪，意為靜思。達摩來華講禪，自稱傳佛心印，以覺悟眾生心性為依歸。傳至神秀、惠能，成「北漸」、「南頓」兩支。後惠能取代北宗，為禪宗創始者。其基本思想為「頓悟成佛」。頓悟是通過修禪之工夫，找回自性而成佛。風旛報恩光孝禪寺住持嗣宗比丘宗寶編《六祖大師法寶檀經‧行由第一》云：

> 大師告眾曰：「善知識！菩提自性，本來清靜。但用此心，直了成佛。……何期自性本自清淨？何期自性本不生滅？何期自性本自具足？何期自性本無動搖？何期自性能生萬法？」[116]

此言一切萬法，不離自性。應識本心，見自本性，則萬法無滯，萬境自如如。如如即是菩薩之真實本性，則何其本性不具足耶？

惠能認為「無念」、「無相」、「無住」，可成佛性。風旛報恩光孝禪寺住持嗣宗比丘宗寶編《六祖大師法寶檀經》云：

---

[115] 《大正藏》經 2061，卷 8，頁 754-755。
[116] 《大正藏》經 2008，頁 347-349。

我此法門，從上以來，先立無念為宗，無相為體，為住為本。[117]

　　此言於諸境上心不染，曰無念，亦即於自念上長離諸境，不於境上生心；外離一切相，名為無相。能離於相，即法體清淨；心無束縛，名為無住。亦即對冤親，不以言語觸刺欺爭。心念真如本性，六根雖有見聞覺知，不染萬境，而真性常自在也。

　　次言淨土宗。淨土宗始自菩提流支，傳曇鸞、道綽、善導。信奉念佛法門，發願往生極樂淨土。淨土眾多，有東方阿閦佛之妙喜世界、上方之香積眾相淨土，東方藥師佛之琉璃光世淨土，西方阿彌陀佛之極樂淨土。此皆諸佛、菩薩之功德所成就之淨土。

　　淨土宗之念佛，源自《大乘起信錄》。其後曹魏天竺三藏康僧鎧譯《佛說無量壽經》彌陀四十八願中，第十八願云：

設我得佛，十方眾生，至心信樂，欲生我國，乃至十念，若不生者，不取正覺。[118]

　　阿彌陀佛發此大願，而修持此法門者，若依信、願、行一門深入，念阿彌陀佛，至一心不亂。迴向往生，便不退轉。唐太宗貞觀年間，唐沙門善導大師著《觀無量壽經疏》四卷，發揚淨土宗，淨土宗遂盛傳於中土。

　　善導大師又作《往生禮讚偈》，對念佛極為重視，云：

若能念念相續，畢命為期者，十即十生，百即百生。何以故？無外雜緣得正念故，與佛本願得相應故，不違教故，隨順佛語故。[119]

　　此言念念相續，畢命為期之意，就是做到一心不亂，有往生極樂之心志。臨終時，阿彌陀佛將與諸聖眾，現在其前，即得往生極樂淨土。此說

---

[117] 《大正藏》經 2008，頁 353。
[118] 《大正藏》經 360，頁 268。
[119] 《大正藏》經 1980，頁 438。

許多大乘佛典，如《阿彌陀經》、《華嚴經》、《法華經》、《楞嚴經》、《無量壽經》、《觀無量壽佛經》、《寶積經》、《悲華經》、《十疑論》、《大乘起信論》、《往生論》等十餘部經典，都有相關之敘述。

念佛之法，有持名念佛、觀想念佛、實相念佛三種。修行者隨因緣而定。持名念佛最為常見，可依《般舟三昧經》之〈念佛三昧〉。東晉慧遠在廬山東林寺結白蓮社，修持名念佛，要求觀想佛之色身相好，即三十二相、八十種好，達到「心一境性」，獲得念佛三昧；觀想修行是憑藉多聞薰修之智慧，觀想西方淨土，則六根所見皆行樹、寶持、水風、飛鳥，隨觀隨現。如《觀無量壽佛經》中有十六觀法，可於禪定中見阿彌陀佛，及十方諸佛修行之法；實相念佛是觀自身及一切法之實相。此法無形無相，猶如在虛空之中。進而達到心、佛、眾生平等之法，則與佛相應，是為真念。後兩法較不易理解，觀行深細，一般修行者較少。

次言密宗。密宗依秘密真言，亦名真言宗。案佛教有三身之說，即法身、報身、應身三身。法身為體，報身為相，應身為用。釋迦牟尼佛為應身佛，毗盧遮那佛為法身佛。釋迦牟尼佛所說種種經典為顯教，毗盧遮那佛所說祕密大法為密教。

密宗傳入中國甚久，自不空譯《金剛頂經》後，始集其大成。不空弟子眾多，密宗大為盛行。日本空海為不空再傳弟子，為日本密宗之祖，所傳之密宗，又稱東密；西藏喇嘛教自印度傳入，稱為藏密。

密宗經典《大日經》在唐玄宗開元年間，印度善無畏來華譯出。又《金剛頂經》，由印度金剛智來華摘譯《金剛頂瑜伽》中，略出《念誦法》四卷。不空在金剛智死後，又前往印度覓得《大日經》與《金剛頂經》完本，來華重譯。完成《金剛頂經》三卷。

《大日經》言胎藏界曼荼羅。胎藏界，理也。曼荼羅，意為「輪圓具足」或「壇」，印度僧人修法時，往往築壇。壇中之設置，及圖畫之佛像，稱為曼荼羅。以曼荼羅圖畫之佛、菩薩、諸天等，相融相入，就含有圓滿之真理，故稱「輪圓具足」。又以自我為中心，縮小至自我之肉體，及肉團心（心臟），稱為胎藏界曼荼羅。

《金剛頂經》言金剛界曼荼羅。金剛界，智也。以自我為中心，擴大至宇宙之一切，為一大曼荼羅。又稱為金剛界曼荼羅。

由上可知，密宗之修行，是以法身佛自受法樂為宗旨，並重在實踐。不論自誦咒，或供養設壇，皆有一定之儀式。此種法則，稱為事相。至於事相所表顯之秘密奧旨，稱為教相。最後所顯現之宗旨是「即事而真」。意即明白一切萬有之宇宙與自身，即為「輪圓具足」之大曼荼羅。如此，則自我之肉體手足等，即為佛之身體手足。若能徹悟此旨趣，自可「即事而真」。

總論唐代佛學前期之中心在北方，代表為法相宗；後期佛學中心南移，代表為南禪。法相宗與禪宗之修持法不同。法相宗是極端繁瑣之哲學；南禪則摒棄儀式，不立文字，直指本心。一念相應，便成正覺。看似禪宗較易成佛，其實頓悟要從漸修，修持日久，事理無礙，外塵不染，方能頓悟成佛。

三、唐代儒家與佛教分流，但儒士多兼習佛典

唐代基本上是儒、釋、道三教並存，而以儒家思想為官方正統學術。初唐對儒學大力提倡，提拔各方優秀之儒者，共同研討儒家經典之奧義。並將儒家之經學理論和處理政事之實務相結合，科舉考試採以經書取士，由孔穎達奉詔撰《五經正義》，包括《周易正義》十四卷、《尚書正義》二十卷、《毛詩正義》四十卷、《禮記正義》七十卷、《春秋左傳正義》三十六卷。其中《周易》用魏王弼、晉韓康伯注；《尚書》用梅頤本，漢孔安國傳；《詩經》用漢毛亨傳、鄭玄箋；《禮記》用鄭玄注；《左傳》用晉杜預注。以上注疏，為儒生讀經之定本，可謂承繼漢、魏、晉、南北朝經學之大成。

安史之亂後，政治日趨敗壞。在藩鎮跋扈，宦官擅權，朋黨相爭，外族侵逼之下，社會秩序崩亂，儒學日趨衰落。其時，蕭穎士、李華等人，明確地提出文體復古之觀念，即為文效法魏、晉以前，創立一種駢散相間，句式靈活，適合闡揚儒家思想之新文體。再加上李翱、韓愈、柳宗元

諸子，更高唱古文運動，試圖復興衰頹之儒學。

　　但觀察唐代儒士，處在佛學盛行之時代，多兼習佛教經典。如顏師古、王勃、李華、裴休、李翺、王維、李白、張說、韓愈、顏真卿、梁肅、柳宗元、劉禹錫、權德輿、杜鴻漸等，無不與佛僧交往，且薰習佛法。

　　唐代有儒門學者，出家為僧者。如荊溪湛然、圭峯宗密、馬祖道一、雪峰義存、丹霞天然、巖頭全奯、雲門文偃諸師。宋・張方平（1007～1091）云：

　　　　儒門淡泊，收拾不住，皆歸釋氏。[120]

　　又如盛唐王維，是佛教虔誠之信仰者。其《夏日過青龍寺謁操禪師》詩云：

　　　　龍鍾一老翁，徐步謁禪宮。欲問義心義，遙知空病空。山河天眼裏，世界法身中。莫怪銷炎熱，能生大地風。[121]

　　此詩中提到「義心義」即「第一義」，是性空之異名。至於「空病空」姚秦三藏鳩摩羅什譯《維摩詰所說經》云：

　　　　我及涅槃，此二皆空。以何為空？但以名字，故空。如此二法，無決定性，得是平等，無有餘病。唯有空病，空病亦空。[122]

　　王維對性空之思想，體悟極為深刻。佛法以「空」標示實相。龍樹菩

---

[120] 宋志磐《佛祖統紀》卷 45 記載：「荊公王安石問文定張方平曰：『孔子去世百年而生孟子，後絕無人，或有之而非醇儒。』方平曰：「豈為無人，亦有過孟子者。」安石曰：「何人？」方平曰：「馬祖、汾陽、雪峰、岩頭、丹霞、雲門。」安石意未解。方平曰：「儒門淡薄，收拾不住，皆歸釋氏。」安石欣然嘆服。
[121] 仇兆鰲《杜詩詳注》，卷 7，頁 129。
[122] 《大正藏》經 475，卷中，頁 545。

薩造姚秦鳩摩羅什譯《中論·觀四諦品》云：「未曾有一法，不從因緣生。是故一切法，無不是空者。」[123]龍樹依因緣生法，眾緣具足和合而言，故無自性。無自性故空。為引導眾生故，以假名說。離有無二邊，故名中道。中道不執著於空，若一切空，則無有生滅，亦無四聖諦之法。王維深入性空思想之最深處，就是勘破空，而不執著於空。

盛唐詩人杜甫是儒家道德之楷模，一直以儒立身。嘗言「每飯不忘君」，奉守儒家積極用世之思想。然而，杜甫之詩文中，亦不乏皈依佛教之心願。其《謁文公上方》詩云：

王侯與螻蟻，同盡隨丘墟。願聞第一義，回向心地初。[124]

聖者龍樹造姚秦龜茲國三藏鳩摩羅什譯《大智度論》解釋「第一義」云：「第一義相者，無作、無為、無生、無相、無說，是名第一義，亦名性空，亦名諸佛道。」[125]此言佛法第一義是諸法性常空。杜甫希望通過性空法，從五陰性空做起，成一切種智，斷煩惱，以發阿耨三藐三菩提心，以成阿羅漢果。同時，將功德迴向眾生。

中唐詩人白居易，棲心釋教，通小乘、大乘諸佛法。其《讀禪經》一詩云：

須知諸相皆非相，若住無餘卻有餘。言下忘言一時了，夢中說夢兩重虛。空花豈得兼求果，陽焰如何更覓魚。攝動是禪禪是動，不禪不動即如如。[126]

此言現象界空無實體，各種現象之存在，皆是空幻不真。修行者只有勘破假相，方能見到真如實相。故姚秦天竺三藏鳩摩羅什譯《金剛般若波羅蜜經》中，佛告須菩提云：「凡所有相，皆是虛妄。若見諸相非相，即

---

[123] 《大正藏》經1564，卷4，頁33。
[124] 《杜詩詳注》，卷11，頁949。
[125] 《大正藏》經1509，卷90，頁694。
[126] 《白居易集箋校》，卷25，頁1699。

見如來。」[127]又關於「攝動是禪禪是動，不禪不動即如如。」之意，《傳法堂碑》記載，白居易向馬祖道一弟子興善惟寬問法：

> 「無修無念，亦何異於凡夫耶？」師曰：「凡夫無明，二乘執著，離此二病，是名真修。真修者，不得勤，不得妄。勤即近執著，妄即落無明。」[128]

白居易接受此一思想，其言：「攝動是禪禪是動，不禪不動即如如。」即是從無修無證而悟如如實相。一旦有所執著，就違性空之意，無法成就佛果。故在《感悟妄緣題如上人壁》云：「有營非了義，無著是真空。」[129]

佛門中，亦有會通儒學者，如權德輿《百巖大師碑銘》記載章敬寺百巖禪師，以佛理闡明《中庸》誠明近性之道；權德輿《信州南巖草衣禪師宴坐記》記載南巖草衣禪師言返靜於動，復性於情之理。柳宗元《宋元十八山人南遊序》記載河南元生，學通孔佛，會異為同。以上諸例，皆言唐代禪師之中，亦有內外會通，援佛入儒，以擴張儒學義理者，對開拓宋明理學之前路而言，實有導引之功。

四、唐太宗儒佛並重，文士則致力於詩文，儒學浸衰

唐太宗獎勵儒學，置弘文館，招天下名儒為學官，選文學之士為學士。貞觀四年（630），唐太宗下令各地學宮，必須設孔子廟，建立「依學立廟」之制度，至此孔子廟普設於各地。

據《舊唐書·褚亮傳》，太宗平定天下後，開始留意儒學。曾聚集杜如晦、房玄齡、于志寧、蘇世長、劉孝孫、褚亮、姚思廉、陸德明、孔穎達、李玄道、李守素、虞世南、蔡允恭、顏相時、許敬宗、薛元敬、蓋文

---

[127] 《大正藏》經 233，頁 749。
[128] 《白居易集箋校》，卷 41，頁 2691。
[129] 《白居易集箋校》，卷 32，頁 2173。

達、蘇易等十八位著名學者,「討論墳籍,商略前載。」[130]作「十八學士寫真圖」,藏之書府,以張禮賢之重。

又鑒於南北朝以來,經義論爭,久而莫決。為求學說之統一,使顏師古校正五經之脫誤。《新唐書‧儒學傳序》記載太宗:

> 帝又雠正五經繆缺,頒天下。示學者與諸儒,粹章句為義疏,俾久其傳。[131]

還對前朝之皇侃、熊安生、沈文阿、何晏等學者之子孫「並加引擢」。尤其是貞觀二十一年,頒發詔書,舉左丘明、卜子夏、公羊高、穀梁赤、伏勝、高堂生、戴聖、毛萇、孔安國、劉向、鄭眾、杜子春、馬融、鄭玄、服虔、何休、王肅、杜預、範寧等二十一人,謂「用其書,行其道,宜有以褒大之,自今並配享孔子廟廷。」[132]

又下詔令孔穎達等撰《五經正義》,成《周易正義》十卷、《尚書正義》二十卷、《毛詩正義》二十卷、《禮記正義》六十三卷、《左傳正義》六十卷。《五經正義》釐訂後,南北學說之論爭乃絕。

當時佛教興盛,太宗貞觀十五年五月十四日,太宗以「皇帝菩薩戒弟子」身份,於宏福寺為其母施齋,發願文曰:

> 惟以丹誠,歸依三寶,謹於弘福道場,奉施齋供。並施淨財,以充檀舍。用其功德,奉為先靈。[133]

太宗即位後,未實行高祖之毀法詔令,但對於弘法之限制,仍很嚴厲。貞觀元年(627),下詔令執行武德年間之規定,京師留寺四所,僧人千名;各州留寺一所,僧人三十名。貞觀初,下敕有私度者,處以極刑。可見太宗並未誠心獎挹佛教。

---

[130]《新校本舊唐書》,卷22,頁2583。
[131]《新校本新唐書》,卷123,頁5636。
[132]《新校本新唐書》,卷123,頁5636。
[133]《全唐文》,卷10,頁124。

貞觀二十年（647），太宗下詔貶斥信佛之大臣，並謂蕭瑀不可出家。據《舊唐書・蕭瑀傳》記載：

> 至於佛教，非意所遵。雖有國之常經，固弊俗之虛術。何則？求其道者，未驗福於將來；修其教者，翻受辜於既往。至若梁武窮心於釋氏，簡文銳意於法門。傾帑藏以給僧祇，殫人力以供塔廟。及乎三淮沸浪，五嶺騰煙。假餘息於熊蹯，引殘魂於雀鷇。子孫覆亡而不暇，社稷俄頃而為墟，報施之徵，何其繆也。[134]

太宗對信佛之大臣，只是斥責而已。也未採納傅奕、秦世英等毀佛之動議，只是將法琳等人進行流放。不過，為玄奘所提供之譯場，已遠不如前秦、後秦、及隋朝。

太宗晚年禮佛，玄奘弟子慧立作《大唐大慈恩寺三藏法師傳》云：

> 帝少勞兵事，纂歷之後，又心存兆庶。及遼東征伐，櫛沐風霜。旋斾以來，氣力頗不如平昔，有憂心之慮。既遇法師，遂留心八正，墙塹五乘，遂將息平復。[135]

太宗讀過《瑜伽師地論》後，深深感到佛經瞻天望海，莫測高深。下令秘書省手寫新翻經九部，頒賜九州，輾轉流通。

太宗在位時，儒、佛並盛，但一般文士，則志在科舉，潛心詩文。故唐代詩有王維、李白、杜甫、白居易、元稹等，文則有韓愈、柳宗元、白居易等，文學如日中天，光輝燦爛，儒學浸衰。

五、武則天篤信佛教與儒家思想

武則天（624～705），并州文水（今山西臨汾縣東北）人。生於唐高

---

[134] 《新校本舊唐書》，卷 63，頁 2403。
[135] 《大正藏》冊 50，頁 2053。

祖武德七年，卒於唐中宗神龍元年。享壽八十二歲。初為太宗才人，太宗崩，於感業寺削髮為尼。高宗時，復蓄髮入宮。旋立為后。高宗崩，臨朝稱制。廢中宗，立睿宗。又廢睿宗，自立為帝，改國號為周，時年六十七歲。即位後，恣意淫虐，殺唐宗室，任用酷吏來俊臣等。晚年張柬之、崔玄暐等，趁其寢疾，迫禪位中宗，尊號則天大聖皇帝，尋死。諡號則天皇帝。

武則天在位時期，佛教空前繁榮。大量修建寺廟，塑造佛像。譯經量十分龐大，參與者有實叉難陀、地婆訶羅、義淨、菩提流志等。佛教徒眾多，除當朝士大夫外，百姓中亦有大量信徒，甚至部分道士都改信佛教。

武則天宣稱自己是「轉輪王」之君主，更進一步地宣傳自己就是佛。在稱帝之前，載初元年（690），武則天利用佛教之《大雲經》[136]，讓沙門薛懷義、法朗等九人，襲用曇無讖之舊譯本（417 年於北涼譯出），造《大雲經疏》，巧加附會，說武則天是彌勒佛下生，作閻浮提主，來為自己宣傳。並於每州置大雲寺，共三五八座，皆賜紫袈裟銀龜袋，僧上千人，頒《大雲經》於天下。

長壽二年（693），印度來華僧人菩提流志與薛懷義等人，於洛陽佛授記寺譯出《寶雨經》十卷。與《大雲經》類似。此經亦早有兩種漢譯本（梁譯和陳譯），唐譯本是梁譯本之重譯，但增加佛授記東方日月光天子，將為支那國女王之一段經文。其云：

> 爾時，東方有一天子，名日月光，乘五身雲，來詣佛所。右繞三匝，頂禮佛足，退坐一面。佛告天子曰：汝之光明，甚為稀有。天子！汝於過去無量壽佛所曾以種種香花，珍寶、嚴身之物、衣服臥具、飲食、湯藥，恭敬供養諸善根。天子！由汝曾種無量善根因緣，今得如是光明照耀。天子以是緣故，我涅槃最後時分，第四五百年中，法欲滅時，汝於此贍部洲東北方摩訶支那國，位居阿鞞跋致。實是菩薩故，現女身，為自在主，經於多歲，正法治化，養育眾生。猶如赤

---

[136] 陳寅恪認為《大雲經》並非偽造，實際上也並非來自印度，而是西域於闐與遮拘迦（今葉爾羌）一帶之創作。

　　子，令修十善。能於我法廣大住持，建立塔寺。又以衣服、飲食、臥
　　具、湯藥供養沙門，於一切時常修梵行，名日月淨光天子。[137]

　　此言武后本為天子，名日月光。今現女身，正法治化，養育眾生。又
能於我法廣大住持，建立塔寺，名為日月淨光天子。此經文為武后時加
入，極盡諂媚之事，亦使武后對佛教深信不疑。

　　武周時期之儒學，一方面是藉由科舉進入國家決策高層，另一方面發
起新經學運動，對前代經論加以評論。獲得一些進展。

　　在科舉制度上，武則天開創殿試和武舉，以拔取人才。政治上，前期
曾任用酷吏打擊反對者，後期則知人善任，號稱「君子滿朝」之代表，如
婁師德、狄仁傑等，皆屬「開元賢相」，姚崇、宋璟亦在其列。狄仁傑舉
薦之人才，如張柬之、桓彥範、敬暉等人，均非致力於文學，而是循經學
入門。因其早年嘗為府吏幕員，具體掌握地方行政，對恢復李唐政治，為
當時之重心人物。故在武周後期，國家之清明安定，可比貞觀之治。

　　武周時，舉行制科考試十一年。載初元年（690），武則天親自在洛城
殿策問貢人，開後世殿試之先例。長安二年（702），又創立武舉科目，專
門選拔武將。制舉是皇帝求賢，臨時舉行之考試，平民及在職官員都可以
參加；常科是正統科舉，分進士、明經兩科，每年舉行一次。進士考詩
賦、明經考經學。在武周時期，科舉制度得到極大之改進。據統計，朝廷
官員中，特別是宰相，由科舉出身者，由太宗時期百分之三十四，高宗時
期百分之二十五，上升至百分之五十。

　　在新經學運動上，武周時期有王元感、元行沖、啖助、趙匡、陸淳、
劉知幾等，著《尚書糾繆》、《尚書釋疑》、《春秋集傳》、《史通》
等，對儒家經學之發展，貢獻極大。

---

[137] 《大正藏》經 660，卷 1，頁 284。

六、盛唐王維之佛教思想

　　王維（699～759），字摩詰。生於周聖歷二年，卒於肅宗乾元二年。享年六十一歲。[138]祖籍山西太原祁縣人，其父遷居於蒲州（今山西永濟），遂為河東人。名和字均取自於《維摩詰經》中之維摩詰居士，王維多才多藝，工詩善畫，畫被推為南宗之祖。其畫初學吳道子，因才氣高，書法功力又深，加上修持佛教思想，開創出清淡玄遠之水墨畫法，影響中國之畫風，極為深遠。詩則聞名於唐開元、天寶年間，其山水田園詩，境界奇佳，與孟浩然並稱為「山水田園派」詩人。蘇軾在《東坡題跋》下卷〈書摩詰藍田煙雨圖〉評論其詩畫云：「味摩詰之詩，詩中有畫；觀摩詰之畫，畫中有詩。」[139]此言王維詩中不僅有畫意，畫中有詩境。

　　玄宗晚年，政治腐敗，任用奸相李林甫。張九齡失勢，被貶下野，對王維是一項致命之打擊。再加上唐時隱逸之風及佛教皆盛行一時，逐漸失去對仕途之熱情，而有退居田園，優游山林之想法。晚年思想空寂，長齋奉佛，衣不文采。居陝西藍田別墅，與道友裴迪浮舟往來。《舊唐書本傳》云：「彈琴賦詩，嘯詠終日。」[140]又如在〈歎白髮〉一詩云：「一生幾許傷心事，不向空門何處銷。」[141]又〈酬張少府〉詩云：

　　　晚年惟好靜，萬事不關心。自顧無長策，空知返舊林。松風吹解帶，
　　　山月照彈琴。君問窮通理，漁歌入浦深。[142]

　　此詩言王維晚年好靜，萬事不關心。此詩句並非經歷過挫折與失敗之後之絕望心情，而是從靜寂與禪坐中，體悟到萬事皆空之禪理。苑咸為王

---

[138] 王維之生卒，另有三說：1、生於長安元年（701），卒於上元二年（761），年六十一。（《中華人物年譜考錄》，中華書局 1992 年版）2、王維（約 692-761），唐詩人，畫家。（《中國文學大辭典》，上海辭書出版社）3、生於武后聖歷二年（699），卒於肅宗上元二年（761），享年六十三歲。（《王維詩集箋注》，四川人民出版社）。

[139] 《東坡題跋》，卷 5，頁 261。

[140] 趙殿成《王右丞集箋注》附錄一，頁 496。

[141] 《王右丞集箋注》，卷 14，頁 267。

[142] 《王右丞集箋注》，卷 7，頁 120。

維好友，其〈酬王維〉詩序云：

> 王員外兄以予嘗學天竺書，有戲題見贈。然王兄當代詩匠，又精禪
> 理。枉採知音，形於雅作，輒走筆以酬焉。且久未還，因而嘲及。[143]

宋・張戒《歲寒堂詩話》亦評云：

> 摩詰心淡泊，本學佛而善畫。出則陪岐薛諸王及貴主游，歸則屢飫輞
> 川山水。故其詩於富貴山林，兩得其趣。[144]

王維詩畫兩絕，至於山水田園詩，閒適自然，意境深幽，蘊含許多哲
理與禪機。如《山居秋暝》詩云：

> 空山新雨後，天氣晚來秋。明月松間照。清泉石上流。[145]

又《鹿柴》詩云：

> 空山不見人，但聞人語響。反影入深林，復照青苔上。[146]

《鳥鳴澗》詩云：

> 人閒桂花落，夜靜春山空。月出驚山鳥，時鳴春澗中[147]

以上三詩，皆有空山或山空二字，在空寂之山中，「雨後」、「不見
人」、「夜靜」等語，都襯托空寂之環境。由於周遭空寂，可以靜坐禪

143　《全唐詩》，卷 129，頁 1317。
144　《百種詩話類編》作家類，頁 76。
145　《王右丞集箋注》，卷 7，頁 122。
146　《王右丞集箋注》，卷 7，頁 122。
147　《王右丞集箋注》，卷 7，頁 240。

思，體會諸行無常，萬法皆空之禪趣。姚秦三藏鳩摩羅什譯《維摩詰所說經・諸法言品》云：「『何謂為空？』答曰：『空於空。』」[148]在萬籟俱寂之時，作空無之思，才能將因緣糾纏之種種事務，由有轉空。將一切塵雜俗務放下，就能體悟空山、山空之真正涵義。

王維在隱居輞川後，逐漸從佛教思想中，獲得精神上之安慰。其《過感化寺曇興上人山院》云：「浮名竟何益，從此願棲禪。」[149]在禪坐時，體悟人生，可產生般若與禪趣。

王維之道友裴迪，今存詩二十八首，都是同王維贈答之作。王維集中，同裴迪贈答之作，多達三十餘篇，可見兩人之間交往之密切。如王維《酌酒與裴迪》詩云：

> 酌酒與君君自寬，人情翻覆似波瀾。白首相知猶按劍，朱門先達笑彈冠。草色全經細雨濕，花枝欲動春風寒。世事浮雲何足問，不如高臥且加餐。[150]

詩中言與裴迪酌酒相歡之情景。酒酣耳熱之餘，對人情如波瀾之翻覆，世事如浮雲之飄忽，有很深之體認與感觸。唯有靜觀花草，高臥雲山，可以忘卻心中之煩憂。

七、李翱之儒佛思想及其《復性書》

李翱（772～841），字習之，隴西成紀（今甘肅安東）人。東晉涼武昭王李暠之後代、後魏尚書左僕射李沖之十世孫，父親李楚金曾任貝州司法、參軍。生於唐代宗大曆七年，卒於唐武宗會昌元年。享年七十歲。

李翱是韓愈弟子，亦是韓愈之姪女婿，受韓愈之影響極深。李翱稱韓愈是「古之人」，韓愈則稱為「有道而甚文」，「究極聖人之奧」。李翱

---

[148] 《大正藏》經 475，卷上，頁 525。
[149] 《王右丞集箋注》，卷 7，頁 129。
[150] 《王右丞集箋注》，卷 10，頁 185。

雖出身官僚世家。據《舊唐書・李翱傳》記載：

> 翱幼勤於儒學，博雅好古，為文尚氣質。[151]

　　唐德宗貞元十四年（798）中進士第，調校書郎。憲宗元和元年（806）為國子博士、史館脩撰、遷考功員外郎，元和十五年（821）為朗州刺史，召為禮部郎中、下除廬州刺史，入為諫議大夫、知制誥，改中書舍人，後歷遷桂館湖南節度使、山南東道節度使等職。
　　李翱曾任山南東道節度使時，在汴州與韓愈相識，從韓愈學古文。曾闡釋韓愈關於「道」之觀念，強調「文以明道」。皇甫湜是其同學，李翱文章渾厚，與皇甫湜之奇崛不同。《新唐書・李翱傳》稱其：

> 翱始從昌黎為文章，辭致渾厚，見推當時。[152]

　　又見其〈答韓侍郎書〉、〈祭吏部韓侍郎文〉中，稱昌黎為兄，視昌黎在師友之間也。
　　李翱對儒學，以闡發孔門顏回、曾參、子思、孟子以後之道統為己任。對佛教之態度，與昌黎相同。昌黎以門戶之見，排斥佛教。而對佛徒之養心離欲，一再讚許。李翱對佛學之觀念，較韓愈深入。在〈與本使楊尚書請停脩寺觀錢狀〉云：「天下之人，以佛理證心者寡矣！」[153]又〈再請停脩寺觀錢狀〉云：

> 佛法害人，甚於楊、墨。論心術雖不異於中土，考教跡則有蠹於生靈。浸溺人情，莫此為甚。[154]

　　其對佛教之褒貶，初與昌黎之見解相同。觀其《復性書》三篇，則表

---

[151] 《新校本舊唐書》，卷 160，頁 4205。
[152] 《新校本新唐書》，卷 177，頁 5281。
[153] 《全唐文》，卷 634，頁 6405。
[154] 《全唐文》，卷 634 頁 6305。

現其援佛入儒之思想。《復性書》中,對《中庸》之解說云:「彼以事解者也,我以心通者也。」[155]所謂「心通」,蓋得之於佛學耳。

李翱方外之交甚廣。西堂智藏、鵝湖大義、藥山惟儼、紫玉通道諸師,常往參叩。著《復性書》中,多取《大乘起信論》、《圓覺經》之旨,及受梁敬之、荊溪湛然之薰陶所致。至於儒、佛貫通之觀念,乃受梁權獨孤、百巖草一之啟發。其性理之說,為宋明理學之先導,對後代學術之發展,貢獻甚大。而其說得自佛學之助益,實未容諱言也。

李翱有關佛教之事跡甚多。如西堂智藏、鵝湖大義、藥山惟儼、紫玉通道諸禪師,皆李翱之禪師禪友也。其中尤與藥山惟儼禪師之過從最密。茲依諸傳錄中略加述之。

宋‧道原纂《景德傳燈錄》記載,李翱德宗貞元中,曾禮謁西堂智藏禪師座下請益:

> 一日,李尚書翱問僧:「馬大師有什麼言教?」僧云:「大師或說即心即佛,或說非心非佛。」李云:「總過遮邊。」李卻問師:「馬大師有什麼言教?」藏呼:「李翱!」翱應諾。師云:「鼓角動也。」[156]

李翱問僧,智藏禪師有何言教?僧言禪師講「即心即佛」,或「非心非佛」之意。即言心中有佛,佛就在心中;若心中無佛,則佛不復存在。要李翱頓悟其理。李翱問智藏禪師有何言教?禪師直呼李翱之名,此屬「當頭棒喝」之意。李翱應諾而未悟,故禪師言其鼓角動也。

宋‧道原纂《景德傳燈錄》記載李翱嘗問信州鵝湖大義禪師云:

> 「大悲用千手眼作麼?」師云:「今上用公作麼?」有一僧人乞置塔。李尚書問那僧:「教中不許將屍塔下過,又作麼生?」無對。僧卻來問師。師云:「他得大闡提。」[157]

---

[155] 《全唐文》,卷 637,頁 6436。
[156] 《大正藏》經 2076,卷 7,頁 252。
[157] 《大正藏》經 2076,卷 7,頁 253。

此言李翱問觀音大士發大悲心，用千手千眼做甚麼？大義禪師反問李翱，當今聖上用公做甚麼？當時有一僧人乞求圓寂後置塔，李翱問僧，佛教不許將屍從塔下過，是做甚麼？僧人無法回答，問大義禪師。禪師云：「李翱已得大闡提」，闡提，譯言不信。是不信佛法之義。即言李翱誹謗佛法，破見破戒，離諸善行，不能信受涅槃解脫正法。然佛性未斷，當正信佛法，精進勤修，方可成佛。

宋・道原纂《景德傳燈錄》記載李翱嘗問龍潭崇信禪師云：

> 「如何是真如般若？」師曰：「我無真如般若。」翱曰：「幸遇和尚。」師曰：「此猶是分外之言。」[158]

此言李翱問真如般若。崇信禪師說無真如般若。蓋指真如般若是依個人修持而得，非某人專有之物也。翱言幸遇和尚，今日可知禪機。崇信禪師言此為分外之言，不須言此。

宋・道原纂《景德傳燈錄》記載：憲宗元和中，李翱為朗州刺史，與藥山玄化禪師之佛緣，其云：

> 時久嚮師玄化，屢請不起。乃躬入山謁之。師執經卷不顧。侍者白曰：「太守在此。」翱性褊急，乃言曰：「見面不如聞名。」師呼太守，翱應諾。師曰：「何得貴耳賤目。」翱拱手謝之。[159]

此言李翱謁見藥山玄化禪師，禪師執經卷不顧。李翱言：「見面不如聞名。」禪師呼太守，翱應諾。禪師說李翱貴耳賤目，以此禪機示之。又問禪道，云：

> 問曰：「如何是道？」師以手指上下曰：「會麼？」翱曰：「不會。」師曰：「雲在天，水在缾。」翱乃心愜做禮，而述一偈曰：

---

[158] 《大正藏》經 2076，卷 14，頁 313。
[159] 《大正藏》經 2076，卷 14，頁 312。

「練得身形似鶴形，千株松下兩函經。我來問道無餘說，雲在青天水
在缾。」[160]

　　此言李翱問藥山玄化禪師「如何是道？」禪師以手指天地，李翱無法
領會。禪師再以「雲在天，水在缾。」為喻，說明天地萬物為道。李翱言
「雲在青天水在缾」，說明自己實在無法體會禪機。又問戒定慧云：

翱又問：「如何是戒定慧？」師曰：「貧道遮裡無此閑傢俱。」翱莫
測玄旨。師曰：「太守欲得保任此事，直須向高高山頂座，深深海底
行。閨閣中物捨不得，便為滲漏。」[161]

　　此言李翱問藥山玄化禪師「如何是戒定慧？」禪師顧左右而言他，說
這裡無此閑傢俱。禪師要李翱向高山頂座，往深海底行。閨閣中物應捨得
不要，便可參透。此言李翱要捨得出家，往高山、海邊修行，即可知戒定
慧之理。又李翱贈詩藥山禪詩云：

藥山一夜登山經行，忽雲開見月大笑，一聲應灃陽東九十許里。居民
盡謂東家。明晨迭相推問，直至藥山。徒眾曰：「昨夜和尚在山頂大
笑。」李翱再贈詩曰：「選得幽居愜野情，終年無送亦無迎。有時直
上孤峰頂，月下披雲笑一聲。」[162]

　　此言藥山玄化禪師登山經行之時，因見雲開見月大笑。李翱贈詩中以
為禪師幽居野情，故月下披雲笑一聲。而不知禪師見雲開見月，是指對佛
法有直指人心之體悟。
　　文宗太和九年（835），李翱調任檢校戶部尚書、襄州刺史等職。雖然
難再有機會繼續向藥山禪師請益，卻有機會與釋道通相與往還。《唐常洲

---

[160] 《大正藏》經 2076，卷 14，頁 312。
[161] 《大正藏》經 2076，卷 14，頁 312。
[162] 《大正藏》經 2076，卷 14，頁 312。

紫玉山道通傳》云：「尚書李翱禮重焉。」[163]

　　李翱以闡揚儒學自任，然內受佛教薰陶，而成為儒表佛裏之思想，具見於《復性書》三篇中。上篇總論性情及聖人；中篇論修養成聖之方法；下篇勉人努力修養。皆本諸釋理，敷陳儒言。以去情復性為旨歸，以仰承孔門顏、曾、思、孟四子之道統為己任；以《周易》、《大學》、《中庸》為經典；以開誠明、致中和為至義；以弗思弗慮，情則不生為復性之方；以虛明變化、參乎天地為致用之方；以昏昏然肆情昧性為可悲。此說在當時儒者之著述中，可謂精微卓絕，直探心性本原之大作。即使宋明理學，尚倡言此文。而李翱思想之精微，亦在於此。

　　李翱《復性書》三篇，是以釋氏之理，述孔門之言。文中言行與情，及佛教之覺與幻，智性與無明，真如與妄心。若以佛學之眼光觀之，《復性書》與《大乘起信論》、《大方廣圓覺修多羅了義經》有近似之處。茲舉例言之。

　　關於性情互相對待之說。《復性書》上云：

> 人之所以惑其性者，情也。喜怒哀懼愛惡欲七者，皆情之所為也。情既昏，性斯匿矣。……情不作，性斯充矣，性與情不相無也。[164]

《復性書》中云：

> 情者，妄也，邪也。邪與妄則無所因矣。妄情滅息，本性清明，周流六虛，所以謂之能復其性也。……水之性清澈，其渾之者沙泥也。方其渾也，性豈遂無有耶？久而不動，沙泥自沈。清明之性，鑒於天地，非自外來也。故其渾也，性本勿失，及其復也，性亦不生。人之性，亦猶水之性也。[165]

---

[163]　《大正藏》經 2061，卷 10，頁 767。
[164]　《全唐文》，卷 637，頁 6433。
[165]　《全唐文》，卷 637，頁 6436。

　　以上所引《復性書》二則，李翱言人之情，有喜怒哀懼愛惡欲七者，情昏則性匿，情息則性充。人之本性清明，故可復其性。性猶如水，若濁水去其泥沙，則清澈矣。

　　大唐罽賓佛陀多羅譯《大方廣圓覺修多羅了義經》云：

　　　　幻心滅故，幻塵亦滅。幻滅滅故，非幻不滅。譬如磨鏡，垢盡明現。[166]

又云：

　　　　譬如空花，從空而有。幻花雖滅，空性不壞。眾生幻心，還依幻滅，諸幻盡滅，覺心不動。[167]

　　上引二則，言離幻如磨鏡，垢盡明現；又如空花，幻花雖滅，空性不壞。與李翱以水為喻相似。

　　又觀馬鳴菩薩造良西印度三藏法師真諦譯《大乘起信論》云：

　　　　以一切心識之相，皆是無明。無明之相，不離覺性，非可壞，非不可壞；如大海水，因風波動，水相風相，不相捨離，而水非動性；若風止滅，動相則滅，濕性不壞故。如是眾生自性清淨心，因無明風動，心與無明俱無形相，不相捨離。而心非動性，若無明滅，相續則滅，智性不壞故。[168]

又云：

　　　　是心從本已來，自性清淨而有無明，為無明所染，有其染心。雖有染心，而常恒不變，是故此義唯佛能知。所謂心性，常無念，故名為不

---

[166]　《大正藏》經 842，頁 614。
[167]　同上注。
[168]　《大正藏》經 1666，頁 577。

變。以不達一法界。故心不相應，忽然念起，名為無明。[169]

上引《大乘起信論》，馬鳴菩薩以為性與情互相對待。並以海水為喻，說明一切心識之相，皆是無明。如大海水，因風波動。若風止滅，動相則滅。眾生自性清淨，而為無明所染。若去無明之染，則自性自然清淨。

《復性書》以為情息則性充；《圓覺經》以為幻盡則覺滿；《大乘起信論》以為無明滅則自性清淨。此為三說近似之一。

關於性情相生之說，《復性書》上云：

> 無性則情無所生矣，是情由性而生。情不自情，因性而情。性不自性，由以明。[170]

李翱認為情由性生，無性則情不生。性不自性，由情以明。《大方廣圓覺修多羅了義經》云：

> 一切眾生，種種幻化，皆生如來圓覺妙心。猶如空花，從空而有。幻花雖滅，空性不壞。眾生幻心，還依幻滅，諸幻盡滅，覺心不動。[171]

此言一切眾生，因種種幻化而生如來圓覺妙心；又以空花為喻，空花從空而有。幻花雖滅，空性不壞。眾生幻心，還依幻滅。至於覺心，則須真正離幻，方可稱覺。

《大乘起信論》云：

> 以一切心識之相，皆是無明，無明之相，不離覺性，非可壞。非不可壞。[172]

[169] 同上注。
[170] 《全唐文》，卷 637，頁 6433。
[171] 《大正藏》經 842，頁 614。
[172] 《大正藏》經 1666，頁 576。

又云：

> 眾生亦爾。依覺故迷。若離覺性，則無不覺。以有不覺妄想心故。能
> 知名義，為說真覺。若離不覺之心，則無真覺自相可說。[173]

馬鳴菩薩認為以一切心識之相，皆是無明。無明之相，不離覺性。若離覺性，則無不覺。眾生若不知真如法，依覺故迷。以有不覺妄想心，則無真覺自相可說。

性情相生之說。《復性書》言情由性而生，性由情以明。《圓覺經》言幻依覺以生，須離幻方可稱覺；《大乘起信論》言依覺故迷，應離不覺之心，才稱直覺。此為三說近似之二。

關於性之本質，《復性書》上云：

> 明與昏謂之不同。明與昏，性本無有，則同與不同，二皆離矣。夫明
> 者所以對昏，昏既滅，則明亦不立矣。[174]

此言性之明與昏是相對之辭，性之本質，並無明與昏之不同，是因情而生不同。若能去除昏昧性，則無明與昏之不同。

《大方廣圓覺修多羅了義經》云：

> 依幻說覺，亦名為幻。若說有覺，猶未離幻。說無覺者，亦復如是。
> 是故，幻滅名為不動。[175]

此言覺與幻，必須離幻，方能稱覺。若說有覺，猶未離幻。必須幻滅，名亦不動，則可稱覺。

《大乘起信論》云：

---

[173] 《大正藏》經 1666，頁 577。
[174] 《全唐文》，卷 637，頁 6433。
[175] 《大正藏》經 842，頁 614。

從本以來，離名字相，離言說相，離心緣相。……唯是一心，故名真
如。[176]

此言性之本質也。《復性書》言明以對昏，昏滅何有明？《圓覺
經》、《大乘起信論》言覺以離幻，幻離何有覺？此為三說近似之三。
關於復性息情之法，《復性書》中云：

弗慮弗思，情則不生，情既不生，乃為正思。正思者，無慮無思也。[177]

又曰：

此齋戒其心者也，猶未離於靜焉。有靜必有動，有動必有靜，動靜不
息。是乃情也。[178]

此言復性息情之法，若能弗慮弗思，則不生情，乃為正思。而無慮無
思，是齋戒其心。但未離靜，故動靜不息，是乃情也。
《大方廣圓覺修多羅了義經》云：

彼新學菩薩及末世眾生，欲求知如來淨圓覺心，應當正念，遠離諸
幻。[179]

此言眾生欲求知如來淨圓覺心，應當正念，遠離諸幻。
《大乘起信論》云：

一切法雖說無有能說可說，雖念亦無能念可念，是名隨順。若離於

---

[176] 《大正藏》經 1666，頁 576。
[177] 《全唐文》，卷 637，頁 6435。
[178] 《全唐文》，卷 637，頁 6435。
[179] 《大正藏》經 842，頁 614。

念，名為得入。[180]

此言正念應隨順即可，但不可起妄念，以生差別。因一切法不可說，不可念，名為真如。念應離虛妄心，當知真如本性。若離於念，名為得入。

復性息情之法，《復性書》以為正思離念，動靜皆離；《圓覺經》以為應當正念，遠離諸幻；《大乘起信論》以為正念應隨順即可，但不可起妄念，以生差別。此為三說近似之四。

關於復性之相，《復性書》中云：

> 知本無有思，動靜皆離，寂然不動者，是至誠也。《中庸》曰：「誠則明矣。」[181]

此言復性之相是至誠。誠為天道，至誠為人道。天寂然不動為陰，陽則動。《中庸》曰：「誠則明矣。」是知天道，則人道亦明矣。

《大方廣圓覺修多羅了義經》云：

> 證得諸幻滅影像故，爾時便得無方清淨，無邊虛空覺所顯發。覺圓明故顯心清淨，心清淨故見塵清淨，見清淨故眼根清淨，根清淨眼識清淨。見清淨故聞塵清淨，聞清淨故耳根清淨，根清淨耳識清淨。識清淨故覺塵清淨，如是乃至鼻舌身意亦復如是。[182]

此言證得諸幻滅影像，便得無方清淨，覺圓明而心清淨。塵清淨，六根、六識亦復如是。甚至四大、十二處、十八界、二十五有、十力、四所無畏、四無礙智。佛十八不共法、三十七助道品，八萬四千陀羅尼門一切清淨。乃至十方眾生圓覺清淨。

---

180 《大正藏》經 1666，頁 576。
181 《全唐文》，卷 237，頁 6435。
182 《大正藏》經 842，頁 914。

《大乘起信論》云：

> 諸佛如來離於見想，無所不遍。心真實故，及識諸法之性，自體顯照一切妄法，有大智用無量方便，隨諸眾生所應得解。能開示種種法義，是故得名一切種智。[183]

此言諸佛如來離於見想，無所不遍。心真實故，及識諸法之性，自體顯照一切妄法，有大智用能開示種種法義，是故得名一切種智。

復性之相，《復性書》以為寂然不動，參乎天地之至誠；《圓覺經》以為如證得諸幻滅影像，便得無方清淨，覺圓明而心清淨；《大乘起信論》以為有大智用無量方便，開示種種法義，得一切種智。此三說近似之五。

李翱始受知於梁肅。梁肅，字敬之，官翰林學士，守右補闕，侍皇太子。嘗學天台宗於荊溪湛然禪師，深得心要。鑒於「止觀」文義宏博，覽者費日。乃削定為《刪定止觀》六卷，德宗貞元二年（786），復撰《止觀統例議》，實開啟李翱學說之源頭。其云：

> 夫止觀者何？導萬法之理，而復於實際者也。實際者何也。性之本也。物之所以不能復者。昏與動使之然也。照昏者謂之明。駐動者謂之靜。明與靜，止觀之體也。[184]

此說應為《復性書》中，從止觀導萬法之理，而復於實際。實際有明與靜之分，明能照昏，靜能駐動。此止觀本為天台宗之說，李翱用以說明性之本源。又云：

> 原夫聖人，有以見惑足以喪志，動足以失方。於是乎止而觀之，靜而明之，使其動而能靜，靜而能明。因相待以成法，即絕待以照本。立

---

[183] 《大正藏》經 1666，頁 581。
[184] 《全唐文》，卷 517，頁 5256。

> 大車以御正，乘大事而總權。消息乎不二之場，鼓舞於說三之域。至
> 微以盡性，至賾以體神。[185]

此說云復性之本源。又云：

> 舉其要，則聖人極深研幾窮理盡性之說乎？昧者使明，塞者使通，通
> 則悟，悟則至，至則常，常則盡矣；明則照，照則化，化則成，成則
> 一矣。聖人有以彌綸萬法而不差，磅礡萬劫而不遺，燾載恒沙而不
> 有，復歸無物而不無。寓名之曰佛，經號之曰覺。究其旨，其解脫自
> 在莫大極妙之德乎？[186]

此言聖人深研窮理盡性之說，彌綸萬法而不差，磅礡萬劫而不遺，燾
載恒沙而不有，復歸無物而不無。寓名之曰佛，經號之曰覺。為聖人說之
本源也。又云：

> 凡所為上聖之域，豈隔闊遼敻，與凡境杳絕歟？是惟一性而已，得之
> 為悟，失之為迷；一理而已，迷而為凡，悟而為聖。迷者自隔，理不
> 隔也；失者自失，性不失也。止觀之作，所以辨異同而究聖神，使群
> 生正性而順理者也。正性順理，所以行覺路而至妙境也。……仲尼有
> 言：「道之不明也，我知之矣，由物累也。悲夫！」[187]

此言聖人有悟性，有理。止觀之作，即在辨明性理，人不可受物累，
而不能明道，故應正性而順理，為復性諸說之本源也。

由上觀之，李翱《復性書》應是荊溪湛然（711～782 年）傳《圓覺
經》、《大乘起信論》於梁肅，肅作《止觀統例》，又傳李翱。又觀《止觀統
例》之內容，為闡揚天台止觀之義，其中多佛教心性之說。又荊溪湛然為天台

宗九祖，中興天台宗之大師，其所著《金剛錍》，即在闡明「無情有性」之旨。以為性不變為有，隨緣為無。此論性之說，是以《大乘起信論》為依據。在當時，《大乘起信論》之說盛行。若華嚴宗密、天台湛然，莫不引用《大乘起信論》以申述其教義。湛然受《大乘起信論》之思想，梁肅傳授李翺。可見《復性書》受佛教之影響，殆無疑問！

　　《復性書》以《周易》、《大學》、《中庸》宣說佛理。及言返靜於動，復性於情之義，率性修道之象，在李翺之前，權德輿、獨孤及等人，已開始倡導。權德輿〈唐故章敬寺百巖大師碑銘〉云：

> 凡一鐙所傳，一雨所潤，入法界者，不可勝書。……或問心要者，答曰：「心本清淨而無境者也，非遺境以會心，非去垢以取淨，神妙獨立，不與物俱，能悟斯者，不為習氣生死幻蘊之所累也。」故薦紳先生知道入理者多遊焉。嘗試言之，以《中庸》之自誠而明，以盡萬物之性，以大《易》之寂然不動，感而遂通，則方袍褒衣，其極致一也。嚮使師與孔聖同時，其顏生、閔損之列歟？釋尊在代，其大慧綱明之倫歟？[188]

　　權德輿文中言「以《中庸》之自誠而明，以盡萬物之性；以大《易》之寂然不動，感而遂通。」等語，會通佛理。豈不是李翺以《周易》、《大學》、《中庸》言性之先導乎？又權德輿〈信州南巖草衣禪詩宴坐記〉云：

> 萬有囂然，此心不動其內，則以三世五蘊，皆從妄作。然後以無有法諦，觀十二因緣；於正智中，得真常真我。方寸之地，湛然虛無。身及智慧，二俱清淨。……嗚呼！世人感物以遊心，心遷於物。則利害生焉，吉凶形焉。牽攣羈鎖，蕩而不復。至人則返靜於動，復性於情。夭壽仁鄙之殊，由此作也。[189]

---

[188] 《全唐文》，卷501，頁5104。
[189] 《全唐文》，卷494，頁5043。

記中言「返靜於動，復性於情。」豈非李翱復性之先導焉！又獨孤及〈送少微上人之天台國清寺序〉云：

> 或問上人曰：「文者所以足言也，言說將忘，文字性離。示入此徒，無乃累一相乎？」答曰：「稱示入者過矣，以習氣未之泯也。率性修道，庶幾因言遣言，故欲罷之，而未能耳。」[190]

此序中言「率性修道」欲罷而不能。豈非李翱復性之要旨乎！

獨孤及、梁肅、權德輿三人，皆為唐代之大儒、德宗建中、貞元年間，精研佛乘，好以文辭撰寫佛事。三人又為忘年之交。獨孤及卒於代宗大曆十二年（777），四月，任常州刺史時。門下梁肅綴其遺文三百篇行世。梁肅卒於德宗貞元九年（785），權德輿作〈祭梁補闕文〉以弔之。權德輿有女，嫁獨孤及之子郁為妻。獨孤郁與李翱友善，李翱又受知於梁肅。三人與唐代佛教之關係密切，又受百巖、草衣諸禪師之影響。李翱作《復性書》以明儒學，而其中佛理，殊不可掩。故韓愈對習之，有「吾道萎遲，翱且逃矣！」之歎。韓愈〈原性〉一文，亦云：「今之言者，雜佛、老而言也。」[191]應對李翱《復性書》而發者之歎語！

李翱《復性書》，與昌黎〈原性〉、〈原道〉等文，已為宋明理學建立性理之基礎。李翱之成就，猶勝韓愈。因李翱當時，理學未興，就能參酌佛理，闡釋性命之說。後之學者，言唐代心性之說，必稱李翱之《復性書》，渠知《復性書》之思想，與佛學淵源甚深！

八、韓愈崇儒排佛之思想

韓愈（768～824），字退之，河南河陽（今河南孟縣）人，生於代宗大曆三年，卒於穆宗長慶四年。享年五十七歲。愈自稱郡望昌黎，世稱韓昌黎；晚年任吏部侍郎，又稱韓吏部。著有《昌黎先生集》、《論語筆

---

[190] 《全唐文》，卷388，頁3949。
[191] 《韓昌黎文集校注》，卷1，頁13。

解》十卷。諡文，世稱韓文公。

　　韓愈在德宗貞元中擢進士，累官至刑部侍郎。憲宗元和十四年
（819），諫迎佛骨，貶為潮州刺史。旋移袁州。又詔還，拜國子祭酒。以
吏部侍卒於官。

　　唐代儒學處在佛道盛行之時，有式微之勢。韓愈力主排斥佛、老，黜
為異端，並作〈論佛骨表〉、〈原道〉等文，以護衛儒家之道統，與柳宗
元儒學兼納佛學不同。李翺雖為儒家學者，但依傍《大學》、《中庸》、
《周易》之說，作《復性論》，以融合佛學。三人之說，各有不同之觀念
與想法。

　　韓愈之散文、詩，均有盛名，為中唐文壇之領袖。與柳宗元同為古文
運動之倡導者，合稱「韓柳」。蘇軾〈潮州韓文公廟碑〉云：

> 文起八代（八代：東漢、魏、晉、宋、齊、梁、陳、隋）之衰，道濟
> 天下之溺。忠犯人主之怒，勇奪三軍之帥。[192]

　　韓愈一生，篤好儒學，推崇周、孔、孟，佐翼六經，其〈原道〉、
〈原性〉、〈原人〉等文，表彰儒家之道。以清新之散文，力掃六朝以來
綺靡之習。可惜對佛學思想，未事深究。僅憑一己之私見，排斥佛教。觀
其貶謫潮州以前，排佛最甚。在潮州遇大顛禪師後，思想有所轉變，但信
解猶淺，成見猶深，故未能稱知佛者也。

　　唐憲宗元和八年（813），昌黎作〈進學解〉，以假託之筆法，向國學
之學生，發抒懷才不遇之憤懣。並稱自己博學能文，致力於發揚儒學。其
云：

> 觝排異端，攘斥佛老。補苴罅漏，張皇幽眇。尋墜緒之茫茫，獨旁搜而
> 遠紹。障百川而東之，迴狂瀾於既倒。先生之於儒，可謂有勞矣。[193]

---

192 《蘇東坡全集》，卷 15，頁 627。
193 《韓昌黎文集校注》，卷 1，頁 26。

　　此文中韓愈推崇儒學，攘斥佛老，尋墜緒，障百川，欲以力挽狂瀾之精神，承繼孔、孟之學，對匡助儒學之功，可謂巨大。

　　韓愈雖稱排佛，卻常與方外交遊。對高僧時有慢憎，溢於言表。如其〈送惠師〉詩，作於德宗貞元二十年（804），在連州結識元惠禪師所作。此首屬八十六句之長詩，顯示自己與佛教不同道，並稱元惠禪師為不羈之人，其雲遊為惰遊，而且狂愚且醇，態度執傲不恭，其云：

> 惠師浮屠者，乃是不羈人。十五愛山水，超然謝朋親。……吾言子當去，子道非吾遵。江魚不池活，野鳥難籠馴。吾非西方教，憐子狂且醇；吾嫉惰遊者，憐子愚且醇。去矣各異趣，何為浪沾巾？[194]

　　韓愈排佛之說，在〈原道〉、〈論佛骨表〉二文，排佛甚力。綜其內容，其抨擊佛教之處如下：〈原道〉云：

> 今其法曰：「必棄而君臣，去而父子，禁而相生養之道。」以求其所謂清淨寂滅者。[195]

　　此言佛教主張捨棄君臣、父子之道，出家修行，追求自身之清淨寂滅，違背中國人之倫常、孝道。又云：

> 古之為民者四，今之為民者六。古之教者處其一，今之教者處其三。農之家一，而食粟之家六。工之家一，而用器之家六。賈之家一，而資焉之家六。奈之何民不窮且盜也！[196]

　　此言僧眾都不從事於農、工、商，形成生之者寡，食之者眾，會使人民變得窮困而淪為盜賊。

---

[194]　《韓昌黎詩繫年集釋》，卷2，頁91。
[195]　《韓昌黎文集校注》，卷1，頁9。
[196]　《韓昌黎文集校注》，卷1，頁8。

〈論佛骨表〉為晚年向憲宗直諫佛骨，勸誡帝王不當前往陝西鳳翔迎佛骨，使愚民誤以為帝王真心奉佛，將導致民眾轉相仿效，甚至「斷臂臠身，以為供養者」，至是則「傷風敗俗，傳笑四方。」是韓愈排佛最激烈之文章。其云：

> 夫佛本夷狄之人，與中國言語不通，衣服殊製，口不言先王之法言，身不服先王之法服，不知君臣之義、父子之情。[197]

此言佛是夷狄之人，言語不通，衣服殊製，所言是夷狄之法，非古先王之道。不知君臣之義、父子之情。又云：

> 惟梁武帝在位四十八年，前後三度捨身施佛，宗廟之祭，不用牲牢，晝日一食，止於菜果。其後竟為侯景所逼，餓死臺城，國亦尋滅。事佛求福，乃更得禍。[198]

此言梁武帝因信佛而亡國。文末韓愈語氣更為激昂，要「乞以此骨付之有司，投諸水火，永絕根本。」[199]

其實，韓愈對佛教之制度、沿革、及教義，並未深究。故在〈原道〉、〈論佛骨表〉二文中，有欠公允之批評。佛教信眾有在家、出家之分。在家信佛者，不必剃髮離家。如梁武帝亡國，並非亡於信佛。而是信佛而不務國事，造成亡國之禍。北宋・蘇轍〈私試進士策問二十八首〉云：

> 韓子之於浮屠氏，皆訟言攻之，嫉之如仇讎。[200]

子由以韓愈不明佛理，而嫉之如仇讎一事，加以批評。

---

[197] 《韓昌黎文集校注》，卷 8，頁 356。
[198] 《韓昌黎文集校注》，卷 8，頁 355。
[199] 《韓昌黎文集校注》，卷 8，頁 356。
[200] 《蘇轍集》，卷 20，頁 285。

　　韓愈於憲宗元和十四年（819）正月，貶謫潮州，在思想上有所轉變。
聽聞靈山有大顛禪師，道高望重，以書召之，三召乃至。留居旬日。《韓
昌黎文集校注》文外集上卷存有此三書，其第一書云：

> 愈啟：孟夏漸熱，惟道體安和。愈弊劣無謂，坐事貶官到此。久聞道
> 德，切思見顏。緣昨到來，未獲參謁。倘能暫垂見過，實為多幸。已
> 帖縣令具人船奉迎，日久竚瞻，不宣。愈白。[201]

其第二書云：

> 愈啟：海上窮處，無與話言。側承道高，思獲披接。專輒有此諮屈，
> 儻惠能降諭，非所敢望也。至此一二日，卻歸高居，亦無不可。旦夕
> 渴望。不宣。愈白。[202]

其第三書云：

> 愈啟：惠勻至，辱答問，珍悚無已。所示廣大深迥，非造次可諭。《易
> 大傳》曰：「書不盡言，言不盡意，然則聖人之意，其終不可得而見
> 耶？」如此而論，讀來一百遍，不如親見顏色，隨問而對之易了。此旬
> 來晴明，旦夕不甚熱，倘能乘間一訪，幸甚。旦夕馳望。愈聞道無疑
> 滯，行止繫縛，茍非所戀著，則山林間即與城郭無異。大顛師論甚宏
> 博，而必守山林。義不至城郭，自激修行。獨立空曠無累之地者，非通
> 道也。勞於一來，安於所適，道故如是。不宣。愈頓首。[203]

　　以上三書中，如「辱答問，珍悚無已。所示廣大深迥，非造次可
諭。」「讀來一百遍，不如親見顏色，隨問而對之易了。」可知昌黎未曾

---

[201]　《韓昌黎文集校注》，文外集上，頁 390。
[202]　《韓昌黎文集校注》，文外集上，頁 390。
[203]　《韓昌黎文集校注》，文外集上，頁 390-391。

晤大顛禪師，聞其語而喜其道，為禮甚恭，與往日憎慢之態度迥異。後之學者，不揣其故，而謂此書為佛僧杜撰者，實未深思也。北宋・歐陽修〈集古錄跋尾二・唐韓文公與顛書〉所述，更為詳實清楚。其云：

> 文公與顛師書，世所罕傳。予以集錄古文，其求之既勤且博，蓋久而後獲。其以〈繫辭〉為大傳，謂著山林與著成郭無異等語，宜為退之之言。[204]

　　韓愈在該年冬，又移袁州。在離開潮州之時，復造顛廬，留衣二襲而別。既抵袁州，尚書孟簡，聞其與顛遊，致書昌黎，嘉其信向。昌黎作《與孟尚書書》云：

> 潮州時，有一老僧號大顛。頗聰明，識道理，遠地無可與語者，故自山召回至城郭，留十數日。實能外形骸，以理自勝，不為事物侵亂。與之語，雖不盡解，要自胸中無滯疑，以為難得，因與來往。[205]

　　昌黎囿於門戶之見，忸於成見之深。在貶至荒遠之地，感觸既深，遂有信佛之意。見其所言「實能外形骸，以理自勝，不為事物侵亂。」等語，實屬難能可貴。北宋・周敦頤〈按部至潮州題大顛堂壁〉詩云：

> 退之自謂如夫子，〈原道〉深排佛老非。不識大顛何似者，數書珍重更留衣。[206]

　　韓愈與大顛來往後，心境想法有所變異，然其偏執之念，並未移易，可見其對儒學之堅定信念。

---

[204] 《歐陽修全集》，卷6，頁46。
[205] 《韓昌黎文集校注》，卷3，頁124。
[206] 《嘉興藏・解惑編》經325，卷2，頁459。

九、柳宗元統合儒佛思想，為北宋理學之先驅

柳宗元（773～819），字子厚，唐河東（今山西永濟）人，生於代宗大曆八年，卒於憲宗元和十四年，享年四十七歲。

子厚為中唐著名之文學家、思想家。曾多次遭受政治上之打擊，最後客死貶地柳州。但能為統合儒、釋而努力，成為宋代理學之先驅。

柳宗元一生志在明道，具有復興儒學之自覺，主張「統合儒、釋，宣滌疑滯。」「天人不相預」和「文者以明道」。元和六年（811），三十九歲時，作〈送巽上人赴中丞叔父召序〉云：

> 吾自幼好佛，求其道，積三十年。世之言者罕能通其說，於零陵，吾獨有得焉。[207]

此序說明柳宗元自幼好佛，應與母親篤信佛教有關。並言潛心學佛三十年，但對佛教之體認不深。其後讀書求仕，心繫邦國。仕宦以後，志在實現聖賢之道。憲宗元和四年（809），謫居永州已五年，在〈寄許京兆孟容書〉云：

> 宗元早歲與負罪者親善，始奇其能，謂可以共立仁義，裨教化。過不自料，勤勤勉勵，唯以中正信義為志，以興堯、舜、孔子之道，利安元元為務。不知愚陋，不可力強，其素意如此也。[208]

文中所謂興堯、舜、孔子之道，就是發揚儒家之道，以立國安民為務。據《舊唐書·憲宗紀》記載，順宗永貞元年（805），柳宗元參加王叔文等領導之永貞革新。同年八月，永貞革新失敗。柳宗元與劉禹錫等八人，同貶為司馬，稱為「八司馬」，後逢恩赦，貶為永州司馬。永州在湖南零陵縣，地多瘴癘。柳宗元心情鬱悶，寫下很多詩文，如〈籠鷹詞〉一

---

[207] 《柳河東集》，卷25，頁423。
[208] 《柳河東集》，卷30，頁480。

詩，頗能描述當時之心境：

> 淒風淅瀝飛嚴霜，蒼鷹上擊翻曙光。雲披霧裂虹蜺斷，霹靂掣電捎平岡。砉然勁翮翦荊棘，下攫狐兔騰蒼茫。爪毛吻血百鳥逝，獨立四顧時激昂。炎風溽暑忽然至，羽翼脫落自摧藏。草中狸鼠足爲患，一夕十顧驚且傷。但願清商復爲假，拔去萬累雲間翔。[209]

詩中柳宗元形容自己像籠中之鷹，曾經飛如掣電、下攫狐兔。如今羽翼脫落、畏懼狸鼠，但並未忘記「拔去萬累雲間翔」。因此，對自己能再返朝廷，伸展抱負，有所期待。

柳宗元貶至永州後，朝廷之政敵，不因宗元貶官而罷手，仍然落井下石。在〈冉溪〉一詩中云：「風波一跌逝萬里，壯心瓦解空縲囚。」[210]又在〈與蕭翰林俛書〉慼云：

> 聖朝弘大，貶黜甚薄，不能塞眾人之怒，謗語轉侈，囂囂嗷嗷，漸成怪民。[211]

柳宗元敘述朝廷之政敵，覺得自己貶黜得不夠，一直用謗語喧囂不已，把自己說成怪民。

柳宗元在永洲，由於政治上之失意，心靈上之創痛。遁入佛教，尋求解脫，應屬當然之事。雖然在〈永州龍興寺西軒記〉中云：「余知釋氏之道且久。」[212]其實，一個人若未遭遇窮愁苦難，在內心反覆思考，很難形成自己獨到之見解。因此，北宋蘇軾〈書柳子厚大鑒禪師碑〉云：

> 柳子厚南遷，始究佛法。作曹谿南嶽諸碑，妙絕古今。[213]

---

209 《柳河東集》，卷 43，頁 737。
210 《柳河東集》，卷 43，頁 726。
211 《柳河東集》，卷 30，頁 492。
212 《柳河東集》，卷 28 頁 464。
213 《蘇東坡全集》，卷 20，頁 664。

此言柳宗元貶官南遷以後，身心俱疲，研究佛法，書寫碑文，符合柳宗元當時之情況。

柳宗元貶官永州之時，在州府所在地，有龍興寺、法華寺、開元寺等寺院。與柳宗元交往過之禪師，可查尋者達十餘人。至於岳父楊憑、好友劉禹錫等亦信佛，對柳宗元之影響極大。

柳宗元在元和元年（806），貶謫永州之時，無官署可住，被安排在龍興寺。住不到半年，五月時，母親盧氏病逝。在〈與楊京兆憑書〉中，柳宗元說明自己有身世孑然之感。其後三年，柳宗元除讀書外，就遊歷山水，少寫文章。元和四年（809），在法華寺構建西亭，雖是休憩之所，但與寺廟相連，故常與僧人往來。在〈送僧浩初序〉一文中，言僧「不愛官，不爭能，樂山水而嗜閒安。」[214]浩初為龍安海禪師弟子，在龍興寺淨土院，與重巽和尚為鄰，重巽和尚是天台九祖荊溪湛然之再傳弟子，在〈送巽上人赴中丞叔父召序〉一文中，說重巽和尚是「楚之南」、「善言禪者」，在當時頗有名氣。柳宗元常到淨土院讀禪經，並與重巽一同切磋佛理。一些路過永州之佛門人士，如文暢、浩初、元皓等，也願意與柳宗元交往論佛。其後，柳宗元開始寫作詩文。元和十年（815）初，離開永州北歸。

柳宗元有關佛教之詩文共三十餘篇，有碑文十二篇，送別和尚之序十一篇，寺院記四篇，古今詩七首。此外，還有少數之墓誌、弔贊、書信、遊記。其中之佛教思想，主要是想從極端困苦之處境中，藉佛教獲得精神上之安慰及寬解。在《永州法華寺新作西亭記》云：

> 余謂昔之上人者，不起宴坐，足以觀於空色之實，而遊乎物之終始。其照也逾寂，其覺也逾有。然則嚮之礙之者，為果礙耶？今之辟之者，為果辟耶？彼所謂覺而照者，吾詎知其不由是道也？豈若吾族之挈挈於通塞有無之方，以自狹耶？[215]

---

[214] 《柳河東集》，卷25，頁425。
[215] 《柳河東集》，卷28，頁464。

　　柳宗元以為巽上人在宴坐之時，可以觀萬有之現象界與空界，精神可以遊於物之終始有無。能觀照自己內心，愈寂靜，愈覺悟，就愈有感。過去自己內心之罣礙，是否真有罣礙？今日想要避開，是否真能避開？禪師們自以為是覺照者，自己不知道是否可以用此方法開悟。難道我輩汲汲於通達之方，就是讓自己內心變得更為偏狹？

　　當時柳宗元之好友韓愈，不深解佛理，責備柳宗元與僧人交往。〈送僧浩初序〉云：

> 儒者韓退之與余善，嘗病余嗜浮圖言，訾余與浮圖遊。[216]

柳宗元在〈送巽上人赴中丞叔父召序〉答曰：

> 世之言者罕能通其說。……以中丞公之直清嚴正，中書之辯博，常州之敏達，且猶宗重其道，況若吾之昧昧者乎？[217]

　　柳宗元認為世人不懂佛理，在當朝之柳中丞、鄭中書、孟常州等人，都崇尚佛學，自己好佛，以求其道，是理所當然之事。其實，柳宗元在精神上痛苦之後，佛學是最好之慰藉。在〈對賀者〉中云：「嘻笑之怒，甚於裂眥。長歌之哀，過於慟哭。」朝廷諸小對其嘻笑訾罵，才是精神上最大之痛苦。又在〈送僧浩初序〉一文中，柳宗元答覆韓愈云：

> 浮圖誠有不可斥者，往往與《易》、《論語》合，誠樂之，其於性情奭然，不與孔子異道。退之好儒未能過楊子。楊子之書，於《莊》、《墨》、《申》、《韓》，皆有取焉。浮圖者，反不及《莊》、《墨》、《申》、《韓》之怪僻險賊耶？曰：「以其夷也。」果不通道而斥焉以夷，則將友惡來、盜蹠，而賤季劄、由余乎？非所謂去名求實者矣。吾之所取者與《易》、《論語》合，雖聖人復生，不可得

---

[216] 《柳河東集》，卷 25，頁 425。
[217] 《柳河東集》，卷 25，頁 423。

而斥也，退之所罪者其跡也。曰：「髡而緇，無夫婦、父子，不為耕農蠶桑而活乎人。」若是，雖吾亦不樂也。退之忿其外而遺其中，是知石而不知韞玉也。吾之所以嗜浮屠之言以此。[218]

文中說明韓愈指責和尚是「髡而緇，無夫婦、父子，不為耕農蠶桑而活乎人。」其實信仰佛教，不一定要出家為僧，或從事耕農蠶桑。又因佛教來自夷人而斥黜，其實佛理與玉石一般可貴。

對於佛教之思想，柳宗元並非一概接受。佛經中荒謬怪誕之說，則捨棄不取。如鬼神之事，亦甚少道及。〈答周君巢餌藥久壽書〉中云：「然猶未嘗肯道鬼神等事。」[219]但柳宗元也參加祈雨祈晴、訴螭和逐畢方等活動。對神靈有崇敬之行動，並非一概否定。在《永州龍興寺修淨土院記》中云：

彼佛言曰：西方過十萬億佛土，有世界曰極樂，佛號無量壽如來。其國無有三惡八難，眾寶以為飾。其人無有十纏九惱，群聖以為友。有能誠心大願歸心是土者，苟念力具足，則往生彼國，然後出三界之外。[220]

文中柳宗元提到西方佛土極樂世界。對佛教徒如能成新皈依，死後可出三界之外，往生極樂淨土。

柳宗元對佛教感到滿意者，應是佛教之中道思想。其〈岳州聖安寺無姓和尚碑〉云：「和尚紹承本統，以順中道，凡受教者不失其宗。」[221]此言聖安寺無姓和尚得天台宗智顗大師之真傳，使教徒得佛教之正宗。〈南嶽彌陀和尚碑〉云：「凡化人，立中道而教之權，俾得以疾至。」[222]〈南

---

[218] 《柳河東集》，卷25，頁425。
[219] 《柳河東集》，卷32，頁518。
[220] 《柳河東集》，卷28，頁466。
[221] 《柳河東集》，卷6，頁96。
[222] 《柳河東集》，卷6，頁92。

嶽雲峰寺和尚碑〉云：「師之教……維大中以告，後學是效。」[223]中道即佛教之中觀思想。中觀不偏空有，重視十二緣起，以龍樹所著之《中論》為理論核心，很受柳宗元之喜愛。

對於佛教，韓愈批評佛教：

> 今也欲治其心，而外天下國家，滅其天常；子焉而不父其父，臣焉而不君其君，民焉而不事其事。[224]

柳宗元加以辯駁。認為佛教在印度，捨棄父母，不嫁不娶，不生兒育女，塵世間之一切因緣都要割斷。但傳入中土後，亦重視孝道。〈送元暠師序〉云「釋之書有《大報恩》十篇（今存七篇），咸言由孝而極其業。」[225]又《曹溪第六祖賜諡大鑒禪師碑》亦云：

> 其道以無為為有，以空洞為實，以廣大不蕩為歸。其教人，始以性善，終以性善。不假耘鋤，本其靜矣。[226]

據《傳燈錄》記載，大鑒禪師即惠能大師。後傳菩提達摩心印於黃梅，又受滿分戒於智光律師。柳宗元四十三歲時，在柳州作此碑。文中言惠能大師之禪學，通亮簡正，言其教人，不離性善。而無為空洞是修持法門，欲去煩惱執著，而至空無之境界，則可清淨寂滅而涅槃。而此修持，又以靜為本。靜非刻意為之，要從善心出發，在自然無為中達到。

柳宗元認為儒學有教化作用，佛學也有教化作用。其不同在於儒家用禮，而佛教用律。元和九年（814），作〈南嶽大明寺律和尚碑〉云：

> 儒以禮立仁義，無之則壞；佛以律持定慧，去之則喪。是故離禮於仁義者，不可與言儒；異律於定慧者，不可與言佛。達是道者，唯大明

---

[223] 《柳河東集》，卷7，頁 102。
[224] 《韓昌黎集》，卷1，頁 10。
[225] 《柳河東集》，卷25，頁 427。
[226] 《柳河東集》，卷6，頁 91。

師。[227]

又云：

> 儒以禮行，覺以律興。一歸真源，無大小乘。[228]

禮與律兩者，都具有教化作用。元和十年（815），柳宗元任柳州刺史，修復大雲寺，其〈柳州復大雲寺記〉云：

> 越人信祥而易殺，傲化而佰仁。病且憂，則聚巫師，用雞卜。始則殺小牲，不可則殺中牲，又不可則殺大牲，而又不可則訣親戚，飭死事。……以故戶易耗，田易荒，而畜自不孳。董之禮則頑，束之刑則逃，唯浮屠事神而語大。……崇佛廟，為學者居。會其徒而委之食，使擊磬鼓鐘，以嚴其道而傳其言。而人始復去鬼息殺，而務趣於仁愛。[229]

此言柳宗元於元和十年，修復已燒毀百年之大雲寺，會佛徒而供其食；又擊磬鼓鐘，使僧侶嚴守佛規，傳播佛理。同時，開闢大片荒地，成為菜圃、田地、竹林，使民眾去鬼息殺，而趨於仁愛。

柳宗元讀佛經，下過功夫。在〈晨詣超師院讀禪經〉一詩中云：

> 汲井漱寒齒，清心拂塵服。閒持貝葉書，步出東齋讀。[230]

柳宗元不在書齋讀經，而是步出東齋，在屋外閱讀，並汲井漱齒，輕拂塵服，清淨身心後，再讀佛經。將佛理與大自然融合，以體會高僧往深山修行之原因。又〈送巽上人赴中丞叔父召序〉云：

---

227 《柳河東集》，卷7，頁105。
228 《柳河東集》，卷7，頁107。
229 《柳河東集》，卷28，頁465。
230 《柳河東集》，卷42，頁687。

不於其書而求之，則無以得其言。言且不可得，況其意乎！[231]

　　柳宗元又認為求佛理要從佛書中求取，方能探討佛陀之真理。學佛不僅要學佛之文，且要學其意。

　　〈龍安海禪師碑〉是柳宗元在元和三年（807），在永州所作，時年三十六歲。碑文中，柳宗元讚揚龍安海禪師為彌合禪宗南北之爭所做之努力云：「龍安之德，惟覺是則，苞並絕異，表正失惑。」[232]龍安海禪師之佛行，是以覺悟為準則，包容各家不同門派之說，樹立中正之標準，捨棄謬誤之處。因此，柳宗元稱揚其對禪宗所成就之功德。

　　柳宗元在〈送文暢上人登五台遂遊河朔序〉中，很想「統合儒釋，宣滌疑滯。」[233]以佐助世人。其後在其《送僧浩初序》、《送元暠師序》、《送元十八山人南遊序》等文中，亦可見其統合儒、釋之觀念。認為儒家與釋教都重視人生之道德價值，有其相通之處。如性善、孝道，可以讓儒、佛思想得到互補之助益。儒家孟、荀有性善與性惡之分歧，但都強調可以依靠個人之修養，使人同歸於善。佛教講慈悲，就勸人向善。又宣揚因果，以勸善懲惡，終歸於性善。柳宗元在《歷代法寶記》中，就十分肯定惠能大師始終以性善教人。其後，宋明理學家常援佛入儒，以闡釋儒學。朱熹從佛教之禁欲觀出發，提出「存天理，滅人欲。」之主張。由此，柳宗元統合儒釋，使儒家學說與佛教教義都能獲得進一步之發展，也成為北宋理學之先驅。

十、白居易之儒學與佛教思想

　　白居易（772～846），字樂天，晚年號香山居士。祖籍太原（今山西太原），後遷居下邽（今陝西渭南縣）。生於唐代宗大曆七年，卒於武宗會昌六年，享年七十五歲。白居易降生於東郭宅，葬於洛陽龍門香山琵琶

---

[231] 《柳河東集》，卷 25，頁 423。
[232] 《柳河東集》，卷 6，頁 97。
[233] 《柳河東集》，卷 25，頁 422。

峰。李商隱為其撰寫墓誌。著有《白氏長慶集》七十一卷。

白居易為中唐代著名之詩人，虔誠之佛教徒。自幼聰明好學，二十九歲及進士第，三十二歲授校書郎，步入仕途。憲宗元和三年（808）拜左拾遺。當時宰相李吉甫指斥牛僧孺等人。白居易上《論制科人狀》，極言任意貶黜之不當，因此得罪李吉甫及其子李德裕。元和九年（814）冬，授太子左贊善大夫，因上疏請急捕刺武元衡之兇手，為宰相所惡，被貶為江州刺史。為避禍遠嫌，不復愕愕直言。在江州，自稱「天涯淪落人」，以遊歷山水、作詩為務。為排解鬱悶，轉而事佛，企圖從佛教中求得解脫。

白居易在江州四年，後移忠州，元和十五年（820）召還。憲宗崩，穆宗繼位，授中書舍人，又拜尚書主客郎中，知制誥，加朝散大夫，轉上柱國。白居易精神重新振奮，但因朋黨之爭激烈，不能有所作為，恐再遭權幸讒害，請求外任。穆宗長慶二年（822）出為杭州刺史，避開朋黨互相傾軋之朝廷。從此，他對政治之熱情日漸淡薄，而將精力投入對佛教之修持上，希望找到解決煩惱之辦法。

白居易早年對南宗禪感到興趣。南宗禪以「不立文字，教外別傳，直指人心，見性成佛。」為宗旨，主張觀照自心，證悟成佛。唐代許多文士皈依南宗高僧，白居易亦不例外。德宗貞元十五年（799），由安徽宣城北歸以後，師事河南洛陽聖善寺凝公。十九年（803），凝公圓寂。次年，為紀念凝公，親作〈八漸偈〉。可視為與禪僧往來問對之標誌，也表明白居易在凝公接引下，已對禪理有較深之體悟。

此後，白居易還師事惟寬禪師（755～817）。惟寬是馬祖道一之法嗣，貞元六年（790）始行化於閩越間，七年於會稽，八年於鄱陽，十三年於少林寺，元和四年（804）憲宗曾詔入京師。白居易在京為贊善大夫時，曾詣興善寺傳法堂，向惟寬禪師請教：

> 白居易嘗詣師問曰：「既曰禪師，何以說法？」師曰：「無上菩提者，被於身為律，說於口為法。行於心為禪，應用者，三其致一也。譬如江湖淮漢，在處立名。名雖不一，水性無二。律即是法，法不離禪。云何於中妄起分別？」又問：「既無分別，何以修心？」師云：

「心本無損傷，云何要修理？無論垢與淨，一切勿起念。又問「垢既不可起念，淨無念可乎？」師曰：「凡夫無明，二乘執著。離此二病，是曰真修。真修者，不得勤，不得妄勤即近執著，妄即近無明。此為心要云爾。」[234]

　　白居易從惟寬禪師，得到身口意應該合一而修。修心是無論垢淨，都不起妄念，以免執著，接近無明。惟寬歿後，白居易作〈傳法堂碑〉一文。

　　穆宗長慶二年（822），出為杭州刺史，得到鳥窠禪師之教化。當時，鳥窠禪師見杭州秦望山松林繁茂，盤曲如蓋，便在樹枝上蟠曲而坐，樹枝旁邊有一鳥巢，人們都稱他為鳥窠禪師（741～824）本號道林，法名圓修。明朱時恩輯《居士分燈錄・白居易》云：

　　元和十五年，牧杭州。因入山謁鳥窠道林。問曰：「禪師住處其危險。」林曰：「太守危險尤甚。」易曰：「弟子位鎮江山，何險之有？」林曰：「薪火相交，識性不停，得非險乎？」又問：「如何是佛法大意？」林曰：「諸惡莫作，眾善奉行。」易曰：「三歲孩兒也解，怎麼道？」林曰：「三歲孩兒雖道得，八十老人行不得。」又以偈問曰：「特入空門問苦空。敢將禪事叩禪翁。為當夢是浮生事，為復浮生是夢中。」林答曰：「來時無跡去無踪，去與來時事一同。何須更問浮生事，祇此浮生是夢中。」易作禮而退。又易嘗求心要，於林禪師得八言。曰觀、曰覺、曰定、曰慧、曰明、曰通、曰濟、曰捨。易因廣為八漸偈。[235]

　　白居易豁然開悟，對鳥窠禪師更加敬重。由此，白居易通過與禪僧往來論道，對禪宗悟解日深，經常將自己對佛教之見解，以詩歌之形式表達出來。如〈贈杓直〉詩中云：

[234] 《大正藏》經 2076，卷 7，頁 255。
[235] 《卍新纂續藏經》冊 86，經 1607，卷 1。

近歲將心地，迴向南宗禪。外順世間法，內脫區中緣[236]。進不厭朝市，退不戀人寰。自吾得此心，投足無不安。[237]

元和十年（815），白居易在長安任左贊善大夫。「杓直」指李建。詩中說明自己近年修習南宗禪，對外行世間法，對內脫除人世間之塵緣，做官不厭惡朝市，亦不戀棧人寰。自覺得之於心，舉手投足，都覺安頓無擾。

白居易不只是對佛教信仰，而且他還把這種信仰落實在修持實踐中。如定期吃齋持戒。文宗大和五年（831），作《齋居》詩云：

香火多相對，葷腥久不嘗。[238]

又《齋月靜居》詩云：

葷腥每斷齋居月，香火常親宴坐時。[239]

又開成五年（840），作《在家出家詩》詩云：

衣食支分婚嫁畢，從今家事不相仍。夜眠身是投林鳥，朝飯心同乞食僧。清唳數聲松下鶴，寒光一點竹間燈。中宵入定跏趺坐，女喚妻呼都不應。[240]

此詩作時，在洛陽，年以六十九。在子女婚嫁畢，可以少問家事。自覺身同出家乞食僧一般，雖在家而心境已出家。中夜跏趺入定時，已入三

---

[236] 區中緣，指人世間之塵緣。南朝宋・謝靈運〈登江中孤嶼〉詩云：「想像崑山姿，緬邈區中緣。」唐・李白〈安陸白兆山桃花巖寄劉侍御綰〉詩云：「獨此林下意，杳無區中緣。」
[237] 《白居易集箋校》，卷6，頁583。
[238] 《白居易集箋校》，卷28，頁1793。
[239] 《白居易集箋校》，卷26，頁1793。
[240] 《白居易集箋校》，卷35，頁2426。

昧，故女喚妻呼都不回應。晚年之後，轉向對淨土之信仰。一是對彌勒淨
土之信仰，二是對彌陀淨土之信仰。唐文宗大和九年（835），年六十三，
在東都長壽寺與大比丘道嵩、存一、惠恭等六十人，以及優婆塞士良、惟
儉等共八十人受八關齋戒，祈願往生兜率陀天彌勒淨土。從此信仰由參禪
轉向淨土。開成五年（840），年六十，作《畫彌勒上生幀記》云：

> 願當來世與一切眾生同彌勒上生，隨慈氏下降，生生劫劫，與慈氏俱
> 永離生死流，終成無上道。[241]

此文表明自己對彌勒淨土之堅定信仰。白居易還作《畫彌勒上生禎贊
並序》中云：

> 曲躬合掌，焚香作禮，發大誓望，願生內宮，劫劫生生，親近供養。

又云：

> 有彌勒弟子樂天，同誓願，遇是緣，爾時稽首，當來下生慈氏世尊足
> 下，致敬無量。[242]

從以上的詩文中可以看出，白居易在接受彌勒淨土信仰之後，不僅與
許多同道發願往生彌勒淨土，而且供奉彌勒菩薩像，朝夕焚香禮拜，口稱
彌勒名號，求生彌勒淨土。

白居易在信奉彌勒淨土之同時，又篤信彌陀淨土。《白居易全集》卷
七十一《畫西方幀記》[243]記載他曾舍錢三萬，讓畫工杜宗敬按《阿彌陀
經》和《觀無量壽經》之內容，畫成高九尺，寬一丈三尺的巨幅圖畫，阿
彌陀佛坐在中間，兩旁為觀世音和大勢至二脅侍菩薩，畫周圍是「天人瞻

---

[241] 《白居易集箋校》，卷 70，頁 3803。
[242] 《白居易集箋校》，卷 70，頁 3759。
[243] 《白居易集箋校》，卷 71，頁 3801。

仰，眷屬圍繞，樓臺伎樂，水樹花鳥，七寶嚴飾，五彩彰施，爛爛煌煌。」畫成之後，白居易「焚香稽首，跪於佛前」，發願云「西方世界是清淨土，無諸惡道及眾苦。願如老生病苦者，同生無量壽佛所。」

白居易晚年，辭去官職，盡遣侍妾，隱居香山，專修念佛三昧。很少誦經，也很少做弘法事業。完全將心思用在專心念誦阿彌陀佛名號之上。對這位曾經經歷多次宦海浮沉之文人來說，功名利祿，榮辱得失，已視為過眼雲煙。僅選擇持名念佛，求生淨土，作為晚年惟一之事。

估計白居易近三千首詩作之中，與佛教思想有關者，達三百餘首，都寫得極其深刻。唐‧司空圖《修史亭》詩三首之二云：

> 甘心七十且酣歌，自算平生幸己多。不似香山白居易，晚將心事著禪魔。[244]

司空圖著眼於「詩」，視白居易以禪為重，乃為著禪魔。其實學佛之修行，必須實踐力行。不是隨便說說，便能往生極樂淨土。

白居易往來僧眾極多，其中宗派確切可考者有智常、惟寬、神湊、寂然、宗密、神照、如滿等。

除前述惟寬外，智常是南嶽派馬祖道一傳人，元和中駐錫廬山歸宗淨院，白居易至江州曾求智常禪師為他醫治煩惱，師只勸他讀《楞伽經》。神湊為道一弟子，志在《楞嚴經》，行在《四分律》。大曆八年（873），制懸經律論三科策試天下山家，湊詔配九江興果精舍。白居易至江州，曾與神湊遊。廬山草堂落成時，神湊亦曾參與盛會。

宗密師承道圓、澄觀，涉禪、律、華嚴、唯識、地論等，元和二年偶謁道圓，欣然慕之，後集諸宗禪言為禪藏，可歸屬禪宗荷澤系下。在洛陽時與白居易交往，白有〈贈草堂宗密上人詩〉贊揚之。

神照為昆曇宗空法師弟子，時稱「河南一遍照」，又於鄴下休法師所聽大乘論，亦為攝論宗系，元和年間駐錫廬山東林寺，與白居易同遊，後

---

[244] 《全唐詩》卷 634，頁 7276。

至洛陽奉國寺開壇，白居易亦從遊。白居易詩中還提到清閑、宗道上人，皆神照弟子。白捐資修香山寺即請閑上人主其事，白居易〈題道宗上人十韻〉稱宗道為「律師」，顯然宗道也涉律學。

嵩山如滿為禪宗南嶽下第三世法嗣，皆與白相交遊。

從以上高僧法系來看，白居易兼從禪、律、華嚴、昆曇諸師遊，但主要以南嶽派之智常、惟寬、神湊、如滿為主。寂然並無宗派，另有智如律師秉律六十年，白居易九度從師授八關戒。

從白詩佛學內容來看，接觸之經典有《涅槃經》、《頭陀經》、《法華經》、《維摩詰經》、《金剛經》、《楞伽經》、《楞嚴經》、《六祖壇經》、《法句經》、《華嚴經》等為主。〈見元九悼亡詩因以此寄〉詩中云：

> 夜淚暗銷明月幌，春腸遙斷牡丹庭。人間此病治無藥，唯有《楞伽》四卷經。[245]

元和五年（810），因摯友元稹去世，傷心腸斷。唯有讀《楞伽經》可以稍慰亡友。又憲宗元和九年（814），作〈眼暗〉詩云：

> 千藥萬方治不得，唯應閉目學頭陀。[246]

同卷有〈得錢舍人書問眼疾〉詩中云：「春來眼暗少心情，點盡黃連尚未平。」〈和夢遊春詩一百韻〉詩注云「微之常以《法句》及《心王頭陀經》相示。」可見白居易學頭陀，其來有自。又元和十三年（818），作〈贈曇禪師〉詩云：

> 欲知火宅焚燒苦，方寸如今化作灰。[247]

---

[245] 《白居易集箋校》，卷 14，頁 802。
[246] 《白居易集箋校》，卷 14，頁 848。
[247] 《白居易集箋校》，卷 17，頁 1105。

　　此處用《法華經》「火宅」喻三界之中。三界指欲界、色界、無色界。欲界有淫、食二欲之眾生世界，上自六欲天，中自人畜所居的四大洲，下至無間地獄皆屬之。

　　又文宗大和七年（833），在洛陽，任太子賓客分司。作〈自詠〉詩云：

　　　白衣居士紫芝仙，半醉行歌半坐禪。今日維摩兼飲酒，當時綺季不請
　　　錢。[248]

　　白居易自喻維摩詰居士，飲酒坐禪，以修佛事。又秦末東園公、綺里季、夏黃公、用里先生，避秦亂，隱商山，年皆八十有餘，鬚眉皓白，時稱商山四皓。後高祖欲廢太子，呂后用留侯計，厚禮卑辭，迎請四皓，使輔太子。一日高祖置酒，太子侍，四皓從太子。高祖曰：「羽翼成矣。」遂輟廢太子之事。綺里季亦省作綺季。白居易以之自喻隱士或高士。

　　元稹在《白氏長慶集序》評論白居易之詩文云：

　　　大凡人之文，各有所長，樂天之長，可以為多矣。夫以諷諭之詩長於
　　　激，閑適之詩長於遣，感傷之詩長於切，五字律詩百言而上長於贍，
　　　五字、七字百言而下長於情，賦、讚、箴、戒之類長於當，碑記、敘
　　　事、制誥長於實，啟奏、表狀長於直，書檄、詞策、剖判長於盡。總
　　　而言之，不亦多乎哉！[249]

　　元稹將白居易之詩文，分為諷諭詩、閑適詩、感傷詩三種，還有十八種文類，賦、讚、箴、戒、碑、記、敘、事、制誥、啟、奏、表，狀、書、檄、詞、策、剖判等，如要一一剖析，實費篇章。元稹居然能將此龐大之文，皆以一字論之，可見元稹學養之深厚，與評文之功力。

　　北宋代蘇轍於哲宗元符元年（833），移循州安置，作〈書白樂天集

---

[248] 《白居易集箋校》，卷 31，頁 2130。
[249] 《白居易集箋校》附錄 2，頁 3973。

後〉評論白居易之詩文云：

> 樂天少年知讀佛書，習禪定。既涉世，履憂患，胸中了然，照諸幻之
> 空也。[250]

白居易是儒、道、釋三家兼具之思想。在憲宗元和初年以後，漸流露林泉退隱之志。中年以後，曾與道友煉服丹藥，晚年歸心梵乘。

十一、唐武宗毀佛與佛教之復興

會昌毀佛，在唐武宗李炎在位之會昌年間（840～846），推行一系列「毀佛」之政策。會昌五年（845）四月，頒布敕令，為毀佛之高峰，次年，武宗逝世、宣宗即位，又重新尊佛，滅佛就此結束。這一事件，使佛教在中國受到嚴重之打擊，史稱「唐武宗滅佛」或「武宗滅佛」。因唐武宗年號「會昌」，故佛教徒又稱為「會昌法難」，將它與北魏太武帝滅佛、北周武帝滅佛、後周世宗毀佛，並稱為「三武一宗」。

佛教勢力之膨脹，動搖唐王朝之統治，文宗朝已有毀佛之議。太和初年，不在政府簿籍之僧尼，就達七十萬人。當時全國納稅戶不過三百萬。佛教寺院土地不課稅，僧侶免除賦役。寺院經濟過度擴張，損害國庫收入。與普通地主亦存在矛盾，故佛教勢力之膨脹，已漸動搖唐王朝之統治。文宗朝已有毀佛之議，指斥寺院「蠹食生人，規避王徭，凋耗物力。」太和中，嚴令「起今已後，京兆府委功德使，外州府委所在長吏，嚴加捉搦，不得度人為僧尼。」對現有僧尼也要進行考試，不及格者勒令還俗。「天下更不得創造寺院、普通蘭若等。」不過，當時對佛教之壓抑裁撤，是用漸進和平之方式。

會昌二年（842），武宗在道士趙歸真等勸說下，令天下僧尼中犯罪和不能持戒者，盡皆還俗。行咒術、妖術者同禁。私人財產全部「充入兩

稅、徭役」[251]，僅京城長安一地，就有三四五九人還俗，而佛寺僅留慈恩、薦福、西明、莊嚴四寺。會昌四年（844）七月，敕令毀拆天下凡房屋不滿二百間、沒有前代御匾之寺院、蘭若、佛堂等，僧尼全部還俗。

會昌五年（845）三月，敕令不許天下寺院建置莊園，又令勘檢所有寺院及其所屬僧尼、奴婢、財產之數。四月，下敕滅佛，規定西京長安只能保留四座寺廟，每寺留僧十人，東京洛陽留二寺，其餘節度使之首府共三十四州，留一寺。其他刺史所在州不得留寺。寺廟全部摧毀，僧尼皆令還俗，所有廢寺銅鑄之佛像、鐘磬全部銷熔鑄錢，鐵鑄者交本州鑄為農具。焚毀宮殿內佛經及佛像，並改換為道教神像。當年八月，據《舊唐書·武宗本紀》記載：

> 天下所拆寺四千六百餘所，還俗僧尼二十六萬五百人，收充兩稅戶；拆招提、蘭若四萬餘所，收膏腴上田數千萬頃，收奴婢為兩稅戶十五萬人。[252]

又據《資治通鑑》記載：唐武宗會昌五年，山西五台山之還俗僧「多亡奔幽州」，李德裕召見進奏官曰：「五臺僧為將必不如幽州將；為卒必不如幽州卒。何為虛取容納之名，染於人口。」幽州節度使張仲武配合朝廷，封二刀付居庸關曰：「有遊僧入境則斬之。」[253]

會昌六年（846），武宗崩，唐宣宗即位。宣宗篤信佛教，廢止武宗滅佛之政策。佛教隨即復興。

綜觀會昌滅佛事件，使佛教寺院財產被剝奪，僧尼還俗，寺廟遭廢，經籍散佚，佛教宗派也由極盛走向衰微。但是大量僧尼還俗，寺廟土地與財富收歸政府所有，也減輕人民供養僧尼之經濟負擔。由於毀佛成功，擴大政府之稅源，鞏固中央集權。同時，大量佛寺被毀，導致留存至今之佛教建築極少。今山西省五台縣之南禪寺、佛光寺，由於地理位置偏僻，避

[251] 《舊唐書》，卷 18，頁 182。
[252] 《舊唐書》，卷 18，頁 606。
[253] 《資治通鑑》，卷 248，頁 8018-8019。

過當年之浩劫，為不幸中之大幸。

第四節　宋代之理學思想與佛學

　　宋、明時期，理學興盛。理學與《周易》、儒學、道學、佛學等，皆有關連。宋代諸儒，有援佛入儒者，有援道入儒者。故理學已融合儒學、道學、佛學之思想。理學重視「窮理盡性」，觀察理學內容，講天道、性命、陰陽、氣、心、天理、道德、人欲、知行、物、事等，不一而足。然理學家有承襲道學者，如周敦頤、邵雍等；有承襲儒學者，如張載、二程子、朱熹、陸九淵、王守仁等。因儒家學者較多，故排佛者亦多。但許多理學家又多與高僧往來，在思想、行履上，深受佛教之影響。故言理學，佛學亦應予以重視。

　　歐陽修為北宋儒學大家，後又從崇儒排佛，轉向信仰佛教。臨終數日，往近寺借《華嚴經》，讀至八卷而逝；周敦頤由道而儒。老年卸職之後，所著《通書》、《太極圖說》，含禪理甚深；張載出入佛、老，而歸於儒家。所言太虛之氣，必須順理盡心，安養內心，方能日新其德；程顥為儒家學者，批評釋氏無實，過於虛幻，不切實際。又言佛教偏執，無法以佛法處事；程頤崇儒，主張涵養內在貞元之氣，修養之方法是涵養用敬，進學則在致知。程頤並不排佛，而是批評佛弟子自私，只求個人脫離輪迴生死，而無儒家成仁取義之心；蘇軾為北宋政治家、文學家，雖屬儒家思想，但多與禪僧往來，且交情甚篤。一生飽經宦海浮沈之苦，在身心飽受煎熬之際，禪宗「諸法如幻」之空無思想，對其人生遭遇，有緩解之作用；朱熹之學，集周敦頤、張載、二程子以來之大成。主張理氣二元論，以及在居敬窮理之時，求得中和之道。又朱熹遍閱佛典，亦通禪理。如採用釋玄覺之偈言，解說「月映萬川」之理。並說明萬物之理，同出一源。但亦批評佛教滅絕人倫，為自利而學。觀其理學與詩文中，卻極富禪理；陸象山以為佛家是以解脫生死，出三界為目標，與儒家重義利之辨不同。

一、理學與佛學在涵義上之異同

　　理學是宋、明時期獨特之思想系統，原本紹述孔、孟、荀以來之學術思想，並未專以理為學術統稱。然自周敦頤以下，一變「子罕言利，與命，與仁。」[254]之講學態度，而以宇宙觀、道體論為依據，建立性命哲學之新體系。濂溪以降，常以理氣、理欲等辭，作為心性之本體。故後世將理學又稱為性理學、簡稱理學。《宋史》在儒林傳外，又立道學傳，指理學家中，周敦頤、邵雍等，出身道士，固有道學之稱。以與儒林人物，有所區隔。

　　理學一辭，據《周易·說卦傳》云：「窮理盡性而至於命。」[255]說明命包含理與性兩部分，但須先窮其理，然後以理明性，與理學「以理說性」相同。

　　理學又以「理」入道，始於南朝梁武帝時，禪宗達摩祖師提出「理入」與「行入」之修持法，是以「理」入佛之開始。隋唐之時，佛教天台宗、華嚴宗之分科判教，揭示修習佛法之四階段，即從「聞、思、修、德」，證「教、理、行、果」，以契合「信、解、行、証」。並特別重視「窮理盡性」之趨向。由教理之「觀行」，契証「中觀」之極則。確立「事法界、理法界、事理無礙法界、事事無礙法界。」之四法界觀。對宋明理學契理、契機之說，影響甚大。華嚴宗大師澄觀、圭峯等，皆初遊禪門而有所得。此後弘揚教理，建立華嚴思想體系。並致力於禪理與華嚴教理之融通。中唐以後，創立溈仰宗之溈山靈佑禪師，提倡「實際理地，不著一塵。萬行門中，不捨一法。」強調「理地」為心性之本。此說為宋儒以理說性之思想。

　　由上敘述，理學與《周易》、儒學、道學、佛學等，皆有關連。宋代諸儒，有援佛入儒者，有援道入儒者，儒家因佛道教理之援引，使理學有更深入之哲學探討，而不因崇信佛、道，而妄評儒學；亦不須崇尚新儒學而排斥佛、道。

---

[254]　《論語注疏》，卷9，頁77。
[255]　《周易正義》，卷9，頁183。

二、宋儒排佛之原因

　　佛教自東漢傳入中國以後，歷魏、晉、南北朝、隋、唐、宋、元、明、清，學術思想無不受其影響。晉牟融曾著〈理惑論〉，論儒、佛思想一致；孫綽倡儒佛一致之說；張融持三教一致之論，皆彰彰可考。其後，佛教遭受「三武一宗」之禍，使佛學受到壓制。宋代理學諸儒排佛，亦使佛學遭遇前所未有之挑戰。

　　宋、明之時，排佛最烈者，前有歐陽修，後有二程、朱熹、王陽明等。彼等皆是理學家中，視為泰斗之人物，然思想、行履皆深受佛教之影響。但因以儒家正統自居，欲繼承孔、孟以來之道統，而斥佛教為異端。故《論語·為政》云：

　　　　孔子曰：「攻乎異端，斯害也己！」[256]

　　春秋時孔子所謂之異端，是指小道、雜書；戰國時孟子所斥責之異端，為楊、墨之學；漢武帝獨崇儒術，所黜之異端，是儒家以外之諸子；宋、明理學家所斥之異端，是佛、老之學。推論宋儒排佛之原因，是理學家目睹晚唐夷狄交侵，藩鎮作亂，豈不膽戰心驚？基於民族情感之激發，於是效法韓愈之排佛尊孔，力倡孔、孟之聖學，展開「闢佛」之言論。清儒江藩《國朝漢學師承記》云：

　　　　儒生辟佛，其來久矣。至宋儒，辟之尤力。然禪門有《語錄》，宋儒
　　　　亦有《語錄》；禪門《語錄》用委巷語，宋儒《語錄》亦有委巷語。
　　　　夫既辟之而又效之，何也？蓋宋儒言心性，禪門亦言心性，其言相
　　　　似，易於渾同。儒者亦不自知，而流入彼法矣。[257]

　　上言禪門與宋儒皆有《語錄》傳世，且皆言心性之說，言論相似。若

---

[256] 《論語注疏》，卷 2，頁 18。
[257] 江藩《國朝漢學師承記》，頁 190。

深研之，儒家心性與禪門心性有所不同。宋儒探求宇宙之根源，發展心性是以儒家善惡之說為基礎，加以闡述；佛家雖言善惡，但在心性上是以清淨寂滅為目標，兩者之歸趨不同。茲觀宋儒程頤解釋孔子「攻乎異端，斯害也已。」云：

> 佛氏之言，比之楊、墨，尤為近理，所以其為害尤甚。學者當如淫聲美色以遠之，不爾，則駸駸然入於其中矣！[258]

當時為佛教辯解者，大抵是以三教一致之思想，加以辯解。說明佛教之戒律與儒家之倫理相通；並從心性問題，說明儒家與佛教都以性之善惡，勸人為善。南宋之儒者還編錄理學家周敦頤、司馬光、張載、程顥、程頤、謝良佐、劉安世、楊時中、呂祖謙、朱熹等人排斥佛、道二教之言論，題為《鳴道集》。

金朝李純甫（1185～1231），字之純，號屏山居士，著《鳴道集說》，藉「屏山曰」之形式，駁斥二一七種見解，以闡釋佛教義理。如張載責難佛教蒙蔽世人，以為「聖人可不修而至，大道可不學而知。」造成人倫不察，庶物不明。其云：

> 自孔、孟云亡，儒者不談大道一千五百年矣，豈浮圖氏之罪耶？至於近代，始以佛書訓釋老、莊，寖及《語》、《孟》、《詩》、《書》、《大易》，豈非諸君子所悟之道，亦從此入乎？[259]

又如程顥說佛教出家出世是絕倫類、脫世網。屏山亦駁之云：

> 不以世間法礙出世法，不以出世法壞世間法，以世間法即出世法，以出世法即世間法，八萬四千塵勞煩惱，即八萬四千清涼解脫。[260]

---

[258] 朱熹《四書章句集注》，〈論語集注〉，卷1，頁75。
[259] 《大正藏補編》經149，卷2，頁833。
[260] 《大正藏補編》經149，卷1，頁822。

宋儒所言，僅是佛教之皮毛，不明三藏十二部之全豹，而視佛學為異端，加以抨擊。其實宋儒對儒家之宇宙本體，禪門之心性，未作深入之探究。若能將儒家思想融入佛學，將能發展出中國嶄新之哲理思想。

三、歐陽修從崇儒排佛轉向信佛之探討

歐陽修（1007～1072），字永叔，吉州廬陵（今江西吉安）人，號醉翁、晚號六一居士。生於北宋真宗景德四年，卒於北宋神宗熙寧五年。享年六十六歲。諡號文忠。是北宋著名之文學家、史學家、政治家。歷仕仁宗、英宗、神宗三朝，官至翰林學士、樞密副使、參知政事。

在文學上，歐陽修是唐代韓、柳古文運動之繼承者及推動者，對古文之發展，有巨大之貢獻。其散文，平易自然，韻味深美；詩、詞風格清新，為宋代文學奠下基礎，其辭賦創立文賦之新體；歐陽修與宋祁、范鎮、呂夏卿等合撰之《新唐書》、及私撰之《新五代史》，列入十四史中；經學上開創宋人直接解經、不依註疏之新風氣；易學上打破易傳之權威地位；在中國金石學、詩話方面，都是開山始祖。

父親歐陽觀，擔任判官、推官等小官。歐陽修四歲喪父，隨母親鄭氏前往隨州，投靠叔父歐陽曄。因無錢買紙筆，母親曾用蘆荻之桿畫地學書。仁宗天聖四年（1026），在隨州通過解試。翌年，往禮部參加省試，落第。歐陽修將作品送呈學者胥偃，大受賞識，進入胥偃門下，胥偃上京赴任時，送歐陽修入京。七年（1029），胥偃將歐陽修以國子監推薦舉人之身份，參加國子監解試，高中第一名；八年（1030），省試第一，同年參加殿試，名列甲科第十四名。高中後，胥偃嫁女予歐陽修。同年五月，歐陽修任命為西京（洛陽）留守推官，在錢惟演幕下，與尹洙、石曼卿、梅堯臣等名士交遊，並與范仲淹通信。景祐元年（1034），歐陽修獲召試學士院，授官館閣校勘，移居汴京；三年（1036），聲援范仲淹，得罪宰相呂夷簡，貶至夷陵。康定元年（1040），任命為館閣校勘，修訂朝廷藏書目錄，完成《崇文總目》。

慶曆三年（1043），呂夷簡因病告退，范仲淹任命為參知政事，富弼

任樞密副使。范仲淹奏「十事疏」，推行政治改革，史稱「慶曆新政」。四年，歐陽修奉使河東路，又任河北都轉運按察使，革除地方積弊，罷免不稱職之官員。兩次被貶後，歐陽修及其朋友反而聲名大增，更受尊重。歐陽修平日多批評，得罪楊日嚴與夏竦。五年，以「張甥案」貶官滁州。至和元年（1054），奉命編修《新唐書》；嘉祐二年（1057），陞為翰林學士，出使遼國；同年，歐陽修知貢舉，以古文取士，推動古文運動；三年，韓琦、富弼上臺，歐陽修繼包拯出任開封知府。五年，歐陽修上呈《新唐書》，陞為樞密副使，六年（1061），出任參知政事，掌政期間，整頓行政效率，整理當年呂夷簡制定之行政則例，直至治平三年（1066），與韓琦、富弼一同主政，是歐陽修首次肩負執政之重任，亦是北宋中期政治最平靜之時期。八年，宋仁宗駕崩，遺命歐陽修與韓琦輔佐宋英宗。歐陽修支持英宗，追尊生父濮王趙允讓，稱之為「皇考」，引起「濮議」之爭。歐陽修自知在朝中已孤立，請求外任，但不獲准。

神宗熙寧二年（1069），王安石推行新法，歐陽修不贊同，自恃德高望重，不加實施，宋神宗和王安石亦聽他、由他。熙寧三年（1070），神宗有意再起用歐陽修，但王安石反對，歐陽修自己亦堅決推辭，改任蔡州知州。歐陽修晚年多病，身患眼疾、齒疾，手足不便。四年，獲准告老，以觀文殿學士、太子少師致仕，隱居潁州。翌年去世。

歐陽修早年並無顯著之信仰，抱定理性主義，懷疑祈神之說。雖曾撰祈雨、祈晴或祭祀神靈之文，只是順應民意而已。歐陽修堅決排佛，認為佛教傷害民俗，為振興儒學，重修「禮義」，必須排斥佛教。許多僧尼只為不勞而食出家，浪費民財。歐陽修雖反佛，但與僧人亦有來往，還希望他們還俗。至於道教，歐陽修不信神仙之說，但認為道教為害不大。連用儒家之《易經》占卜，也覺得不太可信，對民間之看相，算命，半信半疑。對佛教因果說，認為講不通人生禍福與世事變遷，只可歸於天命。歐陽修亦譴斥佛談神怪禍福之不當。

仁宗嘉祐二年（1057）作〈尚書工部郎中歐陽公墓誌銘〉，記載仲父捕浮屠、毀寺廟之事蹟，其云：

京師歲旱，有浮圖人斷臂禱雨，官為起寺於龜山，自京師王公大臣，皆禮下之，其勢傾動四方。又誘民男女投淮水死，曰：「佛之法，用此得大利。」而愚民歲死淮水者幾百人。至其臨溺時，用其徒唱呼前後，擁之以入，至有自悔欲走者，叫號不得免。府君聞之，驚曰：「害有大於此邪！」盡捕其徒，詰其奸民，誅數人，遣還鄉里者數百人，遂毀其寺。[261]

歐陽修仲父於天禧二年（1018）出知泗州，見僧人誘惑民眾，求法須斷臂、投水，才能顯其專誠。因此將禍害人民之佛僧逮捕，並毀其寺。歐陽修將此段事蹟，寫入仲父之墓誌銘，以顯浮屠禍害之深。並藉此事，頌揚仲父匡救時弊之舉。

佛法造成國家經濟之弊害，歐陽修〈本論上下〉論之甚詳，云：

佛法為中國患千餘歲，世之卓然不惑而有力者，莫不欲去之；已嘗去矣，而復大集；攻之暫破而愈堅，撲之未滅而愈熾，遂至於無可奈何。……佛為夷狄，去中國最遠，而有佛固已久矣。……井田最先廢，而兼并遊惰之奸起。……今佛之法，可為姦且邪矣。[262]

文中歐陽修對佛教作激烈之攻擊，應為宋代繼承唐代韓愈排佛不遺餘力之人。仁宗康定元年（1040），〈居士外集·原弊〉一文，論述佛教之弊害，云：

何謂眾弊？有誘民之弊，有兼併之弊，有力役之弊，請詳言之。今坐華屋享美食而無事者，曰浮圖之民。……今之議者，以浮圖並周、孔之事，曰：三教不可以去。……然民盡力乎南畝者，或不免乎狗彘之食，而一去為僧、兵，則終身安佚而享豐腴，則南畝之民不得不日減

---

[261]　《歐陽修全集》下，卷 27，頁 2562。
[262]　《歐陽修全集》上，卷 1，頁 125-126。

也。故曰有誘民之弊者，謂此也。[263]

　　歐陽修認為佛教有三弊害，首為僧人居華屋、享美食，而無事。又僧人可以終身安逸而享豐腴，則農民將日益減少也。

　　歐陽修在〈集古錄跋尾二‧唐于頔神道碑〉敘述好儒道之兄于頔，與篤信佛教之弟可封二人之際遇。其云：

> 頔之為人，如其所書，蓋篤於儒道者也。碑云：「司馬遷儒之外五家，班固儒之外八流。」其語雖拙，蓋言其學不駁雜也。然則，非徒貶去釋、老而已，自儒術之外，餘皆不學爾。碑又云：「其弟可封，好釋氏，頔每非之。」頔，于頔父也，然可封之後不大顯，而頔之後甚盛。以此見釋氏之教，信嚮者未必獲福，毀貶者未必有禍也。碑言頔篤於孝悌，守節安貧，不可動以勢利，其所履如此，足以興其後世矣。[264]

　　歐陽修舉于頔兄弟二人為例，其兄信儒則顯達，弟可封好釋氏，後不大顯。說明信佛者未必獲福，毀貶者未必有禍。以改變民眾對信釋氏則獲福之想法。

　　宋仁宗慶曆五年（1045）時，歐陽修效法韓愈排佛，並贊同韓愈「人其人」之作法，對「火其書，廬其居」卻持有異見，〈居士集一‧本論〉云：

> 今堯、舜、三代之政，其說尚傳，其具皆在，誠能講而修之，行之以勤而浸之以漸，使民皆樂而趨焉，則充行乎天下，而佛無所施矣。《傳》曰「物莫能兩大」，自然之勢也，奚必曰「火其書」而「廬其居」哉！[265]

---

[263] 《歐陽修全集》上，卷3，頁18-19。
[264] 《歐陽修全集》下，卷6，頁48。
[265] 《歐陽修全集》上，卷1，頁127。

對佛教，歐陽修認為「火其書」而「廬其居」，太過激烈，宜逐漸為之。仁宗對歐陽修排佛，感到不悅。再加上言事者所害，下詔獄窮治，左遷滁州（今安徽滁縣）。《佛祖統紀》記載：仁宗慶曆六年（1046），遊廬山，謁祖印禪師云：

> 諫議歐陽修，為言事者所中，下詔獄窮治，左遷滁州。明年將歸廬陵，舟次九江，因託意遊廬山，入東林圓通，謁祖印禪師居訥，與之論道。師出入百家，而折衷與佛法。修肅然心服，聳聽忘倦至夜分不能已。默默首肯，平時排佛為之內銷，遲回逾旬不忍去，或謂此與退之見大顛正相類。[266]

歐陽修在歸廬陵老家時，往廬山謁祖印禪師，與之論道，肅然心服。此事《佛祖統紀》又云：

> 修初至，師揖就座曰：「足下遠臨，豈以西竺聖人之道有合於心乎？」修盛氣以答曰：「修學孔孟之道。竊有慕於韓子之攘斥佛老者。西竺之法何所取焉？」師正色而詰曰：「退之排佛老。自比孟子之距楊墨。佛、老大聖非楊、墨比。退之尚不可排。況今欲慕之者。昔者文中子之言：『佛，聖人也。』而退之斥為夷鬼。此大慢之言也。……文中子之門人。能以仁義之道。輔成唐家以致治平。若子雲、退之徒立空言。不聞其徒有佐漢興唐之效者。然則文中子之道。豈不愈於荀、楊、韓子。而後世學者，顧不知之耶？」……修大驚叛。為之謝曰：「修胸中已釋然。將何以見教？」師曰：「佛道以悟心為本。足下屢生體道。特以失念生東華為名儒。偏執世教故忘其本。誠能運聖凡平等之心。默默體會。頓袪我慢，悉悔昨非。觀榮辱之本空。了死生於一致。則淨念當明，天真獨露。始可問津於此道耳。」[267]

---

[266] 《大正藏》經 2035，卷 43，頁 410。
[267] 《大正藏》經 2035，卷 43，頁 410-411。

　　歐陽修在廬山見雲門宗廬山圓通居訥禪師之後，才心悅信服，皈依三寶，虔誠學佛。當時，也正是身遭貶謫之時，母與妻患病，長女歐陽師夭折，連續之不幸，帶給歐公許多苦難與挫折，身處逆境，寄情山林，尋求解脫，是極其自然之事。

　　歐陽修雖在早年大力闢佛，是對佛法瞭解不深，故稱佛法為中國之害。但在與祖印禪師會面後，對佛教有所解悟，其後禮敬明教契嵩，與僧人交好者甚多，據《歐陽修全集》所載，即有曇穎、慧勤、惠覺、惟晤、智蟾、惟嚴、秘演、知白、淨慧、居訥、淨照、明因、贊甯、修顒、瑞新、法遠等十六人。

　　嘉祐六年（1061），釋契嵩將其所著之《輔教編》、《傳法正宗記》、《傳法正宗論》、《傳法定祖圖》送至都城。請當時龍圖閣直學士、權知開封府之王素上奏，進獻宋仁宗。並與王素等，「特上殿以其編進呈」。由於歐陽修、王素之推薦，仁宗賜號契嵩為「明教大師」。是年契嵩大師始識參政侍郎歐陽修。

　　朱謙之譯《中國禪學思想史》第四編第十一章，《圓通居訥與育王懷璉》記載：

　　　　修嘗居洛時，遊崇山。卻僕吏，放意往至一寺。修竹滿軒，風物鮮美。修休於殿內，傍有老僧閱經自若。修問：「誦何經？」曰：「《法華》」修云：「古之高僧臨死生之際，類皆談笑脫去，何道致之？」曰：「定慧力耳。」又問：「今何寂寥無有？」曰：「古人念念定慧，臨終安得散亂，今人念之散亂，臨終安得定慧。」修心服。[268]

　　歐陽修晚年，身罹憂患，遂超然有物外之志。其崇尚佛教之決心。《佛祖統紀》云：

　　　　歐陽永叔自致仕居潁上，日與沙門遊，因自號六一居士，名其文曰

《居士集》。[269]

神宗熙寧三年（1070）歐陽修更號「六一居士」，《蘇轍集後集·歐陽文忠公神道碑》云：

> 吾集古錄一千卷，藏書一萬卷，有琴一張，有棋一局，而常置酒一壺，吾老於其間，是為六一。[270]

歐陽修臨終前，據《佛祖統紀》記載，去世時，讀《華嚴經》至八卷而逝之情形，云：

> 息心危坐，屏卻酒肴。臨終數日，令往近寺。借《華嚴經》，讀至八卷，倏然而逝。[271]

四、周敦頤崇儒及與禪道之淵源

周敦頤（1017～1073），字茂叔，湖南道州（今湖南邕縣）人。生於宋真宗大中祥符九年，卒於宋神宗熙寧六年，享年五十七歲。世稱濂溪先生。嘉定十三年，賜諡元公。淳祐元年，封汝南伯，從祀孔子廟庭。後改封道國公。明嘉靖中，祀稱「先儒周子」。陳直齋《書錄解題》稱先生著有《文集》七卷。考朱竹君家藏本則編為九卷，凡遺書、雜著二卷，圖譜二卷，諸儒議論及誌傳五卷。今傳《太極圖說》、《通書》（本名易通）。後人編有《周子全書》傳世。

據《宋史·道學傳》稱，父輔成，曾為賀州桂嶺縣令。母鄭氏，少孤，養於母舅鄭向，龍圖閣大學士家。仁宗初入汴京，年十五。（1032）受穆修太極圖，翌年，穆修死。景祐三年（1036），鄭向奏授洪州分寧縣

---

[269] 《大正藏》經 2035，卷 43，頁 410。
[270] 《蘇轍集》後集，卷 23，頁 232。
[271] 《大正藏》經 2035，卷 43，頁 414。

主簿，時年十九，可謂少年得志。其後，歷任南安軍司理參軍，知彬州桂陽縣，大理寺丞，知南昌縣，國子監博士。通判虔州，年已四十六。時范仲淹為縣令，一時學者如胡瑗、李覯等名家咸集，儒學有復興之契機。當時儒者重視《易》與《中庸》。濂溪在潤州，師鶴林寺僧壽涯，以其學傳於二程。

神宗熙寧初，因趙汴及呂公著之薦，任廣東運輸判官，提點本路刑獄。荒涯絕島，人跡罕至，衝瘴而往，以洗冤抑。後以疾乞知南康軍。因家於盧山蓮花峰下，取其故居書房濂溪名之，學者稱濂溪先生，是年五十六。趙汴再鎮蜀，將奏用，未及而卒。

北宋間，有周敦頤（濂溪）、邵雍（堯夫）、張載（橫渠）、程顥（明道）、程頤（伊川）五大儒，而理學實始自周敦頤。周敦頤之思想，由道而儒。其闡發心性義理之精微，開宋代理學之先河。《宋史·道學傳》云：

> 黃庭堅稱其人品甚高，胸懷灑落，如光風霽月。廉於取名而銳於求志，薄於徼福而厚於得民，菲於奉身而燕及煢嫠，陋於希世而尚友千古。著《太極圖說》。明天理之根源，究萬物之始終。[272]

文中對周敦頤之人品、道德，推崇備至。至於學問，如心性義理之闡發，則元公開其先導。《宋元學案·濂溪學案》，清·黃百家云：

> 孔、孟而後，漢儒止有傳經之學，性道微言之絕久矣。元公崛起，二程嗣之，又復橫渠諸大儒輩出，聖學大昌。故安定、徂徠卓乎有儒者之渠範。然僅可謂有開之必先。若論闡發心性義理之精微，端數元公之破暗也。[273]

濂溪之時，佛道方盛。周子遊於方外，多得道教所傳之義理，又與時

---

[272] 《新校本宋史》，卷 427，頁 12711-11712。
[273] 《宋元學案》，卷 13，頁 96。

儒論理性之本真，乃融為一體。《宋史・儒林傳・朱震傳》云：「穆脩以太極圖傳於周敦頤。」[274]則濂溪之學源於道教，而為陰陽五行之新宇宙觀，當非誣傳。其所作《通書》四十篇，為《易》學之作，純粹精微，實足以闡發性命之根源。《周子通書》〈誠上第一〉黃百家云：「《通書》，周子傳道之書也。」[275]周濂溪實可稱以《易》學為中心之理學家。

濂溪之學，主於存誠，如〈誠上第一〉云：「誠者，聖人之本。」[276]〈誠下第二〉云：「聖，誠而已矣。」[277]〈誠幾德第三〉云：「誠無為，幾善惡。」[278]〈聖第四〉云：「寂然不動者，誠也；感而遂通者，神也。動而未形有無之間者，幾也。」又云：「誠、神、幾，曰聖人。」[279]

以上所引，皆以誠為聖人之本，善惡之機。誠無為，寂然不動。聖人知誠出自天意，寂然不動，感而遂通，稱之為神。幾者，動之微也。幾在動靜之間。故濂溪以為幾在動而未形，介於有無之間。聖人通達幾微神妙之理，故誠、神、幾為聖人。此微言至論，實為性理之圭臬。

濂溪以為誠者無為，寂然不動，感而遂通，則為誠之神變。其機則分善惡。《中庸》云：「自誠明，謂之性。」[280]自誠而明之步驟，在能誠己。至寂然無為之時，神明來復，可通達萬化之事理。故濂溪之心法，乃舉一誠字，以概括心性之本源。

或謂濂溪之說，同於禪宗之頓悟法門。其實，禪宗之頓悟為「自明誠」。即言頓悟是先明自性之明，而後保有靈明之性，以至於誠。若再依禪宗正法眼藏觀之，皆為葛藤而已。蓋禪宗心法，不由文字，直指心性。故禪宗之授受，皆直指本心，不落文字。如何安置誠字？試觀六祖惠能與永嘉禪師之機鋒。永嘉禪師曰：「汝甚得無生之意。」禪師曰：「無生豈有意耶？」六祖曰：「無意誰當分別？」禪師曰：「分別亦非意。」六祖乃曰：「善哉！」故知，無心亦當有分別心，此心非意，而是直指人心之

[274] 《新校本宋史》，卷 435，頁 12908。
[275] 《周子通書》，頁 31。
[276] 《周子通書》，頁 32。
[277] 《周子通書》，頁 32。
[278] 《周子通書》，頁 32。
[279] 《周子通書》，頁 33。
[280] 《禮記正義》，卷 53，頁 894。

分別。不分別，泯心而言法，已落偏差。內心存誠，方不離中道，中道不偏不易，如無誠字，易生邊見，則非中道矣。

　　周濂溪雖棲心儒道，但結交禪友甚多。其學術思想應受禪理影響很大。相傳曾受學於潤州鶴林寺僧壽涯，參禪於黃龍慧南禪師，及晦堂祖心禪師（1025～1100）。又嘗拜謁廬山歸宗寺雲門宗佛印禪師（1032～1098），相與講道；師事東林寺常聰禪師（1025～1091），得其性理之論。釋憨山《雲臥紀談》云：

　　　　周子居廬山時，追慕往古白蓮寺故事，結青松社，以佛印為主。[281]

　　濂溪所作之詩，常提及與佛有緣。如《佛法金湯編‧公題留衣亭》詩云：

　　　　退之自謂如夫子，〈原道〉深排佛老非。不識大顛何似者，數書珍重更留衣。[282]

　　又如〈題酆都觀‧宿山房〉詩云：

　　　　久厭塵勞樂靜玄，奉微猶乏買山錢。徘徊真境不能去。且寄雲房一榻眠。[283]

　　濂溪卸職之後，定居廬阜，達成退居歸隱之夙願。其所著《通書》四十篇，雖為講《易》之作，所揭示之誠與靜，與禪宗誠篤靜信之宗旨亦無差異。《太極圖說》含蓄禪理甚深。二程是濂溪弟子，直接影響程、朱一派之理學思想，由此可窺其端。

　　《太極圖說》為濂溪之宇宙觀與人生觀。其云：

281　（卍續藏經本），卷上，頁 13。
282　《卍續藏經本》經 1628，卷 12，頁 423。
283　《文淵閣四庫全書‧周元公集》，卷 2，頁 9。

> 無極而太極，太極動而生陽，靜而生陰。動極而靜，靜而生陰，靜極
> 復動。一動一靜，互為其根；分陰分陽，兩儀立焉。陽變陰合，而生
> 水、火、木、金、土。五氣順布，四時行焉。[284]

　　太極從無極生。太極是圓融之本體，充塞於天地之間。動而生陽，靜
而生陰，陰陽合則化育萬物。此與佛教理體與事相之理相同。太極無所偏
倚，無有上下。無有上下是平，無所偏倚是等，是一種平等觀。其包容之
現象，有千千萬萬之差別相。所謂一動一靜，互為其根。根是因，互為
緣。與佛家之因緣合和，同其意趣。

五、張載出入佛老而歸於儒家

　　張載（1020～1077），字子厚。北宋陝西鳳翔郿縣（今陝西眉縣）橫
渠鎮人，世稱橫渠先生。生於宋真宗天禧四年，卒於宋神宗熙寧十年，享
年五十八歲。南宋理宗淳祐初，追封郿伯，從祀學宮。著有《東銘》、
《西銘》、《正蒙》、《橫渠易說》等。

　　橫渠是程子之表叔，北宋理學五子之一，關學之開創者。少孤自立，
志氣不群，喜談兵，因與邠人焦寅遊。當康定用兵時，年十八，慨然以功
名自許，欲結客取洮西之地。上書謁范文正公。公知其遠器，責之曰：
「儒者自有名教可樂，何事於兵！」手執《中庸》一編授之，橫渠遂幡然
志於道。本已求諸釋、老、乃反求之《六經》。

　　仁宗嘉祐初，至京師，見二程子。二程以其為外兄弟之子，卑行也。
橫渠與語道學之要，服之，因渙然曰：「吾道自足，何事旁求！」於是盡
棄異學，淳如也。

　　宋仁宗嘉祐二年（1057）中進士，熙寧初，遷著作佐郎，簽書渭州軍
事判官。因中丞呂正獻公薦，召對問治道，對曰：「為治不法三代，終苟
道也。」神宗方勵精於大有為，悅之，曰：「卿宜日與兩府議政，朕且大

---

284 《周子通書》附錄〈太極圖說〉，頁48。

用卿。」謝曰：「臣自外官赴召，未測新政所安。願徐觀旬月後，當有所獻替。」上然之。除崇文院校書、知太常禮院。後其弟監察御史張戩，因反對王安石變法遭貶，橫渠遂辭官。歸家後，專注於讀書講學，開創「關學」，名震一時。

宋神宗熙寧十年（1077），秦鳳帥、呂大防薦舉，授知太常禮院。因與有司議禮不合，復謁告歸郿縣（今陝西寶雞）途中，病逝於臨潼（今陝西渭南）。

橫渠初受裁於范文正，幡然知性命之求。又出入於佛、老者累年。繼切磋於二程子，得歸理學之正。其精思力踐，毅然以聖人之詣為可至，三代之治必可復。

橫渠終日危坐一室，左右簡編，俯讀仰思，冥心妙契。蓋其志道精思，未始須臾息也。告諸生學必如聖人而後已。以為秦、漢以來學者之弊，在知人而不知天，求為賢人而不求為聖人。故其學以《易》為宗，以《中庸》為的，以《禮》為體，以孔、孟為極。《張載集・近思錄拾遺》中，提出「橫渠四句」云：

　　為天地立心，為生民立命，為往聖繼絕學，為萬世開太平。[285]

此可見橫渠自負重任，不輕與人言學，其後講《易》於京邸，聽從者甚眾。橫渠曰：「今見二程至，深明《易》道，吾不及也，可往師之。」[286]即日輟講。

橫渠哲學從天道說起，由《易傳》之解釋開始，論述宇宙之本體是「氣」。氣之本初狀態是「太虛」。由於氣具有陰陽對立之屬性，而且永遠處於運動狀態。氣聚則成萬物，氣散則歸於太虛。由此，橫渠是「太虛」合於《易傳》、《中庸》、《孟子》、《大學》，以說明《論語・公冶長》孔子所未言之「性與天道」，亦即將天道與性命相通，進而與佛、老二氏論是非曲直。

---

[285]　《張載集》拾遺，頁 376。
[286]　《新校本宋史》，卷 427，頁 12723。

張載認為大自然之陰陽消息，盈虛變化，無不依循陰陽、動靜、剛柔、聚散、升降之法則，謂之神化，而歸之於天之良能。〈正蒙・神化篇〉曰：

> 神，天德；化，天道；德，其體；道，其用。一於氣而已。[287]

張載由天德、天道、德，氣，建立其體用哲學，進而衍生為宇宙觀。故其本體論是以「太虛之氣」為基礎。太虛之氣所產生之動靜、浮沉、升降之性，又生絪縕、相盪、勝負、屈伸等作用。謂之「太和」。〈正蒙・太和篇〉云：

> 太和所謂道，中涵浮沉、升降，動靜相感之性，是生絪縕、相盪、勝負、屈伸之始。其來也幾微易簡，其究也廣大堅固。[288]

此言「太和」之道，其生成幾微易簡，其中涵養浮沉、升降，動靜相感之性，再生絪縕、相盪、勝負、屈伸之道。其究竟則廣大堅固。

〈正蒙・太和篇〉又言萬物散而為太虛，氣聚則為萬物，太虛之氣聚散如水與冰之關係，為氣之本體。〈正蒙・太和篇〉云：

> 太虛不能無氣，氣不能不聚而為萬物，萬物不能不散而為太虛。循是出入，是皆不得已而然也。……氣之聚散於太虛，猶冰凝釋於水。知太虛即氣，則無無。故聖人語性與天道之極，盡於參伍之神變易而已。[289]

此言太虛非無物，包含氣之聚散。如冰之凝釋雖異，其實一也。太虛不論聚散，不可離氣。只是將氣之有無，合稱為太虛。就體用而言，雖體

---

[287] 《張載集》，頁7。
[288] 《張載集》，頁7。
[289] 《張載集》，頁9。

為理，氣為虛，但在聚散之時，稱為太虛。故太虛不可謂無，而稱無無。
參五之神變異，言天道之變化，有三五之變。此變化神妙莫測。三五之
變，源自洛書，以五居中，一九、二八、三七、四六環繞於外，其中蘊含
八卦之理。每一卦皆有變通之理，爻位變則卦變。卦爻變動不居，故稱為
神。而天道，不論有無、隱顯、神化、性命，皆通一無二，因時制宜，而
成天地之文。

　　但一氣之中，有陰陽二性。〈正蒙・太和篇〉云：

> 兩不立則一不可見；一不可見則兩之用息。兩體者，虛實也，動靜
> 也、聚散也、清濁也，其究一而已。[290]

　　此言一為太極，兩為陰陽。〈正蒙・大易篇〉云：「一物而兩體，其
太極之謂歟！」[291]〈正蒙・參兩篇〉云：「一物兩體，氣也；一故神，兩
故化，此天之所以參也。」[292]

　　依此自然法則，如言一，則如〈正蒙・太和篇〉云：「清通而不可象
為神。」[293]如言兩，則〈正蒙・太和篇〉云：「散殊而可象者為氣。」[294]
如此，則宇宙間陰陽二氣絪縕相盪，起伏、聚散、變化有無，即為萬物生
滅運行之規律。故〈正蒙・太和篇〉云：

> 氣本之虛則湛一無形，感而生則聚而有象。有象斯有對，對必反其
> 為。有反斯有仇，仇必和而解。故愛惡之情同出於太虛，而卒歸於物
> 慾。倏而生，忽而成，不容有毫髮之間，其神矣夫！[295]

　　此言氣虛相聚則湛一而無形，感生為萬物，則聚而有象。由萬物相反

---

[290]　《張載集》，頁 7。
[291]　《張載集》，頁 48。
[292]　《張載集》，頁 10。
[293]　《張載集》，頁 7。
[294]　《張載集》，頁 7。
[295]　《張載集》，頁 10。

相和，為宇宙生化萬物愛惡、生滅之原因。〈正蒙·太和篇〉又云：

> 遊氣紛擾，合而成質者，生人物之萬殊。其陰陽兩端循環不已者，立天地之大義。[296]

萬物生化之情形，與氣之升降聚散，而人物之萬殊。同時因陰陽之循環相感不已，而有風雨、霜雪，皆與氣之聚散有關。

張載與邵雍皆以「性善惡混」為性命之說。張載未多言理，而以氣為宇宙之根源。故論性命，張載主張以氣為體，以性命為用。何謂性命？〈正蒙·乾稱篇〉云：

> 凡可狀者，皆有也；凡有，皆象也；凡象，皆氣也。氣之性本虛而神，則神與性乃氣所固有，此鬼神所以體物而不可遺也。[297]

此言萬物可狀者，皆屬有；凡有之惡，皆有象可循。而此象，皆由氣所生也。氣之本性為虛而神。故性與神皆氣所固有，故言鬼神，必須體會與物之關係。〈正蒙·誠明篇〉云：

> 天所自不能已者謂命，不能無感者謂性。[298]

命有生而性有能，性乃生命之作用。故又云：「性其總，合兩也；命其受，有則也。」[299]性命秉於氣而受於天，張載稱為神化性命。〈正蒙·太和篇〉云：

> 知虛空即氣，則有無隱顯，神化性命，通一無二，故聚散出入形不

---

[296] 《張載集》，頁 10。
[297] 《張載集》，頁 10。
[298] 《張載集》，頁 22。
[299] 《張載集》，頁 22。

形，能推本所從來，則深於《易》者也。[300]

又云：

> 由太虛，有天之名；由氣化，有道之名。合虛與氣，有性之名；合性
> 與知覺，有心之名。[301]

此言人性本於天地，欣則有感知，為性之用。又〈正蒙・乾稱篇〉
云：

> 乾稱父，坤稱母。予茲藐焉，乃混然中處。故天地之塞，吾其體；天
> 地之帥，吾其性。[302]

此言天地之氣充塞於吾身之中，而統帥天地萬物以成其變化者，即我
之本性。〈正蒙・神化篇〉加以申論云：

> 氣有陰陽，推行有漸為化，合一不測為神。其在人也，知義用利，則
> 神化之事備矣。德盛者窮神，則知不足道；知化，則義不足云。天之
> 化也運諸氣，人之化也順夫時。非氣非時，則化之名何有！化之實何
> 施！[303]

此言氣有陰陽，但陰陽二氣又因動靜、屈伸、聚散而逐漸變化。又陰
陽二氣相合，變化而不相悖，稱之為神。對人而言，能洞見事物之所以然
為知，而推行於物謂之利，知與利具備神化之事。德大者能合陰陽，而與
天地同流而無不通達，稱為窮盡其神化，而知就不足道也；知陰陽如何善
其變化，則義不足道也。天之變化是陰陽二氣之運用，故知春溫而不無涼

---

[300] 《張載集》，頁 8。
[301] 《張載集》，頁 9。
[302] 《張載集》，頁 62。
[303] 《張載集》，頁 16。

雨，知秋肅而不無和風。人之神化是順應天時，與天地合德。則喜怒、生殺、泰否、損益，皆陰陽二氣闔閉之幾也。天時則是天地間陰陽二氣感通而有四時之變化。若無氣無時，就無神化之理；而神化之名，何來之有？神化之實，又如何施行？又云：

> 《中庸》曰「『至誠為能化』，孟子曰『大而化之』皆以其德合陰陽，與天地同流而無不通也。所謂氣也者，非待其蒸鬱凝聚，接於目而後知之。苟健順動止、浩然湛然之得言，皆可名之象爾。然則象若非氣，指何為象？時若非象，指何為時？」[304]

張載舉《中庸》之說，言至誠之心，能窮神知化；又舉孟子之說，唯廣大能變化。二者都是以德合陰陽，與天地同流，而無不通達。至於氣，並非等待氣蒸鬱凝聚，眼睛看到而後知之。只要氣能在健順動止之間，表現浩然、湛然，就是氣之象，不論氣或天時，都要如此觀之。由此可知，人與天道合一，存乎誠。人有良知良能，雖屬天賦，但無盛德，性命如何與天道合一。

上言天高於氣，先於氣而存。命因氣而存，性則通於道。性不完全為氣所限制，又將性分為二。一為通於太虛者，為天地之性。二為生於陰陽二氣者，為氣質之性。有關天地之性。《宋元學案·橫渠學案·誠明篇》中，黃勉齋說明其理云：

> 黃勉齋曰：「自孟子言性善，而荀卿言性惡，揚雄言善惡混，韓文公言三品。及至橫渠，分為天地之性、氣質之性，然後諸子之說始定。」蓋自其理而言之，不雜乎氣質而為宗，則是天地賦與萬物之本然者，而寓乎氣質之中也。故其言曰：「善反之，則天地之性存焉。」蓋謂天地之性未嘗離乎氣之中也。其以天地為言，特指其純粹至善，乃天地賦予之本然也。曰：「形而後有氣質之性，其所以有善

惡之不同者，何也？」曰：氣有偏正，則所受之理隨而偏正；氣有昏明，則所受之理隨而昏明。木之氣盛，則金之氣衰，故仁常多而義常少。金之氣盛，則木之氣衰，故義常多而仁常少。若此者，氣質之性有善惡也。曰：「既言氣質之性有善惡，則不復有天地之性矣，子思子又有未發之中，何也？」曰：性固為氣質所雜矣，然方其未發也，此心湛然，物慾不生，則氣雖偏而理自正，氣雖昏而理自明，氣雖有贏乏而理則無勝負。及其感物而動，則或氣動而理隨之，或理動而氣挾之，由是至善之理聽命於氣，善惡由之而判矣。此未發之前，天地之性純粹至善，而子思之所謂中也。《記》曰：「人生而靜，天之性也。」程子曰：「其本也真而靜，其未發也五性具焉。」則理固有寂感，而靜則其本也，動則有萬變之不同焉。嘗以是質之先師，答曰：「未發之前，氣不用事，所以有善而無惡。」至哉此言也！[305]

　　依張載之意，天地之性，直通太虛本體。寂然不動，處於未發之狀態中。二氣無感通，有善而無惡。可謂此心湛然，物慾不生。至於氣質之性，則已離天地之性，而有善惡之分。

　　至於氣質之性，〈正蒙·誠明篇〉云：

　　　　天所性者，通極於道。氣之昏明，不足以蔽之。[306]

　　此言天性通達於道，至於氣之昏濁與清明，不足以掩蔽人性。重要者是保持清明之本性。又云：

　　　　形而後有氣質之性，善反之則天地之性存焉。故氣質之性，君子有弗性者焉。[307]

---

[305] 《宋元學案》，頁 28。
[306] 《張載集》，頁 21。
[307] 《張載集》，頁 23。

此言性有天性與物性，天性為善性，物性則有氣質之性，氣質之性中，包含天地之性，若有物性，則君子認為不可存之於心。又云：

> 性於人無不善，繫其善反不善反而已。過天地之化，不善反者也；命於人無不正，繫其順與不順而已。行險以僥倖，不順命者也。[308]

此言性之於人，本無不善。但因性含天地之性，天性為善，氣質之性，即命於人之氣，因「動而有萬變之不同」，故「善惡由是判焉」。此意在說明陰陽、動靜、清濁變化，會決定人之氣質。〈正蒙・誠明篇〉云：

> 德不勝氣，性命於氣；德勝其氣，性命於德。窮理盡性，則性天德，命天理。氣之不可變者，獨死生修天而已。故論死生則曰：「有命」，以言其氣也；語富貴則曰：「在天」，以言其理也。此大德所以必受命，易簡理得，而成位乎天地之中也。所謂天理也者，能悅諸心，能通天下之志之理也。[309]

此說明人性有善惡之分，窮理盡興，則性具天德，命具天理。氣則關係命之長短，故言死生有命，是言氣也。至言富貴在天，則言其理也。具有大德之人，生活簡易，心安理得，位居天地之中道，心中悅樂，故能長養富貴。由此可見，太虛之氣，除能養萬物之形外，還須有人為之道德學養，方能改變人氣質之性。〈正蒙・誠明篇〉又云：「莫非天也，陽明勝則德性用，陰濁勝則物慾行。領惡而全好者，其必由學乎！」[310]

如何以學養成性，西漢董仲舒有說之外，張載〈性理拾遺〉云：

> 天下凡謂之性者，如言金性剛，火性熱，牛之性，馬之性也。莫非固有。[311]

---

[308] 《張載集》，頁 22。
[309] 《張載集》，頁 10。
[310] 《張載集》，頁 11。
[311] 《張載集》，頁 374。

此言萬物皆有其性，如金性剛，火性熱，牛之性，馬之性，皆是固有，但人性則又善惡、才氣、剛柔、緩急之分。〈正蒙・誠明篇〉又云：

> 人之剛柔、緩急、有才與不才，氣之偏也。天本參和不偏，養其氣，反之本而不偏，則盡性而天矣。性未成則善惡混，故亹亹而繼善者斯為善矣。惡盡去則善因以成，故捨曰「善」，而曰「成之者性」。[312]

此言天本是參和不偏，人能培養本性之氣則不偏，混入惡性則偏，因此人須養化、養大，具有自反、自覺之能力。也就是心有自覺，性有能自悟，為心性覺悟之根本。

張載論道，以善惡為判斷。主張以仁義立虛心無我之志，而以禮作為行為實踐之張本。〈正蒙・大易篇〉云：「仁義，德也。而謂之人。」[313]又〈張子語錄上〉云：

> 天地以虛為德，至善者虛也。虛者天地之祖，天地從虛中來。天地從虛中來。[314]

此言虛者，天地之祖。天地即從太虛之氣而來，故以虛為德。至善之人亦當虛懷若谷。故言道德，應以虛為本。〈張子語錄上〉云：「當虛心而後能盡心。」[315]又云：

> 志小則氣輕……氣輕則虛而為盈，約而為泰，亡而為有。[316]

此言志小之人氣輕，氣輕則心虛，而自我盈誇；窮約而自以為舒泰，無道德學養而自以為有。張載正心、養氣，皆以此為立言之基礎。

---

[312] 《張載集》，頁 23。
[313] 《張載集》，頁 48。
[314] 《張載集》，頁 326。
[315] 《張載集》，頁 325。
[316] 《張載集》，頁 287。

　　張載主張存德性，存虛心，以及效法天地無我之心性。而以實踐仁義之德性。〈正蒙・神化篇〉云：

> 利用安身，素利吾外，致養吾內也。[317]

　　此言人應利用外在之氣，使屈伸順理，則可安養內在之心。返之性命而不偏，則可盡性知天，合於天道。〈正蒙・誠明篇〉云：「心能盡性，人能弘道也。」[318]如能求正心以盡天性，則嗜欲不累其心，則能弘道也。如〈正蒙・至當〉云：「過而不有，不凝滯於心，知之細也。」人當日新其德，有過失卻不凝滯於心，保持心靈之純淨，方能日新其德。

　　張載言「志」，認為正心是至聖之工夫。〈正蒙・中正篇〉云：

> 可欲之謂善，志仁則無惡也。誠善於心之謂信，充內形外之謂美，塞乎天地之謂大，大能成性之謂聖，天地同流、陰陽不測之謂神。[319]

　　正心以至於仁義，則內在美善，而能虛心無我。在生活上，要克己除惡。如何克己？重在行字。《經學理窟・學大原下》云：「克己，下學也。下學上達，交相培養。」[320]又云：「上達反天理，下達徇人欲者與！」[321]即言由治己應下學上達，下學與上達應交相培養，不然一味上達，而不知克己，反而會違反天理。至於下達人事而不知天，則墮入人欲之中，不可不慎。

　　志仁義是成性之工夫，學禮義是克己之工夫。行為做到善才合乎中道。〈正蒙・中正篇〉云：

> 不得已，當為而為之，雖殺人皆義也；有心為之，雖善皆意也。正己

---

[317] 《張載集》，頁 17。
[318] 《張載集》，頁 22。
[319] 《張載集》，頁 287。
[320] 《張載集》，頁 287。
[321] 《張載集》，頁 22。

> 而物正，大人也；正己而正物，猶不免有意之累也。有意為善，利之
> 也，假之也。無意為善，性之也，由之也。有意在善，且為未盡，況
> 有意於未善邪？[322]

對窮欲滅禮而言，克己在明禮上下實踐之工夫。故對道德上，極重禮
治。〈正蒙‧至當篇〉云：「恭敬撙節退讓以明禮，仁之至也，愛道之極
也。」以禮表現仁愛。又云：「敬，禮之輿也。」[323]可見張載重視禮之價
值。

橫渠重視儒家之禮，患喪祭無法，期功以下未有衰麻之變，祀先之
禮，襲用流俗。於是依循古禮，教童子灑掃應對；女子未嫁者，使觀祭
祀，納酒漿，以養孫弟之道。嘗曰：「事親奉祭，豈可使人為之！」於是
關中風俗為之一變。

橫渠氣質剛毅，望之儼然。與之居，久而日親。居恆以天下為念。道
見饑殍，輒諮嗟，對案不食者終日。雖貧不能自給，而門人無貨者，輒糶
糴與共。慨然有志於三代之法，以為仁政必自經界始，經界不正，即貧富
不均，教養無法，雖欲言治，只是牽架而已。本欲與學者買田一方，畫為
數井，以推先王井田遺法，未就而卒。

六、邵雍融合儒釋道三家之思想

邵雍（1011～1077）字堯夫，其先范陽（今河北大興）人。生於宋真
宗大中祥符四年，卒於宋神宗熙寧十年。享年六十七歲。贈祕書省著作
郎。元祐中，從歐陽斐議，賜諡曰康節，故世稱康節先生。南宋度宗咸淳
初，從祀孔子廟庭，追封新安伯。明世宗嘉靖中，祀稱「先儒邵子」。著
有《觀物內外篇》、《漁樵問答》，《伊川擊壤集》、《先天圖》、《皇
極經世》等書。

邵雍為北宋道士。據《宋史‧道學傳》記載；祖德新，父古，皆隱德

不仕。邵雍幼從父遷河南，明道誌先生墓云：「幼從父徙共城，晚遷河南。」（今本作「幼從父遷河南」，蓋誤。）康節自雄其才力，慕高遠，謂先王之事必可致。居蘇門山百源之上，布裘蔬食，躬爨養父之餘，刻苦自勵者有年。已而嘆曰：「昔人尚友千古，吾獨未及四方。」於是踰河、汾，涉淮、漢，周遊齊、魯、宋、鄭之墟始還。

時北海李之才攝共城令，授以《河圖》、《洛書》，先天象數之學。先生探賾索隱，妙悟神契，多所自得。蓬篳甕牖，不蔽風雨，而怡然自樂，人莫能窺也。富弼、司馬光、呂坤退居洛中，為市園宅。出則乘小車，一人挽之，任意所適。士大夫識其車音，爭相迎候。童孺廝隸皆曰：「吾家先生至也。」不復稱其姓字。遇人無貴賤賢不肖，一接以誠。群居燕飲，笑語終日，不甚取異於人。樂道人之善，而未嘗及其惡。故賢者悅其德，不賢者喜其真，久而益信服之。

仁宗嘉祐中，詔舉遺逸，留守王拱辰薦之，授試將作監簿，先生不赴。熙寧初，復求逸士，中丞呂誨等復薦之，補潁州團練推官，皆三辭而後受命，終不之官。

王安石新法實施，各州縣之官吏，皆欲解綬而去。先生曰：「此正賢者所當盡力之時。能寬一分，則民受一分之賜矣！」王安石罷相，呂惠卿參政，富公憂之，先生曰：「二人本以勢利合。勢利相敵，將自為仇矣，不暇害他人也。」未幾，惠卿果叛安石。

先是，於天津橋（今洛陽橋）上聞杜鵑聲，先生慘然不樂曰：「不二年，南士當入相，天下自此多事矣！」或問其故，曰：「天下將治，地氣自北而南。將亂，自南而北。今南方地氣至矣。禽鳥，得氣之先者也。」後其言果驗。

先生居洛陽三十餘年，卜居洛河南岸「九真觀」故址，榜其廬曰「安樂窩」，自號安樂先生。讀書並居其下，且且焚香獨坐，哺時飲酒三四甌。嘗有詩云：「斟有深淺存變理，飲無多少繫經綸。莫道山翁拙於用，也能康濟自家身。」

疾革，橫渠問疾，論命，先生曰：「天命則已知之。世俗所謂命，則不知也。」伊川曰：「先生至此，他人無以為力，願自主張。」先生曰：

「平生學道，豈不知此。然亦無可主張。」伊川問：「從此永訣，更有見告乎？」先生舉兩手示之，伊川曰：「何謂也？」曰：「面前路徑須令寬。路窄，則自無著身處，況能使人行也！」先生居內寢，議事者在外甚遠，皆能聞之，召其子伯溫謂曰：「諸公欲葬我近地，不可。當從先塋爾。墓誌必以屬吾伯淳。」

邵雍為洛學之開山祖師，其學源出道教陳摶，陳摶傳種放，種放傳穆修、李之才。《宋史‧文苑傳‧李之才》稱邵雍之學直受於李之才：

> 李之才，字挺之，青社人也。天聖八年同進士出身。為人樸且率，自信，無少矯厲。師河南穆修，修性卞嚴寡合，雖之才亦頻在訶怒中。之才事之益謹，卒能受《易》。時蘇舜欽亦從脩學《易》，其專授受者為之才爾。脩之《易》受之種放，放受之陳摶，源流最遠。其圖書象數變通之妙。秦漢以來，鮮有知者。之才初為衛獲家主簿，權共城令。時邵雍居母憂於蘇門山百原之上，布裘蔬食，躬爨以養父。之才叩門來謁，勞苦之曰：「好學篤志果何似？」雍曰：「簡策之外，未有適也。」之才曰：「君非迹簡策者，其如物理之學何？」他日則曰：「物理之學學矣？不有性命之學乎？」雍再拜願受業。於是先示之以陸淳《春秋》，亦欲以《春秋》表儀五經。既可與五經大旨，則《易》而終焉。雍卒以《易》名世。[324]

邵雍事之才，猶之才事穆修，甚誠謹。雖野店，飯必襴，坐必拜。一生澹泊明志，屢詔不至。神宗徵為著作郎，亦不就。以處士終其身。

邵雍依漢儒陰陽、五行學說，以推衍太極論，而有象數學。周敦頤與邵雍之象數，導源於《易經》八卦之數理，為北宋揭示道教之宇宙形上學。據《宋史‧朱震傳》引《漢上易解》云：

> 陳摶以先天圖傳種放，放傳穆脩，脩傳李之才，之才傳邵雍。放以河

---

[324] 《新校本宋史》，卷431，頁12823-12824。

圖洛書傳李溉，溉傳許堅，堅傳范諤昌，諤昌傳劉牧。穆脩以〈太極圖〉傳周敦頤。[325]

由上可知，周敦頤之〈太極圖說〉，邵雍之〈先天圖〉，皆由穆脩傳授，出自道教。所謂「象數」，如劉牧《易數鉤隱圖序》自序云：

夫易者，陰陽氣交之謂也。若夫陰陽未交，則四象未立，八卦未分，則萬物安從而生。……卦者，聖人設之，觀於象也。象者，形上之應，原其本則形由象生，象由數設。捨其數則無以見四象所由之宗也。[326]

劉牧此說，導源於《易緯》。濂溪《太極圖》有象無數，屬於象學。邵雍《先天卦位圖》、《卦氣圖》受自李之才，兼重象、數二者，故為象數學。邵雍《觀物外篇》云：

本一氣也，生則為陽，消則為陰，故二者一而已矣。……氣則養性，性者成氣。故氣存則性存，性動則氣動也。……氣者神之宅也，體者氣之宅也。[327]

此為康節將陰陽與性、氣之關係加以說明。宇宙渾沌之時，本屬一氣，其後陰陽消長，剖分為二。又氣能養性，氣為神祇宅，體為氣之宅，故人氣存則性存，性動則氣亦隨之動，故養氣極為重要。又云：

易曰：「窮理盡性以至於命。」所以謂之理者，物之理也；所以謂之性者，天之性也；所以謂之命者，處理性者也；所以能處理性者，非道而何？是知道為天地之本，天地為萬物之本；以天地觀萬物，則萬

---

[325] 《新校本宋史》，卷435，頁12908。
[326] 《道藏》冊3，卷上，頁205。
[327] 《宋元學案》三《百源學案》下，頁111。

> 物為萬物；以道觀天地，則天地亦為萬物。道之道，盡之於天矣；天
> 之道，盡之於地矣；天地之道，盡之於萬物矣；天地萬物之道，盡之
> 於人矣。人能知其天地萬物之道所以盡於人者，然後能盡民也。天之
> 能盡物則謂之曰昊天，人之能盡民則謂之曰聖人。[328]

　　此言《周易》窮理盡性，即言理是物之理，性是天之性，命是處理性
者也。處理性者是道，道為天地之本，天地為萬物之本。人能知天地萬物
之道，天能盡知萬物，而聖人能盡知萬民也。康節將天地萬物與人之關
係，析分清楚，對宋代理學之天人關係，更能深入了解。

　　康節以為天體是由「日月星辰」構成，即天之四象；「水火土石」為
地之四體。因動靜剛柔之相生相交，成為自然界無窮之萬象。《觀物外
篇》云：

> 陽得陰而為雨，陰得陽而為風。剛得柔而為雲，柔得剛而為雷。無陰
> 則不能為雨，無陽則不能為雷。雨，柔也，而屬陰。陰不能獨立，故
> 待陽而後興。雷，剛也，而屬體。體不能自用，必待陽而後發也。云
> 有水火土石之異，他物亦然。[329]

　　此言風、雨、雷、電之象，皆由陰陽、剛柔之變化而發生，亦合於水
火土石等物之象。《觀物內篇》又云：

> 日為暑，月為寒。星為晝，辰為夜。暑寒晝夜交，而天之變盡之矣。水
> 為雨，火為風。土為露，石為雷。雨風露雷交，而地之化盡之矣。[330]

　　此言天之暑寒晝夜交，與地之雨風露雷交，而生之動植物及人類，是
天地之化生萬物，亦是宇宙生命之起源。此種天人交感之宇宙觀，實為董

---

[328] 《百源學案》下，頁105。
[329] 《百源學案》下，頁112。
[330] 《百源學案》下，頁104。

仲舒、淮南王劉安學說之擴充。因此，康節從象數推演宇宙天象與自然界萬物之情性，更為清楚明白。

由情而言，常蔽塞智慧者，為主觀之人欲；性則超乎陰陽之上，以氣為主，其根本為神。因此，性生於氣，精神因氣而產生變化。故《觀物外篇》云：

> 氣則養性，性則乘氣。故氣存則性存，性動則氣動。[331]

此言性與氣之互動關係，氣可養性，性則因氣而動。故性之動靜，會牽動氣之存在。《孟子‧公孫丑上》云：

> 夫志，氣之帥也；氣，體之充也。夫志，至焉；氣，次焉。……志壹則動氣，氣一則動志也。[332]

孟子以為志為氣之帥，志能帥氣，氣隨志而至。邵雍則強調性為氣之所生，又為神明之體。性之變化，在乎神。追本溯源，性體之先天功能，為身體性情之根源。其物質現象為身，精神活動為心。故《觀物外篇》云：

> 人之神，則天地之神。人之自欺，所以欺天地。可不懼哉！[333]

此言人之神，源自天地之神。故人之自欺，就是欺天。又引申人心所慮之事，神明皆知，必須做到慎獨。《觀物外篇》又云：

> 凡人之善惡形於言，發於行，人始得而知之；但萌於心，發乎慮，鬼

---

[331] 《百源學案》下，頁111。
[332] 《孟子注疏》，卷3，頁54。
[333] 《百源學案》下，頁114。

　　神已得而知之矣。此君子所以慎獨也。[334]

　　人若有反省自覺之知能，亦由神明之性為主宰。故應發揮心性之善，
照明靈覺之本心，與佛家「常住真心」之意相近。

　　邵雍主張虛心養性，就人而言，人之性、神、體，本是三位一體。養
性即是養神、養氣。《伊川擊壤集自序》云：

　　性者，道之形體也，性傷則道亦從之矣；心者，性之郭廓也，心傷則
　　性亦從之矣；身者，心之區宇也，身傷則心亦從之矣；物者，身之舟
　　車也，物傷則身亦從之也。[335]

　　故養心在於養性。養身在於養心，養物在於養身。不論養身、養物，
在於不傷身物。故邵雍言虛心養性之道，在於不任用情。故云：「任我則
情，情則蔽。蔽則昏矣。」又云：「以物喜物，以物悲物。此發而皆中節
者也。」換言之，心之用，要做到虛心不動，還要發而中節。在物我之
間，不受物誘，不因物悲喜，發而皆中節。即不用情而用性，就能全心全
性。

　　邵雍在物我之間，主張「慎獨」、「不自欺」，此為儒家《大學》之
主張相同。邵雍用此作為養心之要旨，即盡其心之自覺，而無愧於心，總
稱為虛心。《觀物外篇》云：

　　心一而不分，則能應萬變。此君子所以虛心而不動也。[336]

　　此言心專一不分，則可以應萬變。君子虛心不動，即在把握心性之專
一。孟子所謂「不動心」，即是言此。《觀物外篇》又云：

---

[334] 《百源學案》下，頁111。
[335] 《四部叢刊》《伊川擊壤集自序》，頁1。
[336] 《百源學案》下，頁115。

人必內重，內重則外輕。苟內輕，必外重，好利好名，無所不至。[337]

內重外輕，即虛心不動。以性為體則中節，以情為用則傷性，完全決定於心之作用。由心表現於外，必須觀其言行，故邵雍《觀物內篇》云：

> 言之于口，不若行之于身；行之于身，不若盡之于心。言之于口，人得而聞之；行之于身，人得而見之；盡之于心，神得而知之。人之聰明，猶不可欺，況神之聰明乎！是知無愧于口，不若無愧于身；無愧于身，不若無愧于心。無口過易，無身過難；無身過易，無心過難。既無心過，何難之有？吁！安得無心過之人，而與之語心哉？是知聖人所以能立無過之者，謂其善事于心者也。[338]

此言人之言行，在於盡心二字。盡心則鬼神知之。人之言行，應無愧於心，方可免除無心之過。故人心慮之發動，當虗靈不昧，鬼神得而知之。重慎獨而不自欺，無愧於心，稱為內重。若能以善性而知內重，不用情而虛心，可以全性全我，明心見性。此聖人之所以善事於心，立無過之地也。

邵雍與佛教禪宗都認為「明心見性」之重要，若能保持心性之神明，就可以無悖於天道。只要擴充心能，就能同大化流行。《觀物內篇》云：

> 人亦物也，聖亦人也。有一物之物，有十物之物，有百物之物，有千物之物，有萬物之物，有億物之物，有兆物之物。生一物之物，當兆物之物者，豈非人乎？有一人之人，有十人之人，有百人之人，有千人之人，有萬人之人，有億人之人，有兆人之人。生一人之人，當兆人之人者，豈非聖人乎？是知人也者，物之至者也；聖也者，人之至者也。人之至者，謂其能以一心觀萬心，一身觀萬身，一世觀萬世者焉。其能以心代天意，口代天言，手代天工，身代天事者焉。其能以

---

[337] 《百源學案》下，頁 115。
[338] 《百源學案》下，頁 107。

> 上識天時，下盡地理，中盡物情，通照人事者焉。以其彌綸天地，出
> 入造化，進退古今，表裏人物者焉。[339]

　　此言聖人之心能為養心養性之最高標準。聖人以一心觀萬心，一身觀
萬身，一世觀萬世。以心代天意，口代天言，手代天工，身代天事。上識
天時，下盡地理，中盡物情，通照人事。可以說代天安養萬民，養人心為
道心為職志，已成繼承物為終極目標。此學說自《莊子》、《中庸》、
《易經》中衍生出，故邵雍之學，已融合儒、釋、道三教之學，而以儒學
道之。

　　康節作「先天卦位圖」，即推衍八卦之次序。以其為伏羲作畫之「先
天八卦」。

　　《易經‧說卦》所指之八卦方位，乃文王之八卦，又稱「後天八
卦」。其言曰：

> 此名伏羲之八卦也。乾南、坤北，離東、坎西，震東北、兌東南、巽
> 西南、艮西北。自震至乾為順，自巽至坤為逆。……若順天而行，是
> 左旋也，皆已生之卦也，知來者逆，故云數往也；若逆天而行，是右
> 行也。皆未生之卦也，故云知來也。……是故乾以分之，坤以合之，
> 震以長之，巽以消之。長則分，消則翕也。[340]

　　上文將八卦之順逆、消長、分合，加以說明，以明「數往」、「知
來」之義。

　　又將「先天卦位圖」推衍為「六十四卦次序之圖」，其圖是以圓形方
位說明一切事物生長之規律，甚為精密。如就一年四季之運轉而言。圖中
之復卦為一陽生，及冬至夜半子時。陽氣東行至南方之「乾」，即為夏。
其後陽極盛而陰生。姤卦之初爻為一陰生，即夏至。陰西行至北方之
「坤」，是為冬。陰極盛而陽生。如此陰陽消息，萬物代謝，即為漢人卦

---

[339] 《百源學案》下，頁 107。
[340] 《百源學案》下，頁 105。

氣說之由來。故卦氣圖可顯示十二月二十四節氣之變化。

　　康節之象數學，由剛柔動靜之變化，衍生陰陽消長盈虛之流轉，及萬物生長之盛衰。至於陰陽動靜之關係，是以陽為本。《觀物外篇》云：

> 性非體不成，體非性不生。陽以陰為體，陰以陽為性。動者，性也；靜者，體也。在天則陽動而陰靜，在地則陽靜而陰動。性得體而靜，體隨性而動，是以陽舒而陰疾也。陽不能獨立，必得陰而後立，故陽以陰為基。陰不能自見，必待陽而後見，故陰以陽為倡。陽知其始而享其成，陰效其法而終其勞。……陰生陽，陽生陰，陰復生陽，陽復升陰，是以循環而不絕也。[341]

　　上言陰陽與體性之關係。天為陽動而陰靜，地則陽靜而陰動。陽不能獨立，必得陰而後立，故陽以陰為基。陰不能自見，必待陽而後見，故陰以陽為倡。陰陽相生，循環不息，將萬物動靜消長，陰陽體性相隨之道，敘述深入而掌握其奧妙。

七、程顥崇儒及其禪佛思想

　　程顥（1032～1085），字伯淳、號明道，生於宋人宗明道元年，卒於哲宗元豐八年。享年五十四歲。與弟伊川，並稱二程子。世居中山（今河北定縣），後徙河南。北宋洛學之重要人物。哲宗時，召為宗正丞，未行而卒。文潞公採眾議而為之表其墓曰明道先生。嘉定十三年，諡曰純公。淳祐元年，封河南伯，從祀孔子廟庭。明嘉靖中，祀稱「先儒程子」。[342]

　　程顥為宋代儒學大家，其思想以孔、孟學說為主，在格物、致知、誠意、正心方面，是採用《大學》修身之次序。〈明道先生語一〉云：

---

[341]　《百源學案》下，頁 111。
[342]　以上程顥生平，見《宋史·程顥傳》。

「致知在格物」，格，至也。或以格為止物，是二本矣。[343]

又云：

知至則便意誠，若有知而不誠者，皆知未至爾。知至而至之者，知至
而往至之，乃吉之所見。故曰：「可與幾也。」[344]

依「大學」之意，先格物，後致知。朱熹將「格」解釋為「至」，
「物」解釋為「事」。窮致事物之理，欲其極處無不到也。王陽明則
「格」解釋為「正」，「物」解釋為「事」。正其不正，以歸於正，有去
惡為善之意。明道以為窮致事物之理，便是致知。格物為窮致於物之理，
致知為窮知物之理。將格物、致知視為一事。但要達到致知，必須窮理方
能意誠。如此則誠意與格物、致知，都屬一事。由此，程顥以為窮理盡性
以至於命，一物也。〈二先生語一〉又云：

誠者，合內外之道，不誠無物也。[345]

誠不僅是外在之行為，也含內在之心性，都要合乎道德，是進德修業
之要點，亦是誠意緊要之工夫。如果失去誠，就是與天理不合。由此推
論，誠意須和天理相合，誠意就能正心。心與天理密不可分。

在理與敬方面，程顥待人，充滿和粹之氣。與門人、朋友來往，皆無
忿厲之容，全為天性自然之流露。《明道學案》云：

禮者，非禮之禮，是自然的道理也。只恭而不為自然之道理，故不自
在也。須是恭而安。今容貌必端，言語必正吉，非是道，獨善其身。

---

[343] 《二程集》〈河南程氏遺書〉，卷 11，頁 129。
[344] 《二程集》〈河南程氏遺書〉，卷 11，頁 129。
[345] 《二程集》，卷 1，頁 9。

> 要人道如何？只是天理，只如此，本無私意，只是個循理而已。[346]

此言程顥教人循理而行，容貌端莊，言語正吉，只是獨善其身。禮是恭而安，合乎天理而無私心而已。

程顥反對天人合一。〈二先生語六〉云：

> 天人本無二，不必言合。[347]

認為天為天理，心與理為一，則不必言合。人在應接事物時，若能循理而行，就是誠。理應誠於心，敬以直內，義以方外。誠與心本應合而為一，則理自然流行，天理與人心自然合而為一。

關於氣之論述，程顥反對張載太虛之氣為宇宙之根源，認為陰陽為形而下者，氣亦應形而下者。程顥引《周易‧乾卦‧彖辭》：「大哉乾元，萬物資始。」之說，將乾元為宇宙之元始，氣充塞於天地之間。此生生不息之氣，是萬物化生之根源。此陰陽二氣化生萬物之道，即是仁。

至於性命之理，程顥以為性來自天然，故性即是氣。告子以為生之謂性，說法太廣泛。因牛、馬亦皆有性。朱熹「性即理」之說，與程顥思想相同。〈二先生語一〉云：

> 生之謂性，性即氣，氣即性，生之謂也。人生氣稟理，有善惡，然不是性中原有此兩物相對而生也。有自幼而善，有自幼而惡，是氣稟有然也。善固性也，然惡亦不可不謂之性也。蓋生之謂性，人生而靜以上不容說，纔說性時便已不是性也。凡人說性，只是說繼之者善也。孟子言人性善是也。夫所謂繼之者善也者，猶水流而就下也，皆水也。有流而至海終無所污，此何煩人力之為也。有流而未遠，固已漸濁。有出而甚遠，方有所濁。有濁之多者，有濁之少者。清濁雖不

---

[346] 《宋元學案》〈明道學案〉，頁 31。

[347] 《二程集》，卷 6，頁 81。

同，然不可以濁者不為水也。[348]

此言性之善惡問題，張載將性分為天地之性與氣質之性，朱熹則稱性惡來自氣質之性。程顥則將氣比喻為水，有清濁之分。人稟受之氣不同，乃有善惡之不同。〈二先生語二上〉云：

> 天下善惡皆天理，謂之惡者，非本惡，但或過或不及便如此。如楊、墨之類。[349]

程顥以為性之善惡，皆源自天理，天理即天性。但性之善惡，皆由氣之清濁造成，和水有清濁相同。若有性惡者，可經由修養化除。孟子所謂之善端，即仁義理智信，使內心充滿此五德，則善矣。

程顥承認有命，並提出孔子在《論語・堯曰篇》所云：「不知命，無以為君子。」[350]之說法。對人之富貴窮達，必須樂天知命，聽從上天之安排，不必強求。只要修養仁德，養心養氣，自然充滿天理，命就順其自然即可。

程顥一生，《宋史・程顥傳》有平實之論述，其云：

> 顥資性過人，充養有道。和粹之氣，盎於面背。門人交友從之數十年，未嘗見其忿厲之容。遇事優為，雖當倉卒，不動聲色。自十五六時，與弟頤聞汝南周敦頤論學，遂厭科舉之習，慨然有求道之志。泛濫於諸家，出入於老、釋者數十年，返求諸《六經》而後得之。秦、漢以來，未有臻斯理者。教人自致知至於知止、誠意，至於平天下。灑掃應對，至於窮理盡性，循循有序。病學者厭卑近而驚高遠，卒無成焉。故其言曰：「道之不明，異端害之也。昔之害近而易知，今之害深而難辨。昔之惑人也乘其迷暗，今之惑人也因其高明。自謂之窮

---

[348] 《二程集》，卷6，頁81。
[349] 《二程集》，卷2，頁13。
[350] 《論語注疏》，卷20，頁180。

神知化，而不足以開物成物。言為無不周遍，實則外於倫理。窮深極微，而不可以入於堯、舜之道。天下之學，非淺陋固滯，則必入於此。道之不明也。邪誕怪妄之說競起，塗生民之耳目，溺天下之汙濁。雖高才明智，膠於見聞。醉生夢死，不自覺也。是皆正路之蓁蕪，聖門之蔽塞，辟之而後可以入道。」[351]

文中說明程顥不喜科舉，有求道之志。從出入於老、釋者數十年，返求諸《六經》而後得之。可見其由佛、老而入儒也。又其學出自濂溪，但又排佛、老，視為異端。如其言「釋氏無實」[352]，是說佛法過於虛幻，不實。〈二先生語三〉云：

釋氏說道，譬之以管窺天，只務直上去，惟見一偏，不見四旁，故皆不能處事。聖人之道，如在平野之中，四方莫不見也。[353]

此言佛教過於偏執，無法以佛法處事。又〈二先生語三〉云：

釋氏本怖死生，為利豈是公道？唯務上達而無下學。然則其上達處，豈有是也？元不相連屬，但有間斷，非道也。……或曰：「釋氏地獄之類，皆是為下根之人設此。怖令為善。」先生曰：「至誠貫天地，人尚有不化，豈有立偽教而人可化乎。」[354]

此言佛教致力於上達之事，即指佛徒致力於成佛之事，而不修養心性。至於生死，則不必心存怖畏，只要有精誠之心，就可貫通天下之事，又何必言地獄耶？

關於心性之論，〈二先生語三〉云：

---

[351] 《宋史》，卷 437，頁 12716-12717。
[352] 《二程集》，卷 13，頁 138。
[353] 《二程集》，卷 13，頁 138。
[354] 《二程集》，卷 13，頁 139。

　　孟子曰：「盡其心者，知其性也。」彼所謂「識心見性」是也。若「存心養性」一段事則無也。彼固曰出家獨善，便於道體自不足。[355]

　　此文舉孟子之語，謂人能盡其心，就能知其性。此心上可包含天地萬物，下可通鳥獸草木，有此「識心見性」之人，可稱為通道之人。若出家修習佛法，只是獨善其身，離道體深遠矣。

　　程顥之說，多倡言《易》與《中庸》之說，或闡釋孔子之仁道，或孟子之浩然之氣。〈二先生語一〉云：

　　浩然之氣，天地之正氣。大則無所不在，剛則無所不屈。以直道順理而養，則充塞於天地之間。配義與道，氣皆主於義，而無不在道。一置私意，則餒矣。是集義所生，事事有理而在義也。非自外錫而取之也。告子外之者，蓋不知義也。[356]

　　此處闡述孟子浩然之氣，雖是孟子本義，但可見明道重視養氣。養氣可以定志，並能將氣導入義理之中，如此則程顥之養氣與孟子之養氣之工夫，實無二致。

八、程頤崇儒及其評佛之思想

　　程頤（1033～1107），字正叔，河南人，明道之弟。生於宋神宗明道二年，卒於宋徽宗大觀元年。享年七十五歲。寧宗嘉定十三年（1220），賜諡曰正公。理宗淳祐元年（1240），封伊川伯，從祀孔子廟庭。明代稱「先儒程子。」著有《易傳》四卷、《文集》八卷、《粹言》二卷，以及《二程遺書》與《外書》。

　　程頤生性嚴肅，學貴窮理。年十八時，上書闕下，勸仁宗黜世俗之論，以王道為心。游太學，見胡瑗試諸生「顏子所好何學？」遂呈其文，

---

[355] 《二程集》，卷 13，頁 139。
[356] 《二程集》，卷 1，頁 11。

瑗得而大驚，延見，處以學職。同學呂希哲以師禮事頤。治平、元豐年間，大臣屢薦，皆不起。哲宗初，司馬光、呂公著共疏上其行義，詔以為西京國子監教授，力辭。尋召赴闕，擢崇政殿說書。上疏言：

> 輔養之道，不可不至。大率一日之中，接賢士大夫之時多，親寺人宮女之時少，則氣質自然變化。願選名儒入侍勸講，講罷留之分直，以備訪問，或有小失，隨事獻規，歲月積久，必能養成聖德。[357]

頤建言君主，應重視輔養之道。多接見賢士大夫，以變化氣質，頤養聖德。又每進講，色甚莊重，繼以諷諫。聞帝在宮中盥而避蟻，問：「有是乎？」曰：「然，誠恐傷之爾。」曰：「推此心以及四海，帝王之要道也。」[358]

紹聖間，因黨論削籍，流竄涪州。徽宗即位，移峽州，復其官。徽宗崇寧二年（1103），范致虛言程頤以邪說詖行惑亂眾聽，而尹焞、張繹為羽翼，事下河南府體究，盡逐其學徒，復隸黨籍。四方學者猶相從不捨。

伊川為學，本於至誠，見於言動事為之間。疏通簡易，不為矯異。衣雖布素，冠襟必整。食雖簡儉，蔬飯必潔。瞻養其父，細事必親。瞻給內外，親嘗八十餘口。其接學者以嚴毅。嘗瞑目靜坐，游定夫（1053～1123）、楊龜山（1053～1135）立侍不敢去。久之，乃顧曰：「日暮矣！姑就捨。」二子者退，則門外雪深尺餘矣。〈伊川先生年譜〉明道嘗謂曰：

> 異日能使人尊嚴師道者，吾弟也。若接引後學，隨人才而成就之，則予不得讓焉！[359]

伊川之說，多闡釋儒家之道，在性理方面，主張「誠」是真實無妄之

---

[357] 《宋史》，卷 427，頁 12719。
[358] 《宋史》，卷 427，頁 12719。
[359] 《伊川學案》，卷 15，頁 50。

理，應下克己復禮之工夫，真實累積，用力既久，即可去盡私欲，而達到
純誠之地步，即是就是純誠之天理，亦就是仁。《伊川學案‧視箴》云：

> 誠者，真實無妄之理也。克復工夫，真積力久，則私欲淨盡，盡徹表
> 裏，一於誠純，是天理之流行，而無非仁矣。[360]

伊川認為「理氣二元」，而理之中，含有心、性、天等。故伊川實將
心、性、天合之於理中。《伊川學案‧語錄》中，伊川回答弟子之問，
云：

> 問：「孟子言心、性、天，只是一理否？」曰：「然。自理言之謂之
> 天，自稟受言之謂之性，自存諸人言之謂之心。」又問：「凡運用處
> 是心否？」曰：「是意也。」問：「意是心之所發否？」曰：「有心
> 而後有意。」[361]

伊川認為理就是天，所謂天理也；性來自稟受。心則存之於人，意則
發之於心。但性與氣不同，性是天理，無不善也。性之內容是仁、義、
禮、智、信，是天命之性，此性只要不受外物污染，就能保持其純然之真
性。氣則有善與不善之分。人之不善，就是氣昏塞之故。故孟子言養氣，
即去其昏塞之患。《伊川學案‧語錄》云：

> 氣有善有不善，性則無不善也。人之所以不知善者，氣昏而塞之耳。
> 孟子所以養氣者，養之至則清明純全，而昏塞之患去矣。「或曰養
> 心，或曰養氣，何也？」曰：「養心則勿害而已，養氣則在有所帥
> 也。」[362]

---

[360] 《二程集》附錄，頁 346。
[361] 《伊川學案‧語錄》，卷 15，頁 53。
[362] 《伊川學案‧語錄》，卷 15，頁 56。

氣又有真元之氣與外氣之不同，並以魚水為喻，說明人之飲食是外氣之涵養，應涵養內在真元之氣。《伊川學案‧語錄》云：

> 真元之氣，氣之所由生，不與外氣相雜，但以外氣涵養而已。若魚之在水，魚之性命，非是水為之，但必以水涵養，魚乃得生耳。人居天地氣中，與魚在水無異。至於飲食之養，皆是外氣涵養之道。出入之息者，闔闢之機而已。……人氣之生，生於貞元；天地之氣，一自然生生不窮。[363]

如何涵養真元之氣？以恢復天性，可以通過後天的學習修養而達到目的。其方法為「涵養須用敬，進學則在致知。」[364]在涵養方面，用敬字，敬亦孔門之教，孟子之後失其傳，伊川提出，作為修己之道。但敬須集義方能有是非。《伊川學案‧語錄》云：

> 問：「敬義何別？」曰：「敬只是持己之道，義便知有是有非。順理而行，是為義也。若只守一箇敬，不知集義，卻是都無事也。且如欲為孝，不能只守一箇孝字？須是知所以為孝之道，所以奉侍當如何？溫凊當如何？然後能盡孝道也。」又問：「義只在事上，如何？」曰：「內外一理，豈特事上求合義也。『敬以直內，義以方外』，合內外之道也。」[365]

敬是持己之道，是內心之恭敬。恭敬之心表現於外，就是義。如欲盡孝，不能只講一個孝字，須知所以為孝之道，奉侍當如何？溫凊當如何？然後方能盡孝道也。所以義是敬之著，敬是義之體。敬與義是「合內外之道」也。

至於敬與氣之關係，做到敬，是屬內在持己之道，氣是否便充塞天地

---

[363] 《伊川學案‧語錄》，卷15，頁51。
[364] 《伊川學案‧語錄》，卷15，頁59。
[365] 《伊川學案‧語錄》，卷15，頁58。

之間？伊川舉孟子所云「配義與道」，說明氣與敬之關係。《伊川學案·語錄》云：

> 氣須是養，集義所生。積習既久，方能生浩然氣象。人但看所養何如，養得一分便有一分，養得二分便有二分。只將敬，安能便到充塞天地處！且氣自是氣，體所充，自是一件；敬自是敬，怎生便合得？如曰：「其為氣也，配義與道。」若說氣與義自別，怎生便能使氣與義合？[366]

伊川又認為致知為敬學之道，敬學必先識仁，仁與聖不同，仁小而聖大，仁是通人道，通人道者，必通天道。聖人則能博施濟眾，應為仁之極也。孔子言：「若聖與仁，則吾豈敢？」其實，天、地、人，只一道也，纔通其一，則餘皆通。聖人亦即仁人。《二程集》〈伊川先生語四〉云：

> 又問：「仁與聖何以異？」曰：「人只見孔子言『何事於仁，必也聖乎』，便謂仁小而聖大，殊不知此言是孔子見子貢問博施濟眾，問得來事大，故曰：『何止於仁，必也聖乎』。蓋仁可以通上下言之，聖則其極也。聖人，人倫之至也。倫，理也。既造倫理之極，更不可以有加。若今人或一事是仁，亦可謂之仁，至於盡人道，亦可謂之仁，此通上下言之也。如曰『若聖與仁，則吾豈敢。』，此又卻仁與聖兩大也。大抵盡仁道者即是聖人，非聖人則不能盡得仁道。」問曰：「人有言『盡人道謂之仁，盡天道謂之聖』，此語何如？」曰：「此語固無病，然措意未是。安有知人道而不知天道者乎？道一也，豈人道自是一道，天道自是一道？《中庸》言：『盡己之性，則能盡人之性；能盡人之性，則能盡物之性；能盡物之性，則可以贊天地之化育。』此言可見矣。楊子曰：『通天地人曰儒，通天地而不通人曰技。』此亦不知道之言。豈有通天地而不通於人者哉！如止曰『通天

之文與地之理』，雖不能此，何害於儒。天地人只一道也，纔通其
一，則餘皆通。如後人解《易》，言『《乾》，天道也；《坤》，
地道也』，便是亂道。論其體，則天尊地卑；如論其道，豈有異
哉！」[367]

　　伊川舉《中庸》與楊雄之言，強化仁人只是盡人道，聖人則能盡天
道。人道與天道雖同是道，但只通人道只是其一，故伊川勉勵學者要通天
地之道，否則只是技人而已。

　　對於學佛之道，伊川亦有想法。世人學佛，是無法忘去是非、苦難、
災患。世人苦惱之因，是為物所役。若能由人役物，就不再有苦惱之事。
伊川舉中庸之道，以去除昏惑迷暗。其云：

> 學佛者多要忘是非，是非安可忘得？自有許多道理，何事忘為！夫事
> 外無心，心外無事。世人只被為物所役，便覺苦事多。若物各付物，
> 便役物也。世人只為一齊在那昏惑迷暗海中，拘滯執泥坑裏，便事事
> 轉動不得，沒著身處。天地之化，雖廓然無窮，然而陰陽之度，日月
> 寒暑晝夜之變，莫不有常，此道之所以為中庸。[368]

　　伊川建議學者心志專一，要學佛家坐禪入定，以免思慮紛亂，其對治
之法，就是要做到敬，主一致敬，就能涵養心志，使天理明澈。《二程
集‧伊川先生語四》云：

> 學者先務，固在心志。有謂欲屏去聞見知思，則是「絕聖棄智」。有
> 欲屏去思慮，患其紛亂，則須是坐禪入定。如明鑒在此，萬物畢照，
> 是鑒之常，難為使之不照。人心不能不交感萬物，亦難為使之不思
> 慮。若欲免此，惟是心有主。如何為主？敬而已矣。有主則虛，虛謂
> 邪不能入；無主則實，實謂物來奪之。……大凡人心，不可二用，用

---

[367] 《二程集》上，卷 18，頁 182。
[368] 《二程集》上，卷 15，頁 168-169。

於一事，則他事更不能入者，事為之主也。事為之主，尚無思慮紛擾
之患，若主於敬，又焉有此患乎？所謂敬者，主一之謂敬。所謂一
者，無適之謂一。且欲涵泳主一之義，一則無二三矣。言敬，無如聖
人之言，《易》所謂「敬以直內，義以方外」，須是直內，乃是主一
之義。至於不敢欺、不敢慢、尚不愧於屋漏，皆是敬之事也。但存此
涵養，久之自然天理明。[369]

　　文中伊川主張為學之要務，當先固定心志，不受外物干擾，並且做到
《易》所謂「敬以直內，義以方外。」也就是用敬使內心做到正直，外在
用義。使行事做到方正。內心誠敬主，就可一無愧屋漏。佛教則用坐禪入
定，免除思慮混亂。禪定為佛家之工夫，與伊川主一心志相同。

　　然伊川對佛教亦有批判，並謂佛氏出家出世，是斷絕人倫、離棄君
臣、父子、夫婦之道。〈伊川先生語四〉云：

釋氏有出家出世之說，家本不可出。卻為他不父其父，不母其母，自
逃去固可也。至於世，則怎生出得。既道出世，除是不戴皇天，不履
后土始得，然又却渴飲而飢食，戴天而履地。[370]

　　佛教有「理障」之說，言有理便有事，若執其理而違其事，是理障
也。伊川在《二程集‧伊川先生語四》答云：

問釋氏理障之說。曰：「釋氏有此說，謂既明此理，而又執持是理，
故為障，此錯看了理字也。天下只有一箇理，既明此理，夫復何障？
若以理為障，則己與理為二。」[371]

　　或問伊川有關「覺」之理，《二程集‧伊川先生語四》云：

---

[369] 《二程集》上，卷 15，頁 168-169。
[370] 《二程集》上，卷 18，頁 195。
[371] 《二程集》上，卷 18，頁 196。

問「釋氏有一宿覺，言下覺之說，如何？」曰：「何必浮圖，孟子嘗言覺字矣。曰：『以先知覺後知，以先覺覺後覺。』知是知此事，覺是覺此理。古人云：『共君一席話，勝讀十年書。』若於言下即悟，何曾讀十年書？」[372]

又問伊川有關《華嚴經》之理，《二程集・伊川先生語四》云：

問「某嘗讀《華嚴經》，第一真空絕相觀，第二事理無礙觀，第三事事無礙觀。譬如燈鏡類，包含萬象，無有窮盡，此理如何？」曰：「只為釋氏要周遮，一言以蔽之，不過曰萬理歸於一理也。」又問：「未知所以破它處。」曰：「亦未得道他不是。百家諸子，箇箇談仁談義，只為他歸宿處不是，只是箇自私。為輪回生死，却為釋氏之辭善道，纔窮著他，卻道我不為這箇。到了寫到冊子上，怎生遁得？且指他淺近處，只燒一文香，便道我有無窮福利，懷却這箇心，怎生事神明？」[373]

伊川認為《華嚴經》並無不是之處，但佛子自私，只求個人脫離輪迴生死而已，伊川自己不求個人成佛之事。

《宋史・道學傳》稱明道「出入老、釋幾十年」。伊川對佛教時有批評，並非排佛，而是提出不同之看法。宋儒與佛教禪師常相往來，在宋代學者來說，是常見之事。

九、蘇軾之儒學與佛道思想

蘇軾（1036～1111），字子瞻，明允之長子，號東坡居士。生於宋仁宗景祐三年，卒於建中靖國元年。享年六十四歲。諡文忠，世稱蘇文忠公。

---

[372] 《二程集》上，卷18，頁196。
[373] 《二程集》上，卷18，頁195。

　　蘇軾雖有文名遠揚之父，然其父汲汲追求功名，長年不在家中。因此蘇軾之啟蒙，反須藉助於道士與母親。十歲時，從母程氏讀《後漢書‧范滂傳》，慨然以捨身從道之范滂自任，而賢母曰：「汝能為滂，吾顧不能為滂母耶？」長大後，蘇軾常以「忠以亡身」自許。

　　蘇軾崇敬歐陽修，而歐陽修推崇韓愈，倡言孔、孟之學，故蘇軾亦師效韓、歐，志行孔、孟之道。未曾出仕，即以名節是尚。仁宗嘉祐元年（1056），蘇洵偕二子陸行入京赴考，舉進士及第，二年應禮部試，歐陽修為主考官，見蘇子所作「刑賞忠厚之至論」，大為驚賞，想取為第一，因恐其文為門人曾鞏所為而招非議，乃抑為第二。殿試時又中進士科榜眼，應屬意料中事。

　　英宗平治元年（1064），蘇軾鳳翔任滿還京待詔時，仁宗有意召入翰林使知制誥，但宰相韓琦為培育蘇軾，不使驟進，只改以入直史館，蘇子感其愛人以德，其後逢喪妻、喪父之痛，蘇軾無心仕進，待守制期滿，英宗亦逝。神宗繼位後，寵信王安石，推行新政。蘇軾因反對新政，屢遭貶謫。先是自請外放，通判杭州，倘佯湖山，寄情詩友，政績亦斐然可觀。熙寧七年（1074），以太常博士直館知密州，見擾民之官吏，必嚴加叱斥，倡立構賞捕盜之法，使密州盜賊斂跡，社會安定。

　　熙寧九年（1076），蘇軾以禮部員外郎直史館、移知徐州軍事，四月到任，八月，河決澶淵。親率武衛營卒，搶救百姓，趕築堤防，以平水患。此時在官位上雖顯抑鬱，但遠離新政，可放手施為。且密州與弟所治之濟州相鄰，在精神上更為愉快。

　　元豐二年（1079），蘇軾移湖州，新黨李定等誣陷之，指其詩文謗訕朝政及中外臣僚，欲激怒君上，以定蘇軾之罪。幸賴太皇太后一意維護，而神宗亦有憐才之意，加上張力平、司馬光等人合力營救，其弟轍又求罷官為兄賠罪，故於蘇軾下獄一百三十餘日後，准予結案，責授水部員外郎黃州團練副使。

　　在黃州四年，東坡能與故人陳慥、新知米芾等來往，加以赤壁等地風景絕佳，所有許多作品，如〈念奴嬌〉（赤壁懷古詞）、〈定風波〉、〈江城子〉，義勝〈南華〉之前後〈赤壁賦〉，韻致清遠之〈承天寺夜

遊〉，都在黃州完成。可以說黃州生活之恬淡艱苦，反而成就東坡雄視千古之文學生命。

哲宗嗣基，由祖母英宗皇后攝政，罷新法，起用司馬光、呂光著，蘇軾亦由登州召還，任禮部郎中。次年，又遷中書舍人，負責草詔。太后雖欲重用蘇軾，但他勇於論事，任意誹笑，不免開罪朝臣。例如與司馬光爭保甲法之不可廢，與司馬光之門人劉安世發生齟齬，繼又為司馬光之喪禮與程頤引發爭議，無端添加一群政敵，落入洛派程頤、朔派劉摯與蜀派之爭。

元祐四年（1089），調往杭州。疏運河、築堰閘、治六井、開西湖、救水災，可謂盡心民事，政績斐然。本欲久居杭州，但太后愛才，召其回京。此時黨爭激烈，引來了朔黨劉安世一派之攻訐，遂自請外調潁州。又蒙太后恩寵，調知揚州，再以兵部尚書召還，兼翰林院侍讀學士，守禮部尚書任。後太后病逝，朝局大變，蘇軾居安思危，畏於兄弟同朝，易遭人妒，先求外放定州避禍。

哲宗紹聖元年（1094），任用章淳，新黨又復得勢。加以哲宗對先朝老臣有所猜忌不滿，乃將元祐老臣，一一監禁或流放，蘇軾更是連番降級，遠斥惠州，官階已成「連昌軍司馬」，伴他流離顛沛之侍妾朝雲去世。但他依舊關心民間疾苦，籲請政府寬減民賦，積極為農民引進秧馬，又引入山泉以去瘟疫，建醫院以收容病患，更多讀陶詩，以求慰解，且在當地白鶴峰鳩工築舍，有定居惠州之意。四年，政敵章淳復將蘇軾貶昌化。蘇軾經廣州、藤州等地，與幼子蘇過渡海到昌化。當時瓊州極為荒蕪，居無屋，出無友，疾無藥，住在簡陋之椰林茅屋下，只能食芋飲水，東坡依舊安然度日。不僅續撰〈和陶詩〉，以陶、柳（河東）二集為南遷二友，更在其間續成《易傳》、《書傳》，可知其已有寵辱皆忘之心。

元符三年（1100），哲宗崩逝，徽宗即位，建中靖國元年大赦天下，東坡離開窮居三年之儋耳，廉州安置。途中又接到二次改派，「得旨覆朝奉郎提舉成都玉局觀」，於五月一日抵達金陵，擬與子由同居潁州，但不堪旅途勞累，於七月盛暑之際，染瀉痢，溘逝常州。

蘇軾一生獨守善道，將自己的顛沛流離，化為忠君愛國之熱誠，到身

心煎熬，心中悲憤不平時，佛家空無之思想，使其脫然忘懷。在〈送沈逵赴廣南〉詩云：

> 嗟我與君皆丙子，四十九年窮不死。君隨幕府戰西羌，夜渡冰河斫雲
> 壘。飛塵漲天箭灑甲，歸對妻孥真夢耳。我謫黃岡四五年，孤舟出沒
> 煙波裏。故人不復通問訊，疾病饑寒疑死矣。相逢握手一大笑，白髮
> 蒼顏略相似。我方北渡脫重江，君復南行輕萬里。功名如幻何足計，
> 學道有涯真可喜。勾漏丹砂已付君，汝陽甕盎吾何恥。君歸趁我雞黍
> 約，買田築室從今始。[374]

此詩為神宗熙寧九年，沈逵任大理寺丞。蘇軾則於神宗元豐二年
（1079），貶至黃州，「我謫黃岡四五年」，應為元豐六年後之事。蘇軾
欲回京，沈逵則赴廣西平西羌之事。蘇軾經宦海浮沉，死裡逃生，又見老
友夜渡冰河戰西羌，頗有「功名如幻何足計，學道有涯真可喜。」功名如
幻化，學佛向道，可以化除煩惱。又「勾漏」，山名，在今廣西北流縣東
北，其地產丹砂。詩中喻荒遠之廣西。

此事蘇軾曾與其弟分享。蘇轍在〈亡兄子瞻端明墓志銘〉云：

> 嘗謂轍曰：「吾視今世學者，獨子可與我上下耳。」繼而謫居於黃，杜
> 門深居，馳騁翰墨，其文一變，如川之方至，而轍瞠然不能及矣。後讀
> 釋氏書，深悟實相。參之孔、老，博辯無礙，浩然不見其涯也。[375]

蘇轍言其兄謫居黃州四年，閉門深居，馳騁於詩文，文風丕變。如萬
川奔流而至，自覺不及其兄。其後兄又多讀佛典，深切體悟真如實相之
理。再參證孔、老之學，其文遂博辯無礙，其氣浩然，其學深廣不見其涯
矣！由此可見，儒、釋、道三家之學，若能融通無礙，對文氣之含容，可
臻圓融通達之境。

---

[374] 《蘇軾詩集》〈送沈逵赴廣南〉，頁 1269-1271。
[375] 《欒誠集》〈後集〉，卷 22，頁 225。

蘇軾父母皆篤信佛教，蘇軾對參禪悟道之事，亦感興趣。在《與王庠書》二首之二[376]云：

> 某少時本欲逃竄山林，父兄不許，迫以婚宦，故汩沒至今。南遷以來，便自處事生事，蕭然無一物，大略似行腳僧也。

蘇軾常與寺僧交往，但自己並未削髮為僧。吳雪濤、吳劍琴輯錄《蘇軾交遊傳》[377]，記錄與蘇軾交遊者三百零七人中，有十六位僧人，資料詳實。詩文中涉及寺僧者，亦達數十人。蘇軾曾回答惠州永嘉羅漢院僧惠誠問曾交遊之僧徒，云：「吳、越多名僧，與予善者常十九。」

蘇軾與佛印、淨慧、無釋、慧林等僧老來往，交情甚篤。甚至在江蘇宜興陽羨買宅後，聞是老婦舊居，被其不肖子所售而傷心難過，東坡雖傾囊得屋，將屋還之，不索其值。

蘇軾常作寺院之游，所游之處，則題詩其壁，將自己之生活經驗或人生感悟，以詩宣洩。前往天竺寺時，曾作〈天竺寺並引〉云：

> 林深野桂寒無子，雨泡山薑病有花。四十七年真一夢，天涯流落淚橫斜。[378]

此詩感慨自己一生，天涯漂泊，居無定所。有人生如夢之感覺。

元豐二年（1079），蘇軾因烏臺詩案貶至黃州，可謂死裡逃生，內心震撼不已。〈黃州安國寺記〉云：

> 元豐二年十二月，余自吳興守得罪，上不忍誅，以為黃州團練副使，使忠思過而自新焉。其明年二月，至黃。舍館粗定，衣食稍給，閉門却掃，收招魂魄，退伏思念，求所以自新之方，反觀從來舉意動作，

---

[376] 《蘇東坡全集·續集》，卷11，頁357。
[377] 劉金柱《唐宋八大家與佛教》引吳雪濤、吳劍琴輯錄《蘇軾交遊傳》，頁156。
[378] 《蘇軾詩集》，卷38，頁2056。

皆不中道，非今之所以得罪者也。欲新其一，恐失其二。觸類而求
之，有不可且勝悔者。於是，喟然嘆曰：「道不足以御氣，性不足以
勝習。不鋤其本，而耘其末，今雖改之，後必復作。盍歸誠佛僧，求
一洗之？」得城南精舍曰安國寺，有茂林修竹，陂池亭榭。間一二日
輒往，焚香默坐，深自省察，則物我相忘，身心皆空，求罪垢所從生
而不可得。一念清淨，染汙自落，表裏翛然，无所附麗。私竊樂之。
旦往而暮還者，五年於此矣。[379]

　　文中提及貶至黃州，身心震攝之餘，收招魂魄，穩定心神，並前往安
國寺焚香默坐，深自省察，終於將煩慮消除，達到物我相忘，身心皆空，
意念清淨之地步，可見佛學有洗滌身心之作用。
　　周錫輹先生在《夢幻與真如：蘇黃詩代表兩種禪悅類型》一文中，認
為蘇軾經過烏臺詩案、黃州生涯之後，對人生虛幻有更深一層之認識，並
認為此思想來自禪宗般若空觀，如鳩摩羅什《摩訶般若波羅蜜經》〈序
品〉云：

　　解了諸法如幻、如焰、如水中月、如、虛空、如響、犍闥婆城、如
　　夢、如影、如鏡中像、如化。[380]

　　蘇軾從諸法如幻，人身如夢幻、泡影之體認，對自己遭遇之苦難，加
以寬慰。觀其《前赤壁賦》一文，云：

　　蓋將自其變者而觀之，則天地曾不能以一瞬；自其不變者而觀之，則
　　物與我皆無盡也。而又何羨乎？[381]

　　此文意隱然採用《楞嚴經》中，世尊告訴波斯匿王人身變滅之道，

---

[379] 《蘇東坡全集》，卷33，頁396。
[380] 《大正藏》，經223，頁217。
[381] 《蘇東坡全集》，卷19，頁268。

云：

> 佛告大王：「汝身現存，今復問汝：汝此肉身為同金剛，常住不朽？
> 為復變壞？」「世尊！我今此身，終從變滅。」佛言大王：「汝未曾
> 滅，云何知滅？」「世尊！我此無常變壞之身，雖未曾滅，我觀現
> 前，念念遷謝，新新不住，如火成灰，漸漸銷殞，殞亡不息，決知此
> 身，當從滅盡……。」佛告大王：「汝見變化遷改不停，悟知汝滅；
> 亦於滅時，汝知身中有不滅耶？」波斯匿王，合掌白佛：「我實不
> 知。」佛言：「我今示汝，不生滅性。」[382]

《楞嚴經》中，世尊言人之肉身，並非金剛之軀，可以常住不朽，終
將變滅。但從輪迴遷滅不停之角度言之，並未遷滅。此為佛教之不生滅
性。

蘇軾一生，飽經宦海浮沈，在身心煎熬之時，禪宗「諸法如幻」、
「一切有為法，如夢幻泡影。」、「是身如夢，為虛妄見。」等觀念，成
為憂患中淡化痛苦之藥劑。

依禪宗之觀點，若能照見諸法皆空，去除無明，就可以得般若智，樹
金剛不壞身。可是蘇軾並非潛心禮佛者，只是禪宗之思想和他在仕途上之
遭遇，互相契合，故以文學家、政治家之態度，化解心中萬般之委屈與煩
惱。

蘇軾言性命、天理，是由儒入佛，與其父不同。《蘇氏易解》釋性命
云：

> 古之君子，患性之難見也，故以可見者言性。以可見者言性，皆性之
> 似也。[383]

此說與孟子盡心知性說相悖。《蘇氏易解》又云：

---

[382] 《大正藏》，經 945，卷 2，頁 110。
[383] 《宋元學案》下，卷 24，頁 81。

君子曰：「修其善，以消其不善，不善者日消，有不可得而消焉者；小人日修其不善以消其善，善者日消。有不可得而消焉者；夫不可得而消者，堯、舜不能加焉，桀、紂不能逃焉；是則性之所在也。」又曰：「善之所在，庶幾知之，而性卒不可得而言也。」[384]

蘇軾認為君子修善，但受環境所迫，有不可得之時。朱熹認為古之君子，盡其心，則知其性矣。未嘗患其難見也。其言性也，未嘗不指而言之，非但言其似而已也。又言不善者日消，有不可得而消焉者，則疑本然之至善矣；善者日消。有不可得而消焉者，是疑良心之萌蘗矣。蘇軾不知性之所自來，善之所從立，特假浮屠非幻不滅，得無所還者為說。是其不察繼善成性，梏亡反覆之道也。[385]

至於言命，則捨《中庸》而取道家之說。《蘇氏易解》云：

聖人以為由有性者存乎吾心，則是猶有是心也。有是心也，偽之始也。於是又推其至者，而假之曰命。命，令也。君之命曰令，天之命曰命，性之至者，非命也。無以名之，而寄之命也。[386]

蘇軾認為天命是命，君之命曰令，二者有所不同。朱子認為蘇軾未嘗深考《大傳》、《詩》、《書》、《中庸》、《孟子》之說，而溺於釋氏未有天地亦有此性之言，欲語性於天地生物之前，而患乎命之無所寄。

《蘇氏易解》又云：

死生壽夭，既非命也，未嘗去我也，而我未嘗知覺焉。聖人之與性也至焉，則亦不自覺知而已。此其為命也。又曰命知與性，非有天人之辨也，於其不自覺知，則謂之命。[387]

---

[384] 《宋元學案》下，卷 24，頁 81。
[385] 《宋元學案》下，卷 24，頁 82。
[386] 《宋元學案》下，卷 24，頁 82。
[387] 《宋元學案》下，卷 24，頁 82。

此說推翻《中庸》「天命之謂性」之旨意，而有道家「無為而物自安」之意。朱子評論其說，謂如蘇氏之說，聖人所謂命者，不自覺知而已。豈有命在我而不自覺知，而可謂之聖人哉！

蘇軾論說《易經》道與仁智之關係，云：

> 陰陽交而生物，道與物接而生善。物生而陰陽隱，善應道不見矣。故曰繼之者善也。成之者性也。仁者見道而謂之仁，知者見道而謂之知。夫仁知，聖所謂善也。善者道之繼。而指以為道，則不可。[388]

蘇軾認為仁與知是由道生，而非道也。朱熹認為率性而行，無往而非道。所以天人無二道，幽冥無二理，一以貫之也。蘇軾言道與物接，則道與物為二，各居一方，是其誤繆之處。

又對於死生之說，蘇軾云：

> 原始反終，故知死生之說。人所以不知死生之說者，駭之耳。原始反終，使之了然而不駭也。[389]

朱熹評論蘇氏之說，認為人不窮理，故不知死生之說，而駭於死生之變。蘇氏反謂由駭之而不知死生，失其旨矣。窮理者，原其始之所自出，則知其所以生；反其終之所於歸，則知其所以死。夫如是，凡所以順生而安死者，蓋有道矣，豈徒以了然不駭為奇哉！蘇氏於原始反終，言之甚略，無以知其所謂。然以不駭云者驗之，知其溺於坐亡立化，去來自在之說，而昧於聖人之意也。

蘇氏又云：

> 精氣為物，遊魂為變，是故知鬼神之情狀。物，鬼也。變，神也。鬼常與體魄俱，故謂之物。神無適而不可，故謂之變。精氣為魄，魄為

---

[388] 《宋元學案》下，卷24，頁84。
[389] 《宋元學案》下，卷24，頁85。

鬼；志氣為魂，魂為神，故《禮》曰：「體魄則降，知氣在上。」鄭子產曰：「其用物也宏矣，其取精也多矣。」古之達者，已知此矣。一人而有二知，無是道也。然而有魄者，有魂者，何也？眾人之志，不出於飲食男女之間，與凡養生之資，其資厚者其氣強，其資約者其氣微，故氣勝志而為魄。聖賢則不然，以志一氣，清明在躬，氣志如神，雖祿之天下，窮至匹夫，無所損益也，故志勝氣而為魂。眾人之死為鬼，而聖人為神，非有二致也，志之所在者異也。[390]

蘇軾認為精氣為魄，魄為鬼；志氣為魂，魂為神。朱熹認為精聚則魄聚，氣聚則魂聚，是以為人物之體。至於精竭魄降，則氣散魂遊而無不至矣。降者屈而無形，故謂之鬼；遊者伸而不測，故謂之神。人物皆然，非有聖愚之異也。孔子答宰我之問，言之詳矣。蘇氏蓋不考諸此，而失之；子產之言，是或一道，而非此之謂也。

以上數則，摘錄《蘇氏易解》及朱熹之評論。可知蘇氏之說，受佛教之影響甚大，朱熹一一加以批評。其實佛家之論，儒家多不贊同。平實論之，佛教從另一角度思考，可以彌補儒家之不足處，可深思再三耳。

十、朱熹之儒學與佛學思想

朱熹（1030～1200），字元晦，一字仲晦。南宋徽州婺源（今江西上饒）人。生於宋高宗建炎四年，卒於南宋寧宗慶元六年。享年七十一歲。朱熹生於福建尤溪縣（今福建三明）。草堂曰晦庵。晚年居考亭，學者稱晦翁，又稱紫陽先生、紫陽夫子。自號滄州病叟、雲谷老人。宋代理學集大成者，學者尊稱朱子。諡曰文。理宗時，追封信國公。淳祐元年，從祀孔廟。著有《四書章句集注》、《四書或問》、《太極圖說解》、《通書解》、《西銘解》、《周易本義》、《易學啟蒙》，以及文一百卷，生徒問答八十卷，別錄十卷。著作甚豐。

---

[390] 《宋元學案》下，卷24，頁86。

父松，第進士，歷官司勳吏部郎。以不附和秦檜和議去職。朱熹生而穎悟，五歲讀孝經，即題曰：「不若是，非人也。」宋高宗紹興十八年（1149），年十八，登進士第，授泉州同安主簿，日與弟子講聖賢修己治人之道，民懷其德。孝宗即位，詔求直言，上封事。隆興元年（1163），復詔對，言帝王之學，必先格物致知，正心誠意。君父之仇，不共戴天。今日所為者，非戰無以復仇，非守無以致勝。時朝廷倡和議，除為「武學博士」。乾道三年（1167），劉拱薦為樞密院編修官待次，為朝廷所重。九年（1173），帝以朱熹安貧樂道，廉退可嘉，令主管武夷山沖佑觀。淳熙五年（1178），知南康軍（今江西星子縣），訪白鹿洞遺址，復其舊觀。以疏忤帝，提舉江西鹽茶。時陳賈維監察御史，請禁道學。光宗即位，除秘閣修纂，所命多辭不就。仍直寶文閣，知漳州。

朱熹之學，集周敦頤、邵雍、張載、二程子之大成。又因其紹述伊川之學，後世稱為程、朱學派。朱熹之學，出自二程弟子楊時。其父臨終時，囑其師事劉勉之、胡憲二人。劉勉之為楊時門人，並妻以女。胡憲好佛、老，從遊最久。朱熹登進士第後。任同安縣主簿，從李侗而學大進。《宋史·朱熹傳》云：

> 熹之學既博求之經傳，復遍交當世有識之士。延平李侗老矣，嘗學于羅從彥，熹歸自同安，不遠數百里，徒步往從之。[391]

朱熹之學，取周敦頤之無極論，及程頤之心性論，融合為理氣二元論。以格物、致知、誠意、正心為修己治人之根本；以《大學》、《中庸》之說論心性；為學則主窮理以致其知，反躬以踐其實，而以居敬為主。嘗謂聖賢道統之傳，散在方冊。聖人經典之旨不明，道統之傳始晦。於是竭其精力，窮研聖賢經訓，以探求旨意。

在理氣二元論上，朱熹以理氣論心性，闡釋理與氣之涵義。《朱子語類》云：

---

[391] 《宋史·道學三》，卷429，頁11769。

> 陰陽五行錯綜不失條緒，便是理；若氣不結聚時，理亦無所附著。[392]

　　理無法表現為具體之物，必須依附氣而存在。即言理非物質，精神無所依附。故理可謂抽象之精神，氣是具形之生命。故天下未有無理之氣，亦未有無氣之理。《朱子文集》〈答劉淑文書一〉云：

> 所謂理與氣，此決是二物。但在物上看，則二物渾淪不可分。不可分開各在一處，然不害二物之各為一物也。若在理上看，則未有物而已有物之理。然亦但有其理而已，未嘗實有其物也。[393]

　　理與氣本無先後可言，理產生在物之前，只是一種無形之道體，其表像是心物合一。待氣化生萬物之後，才有理氣之分。

　　就心性而言，朱熹主張「性即理」，理與欲互相對立，天理中並無人欲。由於心統性情，稟天理之性為為理性，稟氣而為之性為氣質。故欲克制情欲，應從心著手。朱熹《孟子盡心章句注》云：

> 心者，人之神明，所以具眾理而應萬事者也。性則心之所具之理，而天又理之所從以出者也。人有是心，莫非全體，然不窮理，則有所蔽而無以盡乎此心之量。故能極其心之全體而無不盡者，必其能窮夫理而無不知者也。既知其理，則其所從出。亦不外是矣。以《大學》之序言之，知性則物格之謂，盡心則知至之謂也。[394]

　　此以《大學》所言，知性則物格，與《孟子》盡心則知至之理，說明性與理之關係。至於變化氣質，可以破除情欲之蔽。如何變化氣質，則應破除昏愚，以「窮理」致其知，以「道問學」培養智慧。先從外在之教育為前提，不斷以學問磨練心性。故言程、朱重實學，實由於此也。

---

[392] 《朱子語類》，卷 1，頁 3。
[393] 《朱子文集》，卷 46，頁 2095。
[394] 朱熹《孟子章句集注》，卷 13，頁 489。

關於朱熹窮理致知之理，朱熹《大學章句解》云：

> 是以大學之始教，必使學者即凡天下之物，莫不因其已知之理，而益
> 窮之，以求至於其極。至於用力之久，而一旦豁然貫通焉，則眾物之
> 表裡精粗無不到，而吾心之全體大用無不明矣。[395]

此言致知可以窮理，破除氣之昏塞。然後存心養性，就可以做到敬。
居敬之心，在培養仁誠，以仁居心，以誠窮理。就可進德修業，以存天
理、滅人欲。《朱子語類》〈學六〉云：

> 聖人千言萬語，只教人明天理、滅人欲。天理明，自不消講學。人性
> 本明，如寶珠沉溷水中，明不可見。去了溷水，則寶珠依舊自明。[396]

當居敬窮理之時，求得中和之道，不偏不倚，人心自然持正不阿。朱
熹在乾道五年（1163）答湖南諸公與張南軒之書信中，有《中和新說》
云：

> 思慮未萌，事物未至之時，為喜怒哀樂之未發。當此之時，即是此心
> 寂然不動之體，而天命之性，當體具焉。以其無過不及，不偏不倚，
> 故謂之中；及其感而遂通天下之故，則喜怒哀樂之性發焉，而心之用
> 可見。以其無不中節，無所乖戾，故謂之和。此則人心之正，而性情
> 之德然也。[397]

此言在喜怒哀樂未發之時，心寂然不動。天命之性，無過不及，不偏
不倚，故謂之中。待喜怒哀樂之性發，而心之用無不中節，無所乖戾，故
謂之和。然未發之前不可尋覓，已發之後又不可安排，故應具涵養居敬之

---

[395] 朱熹《大學章句集注》，卷1，頁9。
[396] 《朱子語類》，卷12，頁207。
[397] 《朱子文集》，卷64，頁3229。

工夫，並進學以致知。方能去除氣質之性，而存天理。

　　再言朱子之學，與佛學淵源甚深。早年之師友多習禪，朱子受熏習漸染，不可謂不深。《答江元適書》云：

　　熹天資魯鈍，自幼記問言語不能及人，以先君子之餘誨，頗知有意於為己之學，而未得其處，蓋出入於釋、老者十餘年。近歲以來，獲親有道，始知所向之大方。竟以才質不敏，知識未離乎章句之間。……然熹竊嘗聞之，聖人之學所以異乎老釋之徒者，以其精粗隱顯，體用渾然，莫非大中至正之矩，而無偏倚過不及之差。是以君子智雖極乎高明，而見於言行者，未嘗不道乎中庸。非故使之然，高明、中庸實無異體故也。[398]

　　此為朱熹言己求學之階段與歷程。幼年隨先父教誨，屬記問言語，只是為己之學，不能及人。其後出入於釋、老者十餘年。雖知為學之方向，仍屬章句之學。其後讀儒家聖人之學，異乎老釋之徒。儒家重體用及中庸之學，然必須大中至正，無所偏倚，無過不及，且須見於言行者，明中庸之道，方知儒家之全體大用也。

　　《宋史‧朱熹傳》（答汪尚書）又云：

　　熹於釋氏之說，蓋嘗師其人、尊其道，求之亦切至矣。然未能有得。其後以先生君子之教夫先後緩急之序，於是暫置其說而從事於吾學，其始蓋未嘗一日不往來於心也，以為俟卒究吾說而後求之，未為甚晚耳，非敢遽絀絕之也。而其一二年來，心獨有所自安。雖未能即有諸己，然欲復求之外學，以遂其初心，不可得矣。然則前輩於釋氏未能忘懷者，其心之所安，蓋亦必有如此者，而或甚焉，則豈易以口舌爭哉？竊謂但當益進吾學，以求所安之是非，則彼之所以不安於吾儒之學，而必求諸釋氏然後安者，必有可得而言者矣。所安之是非既判，

---

[398] 《朱子文集》，卷38，頁1727。

則所謂反易天常、殄滅人類者,論之亦可,不論亦可,固不即此以定取捨也。[399]

　　朱子所讀之佛典,未嘗師事高僧,亦未往來於心中。然後讀儒學之後,闢斥佛學,以其反易天常、殄滅人類。然據《朱子語類》〈釋氏類〉,論及之佛典有《四十二章經》、《大般若經》、《楞嚴經》、《金剛經》、《華嚴經》、《維摩經》、《法華經》、《金光明經》、《傳燈錄》、《肇論》、《華嚴合論》等。其熏習於佛學者,不可謂不深。故其一生,雖極力闢佛,而其思想,與佛理仍多暗合。如《朱子語類》云:

行夫問:「萬物各具一理,而萬理同出一源,此所以可推而無不通也。」曰:「近而一身之中,遠而八荒之外,微而一草一木之眾,莫不各具此理。……雖各自有一箇理,又卻同出於一箇理爾。……」釋氏云:「一月普現一切水,一切水月一月攝。」這是那釋氏也窺見得這些道理,濂溪《通書》只是說這一事。[400]

　　文中所言「一月普現一切水,一切水月一月攝。」出自唐釋玄覺《禪門祕要訣》云:

一性圓通一切性,一法徧含一切法。一月普現一切水,一切水中一月攝。諸佛法身入我性,我性還共如來合。[401]

　　朱子採用釋玄覺之偈言,解說「月映萬川」之理,明示萬物之理,同出一源。如此釋教之理與儒家性理,實相通也。又如《朱子語類》〈性理一〉云:

---

[399] 《宋史‧朱熹傳》,卷 429,頁 14753。
[400] 《朱子語類》,卷 18,頁 398-399。
[401] 徐俊《敦煌詩集殘卷輯考》,卷上,頁 13。

> 有是理而後有是氣，有是氣則必有是理。但稟氣之清者，為聖為賢，
> 如寶珠在清冷水中。稟氣之濁者，為愚為不肖，如珠在濁水中。[402]

此是朱熹以「寶珠」、「明珠」、「心珠」、「摩尼珠」、「淨水珠」、「如意珠」等，說明理在氣中，如一顆明珠在清水中，水即清澈無染；理在濁水中，就混濁不明。《法華經》亦云：「淨如寶珠，以求佛道。」《大智度論》二十二又云：「譬如淨水珠著濁水中，水即清。」《大智度論》五十九云：「如意珠能除四百四病。」以上多以各種珠比喻本性之清淨無染，以「濁水」比喻本性之雜染不淨。此與朱子借珠以論「天命之性」與「氣質之性」有所不同。

朱子尊重六慧、宗果、道謙等禪師，與之遊。朱熹年十五、六時，在劉子翬處，初見道謙禪師，並從其研習佛道十餘年。道謙卒，朱熹撰〈祭道謙文〉，可知其對禪理興趣之深，及對佛道求悟之切。其云：

> 下從長者，問所當務，皆告知以言，要須契悟。開悟之語，不出於禪。……始知平生，浪自苦辛。去道日遠，無所問津。……師亦當我，為說禪意。我亦感師，恨不速證。[403]

由文意可知，朱熹之理學，深受長者禪宗之影響。在其詩作中，常有學禪之語。《朱子文集》卷一中，與佛教有關者，如：〈久雨齋居誦經〉云：「端居獨無事，聊披釋氏書。」[404]〈夏日〉二首云：「抱局守窮廬，釋志趣幽禪。」[405]〈杜門〉云：「心空境無作。」[406]〈晨登雲際閣〉云：「聊欲托僧宇，歲晏結蓬茅。」[407]以上諸詩，均具禪宗思想。

其實，朱子對佛學有其獨到之見解，《朱子語類》〈學二〉云：

---

[402] 《朱子語類》，卷 4，頁 73。
[403] 《釋氏資鑑》，載於《卍續藏》第 132 冊。全書內容起自周昭王以迄元順帝，包含約二千年間之歷朝政治大事及佛教史實。
[404] 朱熹《朱子文集》，卷 1，頁 231。
[405] 朱熹《朱子文集》，卷 1，頁 235。
[406] 朱熹《朱子文集》，卷 1，頁 232。
[407] 朱熹《朱子文集》，卷 1，頁 233。

　　佛家有三門：曰教、曰律、曰禪，禪家不立文字，只直截要識心見
　　性。律本法甚嚴，毫髮有罪；……教自有三項：曰天台教、曰慈恩
　　教、曰延壽教。延壽教南方無傳，有此文字，無能通者。其學近禪，
　　故禪家以此為得。天台教專理會講解。慈恩教亦只是講解。吾儒家若
　　見得道理透，就自家身心上理會得本領，便是兼得禪底。講說辨討，
　　便是兼得教底，動由規矩，便是兼得律底。[408]

　　朱熹認為佛教三門，教、律、禪三者，可以兼習。有助講說辨討，動
由規矩。由此推論，朱熹比較嚮往禪理，曾批評佛教之空理，不如儒家真
實。因為儒家言性命，皆從實事上說，如言盡性，便是盡得君臣、父子、
三綱五常之道。言養性，便養得此道，而不害至微之理。至著之事，一以
貫之。《朱子語類》〈釋氏〉云：

　　佛、老之學，不待深辨而明。只是廢三綱五常，這一事已是極大罪
　　名！其他更不消說。[409]

　　朱熹對佛教滅絕人倫，為自利而學，不忠不孝，廢三綱五常之道，加
以批評，並批評《圓覺經》只有前兩三卷好，《楞嚴經》本只是咒語，
《華嚴合論》其言極鄙陋無稽，《傳燈錄》極陋，禪只是呆守法等。[410]認
為佛教危害最深，罪名極大。此說有待商榷！佛教認為其教理亦提倡孝親
忠君，並且以出家濟世為「大孝」，來回應儒家之抨擊。儘管如此，儒家
仍然一直抓住佛教之「出世」思想和行為不放，對其進行嚴厲之批判。其
實，佛教徒離家修行，只是出家人之事。在家眾亦可如維摩詰一般，修行
成佛，不一定要出家。
　　就儒家而言，朱熹實為由孟子而後，繼承周敦頤、二程、張載等人之
大學者。至於闢佛之理學家，則張載、二程、朱熹等人，對佛教之衝擊較

---

[408] 朱熹《朱子語類》，卷126，頁3014。
[409] 《朱子語類》，卷126，頁3014。
[410] 《朱子語類》，卷126，頁3025-3028。

大，彼等不僅主張儒家繼承孔、孟以來之道統，又立足於儒家之倫理本位，將佛教以異端邪說駁斥，並且深入佛教教理，作深微之批判。

十一、陸象山之儒學與禪學思想

陸九淵（1138～1192），字子靜，自號存齋，江西撫州金谿人。生於宋高宗紹興九年，卒於宋光宗紹熙三年。享年五十四歲。自號象山翁，學者稱象山先生。寧宗嘉定十年（1218），賜諡文安。或勸九淵著書，曰：「《六經》注我，我注《六經》。」又曰：「學苟知道，《六經》皆我注腳。」後人輯有《象山集》二十八卷，外集四卷，《語錄》四卷。

據《宋史・陸九淵傳》記載：陸九淵之四兄梭山、五兄復齋，皆當時名士。三、四歲時，問其父天地何所窮際？父笑而不答。遂深思，至忘寢食。及總角，舉止異凡兒，見者敬之。謂人曰：「聞人誦伊川語，自覺若傷我者。」又曰：「伊川之言，奚為與孔子、孟子之言不類？近見其間多有不是處。」初讀《論語》，即疑有子之言支離。他日讀古書，至「宇宙」二字，解者曰「四方上下曰宇，往古來今曰宙」，忽大省曰：「宇宙內事乃己分內事，己分內事乃宇宙內事。」[411]

高宗乾道八年（1172），登進士第，至行在，士爭從之游。言論感發，聞而興起者甚眾。教人不用學規，有小過，言中其情，或至流汗。有懷於中而不能自曉者，為之條析其故，悉如其心。亦有相去千里，聞其大概而得其為人。

九淵少聞靖康間事，慨然有感於復仇之義。至是，訪之勇士，與議恢復大略。因輪對，遂陳五論：一論仇恥未復，願博求天下之俊傑，相與舉論道經邦之職；二論願致尊德樂道之誠；三論知人之難；四論事當馴致而不可驟；五論人主不當親細事。帝稱善。未幾，除將作監丞，為給事中。王信所駁，詔主管台州崇道觀。還鄉，學者輻湊，每開講席，戶外屢滿，耆老扶杖觀聽。

---

[411] 《宋史》，卷 484，頁 12879-12880。

　　孝宗淳熙元年（1174），授靖安主簿。二年，隨兄參加鵝湖寺會。論辨所學多不合。九年，以侍從薦，除國子正。遷敕命所刪定官，主管台州崇道觀。既歸，學者愈盛。每詣城邑，環坐二三百人，至不能容。結茅象山，學徒復大集。居山五年，來見者案籍踰數千人。十五年，熹守南康，九淵訪之，熹與至白鹿洞。象山講君子小人喻義利一章，聽者至有泣下。熹以為切中學者隱微深痼之病。

　　光宗即位，紹熙二年（1174），除知荊門軍。荊門素無城壁，先生以為四戰之地，遂議築之，二旬而畢。郡於上元設醮，為民祈福，先生乃會吏民講《洪範》斂福錫民一章以代之，發明人心之善，聽者莫不曉然，至有泣下。

　　平心而論，象山之尊德性，何嘗不加功於學古篤行，朱子之道問學，何嘗不致力於反躬修德。《象山語錄》云：

> 朱元晦曾作書與學者，云陸子靜專以尊德性誨人，故游其門者多踐履之士，然於道問學處欠了。某教人豈不是道問學處多了些。子故游某之門者，踐履多不及之。觀此則是朱元晦欲去兩短合兩長，就是以為不可既不知尊德性，焉有所謂道問學。[412]

　　象山之學，重在本心。四海之內，人同此心，心同此理。《象山語錄》云：

> 先生言萬物森然於方寸之間，滿心而發，充塞宇宙，無非此理。……但能充此心足矣。乃誦誠者，自成也；而道，自道也。誠者，物之終始云云。天地之道，一言而盡也。[413]

　　象山之「心學」偏重在心性之修養，源自《孟子》良知之說，其言「吾心即是宇宙」，「心即是理」又須反觀吾心明善，因為善惡皆會害

---

[412] 《景印文淵閣四庫全書》冊 1156，卷 1，頁 544。
[413] 《景印文淵閣四庫全書》冊 1156，卷 2，頁 533。

心，故心不可蒙蔽。《象山集》〈鄧艾苑求言往中都〉云：

> 義理所在，人心同然。縱有蒙蔽移集，豈能終泯。患人之不能反求深
> 思耳。此心苟存，則修身、齊家、治國、平天下一也，處貧賤、富
> 貴、死生、禍福亦一也。[414]

象山利用反覆深思，將人心之私欲，從心中移除，就是正心之工夫。
正心是防閑立其誠。閑是外在之異端邪說，不害本心，使內心充滿天理仁
心，而無私欲，則誠心自現。《象山集》〈與饒壽翁書〉云：

> 是心有不得其正，想不知耳。知之斯正矣。為仁由己，而由人乎
> 哉！……所謂不正者，不必有邪僻之念。凡有繫累蒙蔽，使吾不能自
> 昭自達者，皆不得其正也。[415]

心必須去除邪僻之念，使之昭明通達，毫無繫累蒙蔽，是正心之工
夫。應時時涵養，存之於心，不使散去。至於存心之道，在於誠。《象山
外集》〈庸言之信。庸行之謹，閑邪存誠而不伐，德博而化世解試〉云：

> 知所以誠己，而無非僻之侵。則誠之在己者，不期而自存。知所以誠
> 物。而無驕盈之累。則德之即物者，不期而自化。[416]

人能防邪存誠，不在心不受外物所誘，而是返歸諸誠心。誠出自《中
庸》。《中庸》言「誠」為天道；「誠之」為人道。象山不像《中庸》，
要下慎獨之工夫。而是將「誠之」從本心自然流露，則不論動靜、言行，
皆能心正。故誠在乎己，非由外求之也。若能將正心、誠之之道，用於讀
書，心就不會昏蔽，天理自然存心。不明曉之處，自然冰釋無疑。反之，

---

[414]　《景印文淵閣四庫全書》冊 1156，卷 12，頁 439。
[415]　《景印文淵閣四庫全書》冊 1156，卷 12，頁 373。
[416]　《景印文淵閣四庫全書》冊 1156，卷 1，頁 373。

若苦思力索，則如鏡中觀花，不如反身而誠，則如孟子所謂「萬物皆備於我矣」。

在理方面，象山以理為萬化之本。故不論太極、陰陽、五行、人心，皆屬理之範疇。先言太極為萬化之本，理之極致。宋孝宗淳熙十五年（1189），論《太極圖說》時，象山之兄梭山云：

> 不當加無極二字於太極之前，此明背孔子，且並非周子之言。[417]

象山云：

> 然以熹觀之，伏羲作《易》，自一畫以下，文王演《易》。自《乾》元以下，皆未嘗言太極也。而孔子言之。孔子贊《易》，自太極以下，未嘗言無極也，而周子言之。夫先聖後聖，豈不同條而共貫哉！若於此有以灼然實見太極之真體，則知不言者不為少，而言之者不為多矣，何至若此之哉！……且夫《大傳》之太極者，何也？即兩儀、四象、八卦之理，具於三者之先，而蘊於三者之內者也。聖人之意，正以其究竟至極，無名可名，故特謂之太極，猶曰舉天下之至極，無以加以此云爾，初不以其中而命之也。至如北極之極，屋極之極，皇極之極，民極之極，諸儒雖有解為中者，蓋以此物之極，當在此物之中，非指極字而訓之以中也。極者，至極而已。以有形者言之，則其四方八面，合輳將來，到此築底，更無去處。從此推出，四方八面都無向背，一切停勻，故謂之極耳。

象山將太極視為兩儀、四象、八卦之理，亦蘊於三者之內。聖人之意，太極猶天下之至極也。此極非極端之意，故諸儒或解為中者，言太極在此物之中。不論四方八面，太極為萬物之本體也。

又《與朱元晦書》云：

---

[417] 《景印文淵閣四庫全書》冊 1156，卷 12，頁 362-363。

《通書》〈理性命章〉言中焉、止矣。二氣、五行化生萬物。五殊二實，二本則一。曰一、曰中，即太極也。未嘗於其上加無極字。……尊兄向與梭山書云：「不言無極，則太極同於一物而不足為萬化根本。夫太極者，實有是理，聖人從而發明之耳。非以空言立論。」……《易大傳》曰：「易有太極。」聖人言有，今乃言無，何也？作《大傳》時，不言無極，太極何嘗同於一物，而不足為萬化根本焉？……後書又謂：「無極即是無形，太極即是有理。」周先生恐學者錯認太極別為一物，故著無即二字以明之。《易大傳》曰：「一陰一陽之謂道。」一陰一陽已是形而上者，況太極乎！……豈宜以無極自家與太極之上。……無極二字出於老子。老言無名天地之始，有名萬物之母。無極之旨是此。《太極圖說》以無極二字冠首，道書終篇未嘗一及無極，二程未嘗一字及無極。[418]

象山與梭山、朱熹反復論辯，都在「太極」與「無極」之上，各執一說。

淳熙二年（1174），象山與兄復齋會紫陽於鵝湖，復齋詩有「留情傳注翻榛塞，著意精微轉陸沈。」之句，象山和詩，亦云：「易簡工夫終久大，支離事業竟浮沈。」紫陽以為譏己，不懌。而朱、陸之爭，從此益甚。於是宗朱者詆陸為「狂禪」，宗陸者以朱為「俗學」，兩家之學，各立門戶，幾如冰炭矣。[419]

至於陰陽與理之關係，象山以為陰陽變化之理為《易》道。《象山集》〈與朱元晦書〉云：

《易》之為道，一陰陽而已。先後始終，動靜晦明，上下進退。往來闔闢，盈虛消長，尊卑貴賤，表裡隱顯，向背順逆，存亡得喪，出入行藏，何適而非陰陽哉！奇偶相生，變化無窮。故曰：其為道也屢遷，變動不居，周流六虛，上下無常，剛柔相易，不可為典要。惟變

---

[418]　《景印文淵閣四庫全書》冊1156，〈象山集〉，卷12，頁362-363。
[419]　《陸九淵集》〈語錄上〉，卷34，頁427-428。

　　所適。

　　此言陰陽變易之理，其間包含宇宙變化之理，不可以形器視之。象山
又在〈雜著〉章中，講《易》數、五行之道，又推衍出宇宙間性命之理。
此說源出《易傳》，邵雍將《易》數推演為數術，以探求性命之理。象山
只講《易傳》中陰陽五行之理而止。

　　關於心性與理之關係，象山少談性，多談心。主張「心是理」，理在
人心，人心即理。《象山集》〈與曾宅之書〉云：

> 蓋心，一心也；理，一理也。至當歸一，精義無二。此心此理，實不
> 容有二・故夫子曰：「吾道一以貫之。」孟子曰：「夫道一而已
> 矣。」又曰：「道，仁與不仁而已矣。」如是則為仁，反是則為不
> 仁。仁即此心也，此理也。求則得之，得此理也。先知者，知此理
> 也。先覺者，覺此理也。愛其親者，此理也。敬其兄者，此理也。見
> 孺者將入於井，而有怵惕惻隱之心者，此理也。[420]

　　象山以為心即是理，孟子所謂仁義禮至四端，即此理也。天與我心，
心皆具理，故心即理。象山將「心即是理」擴大到宇宙。《象山集・外
集》〈雜說〉云：

> 宇宙間事是己分內事，分內事是宇宙內事。[421]

　　若將理縮小到人心，則人心是仁。《象山集・外集》〈學問求放心〉
云：

> 仁，人心也。心之在人，是人之所以為人，而與禽獸草木異焉者也。[422]

---

[420] 《景印文淵閣四庫全書》冊 1156，卷 1，頁 250。
[421] 《景印文淵閣四庫全書》冊 1156，卷 22，頁 451。
[422] 《景印文淵閣四庫全書》冊 1156，卷 4，頁 531。

　　象山以「仁為人之所以為人」之特性，人有仁義禮智四端，人心具天理，不論天理、人欲，都是人心。但理出自天，欲出自人。不論天人，都有善惡。天有日月蝕為惡，人有心被蒙蔽而為惡者，天人不同。因此，人稟陰陽之和，抱五行之秀，須涵養靈明之清氣，方不受蒙蔽。《象山集》〈與孫濬書〉云：

> 人心至靈，惟受蔽者失其靈耳。群兒眾戲，袖少果實與之。見樵牧而與之為禮，見市井不逞與村農輸納者，邀入酒肆，犒之，則稱誦讚美。士大夫據此以為評裁。可乎？。

　　象山以為人皆有靈明之心，能知天理。若受市井惡民之誘惑，或外在物欲之蒙蔽，則氣濁而心愚。《象山集》〈與胡季隨書〉云：

> 人心不能無蒙蔽。蒙蔽之為徹，則日以陷溺。諸子百家往往以聖賢自期，仁義道德自命。然其所以卒畔於皇極，而不能自拔者，蓋蒙蔽而不自覺，陷溺而不自知耳。[423]

　　人心之靈明，象山亦稱《大學》稱為明德，《孟子》則言明善，象山稱良知。人只要不失其本心，不乖其本性，都可稱正人。在《象山集》〈武陵縣學記〉云：

> 良知之端，形在愛敬。擴而充之，此聖哲之所以為聖哲也。先知者之此而已，先覺者覺此而已。氣有所蒙，物有所蔽，勢有所遷，習有所移，往而不返，迂而不解，於是為愚，為不肖。[424]

　　此言良知表現在愛敬，擴充則為聖哲。若氣有所蒙，物有所蔽，勢有所遷，習有所移，即為背天命，失良知，而成愚昧不肖之人。

---

[423] 《景印文淵閣四庫全書》冊 1156，卷 1，頁 254。
[424] 《景印文淵閣四庫全書》冊 1156，卷 19，頁 427。

　　關於氣與性，象山很少提及，僅言氣有清濁，賢者氣清，惡者氣濁。
至於性，則以為盡心知性是知天，存心養性為事天，乃是將氣與性都歸於
理中。若能明天理，則氣清知性矣！

　　象山之心學，重持敬自省之工夫，與禪學三界唯心之說不同。《華嚴
經・覺林菩薩偈》云：

　　　若人欲了知，三世一切佛。應觀法界性，一切唯心造。[425]

　　《華嚴經》八十卷本，所提萬法唯心造，則不論四聖六凡，皆應觀法
界性；如貪心生餓鬼法界、瞋心生修羅法界、十善生天人法界、慈悲喜捨
生菩薩法界。故眾生應心存慈悲喜捨，淨化身心，以入菩薩法界。並廣開
方便法門，使五濁惡世，皆成人間淨土。又云：

　　　心如工畫師，能畫諸世間。五蘊悉從生，無法而不造。[426]

　　佛家認為十法界中，一切唯心造。眾生之意識，皆從五蘊中生。在虛
妄世界中，有各種異相。譬如工畫師，能由個人之心，畫出各色異相。因
此眾生應觀法界性，一切唯心造。《象山語錄》云：

　　　釋氏立教，本欲脫離生死，為主於成其私耳。此其病根也。且如世界
　　　如此，忽然生一箇謂之禪已，自是無風起浪，平地起土堆了，[427]

　　象山以為佛家是以解脫生死，以出三界為目標，是自私行為。至於儒
家，重義利之辨。義之所在，勇往直前。若是國家大事，可為國成仁，又
何論生死輪迴耶！

---

[425] 《大正藏》，卷 19，頁 102。
[426] 《大正藏》，卷 19，頁 102。
[427] 《景印文淵閣四庫全書》冊 1156，卷 1，頁 544。

第五節　元明清時期之儒學與佛學

　　元代之儒學，是以朱子學說為主流。一般學者亦依循朝廷頒布之定制研讀，再加上蒙古族統治漢族，士子不敢異議，以免被視為異端邪說。故不如唐、宋學界，諸說競興。

　　至於佛學，因元世祖忽必烈信仰蒙古喇嘛教，屬西藏佛教之黃教，對中土民眾之宗教信仰，採自由之政策。在南方設置佛教總督，管理佛教事務，並無儒、釋不和之事，儒生沿襲朱熹之學，心繫科舉出仕；僧尼出家禮佛，仍以禪學為宗。

　　明代沿襲元代，僅科舉之內容稍有不同，仍以朱學為主流。逮陽明學出，方舉陸象山之「心學」為旗幟，將理氣合而為一，而有不同之思想呈現。明末王門後學，揭櫫「人人皆可為堯、舜」之說，則滿街皆為聖人，為人詬病。甚至援佛入儒，與儒學已不類矣。

　　清代亦以北方女真族入主中國，清代儒學，顧炎武力倡修己治人之實學；清初三大儒中，孫奇逢反思姚江學派之流弊，力倡實用之學，以補其弊；李顒主張明體達用，以經世之學，達到內聖外王之目標；黃宗羲研究歷代興亡與歷史之變革，其《宋元學案》（全祖望續成）、《明儒學案》，可知其用力之勤。其後乾嘉學派又發展為考據學，以經學為中心，學風樸質。如戴震、嚴若璩、毛奇齡、萬斯同等，依據經典，言有所本，不論經義、金石、歷史、官制、財賦，均須參證其本源。晚清西方文化輸入中國，新儒學興起，使儒學有新詮釋、新思維。

　　清初三世，信仰中國禪宗。順治信佛，受菩薩戒。民間之佛教信仰，則有禪宗及淨土兩宗。太平天國之亂後，禪宗式微，僅磬山圓修一派，綿延不絕。清代中葉，淨土宗知名之彭紹升。三十四歲受菩薩戒。修一行三昧，自號知歸子。其後有楊仁山、周安士、印光法師等為大師。

　　清代中葉，嘉慶年間，洪秀全以信仰耶穌教為號召，自稱上帝之第二子。率楊秀清、石達開、蕭朝貴、馮雲山等人，嘯聚數千人作亂，不數年，橫行廣西、廣東，湖南、湖北、江西、安徽、江蘇、浙江、福建、雲

南、貴州、四川、山東等省。於咸豐元年十二月二十五日為太平天國元年。太平軍所經之處，寺廟名剎，摧毀無遺，誠佛教之法難也。

晚清精研儒佛之道有成者甚多，如梁啟超儒佛兼通，著作《儒家哲學》、《清代學術概論》、《中國學術思想變遷之大勢》、《中國近三百年學術史》、《佛學研究十八講》、《大乘起信論考證》，可見其學識對儒家、佛學皆有深入之研究；熊十力居士，由儒轉佛，鑽研唯識學，著《讀經示要》、《新唯識論》、《體用論》等。博通經學，尤精《周易》，又闡述佛教唯識思想，以明心之要旨，精闢深入；方東美為哲學大師，著有《大乘佛學》、《華嚴哲學》、《中國哲學精神及其發展》、《中國人生哲學》、《科學哲學與人生》、《原始儒家道家哲學》，精通儒釋道三教哲學，並從哲學返歸人生，闡述生生之德。

其他專研佛學或儒學者者甚多，但皆述而不作，對闡揚儒家或佛教思想貢獻甚大，不加贅述。

一、元代之儒學與佛教概述

（一）元代之儒學

理學經南宋朱熹集其大成之後，元人以蒙古族統一南北，入主中國。元仁宗執行「以華治華」之政策，於皇慶二年（1313）十月，議定舉行科舉。延佑二年（1313），於京師會試進士，頒布以《四書集注》取士，朱子學成為當時之官學。

元代儒學之士，依《元史·儒學傳》記載，人數雖多，大都記述其卓然成名，可以輔教傳後之處，對儒學之見解選錄較少。茲舉三位對儒學具有貢獻者。

1. 金履祥

金履祥（1232～1303），字吉父，號次農，自號桐陽叔子。婺州蘭溪（今浙江省蘭溪市桐山後金村）人。生於宋理宗紹定五年，卒於元成宗大德七年。享年七十二歲。先祖為東漢光武帝皇孫劉輝。初受學於王柏，後

受學於何基，主講釣台書院。晚年築室隱居金華仁山下，講學於麗澤書院。

其學屬浙東學派、北山四先生之一。其學凡天文、地形、禮樂、田乘、兵謀、陰陽、律曆，靡不畢究。及壯，事同郡王柏，從登何基之門。基學於黃榦，而榦親承朱熹之傳。時宋國事不可為，屏居金華山中。兵燹稍息，則上下巖谷，追逐雲月，寄情嘯詠，視世事泊如也。履祥嘗謂：

> 司馬文正公光作《資治通鑑》，秘書丞劉恕為《外紀》，以記前事，不本於經，而信百家之說。是非謬於聖人，不足以傳信。自帝堯以前，不經夫子所訂，故野而難質。夫子因魯史以作春秋，王朝列國之事，非有玉帛之使，則魯史不得而書，非聖人之筆削之所加也。況左氏所記，或闕或誣，凡此類皆不得辟經為辭。乃用邵氏《皇極經世曆》、胡氏《皇王大紀》之例，損益折衷，一以《尚書》為主，下及《詩》、《禮》、《春秋》，旁採舊史諸子，表年繫事。斷自唐堯以下，接于《通鑑》之前，勒唯一書，二十卷，名為《通鑑前編》。凡所引書，輒加訓釋，以裁正其義，多儒先所未發。[428]

由上所述，履祥對歷史有獨到之見解，認為史書應依正史，如孔子因魯史作春秋，不可參考諸子、野史，則非信史矣。

2. 許謙

許謙（1270～1337），字益之，晚年自號「白雲山人」，世稱「白雲先生」。婺州東陽人（今浙江東陽縣）。生於南宋咸淳六年，卒於元至元三年。享年六十八歲。至正七年，諡曰文懿。著有《讀書叢說》、《讀書叢談》、《讀四書叢說》、《詩集傳名物鈔》、《治忽幾微》、《假借論》、《白雲文集》等。

謙數歲而孤，自幼好學，其母陶氏口授《孝經》、《論語》，入耳不忘。常向人借經、史、子、集諸書，自定日程，晝夜勤讀，雖病不輟。三

---

[428] 《新校本元史》，卷189，頁4318。

十一歲時，聞金履祥在蘭江講學，投其門下，窮探聖微。程、朱理學經黃
榦、何基、王柏、金履詳至許謙，發揚光大。其學以朱熹理學為正宗，重
習經史，尤重「四書」。晚年自通貫經傳，除儒家經典外，天文、地理、
典章制度、食貨、刑法、音韻、醫學以及佛老之言，莫不鑽研。前後四十
年，足不出里。不仕於元朝，專事講學。元仁宗時，在東陽八華山講授朱
熹理學。幽、冀、齊、魯、荊、揚、吳、越等地前來受業者千餘人。皇慶
二年（1313），應肅政廉訪副使趙宏偉之命，赴金陵講學，踰年而歸。許
謙心繫天下之事，關心百姓疾苦。其云：

> 學以聖人為準的，然必得聖人之心，然後可學聖人之學。聖賢之心，
> 具在四書。而四書之義，備於朱子。故其辭約意廣，讀者安可以易心
> 求之者乎！[429]

此言許謙推崇儒家《四書》，而《四書》之義，朱熹《四書章句集
註》最為完備。並謂朱註辭約意廣，應深入體會玩味，方能得其三昧。又
云：

> 又嘗句讀《九經》、《儀禮》、及《春秋三傳》，於其宏剛要領，錯
> 簡衍文，悉別以鉛黃朱墨，意有所明，則表而見之。其後吳師道購得
> 呂祖謙點校《儀禮》，視謙所定，不同者十又三條而已。謙不喜矜
> 露。所為詩文，非扶翼經義，張維世教，則未嘗輕筆之書也。[430]

此言許謙讀書之勤奮，對儒家經文，皆句讀之。對錯簡衍文，亦別以
鉛黃朱墨以明之，做為後輩學者之榜樣。

3. 黃澤

黃澤，（1259～1346），字楚望，資州（今四川資中）人，生於宋理

---

[429] 《新校本元史》，卷189，頁4318-4319。
[430] 《新校本元史》，卷189，頁4319。

宗開慶元年，卒於元明宗至正六年。享年八十八歲。

澤有異質，慨然以明經學為志。義理一宗程、朱。嘗以為：

> 去聖久遠，經籍殘缺傳住家率多附會。近世學者，又各以才識求之。故議論雖多，而經旨益晦。必積誠研精，有所悟入，然後可以窺見聖人之本真。乃揭六經中疑義千有餘條，以示學者。既乃盡悟失傳之旨。自言每於幽閒寂寞，顛沛流離，疾病無聊之際得之。及其久也，則豁然無不貫通。自天地立位，人物未生以前，沿而下之。凡邃古之初，萬化之原，載籍所不能具者，皆昭若發蒙，如示諸掌。然後由伏羲、神農、五帝、三王，以及春秋之末，皆若身在其間，而目擊其事者。於是《易》、《春秋》傳注之失，《詩》、《書》未決之疑，《周禮》非聖人書之謗，凡數十年苦思未通者，皆渙然冰釋，各就條理。故於《易》以明象為先，以因孔子之言，上求文王、周公之意為主。而其機栝，則盡在〈十翼〉。……於《春秋》以明書法為主，其大要則在考覈三傳，以求向上之功，而脈絡盡在《左傳》。[431]

由上引述，黃澤功在明經，對六經之發蒙貫通，皆從憂患流離中悟得，進而貫通其旨。尤其對六經之經旨，如《易》須明曉《易》象與〈十翼〉；《春秋》須明曉《春秋》之褒貶、義法，皆為讀經極為重要之事。

（二）元代之佛教概述

元代入主中國，計九十七年，由於蒙古人信仰喇嘛教，屬西藏之黃教。此教皈依佛、法、僧三寶，尤以上人為受遵崇之業師。西元七八四年，西藏請來印度高僧伽摩羅昔羅，與中國高僧論爭佛法，中國高僧落敗，因此西藏佛教日益壯大。西藏以達賴與班禪為西藏護國之神，各以觀世音菩薩與阿彌陀佛轉世之身分傳承法燈。元世祖忽必烈遠征西藏，發現藏人信仰佛教，乃實行懷柔之政策，在西藏設置僧官，管理有關佛教事務。據《佛祖統紀》記載：

---

[431] 《新校本元史》，卷189，頁4323。

世祖中統元年大赦，普度僧尼。十二月，以梵僧八合思八為帝師，授以玉印，統釋教事。[432]

世祖又命八合思八新製蒙古文字，頒行天下。《佛祖統紀》記載：

初，上命帝師八思八製蒙古新字，其字僅千餘。其母凡四十有一。其相關紐而成字者，則有韻關之法。其有二合、三合、四合而成字者，則有語韻之法。而大要則以諧聲為也。至是詔頒行之。

此為蒙古文字製作之由來。至元七年（1280），又授八思巴「帝師大法王」之尊號，至元十七年（1290）示寂。

元代皇室信奉佛教，《元史·釋老傳》云：「元興，崇尚釋氏。」[433]耶律楚材（1190～1244）為元代初期之名相。儒學素養深厚，深體修禪要旨。在西征之時，不讓釋民從軍，認為釋氏奉慈忍之行，守不殺生之戒。不宜從軍而破殺戒。可見其深切體認佛教之戒規與精神，為一代名相。

至元二十二年（1285），江南釋教都統楊璉真佳大弘聖化，恢復佛寺三十六所。可見當時大建寺廟，教團亦不斷擴大。至元二十五年（1288），寺院田產二稅盡蠲免之，緇侶安心辦道，造成國家財政收入減少。至元二十八年（1291），宣政院上天下寺院四萬兩千三百一十八區，僧尼達二十一萬三千一百四十八人，世祖晚年，喇嘛僧楊連真伽任江南釋教總督，二十九年（1292），挖掘江南南宋諸陵，私佔財物，及將五十餘萬民為佃戶，庇護兩萬三千戶免賦稅。可謂無惡不作，造成白蓮教崛起，實為元朝意圖融合漢人，採用錯誤之政策，所造成之後患。

佛教各宗，在元代逐漸式微，其中禪宗之傳承，僅臨濟宗持續發展，在北方有海云印簡一系，南方有雪巖祖欽一系。印簡（1202～1257），號海雲，山西嵐谷寧遠人。先學於中觀寺沼禪師，教其禪坐，使身心如枯木死灰一般。待工夫一到，如大死一場。此應承自達摩之「壁觀」。藉禪坐

---

[432] 《大正藏》經 2035，頁 423。
[433] 《新校本元史》，卷 202，頁 4517。

抑制雜念，斷除煩惱，安頓身心之方法。後又出自白雲守端門下五祖法演一系，因此被認定為臨濟宗楊岐派。印簡在興州（河北承德西南）仁智寺出世開堂，先後任淶陽興國寺、興安永慶寺、燕京大慶壽寺住持。深受世祖忽必烈尊信，曾應詔謁見世祖，為其說法授戒。被稱為中興臨濟宗之人物。去世於憲宗七年，年五十六歲。賜「佛日圓明大師」。

　　南方有雪巖祖欽傳承自虎邱紹隆，傳天童咸傑，再傳松源崇嶽（1132～1202）、破菴祖先（？～1211）、徑山無準師範（1194～1249）、雪巖祖欽。祖欽（約 1218～1287），婺州（今浙江金華）人。初到雙林寺參謁曹洞宗遠和尚。次年，前往杭州靈隱寺謁見臨濟宗楊岐派善禪師；又前往虎丘范禪師；又前往浙東天童寺癡覺道沖禪師，見一古柏樹，一時徹悟過往昏沉散亂之病。後歷任潭州（湖南長沙）龍興寺、湘西（湖南衡山）道林禪寺、處州（浙江麗水）南明佛日禪寺、台州（浙江臨海）仙居護聖禪寺、湖州光孝寺等住持，最後主持江西袁州仰山禪寺，亦稱「法窟第一」。著有《語錄》二卷。主張道在日用之間，並不複雜。要明白佛法，先參扣自己。不論般若空義或中觀思想，都再參悟真如本性。參話頭，是要參悟一部《大藏經》，簡稱一個無字。

　　雪巖祖欽之弟子中，高峰原妙（1238～1295）最著名。原妙，蘇州吳江人。號高峰。參雪巖祖欽時，受法印。至元十六年（1279），上天目山西峰獅子巖築一小室，名「死關」，足不出戶長達十五年。四方參學者受戒者數萬人。

　　高峰原妙之弟子中峯明本（1262～1313），杭州錢塘人。二十五歲從原妙薙髮，次年受具足戒。因聽流泉開悟，德原妙心印。其後游方四處，道俗歸仰，有「江南古佛」之稱。仁宗賜號「佛慈圓趙廣慧禪師」，惠帝賜號「普覺國師」。參禪注提倡禪淨合休，注重「自然人於無心三昧」，即言禪是人本來面目，除此外無禪可參。反對玩弄機鋒、棒喝等方式。

　　在虎邱紹隆系下，大慧宗杲一脈，再傳徑山善珍、元叟行端（1255～1342），徑山聞名全國，成宗賜號「慧文正辯禪師」，仁宗賜號「佛日普照」。其門下以楚石梵琦最有名，活躍於元代，明代稱其為「國初帝一國師」。

整體而言，元代佛教與儒家相安無事，儒者仍從科舉出仕；佛教則盛行禪宗，或禪淨雙修。唯長春真人丘處機（1148～1227）成吉思汗尊為「丘神仙」。憲宗五年（1291），密謀佔據佛寺四百八十二座，改為道觀，破壞佛像，掠奪寺田。後由嵩山少林寺與道士李志常對論，使之屈服。其後敕令道士出家為僧者十七人，燒毀《老子化胡經》等道教經典，退還三十七座道觀，改為寺院。此為道教掠奪佛寺所造成之暴亂，儒家並未受到影響。

二、明代儒學與佛學之發展

（一）明代儒學之發展

明代承襲元代，科舉亦以朱子學為主流。依《明史》記載，科舉試士所採用之讀本，《四書》是以朱熹《四書集注》；《易》以程頤《易傳》、朱熹《易本義》；《書》以蔡沈之《書傳》及古汁疏；《詩》以朱熹之《詩集傳》為命題範圍。觀其內容，當時學者，對《四書》較有意見。或宗朱熹，或宗陸九淵，如許衡、吳澄宗朱而兼取陸；史蒙卿、鄭玉宗陸而兼取朱。朱熹弟子詹初、再傳弟子曹建則往來朱、陸之間。一時各擁其主，議論紛紜。然而官方宣布不以朱熹之說作答者，不予取用，使學者對朱熹不敢疑貳。朱學遂成為正統之官學，朱學也成為儒學之代表。朱棣又敕胡廣等纂修《四書大全》、《性理大全》皆主朱子學。一時朱子學成為士子競相閱讀，追求功名之工具。

明代儒學甚雜，黃宗羲將各家區分為崇仁（吳與弼等人）學案、白沙（陳獻章等人）學案、河東（薛瑄等人）學案、三原（王恕等人）學案、姚江（王守仁等人）學案、止修（李材等人）學案、泰州（王艮等人）學案、甘泉（湛若水等人）學案、東林（顧憲成等人）學案、蕺山（劉宗周等人）、諸儒（方孝孺等人）學案，並將各家宗旨，提綱挈領，對研究明代儒學，可從中一窺其堂奧。

明代初期之之儒學，如宋濂、劉基、方孝孺、曹端、吳與弼等人，皆恪守程、朱之學，兼採陸、王之說，逐漸往心學發展。

1. 宋濂

宋濂（1310～1381）字景濂，號潛溪，又號玄真子。浙江金華人。學者稱潛溪先生。生於元武宗至大三年，卒於洪武十三年。享年八十二歲。著有《宋文憲公集》。

宋濂以王者之師，經常向朱元璋講儒家先王之道，孔、孟道統，故明太祖以尊經崇儒為國策。宋濂推崇朱、陸之說，並讚美朱熹為理學集大成者，其缺點為「漫漶支離之病」，對陸九淵之心學，則缺「致知」之道。融合兩者之說，則重心學。

宋濂主張之心，是天地之心，此心包羅萬有。萬象森然羅列，而且生生不息。此天地之心，亦是吾心。與陸象山「我心即宇宙」之心學相契合。宋濂強調聖人心正，無私欲害理，故聖人之心即理。若能屏棄私欲以明心，則可明心見性，又與佛家之說相脗合矣。

2. 曹端

曹端（1376～1434），字正夫，號月川。學者稱月川先生。河南澠池人。生於明太祖洪武九年，卒於宣宗宣德九年。享年五十九歲。著有《四書詳說》、《孝經述解》、《太極圖說述解》、《曹月川集》。

曹端提倡儒學，反對佛、老之學。《明史》〈儒林一〉本傳云：

> 其學務躬行實踐，而以靜存為要。……並謂：「佛氏以空為性，非天命之性；老氏以虛為道，非率性之道。」[434]

曹端主張躬行實踐，反對佛教之空性。而喜宋儒〈太極圖〉、〈通書〉、〈西銘〉等，嘗言：

> 「學欲至乎聖人之道，須從太極上立根腳。」又曰：「為人須從志士勇士不忘上參取。」又曰：「孔、顏之之樂仁也，孔子安仁而樂在其中。顏淵不違仁而不改其樂；程子令人自得之。」又曰：「天下無性

---

[434] 《新校本明史》，卷282，頁7238。

外之物，而性無不在焉。性即理也。理之別名曰太極，曰至誠，曰至善，曰大德，曰大中，名不同而道則一。」[435]

曹端認為學從太極上立根腳，太極屬《易》道，並謂學太極可至於聖人。雖言《周易》源自伏羲氏、周文王、孔子，但聖人之道，非僅《易》道而已，應將六經讀通才是。

3. 薛瑄

薛瑄（1389～1464）為明初北方之大儒。字德溫，號敬軒。山西河津人。生於太祖洪武二十二年，卒於代宗天順八年。享年七十二歲。著有《讀書錄》、《讀書續錄》、《薛文清先生全集》。

薛瑄推崇朱熹，恪守朱學矩矱。《明史》〈儒林一〉本傳云：

瑄學一本程、朱，其修己教人，以復性為主。充養邃密，言動皆可法。嘗曰：「自考亭以還，斯道以大明，無煩著作，直須躬行耳。」[436]

薛瑄宗周、程、朱之學為道統正傳，不須別立心說。在理氣方面，發揮曹端之說，認為理氣不可分割。在未有天地之先，理已在氣中，理氣密不可分。〈河東學案上〉云：

「理氣無先後，無無氣之理，亦無無理之氣。」不可易矣。又言：「氣有聚散，理無聚散。以日光飛鳥喻之。理如日光，氣如飛鳥。理乘氣機而動，如日光載鳥背而飛，鳥飛而日光雖不離其背，實未嘗與之俱往。而有間斷之處，亦猶氣動，而理雖未嘗與之暫離，實未嘗與之俱盡而有滅息之時。[437]

此言薛瑄以日光與飛鳥為喻，說明理氣無先後，而不可分。黃宗羲對

---

435 《新校本明史》，卷 282，頁 7239。
436 《新校本明史》，卷 282，頁 7229。
437 《明儒學案》，卷 7，頁 111。

此比喻，加以評論。其云：

> 理為氣之理，無氣則無理。若無飛鳥而有日光，亦可無飛鳥而有日
> 光，不可為喻。蓋以大德敦化者言之，氣無窮盡，理無窮盡。不特理
> 無聚散，氣亦無聚散也。以小德川流者言之，日新不已，不以已往之
> 氣為方來之氣，亦不以已往之理為方來之理。不特氣有聚散，理亦有
> 聚散也。先生謂：「水水清則見毫毛，心清則見天理。喻理如物，心
> 如鏡，鏡明則物無遁形，心明則理無蔽迹。」義竊謂，仁人心也。心
> 之所以不得為理者，由於昏也。若反其清明之體，即是理也。心清而
> 見，則猶二之也。此是先生所言本領，安得起而質之乎？[438]

黃宗羲雖覺理氣之關係，以日光與飛鳥為喻，不甚貼切。但對薛瑄之
說，以仁人之心稱譽，亦知黃宗羲對薛瑄理氣之說，頗有同感。

4. 陳獻章

明代中期，陳獻章為心學大儒。陳獻章（1428～1500），字公甫，別
號石齋。廣東新會白沙里人。生於宣宗宣德三年，卒於孝宗弘治十三年。
享年七十三歲。著有《陳獻章集》。

陳獻章曾作〈和楊龜山此日不在得韻〉詩云：

> 能飢謀藝稷，冒寒思植桑。少年負奇氣，萬丈磨青蒼。夢寐見古人，
> 慨然悲流光。吾道有宗主，千秋朱紫陽。說敬不離口，示我入德方。
> 義利分兩途，析之極毫芒。聖學信匪難，要在用心臧。善端日培養，
> 庶免物欲戕。道德乃膏腴，文辭固秕糠。譬如濟巨川，中道奪我航。
> 顧茲一身小，所繫乃綱常。樞紐在方寸，操舍決存亡。[439]

此二十四句五言長詩，敘述自己以朱熹為宗主，以敬為入德之方。要

---

[438] 同上注。
[439] 《陳白沙集》，卷 5，頁 279。

培養善端，毋被物欲戕賊。道德即三綱五常，心為存亡取捨之樞紐。

其做學問之工夫，雖從吳與弼學，但《白沙學案上》敘述其存養心性之方法，從何而來？其云：

> 先生自序為學云：「僕年二十七，始發憤從吳聘君學。其於古聖賢垂訓之書，蓋無所不講，然未知入處。比歸白沙，杜門不出，專求所以用力之方，既無師友指引，日靠書冊尋之，忘寐忘食，如是者累年，而卒未有得。所謂未得，謂吾此心與此理未有湊泊脗合處也。於是舍彼之繁，求吾之約，惟在靜坐。久之，然後見吾此心之體，隱然呈露，常若有物，日用間種種應酬，隨吾所欲，如馬之御銜勒也；體認物理，稽諸聖訓，各有頭緒來歷，如水之有源委也。於是渙然自信曰：『作聖之功，其在茲乎！』」[440]

此言陳白沙從靜坐中，見吾此心之體。在稽諸聖訓，就能體會頭緒來歷。終於明白聖賢之學問工夫，由此而來。又《白沙學案上》張東所敘述陳白沙之為學云：

> 「自見聘君歸後，靜坐一室。雖家人罕見其面。數年未之有得。於是迅掃夙習，或浩歌長林。或孤嘯絕島，或弄艇投竿於溪涯海曲。捐耳目，去心智，久之然後有得焉，蓋主靜而見大矣。由斯致力，遲遲至二十餘年之久，乃大悟廣大高明不離乎日用，一真萬事，本自圓成，不假人力，無動靜，無內外大小精粗，一以貫之。」先生之學，自博而約，由粗入細，其於禪學不同如此。[441]

此亦言白沙捐耳目，去心智，久之然後有得，乃是主靜而見大之工夫。如此長達二十年之久。可見白沙之學，自博而約，由粗入細，非如禪宗之頓悟，乃是靜坐中養出端倪，如此積漸之功，非一蹴可幾之學。

---

[440] 《明儒學案》，卷 5，頁 79-80。
[441] 《明儒學案》，卷 5，頁 80。

5. 湛若水

　　湛若水（1466～1560），字元明，號甘泉。學者稱甘泉先生。廣東增城甘泉都人。生於明憲宗成化二年，卒於明世宗嘉靖三十九年。享年九十五歲。《甘泉文集》，包括〈春秋正傳〉、〈聖學格物通〉、〈甘泉先生文集〉。

　　湛若水是陳獻章之得意門生與白沙心學之繼承者。黃宗羲《明儒學案》〈甘泉學案一〉稱：

> 王、湛兩家，各立宗旨。湛氏門人雖不及王氏之盛。然當時學於湛者，或卒業於王，學於王者，或卒業於湛，亦猶朱、陸之門下。遞相出入也。[442]

　　從黃宗羲之敘述，王陽明與湛若水兩家，都屬心學大家，但宗旨各有不同。黃宗羲〈甘泉學案一〉敘述兩人之異同。云：

> 先生與陽明分主教事，陽明宗旨致良知，先生宗旨隨處體認天理。學者遂以良知之學，各立門戶。其間為之調人者，謂「天理即良知也，體認即致也，何異？何同？」然先生論格物，條陽明之說四不可。陽明亦言隨處體認天理為求之於外，是終不可強之使合也。先生大意，謂陽明訓格為正，訓物為念頭，格物是正念頭也，苟不加學問思辨行之功，則念頭之正否未可據。夫陽明之正念頭，致其知也，非學問思辨行，何以為致？此不足為陽明格物之說病。先生以為心體萬物而不遺，陽明但指腔子裡以為心，故有是內而非外之誚。然天地萬物之理，不外於腔子裡，故見心之廣大。若以天地萬物之理即吾心之理，求之天地萬物以為廣大，則先生仍為舊說所拘也。天理無處而心其處，心無處而寂然未發者其處，寂然不動，感即在寂之中，則體認者亦唯體認之於寂而已。今曰隨處體認，無乃體認於感？其言終覺有病

也。

此言兩人對體認天理之不同。陽明先生宗旨是致良知，甘泉先生宗旨是隨處體認天理。其實，天理即良知也。甘泉先生以為陽明格物，應以學問思辨行以致知；其實，陽明格物之格，有學問思辨行之工夫。甘泉先生心體萬物而不遺，而天地萬物廣大，不如陽明指腔子裏以為心，即從自己心中體認萬物，較符合實際。

甘泉體認天理，一如其師白沙先生，從靜坐中體認天理。但甘泉強調隨處體認天理。隨處是隨動靜心事而發，靜坐是初學者先從靜坐安定身心，但其深微之意，則須依孔子所謂：「居處恭，執事敬，與人忠。」即是在居處，執事，與人相處時，隨處體認天理之工夫。因此，靜坐並非靜養而已。

甘泉一脈，源遠流長。《明儒學案》中，從甘泉學案二以下至六，如呂懷、何遷、洪垣、唐樞、蔡汝楠、許孚遠、唐伯元等，皆深明心學，對其師主靜歸寂、存誠感應之工夫，以及《易》理中有無、動靜、研機之理，多所發揮。故甘泉門下人數雖少，其道能傳承久遠。

6. 王守仁

明代理學，以王門一脈最為龐大，人數亦多。在明代中葉之時，王守仁從朱熹學說內在矛盾中，反思自省，另闢蹊徑，高倡「心即是理」之說，不死守「道問學」一途，陽明學遂顯於天下，其學說下闢專節論述。

明代末年，朝廷政治腐敗，宦官專權，官吏剝削虐民，又遭逢天災，遍地饑荒，流寇李自成、張獻忠乘機作亂，橫行十餘省。李自成攻陷北京，崇禎帝自縊。

清初黃宗羲著作《明儒學案》，將明代儒學之脈絡，有條理地分析。賈潤在卷前〈序〉文中云：

> 《明儒學案》一書，則梨州先生所手輯也。凡明世理學諸儒，咸在焉。余閱之驚喜，喟然歎曰：「此後學之津梁，千秋不朽盛業也，盍

梓之以公諸天下。」蓋明儒之學多門，有河東之派，有新會之派，有
餘姚之派，雖同師孔、孟，同談性命，而塗轍不同。其末流益歧以
異，自有此書，而支分派別，條理粲然。其於諸儒也，先為敘傳，以
紀其行，後采語錄，以列其言。其他崛起而無師承者，亦皆廣為網
羅，靡所遺失。[443]

此說可見黃宗羲對明代儒學，用力之深。讀來條理粲然。對明代諸
儒，皆深入剖析。孔、孟及六經之學，經明儒耕耘兩百餘年，其貢獻實為
巨大。

（二）明代佛學之發展

明代開國君主朱元璋幼年曾出家皇覺寺，經歷數年沙彌生活，後離寺
投身紅巾賊郭子興麾下。洪武元年（1368），一統天下後。仍崇信佛教。
在制度上，仿效元朝，以首都金陵天界寺之善事院，作為統制佛教之機
構。命慧雲統領天下佛教事宜。由於僧人日益增加，不耕、不蠶、不賦、
不役而食。而受許多儒者上奏揭弊，朝廷聽聞之後，並未整頓佛教。

明初最有名之高僧為道衍禪師，曾參與策劃燕王「靖難之師」，因居
首功，得以歸性姚，賜名廣孝。任太子少師。在宮中處理誦經、祈福、修
齋等事。在北京慶壽寺居十數年之久。永樂二年（1404）年，年七十，曾
替日僧春日妙葩《智覺普明國師語錄》一書作序，云：

> 大丈夫秉慧劍，般若鋒兮金剛焰。非但能擢外道心，早曾落卻天魔
> 膽。日本智覺普明國師握吹毛劍，三住名藍，為一切人，全生全殺。
> 外道天魔，奔走乞命，可謂出世之大丈夫也哉！其門人（芳通）來中
> 國，持師語錄，過余請題，遂焚香再四展玩。[444]

此序文誇耀日僧有斬斷外道、天魔之能力。雖為應酬文字，但可知日

---

[443] 《明儒學案》，頁 13。
[444] 中村・元等著《中國佛教發展史》（上），頁 470。

僧鑽研文學，常著《文集》或《語錄》，並來中國，請高僧題序。但中國禪師多不立文字，直指人心。視詩文如草芥，故對日僧醉心文學，常作雪月花鳥之詠，頗有微詞。

　　明代之士大夫多學儒學，佛教只流行於世俗民間。佛教中，僅禪宗、淨土宗吸引社會民眾之信仰。學者雖深受儒家思想薰陶，亦喜與禪師往來，故明代頗有儒、佛融合之勢。

　　淨土宗源自道安，盧山慧遠予以發揚。慧遠在江西盧山東林精舍結白蓮社，誦淨土三經，期生西方極樂世界。「淨土三經」即《佛説無量壽經》、《佛説觀無量壽佛經》、《佛説阿彌陀經》。其要旨在「信願行」三字，信是起信，願是誓願，行是齋戒、日課、兼禪；若三者具足，必生淨土。其中兼禪只修淨土者，可兼修禪宗。不論淨土宗之念佛，或禪宗之參禪，都在了知生死而已。至於參悟生死輪迴，禪宗重視調心、數息，以攝心入寂，至身心虛空時，可見自性真如。淨土宗念一句「南無阿彌陀佛」，可入禪定，進入實相觀佛之境界。

　　明朝之禪宗，是以臨濟宗為主。有許多高僧，如唯庵禪師、恕中和尚、南石和尚、博山和尚等，在流傳之《語錄》中，都可見許多深具禪意之偈言，如唯庵禪師言：「萬法歸一一何歸」、「空船滿載千江月」；恕中和尚言：「心無自性、物無自體。」、「平地登仙，不涉階梯。」；南石和尚言：「一心不生，萬法無咎。」、「明自本心，見自本心。」；博山和尚言：「參禪無巧拙，一念貴超越。」、「（做工夫）不得求人說破。」諸如此類，可知臨濟宗之門風，在於掌握「禪機」，「機」是在心念將發未發之時，禪理自性從中而發。就如世尊未拈花，迦葉未微笑之剎那，禪機自然流露出來。同時，說禪最忌說破，亦不求禪師說破，必須用心自己體會。如終日看一「空」字，終不解空之真意，把「死」字貼在額頭，亦無法參透生死。天台宗講漸悟、頓悟、圓覺，其實參禪必須逐日積累禪理，稱為漸悟；有一天豁然開悟禪機，稱為頓悟；逮參透自性空時，就是究竟般若，可見真如實相，便是圓覺。

三、王守仁之理學，由老釋轉為儒學

　　王守仁（1472～1528），字伯安，浙江餘姚人，學者稱為陽明先生。生於明憲宗成化八年，卒於明世宗嘉靖七年。享年五十七歲。穆宗隆慶元年，贈新建侯。神宗萬曆中從祀孔廟，諡文成。湛若水作墓誌銘，門人薛侃為刻《傳習錄》，有《王文成公全集》三十八卷行世。

　　王守仁之父華，成化十七年（1482）進士第一人，仕至南京吏部尚書。先生娠十四月而生，祖母岑夫人夢神人送兒自雲中至，因命名為雲。五歲，不能言，有異僧過之曰：「可惜道破。」始改今名。

　　守仁自幼豪邁不羈，英資過人。先與德聲叔父共學於文龍山，繼就塾師。年十一，隨祖父竹軒公入京師，過金山寺，酒酣，祖與客賦詩，未成。陽明賦曰：「金山一點大如拳，打破維揚水底天。醉倚妙高臺上月，玉簫誰吹徹洞龍眠。」客大驚，後命賦〈蔽月山房詩〉，陽明隨口應曰：「山近月遠覺月小，便道此山大於月。若人有眼大如天，還見山小月更闊。」稚齡之孩童，竟有氣吞鬥牛之概。年十五，由京師出居庸關，縱觀塞外，經月始返，慨然有經略四方之志。

　　年十八，偕夫人從江西回越，過廣信（今江西上饒），謁婁一齋，諒語宋儒格物之學，以聖人可學而至，因以為師。弘治十二年（1482），進士第，時年二十八。翌年，十六年歸越，築室陽明洞，習靜。年三十二。十七年，主試山東鄉試，改兵部主事。十八年，與翰林湛若水定交，年四十四。武宗正德元年（1506），劉瑾矯旨逮南京科道官，陽明上疏救之，下詔獄，廷杖四十，謫貴州修文縣龍場驛丞。年三十五。三年（1508）春，至龍場。龍場叢棘中，瘴癘病害，與死為鄰。自覺榮辱皆能超脫，為生死一世，尚未能化。乃日夜端坐澄默，以求靜一。久之，胸中灑落，忽悟格物致知之旨。自此發明「性即理」於吾性自足，無須向外馳求。時年三十七。五年（1510），劉瑾伏誅，遷廬陵知縣，年三十九。後入覲，遷南京刑部主事。歷吏部主事、員外郎、郎中，陞南京太僕寺少卿、鴻臚寺卿。時虔、閩不靖，兵部尚書王瓊特舉先生以左僉都御史，詔撫贛南平漳南、橫水、桶岡、大帽、浰頭諸寇。年四十五。翌年，奉敕勘處福建叛

軍。至豐城，聞寧王宸濠反，遂返吉安，起義兵討之。宸濠方圍安慶，陽明破南昌，濠返兵自救，戰於樵舍，擒之。年四十五。

　　武宗率師親征，群小張忠、許泰欲縱濠鄱陽湖，待武宗接戰而後奏凱。先生不聽，乘夜過玉山，集浙江三司，以濠付太監張永。張永者，為武宗親信，群小之所憚也。命兼江西巡撫。又明年，世宗立，陞南京兵部尚書，封新建伯。年五十。原官兼左都御史，奉命至梧州征廣西思田諸蠻。思田平，回師襲八寨、斷藤峽諸寇，破之。時先生已病，上疏乞骸骨，歸至江西南安，門人周積侍疾，問遺言，先生曰：「此心光明，亦復何言？」

　　陽明之學，始泛濫於詞章，繼而遍讀考亭之書，循序格物，顧物理吾心終判為二，無所得入。於是出入於佛、老者久之。及至遠謫龍場驛，及於滁州存省，在廣西平寇中，經歷苦難，奮鬥不懈中，領悟「心即理」、「知行合一」、「致良知」之旨，始完滿其學說。

　　陽明學說是以性善為出發點，並說明性與氣之關係，極為重要。《明儒學案‧姚江學案‧語錄‧與黃勉之》云：

> 性善之端，須在氣上始見得，若無氣，亦無可見矣。惻隱、羞惡、辭讓、是非即是氣。程子謂「論性不論氣不備，論氣不論性不明。」亦是。為學者各執一邊，只得如此說，若見得自性明白時，氣即是性，性即是氣，原無性氣之可分也。以上答周道通先生之見，已到八九分。但云「性即是氣，氣即是性」，則合更有商量在。[445]

　　陽明認為氣即是性，性即是氣，性與氣不可分，故論性時，不可忽略氣。在「心即理」方面，陽明承襲象山「道即吾心」、「吾心即宇宙」之說，以論本體，在《語錄‧答舒國用書》云：「夫心之本體，即天理也。」[446] 又在《傳習錄》答徐愛之問云：

445　《明儒學案》，卷 10，頁 192。
446　《明儒學案》，卷 10，頁 191。

愛問：「道心常為一身之主，而人心每聽命。以先生精一之訓推之，此語似有弊。」曰：「然。道心，人心，一也，未雜于人謂之道心，雜以人偽謂之人心。人心之得其正者即道心，道心之失其正者即人心，初非有二心也。」程子謂「人心即人欲，道心即天理。」語若分析而意實得之。今曰「道心為主而人心聽命」，是二心也。天理、人欲不並立，安有天命為主，人欲又從而聽命者！[447]

　　陽明說人心、道心，只是一心，此說與程、朱之見相同，皆為孔門嫡傳。孟子曰：「仁，人心也。」道心即是仁心。以此思之，是一是二？人心本只是人之心，陽明說人心是偽心、欲心，是因世人常有習心在，本體受蔽。天理汩沒，而人欲充斥，故須下反身實踐下功夫；以格物誠意，明善誠身，窮理盡性，博文約禮，以存天理而去人欲矣。

　　若細觀「心即理」之說，陽明與佛教、程、朱之心皆有不同，陽明以心為天地之主宰，心是靈明之心，與道心為一。並以「性體心用」，以成心性合一之說，與佛教「三界唯心，萬法唯識。」不同，佛教以山河大地為妙明心中物，是以外在大地之名色緣識，而產生之因緣觀，顯現於心。程、朱則將心與理析分為二。陸象山即批評其「支離」。

　　陽明「知行合一」之說，不將人心與道心分離，而由道心推出知行合一，在答徐愛之問時，對程頤〈伊川先生語一〉嘗言：

知之深，則行之必至，無有知之而不能行者。知而不能行，只是知得淺，飢而不食烏喙，人而不蹈水火，只是知；人為不善，只是不知。[448]

　　程頤將知行分為兩事。陽明則將知行分為四部，一為知行之發動，答徐愛云：「一念之發動，即是行。」二是知行之關係，答徐愛云：「知是行的主意，行是知的功夫。」三是知行之終始，陽明言：「知是行之始，行是知之成。」四是知行合一，答徐愛云：「只說一個知，已自有行在；

---

[447] 《明儒學案》，卷 10，頁 201-202。
[448] 《二程集》上，卷 15，頁 164。

只說一個行，已自有知在。」知行之工夫，是一體而不可區分。[449]

在「致良知」之說，陽明認為是存天理之本然，也是誠意、正心之工夫。《語錄·與黃勉之》云：「慎獨即是致良知。」[450]又《傳習錄·王畿天泉證道記》云：「天理即良知。」[451]因獨居中不欺暗室，乃見真誠。能戒慎恐懼，克制私慾之萌動，就是致良知之工夫，亦合乎天理。《傳習錄·答陸原靜書》云：

> 良知本來自明，氣質不美者，渣滓多，障蔽厚，不易開明。質美者渣滓原少，無多障蔽，略加致知之功，此良知便自瑩徹。[452]

《傳習錄·門人陸澄錄》中，弟子陸澄問寧靜存心，可為未發之中否？陽明答云：

> 「今人存心，只定得氣，當其寧靜時，亦只是氣寧靜，不可以為未發之中。」曰：「未便是中，莫亦是求中工夫？」曰：「只要去人欲，存天理，方是工夫。靜時念念去人欲，存天理，動時念念去人欲，存天理，不管寧靜不寧靜。若靠著寧靜，不惟有喜靜厭動之弊，中間許多病痛，只是潛伏在，終不能絕去，遇事依舊滋長。以循理為主，何嘗不寧靜？以寧靜為主，未必能循理。」[453]

陽明認為寧靜存心，還未能達到中之境界，必須去人欲，存天理，方是工夫。遇事應循理而行，便無欲念。寧靜只是定氣而已，未達天理。

在《語錄·答王天宇》中，陽明又答王天宇問格致即《中庸》明善之功，不離學問思辨行，則與朱子之說何異？其云：

---

[449] 《明儒學案》，卷 10，頁 200。
[450] 《明儒學案》，卷 10，頁 193。
[451] 《明儒學案》，卷 10，頁 215。
[452] 王陽明《傳習錄詳註集評》，頁 212。
[453] 王陽明《傳習錄詳註集評》，頁 66。

《大學》之所謂誠意，即《中庸》之所謂誠身也；《大學》之所謂格物致知，即《中庸》之所謂明善也。博學、審問、慎思、明辨、篤行，皆所以明善而為誠身之功也，非明善之外別有所謂誠身之功也。格物致知之外，又豈別有所謂誠意之功乎？《書》之所謂精一，《論語》之所謂博文約禮，《中庸》之所謂尊德性而道問學，皆若此而已。[454]

此為陽明舉《大學》、《中庸》、《尚書》、《論語》之說，說明誠意即誠身，格物致知即明善。又博學、審問、慎思、明辨、篤行，亦為明善之道，誠身之功也。《中庸》所謂尊德性而道問學，即《論語》之博文約禮也。

陽明在《王陽明全書・朱子晚年定論》序云：

守仁蚤歲業舉，溺志詞章之習。既乃稍知從事正學，而苦於眾說之紛撓疲薾。茫無可入。因求諸老釋，欣然有會於心，以為聖人之學此矣。……其後謫居龍場，居夷處困，動心忍性之餘，恍若有悟。體念探求，再更寒暑，證諸六經四子，沛然若決江河而放諸海也。然後嘆聖人之道，坦如大路。[455]

此文說明自己早年讀書證悟之心路歷程，倍歷艱辛。在謫居龍場，居夷處困，動心忍性之後，自覺屬實證存省所致，非徒澄心靜慮而已。又言其經歷辭章、老、釋之後，終以六經四子為依歸，故陽明之學，由釋、老而儒學之轉變過程，已言之鑿鑿矣！

陽明在《語錄・與夏敬夫》中，舉《論語》〈衛靈公〉云：「夫子謂子貢曰：『賜也，汝以予為多學而識之者與？』對曰：『然，非與？』子曰：『非也，予一以貫之。』」[456]加以解說：

---

[454] 《明儒學案》，卷 10，頁 187。
[455] 《王陽明全書》，卷 3，頁 83。
[456] 《論語注疏》，卷 15，頁 137。

聖人之學乃不有要乎？彼釋氏之外人倫、遺物理而墮於空寂者，固不得謂之明其心矣。若世儒之外務講求考索而不知本諸身者，其亦可謂窮理乎。[457]

　　陽明與夏敦夫論孔門之學，曾子就誠處指點，孔子就明處指點，皆說明道「一」而已。「一」是融會貫通之意。必須將人倫、人性、人心，一以貫之。「一」亦可解釋為「誠」，不誠無物，只須向誠身、誠心方面講求，不須向外考索，則聖人之理，貫通為一矣。

　　陽明曾與德洪、汝中論學，有「四句教」之說，認為無善無惡者心之體，有善有惡意之動，知善知惡是良知，為善去惡是格物。若從心知本體下功夫，做到無善無惡，是謂至善。《傳習錄・王畿天泉證道記》云：

德洪舉先生教言曰：「無善無惡心之體，有善有惡意之動，知善知惡是良知，為善去惡是格物。」汝中曰：「此恐未是究竟話頭。若說心體是無善無惡，意亦是無善無惡，知亦是無善無惡，物亦是無善無惡矣。若說意有善惡，畢竟心體還有善惡在。」德洪曰：「心體是天命之性，原無善惡，但人有習心，意念上見有善惡在。格致誠正修，此是復性體工夫，若原無善惡，工夫亦不消說矣。」是夕，坐天泉橋，各舉請正。先生曰：「二君之見正好相資，不可各執一邊。人原有二種，利根之人，直從本源上悟入。人心本體原是明瑩無滯，原是個未發之中。利根之人一悟本體，即是工夫，人己內外一齊俱透。其次不免有習心在，本體受蔽，故且教在意念上實落為善去惡，工夫熟後，渣滓去盡，本體亦明淨了。汝中之見是我接利根人的，德洪之見是我為其次立法的，相取為用，則中人上下皆可引入於道。」[458]

　　陽明不標榜排佛，但對佛法表達異議。《語錄・與夏敬夫》云：

---

[457] 《明儒學案》，卷10，頁188。
[458] 《明儒學案》，卷10，頁217-218。

彼釋氏之外人倫，遺物理，而墮於空寂者，故不得謂之明其心矣。[459]

佛教出家之說，每為儒者議論其外人倫。又其唯心之說，對物一概以空詮釋。雖有真空妙有之喻，亦有欠圓融之處。《傳習錄・答黃修易》云：

佛氏不著相，其實著相；吾儒著相，其實不著相。佛怕父子累，卻逃了父子；怕君臣累，卻逃了君臣；怕夫婦累，卻逃了夫婦，都是著相，便須逃避。吾儒有個父子，還他以仁；有個君臣，還他以義；有個夫婦，還他以別，何曾著父子君臣夫婦的相？[460]

陽明對佛教違背人倫之道，加以批評之外。又對佛教虛無之義，亦加以駁斥。認為只有儒家之虛無，才是虛無之本色。《傳習錄・王畿天泉證道記》即言此事，云：

佛氏說無，從出離生死上來，卻於本體上加卻這些子意思在，便不是虛無的本色，便於本體有障礙。聖人只是還他良知的本色，便不著些子意在良知之虛，便是天之太虛，良知之無，便是太虛之無形。日月風雷，山川民物，凡有象貌形色，皆在太虛無形中發用流行，未嘗作得天的障礙。聖人只是順其良知之發用，天地萬物俱在我良知發用流行中，何嘗又有一物超於良知之外，能作得障礙？

陽明認為佛教說無，卻談出離生死，便非真正之無。孔、孟說無，是指天之太虛。日月風雷，山川民物，是太虛之作用，亦是良知之作用，不成為天之障礙。

此為儒家與佛教在本體上之不同。

---

[459] 《明儒學案》，卷 10，頁 188。
[460] 《明儒學案》，卷 10，頁 211。

四、晚明藕益大師援佛入儒之思想

　　自宋明理學以來，儒者常抨擊佛教，有違孔、孟之學，但卻與禪師時相往來，陸象山、王陽明提倡心學，與禪宗思想很接近。晚明以後，王學逐漸衰微，有憨山、藕益兩僧，都以佛學釋儒。憨山著《中庸直指》、《老子解》、《莊子內篇注》等書，藕益著《四書解》、《周易禪解》二書。二人試圖融會儒、釋、道三教之義，甚為明顯。

　　藕益大師智旭引佛入儒，雖與儒學不合，卻為儒學別闢蹊徑。智旭於清順治四年（1647）作《四書藕益解序》云：

> 藕益年十二，談理學而不知理；年二十，習玄門而不之玄；年二十三，參禪而不之禪；年二十七，而律而不之律；年三十六，演教而不知教。逮大大病幾絕，歸臥九華，腐滓以為饌，糠粃以為糧，忘形骸，斷世故，萬慮盡灰，一心無寄。然後知儒也、玄也、佛也、禪也、律也、教也。無異楊葉與空拳也。……援至誠請命於佛，卜以數鬮，須藉《四書》，助顯第一義諦。……解《論語》者曰點睛，開出世光明也；解《庸》學者曰直指，指談不二心源也；解《孟子》者曰擇乳，飲其醇而存其水也。[461]

　　依藕益大師之言，此書乃是在大病之後，悟出儒學、玄學、佛道、禪坐、戒律、教義等，皆須了悟《四書》，助顯第一義諦，如《論語》開出世光明；《大學》解明德之義；《中庸》直指心源；《孟子》擇乳而飲其醇。即指孟學為至高無上之真理。可見儒家經典之義理，頗受藕益大師認同，亦受佛祖示意，以《四書》開悟儒佛同源之理。應視為藕益大師解說《四書》之原委。

　　印光法師亦在《四書藕益解重刻序》云：

> 道本心具，人多不肯施功，致物慾錮蔽真知，不知希聖希賢，甘心自

---

[461] 《四書藕益解補註》，頁 1。

暴自棄。由茲喪法身以失慧命，生作走肉行屍，死與草木同腐，可不
哀哉。四書者，孔門上繼往聖，下開來學。俾由格物致知，以自明其
明德，然後推而至於家國天下。俾家國天下之人，各皆明其明德之大
經大法也。如來大法，自漢東傳，至唐而各宗悉備。禪道大興，高人
林立，隨機接物。由是濂、洛、關、閩，以迄元、明諸儒，各取佛法
要義以發揮儒宗。俾孔、顏心法。絕而復續。其用靜坐參究，以期開
悟者，莫不以佛法是則是效。故有功深力極，臨終豫知時至，談笑坐
逝者甚多。其誠意正心。固足為儒門師表。……明末藕益大師，係法
身大士，乘願示生。初讀儒書即效先儒闢佛。而實未知佛之所以為
佛。後讀佛經，始悔前愆。隨即殫精研究，方知佛法乃一切諸法之
本。其有辟駁者，非掩耳盜鈴。即未見顏色之瞽論也。遂發心出家，
弘揚法化。……因取《四書》、《周易》，以佛法釋之，解《論
語》、《孟子》，則略示大義；解《中庸》、《大學》，則直指心
源。蓋以秉《法華》開權顯實之義，以圓頓教理。釋治世語言，俾靈
山、泗水之心法，徹底顯露，了無餘蘊。其取佛法以自益者，即得究
竟實益。即專習詞章之流，由茲知佛法廣大，不易測度。亦當頓息邪
見，漸生正信。知格除物慾，自能明其明德。由是而力求之，當直接
孔、顏心傳。其利益豈能讓宋、元、明諸儒獨得也已。[462]

　　此為印光大師推介藕益大師鑑於世俗受物欲所蔽，不能明其明德，希
聖希賢，以致失去慧命，故藉《四書》，讓儒生從明明德修道，從而慎
獨、克己復禮、主敬存誠，以參天地之化育。並言佛法至唐，各宗俱起，
禪道大興。至宋理學，有濂、洛、關、閩各派。迄於宋元明諸儒，各取佛
法要義，以發揮儒學。如用靜坐參究，以期開悟，實取佛法禪坐之義。
《中庸》、《大學》，乃孔門心法，故藕益直指心源。《論語》、《孟
子》，為儒家修己治國之道，與佛家力求清淨寂滅不同，故略示大義而
已。綜言藕益大師企圖援佛入儒，以示儒、佛一體之理。雖闢佛者引為異
端，對修佛法者，可將儒、佛之理，互相融攝，當可體悟藕益大師之苦心

---

[462] 智旭《四書藕益解補註》，頁 2-5。

也。

藕益大師《大學直指》云：

> 大學即標本覺之體，學字即彰始覺之功。本覺是性，始覺是修。稱性起修，全修在性。性修不二，故稱大學。[463]

《大學》之義，程頤云：「《大學》者，大人之學也。」[464]大人，公卿大夫也。言讀大學，是要做公卿大夫，以治國平天下。因此，《大學》是為官入門之學。與藕益大師所言「稱性起修」之說不同。蓋《大學》言修己治人，佛法則在修生死之道，自覺覺人也。

又釋《中庸》：「自誠明，謂之性。自明誠，謂之教。誠則明矣，明則誠矣。」之義，藕益大師《中庸直指》云：

> 「自誠明」者，猶《大佛頂經》所謂「性覺必明」。此則但有性德，而無修德。凡聖平等，不足為貴。直須以始覺合本覺。自明而誠，則修德圓滿，乃為修道之教。此下二句，皆承此句說去。謂自明而誠，誠極則明亦極。是妙覺寂照之義。單指修德極果言之，又即正在明善之時。明則必誠，是等覺以下照寂之義，乃約修德從因至果言之。故此二句，皆約教說，不取但性，為誠則明也。蓋但性無修，不免妄為明覺，卻成生滅之始也。[465]

儒家言聖人「自誠而明」，與賢人「自明而誠」不同。「誠」為天道，朱熹以為誠屬聖人之德。至誠可以明善誠身，能盡人之性、盡物之性，進而贊天地之化育，可以與天地參；「自明而誠」，朱熹以為屬賢人之學。賢人由教而入，先明乎善，而後實其善，人道也。由此，誠者無不明，明者可以至於誠。《中庸》進而申言其義，言至誠如神，可以前知。

---

463 智旭《大學直指補註》，頁 2-5。
464 朱熹《四書章句集註》，頁 4。
465 智旭《中庸直指補註》，頁 22。

國之將興，必有禎祥；國之將亡，必有妖孽。誠可誠己，仁也；誠可成物，智也。聖人誠己誠物，無內外之殊，故《中庸》謂合外內之道，時措之宜也。藕益大師將誠明之道，以佛法釋之，解釋為修德。聖人為覺者，可以始覺合本覺，成就妙覺寂照之果；凡人自明而誠，必待修德圓滿，始由因成果。若不修德，則不免妄言明覺矣。由此可知，儒家從天人出發，佛教從因果說明，兩者有所不同。

藕益大師又解釋《論語·子罕》：「子在川上曰：『逝者如斯乎！不舍晝夜。』」一章云：

> 此歎境也，即歎觀也。蓋天地萬物，何一而非逝者。但愚人於此，計斷計常。今既謂之逝者，則便非常，又復如斯，不舍晝夜，則變非斷，非斷非常，及緣生正觀。引而申之，有逝逝，有逝不逝，有不逝逝，有不逝不逝，非天下之至聖，孰能知之？[466]

孔子川上之言，程頤云：「此道體也。天運而不已，日往則月來，寒往則暑來，水流而不息，物生而不窮，皆與道為體，運乎晝夜，未嘗已也。是以君子法之，自強不息，及其至也，純亦不已焉！」程頤乃就天道運行不已，勉人法天而自強不息。程顥則勉人好學不已。[467]藕益大師就「境」、「觀」著手，認為一般人從「常」、「斷」觀察，言逝為「斷」，不舍晝夜為「常」，若非斷非常屬正觀。不論正觀與否，皆是邏輯推理問題，不如程頤勉人自強不息，較能激勵人心。

藕益大師又釋《孟子·盡心上》：「孟子曰：『人之所不學而能者，其良能也；所不慮而知者，其良知也。孩提之童，無不知愛其親者；及其長也，無不知敬其兄也。親親，仁也；敬長，義也。無他，達之天下也。』」云：

> 良知良能之語，陸、王之徒，翕然從風。然孟子此言，實未見自性之

---

[466] 智旭《論語點睛補註》，頁71。
[467] 朱熹《四書章句集註》〈論語集注〉，頁153。

用。觀下文童愛親長敬兄二語，申明此理，可見孟子專論後天性，未
嘗知有先天性也。[468]

　　孟子此言，程頤云：「良知良能，皆無所由；乃出於天，不繫於
人。」可知程頤認為孩提親親、敬長，皆出自仁義之天性。藕益大師則認
為孟子不知人有先天之性。據佛教之論，人性在先天受業力之推引，及阿
賴耶識，種子之不同。出生後又受五蘊之影響，故人受先天及後天雙層之
影響，不能純言人性本善也。

　　由上所舉藕益大師解說《四書》之例，可知藕益大師意圖將佛法注入
《四書》之中，以引發儒者對佛法之認知，進而閱讀佛典，使佛法能影響
儒者，並認知在研習儒家經典之外，亦可一窺佛法之蘊奧也。

五、清初顧炎武主張經學即理學及通經致用之學

　　西元一六四四年，滿清入主中國，建立大清王朝。為加強統治，在文
教方面，實施尊經重儒之政策。尊崇孔子，表彰程、朱理學。又恢復科舉
取士制度。清世祖順治二年（1645），頒布「科場條例」：首場《四書》
三題，《五經》各四題。士學各占一經。《四書》主朱學《集注》，
《易》主程《傳》、朱學《本義》，《書》主蔡《傳》，《詩》主朱學
《集傳》，《春秋》主胡安國《傳》，《禮記》主陳澔《集說》。……二
場：論一道，判五道，詔、誥、表內科一道。三場：經、史、時務策五
道。鄉、會試同。此種以程、理學為科舉考試內容，使程、朱理學在清初
奠定復興之基礎。

　　清代程、朱理學興盛之原因，主要是受科舉之影響。但有許多儒者，
如顧炎武、黃宗羲、顏元、王夫之等人，探討明亡之原因，都歸咎晚明心
學誤國。因此提倡實學以救其弊。

　　顧炎武（1613～1682），初名絳，字寧人，號亭林，江蘇崑山人。生

---

[468] 智旭《孟子發隱》，頁 11。

於明神宗萬曆四十一年，卒於清聖祖康熙二十一年。享年七十歲。

炎武幼讀《周易》、《大學》、《資治通鑑》，十四歲讀《尚書》、《詩經》、《春秋》，一生著書甚多，重要者有《五經考》、《日知錄》、《天下郡國利病書》、《歷代宅京記》、《古音表》、《詩本音》、《唐韻正》等三十餘種，多為歷史、考據、音韻等書。

顧炎武批判王陽明，劉宗周等人，心懷復明之大志。《日知錄・夫子之言性與天道》云：

> 劉（淵）、石（勒）亂華，本于清談之流禍，人人知之。孰知今日之清談，有甚於前代。昔之清談談老、莊，今之清談談孔、孟，未得其精而已遺其粗，未究其本而先辭其末。不習六藝之文，不考百王之典，不綜當代之務，舉夫子論學、論政之大端，一切不問，而曰「一貫」，曰「無言」，以明心見性之空言，代修己治人之實學，股肱惰而萬事荒，爪牙亡而四國亂。神州盪覆，宗社丘墟。[469]

顧炎武認為明末王學之危害，甚過五胡亂華時之清談。當時空談明心見性，而使國家淪亡，故提倡實學。此說陸隴其、王夫之、呂留良等學者亦有同感。因此，顧炎武提出「理學即經學」之口號，將理學回歸到經學，經學亦是一種實學。《與施愚山書》云：

> 理學之名，自宋人始有之。古之所謂理學，經學也，非數十年不能通也。故曰：君子之於《春秋》，沒身而已矣。今之所謂理學，禪學也。不取諸五經，而但資之語錄。較諸帖、括之文而尤易也。[470]

此言明末諸儒，侈談心性，束書不觀，陷入禪學而不自知。顧炎武並非不談心性，而是以孔子所講之仁義，即是心性與天道。《日知錄》云：

---

[469] 顧炎武《日知錄》，卷 9，頁 196。
[470] 《顧亭林詩文集》，頁 58。

子曰：「二三子以我為隱乎？吾無隱乎爾！吾無行不與二三子者，是
丘也。」謂夫子之言性與天道，不可得而聞，是疑其有隱者也。不知
夫子之文章，無非夫子之言性與天道。所為吾無行而不與二三子者，
是丘也。子貢之意，猶以文章與心性為二，故曰：「子如不言，則小
子何述焉！」子曰：「天何言哉？四時行焉，百物生焉，天何言
哉！」是故可仕可止可久可速，無一而非天也！恂恂便便，侃侃誾
誾，無一而非天也。動容周旋中禮者，盛德之至也。孟子以為堯、
舜，性之事。夫子之文章，莫大乎《春秋》，《春秋》之義，尊天
王，攘戎翟，誅亂臣賊子，皆性也，皆天道也。[471]

　　此言孔子雖不言性與天道，其實孔子之文章，尤其是《春秋》，所謂
尊天王，攘戎翟，誅亂臣賊子，皆是論性與天道之事。孔子之動容周旋皆
守禮者，不僅是盛德之至，亦是合乎性與天道之事。

　　由上可知，顧炎武從事實學，不僅在學術上，將經世致用之學，折衷
於《六經》之中。並以研究字義、聲韻，讓經義皆有依據，且繼承孔、孟
尊王攘夷之《春秋》大義；而且在心性上，少談性理空疏之學，文章都不
出經學之義理。

六、黃宗羲重經世之學，批判君主制度背棄民意

　　清初大儒黃宗羲（1610～1695），字太沖，號梨州，一字德永，學者
稱南雷先生。浙江餘姚人。生於明神宗萬曆三十八年，卒於清聖祖康熙三
十四年。享年八十五歲。

　　其父黃尊素為東林派學者，因彈劾魏忠賢，被下獄而死。其後從劉宗
周學於蕺山。清兵入南都後，奉母歸里，閉門讀書。聖祖康熙六年
（1667），邀人重開其師劉宗周所創之證人書院，次年，又開證人書院於
寧波，培育弟子。為浙東學派之巨擘。一生著作甚多，有《明儒學案》六

十二卷、《宋儒學案》一百卷，未成，由全祖望續成。編《明文案》二百十七卷、《明文海》四百八十二卷、《明史案》二百四十四卷、《明夷待訪錄》二卷、《南雷文定》三十二卷等三十餘種。

　　學術思想，是以實學糾正王門心學之流弊，反對空談心性之習氣。黃宗羲《南雷文定別集・留別海昌同學序》云：

> 奈何今之言心學者，則無事乎讀書窮理；言理學者，其所讀之書，不過經生之章句。其所窮之理，不過字義之從違。薄文苑為詞章，惜儒林於皓首。封己守殘，摘索不出一卷之內。其規違措注，與纖兒細士不見長短。天崩地解，落然無與吾事，猶且說同道異，自附於所謂道學者，豈非逃之者之愈巧乎？[472]

　　此言清初理學，仍沿襲晚明之心學，強調以經學為根本。經學是以經世致用為目的，文章應顧及國計民生，有益於天下百姓。而非抱殘守缺，摘取經文章句，而欲成就經國大業。其所著《明夷待訪錄》一書，揭櫫以民為本之政治思想。明夷為《周易》第三十六卦，卦辭云：「明夷，利艱貞。」程頤《易程傳》云：

> 君子當明夷之時，利在知艱難，而不失其貞正也。在昏暗艱難之時，而能不失其正，所以為明君子也。[473]

　　程頤以為一位賢明之君子，在天下昏昧之時代，當知艱難而不失其貞正。故黃宗羲考察社會之利弊得失，希望政府能為民興利，建立天下為公之社會。

　　黃宗羲《明夷待訪錄》中之內容，包括〈原君〉、〈原臣〉、〈原法〉〈置相〉、〈學校〉、〈取士〉、〈建都〉、〈方鎮〉、〈田制〉、〈兵制〉、〈財計〉、〈胥吏〉、〈奄宦〉等二十一篇，每篇皆總結歷史

---

[472] 《黃宗羲全集》，冊 10，頁 645-646。
[473] 程頤《易程傳》，頁 314。

經驗，建立實用性之主張。對政治、經濟、教育、法制、軍事、財政、田制等，都提出有益國計民生之建議。尤其對帝王之家天下，表示反對。〈原君〉云：

> 古者以天下為主，君為客。凡君之所畢世而經營者，為天下也；今也以君為主，天下為客。凡天下之無地而得安寧者，為君也。是以其未得之也，屠毒天下之肝腦，離散天下之子女，以博我一人之產業，曾不慘然！曰：「我固為子孫創業也。」其既得之也，敲剝天下之骨髓，離散天下之子女，以奉我一人之淫樂，視為當然。曰：「此我產業之花息也。」然則天下之大害者，君而已矣。[474]

文中黃宗羲對專制政權之君主，深惡痛絕，故倡導民主制度。君主應為百姓造福，而非帶來苦難。又在〈原臣〉云：

> 蓋天下之治亂，不在一姓之興亡，而在萬民之憂樂。是故桀、紂之亡，乃所以為治也；秦政、蒙古之興，乃所以為亂也；晉、宋、齊、梁之興亡，無與於治亂者也。為臣者，輕視斯民之水火，即能輔君而興，從君而亡，其於臣道，固未嘗不背也。

黃宗羲舉歷代興亡之例，說明執政者應重視萬民之憂樂。如輕賤人民，視人民於水火而不顧，稱為暴君可也。

黃宗羲又編《明儒學案》一書，對明代儒者之學術思想做總整理。在〈原序〉中，對歷史之變動，提出心之重要性。云：

> 盈天地皆心也，變化不測，不能不萬殊。心無本體，功力所至，即其本體。故窮理者，窮此心之萬殊，非窮萬物之萬殊也。[475]

---

[474] 《明夷待訪錄》，頁6。
[475] 《明儒學案·原序》，頁9。

又在〈序〉中，重申此理云：

> 盈天地間皆心也，人與天地萬物為一體。故窮天地萬物之理，即在吾
> 心之中。後之學者，錯會前賢之意，以為此理懸空於天地萬物之間，
> 吾從而窮之，不幾於義外乎？此處一差，則萬殊不能歸一。夫苟工夫
> 著到，不離此心，則萬殊總為一致。學術之不同，正以見道體之無盡
> 也。奈何今之君子，必欲出於一途，勦其成說，以衡量古今，稍有異
> 同，即詆之為離經畔道，時風眾勢，不免為黃芽白葦之歸耳。

　　從以上二段，說明人與天地萬物，皆屬一體。不僅變動不居，而且人
心萬殊，各有不同之認知，無法歸一。但萬殊之中，仍有常則。故學術思
想之歷史發展，須依循此一常軌，則對學術思想之研究，有一規律可循。
因此對理學採取兼容並蓄之態度，包容各家不同之學說。一方面承襲其師
劉宗周慎獨之說，一方面又反思王學之流弊，對學術研究並無偏見。

　　在性理上，黃宗羲認為天地間唯有氣化生萬物，大化之流行，有其循
環不變之理。理是實際事物之理，反對王陽明「心即是理」之說，亦反對
朱熹「氣質之性」。黃宗羲又認為性是無形之理，氣質不稱為理，將理與
性相分，氣與質相分，但氣與性、理之關係，並未有更深入之剖析。

七、顏元提倡實學，批判程朱理學

　　清初大儒顏元（1635～1704），字易直，又字渾然。直隸（河北保
定）人，學者稱習齋先生。生於明思宗崇禎八年，卒於清康熙四十三年。
享年七十歲。

　　顏元年二十，學兵法。二十六歲，得《性理大全》，欲學主敬存誠之
道。並在耕稼之餘，習靜坐。三十五歲，著《存學編》，以明堯、舜、
周、孔之道，博文約禮，實學實習。《存性編》原孟子之性善。兼排宋儒
言氣質之性不善。主張氣質不論清濁厚薄，總歸於善。至於惡，是受外在
習染所致。四十八歲，著《存人編》。

顏元認為明道不在學習章句，學不在誦讀穎悟，必須明孔、孟之博文約禮，故不喜宋、明理學空講性理。講求實學，志在治國。

在性理上，顏元認同劉宗周與黃宗羲之說，反對程、朱之理氣二元論，以為理在氣中，氣無善惡，惡是由外在習染所致。故須修身以去惡，不可空談性理。同時，注重實行。其《存學編・答太倉陸桴亭先生書》云：

> 孔、孟以前，天地所生，以主此氣機者，率皆實文、實行、實體、實用，卒為天地造實績，而民以安，物以阜。雖不幸而君相之人，竟為布衣。亦必終身盡力於文、行、體、用之實，斷不敢以不堯、舜、不禹、皋者，苟且於一時虛浮之局，高談袖手，而委此氣數，置此民物，聽此天地於不可知也。亦必終身窮究於文、行、體、用之實，斷不敢以惑異端、背先哲者，肆口於百喙爭鳴之日，著書立說，而誤此氣數，壞此民物，負此天地於不可為也。[476]

此言孔、孟以前，即有氣機，故有君王與布衣之不同。若因時空境遇不同，不能如堯、舜一般福國安民，則重實學與實事，即回歸至孔、孟之學，或著書立說，以遺後世。亦不敢有異學、假學，此暗指佛學與空談心性之程、朱，不能以實學福國利民也。

在人性上，顏元認為理與氣與善惡無關，氣非萬惡之源。朱熹主張理是善，氣有清濁，清氣為善，濁氣為惡。氣惡則理亦惡，理善則氣亦善。此種理氣二元論，顏元並不認同。但認同人有氣質之性，但此氣質之性是受習染之影響，故須改變氣質，也就是將外之引誘化除。因此，人之為惡，是受外在情慾聲色之影響，故須講義理、去聲色，方能使人性趨於善。

在格物、致知上，顏元重實學。格物是親身實行，致知是將學理和行事結合，不流於空談。顏元之實學，在學三事：六德、六行、六藝。《周

---

[476] 《顏元集・存學編》，卷1，頁2。

禮・地官・大司徒》中，六德是「知、仁、聖、義、忠、和」，六行是「孝、友、睦、任、恤」，六藝是「禮、樂、射、御、書、數。」

　　由於顏元重實學，故躬自行禮，以禮作為平日行為之準則。同時每日靜坐，作為存養修心之工夫。在四十一歲時，設教條以教導學生，學習儒家之道統。其所立之教條有：一、孝父母，二、敬尊長，三、主忠信，四、申別義五倫，五、禁邪僻，六、勤赴學，七、慎威儀，八、肅衣冠，九、重詩書，十、敬字紙，十一、講書，十二、作文，十三、習文藝，十四、行學儀，十五、序出入，十六、輪班當值，十七、尚和睦，十八、貴責善，十九、戒曠學。此十九教條不僅教導門生，自己亦身體力行不輟。

八、李塨實學批評理學滲入佛學

　　清初大儒李塨（1659～1733），字剛升，號恕谷。直隸人。生於清世祖順治十六年，卒於清世宗雍正十一年。享年七十五歲。

　　李塨曾從習齋學實學。實學要從事治國之事，反對王陽明知行合一之說。在知行上，應該是知在先，行在後。也就是先學後知，知而後行。學是學古聖之學，古聖之學盡在經學之中。李塨錄《論語》三十九條，《中庸》三條，《孟子》十一條，《尚書》三條，《周易》一條，《詩》一條，《周禮》八條，《禮記》九條，題為「古聖正學宜急復」，認為是當今之急務，宜實踐以存心養性。

　　在理氣上，李塨與顏元皆反對朱熹理氣二元論，認為理氣為一，理在氣中。此主張係採用《易經》之思想，認為宇宙間陰陽二氣，造化流轉，化生萬物。朱熹主張以氣成物形，理成物性，如此則理是理，氣是氣，理氣成為物形與物性之二元，是李塨與朱熹不同處。

　　在心性上，李塨承襲顏元之說，採用孔、孟之性善說。認為人受天地中正之氣以生，因此人為天地之心，有靈秀之氣，具仁義理智，虛靈不昧。至於惡性，乃外在習染而來，與佛教之明心見性不同。

　　李塨認為有些人因習染而性惡，但理在氣內，性在心內，心與性仍有分別。心是氣，性是理，氣輕則虛靈不昧；心若受異端影響，滅去義理，

氣質變惡，則行惡矣。為使自己不受異端影響，每天寫日記，明白自己身心言行之得失，以自省改過。

　　程、朱主張守敬，只是戒慎恐懼，與《孟子》之存心養性不同；陸、王主張靜坐，是道家之養生法，或佛教之禪坐，過於空虛，與《大學》之正心、誠意有所不同；李塨之自省改過，是以行動省察自己，做到自強不息。

九、王夫之實學及其佛教觀

　　王夫之（1619～1692），清初之大儒，字而農，號薑齋，湖南衡陽人。晚年居湘西石船山，字號船山老人、船山老農、船山病叟、船山遺老，學者稱船山先生。生於明神宗萬曆四十七年，卒於清聖祖康熙三十一年。享年七十四歲。

　　王夫之七歲讀完十三經，十歲從父親王朝聘讀《五經精義》。十六歲，致力於研讀音韻學。崇禎十七年，李自成攻陷京師，崇禎帝自縊煤山。王夫之作〈絕憤詩〉一百首，吟畢痛哭。二十八歲，研讀《易經》，又受父命，作《春秋家說》。著作甚多，經類有《周易稗疏》、《四書詳解》等二十五種，史類有《讀通鑑論》等五種，子類有《老子衍》、《莊子通》等十八種，集類有《楚辭通釋》、《薑齋文集》等四十一種，台北船山學會印行《船山遺書全書》，最為完備。

　　王夫之主張實學，以「誠」為代表，反對道家之無，佛教之虛，陸象山、王陽明之空疏。在格物、致知方面，朱熹、王陽明都認為格物可以致知，用力久則豁然貫通。王夫之則認為誠意、正心、格物、致知，必須循序漸進，不是急其一而姑置其三，亦即四者並進，才有所得。如誠意必先辨明善惡。到無一理不明。致知時，意知其誠，心知所正，身知所修，四者同時並進，方能達到修身之目標。

　　關於氣與理之問題，船山深研《易》理，認為太極是宇宙之根源，是氣之本體。反對老子之有生於無，佛教之虛空。氣之本體，無形而善變，稱為太虛。太虛之氣，在人身則清者使人精神靈明，濁者入於耳目口鼻膚

髮之中。至於聖人則充滿太和之氣,通於天地。在《張子正蒙注》云:

> 氣之未聚於太虛,希微而不可見,故清。清則有形有象者,皆可入於
> 中,而抑可入于形象之中,不行,而至神也。……聖人和氣之聚散無
> 恆,而神通於一。故存神以盡性,復健順之本體。同於太虛,知周萬
> 物,而仁覆天下矣。[477]

此言聖人與凡人之氣不同。凡人之氣濁,入於耳目口鼻膚髮之中;聖
人之氣清,心靈通於太虛,故其精神可盡人之性,知周萬物,而仁覆天
下。

船山將理解釋為聖人之道,朱熹以理為天理,陸象山、王陽明以理為
心。清初顏元、李塨以理用於治國,王夫之強調理源於陰陽、兩儀之道,
陰陽生生之理,歸之於一,一歸於氣,亦可歸於仁。以氣言之,可化為陰
陽、動靜、剛柔、吉凶、體用等,變化不息。以仁言之,則涵蓋心、誠、
性、命、情、才、德等。氣在宇宙運行,王夫之特別重視歷史之變遷,與
「氣運」有關。亦即氣之運行,有一定之規律。據《孟子·公孫丑下》
云:

> 五百年必有王者興,其間必有名世者。由周以來,七百餘歲矣。以其
> 數則過矣。以其時考之,則可矣。夫天未欲平治天下也,如欲平治天
> 下,當今之世,舍我其誰也?[478]

孟子見道之不行,欲以「舍我其誰」之氣概,行王者之事,可惜時運
不濟。此氣運在《孟子·盡心下》亦云:

> 孟子曰:「由堯、舜至於湯,五百有餘歲,若禹、皋陶則見而知之,
> 若湯則聞而知之。由湯至於文王,五百有餘歲;若伊尹、萊朱則見而

---

[477] 《張子正蒙注》,卷1,頁9。
[478] 《孟子注疏》,卷4,頁85。

知之，若文王則聞而知之。由文王至於孔子。五百有餘歲；若太公
望、散宜生則見而知之，若孔子則聞而知之。由孔子而來至於今，百
有餘歲；去聖人之世，若此其未遠也；近聖人之居，若此其甚也，然
而無有乎爾！則亦無有乎爾！」[479]

　　孟子感歎由文王至於孔子，五百有餘歲。孔子是聖人，但非明王，亦
屬春秋亂世。自己距孔子僅百餘年，未見聖王平治天下，深感痛惜。船山
繼論氣運一事，云：

　　天地之氣，五百餘年而必復，周王而天下一，宋興而割據絕，後有起
　　者，鑒於斯以立國，應有待乎！平其情，公其志，立其義，奠其維，
　　斯則繼軒轅、大禹而為天地之肖子也夫！[480]

　　此言天地之氣，每五百餘年，運行一周。王夫之慨歎宋亡之後，五百
餘年，應有聖王興盛華夏。此說與邵雍以《易》卦之數，推論「元、會、
運、世」之循環；康有為依《公羊傳》之三統，而創「三世說」。此皆學
者個人對氣運之構想，尚未得歷史之驗證，但治亂興衰，每隨歷史之循環
而改變，乃是不變之規律。
　　王夫之一生闢佛道，卻深研佛理，並廣結方外之士。曾久居南嶽衡山
之下，衡山為佛道勝地。嘗於清康熙十五年（1676），築續夢庵居住。取
名續夢之意，是心中存有恢復明朝之舊夢。在此，船山避禍、著述，結交
方外之士，其中釋惟印常與其以奕為戲，並稱二人為最上國手。
　　船山又應牧雲庵住持超凡和尚之囑，撰〈牧雲常住記〉一文。此碑記
中強調戒律之重要，其云：

　　和尚之訓後來者曰：「以佛法與人者，金屑也；淨戒與人者，金針
　　也。凡入吾門，嗣吾室者，亦惟清規之不容逾。輪流主導，授受得

---

[479] 《孟子注疏》，卷 14，頁 264。
[480] 王夫之《宋論》，卷 15，頁 5。

宜。根本大戒，嚴如金科。毗尼諸法，密如帝網。衣缽若影之隨形，梵誦若谷之應響。護生如痛之在身，戒妄如鍼在口，皆顯有明條，勿容寸逾。」[481]

此言船山對超凡和尚重視戒律，深表贊同。尤其在衡山一帶，僧侶戒規不嚴，有許多不守清規之事，故對超凡和尚能整肅宗風，十分敬佩。

王夫之對法相宗之唯識思想，鑽研極為深入。《相宗絡索・八識轉四智次第》云：

此約漸教而說。若從相宗悟入，只有徑滅七識。余七一齊俱轉。相宗顯標漸教，密示頓宗，在人自悟耳……雖有三品，而出發心之時，早識此末那為八識流轉之根本，一刀斬斷。不假六識觀門，漸次降伏，尤惟識秘密法也。[482]

此言唯識宗轉識成智之說。船山《相宗絡索》即在強調八識轉四智之次第。唯識宗之修行主漸悟之說，漸悟必須依階段逐次悟入。禪宗承襲竺道生之說，主頓悟之說。頓悟直指人心，船山視為修行唯識之祕法。並謂以一刀斬斷之法，即斬斷前六識，然後由末那識轉入阿賴耶識，則轉識成智，頓見真如本性。此將惟識與禪宗結合之頓悟法，替修佛法者開一秘密法門，為船山深研佛學之卓見。

十、乾嘉時期，戴震開創以訓詁治經之學

清代中葉乾嘉年間，天下承平已久。學者研讀經學，重視考據、訓詁。亦即讀經書時，義理、考據並重，回歸到漢儒治經之法。以徵實之精神，建立經學實證之基礎。如戴震、焦循二人可為代表。

戴震（1724～1777），字慎修，又字東原，安徽休寧人。生於清世宗

---

[481] 《船山全書》冊 15，頁 1001。
[482] 《船山全書》冊 13，頁 572-574。

雍正元年。卒於清高宗乾隆四十二年，享年五十五歲。十歲就傅讀書，喜讀《說文》，又取《爾雅》、《方言》及漢儒傳注，互相考訂。由是盡通《十三經注疏》。二十一歲時，就正於江慎修。後陸續編修府志、縣志，如《汾州府志》、《壽陽縣志》、《汾陽縣志》等，五十二歲，任四庫書館纂修官，翰林院庶吉士。

戴震之學術研究，認為治經學，必先重訓詁。易言之，就是從字義、聲韻之考證，以推求經書之義理。著《孟子字義疏證》三卷，書中批評程、朱性理學違背《六經》之學，視之為異學。認為孔、孟之道在《六經》之中，治經要從文字入手。並謂宋明理學中，揉合老、莊、佛學、道學，已背離儒學之道統。〈與是仲明書〉云：

> 僕自少家貧，不獲親師。聞聖人之中有孔子者，定六經示後之人。求其一經，啟而讀之，茫茫然無覺。尋思之久，計於心曰：「經之至者道也，所以明道者其詞也，所以成詞者字也。由字以通其詞，由詞以通其道，必有漸。」[483]

此言治經應由字以通其詞，由詞以通其道，亦即以訓詁為要務。蓋六經為三代之書，文字古奧，字義難明，故先通字義，再明經義。〈與某書〉云：

> 治經先考字義，次通文理，志存聞道，必空所依傍。漢儒故訓有師承，亦有時附會；晉人附會鑿空益多，宋人則恃胸臆為斷，故其襲取者多謬，而不謬者在其所棄。我輩讀書，原非與後儒競立說，宜平心體會經文，有一字非其的解，則所言之意必差，而道從此失矣。[484]

此言戴震主張治經先考字義，次通文理。對漢、晉、宋儒者多附會、穿鑿、或以胸臆為斷，加以批評。治經宜平心體會經文，不可有一字非的

---

[483] 《戴震全書》冊 6，頁 370。
[484] 《戴震全書》冊 7，頁 374。

解，方可通貫經義。在〈與姚孝廉姬傳書〉中，對先儒有所批評，云：

> 先儒之學，如漢鄭氏、宋程子、張子、朱子，其為書至詳博，然猶得
> 失中判。其得者，取義遠，資理閎。書不克盡言，言不克盡意。學者
> 深思自得，漸近其區。

　　此言漢鄭玄、宋二程子、張載、朱熹，其書至為詳博，然猶從其學說
之得失中判斷。要有十分之見，方屬有的解者。由於古籍至今久遠，經文
中有字音、字義等訓詁之問題。應先考訂後，方能真正理解。戴震建議先
從四書體會儒家之意旨，再閱讀五經，字能通經明道。
　　戴震採用《易傳》之思想，認為宇宙為一氣，萬物由氣化而成。並謂
人有本受之氣，情欲與邪僻是外入之氣，與本受之氣不合，會傷人。因此
須涵養生生之仁。此說與程、朱所主張氣成物形，理成物性之觀念不同。
《孟子字義疏證》卷下云：

> 氣化生人生物，據其限於所分謂之命；據其為人物之本始而言，謂之
> 性；據其體質而言，謂之才；由成性各殊，故才質亦殊。才質者，性
> 之所呈也。舍才質，安睹所謂性哉？[485]

　　此言在天地間，氣化流行，生生不息，稱為道。不論生人生物，皆由
氣化而來。並將人之命、性、才，加以區分。命是人物之所分，性是人物
之本始，才是人物之體質，性所呈現者。三者各有不同。又云：

> 人生而後有欲，有情，有知三者，血氣心知之自然也。給於欲者，聲
> 色臭味也，而因有愛畏；發乎情者，喜怒哀樂也，而因有慘舒；辨於
> 知者，美醜是非也，而因有好惡。……有是身，故有聲色臭味之欲；
> 有是身，而君臣、父子、夫婦、昆弟、朋友之倫具，故有喜怒哀樂之

---

[485]《戴震全書》冊 6，頁 195-196。

情。惟有欲有情而又有知，然後欲得遂也，情得達也。天下之事，使
欲之得遂，情之得達，斯已矣。[486]

此言人出生後，有欲、情、知三者，欲是人身具有之聲色臭味，情是
人倫中之喜怒哀樂，知是分辨身之美醜，情欲之是非也。

戴震又將人之仁、心、智三者，加以說明。又云：

自人道溯之天道，自人之德行溯之天德，則氣化流行，生生不息，仁
也。由其生生，有自然之條理。觀於條理之秩然有序，可以知禮矣。
觀於條理之截然不可亂，可以知義矣。在天為氣化之生生，在人為其
生生之心，是乃仁之為德也。在天為氣化推行之條理，在人為其心知
之通乎條理而不紊，是乃智之為德也。惟條理，是以生生。條理苟
失，則生生之道絕。[487]

此言自人之道溯天道。自人之德行溯天德。氣化流行，生生不息，是
仁。觀察自然條理有序，是禮。又觀察條理截然不亂，是義。天為氣化之
生生不息，人為心智條理不紊。若失去條理，則天人紊亂，生生之道絕
矣。

以上性理之說，戴震採用《易傳》陰陽變化之道，即氣化運行，化生
萬物之理。《易經》云：「一陰一陽之謂道，繼之者善也，成之者性
也。」[488]引申其義，則萬物繼承天地之善，依天命之性，而有血氣心知，
即為性。若不依天命之性，氣閉塞人性，則成為惡。至於理屬事物，事物
各有其理。人心若知理義，是天理。反之，人心不能節制情欲，則為惡。
因此，宋儒持敬守靜，就在節制情欲。戴震認為遂欲達情，在事物本身，
沒有善惡之分。君子有良知，故行事有理；小人不能主宰情欲，任其氾
濫，則為惡。但事物本身並無善惡，此為戴震與宋儒不同之處。

---

[486] 《戴震全書》冊 6，頁 197。
[487] 《戴震全書》冊 6，頁 205-206。
[488] 《周易注疏》，卷 7，頁 148。

十一、晚清歐陽漸主張儒佛融會

清代儒者，因異族統治，方以智剃髮為僧，隱身佛寺。清帝因崇信喇嘛教，不獎勵禪宗。乾隆年間，彭紹升、汪縉，以及同治年間，歐陽漸及其弟子熊十力，皆學佛學。其中歐陽漸對儒佛之學，都曾深入研究。其弟子熊十力則由佛學轉入《易經》，故以歐陽漸為例，探討其對儒、佛思想之主張。

歐陽漸（1871～1944），字竟无，江西宜黃人。生於清同治十年，卒於民國三十三年。享年四十七歲。年二十，從叔父歐陽宋卿讀書。三十四歲，治陸、王心學。三十六歲，潛修佛法。民國十一年，在北京講唯識學。民國十六年後，專治《般若經》、《涅槃經》。著有《歐陽大師遺集》四冊。

歐陽漸專研唯識學，認為唯識是如實法界之一大法門。在大乘佛學中，華嚴宗、天台宗皆講唯識。因為在佛法中，能轉依者，只有唯識而已。唯識是佛法之中心。印度無著弘揚唯識，著《攝大乘論》，講阿賴耶識，薰習，就是由「正聞薰習」生正慧，但未講到本有，故歐陽漸建議讀《攝大乘論》之前，應先讀《俱舍論》。因為《俱舍論》是小乘轉入大乘之樞紐，談三世實有、種子，已是阿賴耶識接近義。因為「緣生」在於因緣；「種子」有法體義。二者是唯識之基本。世尊立「三法印」，所謂「諸行無常、諸法無我、涅槃寂靜。」其中無常是若苦、故無我。法界無我，而唯是識是也。

歐陽漸指出，唯識學在說「無我」與「識」，都要了解「依」與「變」之理。其敘《成唯識論》中云：

> 緣起義是依義，建立末那是有根依。漸立賴耶轉識有共依。轉依於本，本依於轉。……因亦有其依，緣亦有其依。因果以三法輾轉而相依，心所依心王，諸法依於二十二根，乃至於地依金，金依水，水依風，人物依於大地，造色依於大種。法不孤獨而仗托是資。大乘緣無不生心，獨影亦依法起。無我而能立，一依之維繫而已矣。變非剎那

離依，依非息息離變。本是幻形，緣至斯起，是為唯識。知彼相幻，乃見性真。復修而依轉，變身土以化萬靈，此之為唯識學。[489]

　　歐陽漸繼承彭紹昇、汪縉等人之主張，以佛解儒。一如明代憨山、藕益兩僧之說，講求儒佛融會。在《歐陽大師遺集》中，有《孔學雜著》、《四書讀》、《中庸傳》、《論孟課》、《毛詩課》等，都是以佛解儒。依據歐陽漸儒佛相融之意，是以佛為體，以儒為用。儒家思想與佛法是否有體用關係？如提到《中庸》之「中」，歐陽漸說是人性之體，寂然不動。又以「誠」為禪宗之頓悟。至於誠可盡人之性、進而盡物之性，而與天地參，可證佛法實相真如。其實，《中庸》之「中」與「誠」，與佛法實不相涉。儒、佛可以相融，但將兩者不同之理，強行融會，則不妥之甚也。

---

[489] 《歐陽大師遺集》冊二〈論〉，頁 33。

第二章　從哲學思維論述儒家與佛教思想之異同

第一節　形上論

一、儒家之天道論與佛教之宇宙論

（一）儒家之天道論

儒家談現實人生。對於天地六合之事，敬畏崇拜。除帝王祭祀天地，及文士論述外，一般民眾，只重視耕織桑麻，對日月星辰，皆有神祕莫測之感。《論語·子罕》云：「子罕言性與命，與仁。」[1]孔子少言性與命之事，卻常稱許仁。《論語·公冶長》云：「子貢曰：『夫子之文章，可得而聞也；夫子之言性與天道，不可得而聞也。』」[2]孔子少談性命及天道之事。蓋天地生養萬物，人稟受天性，皆為自然造化之功。惟此道深微玄妙，故少向弟子敘說。不過，在儒家經籍中，仍可知其天道思想。

1.天道之初始變化

儒家之道根源於太極、陰陽，太極是道之初始狀態。《周易·繫辭上》云：

> 易有太極，是生兩儀，兩儀生四象，四象生八卦。[3]

唐·孔穎達《正義》云：

---

[1]《論語注疏》，卷7，頁77。
[2]《論語注疏》，卷7，頁43。
[3]《周易正義》，卷7，頁156-157。

太極謂天地未分之前，元氣混而為一，即是太初、太一也。[4]

《禮記・禮運》云：

故天秉陽，垂日星。地秉陰，竅於山川。播五行於四時，和而后月生
也。是以三五而盈，三五而闕。五行之動，迭相竭也，五行、四時、
十二月，還相為本也；五聲、六律、十二管，還相為宮也；五味、六
和、十二食，還相為質也；五色、六章、十二衣，還相為質也。[5]

此將天地間日星、山川、四時、五行、十二月、五聲、六律。十二
管、五味、六和，十二食、五色、六章、十二衣等，加以臚列，則天地人
三者合一矣。孔穎達・正義》云：

天秉持陽氣，垂懸日星以施生，照臨於下也；地秉持於陰氣。竅，孔
也，為孔於山川，以出納其氣也。播，謂播散五行金木水火土之氣，
於春夏秋冬之四時也。若四時不和，日月乖度，寒燠失所，則月不得
依時而生。若五行四時調和，道度不失，而後月依時而生也。日無虧
闕之理，月有虧盈之理，依時得節，是以三五十五日而得盈滿，又三
五十五日而虧闕也。動，謂運轉。竭，謂負載。言五行運轉，迭相負
竭，猶若春時木王，則水為終謝迭往。王者為負竭，夏火王，則負竭
於木也。五行四時十二月，還相為本，猶若孟春則建寅之月，為諸月
之本，仲春則以建卯之月，為諸月之本，是還回迭相為本也。五聲，
謂宮、商、角、徵、羽。六律，謂陽律也。舉陽律則陰呂從之可知，
故十二管也。十一月黃鐘為宮，十二月大呂為宮，是還回迭相為宮
也。五味為酸、苦、辛、鹹，加之以滑與甘，為六和也。每月之首，
各以其物為質，是十二月之食，還相為質也。五色，謂青、赤、黃、
白、黑，據五方也。六章者，兼天玄也。以玄、黑為同色，則五中通

---

[4] 《周易正義》，卷7，頁156。
[5] 《禮記注疏》，卷22，頁432。

玄，續以對五方，則為六色為六章也。為十二月之衣，各以色為質，
故云：「還相為質也」。

此言天地為萬物之本，人生於天地之間，應與天地並立為三。天地與
人應以陰陽為端首，以春夏秋冬為四時，以日月為日夜之更替，以月為一
年之分限，以五行金木水火土為天地間之形質，以十二律呂為天地間之音
聲，以青赤白黑黃五色配五方，而十二月之衣食亦各有不同。

中唐韓愈（768～824）把天概括為「形而上之天」。《原人》云：

形而上者謂之天，形而下者謂之地。命於其兩間者謂之人。形而上，
日月星辰皆天也；形於下，草木山川皆地也；命於其兩間，夷狄禽獸
皆人也。……故天道亂，而日月星辰不得其行；地道亂，而草木山川
不得其平；人道亂而夷狄禽獸不得其情。天者，日月星辰之主也；地
者，草木山川之主也；人者，夷狄禽獸之主也。主而暴之，不得其為
主之道矣。是故聖人一視而同仁，篤近而舉遠。[6]

韓愈認為形而上者謂之天，形而下者謂之地，人與夷狄禽獸則在天地
之間。天是日月星辰之主宰，地是草木山川之主宰。由此可知，天地應是
以自然為天。至於「形而上者為天」，並非說天是抽象之天，而是指天在
草木、山川、人物、禽獸之上。此說具有一定之抽象意義，而在理論上之
意義不大。

2. 天道變動不居

《周易》為儒家經典，說明天運行不息，變化無窮。所以品物流行、
四時成序。孔子喜讀《易》，韋編三絕。作《十翼》解說其理。其中《繫
辭》說明天地萬物，變動不居之道。如《繫辭上》云：「生生之為易。」[7]
《繫辭下》云：「《易》窮則變，變則通，通則久。」[8]易道是說明世事變

---

[6]　《韓昌黎集》，卷1，頁15。
[7]　《周易正義》，卷7，頁149。
[8]　《周易正義》，卷8，頁167。

動不居，必須要從變動中，探求天地間通達長久之道。又云：

> 君子所居而安者，易之序也；所樂而玩者，爻之辭也。是故君子居則
> 觀其象而玩其辭，動則觀其變而玩其占。是以自天佑之，吉無不利。[9]

　　君子要在平時居處之時，獲得平安穩當，就要依照《易》之序位，條
理而不混亂。所喜愛而玩味揣摩者，是《易》卦之爻辭。君子平居之時，
要觀察《易》象中之文辭，行動之時要觀察《易》卦之變化，並從占卦中
探求。就如大有卦中所云，會獲得上天之佑助，吉祥而無所不利。
　　《易》卦中含有聖人之道，故在占卦之時，必須注意四種層面。《繫
辭上》云：

> 《易》有聖人之道四焉：以言者尚其辭，以動者尚其變，以制器者尚
> 其象，以卜筮者尚其占。[10]

　　《易》理中含有聖人之道有四，首先從言論言之，要注重其言辭。言
辭中之吉凶悔吝，都要仔細玩味其涵義；其次從行動言之，要注重其變
化。從卦爻之變化，決定自己行為之方針；從製作器物言之，要注重物
象。思考如何製作有益民生之器具；從卜筮言之，應注重占筮顯示之卦
象，判斷秘藏於其中之機宜。
　　至於卦中之爻位，不論由上位降至下位，或由下位升至上位，沒有一
定之規則。陽剛與陰柔之變化，也會在爻中互相變異。在六爻中，各種變
化會不斷推移轉變，其中變動最大者為四時，應視其變換之規律，施利於
天下百姓，以發揮占卦之神奇作用。這也警示世人，天道無常，人事變動
不居，需要有靈活應變之能力，才能適應世事之變化。

9　《周易正義》，卷7，頁146。
10　《周易正義》，卷7，頁154。

3. 天為宇宙萬有之主宰

儒家有濃厚之天命思想。認為天地萬物之變遷，皆出自天之主宰。《尚書·盤庚上》云：「先王有服，恪謹天命。……今不承于古，罔知天之斷命。」[11]《尚書·盤庚中》云：「予迓續乃命於天。」[12]《尚書·西伯戡黎》云：「我生不有命在天。」[13]都顯示帝王統治萬民，民眾應恪遵天命而祭天。

《論語·述而》云：「天生德於予，桓魋其如予何？」[14]又云：「天之未喪斯文也，匡人其如予何？」此言天會幫助有德之人，無懼於桓魋及匡人之為惡。因為天是人類命運之主宰者。

孔子依恃上天，聽天由命。孔子云：「不怨天，不尤人。」認為天最為崇高，「惟天為大。」當衛國王孫賈誘惑孔子改變忠節時，孔子說明一個人若違反天意，必將無所遁身。《論語·八佾》云：

> 王孫賈問曰：「與其媚於奧，寧媚於竈，何謂也？」子曰：「不然，獲罪於天，無所禱也。」[15]

此章孔穎達《正義》說明孔子守禮，不求媚於人。衛執政大夫王孫賈問孔子曰：「與其媚於奧，寧媚於竈，何謂也。」奧，內也，指室內之西南隅，以其隱奧，故尊者居之。但因而閒靜無事，以喻近臣雖尊，不執政柄，無益於人也。竈者，飲食之所由，雖處卑褻，為家之急用。以喻國之執政，位雖卑下，而執賞罰之柄，有益於人也。以喻其求於無事之近臣，寧若求於用權之執政者。王孫賈時執國政，欲使孔子求媚於己。孔子拒之。言我道之行否，由於時君，無求於眾臣。如得罪於天，即使禱於眾神，亦無所用。因眾神歸天管，天若反對，眾神亦無從庇佑。

《論語·顏淵》云：

11　《尚書正義》，卷 9，頁 126-127。
12　《尚書正義》，卷 9，頁 131。
13　《尚書正義》，卷 10，頁 145。
14　《論語注疏》，卷 7，頁 63。
15　《論語注疏》，卷 3，頁 28。

司馬牛憂曰：「人皆有兄弟，我獨無。」子夏曰：「商聞之矣。死生有命，富貴在天。」[16]

孔子弟子子夏說生死是命所註定，富貴是天意之安排。因此，人必須聽從天意。《孟子·萬章上》亦云：

舜、禹、益相去久遠，其子之賢不肖，皆天也，非人之所能為也。莫之為而為者，天也。莫之致而致者，命也。[17]

孟子亦以人之賢或不肖，屬於天意；故舜之子商均，禹之子益是否賢能，亦屬天意，非人力所能改變。

孟子喜引用《書經》、《詩經》中對天之敘述，以表示繼承周代之天道觀。《孟子·梁惠王下》云：

《書》曰：「天降下民，作之君，作之師。惟曰：其助上帝，寵之四方，有罪無罪，惟我在，天下曷敢有越厥志。」[18]

孟子以天為神，能為下民立君、立師，君是助上帝光寵天下。天下之民，不論有無罪者，都要秉承天意，不可違背其意志。

由上引文，知周代將天稱為天帝，已將天神人格化。《詩經·大雅·文王》云：

穆穆文王，於緝熙敬止。假哉天命，有商孫子。商之孫子，其麗不億。上帝既命、侯幹周服。侯服於周，天命靡常。[19]

詩中敘述文王秉受天命與帝命，將天與上帝兩者互用，其實天即上

16　《論語注疏》，卷 12，頁 106。
17　《孟子注疏》，卷 9，頁 169。
18　《孟子注疏》，卷 2，頁 32。
19　《毛詩正義》，卷 16，頁 535-536。

帝。上帝愛民，故《詩經・大雅・皇矣》云：「皇矣上帝，臨下有赫。監觀四方，求民之莫。」[20]《書經・召誥》云：「天亦哀於四方民，其眷命用懋。」[21]皆言上帝監臨四方之民，哀憫天下之民。因此帝王統治萬民，也要眷顧天命，以誠敬之心祀之。

唐・韓愈對夏禹、孔子、墨子三位聖賢，具有悲天憫人之胸懷，是畏天命，悲人窮，而效法天道，操勞世事。其《爭臣論》云：

> 故禹過家門不入，孔席不暇暖，而墨突不得黔。彼二聖一賢（禹、孔、墨）者，豈不知自安佚之為樂哉，誠畏天命而悲人窮也。夫天授人以賢聖才能，豈使自有餘而已，誠欲以補其不足者也。[22]

文中說明夏禹治水，三過家門不入；孔子席不暇暖，為實現大同理想周遊列國；墨子為天下和平奔走，煙囪尚未燻黑，又前往別處。此二聖一賢，不自己安樂之原因，是三人敬畏天命，悲憫百姓之困窮而努力。

4. 敬祭天地鬼神

儒家主張祭祀天地、鬼神、祖先，是禮之表現。《國語・魯語上》云：

> 夫祀，國之大節也，而節政之所成也。故慎制祀以為國典。……凡禘、郊、祖、宗、報此五者，國之祀典也。[23]

儒家把祭祀視為國家重要之禮制，可以藉祭祀之禮法，成就政治。故謹慎地制定國家祭祀之典制。凡禘祭、郊祭、祖祭、宗祭、報祭五種祭祀，都是以敬祀上天，達到人與天溝通之目的。

關於鬼神之情狀，《周易・繫辭上》云：

---

[20]　《毛詩正義》，卷 16，頁 567。
[21]　《尚書正義》，卷 15，頁 220。
[22]　《韓昌黎集》，卷 2，頁 62。
[23]　《四部叢刊》，《國語》卷 4，頁 39。

氣為物，遊魂為變，是故知鬼神之情狀。[24]

孔穎達《疏》云：

精氣為物者，謂陰陽精靈之氣，氤氳積聚而為萬物也；遊魂為變者，
物淤既積聚，極則分散，將散之時，浮游精魂，去離物形，而為改
變，則生變為死，成變為敗，或未死之間，變為異類也。[25]

此以陰陽二氣解釋精靈之氣，認為氣積聚為萬物，分散則死亡。
在氣將散之時，精魂去離物形，浮游於天地之間。生變為死，成變為
敗，或變成異類。故天地萬物之生滅，皆隨陰陽二氣之聚散而改變。

孔子亦認為有鬼神存在，如《論語‧公冶長》云：「敬鬼神而遠
之。」《論語‧先進》云：「未能事人，焉能事鬼。」《論語‧述而》
云：「子不語怪、力、亂、神。」孔子認為應恭敬鬼神，但不談論鬼神，
不與鬼神交通，並未否定鬼神之存在。

至於祭神方面，君主須祭天地、山川、社稷、祖先諸神，祈求庇佑百
姓，消災祈福。至於一般百姓，則敬事自己之祖先。《論語‧為政》云：

孟懿子問孝。子曰：「無違。」樊遲御，子告之曰：「孟孫問孝於
我，我對曰；『無違』。」樊遲曰：「何謂也？」子曰：「生，事之
以禮；死，葬之以禮，祭之以禮。」[26]

此言孝道在不違背禮。子女盡孝，應在父母在世時，以禮侍奉；父母
去世時，喪葬應盡到理。死後春秋祭祀，亦應盡到禮。《論語‧八佾》
云：

24　《周易正義》，卷7，頁147。
25　《周易正義》，卷7，頁147。
26　《論語注疏》，卷2，頁16。

　　祭如在，祭神如神在。子曰：「吾不與祭，如不祭。」[27]

　　孔子重視祭禮，不論敬天祀祖，都要誠心祭祀。如祭祀自己之祖先時，就如祖先真在那裏一般；祭祀百神時，就如百神真在那裏一般。孔子祭祀宗廟，若自己不能親自參加，而使人攝代，就失去敬肅之心，與不祭一樣。

　　《論語‧泰伯》記載夏禹亦重視祭祀鬼神：

　　禹，吾無間然矣。菲飲食，而致孝乎鬼神。[28]

　　此言夏禹平日簡樸，飲食菲薄，但對祖先之孝敬，卻極為豐盛莊嚴。可見孔子對祭祀鬼神之態度，極為慎重。《禮記‧中庸》云：

　　子曰：「鬼神之為德，其盛矣乎。視之而弗見，聽之而弗聞，體物而不可遺。使天下之人，齊明盛服，以承祭祀。洋洋乎，如在其上，如在其左右。」[29]

　　孔子認為鬼神具有大德，雖然看不到、聽不見，卻是萬物之主體，而不可遺漏。其德行使天下人齋戒明潔，穿著整齊之衣服來祭祀，以表達尊敬之意。對鬼神之感覺，是廣大無邊，好像就在自己頭上，又像在自己身旁。

5. 天有生養萬物之功

　　上天之偉大，是因其具有生養萬物之功。故《論語‧陽貨》云：

　　子曰：天何言哉！四時行焉，百物生焉，天何言哉！[30]

27　《論語注疏》，卷3，頁28。
28　《論語注疏》，卷8，頁73。
29　《禮記正義》，卷52，頁884。
30　《論語正義》，卷17，頁157。

　　由於天默默地之運行，使四季更替循環，萬物依四時春夏生長、秋冬收藏。《荀子·禮論》云：

　　　天地合而萬物生，陰陽接而萬物起。[31]

　　荀子說明天地相交而生養萬物，是受天地間陰陽二氣之接合而生育繁衍。《荀子·王制》又進一步強調氣與陰陽之道。其云：

　　　水火有氣而無生，草木有生而無知，禽獸有知而無義；人有氣、有生、有知、亦且有義，故最為天下貴也。[32]

　　荀子又說明水火有氣，而不會生育萬物；草木會生長繁茂，而無感知；禽獸能感知，卻不會分辨善惡；人有精氣神，能生育成長、能感知、能行事合義，故最為天下最為可貴，而稱萬物之靈。
　　漢代董仲舒繼承先秦陰陽五行與氣之說，推演為「天人感應」之說。《漢書·董仲舒傳》云：

　　　《春秋》之中，視前世已行之事，以觀天人相與之際，甚可畏也。國家將有失道之敗，而天乃先出災害以譴告之，不知自省，又出怪異以警懼之，尚不知變，而傷敗乃至。[33]

　　此言董仲舒引述《春秋》之說，說明國家失道，天會以災害譴告之；不知自省，又會以怪異警懼之；尚不知變，就有傷敗之事到來。故天子注意天人關係，與天和諧相處，國家才會郅治。
　　唐·孔穎達（574～648）繼承《周易·繫辭上》：「形而上者謂之道，形而下者謂之器。」[34]之道器說，認為道是天地萬物之母，能化育萬

---

[31] 《荀子集解》，卷 13，頁 243。
[32] 《荀子集解》，卷 5，頁 104。
[33] 《新校本漢書》，卷 56，頁 2498。
[34] 《周易正義》，卷 7，頁 158。

物。《正義》云：

> 道是無體之名，形是有質之稱。凡有從無而生，形由道而立，是先道
> 而後形，是道在形之上，形在道之下。故自形外已上者，謂之道也。
> 自形內而下者，謂之器也。形雖處道、器兩畔之際，形在器、不在道
> 也。既有形質，可為器用，故云形而下者謂之器也。[35]

孔穎達認為道是形而上之本體，萬物是形而下之器。萬物由無而有，
以至日月、寒暑，皆是道運動而然。故《正義》云：「萬物皆因之而通，
由之而有。」[36]又云：「至於天覆地載，日明月臨，冬寒夏暑，春生秋殺，
萬物運動，皆由道而然。」[37]

6. 天道表現在人倫是禮樂仁義

天道表現在人倫上，是禮樂、仁義。孔穎達認為，道是禮樂之根源，
禮源於天，聖人制定禮儀規範，作為政教之工具。故《禮記‧禮運》「疵
國」疏云：

> 人君治國須禮，如巧匠制物，執斤斧之柄。[38]

禮為外在行為之規範，以尊卑裁節民心；樂以律呂調和民聲，陶冶內
在之心靈；刑以律法防範民眾越軌之行為；政以推行各項法令，禁止人民
悖逆犯法。以上禮樂政刑四者，皆為治民之工具，不可偏廢。亦是實行王
道之根本。《禮記‧樂記》「王道備矣」疏云：

> 政謂禁令，用禁令以行禮樂也。……若不行禮樂，以刑罰防止

---

[35]　《周易正義》，卷 7，頁 158。
[36]　同上注。
[37]　同上注。
[38]　《禮記正義》，卷 21，頁 422。

也。……四事（禮樂刑政）四達而不背，則王道備矣。[39]

　　孔穎達認為政用禁令以推行禮樂制度，若無法推動，則以刑罰防止
之。禮樂刑政若能通達無礙，王道政治之基礎就可完備。
　　天道之本體與功能，《周易・繫辭上》「藏諸用」疏云：

　　道之為體，顯見仁功，衣被萬物，是顯諸仁也。[40]

　　道是宇宙之本體，能化育萬物，顯現仁德之功能。不論天地、陰陽、
萬物，皆受道之覆育，亦顯現仁愛萬物之心。此以道為本體之說，與董仲
舒以天為本體之思想，有所出入。
　　唐・柳宗元強調「天命」應以人之忠孝信義為依歸，才能變禍為福，
易曲成直。非關天命。在《愈膏肓疾賦》云：

　　吾今變禍為福，易曲成直，寧關天命，在我人力，以忠孝為幹櫓，以
　　信義為封殖。[41]

　　柳宗元認為天即天命，是一種神奇之人格神。人類之禍福、曲直之轉
化，不在於天命，而在於人為之力量。即是以忠孝為行事之主幹，或者如
划船以櫓槳為動能。至於待人，則以信義作為封土植根之基礎。

7. 天講求善惡果報

　　儒家之因果，是指善惡之果報。因為人生於天地之間，言行舉止，皆
有報應。《周易・坤卦・文言》云：

　　積善之家，必有餘慶；積不善之家，必有餘殃。[42]

---

[39]　《禮記正義》，卷37，頁667。
[40]　《禮記注疏》，卷7，頁148。
[41]　《柳河東全集》，卷2，頁40。
[42]　《周易正義》，卷1，頁20。

《周易・繫辭傳下》云：

　　善不積，不足以成名；惡不積，不足以滅身。[43]

　　《周易》是從積善、積惡而有不同之果報，說明人應積善成德，方能成就名聲。《孟子・離婁下》云：

　　愛人者，人常愛之；敬人者，人常敬之。[44]

《孟子・盡心上》云：

　　殺人之父，人亦殺其父。殺人之兄，人亦殺其兄。[45]

《孟子・離婁下》云：

　　言人之不善，當如後患何？[46]

　　孟子從人與人相處之道，說明愛人者，人恆愛之；敬人者，人恆敬之；殺人者，人恆殺之。以及口出不善之言，當有後患等，都有相對之因果關係。

　　以上《周易》與《孟子》，都從道德、善惡說明因果，與佛教之三世因果說不同。

（二）佛教之宇宙論

　　佛教之宇宙論，超乎常人之理解。有學者認為佛教之宇宙廣大無邊，合乎現代科學；也有把它說是佛教宣揚教理，向眾生勸善之神話。據佛經

---

[43]　《周易正義》，卷8，頁170。
[44]　《孟子注疏》，卷8，頁153。
[45]　《孟子注疏》，卷14，頁250。
[46]　《孟子注疏》，卷8，頁143。

記載，佛之智慧是由甚深禪定中啟發，吾人若無此工夫，將不能見佛之所見。茲依佛經記載，說明佛教對宇宙之看法。

1. 天之起源來自心識

就天地之起源而論，世尊認為是為世之所變，皆為心造。東晉・佛馱跋陀羅譯《大方廣佛華嚴經・十地品》云：

> 三界虛妄，但是心作。十二緣分，是皆依心。所以者何？隨事生欲心。是心即是識。事是行，行誑心，故名無明。識所依處，名名色。名色增長，名六入。三事和合有觸，觸共生名受。貪著所受，名為愛。愛不捨，名為取。彼和合故，名為有。有所起，名為生，生變名為老，老壞名為死。[47]

此將三界虛妄，十二緣分，皆依心運作。心會隨事產生欲心，增生無明。故此心識為無明。無明令行不斷，名色不斷，乃至生老死憂悲苦惱。無明及行是過去事，識名色六入觸受是現在事，愛取有生老死是未來事。故菩薩修空無相、無願解脫門，以大悲心教化眾生，使眾生去煩惱之火，善根明淨。隋天竺三藏闍那崛譯《大方等大集經賢護分》云：

> 今此三界，唯是心有。……我心是如來，我心是我身，我心見佛……心有想念則成生死，心無想念則成涅槃。[48]

上言三界之中，唯心是有。我心可見佛，亦可見自身。在想念中知生死輪迴，在無念中成無餘涅盤。故萬法唯心。若能知此，得證大菩提。又真諦三藏譯《顯識論》云：

> 一切三界，唯有識也。何者是耶？三界有兩種識，一者顯識，二者分

---

[47] 《大正藏》經 278，卷 25，頁 558。
[48] 《大正藏》經 416，卷 2，頁 877。

　　別識。顯識者，即是本識。……分別識即意識。[49]

　　上言一切三界，包括欲界、色界、無色界。其中有兩種識，顯識與分別識，顯識為本識，可轉作五塵、四大等；分別識即是意識。偈言云：「顯識起分別，分別起薰習，薰習起顯識，故生死輪轉。」

　　唐天竺三藏地婆訶羅譯《大乘密嚴經》卷下云：

　　阿賴耶識，……變似眾境，……五識分別現前境界，……變似一切世間色。……意識決了色等眾境，五識依根了現境界，所取之境，莫不皆是阿賴耶識。[50]

　　此說說明三界之中，眾生不自覺知，隨自識現眾境界。若自了知，如火焚薪，即皆息滅，入無漏位名。然世間染意攀緣執我諸識，於境各個依根了現，遂因阿賴耶識，變世間種種現象。然密嚴淨土中，諸菩薩修觀行實相不可思議之法，於定中觀察，得內證智相應三昧。唐天竺沙門般剌蜜諦譯《大佛頂如來密因修證了義諸菩薩萬行首楞嚴經》卷七亦云：

　　阿難當知，妙性圓明，離諸名相，本來無有。世界眾生。因妄有生，因生有滅。生滅名妄，滅妄名真。[51]

　　此言眾生迷本圓明，是生虛妄。薰以成業，同業相感、相滅、相生，是故眾生顛倒，輪迴變化，而有世界卵生、胎生、濕生、化生，和合氣成八萬四千飛沈亂想，是成十二種類，如魚鳥龜蛇、人畜龍仙、含蠢蠕動、轉蛻飛行、休咎精明、空散消沉、神鬼精靈、土木金石、水母蝦、呪咀厭生、蒲盧、土梟。尊者世親造三藏法師玄奘譯《阿毘達摩俱舍論·分別世品》云：

---

[49]　《大正藏》經1618，頁878-879。
[50]　《大正藏》經681，卷下，頁741-742。
[51]　《大正藏》經945，卷7，頁138。

有情類卵生、胎生、濕生、化生，是名為四。生謂生類。諸有情中，雖餘類雜而生類等。云何卵生？謂有情類生從卵殼，是名卵生。如鵝、孔雀、鸚鵡、鴈等。云何胎生？謂有情類生從胎藏，是名胎生。如象、馬、牛、豬、羊、驢等。云何濕生？謂有情類生從濕氣，是名濕生。如虫、飛蛾、蚊、蚰、蜒等。云何化生？謂有情類生無所託，是名化生，如那落迦、天、中有等。具根無缺支分頓生，無而欻有，故名為化。人傍生趣各具四種：人卵生者，謂如世羅鄔波世羅生從鶴卵，鹿母生從鶴卵，鹿母所生三十二般遮羅王五百子等。人胎生者，如今世人。人濕生者，如曼馱多遮盧、波遮盧、鴿鬘庵羅衛等。人化生者，如劫初人。傍生三種共所現見。化生如龍揭路荼等。一切地獄，諸天中有，皆唯化生。鬼趣唯通胎化二種。鬼胎生者，如餓鬼女白白。目連云：我夜生五子，隨生皆自食，晝生五子亦然，雖盡而無飽。[52]

此將世界諸有情，不論卵生、胎生、濕生、化生四生，加以說明。此皆依業力而生化。眾生應去除虛妄，使根本圓明，方能擺脫在三界輪迴之苦。

2. 天地變化之過程

就天地生養萬物之規律而言，萬物之變化，無論精神界、物質界，皆是如此。每一個單位世界，皆依成、住、壞、空之定律，循環不已。世界由成至壞，凡歷時一三四三八四〇〇〇〇年，名為一大劫。至於精神界之變化現象，為生、住、異、滅四過程。當意念生起之時，往往引發種種言語、行為，造成身、口、意三種業因，有因必有果。大唐南海波波凌國沙門若那跋陀羅譯《大般涅槃經後分·遺教品》云：

善惡之報，如影隨形。三世因果，循環不失。[53]

52　《大正藏》經 1558，卷 8，頁 43-44。
53　《大正藏》經 377，卷上，頁 901。

此言人生難得，應早脫離世間痛苦，出離五濁愛欲之中。應生憂畏之想，無得調戲放逸散心。無常大鬼，情求難脫。憐憫眾生，無相殺害。身業清淨，常生妙土。口業清淨，離諸過惡。一失人身，難可追復。此身空過，後悔無追。大唐罽賓國三藏般若譯《大乘本生心地觀經‧報恩品》云：「有情輪迴生六道，猶如車輪無始終。」[54]大唐三藏義淨譯《大寶積經‧佛說入胎藏會》云：「假使經百劫，所作業不亡。因緣會遇時，果報還自受。」[55]亦如是說。

小乘經論常用「劫」表達時間。「一大劫」由「成劫」、「住劫」、「壞劫」、「空劫」四劫所合成，此四劫各由「二十中劫」所合成。因此「一大劫」共含有八十中劫，每「二十中劫」是由一減劫、十八中劫及一增劫所合成。所謂「一增劫」是由人壽十歲時算起，每經過百年，人壽增一歲，一直增至人壽八萬歲止，如此一段時間，為一「增劫」，共計七九九萬年；反之，則為「減劫」。十八中劫皆由一增一減所合成，故又稱「增減劫」。若將增劫及減劫各近八百萬年計算，則「二十中劫」約為三億年，「一大劫」約為十二億年。若依《華嚴經》、《瑜伽師地論》之說，則數值更大。

3. 宇宙之高下範圍

從宇宙之高下論。最下為欲界，其上為色界、最上為無色界，稱為三界。三界為佛經中之一小世界。

欲界是一切有情退所歸處，亦為五趣雜居地，人、阿修羅、畜生、餓鬼、地獄，共生此處。若由業力可以前往色界、無色界。若業盡則還墮欲界。欲界上有六天或十天。《法苑珠林》卷五云：

> 欲界十天者：一名于手天，二名持華鬘，三名常放逸天，四名日月星宿天，五名四天王天，六名三十三天，七名炎摩天，八名兜率陀天，九名化樂天，十名他化自在天。[56]

---

[54]　《大正藏》經 159，卷 3，頁 302。
[55]　《大正藏》經 310，卷 57，頁 335。
[56]　《大正藏》經 2122，卷 2，頁 282。

　　欲界上之色界有十八天，色為質礙之義，屬有形之物質。由禪定之深淺麤妙，分為四種階級，稱四禪天。即初禪、二禪、三禪、四禪四天。《大明三藏法數‧色界十八天》言色界四禪天之情形云：

> 初禪三天：一、梵眾天。梵，淨也，以無染欲故。眾，猶民也。謂此天是初禪天主之民眾也。二、梵輔天，輔，佐也。謂此天是初禪天主之輔佐臣僚也。三、大梵天，謂此天是初禪天之主也。名屍棄，劫初先生，劫盡後滅，主領三千大千世界也。二禪三天：一、少光天，謂此天光明少故。二、無量光天，謂此天光明增勝無限量故。三、光音天，謂此天以光明為語音故。三禪三天：一、少淨天，謂此天意識樂受清淨故。二、無量淨天，謂此天淨勝於前不可量故。三、遍淨天，謂此天樂受最勝，淨周遍故。四禪九天：一、無雲天，以前諸天空居，依雲而住。此天在雲之上，居無雲之首，故號無雲。二、福生天，謂此天修勝福力而生其中，從因得名故。三、廣果天，謂此天果報廣大，無能勝故。四、無想天，謂此天一期果報，心想不行故。五、無煩天，謂此天離欲界苦，及色界樂，苦樂兩滅，無煩惱故。六、無熱天，謂此天研究心境，無依無處，清涼自在，無熱惱故。七、善見天，謂此天妙見十方世界圓澄無塵垢故。八、善現天，謂此天空無障礙，精見現前故。九、色究竟天，謂此天於諸塵幾微之處，研窮究竟故。[57]

　　色界四禪天中，初禪三天離欲界貪愛，所以不需分段食，故無鼻、舌兩識，唯有眼、耳、身、意四識。有喜愛而與「意識」相應，有樂受與三識「眼、耳、身」相應，有覺有觀，得「離生喜樂定」。

　　二禪三天：離五塵境，只有住於第六識心一境性（七、八識俱），但比較不穩定，會動念，無覺無觀，得「定生喜樂定」。

　　三禪三天：只有住於第六識（七、八識俱），比較穩定，不會動念。

---

57. 《大明三藏法數》，卷2，頁620。

無覺無觀，得「離喜妙樂定」。

　　四禪九天：只有住於第六識（七、八識俱），捨與念都清淨，因此息脈俱斷，得「捨念清淨定」。

　　住於初禪乃至四禪天之一切有情，若未獲得解脫道或佛菩提道之見道功德者，皆屬凡夫，都不能離意識心境界，都無法擺脫三界六道輪迴生死之苦。無智者往往誤計所證得之欲界及色界四種禪定境界為涅槃，此種誤計所見，稱為「五現涅槃」，不是真實之涅槃。

　　彌勒菩薩說三藏法師玄奘譯《瑜伽師地論・本地分》言色界有十八處，其云：

> 復次色界有十八處，謂梵眾天、梵前益天、大梵天。此三由軟中上品，熏修初靜慮故。少光天、無量光天、極淨光天。此三由軟中上品，熏修第二靜慮故。少淨天、無量淨天、遍淨天。此三由軟中上品，熏修第三靜慮故。無雲天、福生天、廣果天。此三由軟中上品，熏修第四靜慮故。無想天即廣果攝無別處所。復有諸聖住止不共五淨宮地。謂無煩無熱善現善見，及色究竟由軟中上。上勝上極品，雜熏修第四靜慮故。復有超過淨宮大自在住處，有十地菩薩，由極熏修第十地故得生其中。……次此中於初靜慮下中上品善修習已。隨其所應當生梵眾天梵輔天。大梵天眾同分中，於第二靜慮下中上品善修習已，隨其所應當生少光天、無量光天、極光淨天。眾同分中，於第三靜慮下中上品善修習已，隨其所應，當生少淨天、無量淨天、遍淨天。眾同分中，於第四靜慮下中上品善修習已，隨其所應，當生無雲天、福生天、廣果天。眾同分中，若不還者，以無漏第四靜慮，間雜熏修有漏第四靜慮。即於此中下品中品上品、上勝品、上極品，善修習已，隨其所應，當生五淨居天。眾同分中，謂無煩無熱善現善見色究竟天。[58]

---

[58] 《大正藏》經 1579，卷 4，頁 295。

　　五百大羅漢等造三藏法師玄奘譯《阿毘達摩大毘婆沙論》又言三界有十六處，欲界二十處、色界十六處、無色界四處。其云：

> 若以處者。應說四十界有四十處故。謂欲界二十處，色界十六處，無色界四處。……大梵天王住在何處？梵輔梵眾住何處耶？西方諸師，作如是說。初靜慮地處別有三，一梵眾天處，二梵輔天處，三大梵天處。此處即是靜慮中間。迦濕彌羅諸論師說，初靜慮地唯有二處。即梵輔天中有高勝靜處，如近聚落有勝園林是大梵王常所居處。此處即是靜慮中間。……問無想天在何處攝？外國師說，第四靜慮處別有九，此是一處。迦濕彌羅國諸論師言，即廣果天攝。[59]

　　尊者世親造三藏法師玄奘譯《阿毘達摩俱舍論·分別世品》言色界有十六處，並言大梵天之情形。其云：

> 迦濕彌羅國諸大論師皆言，色界處但有十六。彼謂即於梵輔天處，有高臺閣，名大梵天。一主所居，非有別地。如尊處座，四眾圍繞。[60]

　　尊者眾賢造三藏法師玄奘譯《阿毘達摩順正理論·辯緣起品》亦言色界有十六處，其云：

> 諸所建立，皆不成就。是故迦濕彌羅國諸大論師，咸說大梵王所居，即梵輔處。由茲色界處唯十六。如是所說，善順契經七識住中，唯舉邊故，如極光淨及遍淨天。若謂不然，契經應說，如大梵處非梵眾天。無想有情望廣果處，壽等無異。如何別立？……是故建立色界諸天，唯我國師，所說無亂。[61]

---

[59]　《大正藏》經 1545，卷 154，頁 784。
[60]　《大正藏》經 1558，卷 8，頁 41。
[61]　《大正藏》經 1562，卷 21，頁 457。

尊者眾賢造三藏法師玄奘譯《阿毘達摩順正理論・辯緣起品》又有色界十八天之說，其云：

> 上座色界立十八天，故作是言。修諸靜慮，各有三品。謂上中下，隨三品因生三天處。第一靜慮大梵天王，自類相望，得有同分，與梵輔處勝劣有殊。如聚落邊阿練若處，雖相隣近，而處不同。無想有情於第四定，為第四處，與廣果天有差別故，處成十八。[62]

西林寺沙門釋道世撰《法苑珠林・諸天部》言色界有十八天之說，並加附注。其云：

> 第二色界有十八天者。初禪有三天，一名梵眾天、二名梵輔天、三名大梵天。（此大梵天無別住處。但於梵輔有層臺高顯嚴博。大梵天王獨於上住。以別群下於此。三天之中，梵眾是庶民，梵輔是臣，大梵是君。唯此初禪有其君臣民庶之別。自此已上，悉皆無也。）二禪之中，有三天，一名少光天、二名無量光天、三名光音天。第三禪中亦有三天，一名少淨天、二名無量淨天、三名遍淨天。第四禪中獨有九天，一名福生天、二名福愛天、三名廣果天、四名無想天、（此無想天亦無別所，但與廣果同階別處，以是外道所居故，分二種別名也）五名無煩天、六名無熱天、七名善現天、八名善見天、九名色究竟天。（亦名阿迦膩吒天，名色界合有十八天）。[63]

西林寺沙門釋道世撰《法苑珠林・諸天部》言無色界有四天，其云：

> 無色界中有四天，一名空處天、二名識處天、三名無所有處天、四名

---

[62] 《大正藏》經 1562，卷 21，頁 457。
[63] 《大正藏》經 2122，卷 2，頁 282。

非想非非想處天。[64]

　　無色界中有四天，又稱「四無色」、「四無色天」、「四無色處」、「四空天」、「四空」、「無色界諸天」；是超越物質（色）之世界，厭離物質之色想，而修禪定者，死後所生。

　　在無色界中，空處天為最初階段。初修無色定，厭棄物質世界，一心思惟無邊無際之空觀，使心與無邊之空相應。其次，識處天厭棄外界物質世界之質礙，修習內心心識，以心與心識作無邊無際之觀。其三，無所有處，否定外界物質之質礙，又否定內心心識，唯思內外一切無所有。以修此無所有觀而得生天之果報。其四，非想非非想處，又稱非有想非無想處。指此天之修行，已達到極其靜妙之境界。以無各種粗想而稱非想，又因其想未絕，尚有細想，所以為非非想。應該已是天之盡頭處。

　　三界分為九地，則此四界相當於後半之四地，而一一附加「地」字稱之，例如「空無邊處地」等。地，即指境界。例如《瑜伽師地論》、《十地經》等，皆屬此意。復以其屬於天界，故有時亦附加「天」字，如稱「空無邊處天」等。

　　初禪到四禪是屬於色界，五定到八定是屬於無色界。要離開欲界，才能進入色界；離開色界，才能進入無色界。能離開三界，又能入三界，這是解脫者於三界出入自在。住居於禪定、而只存識心，謂之無色界。但即使四禪八定具足者，其修禪仍依緣而有迎、拒之心，未能如修出世間定者一般涅槃，從而解脫一切諸苦煩惱。

　　三界分為六道，三界之上，六道之外，還有聲聞、緣覺、菩薩、佛陀四聖境，總共十法界。

　　關於大地之情形，後秦佛陀耶舍共竺佛念譯《長阿含經・世記經・閻浮提洲品》云：

　　　佛告比丘：「今此大地，深十六萬八千由旬，其邊無際。地止於水，

水深三千三十由旬，其邊無際。水止於風，風深六千四十由旬，其邊無際。比丘！其大海水深八萬四千由旬，其邊無際。」[65]

此言大地下方是水，應指海洋；再下是風，應指地心中之大氣。風與水皆無邊無際。大地之上，有四大洲。依後秦佛陀耶舍共竺佛念譯《長阿含經・世記經・閻浮提洲品》記載：

佛告比丘：「須彌山北有天下，名鬱單曰（即「北俱盧洲」）。……須彌山東有天下，名弗於逮（即「東勝身洲」）。……須彌山西有天下，名俱耶尼（即「西牛貨洲」）。……須彌山南有天下，名閻浮提（即「南贍部洲」），其土南狹北廣。」[66]

此處須彌山，依《大智度論・初品中放光釋論之餘》：「須彌山高八萬四千由旬，上有三十三天城。」[67]須彌山應在地球之軸心。地面分成東、南、西、北四大洲，依次為弗於逮、閻浮提、俱耶尼及鬱單曰。人類生長在四大洲上。又在須彌山周圍海上，四大部洲周圍，有八小部洲，又稱八中洲，即提訶洲、毗提訶洲、舍諦洲、上儀洲、遮末羅洲、筏羅遮末羅洲、矩拉婆洲、拉婆洲。其中提訶洲和毗提訶洲位於東勝身洲附近。舍諦洲和上儀洲位於西牛貨洲附近。遮末羅洲和筏羅遮末羅洲位於南贍部洲附近。矩拉婆洲和拉婆洲位於北俱盧洲附近。

若再擴大地球之範圍，在地球之外，是何情景？依後秦佛陀耶舍共竺佛念譯《長阿含經・世記經・閻浮提洲品》記載：

如一日月周行四天下，光明所照。如是千世界，千世界中有千日月、千須彌山王、四千天下。……千四天王、千忉利天、千焰摩天、千兜率天、千化自在天、千他化自在天、千梵天，是為小千世界。如一小

千世界，爾所小千世界，是為中千世界。如一中千世界，爾所中千世界，是為三千大千世界。如是世界周匝成敗，眾生所居，名一佛剎。[68]

以須彌山為中心，上自色界初禪，下至大地底下之風輪，其間包括四大洲、日、月、欲界六天及色界梵天等為一小世界。一千個小世界，名一小千世界。一千小千世界，為一中千世界。集一千中千世界，上覆蓋四禪九天，為一大千世界。亦即一個小千世界中，含有一千個太陽系；中千世界中，含有一百萬個太陽系；一個大千世界中，含十億個太陽系，如是為一佛剎。

一個三千大千世界只是一尊佛所渡化眾生之世界，而所有之世間，包括器世間、有情世間、五陰世間，有無數無量之佛，所以有無數無量之三千大千世界。

在天上之情形，依據後秦佛陀耶舍共竺佛念譯《長阿含經・世記經・忉利天品》記載：

天有十法，何等為十？一者飛去無限數，二者飛來無限數，三者去無礙，四者來無礙，五者天身無有皮膚、骨體、筋脈、血肉，六者身無不淨大小便利，七者身無疲極，八者天女不產，九者天目不眴，十者身隨意色，好青則青，好黃則黃，赤白眾色，隨意而現。[69]

此處描述諸天之情形，人類似乎不易見到忉利天上之人。至於他方佛土之情形。于闐國三藏實叉難陀譯《大方廣佛華嚴經・如來名號品》云：

爾時普賢菩薩，復告大眾言：「諸佛子！世界海有種種差別形相，所謂或圓或方，或非圓方，無量差別。或如水漩形，或如山焰形，或如樹形，或如華形，或如宮殿形，或如眾生形，或如佛形，如是等有世

---

[68]　《大正藏》經1，卷30，頁132。
[69]　《大正藏》經1，卷30，頁132。

界海微塵數。」[70]

在《華嚴經》中，普賢菩薩告大眾有種種不同世界海，並非「三千大千世界」所能涵蓋，有無量佛土，無量世界海。今見外太空中之銀河系，已明顯知道其構成，有如旋轉之圓盤。銀河系外之「漩渦星系」亦是如此。由許多星系所構成之「星系團」，已不再是盤狀；更大尺度之「超星系團」旋轉已不顯著。

4. 三界內之眾生

三界內眾生之情形，依據後秦佛陀耶舍共竺佛念譯《長阿含經·世記經·忉利天品》云：

> 佛告比丘：「欲界眾生有十二種。何等為十二？一者地獄，二者畜生，三者餓鬼，四者人，五者阿須倫，六者四天王，七者忉利天，八者焰摩天，九者兜率天，十者化自在天，十一者他化自在天，十二者魔天。色界眾生有二十二種：一者梵身天，二者梵輔天，三者梵眾天，四者大梵天，五者光天，六者少光天，七者無量光天，八者光音天，九者淨天，十者少淨天，十一者無量淨天，十二者遍淨天，十三者嚴飾天，十四者小嚴飾天，十五者無量嚴飾天，十六者嚴飾果實天，十七者無想天，十八者無造天，十九者無熱天，二十者善見天，二十一者大善見天，二十二者阿迦尼吒天。無色界眾生有四種。何等為四？一者空智天，二者識智天，三者無所有智天，四者有想無想智天。色界眾生有二十二種：一者梵身天，二者梵輔天，三者梵眾天，四者大梵天，五者光天，六者少光天，七者無量光天，八者光音天，九者淨天，十者少淨天，十一者無量淨天，十二者遍淨天，十三者嚴飾天，十四者小嚴飾天，十五者無量嚴飾天，十六者嚴飾果實天，十七者無想天，十八者無造天，十九者無熱天，二十者善見天，二十一

---

[70] 《大正藏》經 279，卷 8，頁 39。

者大善見天，二十二者阿迦尼吒天。」[71]

　　以上共標出三界，包括欲界眾生十二種，色界眾生二十二種，無色界眾生四種，共三十八種。色界諸天以初禪之頂為大梵天，二禪之頂為光音天，三禪之頂為遍淨天，四禪之頂為廣果天。每禪各立三天，得十二天。加上佛教聖者所在之五淨居天，一共十七天。若再算入無想定得生之無想天，則為十八天。《大明三藏法數》言色界四禪天。《法苑珠林・辯位部》言色界十八天。《華嚴經・十無盡藏品》言色界二十二天。《瑜伽師地論・本地分》言色界有十八處。後秦佛陀耶舍共竺佛念譯《長阿含經・世記經・忉利天品》又記載：

> 閻浮提人身長三肘半，衣長三肘，廣三肘半。……四天王身長半由旬，衣長一由旬，廣半由旬，衣重半兩。忉利天身長一由旬，衣長二由旬，廣一由旬，衣重六銖。……兜率天身長四由旬，衣長八由旬，廣四由旬，衣重一銖半。……他化自在天身長十六由旬，衣長三十二由旬，廣十六由旬，衣重半銖。[72]

　　各天之眾生，稱為天人，又稱天眾、天部，人天，音譯為提婆。佛教中指住於欲界及色界諸天界之有情，最早源自古印度神話中之提婆。因人間與天界同屬於善處，須無犯重罪戒者方能生於其間。持守五戒，能於後世保有人身，不墮惡道之中。若再加行十善業者，死後將生欲界天，成為欲界天人。若再修禪定者，則可往生色界天，成為色界天人。以上顯示出愈往上層之天，其身長愈高，壽命愈長。後秦佛陀耶舍共竺佛念譯《長阿含經・世記經・忉利天品》云：

> 閻浮提人壽命百歲，……四天王壽天五百歲，……忉利天壽天千歲，……焰摩天壽天二千歲，……兜率天壽天四千歲，……化自在天

---

[71]　《大正藏》經 1，卷 30，頁 135-136。
[72]　《大正藏》經 1，卷 20，頁 133。

壽天八千歲，……他化自在天壽天萬六千歲，……梵迦夷天壽命一
劫，……光音天壽命二劫，……遍淨天壽命三劫，…果實天壽命四
劫，……無想天壽命五百劫，……色究竟天壽命五千劫，……空處天
壽命萬劫，……識處天壽命二萬一千劫，……不用處天壽命四萬二千
劫，……有想無想天壽命八萬四千劫，或有減者。齊此為眾生，齊此
為壽命，齊此為世界，齊此名為生、老、病、死往來所趣。[73]

　　天人居於天界，為輪迴中六道之一。眾生因修上品十善，故離五道，
投生於天趣。其中若是未修禪定，不能離於地者，為地居天。夜摩天以上
四天，因禪定力故，不依於地，居於空中。因其定力未到，即未能入根本
禪定，還未能脫離欲界。即如端坐攝身，調和氣息，泯然澄靜，身如雲
影，虛豁清淨，而猶見有身心之相，便名為欲界定，即欲界諸天所修之
定。如能修根本禪，離欲界之粗散，便生於色界。
　　各天之天眾，壽命甚長，但仍不能超越生、老、病、死。而推動生滅
之力量，來自於「業力」。于闐國三藏實叉難陀譯《大方廣佛華嚴經‧普
賢三昧品》卷七云：

諸國土海種種別，種種莊嚴種種住，殊形共美遍十方，汝等咸應共觀
察；其狀或圓或有方，或復三維及八隅，摩尼輪狀蓮華等，一切皆由
業令異。[74]

　　此言佛渡眾生，去除無邊際之苦，並以佛力安立諸國土海。並於八方
國土各現十種雲，十種雨，以開悟國土海微塵數眾生。並普現佛身，充遍
一切如來解脫法門，開悟眾生。至於諸佛以神通力所現之國土海，有種種
形狀、形體，都因眾生業力不同而異。
　　色界位於「欲界」之上。生此界者，仍保有色身，而無欲樂。故色界
天人色身，無有男女相，有別於欲界眾生之色身樣貌。此界眾生，其衣自

---

[73]　《大正藏》經 1，卷 20，頁 133。
[74]　《大正藏》經 279，卷 7，頁 36。

然而至，以光明為食物及語言。東晉罽賓三藏瞿曇僧伽提婆譯《三法度論・依品第一真度說竟》說明色界之情形。其云：

> 色界者，有喜、無喜、護。色界者，無欲，但由禪除恚故。……有喜者，有覺、無覺、少觀。……有覺者，梵富樓、梵迦夷、梵波產，此三種是有覺。……有覺，軟中隨其生。大梵者，由少觀生。……無覺者，少光、無量光、光耀。……無喜者，少淨、無量淨、遍淨。……彼護者，果實、無想、淨居。……是三種：果實天、無想天、淨居天。於中果實者，修習微、中、上第四禪生果實。……淨居者，善現、善見、淨。……淨者，無煩、無熱、色究竟。[75]

　　唐天竺沙門般剌蜜諦譯《大佛頂如來密因修證了義諸菩薩萬行首楞嚴經》亦記載修禪之人，身壞命終後，生於色界者，皆能使身心輕安，成寂滅樂。其云：

> 阿難！世間一切所修心人，不假禪那，無有智慧，但能執身不行婬慾。若行若坐想念俱無，愛染不生，無留欲界，是人應念身為梵侶，如是一類，名梵眾天；欲習既除，離欲心現。於諸律儀，愛樂隨順。是人應時，能行梵德，如是一類，名梵輔天；身心妙圓，威儀不缺。清淨禁戒，加以明悟。是人應時，能統梵眾，為大梵王。如是一類，名大梵天；阿難！此三勝流，一切苦惱所不能逼，雖非正修真三摩地，清淨心中，諸漏不動，名為初禪；阿難！其次梵天，統攝梵人。圓滿梵行，澄心不動，寂湛生光。如是一類，名少光天；光光相然，照耀無盡。映十方界，遍成瑠璃。如是一類，名無量光天；吸持圓光，成就教體。發化清淨，應用無盡。如是一類，名光音天；阿難！此三勝流，一切憂愁所不能逼，雖非正修真三摩地。清淨心中，麤漏已伏，名為二禪；阿難！如是天人，圓光成音，披音露妙。發成精

行，通寂滅樂，如是一類，名少淨天；淨空現前，引發無際。身心輕
安，成寂滅樂。如是一類，名無量淨天；世界身心一切圓淨，淨德成
就。勝託現前，歸寂滅樂。如是一類名遍淨天；阿難！此三勝流，具
大隨順。身心安隱，得無量樂。雖非正得真三摩地，安隱心中，歡喜
畢具，名為三禪；阿難！次復天人不逼，身心苦因已盡。樂非常住，
久必壞生。苦樂二心，俱時頓捨。麤重相滅，淨福性生。如是一類，
名福生天；捨心圓融，勝解清淨，福無遮中。得妙隨順，窮未來際。
如是一類名福愛天；阿難！從是天中，有二岐路。若於先心，無量淨
光。福德圓明，修證而住。如是一類，名廣果天；若於先心雙厭苦
樂。精研捨心，相續不斷。圓窮捨道，身心俱滅。心慮灰凝，經五百
劫。是人既以生滅為因，不能發明不生滅性。初半劫滅，後半劫生。
如是一類，名無想天；阿難！此四勝流，一切世間諸苦樂境所不能
動，雖非無為，真不動地。有所得心，功用純熟，名為四禪。阿難！
此中復有五不還天，於下界中九品習氣，俱時滅盡。苦樂雙亡，下無
卜居。故於捨心，眾同分中，安立居處；阿難！苦樂兩滅，鬪心不
交。如是一類，名無煩天；機括獨行，研交無地。如是一類，名無熱
天；十方世界，妙見圓澄。更無塵象，一切沈垢。如是一類，名善見
天；精見現前，陶鑄無礙。如是一類，名善現天；究竟群幾，窮色性
性，入無邊際，如是一類，名色究竟天；阿難！此不還天。彼諸四
禪，四位天王。獨有欽聞，不能知見。如今世間，曠野深山，聖道場
地，皆阿羅漢所住持故，世間麤人，所不能見。阿難！是十八天，獨
行無交，未盡形累。自此已還，名為色界。[76]

　　無色界眾生無物質形色，唯存意識。西明寺沙門釋道世撰《法苑珠
林・三界篇》云：

　　第三無色界，無形不可說。據大乘亦有細色，但經論略而不論。[77]

---

[76]　《卍續藏》經 299，卷 9，頁 116-117。

[77]　《大正藏》經 2122，卷 3，頁 287。

　　由於無色界眾生心住於四種無量廣大空處境界，其壽命長至八萬大劫。一念常住於四種意識境界中之一種。不於外法起心動念，猶如熟睡。長劫壽命終了時，因為極大之福報已享盡，唯餘惡報未償，往往下墮三惡道中。又因「無色界」眾生，住於無五根、五塵、五識，唯有意識之境界中。故無所作為，無法超越意識境界，無法得到解脫，不離三界六道生死輪迴之苦。

　　世界之變化，不論成、住、壞、空，皆來自於「業力」。然而，「業力」為何有如此大之作用？尊者世親造三藏法師玄奘譯《阿毘達磨俱舍論》卷十三云：

　　　世別由業生，思及思所作；思即是意業，所作謂身語。[78]

又云：

　　　此所謂由業生，是謂心所思及思所作。故《契經》云：有二種業，一者思業，二思已業。思已業者，謂思所作。如是二業，分別為三，謂即有情身、語、意業。……然心所思即是意業。思所作業，分為身、語二業。……身、語二業，俱表、無表性。[79]

　　此處指出「業」有二種，一種是思業，為心所思之一種力量，屬精神造作力。另一種是思已業，為思所作之業。如此二業，分為身業與語業二種，是一種物質性質之作用力。往上追溯，可至「無始」之時。在業力之作用下，物質與眾生都不斷變化，便是一種「緣起」。然此種物質現象，不具有「確定性」，可說是同一旨趣。罽賓國三藏般若共利言等譯《摩訶般若波羅蜜多心經》云：

[78]　《大正藏》經 1558，卷 13，頁 67。
[79]　《大正藏》經 1558，卷 13，頁 67。

> 色即是空，空即是色，受、想、行、識，亦復如是。[80]

此中的「受」、「想」、「識」，屬於心理現象，其心理現象皆屬自性空，非自方客觀地存在。《金剛經般若波羅蜜經註解》記述佛告須菩提云：

> 如來說諸心皆為非心，是名為心。[81]

佛陀認為過去心不可得，現在心不可得，未來心不可得。表示心非「以自性有」，故說心為非心。而世俗由於因緣和合而有「心」存在。所以據佛教自性空之觀點，「微塵」、「世界」都不實在，「心」也同樣不實在。《大方廣佛華嚴經》所述之種種國土海。《長阿含經》所述情器世界之成、住、壞、空，都是因緣和合下之「緣起有」。所以整個宇宙之變化，不外是「自性空」及「緣起有」而已。

二、儒家之人道論與佛教之本體論

從哲學之觀點探討，本體論（Ontology），又譯為存在論、存有論，是形上學之核心範疇。本體論主要探討事物存有之本身，即一切現實事物之基本性質及研究。古希臘哲學家柏拉圖（Plato；B.C. 427-347）探討之本體為理念世界，與一般所見之表象世界不同。主張任何一個名詞都對應著一個實際存在；也就是哲學要由理論層面，推論到實踐層面，才能對本體有完整之認識。德國哲學家黑格爾（Hegel；1770-1831）則將理念世界稱為絕對理念或絕對精神。主張自然界與人類之表象世界外化或開展成為絕對理念或絕對精神，其存有先於經驗，必定是由概念構造出來之體系。德國哲學家康德（Immanuel Kant；1724-1804）反對本體論，其《純粹理性批判》、《實踐理性批判》、《判斷力批判》三書中，認為經驗與理性，不

---

[80] 《大正藏》經 253，頁 849。
[81] 《大正藏》經 1703，頁 235。

能解釋先驗世界、絕對精神與純粹理性,尤其對人類內在之靈魂,無法分析。

在中國儒家哲學中,並無本體一辭。故以人為本體之觀念言之,儒家哲學對人類存在與靈魂、鬼神之探討,應與本體論相關;佛教對本體有深入之闡釋,如法相宗對唯識哲學,以及三世因果之說,就對人類存有之問題,論述詳審,可彌補西方哲學對靈魂說之不足。

(一)儒家之人道論

儒家之人道論,若從心與物兩者推論,天地萬物之根源是太極,《周易・繫辭傳》云:

> 易有太極,是生兩儀。兩儀生四象,四象生八卦。[82]

此言天地初始之時,只有原始混沌之氣,稱為太極狀態。其後在混沌中生出一陰一陽二氣,陽清之氣上升為天,陰濁之氣下降為地,而有天地。由於陰陽之氣之升降循環,逐漸形成春、夏、秋、冬四時,和乾(天)坤(地)震(雷)巽(風)坎(水)離(火)艮(山)兌(澤)八卦,萬物在水火風雷之激盪下,不斷滋生繁衍。

《周易》將陰陽配合六爻,排列出六十四卦,說明天地人三才之道。《周易・繫辭下》云:

> 《易》之為書也,廣大悉備,有天道焉,有人道焉,有地道焉。兼三才而兩之,故六,六者,非它也,三才之道也。[83]

此言《周易》包涵覆育萬物之天道、與滋養萬物之地道,以及立足天地之人道,六畫之爻,初爻、二爻為地,三爻、四爻為人,五爻、六爻為天。六爻合成一卦,是三才之道。《周易・說卦》又云:

---

82 《周易正義》,卷7,頁157-158。
83 《周易正義》,卷8,頁175。

> 昔者，聖人之作易也，幽贊神明而生著，參天兩地而倚數。觀變於陰
> 陽而立卦；發揮於剛柔而生爻；和順於道德而理於義；窮理盡性以至
> 於命。[84]

此言聖人作《易》之時，深入評論神妙靈明之領域，而產生以著草占
卜之方法。以代表天之奇數，與代表地之偶數，建立陰陽之數字。然後從
卦中觀察陰陽之變化，而設立卦，發揮剛柔吉凶之道理，而設立爻。卦和
爻能應合順從道德，而將理融入卦爻之義中。如此可以說，卦爻窮盡事物
之理，也能盡知萬物之本性。甚至可以著草占卜，推算命運。對於了解自
我存在之本質與價值，生命發展之過程與演變，以及宇宙萬物之根本規
律，都具有重大之價值。

儒家從《易》理中體會生命及生存之意義，就將自我之生死，與天地
融合為一。儒家天人合一之觀念，是將人與天地自然視為一體。人是小宇
宙，天地自然是大宇宙，人之生存發展與天地自然密切相連，生老病死也
與自然界之春夏秋冬相應，因此人必須順應自然，與之和諧相處。《論
語·陽貨》云：

> 子曰：天何言哉！四時行焉，萬物育焉。[85]

孔子認為天一年四季，都覆育萬物，可謂萬物之母。人化生自天地，
應體念上天生生之德。宋儒張載《張載集，正蒙·太和篇》云：

> 由太虛，有天之名；由氣化，有道之名；合虛與氣，有性之名；合性
> 與知覺，有心之名。[86]

依橫渠之說，天地萬物之化生，是由天地間陰陽二氣交感而來；此陰

---

[84]　《周易正義》，卷9，頁182-183。
[85]　《論語注疏》，卷17，頁157。
[86]　《張載集》，卷1，頁8。

陽五行之氣，化生為性與知覺，而成為心；由氣化生成心，就是宇宙生生不息之本源。

　　不論自我如何生存發展，必須要有面對死亡之自覺。死亡是肉體之不存在。死亡時，靈魂飛升，肉體隨草木同朽。只有靈魂，不能稱為存在。靈魂為精神體，精神體是生命之泉源，必須與身體結合，才能構成生命。中國人講形神相即，就是指人之精神和肉體合而為一之狀態。形是神之本質，神是形之作用，身心一體，才能讓身體成為生存之自體。也就是自體能感覺自我之存在，才是存活於人世。每個人必須維持身體之健康與精神之和悅，形神融合，才是自我生存之目標。《禮記‧中庸》云：

　　　　致中和，天地位焉，萬物育焉。[87]

　　不偏為中，相應為和，萬事萬物達到中和之狀態，就能產生和悅之氣，才算真正達成自我之生命價值。

　　生命之本體是自我，自我具體而真實地存在。有意識、感官、感情、認知、性格、判斷等特性，可以依自己之意願生活，自我成長，達成自己之理想，就是自我實現。儒家孟子要養浩然之氣，以充塞於天地之間。在追求生命之永恆上，儒家講求盡性以參天地之化育。

　　儒家思想受帝王影響極大，歷代帝王延攬治國人才，自隋、唐迄明、清，在科舉時，以考儒家經典為主。赴舉之考生，皆閱讀五經。儒學一直是是官吏階層之主流思想。孔子仁愛之說，忠孝精神，誠信待人，禮樂陶冶人性之思想，仍是治國之要道。但對於生命之短暫，帝王無可奈何，只好尋求道家為其煉製丹藥，祈求長生不老，可是未見有長生之帝王。

　　歷代朝臣，在其生命過程中，有各種不同之境遇。但他們讀通儒家典籍，認為對國家之忠義，勝過個人之生死。不論君主是否值得為其效命，一心只知為國盡忠，此種精神，令人欽佩。如戰國屈原被楚懷王放逐至漢北，又被頃襄王放逐至江南，終不忍見楚國之危亡，投汨羅江以明志；西

87　《禮記正義》，卷 52，頁 879。

漢賈誼受大臣周勃、灌嬰排擠，謫為長沙王太傅，又任梁懷王太傅，因梁懷王墜馬亡，賈誼自覺為傅無狀，哀傷而死；東晉陶淵明曾任彭澤令，但因厭惡當時之政治腐敗，僅做八十餘日，不願為五斗米折腰，辭官回歸故里，隱居潯陽柴桑，不再入仕；唐李白在安史之亂時，依附永王璘，想為國家建立功業。因永王璘兵敗，被流放夜郎；以上諸人，在不同之時空背景下，自我之存在思維，及所遭遇之悲歡喜樂，都一一展現於詩文中。

（二）佛教之本體論

　　佛教各宗皆有本體之說，但經歷漫長之演變過程後，關於生命存在之思想，也隨之不斷發展，形成內涵豐富之本體思想。其中大乘佛教中觀學派（空宗）之「性空」學說，傳入中國後，與中國魏晉時期之玄學思想融合，促進中國佛教本體論思想之蓬勃發展。同時，又接受中國傳統哲學思維之影響，展開佛教本體論中國化之進程。道安、僧肇、法藏、慧能等高僧，都為佛教本體論之中國化，作出豐碩之貢獻。

　　佛教不談佛創造萬物，亦不將佛稱為唯一之神。因此，佛教認為宇宙並不是佛所創造，而是將宇宙解釋為無我、無始、無終之世界。大乘佛教在《涅槃經》之理念基礎上，吸收了中國傳統哲學思想，而創立了中國化之佛教，如《法華經》之思想中，顯示佛陀與眾生之關係，是講求究竟圓滿之本體哲學。

　　佛教是「唯心」之哲學，如唯識宗瑜伽行派之《成唯識論》，天台宗、華嚴宗及禪宗之思想，都屬於唯心思想，故言「萬法歸心」。

　　佛教之心，稱為真如，也可說是如來藏之清淨心和眾生之真妄和合心，清淨心是絕對之圓滿，是萬法之根本。《華嚴經・昇夜摩天宮品》敘述覺林菩薩承佛威力，遍觀十方，而說頌云：

> 彼心恆不住，無量難思議。示現一切色，各各不相知。譬如工畫師，不能知自心。而由心故畫，諸法性如是。……應觀法界心，一切唯心造。[88]

---

[88] 《大正藏》經 279，卷 19，頁 102。

　　若從眾生純淨心中，示現一切法。法本無淨穢之分，故心亦當常保清淨。然現實世界有淨有染，此與清淨之本心，並無關係。由於眾生在現實世界中，受煩惱、妄想、執著，而有穢惡妄念之心。釋迦世尊成道之後，發現眾生皆具如來智慧德相。易言之，眾生雖分六道、四生，乃是由於凡夫愚癡，著生滅法。故迷於生死，然真如之心，則是一片真實。

　　佛教認為一切諸法空，不生不滅，知一切法真如，名為菩提。若知一切法空，則一切法不生不滅。元魏天竺三藏菩提流支譯《佛說法集經》云：

> 諸佛如來以大慈悲為護驚怖，隨順世諦，作如是說諸法生滅，而一切諸法不生不滅。[89]

　　大唐罽賓三藏佛陀多羅譯《大方廣圓覺修多羅了義經》世尊告清淨慧菩薩云：

> 善男子！一切障礙，即究竟覺。得念失念，無非解脫。成法破法，皆名涅槃。智慧愚癡，通為般若。菩薩外道所成就法，同是菩提。無明真如，無異境界。諸戒定慧及婬怒癡，俱是梵行。眾生國土，同一法性。地獄天宮，皆為淨土。有性無性，齊成佛道。一切煩惱，畢竟解脫。[90]

　　世尊言眾生皆是幻化。從實相言之，實無菩薩及諸眾生。由於眾生迷倒，未能除滅一切幻化。曾不知念念生滅，故起憎愛耽著心。若能開悟淨圓覺性，照見諸相猶如虛空，即知如來隨順覺性。若菩薩及眾生，以究竟覺了悟法性與根塵，皆因幻化，即成圓覺。

　　風旛報恩光孝禪寺住持嗣宗比丘宗寶編《六祖大師法寶檀經・頓漸第八》云：

89　《大正藏》經 761，卷 3，頁 627。
90　《大正藏》經 842，頁 917。

實性者，處凡愚而不減，在聖賢而不增。住煩惱而不亂，居禪定而不寂。不斷不常，不來不去。不在中間，及其內外。不生不滅，性相如如，常住不遷，名之曰道。[91]

由於人人皆有佛性，人修行成佛，佛世界中並未增加一位聖賢，凡愚世界未減少一位眾生，不增不減。佛性不會因個人之煩惱而變得混亂。也不會因何人處於禪定之中，而寂滅消失。不論心、佛、眾生，三無差別。佛是已覺悟之人，而人是未覺悟之佛。覺悟有先後之別，但佛性平等，諸法並無差別。又佛法無所從來，亦無所去。無生無滅，故無斷常、來去、中間、內外之別。學佛者應將善念、惡念盡除，回歸真如本性。常住不遷，是名為道。

以《大乘起信論》為中心之如來藏思想，如《大般涅槃經》、《大法鼓經》、《勝鬘經》、《如來藏經》、《楞伽經》、《無上依經》、《不增不減經》、《大乘密嚴經》、《寶性論》、《佛性論》等。都認為由清淨之真如心，而有空如來藏與不空如來藏。如《勝鬘經》，又由真如心，而開出不生滅與生滅二門；如《大乘起信論》，如來藏隨淨緣，則為清淨真如心；隨染緣，則成生死之第八阿賴耶識。由此而形成了真妄和合之心。在元魏天竺三藏菩提流支譯《入楞伽經》中稱：「寂滅名為一心，一心名為如來藏。入自內身智慧境界，得無身法忍境界。」[92] 如來藏並無真妄之分，但《勝鬘經》之空如來藏是清淨心，不空如來藏已有染淨在內。《大乘起信論》明白指出如來藏是隨緣之真如心，是真妄和合之心，亦即是在染則染、在淨則淨之眾生心。

眾生雖有佛性，但多染者。近代逐漸發展「人間佛教」之思想，佛光山星雲法師強調法界融和、五乘融合與以小乘通大乘之菩薩正道，就是繼承太虛大師以法界圓覺為宗旨之思想。自覺覺他，由迷轉悟，要將娑婆世界建設成人間淨土。

---

[91]　《大正藏》經 2008，頁 359。
[92]　《大正藏》經 671，卷 1，頁 519。

三、儒家之人本論與佛教之解脫道

儒家之人本論是注重人之主體性，崇尚理性，堅持仁義、良知，達到盡人性、盡物性之地步。如引申為執政者，必須以民為本，以仁德治民，為百姓謀幸福。如能贏得民心，使萬民擁戴，江山就可穩固。至於庶民百姓，則應學習修身、齊家之道，有機會則為國盡力。由此可知，儒家之人本思想是一種入世之思想，解決人生在世之問題。

佛教雖在人世修持，但目的是在寂滅出世。不論今生遭遇何等苦難，或身處富貴之家，不論出家或在家修行，都要去除五蘊，使身心清淨。至於政治、家庭、及財富，都虛幻不實。等待修行圓滿，進入涅槃，就能獲得解脫，不受六道輪迴之苦。

（一）儒家之人本論

儒家主張以人為本位，人是萬物之靈，有思想、有理智、有善性，故應在互助中，推動人類之進步。此思想之提出，可以上溯至夏、商、周時代。夏代末年，桀暴虐無道，商湯討伐夏桀。《尚書‧湯誓》記載：

> 夏王率遏眾力，率割夏邑。有眾率怠弗協。曰：「時日曷喪，予及汝皆亡！夏德若茲，今朕必往！」[93]

商湯以夏桀荒淫暴虐，耗盡民力，剝削夏國都城之百姓。百姓皆怠惰不恭，不予合作，並誓言要和夏桀同歸於盡。商湯認為如此殘暴之君主，應該誅滅。故誓師討伐。又《尚書‧五子之歌》云：

> 皇祖有訓，民可近，不可下。民惟邦本，本固邦寧。[94]

此歌為夏朝太康之弟勸誡太康而作之詩。說明夏代崇敬上天，敬祀鬼

---

[93]　《尚書正義》，卷 8，頁 108。
[94]　《尚書正義》，卷 7，頁 99。

神，並視百姓為國家之根本。可以親近，不可輕侮。根本穩固，國家才會安定。《春秋穀梁傳‧桓公十四年》亦云：「民者，君之本也。」[95]又如《尚書‧皋陶謨》記載舜帝與皋陶、大禹討論政務。云：

> 皋陶曰：「都在知人，在安民。」大禹曰：「知人則哲，能官人；安民則惠，黎民懷之。」[96]

「知人」是君主要知人善任；而「安民」是為政要使百姓安家樂業。知人是一種用人之哲學，能安頓官吏與百姓。安民是施恩惠於萬民，讓黎民百姓懷念。皋陶、禹兩人皆知治國之要道為何，執政者應視為圭臬。

先秦時代，認為君主應「敬德保民」、「明德慎罰」。《尚書‧蔡仲之命》云：

> 皇天無親，惟德是輔。民心無常，惟惠之懷。[97]

君主以德治民，即使上天，亦將輔助仁德之君。君主除具仁德外，還要聽民眾之聲音。民心如流水，不會永遠相同。唯有施惠於民，民眾才會懷念恩德。《尚書‧泰誓》云：

> 天視自我民視，天聽自我民聽。百姓有過，在予一人，今朕必往。[98]

此記載武王伐紂時，告知百姓：上天所觀察者，來自百姓之觀察；上天所聽聞者，來自百姓之聽聞。天意即是民意。商朝百姓對朝廷之責怪，就是對我武王之抱怨，一定要討伐商紂，以順從天意，俯察民意。又《尚書‧皋陶謨》記載，帝堯時期，皋陶上陳戒言云：

95　《春秋穀梁傳注疏》，卷4，頁40。
96　《尚書正義》，卷4，頁60。
97　《尚書正義》，卷17，頁254。
98　《尚書正義》，卷11，頁151。

　　天聰明，自我民聰明；天明畏，自我民明威。達於上下，敬哉有土。[99]

　　此言上天聰明，是因人民而成其聰明。上天之明德可畏，亦因人民而成其天威。故天之賞罰，可達於上天，亦可下達萬民。有土之君，應以此為戒。《論語・學而篇》孔子云：「泛眾愛，而親仁。」[100]也是要君主泛愛眾民，親近有人德之人。

　　孟子主張「王道」、「民本」之思想，重視民意，保民而王。並勸梁惠王、齊宣王，與民同樂。天地之性，以人為貴。不義之君，可加以誅殺。《孟子・盡心下》云：「民為貴，社稷次之，君為輕。」[101]《孟子・公孫丑上》云：「行一不義，殺一不辜，而得天下，皆不為也。」[102]《孟子・梁惠王下》云：「聞誅一夫紂矣，未聞弒君也。」[103]

　　荀子提倡尊重庶民之地位，《荀子・王制》云：

　　傳曰：「君者，舟也，庶人水也。水則載舟，水則覆舟。」此之謂也。[104]

　　荀子認為君主能安於君位，就如水與舟之關係，水能載舟，亦能覆舟，說明君主應愛護庶民為先，隆禮敬士，方能為民擁戴，否則君主將被人民所推翻，如翻覆之舟一般。

　　《荀子・修身》篇又論治氣養心之方法。云：

　　治氣養心之術：血氣剛強，則柔之以調和；知慮漸深，則一之以易良；勇膽猛戾，則輔之以道順；齊給便利，則節之以動止；狹隘褊小，則廓之以廣大；卑溼重遲貪利，則抗之以高志；庸眾駑散，則刦

---

[99]　《尚書正義》，卷 4，頁 63。
[100]　《論語注疏》，卷 1，頁 7。
[101]　《孟子注疏》，卷 14，頁 251。
[102]　《孟子注疏》，卷 3，頁 41。
[103]　《孟子注疏》，卷 2，頁 42。
[104]　《荀子集解》，卷 7，頁 97。

之以師友；怠慢僄弃，則炤之以禍災；愚款端愨，則合之以禮樂，通之以思索[105]。凡治氣養心之術，莫徑由禮，莫要得師，莫神一好。夫是之謂治氣養心之術也。

　　荀子認為人民應重視修身之道，修身須重視治氣養生。其方法是在血氣剛強時，以柔和調和之；在智慮深沉時，以平易溫良諧一之；勇膽猛戾時，以道輔助之；動止迅捷時，則節制以安徐之；氣量狹小時，則擴充以廣大之；卑下遲鈍貪利時，就激發高遠之心志；材下散漫時，就以師友拔除其舊習；怠慢自輕時，則以災禍明示之；愚誠忠厚時，使符合禮樂。其中最直接有效之方法是依禮而行；最重要者是得良師教誨，最神妙之作用是專心一志。

　　前言治氣養生，可調理身心，還要依禮而行，得良師輔導。至於實踐力行，應專心一志。往士、君子、聖人之目標，努力以赴。《荀子·修身》篇云：

　　道雖邇，不行不至；事雖小，不為不成。其為人也，多暇日者，其出入不遠矣！好法而行，士也；篤志而體，君子也；齊明而不竭，聖人也。[106]

　　依荀子之說，以人為本，不僅在理論上，還要篤志力行。雖小事，不做就無法完成。為人對多暇日者，只要力行實踐，離成功不遠矣。此外，還要勉勵眾人依禮法而行，可為士；篤志而身體力行，可為君子；不斷齋明盛服，以承祭祀，可為聖人。如此，則可到達人本思想之極致，天下一統之禮治社會。

（二）佛教之解脫道

　　佛教講解脫，是世尊以菩提心，深入體會世間之苦難，提出解脫困苦

---

[105] 王先謙注：「俞樾曰『通之以思索五字，與上文不一律，具韓詩外傳無此五字，當為衍文。』」
[106] 《荀子集解》，卷2，頁19。

之修行方法。如何實踐解脫道？則需要精進修持，才能究竟解脫。如何修持解脫？方法很多。《華嚴經》中，許多菩薩，各有其不同之解脫法門。文殊及普賢菩薩之解脫法門更多。其中最重要者，就是從「戒、定、慧」三大門徑著手，進入不受生死束縛之解脫境界，又稱「三無漏學」。漏是煩惱生死，無漏是如大船不使漏水。

　　為何要求解脫？西天譯經三藏傳梵法師賜紫沙門法護等譯《佛說大乘菩薩正法經·長者賢護品》云：

> 世間十不善業，所謂殺生、偷盜、邪染、妄言、綺語、兩舌、惡口、貪瞋、邪見，如是十種不善業道，汝等各欲求解脫邪？又復世間十雜染法，所謂慳吝雜染、毀戒雜染、瞋恚雜染、懈怠雜染、散亂雜染、惡慧雜染、無聞雜染、疑惑雜染、無信解雜染、不尊重雜染，如是十種雜染之法，汝等各欲求解脫邪？又復世間有其十種生死怖畏，所謂慳嫉覆蓋、無明縈纏、欲海汎溢、欲中艱苦、欲箭所射、忿恨湮塞、貪火燒然、瞋毒隱覆、癡障如刺、生死曠野險難怖畏，如是十種生死怖畏，汝等各欲求解脫邪？[107]

　　此言世間有十不善業、十雜染法、十種生死怖畏，因此欲求解脫，必須知佛法繫於緣，眾生因各種因緣合和而生諸雜染。故離雜染罪業，聽清淨善法，必能證聖果而悟圓覺。生盡之時，獲得解脫。

　　迦旃延子造五百羅漢釋北涼天竺沙門浮陀跋摸共道泰等譯《阿毗曇毗婆沙論·雜揵度人品》云：

> 若斷三界諸煩惱法，是名解脫。……若得猗樂，不為煩惱所障，是名解脫。……若離煩惱熱諸入，得清涼入，是名解脫。……若唯行善行等，不行不善行等，是名解脫。[108]

---

[107] 《大正藏》經316，卷3，頁785。
[108] 《大正藏》經1546，卷15，頁111。

　　上引經文中，共敘述十五種解脫，此舉其中三種解脫，必須離煩惱、行善行，可以解脫。

　　慈心、悲心，能獲得解脫。北涼天竺三藏曇無懺譯《大般涅槃經・迦葉菩薩品》中，迦葉菩薩以偈讚佛云：

> 我今為以一法讚，所謂慈心遊世間。如來慈是大法聚，是慈亦能度眾生。即是無上真解脫，解脫即是大涅槃。[109]

　　如來具有慈悲心，以慈悲心遊於人間，度化眾生。慈心能發善欲，善心是初發道心，乃至阿耨多羅三藐三菩提。清淨梵行是一切法之根本。若能以念為主，以禪定為導，以智慧為勝，實名解脫，即為大般涅槃。

　　又大唐三藏法師玄奘譯《本事經・一法品》云：

> 一切修習，福業事中，慈心解脫，最為第一。所以者何？慈心解脫，威德熾盛，映蔽一切諸福業事。以彼諸事所有威德，欲比所修慈心解脫，十六分中亦不及一。[110]

　　此言世尊修慈善心解脫，其福無邊。威德熾盛，映蔽一切大小諸諸福業事。

　　北涼天竺三藏曇無懺譯《大般涅槃經・四相品之餘》中世尊白迦葉菩薩，法愛為真解脫。云：

> 又解脫者，名曰無愛。愛有二種：一者餓鬼愛，二者法愛。真解脫者，離餓鬼愛，憐愍眾生，故有法愛。如是法愛，即真解脫。真解脫者，即是如來。[111]

---

[109] 《大正藏》經 374，卷 38，頁 590。
[110] 《大正藏》經 765，卷 2，頁 670。
[111] 《大正藏》經 375，卷 5，頁 634。

此言世尊之愛,非一般凡夫之愛。而是憐憫眾生,屬於法愛。至於眾生,皆因心中欲念深,故有貪瞋癡、傲慢自大、放逸耽樂等,造成無邊煩惱業,不得解脫。若能斷除所有煩惱,即能解脫。

罽賓國三藏般若譯《大乘理趣六波羅蜜多經・靜慮波羅蜜多品》中,薄伽梵處於種種摩尼寶王師子坐上,說頌言:

> 智慧為善伴,遠離惡知識。斷滅諸煩惱,自然得解脫。[112]

世尊告慈氏菩薩摩訶薩,應親近善友,遠離惡知識。並謂此經為一切諸佛之母。要圓滿六波羅蜜,當知布施、持戒、忍辱、精進、禪坐、般若等六波羅蜜,皆從智慧生。若有智慧,就能悟入無上菩提,聽聞正法,深入佛慧,成就身清淨解脫。

阿羅漢優波底沙梁言大光造梁扶南三藏僧伽婆羅譯《解脫道論・因緣品》中舉五種解脫,其云:

> 解脫道者何義?解脫者,五解脫。伏解脫、彼分解脫、斷解脫、猗解脫、離解脫。云何伏解脫,現修行初禪伏諸蓋,此謂伏解脫;彼分解脫者,現修達分定諸見解脫,此謂彼分解脫;斷解脫者,修出世間道能滅餘結。此謂斷解脫;猗解脫者,如得果時樂心猗,此謂猗解脫;離解脫者,是無餘涅槃,此謂離解脫。此解脫道為得解脫,是具足道以戒定慧,謂解脫道。[113]

此說解脫道須修五種解脫。伏解脫、彼分解脫、斷解脫、猗解脫、離解脫等五種,從修行初禪伏諸蓋,到得果時樂心猗,以戒、定、慧得具足道,稱為解脫道。後秦龜茲國三藏鳩摩羅什譯《佛垂般涅槃略說教戒經》云:

---

[112] 《大正藏》經 261,卷 9,頁 907。
[113] 《大正藏》經 1648,卷 1,頁 399-340。

戒是正順解脫之本，故名波羅提木叉。因依此戒，得生諸禪定，及滅苦智慧。是故比丘，當持淨戒，勿令毀缺。若能持淨戒，是則能有善法。若無淨戒，諸善功德皆不得生，是以當之。戒為第一安穩功德之所住處。[114]

此從戒律而言解脫。持戒是執守戒律，為善去惡。若修淨戒，就可以使散亂之心，逐漸清淨，而入禪定，而滅諸苦智慧。再由智慧產生善法及第一安穩之功德。

西天譯經三藏傳梵法師賜紫沙門法護等譯《佛說大乘菩薩正法經·如來不思議品》中，提到從禪定中得八解脫，其云：

從初禪定入至滅受想定起，乃至從滅受想定入，還至初禪定起。八解脫者，一者有色觀諸色解脫，二者內無色想，觀外諸色解脫，三者淨解脫身作證具足住，四者空無邊處解脫，五者識無邊處解脫，六者無所有處解脫，七者非想非非想處解脫，八者滅受想解脫。此八解脫，若順若逆，等持等至及三昧耶皆能觀想。[115]

此就禪定而言解脫之道，禪定是收攝散心。從初禪定至七禪定，至極寂靜而無動亂。復於禪定得最勝慧，獲得如來無盡功德。八解脫即八種背棄捨除三界煩惱繫縛之禪定，不論順逆，到入定皆能觀想之境界。

後秦龜茲國三藏鳩摩羅什譯《佛垂般涅槃略說教戒經》中，世尊告諸比丘，有智慧能得解脫，云：

汝等比丘，若有智慧，則無貪著。常自省察，不令有失。實則於我法中，能得解脫。若不爾者，既非道人，又非白衣，無所名也。實智慧者，則是度老病死海堅牢船也，亦是無明黑闇大明燈也，一切病苦之良藥也，伐煩惱樹者之利斧也。是故汝等當以聞思修慧而自增益。若

---

[114] 《大正藏》經389，頁1111。
[115] 《大正藏》經316，卷12，頁807。

人有智慧之照，雖無天眼，而是明見人也，是為智慧。[116]

上言修慧，就是具有睿智。能常自省察，又能以聞思修慧而自增益。有此智慧之照，即是明見之人。到清淨寂滅之時，就能達到解脫之境界。

彌勒菩薩說三藏法師玄奘譯《瑜伽師地論・本地分思所成地》云：

> 依增上戒學發增上心學，依增上心學發增上慧學。彼由此故，於所知境，如實知見，如是具足諸善法已。復由三相調伏自心，謂如實知故，能起厭患；由厭患故，能得離染；由離染故，能得解脫。[117]

上言為趣向增上心，故修學淨戒，即是增上戒學。為趣向增上慧而修定心，即是增上心學。為趣向煩惱斷而修智見，即是增上慧學。所謂攝心為戒，因戒生定，因定發慧，名為三無漏學，又稱三學。此三學包括「持戒、禪定、智慧。」三者，此三學對治人之「貪、瞋、癡」三毒。當具足諸善法已。復由三相調伏自心。

彌勒菩薩又提及五種相修行梵行，其云：

> 由五種相修行梵行，另善清淨，未能捨離居家諸行，無所顧戀，亦不緣彼心生追戀，還起染著，是名初相；又於現法利養，恭敬未來種類所有諸行，不生悕望，亦不願求當來人天所有諸行，修行梵行，是第二相。又於現在五取蘊攝色等諸法，及彼安立，能正觀察。又於現法及當來世諸身惡行及惡果報，謂我於身不應發起所有惡行，廣說如經。乃至應斷身諸惡行，修身善行。語意善行當知亦爾。又於色等諸蘊能隨觀察。去來今世，皆是無常。無常故苦，苦故無我；由無我故，於彼一切，不執我所。乃至於彼，不執為我。如是如實正慧觀察，是第三相。又依初法毘缽舍那，諸根成熟，福德智慧二種資糧，於當來世通達增長，非諸王等所能劫奪，是第四相。又依第二法毘缽

---

[116] 《大正藏》經 390，頁 1112。
[117] 《大正藏》經 1579，卷 19，頁 385。

舍那，於現法中，涅槃功德，能善增長，非諸煩惱及隨煩惱所能傾
動，是第五相。

若能依此五相修行梵行，令善清淨，當為第一賢善，超過其他所有梵
行。亦為解脫涅槃之重要法要。

佛子欲成就解脫，不僅布施、禪定、慈心、為善、離欲，皆能使心清
淨。在遊行萬行之時，能通達無礙，當可解脫。蕭齊沙門釋曇景譯《佛說
未曾有因緣經》云：

調伏諸根，根調伏故，定慧成就。慧成就故，其心正直。心正直故，
能起精進。精進心故，能起戒慎。戒慧究竟，定慧明了。慧明了故，
遊諸萬行，通達無礙。行無礙故，名為解脫。[118]

由上可知，解脫之道眾多，從心清淨到行無礙，為解脫一貫之道。其
間必須多聞甘露法，永斷煩惱業。修般偌智慧，博解佛法，不至愚癡。又
不妄語，令人憎恨。常觀無常、苦、空、無我、十二因緣、修四真諦、行
六波羅蜜、四無量心、受十善道法、發菩提心等，皆能遠離有漏諸行，增
上殊勝功德，如飲醍醐等味，是解脫之道，亦能達到本來寂靜之自性涅槃
也。

四、儒家之氣論與佛教之四大

（一）儒家之氣論

儒家之氣論，應始於《周易》〈乾卦‧文言〉：「潛龍勿用，陽在下
也。」[119]陽即陽氣。《周易》之卦，即由陰陽二爻構成。《周易‧繫辭
上》云：

---

[118] 《大正藏》經 755，卷下，頁 587。
[119] 《周易注疏》，卷 1，頁 22。

> 是故《易》有太極,是生兩儀。兩儀生四象,四象生八卦。八卦定吉
> 凶,吉凶生大業。是故法象莫大乎天地;變通莫大乎四時;懸象著明
> 莫大乎日月;崇高莫大乎富貴;備物致用,立成器以為天下利,莫大
> 乎聖人。[120]

此言太極。孔穎達疏云:

> 太極謂天地未分之前,元氣混而為一。即是太初、太一也。[121]

其後從兩儀生四象,即由陰陽二氣相摩相蕩,氤氳交感,則產生宇宙
萬物,萬物最基本之物質,金木水火,即稟天第二氣,構成四象。四象又
生八卦。謂震木、離火、兌金、坎水各主一時。又巽同震木,乾同兌金,
再加坤艮之土,為八卦也。天地為物象中最大,四時是變通中最大,日月
為著明中最大,王居九五之尊,道濟天下,最為富貴。聖人為制器供人民
使用者。此又由太極、陰陽二氣、四時、日月,君王,到聖人之情形。
《周易·咸卦·彖辭》云:

> 咸,感也。柔上而剛下,二氣感應以相與……天地感而萬物化生。[122]

〈咸卦〉兌上互下,柔上而剛下,即陰氣柔而在上;陽氣剛而在下。
咸,感也。取女貞吉之象,象夫婦和諧,互相感應。再擴大至化生萬物
也。
孔子述而不作,甚少談氣。但六經為孔子編定,自然對氣頗有領悟。
在《論語》疏中,未在氣上做許多說明。孔子不與弟子談論《易》與《春
秋》,故與氣相關之論述較少。僅有告誡弟子不逞血氣之勇。其云:

---

120 《周易注疏》,卷 7,頁 157。
121 《周易注疏》,卷 7,頁 156。
122 《周易注疏》,卷 4,頁 82。

> 孔子曰：「君子有三戒：少之時，血氣未定，戒之在色；及其壯也，
> 血氣方剛，戒之在鬥；及其老也，血氣既衰，戒之在得。」

孔子反對弟子逞勇好鬥，而是克己復禮，有謙讓之胸懷。與天候無關，而與道德修養有關。

《左傳‧昭公元年》晉侯患病，向秦國求醫，名醫和為晉侯診病，提出「六氣病源」說。云：

> 天有六氣，降生五味，發為五色，徵為五聲。淫生六疾。六氣曰陰、
> 陽、風、雨、晦、明也。分為四時，序為五節，過則為菑：陰淫寒
> 疾，陽淫熱疾，風淫末疾，雨淫腹疾，晦淫惑疾，明淫心疾。[123]

此言醫和以「六氣以陰陽為綱，而淫生六疾。統於陰陽。」被後世稱為病因理論的始祖。不過，此為醫生依天候之六氣，以及四時、五節，會產生疾病之菑，加以說明。戰國至西漢間之《黃帝內經》，由《素問》和《靈樞》組成。相傳是黃帝與岐伯、雷公、伯高、俞跗、少師、鬼臾區、少俞等醫者之書，亦為中國現存最早之醫學典籍，成書於戰國至西漢時期。其所建立之中醫理論體系，對中國傳統醫學，有巨大之貢獻。

《國語‧周語上》〈西周三川皆震伯陽父論周將亡〉記載：

> 幽王二年，西周三川皆震。伯陽父曰：「周將亡矣！夫天地之氣，不
> 失其序；若過其序，民亂之也。陽伏而不能出，陽迫而不能烝，於是
> 有地震。今三川實震，是陽失其所而鎮陰也。陽失而在陰，川源必
> 塞；源塞，國必亡。夫水土演而民用也。水土無所演，民乏財用，不
> 亡何待？」[124]

此言周幽王二年，西周三川皆震。伯陽父論周將亡。乃是從地震是天

---

[123] 《左傳注疏》，卷 41，頁 708-709。
[124] 《國語》，卷 1，頁 26-27。

地之氣失序，陽失而在陰，川源必塞；源塞，國必亡。伯陽父將災變中之地震，說明陽氣失序而國亡之理。

孟子主張養氣，此氣稱為浩然之氣。云：

> （公孫丑問曰）：「敢問夫子惡乎長？」曰：「我知言，我善養吾浩然之氣。」「敢問何謂浩然之氣」曰：「難言也。其為氣也，至大至剛，以直養而無害，則塞於天地之間。其為氣也，配義與道；無是，餒也。是集義所生者，非義襲而取之也。行有不慊於心，則餒矣。我故曰：『告子未嘗知義，以其外之也。』必有事焉而勿正，心勿忘，勿助長也。無若宋人然。宋人有閔其苗之不長而揠之者，芒芒然歸。謂其人曰：『今日病矣，予助苗長矣。』其子趨而往視之，苗則槁矣。天下之不助苗長者寡矣。以為無益而舍之者，不耘苗者也；助之長者，揠苗者也。非徒無益，而又害之。」[125]

孟子告訴公孫丑，善於培養浩然之氣。其氣至廣大至剛強，以正直培養它。而不可以傷害，就能充塞於天地之間。其氣配合義與道；無義與道，氣就會空虛。浩然之氣是集合義後，心中所產生者，不是從外面襲取而來。合乎道義之事，如在心中不能滿足，氣就會空虛軟弱。尤其不可揠苗助長，是對浩然之氣有害而無益。由此可知，在心中充滿道義時，浩然之氣就會驅使自己勇往直前，義無反顧。亦是孟子之行為準則。

漢代董仲舒為儒家大儒，其氣已從天人和順之氣擴充到陰陽、五行、災異、及法天之思想，對氣有一較為完整之概念。《春秋繁露·王道》云：

> 王正，則元氣和順。風雨時，景星見，黃龍下。王不正，則上變天，賊氣並見。[126]

---

[125] 《孟子注疏》，卷3，頁54-55。
[126] 《春秋繁露》，卷4，頁87。

此言元氣化生萬物，如王公正無私，則元氣和順，天見祥瑞。景星、黃龍自天而下；王行事不正，就會變天，並見賊氣。並謂此元氣可貫通天人。《春秋繁露·如天之為》云：

　　陰陽之氣在上天，亦在人。在人者為好惡喜怒，在天者為暖清寒暑。[127]

此言陰陽之氣可在天，亦可在人。在人有好、惡、喜、怒之情，在天則有寒冬暖暑之不同。此不同董仲舒認為是天人感應之現象，只是人與天有不同之感應而已。

董仲舒有將陰陽與四時、五行相連結，而說明相互之關係。《春秋繁露·陰陽終始》云：

　　故至春，少陽冬初就木，與之俱生；至夏，太陽南出就火，與之俱暖；此非各就其類，而與之相起與！少陽就木，太陽就火，火木相稱，各就其正，此非正其倫與！至於秋時，少陰興，而不得以秋從金，從金而傷火功，雖不得以從金，亦以秋出於東方，俛其處而適其事，以成歲功，此非權與！陰之行，固常居虛，而不得居實，至於冬，而止空虛，太陽乃得北就其類，而與水起寒，是故天之道，有倫、有經、有權。[128]

此言陰陽、五行、四時，方位，各有其職責與功能。同時說明天道，尚有倫、有經、有權。及天道有種類、有常道，亦有權變之狀態。亦可見天人之間，非一成不變，亦有各種變異之情形，應指災異之發生。

災異之說，在《春秋》、《公羊傳》中，時常記載。發生災異時，帝王常自我警惕，並下罪己詔，賑災，釋放罪犯等，試圖向天祈福。董仲舒則將災異列為天人感應之事。《春秋繁露·必仁且智》云：

---

[127]《春秋繁露》，卷 17，頁 436。
[128]《春秋繁露》，卷 12，頁 307-308。

> 天地之物有不常之變者，謂之異，小者謂之災。災常先至而異乃隨
> 之。災者，天之譴也；異者，天之威也。譴之而不知，乃畏之以威。
> 《詩》云：「畏天之威。」殆此謂也。凡災異之本，盡生於國家之
> 失。國家之失，乃始萌芽，而天出災害以譴告之；譴告之而不知變，
> 乃見怪異以驚駭之。驚駭之尚不知畏恐，其殃咎乃至。以此見天意之
> 仁而不欲陷人也。[129]

此言災者，天之譴也。異者，天之威也。災異之本，盡生於國家之
失。天出災害以譴告之，見怪異以驚駭之。故災異乃天意使然也。

漢代王充（27～100？），字仲任，會稽上虞人。生於東漢光武帝建元
三年，卒於和帝永元年間，享年約七十餘歲。著有《論衡》八十五篇，其
中〈招致篇〉闕。又《政務》、《譏俗節義》二書，今不傳。

王充批評讖緯、天人感應說多虛妄不實。認為天地化生萬物是自然現
象。認為天地為體，又認為天地為氣。《論衡‧談天篇》云：

> 說《易》者曰：「元氣未分，渾沌為一。」儒書又言：「溟涬濛澒，
> 氣未分之類也。及其分離，清者為天，濁者為地。」……天地含氣之
> 自然也，從始立以來，年歲甚多。則天地相去，廣狹遠近。不可復
> 計。儒書之言，殆有所見。[130]

此處舉《易》與儒書之言，講天地含氣，渾沌不分，後清者為天，濁
者為地。儒家將氣分五行之氣，王充不以為然。《論衡‧物勢篇》云：

> 或曰；「五行之氣。天生萬物，天生萬物。以萬物含五行之氣，五行
> 之氣更相賊害。」曰：「天自當以一行之氣生萬物，令之相親愛，不
> 當令五行之氣反使相賊害也。」[131]

---

[129] 《春秋繁露》，卷 8，頁 236。
[130] 《論衡校箋》，卷 11，頁 349-350。
[131] 《論衡校箋》，卷 20，頁 664-665。

　　王充認為天以一行之氣生萬物，不當令五行之氣反相賊害。與漢代以來陰陽、五行之說不同。而一行之氣為純和之元氣，但又講人稟受之元氣，稱為精氣。《論衡・論死篇》云：

> 人之所以生者，精氣也。死而精氣滅。能為精氣者，血脈也。人死血脈竭，竭而精氣滅，滅而形體朽，朽而成灰土，何用為鬼？[132]

　　此言人之精氣為血脈所生，死則血脈竭而精氣滅，形體朽而成灰土。故無鬼神之說。《論衡・論死篇》云：

> 死人不為鬼，無知。不能言語，則不能害人矣。何以驗之？驗之以物。人，物也；物，亦物也。物死不為鬼，人死何故獨能為鬼？[133]

　　此言死人無知，不能言語，亦不能害人。人亦萬物之一，物死不為鬼，人死何故獨能為鬼。人有鬼之說，是世人思念死者，心中憂懼，精神失常而見鬼也。此無神論之言論，與儒家敬祀鬼神不同。

　　宋代理學盛行，儒家學者張載，將氣稱為太虛之氣。《正蒙・太和篇》云：

> 太虛無形，氣之本體。其聚其散，變化之客形爾；至靜無感，性之淵源，有識有知，物交之客感爾。客感客形與無感無形，惟盡性者一之。[134]

　　此言太虛為無形之氣，此氣聚為天地萬物，萬物散則回歸於太虛。由此，太虛之氣聚散於天地之間。太虛之氣聚而為物時，稱為客；散則稱為無。《正蒙・太和篇》又云：

---

[132] 《論衡校箋》，卷20，頁664-665。
[133] 《論衡校箋》，卷20，頁664。
[134] 《張載集》，頁8。

氣块然太虛，升降飛揚，未嘗止息。《易》所謂「絪縕」，莊生所謂
「生物以息相吹」、「野馬」者與！此虛實、動靜之機，陰陽、剛柔
之始。浮而上者陽之清，降而下者陰之濁。其感遇聚散，為風雨，為
雪霜。萬品之流形，山川之融結。糟粕煨燼，無非教也。[135]

此言太虛之氣，块然於天地之間。不論升降、飛揚，未嘗止息。《繫
辭下》：「天地絪縕，萬物化醇。」即指天地間陰陽二氣交互交感。《文
選・劉孝標・廣絕交論》：「絪縕相感，霧涌雲蒸。」莊子「生物以息相
吹」、指生物間以氣息相吹，表現互相感應。「野馬塵埃」指野馬奔馳
時，激起塵埃，難分清濁。可見太虛之氣，不論虛實、動靜、陰陽、剛
柔，在感遇聚散之時，為風雨、雪霜，甚至山川、糟粕、煨燼，盡屬太虛
之氣。《正蒙・太和篇》又云：

由太虛，有天之名；由氣化，有道之名。合虛與氣，有性之名；合性
與知覺，有心之名。鬼神者，二氣之良能也。聖者，至誠得天之謂；
神者，太虛妙應之目。

張載以為天即是太虛，太虛之氣化生萬物，即是道。有太虛之氣，方
有萬物，而萬物皆有其性。而人為萬物之靈，有知覺，故有心。至於鬼
神，在天為神，地曰示，人曰鬼。唯神能變化、屈伸，為天德。化，則為
天道。兩者皆太虛之氣之妙應也。

南宋朱熹是理學集大成者，其氣論極為重要。朱熹認為太極是理，理
和氣同時存在，本無先後可言。《朱子語類》云：

或問先有理，後有氣之說。曰：「不消如此說。而今知得他合下是先
有理，後有氣邪？後有理，先有氣邪？皆不可得而推究。然以意度
之，則疑此氣是依傍這理行。及此氣之聚，則理亦在焉。」[136]

135　《張載集》，頁8。
136　《朱子語類》，卷1，頁116。

此言理與氣同時存在，有是理，便是有氣。氣是依傍理行。氣聚則理亦在焉。依周敦頤太極圖，氣有陰陽兩種，太極動而生陽，動極而靜，靜而生陰。至於理與氣之關係，《朱子文集》〈黃道夫一〉云：

> 天地之間，有理有氣。理也者，形而上之道也，生物之本也；氣也者，形而下之器也，生物之具也。是以人物之生，必稟此理，然後有性。必稟此氣，然後有形。雖不外乎一身，然其道器之間，不可亂也。[137]

人是理與氣結合而成，但人之性又常與氣結合。然性是性，氣是氣，並不相雜。《朱子語類》〈性理一〉云：

> 論天地之性，即專指理言；論氣質之性，則以理與氣雜而言之。未有此氣，已有此性。氣有不存，而性卻常在。雖其方在氣中，然氣自是氣，性自是性，亦不相夾雜。至論其遍體於物，無處不在，則又不論氣之精粗，莫不有是理。[138]

朱子以為人皆有氣，但人之性是氣質之性，與天地之性不同。因為理在氣中，氣有輕濁。氣清者本然之性善，氣濁者理被掩蔽，則私欲勝。如此則人之善惡，可從理氣中認定。

關於鬼神，朱熹認為是陰陽消長而已，鬼是陰之靈，神是陽之靈。《朱子語類》云：

> 鬼神不過陰陽消長而已。亭毒化育，風雨晦冥，皆是。在人則精是魄，魄者鬼之盛也；氣是魂，魂者神之盛也。精氣聚而為物，何物而無鬼神！「遊魂為變」，魂遊則魄之降可知。[139]

---

[137] 《朱子文集》，卷 58，頁 2799。
[138] 《朱子語類》，卷 1，頁 279。
[139] 《朱子語類》，卷 3，頁 154。

　　此言鬼神是天地間陰陽二氣之消長而已，一如風雨雷電初發時，神也；及至風止雨過，雷住電息，則鬼也。魄是人之精，魂是人之神。《易》言「遊魂為變」，是人死亡時，魄降而魂遊也。《朱子語類》又云：

> 只是這個天地陰陽之氣，人與萬物皆得之。氣聚則為人，氣散則為鬼。則為人，散則為鬼。然其氣雖已散，這個天地陰陽之理，生生而不窮。[140]

　　朱熹強調天地陰陽之氣，是萬物聚散之原因，亦是人生生而不窮之根本。人依恃此氣而論生死，亦以此氣屈伸往來於天地之間。云：

> 鬼神只是氣。屈伸往來者，氣也。天地間無非氣。人之氣與天地之氣常相接，無間斷，人自不見。人心才動，必達於氣，便與這屈伸往來者相感通。如卜筮之類，皆是心自有此物，只說你心上事，才動必應也。[141]

　　《易經》以陰陽不測之謂神。朱熹相信有鬼神，但不是宗教祭祀之鬼神，而是氣。因此稱鬼神只是人心之感應。人以誠心與天地之氣相通，引起天地之氣感應。神之有無，皆在此心之誠與不誠。

　　明代儒者羅欽順（1465～1547），字允升，號整庵，江西泰和人。生於明憲宗成化元年，卒於明世宗嘉靖二十六年。享年八十三歲。一生篤信程、朱理學，反對王陽明之心學。對朱熹「理一分殊」之說，提出修正。認為氣是宇宙和天地萬物之本源。《困知記》云：

> 理果何物也？蓋通天地，亙古今，無非一氣而已。氣本一也，而一動一靜，一往一來，一闔一闢，一升一降，循環無已。積微而著，由著

---

[140] 《朱子語類》，卷3，頁169-170。
[141] 《朱子語類》，卷3，頁154。

復微，為四時之溫涼寒暑，為萬物之生長收藏，為斯民之日用彝倫，為人事之成敗得失，千條萬緒，紛紜膠轕，而卒不克亂，莫知其所以然而然，是即所謂理也。初非別有一物，依于氣而立，附于氣以行也。[142]

此言朱熹理氣二元之說，應予修正。理為氣之理，並非別有一物，依于氣而立，附於氣以行也。理是氣之理，氣才是通天地，亙古今，天地萬物之根本。《困知記・答林之崖第二書》云：

> 理只是氣之理，當於氣之轉折處觀之。往而來，來而往，便是轉折處也。夫往而不能不來，來而不能不往，有莫知其所以然而然，若有一物主宰乎其間而使之然者，此理之所以名也。「易有太極」，此之謂也。

此言理只是氣之理，其不同在陳述之內容不同。理只能在氣上說，若單獨論理，就會有理氣不同之感覺。氣是實質客觀之存在，理無形無物，形而上，故容易誤解理與氣分開為二物。

清代王夫之對宋、明理學家競談理氣之說，認為天人之蘊，一氣而已。氣外更無虛無託孤之理。〈讀四書大全說〉云：

> 凡有理者有二，一則天地萬物已然之條理，一則建順五常，天以命人，而人受為性之至理。二者皆全乎天之事。[143]

此言理是天地萬物之條理、規則與秩序，人受天命之性，亦不能脫離氣。理與氣互相依存。理行於氣之內，氣則盈於天地之間。兩者不可分離，與朱熹理氣二元之說不同。〈讀四書大全說〉卷七，云：

---

[142] 《困知記》，卷上，頁 4-5。
[143] 《船山全書》冊 6，卷 5，頁 716。

> 天與人以氣，必無無理之氣。陽則健，陰則順也。一陰一陽則道也。
> 錯綜則變化也。[144]

此依《周易》之道，說明陽健陰順之理，健是氣之健，順是氣之順。氣盛則理達，天積健盛之氣，則條理有秩，變化日新。卦爻中陰陽二氣之變易錯綜，則有吉凶悔吝之變化。此即卦氣奧妙之變化也。

王夫之認為理與氣皆在變，理不可見，但剛健日新；氣可見，當培養剛健之氣，則理亦隨之而變化也。

（二）佛教之四大

佛教把地、水、火、風，看成宇宙間四種基本物質。地如高山、平原、丘陵等不同之地形；水如江、河、海洋等聚水之處；火如太陽、閃電、岩漿等熱能；峰則為大氣之流動。此四大中，地能承載、水能攝集、火能燃燒、風能流動，其作用都使萬物產生生滅之現象。

佛教傳入中國後，將四大統稱為氣，或元氣。吳月支國居士支謙譯《佛開解梵志阿颰經》云：

> 天地人物，一仰四氣。一地、二水、三火、四風。人之身中。強者為地，和淖為水，溫熱為火，氣息為風。生借用此，死則歸本。[145]

此言四大為天地人物所仰賴生存之四氣，並將四大合為四氣，應用在人身上，亦為人身上所具備之四氣。在人身上，地為讓人強健之氣，水為讓人和淖之氣，火為讓人溫熱之氣，風為呼吸之氣息。此四者，生則為人借用，死則回歸為氣。

三國吳康僧會譯《六度集經‧察微王經》云：

> 深睹人之原始，自本無生。元氣強者為地，軟者為水，暖者為火，動

---

[144] 《船山全書》冊 6，頁 1076。
[145] 《大正藏》經 20，卷 1，頁 262。

者為風。四者和焉，識神生焉。上明能覺，止欲空心，還神本無。[146]

　　此言人自本無生。元氣強者為地，軟者為水，暖者為火，動者為風。把氣稱為元氣。此氣之強、軟、暖、動，解釋人體之四大。並謂元氣能產生識神，即人之意識。上明之人，無欲心空，能察覺人由元氣產生意識之微妙。人死亡時，識神又回歸於無。說法比《佛開解梵志阿颰經》敘述更為深入。

　　佛教將四大視為產生生命及心識之本源。東晉慧遠法師（334～416）又將氣延伸到因果、善惡、禍福之上。梁楊都建初寺釋僧佑律師撰《弘明集・三報論》云：

> 倚伏之勢，定於在昔。冥符告命，潛相迴換。故令禍福之氣，交謝於六道。善惡之報，殊錯而兩行。是使事應之際，愚智同感。謂積善而無慶，積惡而無殃。[147]

　　〈三報論〉是慧遠法師為俗人疑善惡無現驗而作。故首言：

> 經說業有三報：一曰現報，二曰生報，三曰後報。現報者，善惡始於此身，即此身受；生報者，來生便受；後報者，或經二生、三生、百生、千生，然後乃受。受之無，必由於心；心無定司，感事而應；應有遲速，故報有先後；先後雖異，咸隨所遇而為對，對有強弱。斯乃自然之之賞罰，三報之大略也。[148]

　　慧遠法師以為人稟氣於兩儀，受形於父母。又不斷在六道輪迴，其中之因果、善惡、禍福都與業有關。又在〈遠法師明報應論・答桓南郡〉云：

---

[146] 《大正藏》經 152，卷 8，頁 51。
[147] 《大正藏》經 2102，卷 5，頁 34。
[148] 同上注。

推乎四大之性，以明受形之本。則假於異物，託為同體，生若遺塵，起滅一化。此則惠觀之所入，智刃之所遊也。於是乘去來之自運，雖聚散而非我，寓群形於大夢，實處有而同無，豈復有封於所受，有係於所戀哉？……四大結而成形。形結則彼我有封，情滯則善惡有主。有封於彼我，則私其身而身不忘；有主於善惡，則戀其生而生不絕。於是甘寢大夢，昏於同迷。抱疑長夜，所存惟著。是故失得相推，禍福相襲，惡積而天殃自至，罪成則地獄斯罰，此乃必然之數，無所容疑矣。

　　此言四大之性，可以明人受元氣而成形之本原。但若託四大成形之體，以為人皆同體，則謬矣！四大結而成彼我之形，但因有因果、善惡、禍福、得失之不同。若報人皆同體之觀念，是猶依戀其身，而甘寢大夢之中。故應抱禍福相襲，惡積而天殃自至之心，則可明白報應之說矣。

　　晉、宋之際之詩人顏延之（384～456）篤信佛法，嘗與何承天〈達生論〉反覆辯難。將氣說成氣運。其〈釋何衡陽達性論〉云：

凡氣數之內，無不感對。施報之道，必然之符。[149]

　　此文顏延之將氣說成氣運、氣數，可以感應到因果報應之上。與慧遠法師之說相同。

　　終南山草堂寺沙門唐圭峰宗密述（780～841）《原人論》云：

萬靈蠢蠢皆有其本，萬物芸芸各歸其根。……近則乃祖乃父，傳體相續，受得此身；遠則混沌一氣，剖為陰陽之二，二生天地人三，三生萬物。萬物與人皆氣為本。……色有地水火風之四大，心有受、想、行、識之四蘊。若皆是我，即成八我，……稟氣受質，氣則頓具四大漸成諸根，心則頓具四蘊，漸成諸識。十月滿足，生來名人……然所

149　《大正藏》經 2102，卷 4，頁 22。

　　稟之氣，展轉推本，即混一之元氣也；所起之心，展轉窮源，即真一
之靈心也。究實言之，心外的無別法。元氣亦從心之所變，屬前轉識
所現之境，是阿賴耶相分所攝。從初一念業相，分為心境之二，心既
從細至麁，展轉妄計，乃至造業；境亦從微至著，展轉變起乃至天
地。業既成熟，即從父母稟受二氣，與業識和合成就人身。[150]

　　此文探討人之本原。將人稟受父母二氣而生，而此氣具地水火風四
大，混一而為元氣，漸成諸根。轉識所現之境，是阿賴耶識。心境可分為
二，內境由業而生。外境則為山河大地。人要將內外二境分別清楚。佛教
四大與心、元氣、阿賴耶識、五蘊之關係，已說明清楚。

第二節　人生論

一、儒家與佛教之生命觀

　　儒家重視道德之生命，以正直、仁愛、禮樂去面對人生諸問題。以
「朝聞道，夕死可矣。」之精神，面對眼前之苦難；以修己治人之方法，
為國家建立不朽之功業，以建立大同社會為人生之理想。
　　佛教是實踐之宗教，並非空泛之理論，為究竟解脫、離苦得樂，證得
無上菩提。修行者必須以般若智返觀內照，知一切法不離緣起性空。如此
對世間一切事物，都不起執著。放下身心，解脫自在，化煩惱為菩提。更
藉此有限之生命，不捨煩惱苦難之眾生。發揮自己之生命力，渡化一切有
情眾生，共同邁向無上菩提之康莊大道。

（一）儒家之生命觀

　　儒家重視生命，西方則有《舊約聖經》首章〈創世紀〉，說明上帝七
日創造生命之過程。中國遠古傳說中，有盤古開天闢地之事。《太平御

---

[150] 《大正藏》經 1886，卷 1，頁 708-710。

覽》引三國吳徐整《三五曆紀》云：

> 天地混沌如雞子，盤古生其中，萬八千歲。天地開闢，陽清為天，陰
> 濁為地，盤古在其中，一日九變。神於天，聖於地。天日高一丈，地
> 日厚一丈，盤古日長一丈，如此萬八千歲。天數極高，地數極深，盤
> 古極長，後乃有三皇。數起於一，立於三，成於五，盛於七，處於
> 九，故天去地九萬里。[151]

如依此說，則盤古為天地孕育而生，與天地共成長。盤古後乃有三
皇，三皇如何而來？無法說明。又盤古生於天地開闢之時，亦無所依據，
應為徐整編出之神話。

又有女媧造人之說。《楚辭·天問章句第三》云：

> 女媧有體，孰制匠之？[152]

屈原為楚懷王放逐江南，憂心愁悴，徬徨山澤，遂在公卿祠堂，圖畫
天地山川神靈，及賢聖怪物行事，呵而問天，女媧有體，一日七十化，而
女媧之體，又為何人所造？王逸《楚辭章句》注云：

> 傳言女媧人頭蛇身，一日七十化。其體如此，誰所制匠而圖之乎？[153]

有傳女媧摶黃土作人之說。《太平御覽》引《風俗通》記載：

> 俗說天地開闢，未有人民，女媧摶黃土作人，劇務，力不暇供，乃引
> 繩於絚泥中，舉以為人。故富貴者，黃土人也，貧賤凡庸者，絚人
> 也。[154]

---

[151] 《太平御覽》，卷2，頁127。
[152] 《楚辭補注》，頁104。
[153] 《楚辭章句》，頁104。
[154] 《太平御覽》，卷78，頁494。

此則記載，未見於今本之《風俗通義》。又《淮南子‧說林訓》云：

> 黃帝生陰陽，上駢生耳目，桑林生臂手：此女媧所以七十化也。[155]

此言女媧造人時，眾神皆參加造人工作。黃帝具陰陽二性，上駢是神助生耳目，桑林神助生手臂，故女媧為化育萬物之人。《山海經‧大荒西經》云：

> 有神十人，名曰女媧之腸。化為神，處粟廣之野，橫道而處。[156]

此言女媧之腸化為十神，居處於處粟廣之野。猶如傳說盤古垂死化身，而為四極五嶽、日月星辰，亦當列為神話。

以上諸說，雖屬神話，且辭意隱晦，未有完整可信之論據，但都是我國古代人類起源及造人之傳說。

到商周信史時代，殷墟卜辭、《書經》、《詩經》、《左傳》中稱主宰天下者為上帝或天，與西方《舊約聖經》之上帝耶和華，伊斯蘭教《可蘭經》之上帝安拉不同。如《毛詩‧大雅‧烝民》云：

> 天生烝民，有物有則。民之秉彝，好是懿德。[157]

此說明天生眾民，有其情性。其性為物象，即仁義禮智信五行；其情為喜、怒、哀、樂、好、惡。不論情性，皆有法則可循。人民都秉持常道，而且喜好善美之德性。此言天不僅生養眾民，而且說明人性本善。人民與天之間，是一種互相依存之關係。《尚書‧康誥篇》云：

> 惟乃丕顯考文王，克明德慎罰，不敢侮鰥寡，庸庸、祇祇、威威、顯

---

[155] 《淮南子集釋》，卷17，頁1747。
[156] 《山海經》，卷19，頁389。
[157] 《毛詩正義》，卷18，頁674。

民，用肇造我區夏，越我一二邦以修，我西土惟時怙，冒聞于上帝，帝休。天乃大命文王殪戎殷，誕受厥命。[158]

此言商王不敬厥德，濫施刑罰，導致滅亡。周文王能顯用俊德，慎用刑罰，惠恤窮民，不侮鰥夫、寡婦。用可用之小官，敬可敬之大官，刑可刑之罪罰，以此道示民。以為政於我區域諸夏，由是我一二諸國得以修治。我國西土歧周，怙恃文王之道，其政教昌被四表，上聞於天。天帝稱美其治。天帝乃大命文王，出兵於殷，使周三分天下有其二，以授武王。

由上敘述，天有威權，聞知天下之事，且可命令君主，有如至高無上之神。人民也敬畏上天而崇祀之。《國語・魯語》中，敘述魯莊公如齊觀社，曹劌諫云：

> 天子祀上帝，諸侯會之受命焉。諸侯祀先王、先公，卿大夫佐之受事焉。[159]

此處言天子必須祭祀上帝，諸侯亦須與會而受命；諸侯則祭祀先王、先公；卿大夫則輔佐諸侯，接受諸侯交代之事務。

孔子重視祭禮，《禮記》、《周禮》、《儀禮》中多談祭祀，卻很少與弟子談論生命與鬼神，但重視做人之意義與價值，《論語・先進篇》云：

> 季路問事鬼神。子曰：「未能事人，焉能事鬼？」曰：「敢問死？」曰：「未知生，焉知死？」[160]

孔子回答子路問鬼神之事時，告訴子路，要先懂如何事人，再談事鬼。因為活在世上，如何立身行道，揚名於後世，以顯父母，是首要之

---

[158] 《尚書正義》，卷 14，頁 201。
[159] 《國語》，卷 4，頁 153。
[160] 《論語注疏》，卷 11，頁 37。

事。孔子不是輕視鬼神，而是先事人而後事鬼。

　　孔子要大家了解天命。《論語·堯曰篇》云：「孔子曰：『不知命，無以為君子也。』」[161]孔子認為君子知命，並非要君子去問鬼神。有關自己命運之事，而是要了解生命之意義與價值。至於孔子五十而知天命之事，其說始於《毛詩·大雅·大明篇》所云：「有命自天，命此文王。」[162]此天命不僅是個人之生死、壽夭，亦包含國家之命運、存亡。而且人之命運，應由上天安排。

　　不論天命或個人之生命，春秋時代范宣子問穆叔，何謂死而不朽，穆叔謂有三不朽。《左傳·襄公二十四年》云：

　　　　二十四年春，穆叔如晉。范宣子逆之，問焉，曰：「古人有言曰，『死而不朽』，何謂也？」穆叔未對。宣子曰：「昔匄之祖，自虞以上為陶唐氏，在夏為御龍氏，在商為豕韋氏，在周為唐杜氏，晉主夏盟為范氏，其是之謂乎？」穆叔曰：「以豹所聞，此之謂世祿，非不朽也。魯有先大夫曰：『臧文仲既沒，其言立。其是之謂乎！』豹聞之：『大上有立德，其次有立功，其次有立言。』雖久不廢，此之謂不朽。若夫保姓受氏，以守宗祊。世不絕祀，無國無之，祿之大者，不可謂不朽。」[163]

　　依穆叔所云，人之三不朽，為立德、立功、立言，此三者之理，雖久不廢。可見道德、功業、言論，可以超越肉體之死亡，而臻於不朽。故《論語·衛靈公篇》云：「志士仁人，無求生以害仁，有殺身以成仁。」[164]《論語·里仁篇》亦云：「朝聞道，夕死可矣。」[165]

　　由上所云，君子所追求之絕對價值是道德，道德是超越生死之好惡，使人不朽之精神所在。《論語·季氏篇》云：

[161] 《論語注疏》，卷20，〈堯曰〉，頁180。
[162] 《毛詩正義》，卷16，頁542。
[163] 《左傳正義》，卷35，頁608-609。
[164] 《論語注疏》，卷15，頁135。
[165] 《論語注疏》，卷4，頁37。

齊景公有馬千駟，死之日，民無德而稱焉。伯夷、叔齊餓於首陽之下，民到於今稱之。[166]

齊景公有四千匹馬，為一國之君，死時人民並不稱道。伯夷、叔齊餓死首陽山，人民至今還稱頌不已。人之道德，超越於生命之上。《論語‧憲問》中，孔子曾指責原壤：「幼而不孫弟，長而無述焉，老而不死，是為賊。」[167]原壤，魯人，聞孔子前來，伸兩足，箕踞以待孔子。孔子言其幼少時不恭順長上，年長無德行稱述，如今又老而不死，有如苟且偷生之賊。

君子對於道德之堅持，必須以靈明之智慧判斷，而且篤行之。《論語‧泰伯篇》云：

篤信好學，守死善道。危邦不入，亂邦不居。天下有道則見，無道則隱。[168]

君子好學，而且要篤信善道，至死不渝。但入危邦、居亂邦，是不智之行為。當天下太平時，要出仕以表現自己之才能，政治敗亂時，就隱居山林，不論世事。至於善道之準繩是仁。任何行事，皆要以仁為原則。《論語‧泰伯篇》云：

曾子曰：「士不可以不弘毅，任重而道遠。仁以為己任，不亦重乎？死而後已，不亦遠乎？」[169]

孔子弟子曾子認為士要氣度弘大，剛毅果斷。因為士以仁為己任，所以責任重大；要終身為理想奮鬥，所以要走之路十分遙遠。

仁人是孔子理想之人格標準，人人必須仁愛他人、克己復禮、守死善

---

[166] 《論語注疏》，卷16，頁150。
[167] 《論語注疏》，卷14，頁131。
[168] 《論語注疏》，卷8，頁72。
[169] 《孟子注疏》，卷8，頁71。

道，將是人格完美之人。孔子在《論語‧述而篇》中，自己謙虛地說：

> 若聖與仁，則吾豈敢！抑為之不厭，誨人不倦，則可謂云爾已矣。[170]

可見做到聖人、仁人很不容易，孔子還是努力以赴。在春秋亂世，帶領眾弟子周遊列國，就是要做仁人之功業，讓天下人都知仁行義，明禮尚樂。因此到衛國、宋國、陳國、楚國，希望實踐周初文武之政，經過十四年之奔波，不能實現抱負，才回到魯國，已經六十八歲。

孟子繼承孔學，亦主張仁義之道。《孟子‧告子篇上》云：

> 魚，我所欲也；熊掌，亦我所欲也。二者不可得兼，舍魚而取熊掌者也。生，亦我所欲也；義亦我所欲也，二者不可得兼，舍生而取義者也。生亦我所欲，所欲有甚於生者，故不為苟得也。死亦我所惡，所惡有甚於死者，故患有所不辟也。……所欲有甚於生者，所惡有甚於死者，非獨賢者有是心也，人皆有之。[171]

孟子認為將仁義道德與生死加以權衡，則義能使人超越生死。《孟子‧萬章篇下》云：「志士不忘在溝壑，勇士不忘喪其元。」[172]有相同之意義。

又《孟子‧離婁篇上》云：

> 三代之得天下也以仁，其失天下也以不仁。國之所以廢興存亡者亦然。天子不仁，不保四海；諸侯不仁，不保社稷；卿大夫不仁，不保宗廟；士庶人不仁，不保四體。今惡死亡而樂不仁，是猶惡醉而強酒。[173]

---

[170]《論語注疏》，卷7，頁65。
[171]《孟子注疏》，卷11，頁201。
[172]《孟子注疏》，卷10，頁187。
[173]《孟子注疏》，卷7，頁126。

仁者可以得天下，不仁者失天下。國之興廢存亡，在於執政者是否心存仁義。若樂行不仁之事，又厭惡死亡，猶如厭惡酒醉，卻拚命喝酒，豈有不醉之理。又《孟子・離婁篇上》云：

> 今之欲王者，猶七年之病，求三年之艾也。苟為不畜，終身不得。苟不志於仁，終身憂辱，以陷於死亡。[174]

人君所以得天下，是立志行仁，使百姓「養生喪死無憾」[175]。因此，保民而王，是孟子治國之理想。而「喪死」之事比「養生」更為重要。《孟子・離婁篇下》云：「養生者不足以當大事，惟送死可以當大事。」[176]養生一般人能做到，儒家更重視喪禮，喪死不僅為往生之親人盡哀，還要慎終追遠，做好對死者之生命禮儀。

《禮記・中庸篇》記載孔子回答子路問「強」，云：

> 故君子和而不流，強哉矯！中立而不倚，強哉矯！國有道，不變塞焉，強哉矯！國無道，至死不變，強哉矯！[177]

孔子希望子路成為真正剛強武勇之人。所以告訴子路，君子與人和平相處，而不隨俗浮沉；篤守中庸之道，而不偏倚。在國家政治安定時，不改變貧困時之操守；國家政治敗壞時，至死也不改變平生之志節，就是真正剛強武勇之人！

孟子雖然主張捨生取義，也就是要為義而死。但反對無謂地犧牲生命，《孟子・離婁篇下》云：

---

[174] 《孟子注疏》，卷7，頁132。
[175] 《孟子注疏》，卷1，頁12。
[176] 《孟子注疏》，卷8，頁144。
[177] 《禮記正義》，卷52，頁881。

可以死，可以無死。死，傷勇。[178]

《孟子・盡心篇上》又云：

　莫非命也，順受其正。是故知命者不立乎巖牆之下。盡其道而死者，
　正命也。桎梏死者，非正命也。[179]

　　孟子認為人之生命，不論吉凶禍福，皆受命運之限制，故言無非命
也。趙歧注云：「人之終，無非命也。命有三名。行善得善曰受命，行善
得惡曰遭命，行惡得善曰隨命。惟順受命惟受其正也。」[180]故君子不站立
在將要覆倒之危牆下，以免遭到不測。君子雖知「死生有命」，但真正知
命之人，能修身以順受命運，就是正命。若犯罪而受桎梏而死，則非正
命。同時，知命者要盡知覺察危險與防範未然，就能趨吉避凶。《孟子・
盡心篇上》云：

　殀壽不貳，脩身以俟之，所以立命也。[181]

　　人之壽命，雖有長短之不同。只要修身以等待命數，就是保全天賦之
命。此說似有宿命之涵義，但其主旨是要君子不逆天而行，以折損壽命。
在《孟子・離婁篇上》云：

　天下有道，小德役大德，小賢役大賢；天下無道，小役大，弱役強。
　斯二者天也。順天者存，逆天者亡。[182]

　　孟子認為，天下處於以道德治國之時，大德者樂於處下，故小德者可

---

178 《孟子注疏》，卷8，頁151。
179 《孟子注疏》，卷13，頁229。
180 《孟子注疏》，卷13，頁229。
181 《孟子注疏》，卷13，頁229。
182 《孟子注疏》，卷6，頁127。

以使喚大德，小賢可以使喚大賢；天下敗亂之時，禮樂崩壞，諸侯崇尚武力，不尊王道，弱小者役使強大者，少數人役使眾人。兩者都是天命。但是順從天道者得以存在，背逆天道者招致滅亡，卻是不變之道理。《孟子‧盡心篇下》云：

> 堯舜，性者也；湯武，反之也。動容周旋中禮者，盛德之至也；哭死
> 而哀，非為生者也；經德不回，非以干祿也；言語必信，非以正行
> 也。君子行法，以俟命而已矣。[183]

此舉堯、舜之體性，能自行善。商湯、周武王則相反，就是能反省自己，然後加善於民。所以人之動作、容儀、周旋合於禮者，是具有大德之人。死者有盛德，哭者哀傷，並非為生死而哀哭也。行德之人，具有操守，非為干求祿位也。言語誠信，並非求取正行之名也。君子行事合乎法度，只是將夭壽歸之於天命而已。

《禮記‧中庸篇》亦云：「君子居易以俟命，小人行險以徼幸。」[184]言君子安於平易之位，等待天命之安排；小人則冒險行事，心存僥倖得利。其中言及「俟命」，即孟子所謂之「正命」。

由此可知，孔、孟都相信天命，非人力可以扭轉。但行事則依仁義之道。荀子與孔、孟不同，認為天是天，人是人，天人各有不同之職責。天之職責是生養萬物，人之職責是由聖王治理萬物。人之吉凶禍福與天無關，都是人為所致。人應明白天人之分，凡事不歸諸天，而是要利用天來造福人類。

人與天之關係是人生長在天地之間，自然與天息息相關。《荀子‧天論篇》云：「天有其時，地有其財，人有其治。」[185]天地人各有其職分與分際。人之生命，應是由天地化育萬物而來。《荀子‧天論篇》又云：

---

[183] 《孟子注疏》，卷 14，頁 261。
[184] 《禮記正義》，卷 52，頁 883。
[185] 《荀子集解》，卷 11，頁 206。

列星隨旋，日月遞炤，四時代御，陰陽大化，風雨博施，萬物各得其
和以生，各得其養以成，不見其事而見其功，夫是之謂神。皆知其所
以成，莫知其無形，夫是之謂天。[186]

若觀察上天，有二十八星宿在天際相隨迴旋，日月則更相照耀大地，
一年四時，更遞御臨人間。陰陽寒暑變化萬物，風雨廣大地潤澤大地，萬
物各自得到天地之調和而生長。人類不見天操作其事，只見到天生養萬物
之功，此稱之為神。人皆知天生養萬物之成就，卻不知天無形跡可循，此
稱之為天。既然天生養萬物，人也受天之化育，人之生命該如何解說？荀
子從天情、天官、天君、天養、天政、天功等，說明人與天之關係。《荀
子・天論篇》云：

形具而神生，好惡喜怒哀樂臧焉，夫是之謂天情。耳目鼻口形能各有
接而不相能也，夫是之謂天官。心居中虛，以治五官，夫是之謂天
君。財非其類以養其類，夫是之謂天養。[187]

荀子以為人具備形體，又產生意識，就蘊藏好惡喜怒哀樂之情感，此
之謂天情；耳目鼻口形體，都能接觸外物。如耳聽聲、目視物、鼻聞臭、
口嘗味、形體感覺寒熱痛癢麻痠，但不能互相代替，此之謂天官；心居胸
臆之中，主宰五官，此之謂天君。裁制各種物類，以養育人類，此稱之為
天養。

荀子亦重視道德在生命中之價值，故《荀子・不苟篇》云：

君子易知而難狎，易懼而難脅，畏患而不避義死，欲利而不為所非，
交親而不比，言辯而不辭，蕩蕩乎其有以殊於世也。[188]

荀子認為君子容易交往但難親狎，謹慎而知恐懼，但是很難脅迫其心

---

[186] 《荀子集解》，卷 11，頁 206。
[187] 《荀子集解》，卷 11，頁 206。
[188] 《荀子集解》，卷 2，頁 24。

志。畏懼發生災禍，但會為正義而死。欲得到福利，卻不做不義之事。交
往時親切，但不會阿比結黨。言詞辯捷無礙，卻不以辭害言。心中坦蕩
蕩，不同於世俗。《荀子・不苟篇》又云：

> 君子養心莫善於誠，致誠則無他事矣。惟仁之為守，惟義之為行。誠
> 心守仁則形，形則神，神則能化矣。誠心行義則理，理則明，明則能
> 變矣。變化代興謂之天德。天不言而人推其高焉，地不言而人推其厚
> 焉，四時不言而百姓期焉。夫此有常，以至其誠者也。……天地之為
> 大矣，不誠則不能化萬物；聖人為智矣，不誠則不能化萬民；父子為
> 親矣，不誠則疏；君上為尊矣，不誠則卑。夫誠者，君子之守，而政
> 事之本也。[189]

　　荀子極推崇誠之重要，因為誠是養心之根本。做到至誠，則外物不能
入侵。
　　至誠在於仁義之心。若能誠心守仁行義，就能形之於外。尊之如神，
就能化育眾人。又若能誠心行義，則行事有條理。是非分明，就能變改他
人之惡。變化交替運用，稱為天德。天不言而人推崇其高，地不言而人推
崇其博厚，四時不言而百姓知其時節。如此永常不變，就是天地至誠之表
現。天地崇高廣大，不誠則不能化育萬物。聖人不誠，則不能變化萬民。
父子親近，不誠就顯得疏遠。君主尊貴，不誠則不受下民尊崇。故誠是君
子所執守，也是政事之根本。
　　由上可知，荀子與孔、孟不同者，是對天道之認識。荀子以天人相分
之理，說明天屬自然之天，人受天養，應以至誠之心養心。荀子與孔、孟
相同者，為對道德心之重視。

（二）佛教之生命觀

　　人最可貴者，就是生命。佛教講人身難得，佛法難聞。故佛陀慈悲開
示，要佛弟子珍惜自己之生命，更要慈愛他人之生命。佛陀開示之「三

---

[189] 《荀子集解》，卷2，頁228-229。

業」、「四諦法」、「無我觀」、「八正道」、「十二緣起」等，都與生命觀有關。

生命之起源，從無始以來，本性因染成識，再加上妄想執著造作之業力，寄託於識中。此識受業力支配，在六道中輪迴升沉。因此，生命之緣起是阿賴耶識。

安慧菩薩糅造大唐三藏法師玄奘譯《大乘阿毘達磨雜集論‧本事分‧三法品》云：

> 云何知有阿賴耶識？若無此識，執受初，明了種子、業、身受、無心定、命終無，皆不應理。釋此伽他[190]，如攝決擇分說。由八種相，證阿賴耶識決定是有。謂若離阿賴耶識，依止不可得故，最初升起不可得故，明了升起不可得故，種子體性不可得故，業用體性不可得故，身受體性不可得故，處無心定不可得故，命終之識不可得故。[191]

此言阿賴耶識為「種子」，為六識界及意界之所依，能積習氣而成體性，亦能定心而使心在命終時得與業俱轉。也就是人之生命受阿賴耶識與業力之牽引，在六道之流轉裏，因緣和合，成五蘊和合之我。

其實，阿賴耶識與名色結合之生命，並不一定就是人。不過三界六道，以人為中心。因此從父精母卵結合而成生命，發育至六根具備，出生人間。漸次成長，由眼耳鼻舌身意六根，對色聲香味觸法六塵之感觸，而有苦樂之感受。這便是十二因緣中之識、名色、六入、觸、受五支。

十二緣起包括過去二因、現在三因、五果，未來二果。過去二因是無明、行；現在三因是有、取和愛。五果包括識、名色、六入、觸和受。未來二果是生、老死。諸根朽壞為老，諸蘊破壞名死。

緣和識都是生命生滅之重要原因，而業為關鍵。業之梵語是羯磨，造作之義。人在思想上，或因思想發之於身體、語言之善惡諸造作，俱名為

---

190 伽陀（巴利文與梵語：gāthā），又譯伽他、偈陀，簡稱偈，意譯為諷頌、造頌、偈頌等義，為古印度之韻文文體，也是佛家之歌謠、詩作。
191 《新修大正藏》經1606，卷2，頁701。

業。尊者世親造三藏法師玄奘譯《阿毘達磨俱舍論・分別業品》將有情世
間及器世間之差別由何而生？云：

> 世別由業生，思及思所作，思即是意業，所作謂身語。[192]

諸有情因愛、樂使內在之身形造雜業，外感生香味觸等，不淨生業。
《阿毘達磨俱舍論・分別業品》又把有情之身、語、意三業，分為「思
業」，與「思己業」。其云：

> 有兩種業，一者思業，二思己業。[193]

思業即是意業，思己業即是因思而起之身、語二業。此三者，合稱為
身，語，意三業。

業有善、惡、無記三性。善業能招致善果，惡業能招致惡果，無記業
既不是善又不是惡，故不感果。

十善業包括：身業（放生，佈施，淨行）、語業（誠實語，質直語，
柔軟語，和諍語）和意業（不淨觀，慈悲觀，因緣觀）。十惡業包括身
業、語業和意業。身業是指殺生、偷盜和邪淫，語業是指妄語、綺語、兩
舌和惡口，意業是指貪欲，瞋恚和邪見。《阿毘達磨藏顯宗論・辯業品第
五之一》云：

> 身語二業略有二種，一者有漏。二者無漏。若有漏者，五地所繫，欲界
> 所繫。身語二業，唯欲界繫，大種所造。如是乃至第四靜慮身語二業。
> 唯是彼地大種所造。若無漏者，依五地身，隨生此地，應起現前。即是
> 此地大種所造。以無漏法不墮界故，必無大種，是無漏故。[194]

---

192 《大正藏》經 1558，卷 18，頁 67。
193 《大正藏》經 1558，卷 18，頁 67。
194 《大正藏》經 1563，卷 18，頁 862。

　　此言三業中，以意業為主。身、語二者，皆受意之支配。欲界之人，在意上若有貪、瞋、癡等意念，行為上就有殺、盜、淫之等惡行，故稱有漏。因為業無形無相，無質無量。眾生起心動念之時，皆成業種。且又永不磨滅，恒久存在。遇緣則起現行，業種就印入八識田中。八識田即阿賴耶識。

　　業果與業報，決不因死亡而終止，死亡不過是「色身」依循物理法則而聚散。生命並非純物質，各人所造之業，並不因物質身體之死亡而消滅。死亡之後，業力會引導自己轉換到另一個新生命，稱為輪迴。

　　三界有情，因迷惑而造業，因造業而受苦，因受苦復迷惑。此惑、業、苦三者，就形成惡性循環。但因惑所造之業有善、惡、輕、重之分，因之果報於六道中亦有苦、樂之別。業識在六道中生此死彼，就叫做六道輪迴。

　　六道包括天道、人道、修羅道、畜生道、餓鬼道、地獄道。前三者稱三善道，後三者稱三惡道。其中天道福報最厚，樂多苦少，係修上品十善所感之果。人道苦、樂參半，係修中品十善所感之果。修羅道福報如天，而瞋恚心重，鬥爭不止，係修下品十善所感之果。下三道之畜生道，愚癡無知，吞噬虐殺，係造下品十惡所感之果。餓鬼道常受饑餓，故曰餓鬼。其痛苦甚於畜生，係造中品十惡所感之果。最下者為地獄道，係造上品十惡，召此極端痛苦之果報。然在此六道之中，各道中的苦樂福報亦繁殊萬端。如人有富貴貧賤，窮達壽夭，畜有飛禽走獸，蟲蟻魚蝦。鬼道中有無財，少財，多財諸類；天道中分欲界、色界、無色界諸天，皆是業力之所召感，其中不論善升惡墮，理所固然也。

　　三界六道之眾生，包括：欲界（具有男女飲食之欲的世界）、色界（離男女飲食之欲的有形世界）和無色界（無形色之心識世界）。

　　緣起性空之生命觀　若將入畢竟空，絕諸戲論。畢竟空者，言語道斷。心行處滅，不可說。佛陀說法四十九年，不曾說過一個字。《大般若經‧金剛經》云：

若道如來有所說法，即為謗佛，不能解我所說故。[195]

　　諸法實相，超越語言文字之外。言語不能描繪，開口便錯，故將文字比喻為指月手，渡河筏。菩薩為度化眾生，發揮大慈大悲之精神。一邊是般若智慧，一邊是方便慈悲。般若是向內潛修，是對己；度眾生時，則不出世間，不離世間，是待人。慈悲智慧，是佛陀圓融之教化。唐三藏法師玄奘譯《般若波羅蜜多心經》云：

觀自在菩薩行深般若波羅蜜多時，照見五蘊皆空，度一切苦厄。[196]

　　觀自在菩薩以深妙般若智觀照，照見五蘊皆空。「五蘊皆空」，是般若智慧之體認。「度一切苦厄」，是以慈悲救度大千世界之眾生。救苦救難是方便慈悲。千手千眼觀世音菩薩看到無量無邊之眾生受苦，也解救無量無邊之眾生脫離苦難。眾生是因緣和合而生，不知夢幻虛假，終日馳逐名利，枉受輪迴之苦。故姚秦天竺三藏鳩摩羅什譯《金剛般若波羅蜜經》中，佛告須菩提云：

我應滅度一切眾生，滅度一切眾生，已而無有一眾生實滅度者。[197]

　　此言菩薩若有我相、人相、眾生相、壽者相，則非菩薩。因一切諸相，即是非相。故一切眾生，則非眾生。佛滅度眾生，則無有一眾生實滅度。三千大千世界，則非世界，是名世界。風旛報恩光寺住持嗣祖比丘宗寶編《六祖大師法寶壇經·行由第一》中，六祖惠能偈云：

菩提本無樹，明鏡亦非台，本來無一物，何處惹塵埃。[198]

---

[195] 《大正藏》經 235，頁 748。
[196] 《大正藏》經 251，頁 849。
[197] 《大正藏》經 235，頁 750。
[198] 《大正藏》經 2008，頁 349。

偈中所云「本來無一物，何處惹塵埃。」就是空。惠能書此偈之當夜三鼓，入五祖神秀禪室，為說《金剛經》，至應無所住而生其心。惠能言下大悟，一切萬法不離自性。又傳頓教及衣缽云：「汝為六代祖，善自護念，廣度有情。流布將來，無令斷絕。」[199]

佛法不外勝義諦和世俗諦，亦稱真俗二諦。真，是真實不虛，諦，即是理。真諦者，一法不立，就是空；俗諦是世間法，森羅萬象，皆是虛妄，故名假有。東晉天竺三藏佛馱跋陀羅譯《大方廣佛華嚴經‧十地品》，中金剛藏菩薩告諸佛子云：

> 所謂我當以清淨心，供養一切諸佛，皆無有餘。一切供具隨意供養。發如是大願，廣大如法界。究竟如虛空，盡未來際。盡供養一切劫中所有諸佛。以大供養具，無有休息。[200]

真諦是第一義諦，以顯性體。俗諦不捨一法，顯性相也。性空為真諦，緣起為俗諦。實相般若以性空為體，空生大覺。大覺亦緣，菩薩慈悲方便，不捨眾生，行六度萬行，遊於畢竟空，不著有，亦不礙有；不著空，亦不礙空。即空即有，即有即空。故應知究竟虛空，而以清淨心具足供養一切諸佛，無有休息。

天台宗將諸法實相之真理，分為空、假、中三諦。所謂空諦（即真諦）是諸法體性本空，凡夫執著萬法為實，故生妄見；假諦（即俗諦）是因緣和合所顯之相，似假似真，故稱假諦；中諦者，即中道第一義諦。龍樹菩薩造姚秦鳩摩羅什譯《中論‧觀四諦品》第十三偈云：

> 眾因緣生法，我說即是無。亦為是假名，亦是中道義。未曾有一法，不從因緣生。是故一切法，無不是空者。[201]

[199] 《大正藏》經 2008，頁 349。
[200] 《大正藏》經 278，卷 23，頁 545。
[201] 《大正藏》經 1565，卷 4，頁 33。

　　龍樹菩薩造之《中論》，建立天台宗之觀行。此品解說「緣起性空」之中道義。所謂「緣起」，即世間之生滅，都是因緣和合而成。緣起無自性，故空。若一切不空，則無有生滅。為引導眾生，故以假名說。離有無二邊，故名為中道。

　　空與有，是兩種相對之觀念。空是般若之根本思想，指一切諸法，無自體、無實體、無我、無法。事相虛幻，理體空寂。姚秦天竺三藏鳩摩羅什譯《金剛般若波羅蜜經》佛告須菩提云：

　　　凡所有相，皆是虛妄。若見諸相非相，則見如來。[202]

　　佛又告須菩提云：

　　　諸菩薩摩訶薩，應如是生清淨心，不應住色生心，不應住聲香味觸法生心，應無所住而生其心。[203]

　　空又分為人空與法空。人空，是說有情眾生沒有實體或自我的存在。法空，是指一切事物之存在皆由因緣生起，兩者皆無實體或自性存在。阿羅漢證得人空，但仍未能法空，菩薩才能人法二空。《成實論》又分析空與體空，析空是小乘佛教所說之空，以分析萬法究竟不可得，以進入空義，又稱為析空觀。不有，故名為空。因緣所生法稱為依他起性，與遍計所執性不同。至於真如，稱為圓成實性，係觀人空法空，了知真如法與一切諸法同一體性，故又稱為「自性空」。知自性空，當無所住而生其心矣。

二、儒家與佛教之人生觀

　　儒家之人生觀，重視現實世界之人生，不講怪力亂神，重視家族倫

---

[202] 《大正藏》經 235，頁 749。
[203] 《大正藏》經 235，頁 749。

理，崇尚禮樂，講求修己治人之道，從個人之修身，到齊家、治國、平天下。此理念以中庸之道為中心。

佛教之人生觀，從人人皆可成佛為出發點。認為人生最大之目的，在於轉迷開悟，解脫三界（欲界，色界，無色界）輪迴之苦，從正知、正見、正信、四法印、四念住、業、因果、阿賴耶識、思、行等，建立正確之人生觀。

（一）儒家之人生觀

儒家思想之人生觀，最重要者，是要確認人存活在天地間之意義。宋儒張載《正蒙・乾稱篇・西銘》云：

> 乾稱父，坤稱母；予茲藐焉，乃混然中處。故天地之塞，吾其體；天地之帥，吾其性。民吾同胞，物吾與也。[204]

天地是滋生萬物之根本，故應體認天道與人道，懂得萬物與我一體之道。人立足於天地之間，應如何自處？方能俛仰於天地之間，心無愧怍。《周易・繫辭傳下》云：

> 易之為書也，廣大悉備。有天道焉，有人道焉，有地道焉，兼三才而兩之。[205]

《周易・說卦》亦云：

> 立天之道曰陰與陽，立地之道曰柔與剛，立人之道曰仁與義，兼三才而兩之。[206]

陰與陽為天道，天以陰陽為繁衍萬物之根源，柔與剛是地以剛柔為萬

---

[204] 《張載集》，頁 62。
[205] 《周易正義》卷 9，頁 183。
[206] 《周易正義》卷 8，頁 176。

物之構成，陽剛之氣上升，陰柔之氣下降，五行亦以剛柔為生剋之道。仁與義是人道，人無仁義，是無恥之卑鄙小人，將為世人唾棄。

儒家講求道德，為做人之基本道理。不論仁、義、禮、智、信，溫、良、恭、儉、讓、寬、敏、惠、誠、孝等，都是做人之基本規範，也是為人處世之道德標準。並以此道德立己立人、推己及人。

儒家崇尚禮樂。《論語・顏淵篇》云：

> 顏淵問仁。子曰：「克己復禮為仁。一日克己復禮，天下歸仁焉。為仁由己，而由人乎哉？」顏淵曰：「請問其目。」子曰：「非禮勿視，非禮勿聽，非禮勿言，非禮勿動。[207]

孔子認為「復禮」是通往「仁」之路，不聽非禮之言，不言非禮之語，不視非禮之事，社會會更增加祥和。《論語・陽貨篇》云：

> 子曰：「禮云禮云，玉帛云乎哉？樂云樂云，鐘鼓云乎哉？」[208]

孔子覺得禮樂並非談玉帛圭璋、鐘鼓鏗鏘之事，禮樂具有移風易俗之功能。

同時，禮樂之制度，可用之於祭祀、禮法、朝覲、宴飲、應對進退等事。在禮樂陶冶之下，可以敬天祀祖，維繫社會秩序，是治國之要道。

儒家之人生觀是積極、樂觀，具有進取之精神。《論語・學而篇》記載；

> 孔子云：「學而時習之，不亦悅乎？有朋自遠方來，不亦樂乎？」[209]

孔子時時不忘學習，並樂有朋友來訪。《論語・述而篇》又云：

---

[207] 《論語注疏》，卷 12，頁 106。
[208] 《論語注疏》，卷 17，頁 156。
[209] 《論語注疏》，卷 1，頁 5。

葉公問孔子於子路，子路不對。子曰：「女奚不曰：『其為人也，發憤忘食，樂以忘憂，不知老之將至云爾！』」[210]

孔子發憤為學，當有領會時，快樂得忘記憂愁。至於富貴，非其所追求者。《論語‧述而篇》記載：

子曰：「飯疏食飲水，曲肱而枕之，樂亦在其中矣。不義而富且貴，於我如浮雲。」[211]

孔子樂於生活，甘於過寧靜淡泊之日子，吃粗飯，飲水，曲肱而枕之，從其中獲得樂趣。並視富貴如浮雲。但積極之人生，是一種內聖外王之道，內聖是從修己做起，從格物、致知、誠意、正心下工夫；外王則是齊家、治國、平天下，做經世濟民之工作。《論語‧憲問篇》云：

子路問君子。子曰：「修己以敬。」曰：「如斯而已乎？」曰：「修己以安人。」曰：「如斯而已乎？」曰：「修己以安百姓。修己以安百姓，堯、舜其猶病諸！」[212]

孔子並非隱居避世之人，其救人救世之精神，終生不渝。故告其弟子，除修養自己外，還要使百姓安和樂利。其周遊列國，亦為挽救春秋之亂世。《論語‧陽貨篇》云：

公山弗擾以費畔，召，子欲往。子路不說，曰：「末之也已，何必公山氏之之也！」子曰：「夫召我者，而豈徒哉？如有用我者，吾其為東周乎！」[213]

---

[210] 《論語注疏》，卷6，頁62。
[211] 《論語注疏》，卷6，頁62。
[212] 《論語注疏》，卷14，頁131。
[213] 《論語注疏》，卷17，頁154-155。

此言魯定公九年，公山弗擾為季氏宰，與陽虎共執季桓子，據費邑以叛。召孔子，孔子欲往。子路不悅，勸孔子，沒地方去就算了，何必去公山氏那邊。孔子認為公山氏召我，如果是想用我，就要在東方之魯國，復興文、武、周公之政。因此，孔子求仕之心，極為強烈。

孟子之時代，已至戰國中葉，各國務在侵奪，征戰連年。孟子在四十五歲之前，即遊歷各國，曾至齊、宋、周、魯、滕、梁等國，宣揚以仁政治國之理念。但被評論為迂遠而闊於事情，雖然如此，所至之國，仍受到尊敬與禮遇。

孟子之人生觀，首先確定人性本善，人人具有仁義禮智之心。《孟子‧盡心篇上》云：

> 孟子曰：「廣土眾民，君子欲之，所樂不存焉，中天下而立，定四海之民，君子樂之，所性不存焉。君子所性，雖大行不加焉，雖窮居不損焉，分定故也。君子所性，仁義禮智根於心。其生色也，睟然見於面，盎於背，施於四體，四體不言而喻。」[214]

孟子認為君子想要廣大之土地，眾多之人民，但心中不存在快樂。若能居處天下之中，安定天下之民，才是君子之快樂。君子之本性，不論施政於天下，或窮困於家中，其本性未有增減。因為君子秉受之天性，就是仁義禮智之仁心，此仁心都含攝於本性之中。表現在臉色上，非常潤澤明亮；充盈於背上，精神十分飽滿；延伸到手足四肢，不用口說，就能明曉其意。可見君子之真樂，是在安邦定國之上。

孟子所以有安天下之職志，乃是存養心中之浩氣孕育造就。此浩氣發自內心，是由心中至誠之道德心驅使之。《孟子‧盡心篇下》云：

> 孟子曰：「人皆有所不忍，達之於其所忍，仁也。人皆有所不為，達之於其所為，義也。人能充無欲害人之心，而仁不可勝用也。人能充

---

[214] 《孟子注疏》，卷13，頁233。

無穿窬之心，而義不可勝用也。人能充無受爾、汝之實，無所往而不
為義也。士未可以言而言，是以言餂之也；可以言而不言，是以不言
餂之也，是皆穿窬之類也。[215]

孟子認為仁是將不忍害人之心，推廣到忍心去做之事上，就是仁；將
不做之事，推廣到要做之事上，就是義。故仁義應可相對而論，亦可推己
及人。只要心存仁義，則無往而非仁義。至於言語，亦應從仁義之心出
發，而非以言語探取別人之心意，就如穿穴偷盜之人一般。

孟子又勸人面對任何事物，都應自省。自省是恕道與仁道之表現。
《孟子‧盡心篇下》云：

孟子曰：「萬物皆備於我矣！反身而誠，樂莫大焉。強恕而行，求仁
莫近焉。」[216]

孟子認為一切事物之道理，都具備於我時，應該反省自己，如果真實
無妄，是最大之快樂。在反省之時，一定要勉強自己，從恕道推己及人，
是最接近仁道之事。可見反省是能分辨自己是否有以私意行事，就會欠缺
仁愛。

荀子之人生觀是在性惡之人性論中，發現人有諸多欲望，驅使人走向
性惡，並強調化性起偽之重要。《荀子‧性惡篇》云：

今人之性，生而好利焉。順是，故爭奪生而辭讓亡焉；生而有疾惡
焉。順是，故殘賊生而忠信亡焉；生而有耳目之欲，有好聲色焉。順
是，故淫亂生而禮義文理亡焉；然則從人之性，順人之情，必出於爭
奪，合於犯分亂理而歸於暴。故必將有師法之化，禮義之道，然後出

215 《孟子注疏》，卷 14，頁 260。
216 《孟子注疏》，卷 13，頁 229。

於辭讓，合於文理而歸於治。[217]

　　荀子以人之性惡，而產生三種情欲之惡，即以好利而爭奪，以疾惡而殘賊，以耳目之欲而好聲色，此三欲使淫亂生而禮義文理淪亡。因此，荀子欲以師法之化，禮義之道，化性起偽。

　　荀子欲變化民性，使人民依循禮義之道，故行師法之化。如從師學六經，從聖人學禮義教化，以轉移惡性。勸學與禮制是外在之學習，內在之心靈是認知，外在之學習與內在之心靈，都須下虛一而靜之工夫，變化民性。《荀子‧解蔽篇》云：

人何以知道？曰：心。心何以知？曰：虛一而靜。[218]

　　荀子認為一般人之心蔽於一曲，闇於大理。若心中無所壅蔽，謂之大清明。故心應導之以理，養之以清，物莫之傾，就可以定是非，決嫌疑。修身應以修心為要。心中若能明曉禮義，就可以導正亂世之民。

　　由上可知，孔、孟、荀皆以民為依歸，即使身處亂世，仍汲汲矣就是為務，雖未能成就大業，創一統之局，但其經世濟民之懷抱，仍受後人景仰不已。

（二）佛教之人生觀

　　佛教之人生觀，要先明白人本具有佛性，人人皆可成佛。眾生是未覺之佛，佛是已覺之眾生。不要因妄想執著而起妄心；其次，要認識生死流轉之根本，亦即阿賴耶識，和支配此識之力量，就是業力；再其次要瞭解十二因緣，三世因果，六道輪迴，以建立自己立身處世之態度，具有此種人生觀，人生才有意義。

　　佛教是徹底覺悟之人生觀，就是要有正知、正見、正信。然後依佛陀指示，建立正確之人生觀。

---

[217] 《荀子集解》，卷 17，頁 289。
[218] 《荀子集解》卷 15，頁 264。

　　眾生要衝破名、利、色三關，因為它是一切煩惱生起之塵境。此種虛妄如不打破，將成為修道者之障礙。故發心修行者，應時時觀照自性，依據四法印，即諸行無常、有漏皆苦，諸法無我、涅槃寂靜，體會佛陀之法語。

　　眾生以為人生是無常流轉，生死相續。故在生死海中輪迴諸趣，受五蘊所生之苦。護法等菩薩造三藏法師玄奘譯《成唯識論》云：

> 我若實無，誰於生死輪迴諸趣，誰復厭苦求趣涅槃？所執實我，既無生滅如何可說生死輪迴。常如虛空，非苦所惱，何為厭捨求趣涅槃？故彼所言常為自害。然有情類身心相續煩惱，業力輪迴諸趣，厭患苦，故求趣涅槃。[219]

　　眾生應知，有情世界之中，實無外境，唯有內識。外境所現，皆依因緣和合所生。若眼耳鼻等色，皆是識生。《成唯識論》又云：

> 由此可知，定無實我，但有諸識。無始時來，前滅後生，因果相續，由妄薰習，似我相現。愚者於中，妄執為我。[220]

　　如何能從實我、無我中解脫出來？《雜阿含經》提出「四念處」作為修行之根本方法。何謂「四念處」？又稱四念住。是一種內觀之修習法，即時時刻刻保持四種正念：身念處，觀身不淨；受念處，觀受是苦；心念處，觀心無常；法念處，觀法無我。合起來說，是從「身」、「受」、「心」、「法」四個面向，建立持續而穩固之覺知，了悟五蘊之生滅、無常、苦、及無我，才能斷除貪、瞋、癡等煩惱，脫離輪迴苦海。宋天竺三藏求那跋陀羅譯《雜阿含經》云：

> 尊者阿那律語尊者阿難：「我於四念處修習，多修習，成此大德大

---

[219] 《大正藏》經 1585，卷 1，頁 2。
[220] 同上注。

力。何等為四？內身身觀念處，繫心住，精勤方便，正念正知，除世間貪憂如是。外身內外身，內受外受內外受，內心外心內外心，內法外法內外法。觀念處繫心住，精勤方便，除世間貪憂如是。尊者阿難！修習四念處，成就天眼通，我於此四念處修習，多修習，少方便，以淨天眼，過天人眼，見諸眾生，死時生時，好色惡色，上色下色，善趣惡趣，隨業受生，皆如實見。此諸眾生，身惡行，口意惡行，誹謗賢聖，邪見因緣，身壞命終，生地獄中；如是眾生，身善行，口意善行，不謗賢聖，正見成就。以是因緣，身壞命終，得生天上。」[221]

經文中尊者阿那律語尊者阿難，由於彼多修習四念處故，成此大德大力，除世間貪憂，還成就天眼通。並謂眾生若行身、口、意善行，不謗賢聖，正見成就。身壞命終之時，得生天上。

人生中有許多因緣和合。因此，佛教要觀察因緣果報，此為萬有生滅變異之基本法則。不論是果由因生，或事待理而成。所造之因，必有所結之果；所結之果，必有所造之因。諺云：「種瓜得瓜，種豆得豆」。種何因，得何果。在因果法則上，絲毫不爽。不過，因果有善惡兩面，種善因，獲善果；種惡因，獲惡報。因果通於三世，有因必將有果。後漢沙門安世高譯《三世因果經》云：

欲問過去因，現在受者是；欲問未來果，現在作者是。[222]

若現在境遇美滿，躊躇滿志，傲慢自得。待境遇困苦，亦無須怨天尤人，悲哀自憐。一切都在因果循環之中。只要現在多種善因，自會結成善果。

善惡是人類行為之兩大分野，一切善惡皆來自我身。人之根性雖有不同，但善者與善者相應，惡者與惡者相應。善者有善根，無貪、恚、癡；

惡者無善根，有貪、恚、癡；因此應修一切善法，以滅諸惡法。東晉瞿曇僧伽提婆譯《增一阿含經》迦葉問言：何等偈中出生三十七品及諸法？尊者阿難說偈云：

諸惡莫作，諸善奉行，自淨其意，是諸佛教。[223]

由於諸惡莫作，是諸法出生一切善法，以生善法，心意清淨，是故迦葉、諸佛釋尊身、口、意常修清淨，便得成就三十七道品，以成道果。至於眾生，有身、口、意三業，可以為惡，亦可以為善。不論善惡，都會有果報。因此，因果與業有非常密切之關係，業就是過去之造作。眾生護法等菩薩造三藏法師玄奘譯《成實論·三報業品》云：

經中佛說三種業，現報、生報、後報業，何者是耶？答曰：「若此身造業，即此生受，是名現報；此世造業，次來世受，是名生報；此世造業過，次世受，是名後報。」[224]

業有三種受報。《成實論·三報業品》又云：

經中佛說三種業，樂報、苦報、不苦不樂報業。何者是耶？答曰：「善業得樂報，不善業得苦報，不動業得不苦不樂報。」[225]

由上可知，不論善惡，都會有業報與受報。眾生如果意念上之貪欲，瞋恚、邪見。行為上之殺生、偷盜、邪淫。語言上之妄言、綺語、兩舌、惡口。都會產生業。善者如意念上之不淨觀、慈悲觀、因緣觀，行為上之放生、佈施、淨行，語言上之誠實語、質直語、柔軟語、諍語等善惡之業，都在一念之間產生。所以，如何淨化意識，多造善業，才不會有惡

223 《大正藏》經 125，卷 1，頁 551。
224 《大正藏》經 1646，卷 8，頁 297。
225 《大正藏》經 1646，卷 8，頁 298。

報。

　　佛教以阿賴耶識為生命之根本，萬法之本源。它是本性與妄心之和合體，含有淨、染兩面。無始以來，它在六道中生滅相續，永無止境。其本體雖生長於六道，但若淨化，亦可超登聖域，成就佛道。

　　八正道可使眾生苦集煩惱永斷，證得涅槃之聖賢境界。八正道為何？西天譯經三藏明教大師法賢譯《佛說決定義經》對八正道有精要之敘述，云：

> 復何名為八正道法？謂正見、正思惟、正語、正業、正命、正精進、正念、正定。謂正見者，信有施法，信有父母，有諸善行及不善行，如是善不善業皆有果報。有今後世。於其世中。有諸眾生。有阿羅漢。如理修行，以自通力。見如是法，我生已盡，梵行已立，所作已辦，不受後有，如是等事，名為正見。何名正思惟？謂離邪思、邪思法者，起不正見，發貪瞋癡，遠離如是，稱正思惟。何名正語？謂離妄言、綺語、兩舌、惡口等語，是名正語。何名正業？謂離殺生、偷盜、邪染諸法，是名正業。何名正命？謂具正見、正法出家，被於法服，離諸邪行，信於正法，乃至受用飲食坐臥，皆依正法，是名正命。何名正精進？謂離邪勤，於真實法，而起正勤，是名正精進。何名正念？謂離邪念，常念正法，記憶在心，無所忘失，是名正念。何名正定？謂心心所，不起散亂，離諸攀緣，於奢摩他毘鉢舍那，決定正觀，是名正定。如是名為八正道法。[226]

　　此八正道法，經中多從正反兩方說明其含意，亦即從善、惡兩邊，說明行善去惡之重要。宋天竺三藏求那跋陀羅譯《雜阿含經》佛對比丘說八正道，云：

> 何等為正見？謂說有施、有說、有齋，有善行、有惡行，有善惡行果

---

[226] 《大正藏》經 762，頁 653。

報，有此世、有他世，有父母、有眾生生，有阿羅漢善到、善向，有
此世、他世自知作證具足住：「我生已盡，梵行已立，所作已作，自
知不受後有。」何等為正志？謂出要志、無恚志、不害志。何等為正
語？謂離妄語、離兩舌、離惡口、離綺語。何等為正業？謂離殺、
盜、婬。何等為正命？謂如法求衣服、飲食、臥具、湯藥，非不如
法。何等為正方便？謂欲精進、方便、出離、勤競，堪能常行不退。
何等為正念？謂念隨順，念不妄、不虛。何等為正定？謂住心不亂、
堅固、攝持、寂止三昧一心。[227]

上二說雖稍有差異，但若細加觀察，八正道皆是修行最基本之事。彌
勒菩薩說三藏法師玄奘譯《瑜伽師地論・本地分中聞所成地》云：

> 正語、正業、正命，名為修戒；正念、正定，名為修定；正見、正思
> 惟、正精進，名為修慧。[228]

此從修戒、定、慧三學來區分八正道。三學是佛法之綱領，八正道又
含攝六波羅蜜之五種，可見八正道對修行者之重要。又聖者龍樹造後秦龜
茲三藏鳩摩羅什譯《大智度論・釋隨喜迴向品》云：

> 持戒者是自調修，禪者是自淨，智慧是自度。復次自調者，正語、正
> 業、正命；自淨者，正念、正定；自度者，正見、正思惟、正精進。[229]

前言正語、正業、正命是修戒，修戒必須自我調修；正念、正定是修
定，修禪定是在清淨自心，故言自淨；正見、正思惟、正精進是修慧，智
慧必須自度。與《瑜伽師地論》之說無異。

由上觀之，眾生之肉體雖然短暫渺小，幻化不實。但生命之本體，則

---

[227] 《大正藏》經 99，卷 28，頁 203。
[228] 《大正藏》經 1579，卷 15，頁 355。
[229] 《大正藏》經 1509，卷 39，頁 488。

是永恆存在。故人生不在於眼前肉體與感官之享樂，而在永恆生命本體之淨化。若以佛法上之六度，亦即以布施、持戒、忍辱、精進、禪定、般若，淨除心識上之六弊，即慳貪、毀犯、瞋恚、放逸、散亂、愚癡。六弊淨除，生命之本體即可恢復本來之明淨。再以八正道往成佛之路精進，定有所成。

三、儒家之價值觀與佛教之價值觀

價值觀是探討宇宙和人生之問題，其主體在於人之情感和意志。在探討時，應注意此價值是否具有意義？儒家之價值觀，建立在國家與民眾之和諧關係。如何達成目標？首先觀察儒家建立之家族倫理制度，能否使社會和諧有序？其次，在政治上，實行仁政，能否使民眾嚮往而歸附？其三，用教育改善人性，是否具有成效？其四，建立禮樂制度，能否使國家安和樂利？

佛教之價值觀，建立在民眾之信仰上，當民眾遭受苦難時，是否可以借助佛菩薩教導之願力，拯救心靈？又其輪迴思想，是否使今生之苦痛，化為對來生之憧憬？近年人間佛教之闡揚，能否增加社會安定之力量？

（一）儒家之價值觀

儒家自孔子至今，經過歷代儒者之詮釋探討，儒學日益發展。漢武帝時，董仲舒建議罷黜百家，獨崇儒術。儒家就成為中國之正統思想。其後雖有佛教、道教之盛行，但儒家思想至今不衰，且受世人推崇，自有其深遠之文化價值。

儒家思想中，最重要者，是建立家族倫理制度，此制度是以家庭為單位，維繫天、地、君、親、師之關係，以及君臣、父子、夫婦、長幼、朋友之五倫，再通過「師」與「儒」之教導，接受六德：智、信、聖、仁、義、忠；六行：孝、友、睦、姻、任，恤；六藝：禮、樂、射、御、書、數之教育，使民眾皆具有忠君、愛國、父慈、子孝、兄友、弟恭、仁義、智信等道德觀念，使整個社會成為禮教之社會，亦是中國文化源遠流長之

原因。

　　其次，孔子認為人性在出生以後都相近，與佛教受三世因果與業力影響不同。《論語・陽貨篇》云：

　　　　子曰：「性相近也，習相遠也。」[230]

　　由於人受後天環境之影響，各人習染不同。對外物之感受不同，而有善惡之分。雖然人都在家庭中成長，習性各有不同。上智與下愚之習性已定，更改不易。中等資質者，無法抗拒外在環境之薰染，習性會受雜染。因此，孔子重視教育之功能。《論語・述而篇》云：

　　　　默而識之，學而不厭，誨人不倦。何有於我哉！[231]

　　孔子在春秋中葉，以布衣講學，開私人講學之風。對學問是用默記之法，而且學不厭，教不倦，為其獨有者。故今人稱其為萬世師表。《論語・述而篇》又云：

　　　　子曰：「若聖與仁，則吾豈敢？抑為之不厭，誨人不倦，則可為云爾已矣。」公西華曰：「正唯弟子不能學也。」[232]

　　孔子自謙，不敢自名聖人、仁人，只是做到學不厭，教不倦而已。公西華認為老師之學不厭，教不倦，弟子無法學到。因為學不厭是孔子博學多聞，亦為誨人不倦之基礎。孔子誨人不倦，是懼道統淪喪，故汲汲教授弟子，以繼其絕學也。

　　孔子教弟子之綱目，《論語・述而篇》云：

---

[230] 《論語注疏》，卷 17，頁 154。
[231] 《論語注疏》，卷 7，頁 60。
[232] 《論語注疏》，卷 7，頁 65。

　　子曰：「志於道，據於德，依於仁，游於藝。」[233]

　　道、德、仁、藝是孔子教學之四大要領。志於道，是傳承堯、舜、禹、湯、文、武、周公以降，一脈相傳之道統；據於德，是依倚德以立身行道，包括中和之至德，仁義之敏德，尊祖敬親之孝德；依於仁，是依賴博施濟民之仁義；游於藝，是優游於六藝之中。六藝包括禮、樂、射、御、書、數。禮有五禮：即吉禮、凶禮、軍禮、賓禮、嘉禮；樂有六樂：即雲門、大咸、大韶、大夏、大濩、大武；射有五射：即白矢、參連、剡注、襄尺、井儀；御有五馭：即鳴和鸞、逐水曲、過君表、舞交衢，逐禽左；書有六書：即象形、會意、轉注、處事、假借、諧聲；數有九數：即方田、粟米、差分、少廣、商功、均輸、方程、贏不足、旁要。

　　六藝之內容，如此龐雜，應如何學習，方能得心應手？《禮記・學記篇》云：

　　不興其藝，不能樂學。故君子之於學也，藏焉，脩焉，息焉，遊焉。[234]

　　此言君子應具有樂於學習才藝之態度。在學習中，必須做到四件事。藏焉，是將所學之事，懷藏在心中思考；脩焉，是將所學之事，勤奮學習；息焉，是在心勞休息時，不忘學習；遊焉，是在游習六藝時，努力學習。

　　孔子平日之教學方法如何？《論語・述而篇》云：

　　子曰：「不憤不啟，不悱不發，舉一隅不以三隅反，則不復也。」[235]

　　孔子教學之時，注重啟發式教學，在弟子心憤憤而不能言，或口悱悱而不能言時，才向弟子說明。讓弟子能將問題放在心中思考，就能深入了

---

[233] 《論語注疏》，卷 7，頁 60。
[234] 《禮記正義》，卷 36，頁 651。
[235] 《論語注疏》，卷 7，頁 61。

解其意蘊。又在說明事理時，用舉一反三之方法，讓弟子觸類旁通。此種教學法與現代之教學並無不同。

孔子雖編定六經，教材多以詩、書、禮為主。《論語・述而篇》云：

> 子所雅言，詩書執禮，皆雅言也。[236]

孔子讀先王典籍，必正言其音。邢昺疏云：

> 子所正言者，詩書禮也。此三者，先王典法，臨文教學，讀之必正言其音，然後義全。故不可諱文，禮不背誦，但記其揖讓周旋，執而行之，故言執也。[237]

孔子重視詩教，因詩可興發感情，傳達情意。故古者使於四方，必賦詩以明志，《論語・季氏篇》中，孔子曾對其子鯉云：「不學詩，無以言。」[238]可見學詩之重要。

孔子重視民眾禮樂之教化，因為禮樂制度，是立國之根本。《論語・八佾》云：

> 人而不仁，如禮何？人而不仁，如樂何？[239]

禮樂是維繫社會安定之基石，禮教可以提升民眾之道德修養，音樂可以陶冶民眾內在之情感。禮樂能使人際關係變得和諧。言談舉止恭敬有禮，將民眾引向善道，是儒家最大之貢獻。

荀子亦重視教育。荀子認為人性有欲，有向惡之趨向。如何導正人之惡性，必須師法聖人，並且要貴師而重傳。《荀子・大略篇》云：

---

236 《論語注疏》，卷 7，頁 61。
237 《論語注疏》，卷 7，頁 61。
238 《論語注疏》，卷 16，頁 150。
239 《論語注疏》，卷 3，頁 26。

國將興，必貴師而重傅。貴師而重傅，則法度存。國家衰，必賤師而輕傅。賤師而輕傅，則人有快。人有快，則法度壞。[240]

　　聖人聰明睿智，為道之極者，制作禮義，供人遵循，故親師隆禮，可使國家興盛，提升個人之道德修養。

　　在政治上，孔子主張實行仁政，輕徭薄賦，以建立和諧之社會。《孟子‧梁惠王篇上》中，孟子提出仁者無敵之說，其云：

地方百里而可以王。王如施仁政於民，省刑罰，薄稅斂，深耕易耨；壯者以暇日修其孝悌忠信，入以事其父兄，出以事其長上，可使制梃以撻秦楚之堅甲利兵矣！彼奪其民時，使不得耕耨以養其父母，父母凍餓，兄弟妻子離散。彼陷溺其民，王往而征之，夫誰與王敵？故曰：「仁者無敵」，王請勿疑。[241]

　　實行仁政，省去刑罰，輕其賦稅，把土耕深，芸苗令簡易；又壯年之子弟，能於暇日修孝悌忠信，自然會讓民眾嚮往如此之社會，而唾棄以堅甲利兵征服他國之暴虐政權。

　　實行仁政之目的在得民心。因為人民是國家之主體，民心之向背，會決定國家之強弱盛衰。《孟子‧離婁篇上》云：

孟子曰：「桀紂之失天下也，失其民也。失其民者，失其心也。得天下有道，得其民，斯得天下矣。得其民有道，得其心，斯得民矣。得其心有道，所欲與之聚之，所惡勿施爾也。」[242]

　　君主失去民心，則下民畔之。故執政時，莫忘民之所欲。當國君視民如草芥時，就是國家敗亡之時。

---

[240] 《荀子集解》，卷 19，頁 336。
[241] 《孟子注疏》，卷 1，頁 14。
[242] 《孟子注疏》，卷 7，頁 132。

荀子亦重視人民，並認為君主以民為本，方能安於其位。《荀子·王制篇》云：

> 馬駭輿，則君子不安輿；庶人駭政，則君子不安位。馬駭輿，則莫若靜之；庶人駭政，則莫若惠之。選賢良，舉篤敬，興孝弟，收孤寡，補貧窮。如是，則庶人安政矣。庶人安政，然後君子安位。[243]

此言君主與庶民之關係，說明君主應施惠於民，包括選賢良之人才，舉篤敬之君子，興孝弟之道，收容孤寡母子，補助貧窮之百姓等，君主方能安於其位。

（二）佛教之價值觀

佛教自東漢明帝傳入中國以後，其思想強調人生有生老病死之苦，故勸世人借助戒定慧三學，或三無漏學，斷除人生之煩惑，輪迴轉世，以求解脫。由此可知，佛教認為人生充滿悲苦，必須以空觀了知世事之無常，人生之空幻，一切隨因緣而變化。

佛教是人間宗教，面向群眾，關懷社會。佛學啟迪人之智慧，輔導人之心靈，推崇「慈、悲、喜、捨」四無量心，教人慎戒「貪、瞋、癡」三毒，倡導「諸惡莫作、眾善奉行、涅槃解脫」之理念，以脫離人世之苦難。

中國經歷幾千年帝王政治，其中勤政愛民之君少，荒淫享樂之君多。再加上戰爭不斷，災亂時起，民眾經常在苦難中度日。唐代杜甫，身經安史之亂，寫出許多離亂之詩，如《春望》、《兵車行》、《垂老別》、《新婚別》、《石壕吏》、《潼關吏》、《新安吏》、《北征》等，茲舉《春望》詩云：

> 國破山河在，城春草木深。感時花濺淚，恨別鳥驚心。峰火連三月，

家書抵萬金。白頭搔更短，渾欲不勝簪。[244]

　　此詩寫安史之亂時，國家殘破。京城之春日，猶草木叢生。戰亂使人無比驚心。戰火已接連三個月，掛念家鄉之親人，又心繫國家之安危。內心痛苦之時，搔頭整髮，發現頭上稀疏之短髮，幾乎已插不上髮簪。又晚唐杜牧〈江南春〉云：

　　千里鶯啼綠映紅，水村山郭酒旗風；南朝四百八十寺，多少樓臺煙雨中。[245]

　　望眼千里，江南之春景，到處鶯啼柳綠。流水環繞山郭，酒旗迎風招展。尤其是金碧輝煌之佛寺，籠罩在迷濛之細雨中。為何南朝有如此眾多之寺廟？那是動盪不安之時代，民眾寄託心靈之所在。
　　佛教之價值，就在苦難之時代，人生從生老病死，都是苦。在生命過程中，還有怨憎會苦、愛別離苦、求不得苦、五取蘊苦，如此眾多之苦，皆使人產生無明與煩惱。該如何脫離苦？《雜阿含經》云：

　　世尊告諸比丘：若善男子正信非家，出家學道，彼一切所應當知四聖諦法。何等為四？謂知苦聖諦、知苦集聖諦、知苦滅聖諦、知苦滅道跡聖諦。[246]

　　此言佛陀告知比丘，善男子出家學道，當知四聖諦法，即苦聖諦、集聖諦、滅聖諦、道聖諦。宋代沙門慧嚴等依泥洹經加之《大般涅槃經·邪正品》中，佛告迦葉甚深四聖諦法云：

　　善男子！若富有人不知如來甚深境界，常住不變微密法身，不知如來

---

[244] 《杜詩詳注》，卷 4，頁 320。
[245] 《樊川詩集》，卷 3，頁 201。
[246] 《大正藏》經 375，卷 17，頁 643。

道德威力，是名為苦。何以故？以不知故，法見非法，非法見法，當
知是人必墮惡趣，輪轉生死，增長諸結，多受苦惱；若有能知如來常
住，無有變異，或聞常住二字音聲，若一經耳，即生天上。後解脫
時，乃能證知。我於本際，以不之故，輪轉生死，周迴無窮，始於今
日，乃得真智。……若有不知苦集諦處，而言正法。無有常住，悉是
滅法；以是因緣，於無量劫，流轉生死，受諸苦惱，若能知法，常住
不異，是名知集，名集聖諦。若人不能如是修習，是名為集，非集聖
諦。若滅諦者，若有多修習學空法，是為不善。何以故？滅一切法
故。壞於如來真法藏故。作是修學，是名修空。修苦滅者，逆於一切
諸外道等。若言修空是滅諦者，一切外道亦修空法，應有滅諦。……
若有修習如來密藏，無我、空寂，如是之人，於無量世，在生死中流
轉受苦。若有不作如是修者，雖有煩惱，疾能滅除。何以故？因知如
來祕密藏故，是名滅聖諦。若能如是修習滅者，是我弟子。若有不能
作如是修，是名修空，非滅聖諦。道聖諦者，所謂佛、法、僧寶及正
解脫。有諸眾生顛倒心言：「無佛、法、僧及正解脫，生死流轉猶如
幻化。」修習是見，以此因緣，輪轉三有，久受大苦。若能發心見於
如來常住無變，法、僧解脫亦復如是。乘此一念，於無量世，自在果
報，隨意而得。何以故？我於往昔，以四倒故，非法計法，受於無量
惡業果報，我今已滅如是見故，成佛正覺。是名道聖諦。若有人言三
寶無常，修習是見，是虛妄修，非道聖諦。若修是法，為常住者，是
我弟子。真見修習四聖諦法，是名四聖諦。[247]

　　此言佛陀詳細說明甚深之四聖諦法，因富人不知如來甚深境界，常住
不變，就會墮入惡趣，輪轉生死。反之，若能知如來常住，無有變異，即
生天上。若不知苦集諦處，而言正法，則流轉生死，受諸苦惱。若能知苦
集諦法，常住不異，是名集聖諦。若有修習如來密藏，無我、空寂，如是
之人，於無量世，在生死中流轉受苦。若有不作如是修者，雖有煩惱，疾

---

[247] 《大正藏》經 375，卷 7，頁 647。

能滅除。何以故？因知如來祕密藏故，是名滅聖諦。道聖諦者，佛、法、僧三寶及正解脫，常住不變，是我弟子。由此可知，四聖諦是四條神聖之真理，若能審知曉解，將是解脫煩惱之方法。

佛教之理想是解脫、涅槃，要做到此境界，方能從濁世轉生極樂淨土，中間修習清淨寂滅過程，必須在無盡之因緣合和中，體悟本體性空之實相，從無常虛幻中，求得清淨之解脫。此種去染求淨之智慧體悟，是佛弟子之修持目標。

近世太虛大師提倡「人間佛教」，其價值在於對現世人生之體悟，以喜樂之心，面對人生。以出世之精神，從事入世之事業。僧眾與比丘尼眾，都接受佛教哲學、宗教修持、生命關懷、社會領導等訓練，以建立健全之宗教價值觀。並以慈悲寬恕、渡化民眾，誓願建設娑婆世界，成為人間淨土。是佛教之重要價值。

四、儒家之世間觀與佛教之世間觀

儒家是入世之學派，以善為出發點，修己治人，達到安和樂利之社會。同時在世之人，不應追逐物欲而溺心，居易以俟天命。以悅樂之精神，面對生命之挑戰。

佛教是出世之宗教。以苦為出發點，競心於因果輪迴之中。希望以平靜之心，隨緣消除舊業。希望用實際之修持，轉識成智，達到清淨寂滅之境界。

（一）儒家之世間觀

儒家具有入世之精神。主張積極進取，立身處世。《禮記・中庸》云：

> 子曰，「道不遠人。人之為道而遠人，不可以為道。……忠恕違道不
> 遠。施諸己而不願，亦勿施於人。君子之道四，丘未能一焉：所求乎
> 子以事父，未能也；所求乎臣以事君，未能也；所求乎弟以事兄，未

> 能也；所求乎朋友先施之，未能也。」[248]

儒家之道為仁，仁為忠恕之道，故孔子言忠恕違道不遠。忠是盡己，恕是推己及人。孔子自謙君子之道有四，還不能做到。包括子事父之道、臣事君之道、弟事兄之道、施惠朋友之道。此當為儒家修己治人之重要道理。《漢書・藝文志・諸子略》云：

> 儒家者流，蓋出於司徒之官，助人君，順陰陽，明教化者也。助人君順陰陽明教化者也。游文於六經之中，留意於仁義之際，祖述堯、舜，憲章文、武，宗師仲尼，以重其言，於道最為高。[249]

儒家源自司徒之官，必須協助君主順理陰陽，推行教化。平日修習六經，以仁義為修己治人之準則。強調經世濟民，達到致天下於太平之抱負。因此儒家有強烈之家國觀念，所謂以天下國家為己任者也。《孟子・盡心上》孟子對宋句踐云：

> 故士窮不失義，達不離道。窮不失義，故士得己焉；達不離道，故民不失望焉。古之人，得志，澤加於民；不得志，修身見於世。窮則獨善其身，達則兼善天下。[250]

孟子認為士窮困而不違離道義，就能得己之本性。顯達而不違離道義，人民對其不失望。古之人得志於君國時，恩澤加被於人民；若不得志，則修治其身，以立身於世間，不失操守；若能得志以行道，則兼善天下。如顏回窮困不得志，而不改其樂；伊尹得志，則加澤於人民。

孟子認為士立身於世，必須涵養心志，其中最重要者是寡欲。《孟子・盡心下》云：

---

[248] 《禮記正義》，卷 52，頁 883。
[249] 《新校本漢書》，卷 30，頁 1728。
[250] 《孟子注疏》，卷 13，頁 230。

孟子曰：「養心莫善於寡欲。其為人也寡欲，雖有不存焉者，寡矣；
其為人也多欲，雖有存焉者，寡矣。」[251]

欲望是罪惡之淵藪，清心寡慾是高尚之德養。若有為人寡欲，雖有不
存善心者，其實很少；若有為人多欲，雖有存善心者，其實很少。因此，
善惡與欲望有重要之關係。

荀子亦認為欲望是性惡之原因。此欲望並非人類生存、生活之欲望，
而是好利、疾惡、好聲色等欲望。因此荀子主張從內心之虛一而靜做起。
《荀子‧解蔽篇》云：

心亦如是矣，故導之以理，養之以清，物莫之傾，則足以定是非，決
嫌疑矣。[252]

荀子認為心須要專一於事物，如樹有枝節，則雜亂不一。應以理引導
之，使不錯亂；又如一盤水，端正地放置，而不搖動，則水湛濁在下而清
明在上，故人亦當培養清明之心；任何事物不可偏斜不正，不正則有傾覆
之虞。心中應知萬事萬物精微奧妙之理，方能定是非，決嫌疑，而歸之於
理矣。

儒家最理想之社會，是安和樂利之大同社會。《論語‧先進》云：

「點！爾何如？」鼓瑟希，鏗爾，舍瑟而作。對曰：「異乎三子者之
撰。」子曰：「何傷乎？亦各言其志也。」曰：「莫春者，春服既
成。冠者五六人，童子六七人，浴乎沂，風乎舞雩，詠而歸。」夫子
喟然歎曰：「吾與點也！」[253]

孔子與弟子曾皙、冉有、公西華等人各言其志向，孔子贊同曾皙之志

---

[251] 《孟子注疏》，卷 14，頁 261。
[252] 《荀子集解》，卷 15，頁 266。
[253] 《論語注疏》，卷 11，頁 100。

向，因為曾晳所敘述者，是一個太平悅樂之年代，教化風行，民風敦厚。民眾能在暮春時節，穿上春天之單衣，成年人五六個，小孩六七個，到沂水邊洗浴，浴畢到祈雨壇乘涼，然後吟唱著詩歌回家。那是大同社會才有之景象，沒有政治之紛攘，戰爭之殘酷，只有安樂之美好生活。

　　孔子所嚮往之世間，是民眾於生活悅樂之社會。平日男耕女織，士大夫以禮樂修身，充滿人倫、道德之社會。不過，春秋時代是亂世，心中雖有此理想，卻難免有「乘桴浮於海」之感歎。

（二）佛教之世間觀

　　佛教是出世之宗教，何有「世間觀」？風旛報恩光孝禪寺住持嗣祖比邱宗寶編《六祖大師法寶檀經・般若品》佛陀十號中，有一「世間覺」。其云：

　　　　佛法在世間，不離世間覺。離世覓菩提，恰如求兔角。[254]

　　此言佛教雖重出世，但修行在世間，覺悟也在世間。有心向道者，不可厭惡世間，以為獨善其身，即可修成正果。一個人想成佛者，除具備聰明才智外，還要有極大之悲心與願力，去普渡眾生。經由悲智交互運用，相輔相成，才能達到究竟圓滿之境界。

　　如何求得佛法，修得正果？要向五明處修持。五明處即聲明、工巧明、醫方明、因明與內明等五明。北涼中印度三藏曇無懺於姑臧譯《菩薩地持經・方便處力種性品》云：

　　　　明處者有五種：一者內明處，二者因明處，三者聲明處，四者醫方明處，五者工業明處，此五種明處，菩薩悉求。佛所說者，名為內論，略說二種。一者顯示正因果，二者顯示所做不壞不做不受。因論亦二種，一者能屈他論，二者自申己意。聲論有二種，一者顯示界色（界與色此二種是聲之差別。非常所謂陰界形色根本聲，名為界；有種種

---

[254] 《大正藏》經 2008，頁 349。

別聲，名為色。此二聲總一切音聲，音聲論此中應廣說。）二者顯示巧便言辭。醫方論有四種，醫者顯示善知病，二者顯示病因，三者顯示能除以起之病，四者顯示已除之病，令不重起。世工業明處，智者顯示種種世業成就。[255]

要成佛或菩薩，要學五明之法。佛所說之三藏十二部教，稱為內論。明者，闡明之義。學佛者要從經、律、論中，瞭解內論、因論、聲論、醫論、世業論等善知識。彌勒菩薩說三藏法師玄奘譯《瑜伽師地論》記載：

> 云何內明處，當知略說，由四種相：一由事施設建立相，二由想差別施設建立相，三由攝聖教義相，四由佛教所應知處相。[256]

此將內明處加以細論，分為事、想差別、攝聖教義、佛教所應知處等，說明佛教之內論。

佛家主張人間有七種苦，生、老、病、死、怨憎會、愛別離、求不得。四聖諦中有集諦，三法印中，有諸行無常。由於人世間之萬象，包括身口意，隨時都在變動，就是無常。眾生要將無常變永恆，是煩惱之原因。

如何在人間拔苦為樂？就是要開發生命中善之力量，使眾生在起心動念之時，都能和善法相應。北涼天竺三藏曇無讖譯《大般涅槃經‧梵行品》有四句偈云：

> 諸惡莫作，眾善奉行，自淨其意，是諸佛教。[257]

佛陀教戒眾生，修佛法必須捨棄惡法，修持善法，以淨化心念，使、口、意三業清淨。姚秦涼州沙門竺佛念譯《出曜經‧惡行品》中對前引之

---

[255]《大正藏》經 1581，卷 3，頁 903。
[256]《大正藏》經 1579，卷 13，頁 345。
[257]《大正藏》經 374，卷 15，頁 451。

四具偈做更為深入之開示。其云：

> 「諸惡莫作」者，諸佛世尊教誡後人三乘道者，不以脩惡而得至道，
> 皆習於善，自致道跡，是故說曰：諸惡莫作也。「眾善奉行」者，彼
> 修行人普修眾善，唯自瓔珞，具足眾德。見惡則避，恒脩其善。所謂
> 善者，止觀妙藥，燒滅亂想，是故說曰：諸善奉行。「自淨其意」
> 者，心為行本，招致罪根。百八重根，難解之結，纏裹其心，欲怒癡
> 盛，憍慢慳嫉，種諸塵垢。有此病者，則心不淨，行人執志，自練心
> 意，使不亂想。如是不息，便成道根，是故說曰：自淨其意也。「是
> 諸佛教」者，如來演教，禁戒不同。戒以檢形，義以攝心。佛出世
> 間，甚不可遇。猶如優曇鉢花，億千萬劫，時時乃有。是故如來遺誡
> 教化，聖聖相承，以至今日。禁誡不可不脩，惠施不可不行。吾所成
> 佛王三千者，皆由禁誡惠施所致也。是故說曰：是諸佛教。[258]

由上解說，佛教重視眾生持守戒律，修得至道；普羅眾善，以止觀燒
滅亂想，淨化心意，以去欲怒癡盛憍慢慳嫉等病。若能執志不息，便能修
成道根。

佛光山星雲大師，提倡樂修，以對治苦修。樂修並非將享受當成修
行，而是以樂觀進取之態度修行，並從事人世間之一切活動。

其次，是用持戒、禪定、智慧等，解決現世之困厄，亦是人間教化之
方法。不僅要自我解脫，也協助眾生解脫。不要以逃脫之心態，一了百
了。就佛教因果循環之定律而言，還是無法避免業報纏身。

從佛陀出生在人間，修行在人間，成道在人間，說法也是以人為本，
期望眾生能從學佛中、覺悟佛法，達到離苦得樂之解脫境地。

---

[258] 《大正藏》經 212，卷 25，頁 741。

第三節　倫理論

　　儒家之倫理思想是以孔子「仁」道為核心之道德體系。孟子和荀子在孔子「人性論」之基礎上，發展出來。孟子認為道德來自本性之善，惡是後天之薰染；荀子則從人性本惡之觀點，尋求化惡存善之道。此善惡之說，應用在個人、家庭、社會，產生倫理思想。

　　佛教受中國倫理思想之影響，亦重視孝道，但在個人修行之路上，終究是以淨心出世為目的，而忽略儒家忠君愛國之心，而渡化眾生，要行菩薩道時有濟世之心。

一、儒家之孝道觀與佛教之孝道觀

（一）儒家之孝道觀

　　儒家孝道思想之產生，始於西周之宗法制度，西周重視祀祖與廟制。《禮記・王制》云：

> 天子七廟，三昭三穆，與太祖之廟而七。諸侯五廟，二昭二穆，與太祖之廟而五。大夫三廟，一昭一穆，與太祖之廟而三。士一廟。庶人祭於寢。[259]

　　此言西周宗法制度，對廟祀天子、諸侯、大夫、士、庶人，皆尊卑有序。逐漸演變為子孫對父母、祖先之孝道。《詩經・大雅・既醉》云：

> 威儀孔時，君子有孝子。孝子不匱，永錫爾類。[260]

　　此言周成王時，其臣子之威儀甚得時宜。不論天子、諸侯皆有孝行，

---

[259] 《禮記注疏》，卷 12。頁 241。
[260] 《詩經注疏》，卷 17，頁 606。

將賜給爾等善福。此種孝道觀念，在《尚書・君陳》亦云：

> 王若曰：「君陳惟爾令德孝恭，惟孝友于兄弟，克施有政。」[261]

此言周成王對其臣子君陳言：汝能善事父母，行己以恭。又能友愛兄弟，一定能施行於政令之中。此處已將孝道，由對父母孝順，擴展到對兄弟友愛，以及施政上面。又《孝經・開宗明義章》云：

> 子曰：「夫孝，德之本也，教之所由生也。復坐，吾語汝。身體髮膚，受之父母，不敢毀傷，孝之始也；立身行道，揚名於後世，以顯父母，孝之終也。」[262]

此言孝之宗旨。孝是一切道德之根本，亦是教化之根源。孝要從保重身體髮膚開始，其次是揚名於後世，以顯揚父母。其中保重身體髮膚容易做到，揚名後世，以顯揚父母，就不容易做到。

若論光宗耀祖，要從家庭做起。《論語・學而》孔子云：

> 弟子入則孝，出則弟，謹而信，泛愛眾，而親仁，行有餘力，則以學文。[263]

孔子認為做子弟者，在家孝順父母，出外恭敬兄長。言語謹慎，講求信用。泛愛眾人，親近有德之人。以上都已做到，還有餘力，則讀書學文。可見孔子認為為人子弟者，應從孝悌開始，再學習與人相處，並且不忘學文以求知。

《論語・為政》記載孟懿子問孝時，孔子告之以無違：

---

[261] 《尚書注疏》，卷 18，頁 273。
[262] 《孝經注疏》，卷 1，頁 10-11。
[263] 《論語注疏》，卷 1，頁 7。

樊遲御，子告之曰：「孟孫問孝於我，我對曰：『無違。』」樊遲
曰：「何謂也？」子曰：「生，事之以禮；死，葬之以禮，祭之以
禮。」[264]

孔子認為孝道不僅是在父母生前以禮侍奉，死後以禮埋葬，以後春秋
祭祀，亦應以禮行之。有慎終追遠之意。

《論語・為政篇》子游問孝，孔子云：

今之孝者，是謂能養；至於犬馬，皆能有養；不敬，何以別乎？[265]

此言對父母之孝順，不是奉養父母飲食起居而已。還要在態度上，表
現恭敬之心。不然與犬馬有何區別？

《論語・為政》子夏問孝，孔子云：

色難，有事，弟子服其勞；有酒食，先生饌。曾是以為孝乎？[266]

此言侍奉長上，常保恭敬和悅之神色，最難做到。有事，弟子服其
勞；有酒食，父母兄長先用，還不能算孝。此章與上章所引，皆指事奉長
上恭敬，為盡孝重要之事，故《孝經・廣至德章》云：

教以孝，所以敬天下之為人父者也；教以悌，所以敬天下之為人兄者
也；教以臣，所以敬天下之為人君者也。[267]

此言教子孝悌，臣子敬君，皆是孝道重要之事。《孝經・諫諍章》
云：

---

[264] 《論語注疏》，卷2，頁17。
[265] 《論語注疏》，卷2，頁17。
[266] 《論語注疏》，卷2，頁17。
[267] 《孝經注疏》，卷7，頁47。

當不義，則子不可以不爭於父，臣不可以不爭於君。故當不義則爭
之，從父之令，又焉得為孝乎？[268]

此言父貴有諫諍之子，遇到不義之事，人子應據理力爭；國家貴有諫
諍之臣，則政教無失；士子貴有諫諍之友，則無不善之名。只是依從父親
之命，何能稱為孝？

孝道應由家庭對父母、兄長之孝，擴展到社會、國家，《孝經・開宗
明義章》云：

夫孝，始於事親，中於事君，終於立身。《大雅》云：「無念爾祖，
聿修厥德。」[269]

此言孝道由事親擴大到事君，方能達到「立身」之目標。《詩經・大
雅》云：「必須恆念自己之祖先，並修養其留下之美德。」《大學》中之
「八目」，亦從格物、致知、誠意、正心、修身、齊家，治國、至平天下
為止。《禮記・大學篇》云：

身脩而后家齊，家齊而后國治，國治而后天下平。……所謂治國必先
齊其家，其家不可教而能教人者，無之。故君子不出家而成教於國。
孝者，所以事君也。[270]

此言孝不僅在家行孝而已，事君亦稱為孝。《孟子・離婁篇上》云：
「事孰為大？事親為大。」[271]事親是在家行孝最重要之事，君子應從修
身、齊家、治國，到平天下為止。

孟子談到不孝有五。《孟子・離婁篇下》云：

---

[268] 《孝經注疏》，卷 7，頁 48。
[269] 《孝經注疏》，卷 1，頁 11。
[270] 《禮記正義》，卷 60，頁 983。
[271] 《孟子注疏》，卷 7，頁 135。

> 世俗所謂不孝者五：惰其四支，不顧父母之養，一不孝也；博奕，好
> 飲酒，不顧父母之養，二不孝也；好貨財，私妻子，不顧父母之養，
> 三不孝也；從耳目之欲，以為父母戮，四不孝也；好勇鬥狠，以危父
> 母，五不孝也。[272]

此言五種不孝，如惰其四支、博奕、好飲酒、好貨財、私妻子、從耳目之欲、好勇鬥狠等，皆是對父母不孝之行為。《孟子‧離婁篇上》又云：

> 不孝有三，無後為大，舜不告而娶，為無後也，君子以為猶告也。[273]

古代以傳宗接代為一家之大事，舜治水在外十三年，無暇行聘娶之禮，故不告而娶，實欲有後嗣可傳承也。

孟子認為孝悌為治國之大事，讓百姓做到孝悌，可以王天下。《孟子‧梁惠王篇上》云：

> 百畝之田，勿奪其時，數口之家可以無饑矣；謹庠序之教，申之以孝
> 悌之義，頒白者不負戴於道路矣。七十者衣帛食肉，黎民不飢不寒。
> 然而不王者，未之有也。[274]

執政者若能謹庠序之教，申之以孝悌之義，則家庭和諧，國家平治。故孟子認為孝道可以王天下。

荀子之學說，以性惡為基礎。故在孝道上，主張以禮儀規範之。《荀子‧性惡》云：

> 然而孝子之道，禮義之文理也。故順情性則不辭讓矣，辭讓則悖於情

---

272 《孟子注疏》，卷8，頁154。
273 《孟子注疏》，卷7，頁137。
274 《孟子注疏》，卷1，頁12。

性矣。用此觀之，然則人之性惡明矣，其善者偽也。[275]

　　荀子認為人子行孝道，是表現禮義之條理。故順情性而行，人子將無辭讓之心矣，辭讓是違逆情性之事。因為人性本惡，而禮義是聖人矯偽抑惡之工具，非源自人之本性。故聖人教民禮義，規範其行為，以免做出對父母非禮之行為。

　　荀子主張孝須以理智之態度處理。《荀子‧大略》云：「入孝出弟，人之小行也。」[276]孝悌是孝順父母最起碼之德行，並不限定是何國之人。《荀子‧性惡》云：

　　　天非私曾騫孝己而外眾人也，然而曾騫孝己獨厚於孝之實，而全於孝
　　　之名者，何也？以綦於禮義故也。天非私齊、魯之民而外秦人也。[277]

　　上天並無偏私，孔門曾參、閔子騫，以及殷高宗太子之孝，是實質之孝，而成就孝道之名。此三人能矯其性情，極力實踐禮義，並非上天偏私齊、魯之民，因為此三人在父子之義、夫婦之別上，勝過秦人。《荀子‧大略篇》記載：

　　　虞舜孝己，孝而親不愛；比干、子胥忠而君不用；仲尼、顏淵知而窮
　　　於世。劫迫於暴國而無所辟之。則崇其善，揚其美，言其所長，而不
　　　稱其所短也。[278]

　　此又舉虞舜孝而父不喜愛、王子比干、伍子胥忠而君不重用，仲尼、顏淵具有智慧而窮困於世，都是聖賢受暴國劫迫，身不逢時，而無所逃避。因此，唯有崇高其善行，稱揚其美好。稱揚其長處，而不稱其短處。才能使善人受到眾人之稱揚。

---

[275] 《荀子集解》，卷 17，頁 291。
[276] 《荀子集解》，卷 20，頁 346。
[277] 《荀子集解》，卷 17，頁 295。
[278] 《荀子集解》，卷 19，頁 340。

（二）佛教之孝道觀

　　佛教從東漢明帝時傳入中國後，受中國文化之融合，已與印度佛教大不相同。主要是兩國之國情迥異，故佛教傳入中國後，必須與中國人之習俗、語言、文化相融攝，方能傳播發展。

　　佛教談孝道，有時以專經或專品說之。如《佛說孝子經》、《佛說父母恩重難報經》、《心地觀經・報恩品》、《佛說菩薩談子經》、《盂蘭盆經》等；有時在他經中連帶論及，如《地藏菩薩本願經》、《大乘菩薩本願經》、《普曜經》、《大集經》、《忍辱經》、《佛說忠心經》等，佛教對孝道之重視，由此可知。

　　佛陀在菩提樹下覺悟成道後，在印度各地講經說法。直至晚年，將涅槃離世時，為報慈母生育之恩，上升至忉利天，為母說法。此孝心感召之下，以大孝著稱之地藏王菩薩，前往忉利天，以及過去、現在、未來所度脫之諸大菩薩雲集。佛陀現種種瑞相，並把彌勒菩薩未示現作佛前已經滅度之六道眾生，囑託給地藏王菩薩度化，不再墮入三惡道。故《地藏菩薩本願經》非常殊勝，亦是佛門之一部孝經。佛陀之母聞法後，因而得度。佛陀不但對過世之母親盡其孝道，對父王亦非常關心，但唯恐父王對佛法不能立刻接受，特別派優婆離尊者到王宮，在虛空中騰身，顯現種種神通；天龍八部示現種種莊嚴供養，使父王安心皈依三寶。淨飯王臨終時，佛陀為其說法，使能安心往生淨土。淨飯王去世後，佛陀為報父恩，親自回來舉辦喪禮，為父王扶棺入殮，然後和兒子羅睺羅、堂弟阿難、難陀四人，將父親之棺木抬上佛陀自己經常講經說法之「靈山」安葬。佛陀之孝行，可謂感天動地，無數眾生因而歸投門下。佛陀為報答父母恩，在多生多世之因地菩薩行中，精勤修道，終能成就無上正等正覺，廣為一切有情宣說甚深微妙佛法，圓滿累世父母之願望。

　　《地藏菩薩本願經・忉利天宮神通品》記載：地藏王菩薩最初學佛時，身為長者子，因見師子奮迅具足萬行如來相好莊嚴，而發心：「盡未來際，不可計劫，為是罪苦，六道眾生，廣設方便，盡令解脫。」求證佛身。但行菩薩道時，於覺華定自在王如來像法中，身為婆羅門女，因母信邪，不敬三寶，墮在惡道，而思挽救：「遂賣家宅，廣求香花，及諸供

具，於佛塔寺，大興供養。」承佛慈力加被，知亡母墮在無間地獄受苦，即「為母設供修福，布施覺華定自在如來塔寺。」不但亡母得脫地獄之苦，連當時在無間地獄中，所有罪苦眾生，同時俱得超生。便於覺華定自在王如來塔像前，立弘誓願：「願我盡未來劫，應有罪苦眾生，廣設方便，使令解脫。」至今，每年七月，有些寺廟會有為期一個月之《地藏經》法會，有誦七天之《地藏經》法會，或每日誦《地藏經》，作為每天行持之功課。

《大報恩經》記載釋尊為報答母恩，上升忉利天宮，為摩耶夫人宣講《地藏菩薩本願經》，共九十日，全經十三品，詳說三世因果，六道苦空，普度眾生之大慈大悲，統萬類而靡遺，亙古今而無盡。所以佛教門徒皆以此經為報答親恩之孝經。

《佛說報恩經》極力強調父母恩深如海，如若不報，猶如畜生無異。又唐‧善導集記《觀無量壽佛經疏‧序分義》中，論及佛示三界福田聖中之極，父母為世間福田之極。至於孝敬父母有兩點理由：一是血緣之恩，云：

> 若無父者，能生之因即闕；若無母，所生之緣即乖。若二人俱無，失託生之地，無有受身之道理。要須父母緣具，方有受身之處。既欲受身，以自業識為內因，以父母精血為外緣，因緣和合，故有此身。以斯義，故父母恩重。[279]

二是生育之恩：

> 母懷胎已，經於十月，行住坐臥，常生苦惱，復憂產時死難。若生已，經於三年，恒常眠屎尿床，被衣服皆亦不淨。及其長大，愛婦親兒，於父母處，反生憎疾，不行恩孝者，即與畜生無異也。[280]

---

[279] 《大正藏》經 1753，卷 2，頁 259。
[280] 同上注。

　　西晉竺法護譯《佛說盂蘭盆經》中，敘述大目乾連尊者救濟其母之故事，云：

> 大目乾連始得六通，欲度父母抱哺乳之恩，即已道眼觀視世間，見其
> 亡母生餓鬼中，不見飲食，皮骨連立。目連悲哀。即鉢盛飯往餉其
> 母。母得鉢飯。便以左手障飯，右手摶飯食，未入口，化成火炭。遂
> 不得食。目連大叫悲號啼泣，馳還白佛，具陳如此。佛言：「汝母罪
> 根深結，非汝一人力所奈何，汝雖孝順聲動天地，天神、地神、邪
> 魔、外道，道士、四天王神，亦不能奈何。當須十方眾僧威神之力，
> 乃得解脫。吾當為汝說救濟之法，令一切難皆離，憂苦罪障消除。」
> 佛告目連：「十方眾僧於七月十五日，僧自恣時，當為七世父母，及
> 現在父母，厄難中者，具飯五味、水果、汲灌盆器、香油錠燭、床敷
> 臥具，盡世甘美，以著盆中，供養十方大德眾僧。當此之日，一切聖
> 眾，或在山間禪定，或得四道果，或樹下經行，或六通自在教化，聲
> 聞、緣覺、或十地菩薩大人、權現比丘，在大眾中，皆同一心，受鉢
> 和羅飯。具清淨戒，聖眾之道，其德汪洋。其有供養此等自恣僧者。
> 現在父母、七世父母、六種親屬，得出三塗之苦，應時解脫，衣食自
> 然。若復有人父母現在者，福樂百年。若已亡七世父母生天，自在化
> 生，入天華光。」[281]

　　在眾僧咒願竟，便自受食。而目連悲啼泣，釋然除滅。是時目連其
母，即於是日得脫一劫之苦。因此，佛陀借助十方僧威神之力，使目連尊
者之父母，得到解脫。體現以眾僧之力量，以達到宣揚孝道之作用。眾生
若有孝心，當利用于蘭盆日，發心供養大德高僧，則已經去世之父母，以
及六親眷屬，都能夠解脫三塗之苦，受無量快樂。

　　佛教重視孝道，後漢安息國三藏安世高譯《佛說父母恩難報經》中，
世尊告諸比丘云：

---

[281] 《大正藏》經 685，頁 779。

> 父母於子，有大增益，乳餔長養，隨時將育，四大得成。右肩負父、
> 左肩負母，經歷千年，正使便利背上，然無有怨心於父母。此子猶不
> 足報父母恩。[282]

　　父母乳餔長養之恩，人子即使肩負父母千年，猶不足報父母恩。又佛
教將孝與戒兩者相通，亦即孝與戒相同。後秦鳩摩羅什譯《梵網經‧盧舍
納佛說菩薩心地戒品》云：

> 孝順父母、師、僧三寶，孝順，至道之法，孝名為戒，亦名制止。[283]

　　《梵網經》中，重戒，第一殺戒、第二盜戒、第三淫戒，有「是菩薩
應起常住慈悲心、孝順心，方便救護一切眾生。」「菩薩應生佛性孝順慈
悲心，常助一切人生浮生樂。」「菩薩應生孝順心，救度一切眾生，淨法
與人。」又在四十八輕戒有「既得戒已，生孝順心、恭敬心。」見上座和
上阿闍梨大同學同見同行者，應「應起承迎禮拜問訊。」四十八輕戒第三
十五不發願戒有：「若佛弟子，常應發一切願。孝順父母、師、僧三
寶。」第四十六說法不如法戒，謂四眾聽講法，要「如孝順父母，敬順師
長。」[284]此皆以孝順為戒之思想。
　　佛教主張僧人要獨身、剃髮、離家。而出家修行，與儒家之孝道相違
背。其實，佛教戒律規定，出家必須徵得父母同意，而出家又分為兩個層
次：第一個層次是剃髮、著染衣，此指離開世俗之家，住在寺院；第二層
次是心出家，必須發心修行，離開三界之家，才是真出家。如果說只有身
出家而無心出家，只是粥飯僧，算不得是真出家。
　　世俗之孝，一者承歡侍彩，甘旨以養其親；二者登科入仕，以祿榮耀
其親；三者修德勵行，成聖成賢，以顯揚其親。此三者，世俗之所謂孝
也。出世間之孝，則勸其親齋戒奉道，一心念佛，永別四生。長辭六道，

---

[282] 《大正藏》經 684，頁 779。
[283] 《大正藏》經 1484，卷 10，頁 1004。
[284] 《大正藏》經 1484，卷 10，頁 1004-1008。

蓮胎托質。親覲彌陀，得不退轉。人子報親，於此為大。

二、儒家之家庭觀與佛教之家庭觀

中國社會是以家庭為基礎，家是生命延續之處所，個人身心調和之所在，社會組成之基本單位，亦是國家社稷安定之主要力量。儒家之倫理思想，五倫之中，父子、夫婦、兄弟三倫，都屬家庭之成員。故儒家之家庭倫理思想，至為重要。

佛教實行出家制度，但並不否定世俗之家庭和社會倫理關係。釋尊在各種場合，多次論述佛教之家庭和社會倫理觀，比儒家更為詳細。不僅適用於在家眾，也可適用於出家眾。

（一）儒家之家庭觀

中國是以家庭為社會構成之基礎。《禮記‧大學篇》揭櫫「國之本在家」，「齊家、治國、平天下」之思想，可知家庭為中國社會穩定之基石。儒家之家庭關係，屬於互相對待之關係，父子、夫婦、兄弟之間，有彼此遵守之道德規範，父子有親、夫婦有別、兄弟有信。《禮記‧中庸篇》云：

> 天下之達道五，所以行之者三。曰：君臣也、父子也、夫婦也、兄弟也、朋友之交也。五者，天下之達道也。知、仁、勇三者，天下之達德也。[285]

《中庸》以五倫為通達於天下之大道。要實踐它，必須靠智慧、仁德與勇氣。《孟子‧滕文公篇上》云：

> 后稷教民稼穡，樹藝五穀，五穀熟而民人育。人之有道也，飽食暖衣，逸居而無教，則近於禽獸。聖人有憂之，使契為司徒，教以人

---

[285] 《禮記正義》，卷 52，頁 887-888。

倫：父子有親，君臣有義，夫婦有別，長幼有序，朋友有信。[286]

　　周朝之始祖后稷，使契為司徒，教以人倫之道，即父子、君臣、夫婦、兄弟、朋友五倫。《左傳》文公十八年記載：

高辛氏有才子八人，伯奮、仲堪、叔獻、季仲、伯虎、仲熊、叔豹、季貍；忠、肅、共、懿、宣、慈、惠、和。天下之民，謂之八元。……舜臣堯，……舉八元，使布五教於四方，父義、母慈、兄友、弟恭、子孝。內平外成。……故《虞書》數舜之功曰，慎徽五典，五典克從，無違教也。[287]

　　此言五帝之一帝嚳，有才子八人，使布五教於四方，即父義、母慈、兄友、弟恭、子孝。此五教是以父、母、兄、弟、子為對象，與前說不同。又五典，即五常之教。
　　戰國時代，法家集大成之韓非，在《韓非子‧忠孝篇》云：

臣事君，子事父，妻事夫，三者順則天下治，三者逆則天下亂，此天下之常道也，明王賢臣而弗易也。[288]

　　韓非以君臣、父子、夫妻為天下之常道。與漢‧董仲舒《春秋繁露》之三綱相同。其云：

君臣父子夫婦之義，皆取諸陰陽之道，君為陽，臣為陰；父為陽，子為陰；夫為陽，婦為陰。[289]

　　董仲舒將三綱之倫常，以陰陽解說，乃源出於陰陽家之說。茲將儒家

---

[286] 《孟子注疏》，卷5，頁98。
[287] 《左傳注疏》，卷20，頁353-355。
[288] 《韓非子‧忠孝》，卷51，頁1107-1108。
[289] 《春秋繁露今註今譯》，卷12，頁320。

有關父子、夫婦、兄弟之倫理，依次說明如下：

1. 儒家父子間之倫理

父母慈愛子女，出自天性。子女則應體認父母養育之恩。《禮記・大學篇》云：「為人父，止於慈。」《孟子・滕文公篇上》云：「父子有親。」[290]

為人子者，體認父母養育之恩，最具體之表現為奉養父母。《禮記・檀弓篇下》云：

> 啜菽飲水盡其歡，斯之謂孝。[291]

此言只是供養父母還不夠，尚須存恭順之心。《孟子・離婁篇上》云：「不順乎親，不可以為孝。」[292]《論語・為政篇》又云：

> 至於犬馬，皆能有養。不敬，何以別乎？[293]

人之可貴，就在孝道之表現。若只是飲食之奉養，山野中之獅、虎、豹、象，犬、馬，皆能做到。所以人還要做到敬，才是盡孝養之道。

此外，父母勞心勞力，從無怨怒之心。《論語・為政篇》云：「有事，弟子服其勞。」[294]家中有事，應由弟、子為父兄效勞，是一種孝悌之道。

對父母應做到之事。《論語・為政篇》云：

> 父母唯其疾之憂。[295]

---

[290] 《孟子注疏》，卷 5，頁 98。
[291] 《禮記正義》，卷 10，頁 187。
[292] 《孟子注疏》，卷 7，頁 137。
[293] 《論語注疏》，卷 2，頁 17。
[294] 《論語注疏》，卷 7，頁 135。
[295] 《論語注疏》，卷 2，頁 17。

　　子女生病，父母日夜照料擔憂，所以子女保持身心健康，不僅家庭和樂，亦是孝之表現。故《孝經》開宗明義章云：「身體髮膚，受之父母，不敢毀傷，孝之始也。」[296]《孟子·離婁篇上》亦云：

　　　不失其身，而能事其親者，吾聞之矣。失其身，而能事其親者，吾未之聞也。[297]

　　子女保全身體髮膚，甚至性命，是為保持健康之身體，做好侍奉父母之事。《論語·里仁篇》云：

　　　父母在，不遠遊，遊必有方。[298]

　　子女不遠遊他鄉，使父母頓失依靠。父母在家，亦懸念他鄉之遊子。又子女外出時，應稟告父母前往何處，使父母安心。《孟子·離婁篇上》云：

　　　不孝有三，無後為大。[299]

　　無後是絕子絕孫，無人延續香火，奉祀祖先。《孟子·離婁篇下》又云：

　　　世俗所謂不孝者五：惰其四肢，不顧父母之養，一不孝也；博弈，好飲酒，不顧父母之養，二不孝也；好貨財，私妻子，不顧父母之養，三不孝也；從耳目之欲，以為父母戮，四不孝也；好勇鬥狠，以危父母，五不孝也。

---

[296]　《孝經注疏》，卷 1，頁 11。
[297]　《孟子注疏》，卷 8，頁 135。
[298]　《論語注疏》，卷 4，頁 38。
[299]　《孟子注疏》，卷 7，頁 134。

生前不肖，使父母蒙羞受辱。父母往生後，子女悲哀慟哭。穿著斬衰，寢苦食粥，然後葬之以禮，祭之以禮。並為父母選擇風水良好之葬地，建宗廟或祠堂。則父母雖死，待之應如生時。除春秋祭祀外，應稟告祖廟。《禮記‧曾子問篇》中，孔子云：「諸侯適天子，必告于祖，奠于禰。」[300]《論語‧為政篇》亦云：

> 孟懿子問孝，子曰：「無違。」樊遲御，曰：「何謂也？」子曰：「生，事之以禮；死，葬之以禮，祭之以禮。」[301]

孔子告訴孟懿子，孝道是在父母生前以禮侍奉，死後以禮葬之，以禮祭之。《孝經‧紀孝行章》云：

> 孝子之事親也，居則致其敬，養則致其樂，病則致其憂，喪則致其哀，祭則致其嚴。五者備矣，然後能事親。[302]

此言孝子事親，要做到五點，孝子居家之時，必盡其敬。《孝經‧喪親章》又云：

> 孝子之喪親也，……哀以送之，卜其宅兆，而安措之。為之宗廟，以鬼享之。春秋祭祀，以時思之。[303]

父母死後，孝子哀傷地送葬，占卜墓地，安葬父母。為父母建宗廟，以鬼神之禮配享。春清明、秋中元兩季祭祀，依季節哀思祭拜。父母去世後，應為父母服喪三年。居家追思，不得外出為官。若身為太子，則將政事委付塚宰三年。此外，不可改動父之臣及父之政，並繼承其志向。故《論語‧子張篇》云：

---

[300]《禮記正義》，卷18，頁360。
[301]《論語注疏》，卷2，頁16。
[302]《孝經注疏》，卷6，頁42。
[303]《孝經注疏》，卷9，頁55-56。

　　曾子曰：「吾聞諸夫子，『孟莊子之孝也，其他可能也，其不改父之臣與父之政，是難能也。』」[304]

　　曾子聽聞吾師孔子言，孟莊子之孝道，是做到不改變父親所用之臣與其政事，非常難能可貴。《論語・學而篇》云：

　　孔子曰：「父在，觀其志；父沒，觀其行。三年無改於父之道，可謂孝矣。」[305]

　　此言父親健在，應觀察其志業；去世後，應觀察其一生之行事如有三年不改變父道，就可謂之孝。《禮記・坊記篇》云：

　　孔子曰：「善則稱親，過則稱己，則民作孝。」[306]

　　孔子認為執政者應為民表率。父母有善行，則歸之於父母；有過失，則引咎自責。如此，百姓聞風效法，而行孝道。有助於民風敦厚，國家安定。

2. 儒家夫婦間之倫理

　　儒家論夫婦之道，在《論語》、《孟子》二書中，論述較少。並非孔、孟輕視夫婦一倫，因夫婦為三綱之一，在三禮中論述較多。《禮記・禮運篇》云：

　　孔子曰：「飲食男女，人之大欲存焉。」[307]

　　《孟子・萬章上》亦云：

---

[304] 《論語注疏》，卷 19，頁 173。
[305] 《論語注疏》，卷 1，頁 8。
[306] 《禮記正義》，卷 51，頁 867。
[307] 《禮記正義》，卷 22，頁 431。

男女居室，人之大倫也。[308]

可見孔、孟視男女之婚姻生活，為人之大倫，亦是人性之基本需求，不可廢棄。《禮記‧中庸篇》云：

君子之道，造端乎夫婦。及其至也，察乎天地。[309]

《禮記‧哀公問篇》云：

公曰：「寡人願有言，冕而親迎，不以重乎？」孔子愀然作色，對曰：「合二姓之好，以繼先聖之後，以為天下宗廟社稷之主，君何謂已重乎？」公曰：「寡人實固。不固，安得聞此言乎？寡人欲問，不能為辭，請少進。」孔子：「天地不合，萬物不生；大昏、萬世之嗣也。君何謂已重焉？」孔子遂言曰：「內以治宗廟之禮，足以配天地之神；出以治直言之禮，足以立上下之敬；物恥足以振之，國恥足以興之。故為政先乎禮，禮其政之本與？」孔子遂言曰：「昔三代明王，必敬妻子也，蓋有道焉。妻也者，親之主也。子也者，親之後也，敢不敬與？是故君子無不敬。」[310]

此言夫妻為合二姓之好，大昏、萬世之嗣也。妻是親之主，子為親之後，故三代明王，必敬妻子，有其道理也。

孟子言五倫中，《孟子‧滕文公篇上》稱「夫婦有別」[311]。夫婦之別為何？《禮記‧內則篇》云：「男不言內，女不言外。」[312]所指職務上，男負責家外之事，女則負責家內之事。

婦以夫為綱，但並非夫高高在上，而是有敬重之心。《禮記‧昏義

---

[308] 《孟子注疏》，卷9，頁161。
[309] 《禮記正義》，卷52，頁882。
[310] 《禮記正義》，卷50，頁849。
[311] 《孟子注疏》，卷5，頁98。
[312] 《禮記正義》，卷27，頁520。

篇》云：

> 敬重慎正而後親之，禮之大體。而所以成男女之別，而立夫婦之義
> 也。男女有別，而後夫婦有義；夫婦有義，而後父子有親；父子有
> 親，而後君臣有正。故昏禮者，禮之本也。[313]

　　夫妻內外有別，相互對待之態度亦有所別。《禮記・禮運篇》云：
「夫義、婦聽。」[314]即是女子于歸之後，夫和則義，妻柔則聽。此與《左
傳》昭公二十六年：「夫和而義，妻柔而正。」[315]《禮記・郊特牲篇》
云：「男帥女、女從男，夫婦之義，由此始也。」[316]意亦相近。
　　婦德如何？據《儀禮・喪服篇・子夏傳》云：

> 婦人有三從之義，無專用之道。故未嫁從父，既嫁從夫，夫死從子。
> 故父者子之天也，夫者妻之天也。婦人不貳斬者，猶曰不貳天也。婦
> 人不能貳尊也。[317]

　　此言「未嫁從父，既嫁從夫，夫死從子。」及後人所謂三從之德也。
《禮記・昏義篇》云：

> 婦順者，順於舅姑，和於室人，而后當於夫，以成絲麻布帛之事，以
> 審守委積蓋藏。是故婦順備而後內和理；內和理而後家可長久也。[318]

　　此言婦德當以順從為主，舅姑在時，當晨昏定省，併奉水、進食。古
代宮中，嬪、御必須接受各種教育。《周禮・天官・冢宰》云：

---

[313] 《禮記正義》，卷 61，頁 1000。
[314] 《禮記正義》，卷 22，頁 431。
[315] 《左傳正義》，卷 52，頁 906。
[316] 《禮記正義》，卷 25，頁 506。
[317] 《儀禮注疏》，卷 30，頁 359。
[318] 《禮記正義》，卷 61，頁 1001。

> 九嬪掌婦學之法，以教九御。婦德、婦言、婦容、婦功，各帥其屬而
> 以時御敘于王所。凡祭祀，贊玉齍，贊後薦、徹豆籩。若有賓客，則
> 從後。大喪，帥敘哭者亦如之。[319]

此雖屬宮中嬪、御之教育，但後代常提婦人之美德，婦德、婦言、婦
容、婦功四德，源出於此。今之婦人，雖不必盡如《周禮》所云，但應具
備貞順之德，辭氣溫和，容貌婉約，乃是現代女子之美德。

夫妻之間，應互相敬重，共同締造幸福美滿之家庭生活。如《詩經·
常棣篇》云：

> 妻子好合，如鼓琴瑟。兄弟既翕，和樂且耽。宜爾室家，樂爾妻孥。[320]

夫妻相處，如鼓琴瑟一般和諧。兄弟和諧，家中和樂平安。故家中夫
妻與子女，都應和樂融融。

3. 儒家兄弟間之倫理

儒家重視兄弟相處之道，《論語·學而篇》云：

> 有子曰：「孝弟也者，其為仁之本與！」[321]

人生在世，首先與父母建立關係，其次就是兄弟。若不能和善相處，
其餘已不足論。在家庭中，父母兄弟最為親近，應互相友愛親近。《孝
經·感應章》云：

> 孝悌之至，通於神明，光於四海，無所不通。[322]

---

[319] 《周禮注疏》，卷 7，頁 116-117。
[320] 《毛經正義》，卷 9，頁 321。
[321] 《論語注疏》，卷 1，頁 5。
[322] 《孝經注疏》，卷 8，頁 51。

　　兄弟之間，應有上下之分。以兄為上，弟為下。能次序不亂，方之相待之道。故《孟子‧滕文公篇》云：「長幼有敘。」[323]《孟子‧萬章篇上》云：

　　　　孟子曰：「仁人之於弟也，不藏怒焉，不宿怨焉，親愛之而已矣。」[324]

　　兄既居長，自有愛護幼弟之義。故泰伯三讓位於季歷，孔子以「至德」稱讚之；象欲害舜，而舜一再忍讓寬恕，甚至貴為天子之後，還封象於有庳，欲其富貴，可為親愛之至。故得孟子之讚嘆。

　　兄長在物質上幫助其弟外，在行為上對弟忍讓寬恕，在精神上則教育與鼓勵。《孟子‧離婁篇下》云：

　　　　中也養不中，才也養不才。故人樂有賢父兄也。如中也棄不中，才也棄不才，則賢不肖之相去，其間不能以寸。[325]

　　由於兄長對弟之提攜鼓勵，故人們都喜歡有賢德之父兄，使弟在道德上不斷受到陶冶。《論語‧學而篇》云：

　　　　其為人也孝弟，而好犯上者，鮮矣；不好犯上，而好作亂者，未之有也。君子務本，本立而道生。孝弟也者，其為仁之本與！[326]

　　孝弟是仁德之根本。為弟者，當善事兄長，是做人之基本道理。若有不事長上之人，會有犯上作亂之虞。故君子致力於行孝弟之道。《荀子‧非相篇》云：

　　　　人有三不祥，幼而不肯事長，賤而不肯事貴，不肖而不肯事賢，是人

---

[323] 《孟子注疏》，卷5，頁98。
[324] 《孟子注疏》，卷9，頁163。
[325] 《孟子注疏》，卷8，頁143。
[326] 《論語注疏》，卷1，頁5。

之三不祥也。[327]

年幼者不侍奉長上之心，低賤者不侍奉高貴者，不肖者不事奉賢能者，會發生犯上作亂之事，亦是社會不祥之兆。

（二）佛教之家庭觀

佛教經典中，並無五倫之名，並不表示佛教不注重人倫關係。佛教講人倫道德之文字很多。或謂佛教出家者眾多，不須講求世間之倫理。其實佛家有五乘，包括人乘、天乘、聲聞乘、緣覺乘、菩薩乘。其中人乘是為人之道，其餘講超脫人間之法。五乘以人乘為基礎。人乘修不好，則無資格修習其他各乘之法。

佛教有在家眾與出家眾之別，出家眾完全過修行之生活，人際關係單純，不必講求家庭社會道德；在家眾與一般人無異，有各種人際關係，雖志在出世，修習五乘之法，但應盡五倫之本分。因此，佛陀專為在家眾說許多人倫道德。

佛所說之人倫道德，有其一貫之態度，就是慈悲與仁愛。如北齊三藏那連提耶舍譯《大寶積經·菩薩見實會第十六序品第一》云：

> 一切皆是大羅漢，諸漏已盡。無復煩惱，其心自在。心善解脫，慧善解脫。如大龍象，所作已辦。皆棄重擔，逮得己利，盡諸有結。於正教中，心得善解。於一切法，心無所礙。自得解脫，解脫眷屬。於正教中，心得善解。於一切法，心無所礙。到於彼岸，自得解脫。解脫眷屬，自得調伏。調伏眷屬，自得寂定。寂定眷屬，自得度脫。度脫眷屬，已到彼岸。彼岸眷屬，已到陸地。陸地眷屬，自得安隱。安隱眷屬，自得寂滅。寂滅眷屬，自破煩惱。破煩惱眷屬，自得沙門。沙門眷屬，自得息惡。息惡眷屬，自婆羅門。婆羅門眷屬，自除惡法。除惡法眷屬，自了知諸法。了知諸法眷屬，自能得度。能得度眷屬，自具諸德。具諸德眷屬，自無煩惱。無煩惱眷屬，自離五支。離五支

---

[327] 《荀子集解》，卷3，頁49。

眷屬，自得離障。離障眷屬，自得靜意。靜意眷屬，自具六通。[328]

　　經文中，反覆說明解脫之道。不僅自得解脫，還要使眷屬解脫；使眷屬心無所礙，到達彼岸；使眷屬安穩，自得寂滅；使眷屬破煩惱，自得沙門；使眷屬除惡法，自了知諸法；使眷屬得度，自具諸德；使眷屬無煩惱，自無煩惱；使眷屬離五支，自得離障；使眷屬靜意，自具六通。直到心實堅固而住。

　　又後漢，失譯人名《大方便佛經報恩經・對治品》云：

> 如我不喜死，一切三界二十五有，有形無形。四足多足，乃至蟻子。有命之屬，亦復如是。是故菩薩，乃至自喪身命，終不枉奪他命。如我有錢穀、帛衣被、飲食、象馬、車乘、國城、妻子、身體、手足，供養擁護，不喜他人橫來侵害者。一切眾生，亦復如是。是故菩薩，乃至自喪身命，終不於諸眾生衣財飲食，生於劫奪之心。[329]

　　佛教以慈悲為懷，將使三界眾生，不論有形無形，四足多足，乃至蟻子。有命之屬，皆能解脫。至於在家庭之中。父子、夫婦、兄弟相處，亦有一定之倫理關係，依次敘之如下。

1. 佛教父母與子女間之倫理

　　佛教重視對父母之孝道，認為父母恩重難報。宋天竺三藏求那跋陀羅譯《增一阿含經・善知識品》云：

> 爾時，世尊告諸比丘，教二人作善不可得報恩，云何為二？所謂父、母也。若復比丘，有人以父著左肩上，以母著右肩上，至千萬歲。衣被、飯食、床蓐、臥具、病瘦、醫藥，即於肩上，放於屎溺，猶不能得報恩。比丘！當知父母恩重，抱之、育之，隨時將護。不失時節，

---

[328] 《大正藏》，卷 61，頁 351。
[329] 《大正藏》經 156，卷 2，頁 131。

得見日月。以此方便，知此恩難報。是故諸比丘！當供養父母，常當孝順，不失時節。如是諸比丘，當作是學。[330]

此言父母從子女出生以後，抱攜、撫育。不分時節，衣被、飯食、床蓐、臥具、病瘦、醫藥，隨時將護，直至長大成人。故父母恩重難報。當供養父母，常當孝順，不失時節。大唐三藏法師玄奘奉詔譯《本事經》云：

父母於子，有深重恩。所謂產生慈心乳哺，洗拭將養，令其長大，供給種種資身眾具，教示世間所有儀式，心常欲令離苦得樂，曾無暫捨，如影隨形。是故父母應深敬重，禮拜供養。[331]

此言父母以慈心乳哺，洗拭養育，讓子女長大。還教導子女世間所有之儀式，希望子女離苦得樂。此深恩難報。又失譯人名，在後漢錄《大方便佛報恩經‧論議品》云：

父母者，三界內最勝福田。何以故？……父母者，十月懷抱，推乾去濕，乳哺長大，教誨技藝，隨時將養。及其出家修得解脫，度生死海，自利兼利一切眾生。[332]

此言母親經十月懷胎，生下子女，還要含辛茹苦，乳哺長大，教誨技藝。待出家修行，獲得解脫，度生死海之後，還要兼利眾生。故父母恩重，為三界內最勝福田。後秦鳩摩羅什譯《梵網經盧舍那佛說菩薩心地戒品第十卷》下云：

---

[330] 《大正藏》經 2，卷 11，頁 601。
[331] 《大正藏》經 765，卷 17，頁 683。
[332] 《大正藏》經 2，卷 3，頁 141。

　　孝順父母師僧三寶，孝順至道之法，孝名為戒，　亦名制止。[333]

　　此言孝順父母師僧三寶，與戒律相同。為何如此稱說？是因父母之恩重難報。《佛說父母恩難報經》云：

　　世尊告諸比丘：「父母於子，有大增益。乳餔長養，隨時將育，四大得成。右肩負父、左肩負母，經歷千年，更使便利背上，然無有怨心於父母，此子猶不足報父母恩。」[334]

　　此言父母從生育子女，到乳哺長養，恩極深重。至於如何報答父母之恩情？右肩負父、左肩負母，經歷千年，子猶不足報父母恩。後秦弘始年佛陀耶舍共竺佛念譯《佛說長阿含經・善生經》云：

　　善生，夫為人子，當以五事敬順父母。云和為五？一者供奉能使無乏；二者凡有所為先白父母；三者父母所為恭順不逆；四者父母正令不敢違背；五者不斷，父母所為正業。[335]

　　此言五種供養與順從父母之事，供奉父母，使無乏。凡有所為，先白父母。父母所為，恭順不逆，父母正令，不敢違背。此與儒家之孝道觀念並無不同。至於父母如何敬親其子？又云：

　　父母復以五事敬親其子。云和為五？一者制子不聽為惡，二者指授示其善處，三者慈愛入骨徹髓，四者為子求善婚娶，五者隨時供取所須。[336]

　　此言五種敬親其子之事，一者制子不聽為惡，二者指授示其善處，三

---

[333] 《大正藏》經 1484，卷 3，頁 1007。
[334] 《大正藏》經 684，頁 778-779。
[335] 《大正藏》經 1，卷 11，頁 70。
[336] 同上注。

者慈愛入骨徹髓，四者為子求善婚娶，五者隨時供取所須。此五者與儒家
之孝道相同。由於父子有血緣關係，父母敬親其子，人子供養與順從父
母，實為天經地義之事。

　　佛教出世間法之修行與救度，吳月支國居士支謙譯《佛開解梵志阿颰
經》云：

> 沙門之戒，慈仁為本。……當念所生父母及師友恩，精進求道，欲度
> 父母。[337]

　　佛子進入沙門之後，必須精進求道，並且念所生父母及師友之恩，立
志度化父母。又《佛說孝子經》中，佛陀提示眾弟子，要行孝道，及如何
盡孝之問題。其云：

> 佛告諸沙門：「睹世無孝，唯斯為孝耳！能令親去惡為善，奉持五
> 戒，執三自歸，朝奉而暮終者，恩重於親乳哺之養、無量之惠。若不
> 能以三尊之至化其親者，雖為孝養，猶為不孝！」[338]

　　此言子女當念所生父母乳哺之養、無量之惠，以及師友之恩。當精進
求道，將來度化父母。同時，要令親去惡為善，奉持五戒。不然只是孝
養，猶為不孝！

　　以上兩種報恩方法，以後者為重。此因出家修行悟道，以度脫父母，
使之解脫，為至高無上之孝行。故吳月支國居士支謙譯《佛開解梵志阿颰
經》云：

> 我沙門得應真者，知劫中生死，分別眾人。……父母雙亡，知墮何

---

[337] 《大正藏》經 20，頁 261。
[338] 《大正藏》經 687，頁 780。

道，追求開導，能令解脫。子得道者，父母皆度。[339]

父母與子女之關係，是具有相互之關係。甚至沙門應真者，若知父母墮何道，皆能度化解脫。《大方便佛報恩經‧慈品》云：

> 爾時如來游於無量甚深行處，欲拔眾生三有劇苦。欲發五蓋，並解十纏，欲令一切眾生俱得解脫安處無為。即為開示二種福田，一者有作福田，二者無作福田。所謂父母及與師長，諸佛法僧及諸菩薩，一切眾生修供得福，進可得道。[340]

此言如來開示二種福田，一者有作福田，二者無作福田。讓眾生能修供得福，進可得道。故眾生應平日精進修持，以發五蓋，解十纏，俱得解脫，安處無為。宋西域三藏薑良耶舍譯《佛說觀無量壽佛經》云：

> 一切凡夫，欲修淨業者，得生西方極樂國土，欲生彼國者，當修三福。一者孝養父母，奉事師長，慈心不殺，修十善果；二者受持三歸，具足眾戒，不犯威儀；三者發菩提心，深信因果，讀誦大乘，勸進行者。如此三事，名為淨業。佛告韋提希，汝今知不？此三業者，乃是過去、未來、現在。三事諸佛淨業正因。[341]

上言三福中，孝養父母，奉事師長，慈心不殺，修十善業，列為淨業正因中之首因。可見欲修清淨業，脫離煩惱及眾苦，孝養父母，是何等重要之事？北涼‧天竺三藏曇無懺譯《大般涅槃經‧獅子吼菩薩品第十一之五》云：

---

[339] 《大正藏》經 1，卷 11，頁 71。
[340] 《大正藏》經 156，卷 5，頁 148。
[341] 《大正藏》經 365，頁 341。

施三種人，果報無盡。一者病人，二者父母，三者如來。

又云：

若菩薩摩訶薩父母師長若病苦時，自手洗拭，捉持按摩，以是業緣，
得手足軟。[342]

以上言孝養父母，奉事師長，可種福田。若病苦時，自手洗拭，捉持
按摩，可得十善果。至於不孝之果報，最重者死後將墮入無間地獄。其次
為多病報，醜陋報，無威勢報，下族姓報，少資生報。唐・實叉難陀譯
《地藏菩薩本願經》云：

若有眾生，不孝父母，或至殺害，當墮無間地獄，千萬億劫，求出無
期。[343]

眾生會下墜無間地獄，千萬億劫，求出無期之原因有六項，其中不孝
父母，或至殺害者居首。《菩薩本行經》云：

無有慈心殘害眾生，強劫人財盜竊非道，婬犯他妻，愛欲情態無有厭
足，妄言、兩舌、惡口罵詈，瞋恚嫉妒，不孝父母，不信三尊，背正
向邪，行此諸惡死入地獄，燒炙榜笞，萬毒皆更，痛不可言。負債不
償，借貸不歸，觝突無信，憍慢自大，謗毀三寶，死墮畜生——驢
馬、駱駝、豬羊、狗犬、師子、虎狼、蚖蛇、蝮蝎、蜥蜴及餘禽獸，
更相殘害，毒心熾盛，宛轉受苦，無有出期。悭貪嫉妒，不肯布施。
不知衣食，不信三尊；……唯行十善，攝身、口、意，長得生天，快
樂無極。[344]

---

342 《大正藏》經 374，卷 31，頁 549。
343 《大正藏》經 375，卷 26，頁 780。
344 《大正藏》經 411，卷上，頁 779-。

上言行諸惡事，將死入地獄，受無邊之苦。唯行十善，攝身、口、意，長得生天，快樂無極。

世尊重視父子間之孝道，非但表現在教戒中，亦表現在自身之行為上。如《淨飯王涅槃經》記載世尊在父親逝世時，躬擔父棺之事。後秦弘始年佛陀耶舍共竺佛念譯《長阿含經・大本經》亦云：

> 佛告比丘：「諸佛常法：毗婆尸菩薩從兜率天降神母胎，專念不亂，其母奉持五戒，梵行清淨，篤信仁愛，諸善成就，安樂無畏，身壞命終，生忉利天，此是常法。」[345]

毗婆屍菩薩其母，奉持五戒，梵行清淨，篤信仁愛，身壞命終時，生忉利天。毗婆尸菩薩護持其母，亦是盡其孝母之心。

2. 佛教論夫婦之倫理

夫婦關係，為人世間之大倫。為夫之道，宜待婦以禮，委以家務；為婦之道，宜勤勞家事，接待賓客。在佛教經典中，如《長阿含經》、《增一阿含經》、《佛說玉耶女經》等，皆有敘述。後秦佛陀耶舍共竺佛念譯《長阿含經・善生經》云：

> 夫以敬妻，亦有五事。云何為五？一者相待以禮，二者威嚴不媟，三者衣食隨時，四者莊嚴以時，五者委付家內。善生！夫以此五事敬待於妻，妻復以五事恭敬於夫，云何為五？一者先起，二者後坐，三者和言，四者敬順，五者先意承旨。善生！是為夫之於妻敬待，如是則彼方安隱，無有憂畏。[346]

此言夫妻相處之道，十分詳細。夫恭敬其妻有五事，即相待以禮、威嚴不媟、衣食隨時、莊嚴以時、委付家內等；妻亦恭敬其夫，有五事，包

---

[345] 《大正藏》經 155，卷下，頁 123。
[346] 《大正藏》經 1，卷 1，頁 4。

括先起、後坐、和言、敬順，先意承旨等。後漢安息國三藏安世高譯《增一阿含經‧非常品》云：

> 爾時阿那邠邸長者，有兒婦名曰善生，顏貌端正，面如桃華色。王波斯匿王大臣之女，憑其姓望，恃其豪族，亦不恭敬姑嫜及其夫壻，亦不事佛法及比丘僧，亦不敬奉三尊。是時那邠邸長者便往至世尊所……世尊告善生女人曰：當知夫為婦有四事，云何為四？有婦如似母，有婦似親，有婦似賊，有婦似婢。……是時善生女還至夫所，頭面禮足，唯願瞻視當如婢也。[347]

此經文是佛陀告訴波斯匿王大臣之女，新婦要做到四事，即似母婦，似親婦，似賊婦，似婢婦。所謂似母婦者，必須承事供養；似親婦者，必須見夫已無增減之心，同其苦樂；似賊婦者，見夫已懷瞋恚，憎嫉夫主，不承事恭敬禮拜；似婢婦者，屬賢良之婦。見夫主隨時瞻視，忍其言語，終不還報。忍其寒苦，恒有慈心。良婦死生天上，惡者入地獄中。《佛說玉耶女經》云：

> 長者給孤獨，為子取婦，得豪貴長者家女，端正無雙，憍豪憍慢，不以婦禮承事姑嫜、夫主。……佛告玉耶：「女人之法，不當以倚端正而生憍慢，形貌端正，非為端正。唯心行端正，人所愛敬，是為端正。不得以倚面貌端正，憍慢自恣，後生卑賤，為人走使。」[348]

佛告玉耶，形貌端正，非為端正。唯心行端正，人所愛敬，是為端正。不得倚面貌端正，憍慢自恣。至於夫婦之間，應相敬以禮，心行端正。將來死生天上；惡者不僅死生地獄，後生亦卑賤，為人走使而已。

---

347 《大正藏》經 125，卷 49，頁 820-821。
348 《大正藏》經 142，頁 863-864。

3. 佛教論兄弟之倫理

佛教對兄弟倫理之論述，並無專書論述。但在經典中，常與家中其他人並論，或在論他事時論及兄弟間之倫理。如後秦龜茲國三藏鳩摩羅什譯《梵網經・盧舍那佛說菩薩心地界品第十卷上》云：

> 於父母兄弟六親中，應生孝順心，慈悲心。……佛子常應發一切願，孝順父母、師、僧三寶。[349]

此經佛陀提出四十八輕戒，並要三世一切眾生受持奉行。其中數次提及對父母兄弟六親，應發孝順心，慈悲心。若有犯者，即是犯輕垢罪。《長阿含經・善生經》云：

> 夫為人者，當以五事親敬親族。云何為五？一者給施；二者善言；三者利益；四者同利；五者不欺。善生，是為五事親敬親族。親族亦以五事親近親族。云何為五？一者護放逸，二者護放逸失財，三者護恐怖者，四者屏相教誡，五者常相稱歎。善生！如是敬視親族，則彼方安穩，無有憂畏。[350]

此言六親之中，當以五事親敬親族。包括給施、善言、利益、同利、不欺；並以五事親敬親族。包括護放逸，護放逸失財，護恐怖者，屏相教誡。應會生出孝順心，慈悲心。至於敬事親族之事，並未明稱兄弟，而統稱為親族。兄弟亦是親族關係之一，故所言諸事，兄弟亦應做到。曹魏天竺三藏康僧鎧譯《佛說無量壽經》云：

> 世間人民，父子、兄弟、夫婦、家室、中外親屬，當相敬愛，無相憎嫉；有無相通，無得貪惜；言色常和，莫相違戾。或時心諍，有所恚

---

[349] 《大正藏》經 1484，卷 11，頁 1004-1009。
[350] 《大正藏》經 1，卷 11，頁 72。

怒。今世恨意，微相憎嫉。後世轉劇，至成大怨。[351]

經文中佛告彌勒菩薩諸天人等，無量壽國之人民，微妙安樂清淨。因此世間人民，不論父子、兄弟、夫婦、家室、親屬之間，當相敬愛，無相憎嫉；不可因為今世恨意，後世轉成大怨。後秦鳩摩羅什譯《梵網經·盧舍那佛說菩薩心地界品》云：

若父母兄弟死亡之日，應請法師講菩薩戒律經，福資亡者，得見諸佛，生人天上。若不爾者，犯輕垢罪。[352]

在父母兄弟死亡之日，應請法師講菩薩戒律經，福資亡者，得見諸佛，生人天之上。若不爾者，將犯輕垢罪。

以上所述，親族實含兄弟在內。若能善待所有親族，兄弟自無相仇之理。至於出家修行之比丘，彼此之間，亦應比照兄弟相處之禮，先受戒者照顧後戒者。《梵網經·盧舍那佛說菩薩心地界品》又云：

若佛子，應如法次第坐，先受戒者在前座，後受戒者在後座。[353]

此一說明佛教亦有如儒家一般，長幼有序，連坐之先後，皆有軌範。並非出家之後，四大皆空，就可恣意妄行。

三、儒家之婚姻觀與佛教之婚姻觀

（一）儒家之婚姻思想

儒家所謂五倫，夫婦一倫，居五倫之中。是因為夫婦是家庭制度之基礎。《禮記·中庸篇》云：

---

[351] 《大正藏》經 360，卷下，頁 274。
[352] 《大正藏》經 1484，卷 10，頁 1006。
[353] 《大正藏》經 1484，卷 10，頁 1008。

　　　　君子之道，造端乎夫婦。[354]

　　此言男女二人，藉婚姻關係，建立家庭。男士娶妻之目的，在求得賢助，以盡孝道，並繁衍子孫。因此，婚姻制度之健全，會影響到家族與社會秩序之穩定，故儒家特重婚禮。婚禮必須按照程序進行。而新婦是否歸屬夫家，端視廟見舅姑，確定夫婦之名分後決定。

　　依據《禮記·昏義篇》云：「昏禮者，禮之本也。」《大戴禮記·哀公問於孔子篇》云：「敬之至也，大昏為大。」《禮記·郊特牲篇》云：「夫昏禮，萬世之始也。」由於婚禮是家庭組織之開端，是繁衍萬代子孫之開始。故在一國而言，婚禮是一件大事。儒家重視《周禮》，歷代《戶婚律》，制定婚姻法，都是依據《周禮》之婚姻制度所制訂者。

　　《禮記·昏義篇》對婚姻之闡述，有承先啟後之特殊意義。其云：

　　　　昏禮者，將合二姓之好。上以事宗廟，而下以繼後世也。故君子重
　　　　之。……敬慎重正而後親之，禮之大體，而所以成男女之別，而立夫
　　　　婦之義也。男女有別，而後夫婦有義；夫婦有義，而後父子有親；父
　　　　子有親，而後君臣有正。故曰：「昏禮者，禮之本也。」[355]

　　此言昏禮是禮之根本。透過「婚禮」，兩姓家族得以結合。對上在宗廟告知歷代祖先，在下延續後代子嗣，使家族綿延不息。故應在宗廟慎重行之。而夫婦有義，亦是父子有親，君臣有正之基礎。

　　婚禮之儀式，根源於先秦以來在《儀禮·士昏禮篇》中制定之「六禮」，即「納采、問名、納吉、納徵、請期、親迎。」[356]此六禮中，納采、問名、納吉、納徵、請期為婚前之禮。

　　在婚前之禮中，《儀禮·士昏禮篇》中記載：「下達納采，用鴈。」「賓執鴈，請問名；主人許，賓入授。」「納吉用鴈」，「納徵玄纁、束

---

[354] 《禮記正義》，卷 52，頁 882。
[355] 《禮記正義》，卷 61，頁 999。
[356] 《儀禮注疏》，卷 4，頁 39-42。

帛、儷皮。」「請期用鴈，主人辭。賓許，告期。」親迎時「賓執鴈
從」。[357]可見在六禮中，皆有以鴈、玄纁、束帛、儷皮等為贄禮之記載。

親迎為正婚禮。《禮記·昏義篇》云：

> 主人筵几於廟，而拜迎於門外。入，揖讓而升，聽命於廟，所以敬慎
> 重正昏禮也。父親醮子而命之迎，男先於女也。子承命以迎，主人筵
> 几於廟，而拜迎於門外，婿執鴈入，揖讓升堂，再拜奠鴈，蓋親受之
> 于父母也。降出，御婦車，而婿授綏。御輪三周，先俟於門外。婦
> 至，婿揖婦以入。共牢而食，合巹而酳。所以合體，同尊卑，以親之
> 也。[358]

此言親迎之時，父親醮子，新郎接受賜酒一飲而盡，便動身迎娶新
娘。女方家長在家廟設筵，在門外拜迎新婿。進門後，女婿以雁做贄禮。
女方父親與女婿彼此揖讓登堂，女婿再拜。表示慎重行正昏禮。

婚後之情形，《禮記·昏義篇》亦有所敘述：

> 夙興，婦沐浴以俟見。質明，贊見婦于舅姑。執笲，棗栗段修以見。
> 贊醴婦，婦祭脯醢，祭醴，成婦禮也。[359]

此言成婚之後，次日早晨，新娘沐浴畢，拿著盛棗、粟和腶修等物之
竹器，到公婆之寢門外等待，親自侍奉公婆進食後。婦人要以脯醢、醴
酒，祭祀祖先，方完成婦禮。《禮記·昏義篇》又云：

> 是以古者婦人先嫁三月，祖禰未毀，教於公宮；祖廟既毀，教於宗
> 室。教以婦德、婦言、婦容、婦功，教成祭之。牲用魚，芼之以蘋

---

[357] 《儀禮注疏》，卷 4，頁 39-42。
[358] 《儀禮注疏》，卷 61，頁 999-1000。
[359] 《儀禮注疏》，卷 61，頁 1001。

藻，所以成婦順也。[360]

　　此言古之婦人，出嫁三月之內，要在祖廟或宗室。教以婦德，婦言，婦容，婦功。教成之後，還要祭祀，牲用魚，摘蘋、藻，使婦人具備順從之美德。

（二）佛教之婚姻觀

　　佛教在東漢以後，有沙門沉湎於酒，或畜妻子者，政府未加限制。故《宋書・夷蠻傳》云：

> 太祖元嘉十二年……又沙汰沙門，罷道者數百人，世祖大明二年，有標道人與羌人高闍謀反，上因是下詔曰：「佛法訛替，沙門混雜。未足扶濟鴻教，而專逋藪。加奸心頻發，凶狀屢聞。敗壞風俗，人神交憤。可付所在，精加沙汰，後有違犯，嚴加誅坐。」[361]

　　在南朝宋太祖年間，佛門敗壞風俗，人神交憤，故有沙汰沙門之事。《元史・張珪傳》云：

> 僧道出家，屏絕妻孥，蓋欲超出世表。是以國家優視，無所徭役，且處之官寺。宜清淨絕俗為心，誦經祝壽。比年僧道往往畜妻子，無異常人。如蔡道泰、班講主之徒，傷人逞欲、壞教干刑者，何可勝數？俾奉祠典，豈不褻天瀆神。臣等議：僧道之畜妻子者，宜罪以舊制，罷遣為民。[362]

　　元代有僧道往往畜妻子，受到非議。在佛教經典中，對出家修行者而言，必須嚴守戒規。並且要剃除鬚髮，進入沙門。在僧團之中，過共同修行之生活。因為眾生出家以後，必須保持六根清淨，不為塵俗纏擾，才有

---

[360] 《儀禮注疏》，卷 61，頁 1002。
[361] 《新校本宋書》，卷 97，頁 2386-2387。
[362] 《新校本元史》，卷 175，頁 4075。

利於掙脫愛欲所生之煩惱，證得清淨寂滅之境界。後漢西域沙門迦葉摩騰
共法蘭譯《四十二章經》云：

> 佛言：剃除鬚髮而為沙門。受道法者，去世資財，乞求取足，日中一
> 食，樹下一宿，慎勿再矣。使人愚蔽者，愛與欲也。[363]

此言出家修行者，應當剃除鬚髮，拋棄資財，過乞食之生活。日中一
食，樹下一宿，對於修道者來說，已經足夠了。世尊本是古代印度迦毗羅
衛國淨飯王之子，出家修行之前，亦曾結婚娶妻，但未沉湎於宮廷養尊處
優之生活，而想徹底解脫人生之煩惱，毅然走上出家修行之路。

至於在家居士，佛教亦非常重視家庭與倫理關係。《長阿含經・善生
經》云：

> 父母……為子求善婚娶。……夫之敬妻亦有五事。云何為五？一者相
> 待以禮，二者威嚴不媟，三者衣食隨時，四者莊嚴以時，五者委付家
> 內。……妻復以五事恭敬於夫。云何為五？一者先起，二者後坐，三
> 者和言，四者敬順，五者先意承旨。[364]

此言父母有義務為子，找一門好婚娶。也就是要找能夫婦互相禮敬，
家庭和睦，婚姻美滿之媳婦。並言夫妻相處之道。夫妻各有五事，妻恭敬
於夫，夫敬待其妻。使對方無有憂畏，方是相處之道。東晉北印度罽賓三
藏瞿曇僧茄提婆譯《中阿含經・大品善生經第十九》云：

> 夫當以五事愛敬供給妻子，云何為五？一者憐念妻子，二者不輕慢，
> 三者為作瓔珞嚴具，四者於家中得自在，五者念妻親親。夫以此五事
> 愛敬供給妻子；妻子當以十三事善敬順夫，云何十三？一者重愛敬
> 夫，二者重供養夫，三者善念其夫，四者攝持作業，五者善攝眷屬，

---

[363] 《大正藏》經 722，頁 722。
[364] 《大正藏》經 1，卷 13，頁 71。

六者前以瞻待，七者後以愛行，八者言以誠實，九者不禁制門，十者見來贊善，十一者敷設床待，十二者施設淨美豐饒飲食，十三者供養沙門、梵志。妻子以此十三事善敬順夫。[365]

　　此言夫妻相處之道，夫有五事，妻有十三事，對妻善敬順夫之事，有很詳盡之說明。可見佛陀對夫妻關係之重視。

　　男女婚後，妻子懷孕，要重視胎教。在《菩薩處胎經》、《大寶積經·佛說入胎藏會》、《大寶積經·佛為阿難說處胎會》等經，都提及胎教問題。後秦涼州沙門竺佛念譯《菩薩從兜率天降神母胎說廣普經·菩薩處胎經遊步品第二》云：

與說百八殺身重罪，為苦為惱，引令入於得在道撿，無有欲癡，即於胎中，成無上道；……若人布施，手執財物。有人受者，解了三事。空無所有，即於胎中，成無上道；見人持戒，戒品成就，毫釐不犯。解了虛寂，而無所有。即於胎中，成無上道；或有眾生，忍心不起。若有人來，殺害割截。心無恚想，頭目髓腦，無所愛惜。即於胎中，成無上道；若有眾生，心若金剛，不可沮壞。……菩薩心進，終不退轉。墮落生死。即於胎中，成無上道；若人行禪，心識不移。弊魔波旬，在虛空中。雷吼電烈，不能令彼動於一毛，何況使彼退於禪道。即於胎中，成無上道；若有眾生，分別諸行。此則可行，此不可行。若人貪著，愛樂身者。即便為說，四意止法。一一分別，諸法要藏。暢達演說，無量法界。即於胎中，成無上道；或有菩薩，入慈三昧。遍滿東方，無限無量。阿僧祇恒河沙等剎眾生之類，慈愍愛念，欲令解脫。……菩薩發願，堅固難動。設有人來，取菩薩身，臠臠割截。即時彌滿，三千大千國土。血變為乳，如母念子。是為菩薩，行慈三昧。即於胎中，成無上道；或時菩薩，入悲三昧。遍滿南方，無限無量，阿僧祇恒河沙等剎眾生之類，悲念欲令解脫。……是菩薩堅固誓

---

[365] 《大正藏》經1，卷33，頁641。

願，眾生見者，以清淨心。遠離眾惡，妄想已斷。即於胎中，成無上
道；或時菩薩，入喜三昧。遍滿西方，無限無量。阿僧祇恒河沙等剎
眾生之類，……如是盡恒河沙，喜心不盡。若彼眾生入喜，令自娛
樂。皆是菩薩，發意堅固。即於胎中，成無上道；或有菩薩，入捨三
昧。遍滿北方，無限無量。阿僧祇恒河沙等剎眾生之類。恐彼眾生，
有缺漏行。將養擁護，不令沒溺。……如是盡恒河沙，捨心不盡。皆
是菩薩，誓願堅固。即於胎中，成無上道；於時菩薩，真實法明。修
大慈大悲，非羅漢、辟支佛所行。遍滿四方，欲令眾生。一聞音聲，
尋聲即至。皆是菩薩，誓願堅固。即於胎中，成無上道。[366]

　　此言世尊列舉十種於胎中成無上道之例，說明胎教對眾生之重要，亦
說明處胎菩薩，具有無上神力，能入無形界三昧，以天眼普觀三千大千世
界如此。又大唐三藏義淨譯《大寶積經‧佛為阿難說處胎會》云：

世尊告阿難言，若有眾生欲入胎時，因緣俱足，便得受生。……阿
難！云何得入母胎？所謂父母，起愛染心。月期調順，中陰現前。無
有如上眾多過患。業緣具足，便得入胎。……過於三十八七日，已欲
出胎時。受種種苦，方乃得生。……若於前世，修諸善業。作長壽
因，臨欲生時，母子安隱，無有如上惡業諸苦。過於三十八七日，已
欲出胎時，受種種苦，方乃得生。……阿難！受於此身，有二種苦。
云何為二？一者眾病集身，名為內苦；二者人與非人之所逼惱，名為
外苦。……阿難！當知以如實智而觀察之，諸法無我。若有多聞諸聖
弟子，作是觀已。便生厭離。而得解脫，究竟涅槃。[367]

　　上言世尊告阿難眾生欲入胎時，因為因緣俱足而受生。經母親懷胎三
十八七日後，欲出胎時，受種種苦而生。此生又經歷無數內苦與外苦。眾
生應觀察諸法無我，而生厭離心，就能得解脫，而入究竟涅槃。

---

[366] 《大正藏》經 584，卷 1，頁 1018。
[367] 《大正藏》經 310，卷 55，頁 322-326。

　　父母心中要常觀想觀音菩薩，想自己懷一尊小菩薩。子女出生後，從上學、結婚、成家、立業，父母都牽腸掛肚，百般呵護。夫妻之間，要遵守不殺生、不偷盜、不邪淫、不妄語、不飲酒五戒。學習著關懷對方，互相尊敬、互相禮讓。子女成長後，可以利用假期或假日，到寺院參加佛七、禪七，或受持八關齋戒等，視對方為共同修行菩薩道之伴侶，婚姻必定會美滿。

　　近年，聖嚴法師主張建立佛化家庭，在家居士應以自己之言行，來感化家庭成員，做到彼此關懷、體諒，互相尊敬、禮讓，共同成長、學習等理念，做為佛化家庭之生活準則。

　　佛化家庭之開始，是男女雙方同意舉行佛化之婚禮，在婚禮中，依佛教禮儀進行，並將佛法弘傳於觀禮之來賓。婚後應每日念佛，念咒，做晚課等，學習佛菩薩之慈悲及智慧，以淨化家庭，並進而影響親友，以達成淨化人間之目標。

四、儒家之社會觀與佛教之社會觀

（一）儒家之社會觀

　　社會是由人群所組成，人群並非單指個人，其中包含家庭，與社會團體，共同構建而成的群體，同時必須占有一定之空間，具有其獨特之語言、文化和風俗習慣。儒家《禮記‧禮運篇》中，孔子提到大同社會，是儒家和諧之理想社會，其云：

> 大道之行也，天下為公。選賢與能，講信修睦。故人不獨親其親，不獨子其子，使老有所終，壯有所用，幼有所長，鰥寡孤獨廢疾者皆有所養，男有分，女有歸。貨惡其棄於地也，不必藏於己；力惡其不出於身也，不必為己。是故謀閉而不興，盜竊亂賊而不作。故外戶而不閉，是謂大同。[368]

---

[368] 《禮記注疏》，卷21，頁412-413。

孔子主張之大同社會，有五個要點：第一，大同社會是一個「天下為公」之社會。此社會為全民公有，而不屬於任何個人；第二，大同社會選出賢能者為社會服務，而且社會大眾都講求信用，和睦相處；第三，此社會是男人都有本分之工作，女子也有歸宿。老人有終養，壯年有職業，幼年能成長，鰥夫、寡婦、孤兒、獨老、殘廢、疾病者，皆有供養。第四，在經濟上，貨物不棄置於地，要供全民共享，也不私自收藏；才力要從身上貢獻出來，不是只為自己。第五，此社會講求誠信，無奸謀巧計。盜竊亂賊不興起，是夜不閉戶之美好社會。

社會人群應如何相處？孔子提出「仁」字，《論語・顏淵篇》記載孔子弟子樊遲問「仁」，孔子曰：「愛人」。[369]如何愛人？《禮記・中庸篇》引孔子所云：「仁者，人也，親親為大。」[370]孔子認為仁者是人與人之間最根本之事。而親愛親人是家庭中最重要之事。若將仁推廣至社會、國家。《孟子・盡心篇上》云：

親親而仁民，仁民而愛物。[371]

孟子認為仁是人心所固有之良知良能。在仁之基礎上，先從親愛父母做起，再仁愛人民，再推廣至愛護禽獸草木。《孟子・梁惠王上》亦云：

老吾老以及人之老，幼吾幼以及人之幼，天下可運於掌。[372]

治理天下，要實施推己及人之社會，從敬愛自己之父母，推廣至他人之父母。慈愛自己之子女，推廣至慈愛他人之父母。是一個充滿溫暖與愛心之國家。治理天下，就可易如反掌。

《論語・學而篇》引用孔子弟子有子之對話，說明先王治國之要道。其云：

---

369 《論語注疏》，卷 12，頁 110。
370 《禮記注疏》，卷 52，頁 887。
371 《孟子注疏》，卷 17，頁 244。
372 《孟子注疏》，卷 1，頁 22。

> 禮之用，和為貴。先王之道，斯為美；小大由之。[373]

　　儒家要達到人際關係之和諧，要用禮樂教化。禮可以規範行為，樂可以陶冶情性。先王治國之道，就是人人以禮相處，又以樂怡養心性，社會必然和樂。

　　在社會和諧之理念中，儒家提出天人合一之觀念。天人合一最重要之觀念，是人與自然之和諧。《禮記‧中庸》云：

> 致中和，天地位焉，萬物育焉。[374]

　　社會在天、地、人中正和諧之狀態中，天地得位，萬物化育。《論語‧陽貨》記載孔子云：

> 天何言哉？四時行焉，百物生焉，天何言哉？[375]

　　天體運行，四季循環，萬物生長，天皆默默無言。西漢大儒董仲舒《春秋繁露‧立元神》亦云：

> 天地人，萬物之本也。天生之，地養之，人成之。天生之以孝弟，地養之以衣食，人成之以禮樂。三者相為手足，合以成體，不可一無也。[376]

　　此「天生人成」之思想，說明天以孝悌之道生人，地以衣食養育萬民，人以禮樂成就倫理，天、地、人三者，本是一體。相為手足，合以成體，具有不可一無之緊密關係。

　　孟子提出社會和諧之觀點，就是君主必須愛恤百姓，百姓亦生活安

---

[373]　《論語注疏》，卷 1，頁 8。
[374]　《禮記注疏》，卷 52，879。
[375]　《論語注疏》，卷 17，頁 157。
[376]　《春秋繁露‧立元神》，卷 7，頁 160。

樂。君民和諧之基礎是「與民同樂」。《孟子・梁惠王下》記載孟子與齊宣王之對話，云：

> 臣請為王言樂。今王鼓樂於此，百姓聞王鐘鼓之聲、管籥之音，舉疾首蹙頞而相告曰：「吾王之好鼓樂，夫何使我至於此極也，父子不相見，兄弟妻子離散。」今王田獵於此，百姓聞王車馬之音，見羽旄之美，舉疾首蹙頞而相告曰：「吾王之好田獵，夫何使我至於此極也？父子不相見，兄弟妻子離散。」此無他，不與民同樂也。今王鼓樂于此，百姓聞王鐘鼓之聲、管籥之音，舉欣欣然有喜色而相告曰：「吾王庶幾無疾病與，何以能鼓樂也？」今王田獵於此，百姓聞王車馬之音，見羽旄之美，舉欣欣然有喜色而相告曰：「吾王庶幾無疾病與，何以能田獵也？」此無他，與民同樂也。今王與百姓同樂，則王矣！[377]

君王應知百姓之疾苦，苦民所苦。同時，君主不應鼓樂、田獵，不顧百姓死活，父子不相見，兄弟妻子離散。因此君王應與民同樂。孟子向齊宣王闡明與民同樂之真諦。其云：

> 齊宣王見孟子於雪宮，王曰：「賢者亦有此樂乎？」孟子對曰：「有。人不得，則非其上矣。不得，而非其上者，非也；為民上而不與民同樂者，亦非也。樂民之樂者，民亦樂其樂，憂民之憂者，民亦憂其憂。樂以天下，憂以天下，然而不王者，未之有也。」[378]

此處孟子又告知齊宣王，在上之君王，應與民同憂樂，樂要與天下之民同樂，憂要與天下人同憂，將萬民之憂樂置於心中之君王，才配做萬民之君王。

在荀子之思想中，社會和諧取決於各階層以禮節相處。《荀子・大略》云：

---

[377] 《孟子注疏》，卷2，頁29。
[378] 《孟子注疏》，卷2，頁33。

貴貴、尊尊、賢賢、老老、長長、義之倫也。行之、得之、得其節，
禮之序也。[379]

社會各階層都能尊重富貴、敬重尊長、禮重賢人、尊敬耆老、禮敬長
上，都是人倫之大義。不僅要遵行，而且要獲得成效。要在禮節上表現，
使社會并然有序。反之，若社會動盪不安，就在於社會財富分配不均，貧
富懸殊。《論語‧季氏》云：

丘也聞有國有家者，不患貧而患不均，不患寡而患不安。蓋均無貧，
和無寡，安無傾。[380]

孔子認為，一個國家之穩定，不是取決於財富之多少，而是分配是否
公平？不是取決於人口之多寡，而是民心是否安定？分配公平，人們就不
會覺得貧窮；和睦相處，就不會覺得人少。安定和平，國家就沒有傾覆之
危險。

以上所言，是整個社會之富裕、均平、和諧與安定。至於個人私下之
交往，就是五倫中之朋友。朋友交往之基礎，在於同心互助。《周易‧乾
卦‧文言》云：「同聲相應，同氣相求。」[381]《周易‧繫辭》云：「方以
類聚，物以群分。」[382]朋友間同聲相應，同氣相求，就能產生無比之勇氣
與力量。《周易‧繫辭上》云：

二人同心，其利斷金；同心之言，其臭如蘭。[383]

不過，朋友間縱然聲氣投合，未必是自己之益友。因為朋友雙方，若
是所同者有邪心、邪聲、邪氣，只能助長罪惡，無所補益。孔子曾教人分

---

[379] 《荀子集解》，卷 19，頁 324。
[380] 《論語注疏》，卷 16，頁 146。
[381] 《周易正義》，卷 1，頁 15。
[382] 《周易正義》，卷 7，頁 143。
[383] 《周易正義》，卷 7，頁 151。

辨益友與損友之方法。《論語・季氏》云：

> 孔子曰：「益者三友，損者三友。友直，友諒，友多聞，益矣。友便辟，友善柔，友便佞，損矣。」[384]

孔子主張結交正直之友，誠信之友，見聞廣博之友；對自己有害之朋友，是習於威儀而不直之友，善於奉承而缺乏誠信之友，慣於花言巧語而無聞見之友。

交朋友時，要分辨對方之善惡，並從交往之中，得到德慧上之增進。《論語・里仁》云：

> 孔子曰：「見賢思齊焉，見不賢而內自省者也。」[385]

孔子認為見到賢人，就應想到和他一般；見到不賢者，就要在內心自省，有無和他一般之惡行。《論語・顏淵》云：

> 曾子曰：「君子以文會友，以友輔仁。」[386]

曾子認為君子要從文德會和朋友，要以朋友相互切磋之道，輔助自己之仁德。

孟子對朋友之態度，在《孟子・離婁下》云：

> 責善，朋友之道也。父子責善，賊恩之大者。[387]

責善是朋友之間，在德行上互相勉勵。如果父子責善，會傷害父子間之親情。《論語・顏淵》云：

---

[384] 《論語注疏》，卷 16，頁 148。
[385] 《論語注疏》，卷 4，頁 37。
[386] 《論語注疏》，卷 12，頁 111。
[387] 《孟子注疏》，卷 8，頁 154。

　　子貢問友，子曰：「忠告而善道之，不可則止。毋自辱焉。」[388]

　　朋友之間，應互相信任、敬重、謙虛。因此，忠告，必須適可而止，不可傷害朋友間之情誼。《論語‧公冶長》云：

　　晏平仲善與人交，久而敬之。[389]

　　此言齊國晏嬰與人交往，時日久後，對其為人十分敬重，就是平時謙卑、誠信之結果。《論語‧泰伯》云：

　　曾子曰：「以能問於不能，以多問於寡，有若無，實若虛。昔者吾友，嘗從事於斯矣。」[390]

　　孔子弟子曾子說，顏淵能做到自己有才能，會請問才能不如己之人；自己多聞見廣，會請問見聞少之人；有學養，卻像無學養之人；有實學，卻像內在空虛之人。這種虛懷若谷，謙虛好學之人，令人敬佩。《禮記‧坊記》云：

　　善則稱人，過則稱己，則民不爭；善則稱人，過則稱己，則怨益亡。[391]

　　與朋友交往時，有善就稱揚他人，有過則謙稱自己有過失，人民就不會爭執；有善就稱道他人，有過則謙稱自己，則怨恨之心日益減少。此皆自我謙虛之崇高表現。

（二）佛教之社會觀

　　一般人以為佛教徒剃髮出家，就是遠離社會人群，不需要談人際關

---

[388] 《論語注疏》，卷 12，頁 110-111。
[389] 《論語注疏》，卷 5，頁 44。
[390] 《論語注疏》，卷 8，頁 71。
[391] 《禮記注疏》，卷 51，頁 867。

係，朋友之道。其實，佛教非常重視社會關懷。佛教認為家庭是社會之單位，家庭不健全，社會亦無從安定。故主張提升個人之慈悲與智慧，再淨化家庭，擴及社會，達成建設人間淨土之目標。

佛教在淨化人心上，要體認人生無常，以無我克制貪欲，以業報威攝為惡之心，以五戒節省社會資源，以行菩薩道展現慈悲濟世之事業。並且要求四攝：布施、愛語、利行、同事；對自我則力行六度：布施、持戒、忍辱、精進、禪定、智慧，以實踐有利於社會之工作。

佛教之無緣大慈，具有對社會大眾廣大之包容力。主張眾生平等，更展現社會和諧之觀念。佛教之慈善行為，比賑災更具實效。此外，寺院所建之義倉、悲田坊、安樂坊、養病坊、安濟坊、癘人坊、福田院等，更是史不絕書。在古代有災亂之時，寺院或僧人展開修橋鋪路、開挖溝渠、植樹造林、放生護生等工作。平時各寺院常普遍施粥、施衣、施藥、施棺，成為貧病民眾之避難所。在教育功能上，唐代之敦煌地區，及宋代之士大夫，常在寺院辦書院，以立教興學。其社會關懷及教育功能，不在儒家之下。

至於個人修行學佛，濟世助人，都要有朋友幫助。朋友有善惡之分，應親近善友，遠離惡友。北涼中印度三藏曇無讖於姑臧譯《菩薩地持經·方便處發菩提心品》云：

> 善友所攝者，有四事。一者善友不愚不鈍，黠慧不邪；二者不教人放逸，亦不以放逸之具授予他人；三者不教人惡行，亦不以惡行之具授予他人；四者終不斷人上信、上欲、上受、上精進、上方便、上功德，令其退下。不以下信、下欲、下受、下精進、下功德授予他人。所謂斷無上大乘，令學二乘，斷修慧與思慧，斷思慧與聞慧，斷聞慧與福業，斷戒與施，如是等斷上功德，令其退下，以下功德受令修習。

此言讓善友不愚不鈍，黠慧不邪，不教其放逸，不教其惡行，不阻斷其上信、上欲、上受、上精進、上方便、上功德等，是增上朋友之善行。不阻斷其修慧、思慧、福業，思慧，聞慧，是讓朋友向上精進。《長阿含

經‧善生經》云：

> 佛告善生，有四親可親。多所饒益，為人救護。云何為四？一者，止
> 非；二者，慈湣；三者，利人；四者，同事。是為四親可親。多所饒
> 益，為人救護，當親近之。善生！彼止非有四事，多所饒益，為人救
> 護。云何為四？一者，見人為惡，則能遮止；二者，示人正直；三
> 者，慈心愍念；四者，示人天路。是為四止非，多所饒益，為人救
> 護。復次，慈愍有四事。一者，見利代喜；二者，見惡代憂；三者，
> 稱譽人德；四者，見人說惡，便能抑制。是為四慈愍，多所饒益。為
> 人利益有四，云何為四？一者，護彼不令放逸，二者，護彼放逸失
> 財；三者，護彼使不恐怖；四者，屏相教誡。是為四利人，多所饒
> 益，為人救護。同事有四，云何為四？一者，為彼不惜身命；二者，
> 為彼不惜財寶；三者，為彼濟其恐怖；四者，為彼頻相教誡。是為四
> 同事，多所饒益，為人救護。[392]

　　此言佛告善生，有四親可親：一者止非；二者慈湣；三者利人；四者
同事。此四種人，可以親近。因為對自己饒有助益。慈愍有四事：一者見
利代喜；二者見惡代憂；三者稱譽人德；四者見人說惡，便能抑制。止非
有四事：一者見人為惡，則能遮止；二者示人正直；三者慈心愍念；四者
示人天路。利人有四事：一者護彼不令放逸；二者護彼放逸失財；三者護
彼使不恐怖；四者屏相教誡。同事有四：一者為彼不惜身命；二者為彼不
惜財寶；三者為彼濟其恐怖；四者為彼屏頻相教誡。

　　在社會上所交往之朋友，有各行各業，人品亦各有不同。應如何觀察
看待？《佛說孛經抄》有所說明，其云：

> 友有四品，不可不知。有友如花，有友如稱，有友如山，有友如地。
> 何謂如花？好時插頭，萎時捐之，見富貴附，貧賤則棄，是花友也。

---

[392] 《大正藏》，卷11，頁71。

何謂如稱？物重頭低，物輕則仰，有與則敬，無與則慢，是稱友也。
何謂如山？譬如金山，鳥獸集之，毛羽蒙光。貴能榮人，富樂同歡，
是為山友。何謂如地？百穀財寶，一切仰之，施給養護，恩厚不薄，
是為地友也。[393]

　　此言朋友分為如花之友，如稱之友，如山之友，如地之友四種。富貴
則附，貧賤則棄，是為花友；物重頭低，物輕則仰，是為稱友；貴能榮
人，富樂同歡，是為山友；百穀財寶，一切仰之，是為地友。以此判斷其
為何種朋友，再行交往。宋・天竺三藏求那跋陀羅譯《過去現在因果經》
云：

朋友之法，其要有三。一者見有過失，輒相諫曉；二者見好事，深生
隨喜；三者在於苦厄，不相棄捨。[394]

　　此言朋友交往時，要注意交友三要：一為見朋友有過失，會相互勸
諫。二見好事，會生隨喜之心。三在苦厄之時，不會互相棄捨。西明寺沙
門釋道世撰《法苑珠林》云：

爾時世尊。與彼難陀入迦毘羅婆蘇都城。入已，漸至一賣魚店。爾
時，世尊見彼店內茅草鋪上有一百頭臭爛死魚，置彼草鋪。見已，告
彼長老難陀，作如是言：「難陀！汝來取此魚鋪一把茅草。」其彼難
陀而白佛言，如世尊教，作是語已，即於彼店魚鋪下，抽取一把臭惡
茅草。既執取已，佛復告言：「長老難陀。少時捉住還放於地。」難
陀白言：「如世尊教。」即把草住。爾時，難陀捉得彼草。經一時
頃，便放於地。爾時，佛復告難陀言：「汝自嗅手。」爾時難陀即嗅
其手。爾時，佛復告難陀言：「汝手何氣？」長老難陀報言：「世
尊！唯有不淨腥臭氣也。」爾時佛告長老難陀，如是如是。若人親近

---

[393] 《大正藏》經 790，頁 731。
[394] 《大正藏》經 185，卷 2，頁 631。

> 諸惡知識，共為朋友交往止住。雖經少時共相隨順，後以惡業相染習
> 故，令其惡聲名聞遠至。[395]

此言世尊與長老難陀，至一賣魚店，以腐魚上腥臭之氣，比喻親近諸
惡智識。與朋友相交時，少時即會習染惡業。故應遠離諸惡知識，多親近
諸善知識，習染其善德，必成大名。

由上引述，朋友對自身影響甚大，因此結交時須謹慎行之。必須分辨
朋友之善惡。並相互勸善規過，彼此禮敬，同甘共苦。總之，多結交善
友，能脫生死；親近惡友，共造惡業，死入阿鼻地獄，超生不得。

五、儒家之天下國家思想與佛教之淨土觀

（一）儒家之天下國家思想

儒家主張入世，做經世濟民之工作。在出仕之前，必須先修己而後治
人。若有機會發展抱負，必須以德行仁，胸懷萬民。用王道治國之觀念，
達到《禮記・禮運》所描述之大同世界。《孟子・公孫丑篇上》云：

> 孟子曰：「以力假仁者霸，霸必有大國；以德行仁者王，王不待大。
> 湯以七十里，文王以百里。以力服人者，非心服也，力不贍也。以德
> 服人者，中心悅而誠服也。如七十子之服孔子也。詩云：『自西自
> 東，自南自北，無思不服。』此之謂也。」[396]

孟子敘述實行王道政治，要效法商湯、周文王，土地不到百里而王天
下。商湯、周文王是用仁德服人，而非使用武力征服。因此實行仁政，為
實行王道政治必行之路。

王道政治是以民為本，以百姓為國家主體之民本社會。《孟子・離婁
篇上》云：

---

395 《大正藏》經 2122，卷 51，頁 671。
396 《孟子注疏》，卷 3，頁 63。

得天下有道，得其民，斯得天下矣。得其民有道，得其心，斯得民
矣。得其心有道，所欲與之聚之，所惡勿施爾也。[397]

得民心則得天下，為天經地義之真理。《荀子・王制篇》亦云：

君者，舟也，庶人者，水也，水則載舟，水則覆舟。[398]

為君者應有水能載舟，亦能覆舟之心，以人民為本。《尚書・五子之
歌篇》云：「民為邦本，本固邦寧。」[399]君主當固民以安國，才是使國家
穩固之基礎。《孟子・公孫丑篇上》云：

孟子曰：「人皆有不忍人之心。先王有不忍人之心，斯有不忍人之政
矣。以不忍人之心，行不忍人之政，治天下可運之掌上。」[400]

孟子認為仁政是以愛民之心，治理國家，是最好之方法。孟子提出
「保民而王」之觀念。《孟子・梁惠王篇上》云：「保民而王，莫之能禦
也。」[401]如何將保民愛民之心，表現在執政上，《孟子・梁惠王篇上》
云：

不違農時，穀不可勝食也；數罟不入池，魚鱉不可勝食也；斧斤以時
入山林，材木不可勝用也。穀與魚鱉不可勝食，材木不可勝用，是使
民養生喪死無憾也。養生喪死無憾，王道之始也。[402]

孟子認為使民養生喪死無憾，是實行王道政治之開始。因此，執政者

---

[397] 《孟子注疏》，卷 13，頁 132。
[398] 《荀子集解》，卷 9，頁 97。
[399] 《尚書注疏》，卷 7，頁 100。
[400] 《孟子注疏》，卷 3，頁 65。
[401] 《孟子注疏》，卷 1，頁 21。
[402] 《孟子注疏》，卷 1，頁 12。

讓人民衣食無缺，慎終追遠，是實行仁政之第一步。其次是讓百姓有恆產。《孟子・滕文公篇上》云：

> 滕文公問為國。孟子曰：「民事不可緩也。《詩》云：『晝爾于茅，宵爾索綯；亟其乘屋，其始播百穀。』民之為道也，有恆產者有恆心，無恆產者無恆心。苟無恆心，放辟邪侈，無不為已。及陷乎罪，然後從而刑之，是罔民也。焉有仁人在位，罔民而可為也？」[403]

治理百姓，就是要使百姓有恆產，擁有自己之土地，從事農耕，百姓才能安定地生活。《詩經・豳風・七月》上說：「白天要割茅草，夜晚要搓繩索；趕緊登上屋頂，換上新茅草，用繩索綁妥。開春將播種百穀。」百姓有恆產，就會有恆心。假若無恆心，就會做放辟邪侈之事，無所不為。等到犯罪後，再以刑罰論處，是陷民於罪、是執政者不可行之事。故《孟子・滕文公篇上》云：

> 夫仁政必自經界始。經界不正，井地不均，穀祿不平。是故暴君汙吏，必慢其經界。經界既正，分田制祿，可坐而定也。[404]

此言行仁政者，必須從釐正經界開始，經界是井田制度，田界之劃分公正，就可以確定分田制祿之事。若丈量經界不公正，依井田分地不均平，穀稅俸祿不公平。再加上暴君汙吏，一定會使國家陷入危殆。

國家面對外敵之侵凌，應如何應對？《孟子・公孫丑篇下》云：

> 域民不以封疆之界；固國不以山谿之險；威天下不以兵革之利。得道者多助，失道者寡助。寡助之至，親戚畔之；多助之至，天下順之。以天下之所順，攻親戚之所畔，故君子有不戰，戰必勝矣。[405]

---

[403] 《孟子注疏》，卷5，頁90。
[404] 《孟子注疏》，卷5，頁91。
[405] 《孟子注疏》，卷4，頁72。

　　孟子以為鞏固國防，不能靠山河之險要；威服天下，不是靠兵革之堅利；能行仁政之君王，天下人心歸附。自然是仁者無敵。

　　戰國時代，諸侯爭戰不已。孟子認為天下統一，方能達到最終之太平。並曾經告訴梁襄王，天下將「定於一」；並提出「不嗜殺人者能一之」之看法，亦即天下終將由仁君一統天下。雖然最後由秦始皇統一中國。但仁政之理想，仍在漢、唐時代出現。

　　儒家認為仁君應有道德修養，君主亦應從修身、齊家，進而治國、平天下。修身是治國之基礎。所謂「內聖外王」，就是君主要為民表率，先從內聖做起。

　　也就是由內在道德之修養，到達聰明睿智之地步，再治國平天下。《禮記‧中庸篇》云：

> 知所以脩身，則知所以治人，知所以知人，則知所以治天下國家矣。[406]

　　聖君要先知道如何修養好自己之道德，才能知道如何治好天下國家。要治國平天下，必須從修身做起。

　　君主與臣子之關係，為五倫之一，亦為三綱之首。《禮記‧樂記篇》云：「然後聖人作，為父子、君臣以為紀綱。」唐‧孔穎達疏引〈禮緯‧含文嘉〉云：「三綱謂君為臣綱，父為子綱，夫為妻綱矣。」[407]所以然者，君為安定國家之要角，若不強調其重要性，家庭倫理將失去保障。

　　君臣之間，應如何對待？《孟子‧離婁下》云：

> 孟子告齊宣王曰：「君之視臣如手足，則臣視君如腹心；君之視臣如犬馬，則臣視君如國人；君之視臣如土芥，則臣視君如寇讎。」王曰：「禮，為舊君有服，何如斯可為服矣？」曰：「諫行，言聽，膏澤下於民；有故而去，則君使人導之出疆，又先於其所往；去三年不

---

[406] 《禮記注疏》，卷 52，頁 888。
[407] 《禮記注疏》，卷 39，頁 691。

反，然後收其田里：此之謂三有禮焉。如此，則為之服矣。」[408]

　　君臣間是互相對待之關係。君主視臣以禮，如自己之手足一般，則臣忠事其君，如自己之腹心一般。同時，君主應聽臣子之諫言，施恩澤於百姓，則臣民必信服其君。

　　君臣之間。應一體而不可分。君譬如心，臣民譬如體，心與體有共存亡之關係，因此融洽無間。《禮記・緇衣》云：

　　孔子曰：「民以君為心，君以民為體。心莊則體舒，心肅則容敬。心好之。身必安之；君好之，民必欲之。心以體全，亦以體傷。君以民存，亦以民亡。」[409]

　　荀子亦重視君臣之關係，但較偏重於治國方面之敘述。《荀子・致仕篇》云：「君者，國之隆也。」[410]君主是一國之主，亦是國家隆盛之根本。《荀子・君道篇》又云：

　　請問為人君？以禮分施，均遍而不偏。[411]

　　此言君主應將禮義分施於人民，均平普遍，而不偏私。同時，君主愛民，是君主之職責所在。《荀子・君道篇》云：

　　君者，民之原也；原清則流清，原濁則流濁。故有社稷者而不能愛民，不能利民，而求民之親愛己，不可得也。民不為己用，不為己死，而求兵之勁，城之固，不可得也。兵不勁，城不固，而求敵之不至，不可得也。敵至而求無危削，不滅亡，不可得也。[412]

---

[408] 《孟子注疏》，卷8，頁142。
[409] 《禮記注疏》，卷55，頁933。
[410] 《荀子集解》，卷9，頁175。
[411] 《荀子集解》，卷8，頁152。
[412] 《荀子集解》，卷8，頁154。

君主是人民之源頭，源流清澈，則流水清澈；源流混濁，則流水混濁。故擁有社稷之君，不能愛恤人民，不能利益人民，而要使人民親愛其君，是不可能之事。反之，人民不能為君主所用，不能為君主效命，卻求兵勁城固，是不可能之事。兵不強勁，城不堅固，而求敵人之不至，是不可能之事。敵人來到。而求國家不危險，力量不被敵人削弱，是不可能之事。因此，君主愛民是君主之職責。

宋儒張載在〈近思錄拾遺〉云：

> 為天地立心，為生民立命，為往聖繼絕學，為萬世開太平。[413]

君主應有此遠大之理想與抱負，由君主在萬民之上，身繫天下安危，應以此四具做為治國之圭臬。

（二）佛教之淨土觀

釋迦牟尼佛於淨土諸經中，將西方極樂世界介紹給眾生。極樂世界是阿彌陀佛前身為法藏比丘，在因地修行時，所發之四十八大願，感得之莊嚴、清淨、平等之世界。此世界人民皆是七寶池中蓮花化生，皆具金剛那羅延身之無漏大阿羅漢。後漢月支國三藏支婁迦讖譯《佛說大乘無量壽莊嚴清淨平等覺經》中，無量清淨佛為菩薩時常奉行二十四願：

> 一我作佛時，令我國中無有地獄禽獸餓鬼蜎飛蠕動之類，得是願，乃作佛；不得從是願，終不作佛；二我作佛時，令我國中人民有來生我國者，從我國去，不復更地獄、餓鬼、禽獸蠕動；有生其中者，我不作佛；三我作佛時，人民有來生我國者，不一色類金色者，我不作佛；四我作佛時，人民有來生我國者，天人、世間人有異者，我不作佛；五我作佛時，人民有來生我國者，皆自推所從來生本末，所從來十億劫宿命，不悉知念所從來生，我不作佛；六我作佛時，人民有來生我國者，不悉徹視，我不作佛；七我作佛時，人民有來生我國者，

---

[413]　《張載集》，頁 376。

不悉知他人心中所念者，我不作佛；八我作佛時，我國中人民不悉飛者，我不作佛；九我作佛時，我國中人民不悉徹聽者，我不作佛；十我作佛時，我國中人民有愛欲者，我不作佛；十一我作佛時，我國中人民住止盡般泥洹，不爾者，我不作佛；十二我作佛時，我國諸弟子，令八方上下各千億佛國中諸天人民蠕動之類作緣一覺大弟皆禪一心，共數我國中諸弟子，住至百億劫無能數者。不爾者，我不作佛；十三我作佛時，令我光明勝於日月，諸佛之明百億萬倍，焰無數天下窈冥之處皆常大明，諸天人民蠕動之類見我光明，莫不慈心作善，來生我國。不爾者，我不作佛；十四我作佛時，令八方上下無數佛國諸天人民蠕動之類令得緣一覺果證弟子，坐禪一心，欲共計知我年壽幾千萬億劫，令無能知壽涯底者。不爾者，我不作佛；十五我作佛時，人民有來生我國者，除我國中人民所願，餘人民壽命無有能計者。不爾者，我不作佛；十六我作佛時，國中人民皆使莫有惡心。不爾者，我不作佛；十七我作佛時，令我名聞八方上下無數佛國，諸佛各於弟子眾中歎我功德國土之善，諸天人民蠕動之類聞我名字，皆悉踊躍來生我國。不爾者，我不作佛；十八我作佛時，諸佛國人民有作菩薩道者，常念我淨潔心，壽終時，我與不可計比丘眾飛行迎之，共在前立，即還生我國作阿惟越致。不爾者，我不作佛；十九我作佛時，他方佛國人民前世為惡，聞我名字及正為道欲來生我國，壽終皆令不復更三惡道，則生我國在心所願。不爾者，我不作佛；二十我作佛時，我國諸菩薩不一生等，置是餘願功德。不爾者，我不作佛；二十一我作佛時，我國諸菩薩不悉三十二相者，我不作佛。二十二我作佛時，我國諸菩薩欲共供養八方上下無數諸佛，皆令飛行，欲得萬種自然之物，則皆在前，持用供養諸佛悉遍已，後日未中，則還我國。不爾者，我不作佛；二十三我作佛時，我國諸菩薩欲飯時，則七寶鉢中生自然百味飲食在前，食已鉢皆自然去。不爾者，我不作佛；二十四我作佛時，我國諸菩薩說經行道不如佛者，我不作佛。[414]

---

[414] 《大正藏》經 360，卷下，頁 281。

又云：

> 佛言：「八方上下，無央數佛國，諸天人民，及蜎飛蠕動之類，諸生無量清淨佛國者，都皆於是七寶水池蓮華中化生。便則自然長大。亦無乳養之者，皆食自然之飲食。其身體者，亦非世間人之身體，亦非天上人之身體也，姝好無比。」[415]

又無量壽佛國之世界，情況如何？曹魏天竺三藏康僧鎧譯《無量壽經》云：

> 佛告阿難：「法藏菩薩今已成佛，現在西方。去此十萬億剎，其佛世界名曰安樂。」阿難又問：「其佛成道以來，為經幾時？」佛言：「成佛以來，凡歷十劫。其佛國土，自然七寶。金、銀、琉璃、珊瑚、琥珀、硨磲、瑪瑙合成為地。恢廓曠蕩，不可限極；悉相雜廁，轉相入間。光赫焜耀，微妙奇麗，清淨莊嚴，超踰十方一切世界。」[416]

由上可知，西方極樂世界，是從娑婆世界往西十萬億億剎，約一億個銀河系之外之化生世界。

往生安樂之淨土世界，是佛教淨土宗之修行目標。在淨土宗之核心經典《淨土三經》，即《無量壽經》、《觀無量壽佛經》、《阿彌陀經》之中，均有描述西方淨土世界、並開示往生此世界之方法。姚秦龜茲三藏鳩摩羅什譯《阿彌陀經》云：

> 佛告長老舍利弗：從是西方過十萬億佛土，有世界名曰極樂，其土有佛，號阿彌陀，今現在說法。[417]

---

[415] 《大正藏》經 360，卷下，頁 284。
[416] 《大正藏》經 360，卷上，頁 270。
[417] 《大正藏》經 366，頁 346。

又云：

> 彼土何故名為極樂？其國眾生無有眾苦，但受諸樂，故名極樂。又舍
> 利佛極樂國，極樂國土，七重欄楯，七重羅網，七重行樹，皆是四寶
> 周匝圍繞，是故彼國名為極樂。極樂國土有七寶池，八功德水，充滿
> 其中，池底純以金沙布地。四邊階道，金、銀、琉璃、頗梨合成。上
> 有樓閣，亦以金、銀、琉璃、頗梨、硨磲、赤珠、瑪瑙而嚴飾之。池
> 中蓮花大如車輪，青色青光、黃色黃光、赤色赤光、白色白光，微妙
> 香潔。舍利佛，極樂國土成就如此莊嚴。[418]

上言佛告訴長老舍利弗：從此向西，要經過十萬億佛世界，有一個佛
世界，稱為極樂。極樂佛國之佛陀名號，稱為阿彌陀佛。就是在現在，阿
彌陀佛還正在為大眾說法！舍利弗，那佛國為何稱極樂？因那國土裡之眾
生沒有痛苦，故稱極樂。

在極樂國土中，有用金、銀、琉璃、水晶為材料，化成精巧之欄杆、
瑰麗之羅網，排列整齊之行樹。還有用金、銀、琉璃、水晶、硨磲、紅真
珠、瑪瑙等構成之七寶池，池中充滿八功德水。池底以金沙鋪底。四周之
階梯和通道，用金、銀、琉璃、玻璃合成。池中之蓮花，像車輪般大，青
色發青光，黃色發黃光，赤色發赤光，白色發白光，顯得微妙香潔。

眾生只要虔誠念阿彌陀佛，往生之時，都蒙佛菩薩威德神力接引，在
一念頃即可到達，於彼土進修佛道。是何等殊勝！可見佛對眾生慈悲至
極，仰憑佛力，即可帶業往生至極樂淨土。極樂世界中之眾生，依修行之
等級，分為上、中、下三輩，而各輩中又分上、中、下三品，因此稱為三
輩九品。《無量壽經》三輩往生云：

> 其佛告阿難：十方世界諸天人民，其有至心願生彼國，凡有三輩。其
> 上輩者，捨家棄欲而作沙門，發菩提心，一向專念無量壽佛，修諸功

德，願生彼國。此等眾生，臨壽終時，無量壽佛，與諸大眾，現其人前；即隨彼佛，往生其國，便於七寶華中自然化生，住不退轉，智慧勇猛，神通自在。是故阿難，其有眾生，欲於今世見無量壽佛，應發無上菩提之心，修行功德，願生彼國。佛告阿難：其中輩者，十方世界諸天人民，其有至心，願生彼國。雖不能行做沙門，大修功德。當發無上菩提之心，一向專念無量壽佛。多少修善，奉持齋戒。起立塔像，飯食沙門。懸繒燃燈，散華燒香。以此迴向，願生彼國。其人臨終，無量壽佛，化現其身，光明相好，具如真佛，與諸大眾，現其人前，即隨化佛。往生其國，住不退轉，功德智慧，次如上輩者也。佛語阿難，其下輩者，十方世界諸天人民，其有至心，願生彼國。假使不能作諸功德，當發無上菩提之心，一向專念，乃至十念，念無量壽佛，願生其國。若聞深法，歡喜信樂，不生疑惑。乃至一念，念於彼佛。以至誠心願生其國。此人臨終，夢見彼佛，亦得往生。功德智慧，次如中輩者也。[419]

　　上段經文，是敘述上、中、下三輩，在往生極樂世界時，皆發無上菩提之心，專唸阿彌陀。修諸功德，誠心願生其國。將在七寶蓮華中，自然化生。又《佛說觀無量壽經》中，佛告阿難，及韋提希，凡生西方有九品人，往生極樂世界之情形：

「上品上生者，若有眾生願生彼國者，發三種心，即便往生。何等為三？一者至誠心，二者深心，三者迴向發願心。具三心者，必生彼國。復有三種眾生，當得往生。何等為三？一者慈心不殺，具諸戒行；二者讀誦大乘方等經典；三者修行六念。迴向發願，願生彼國；具此功德，一日乃至七，即得往生。生彼國時，此人精進勇猛故，阿彌陀如來與觀世音，及大勢至，無數化佛，百千比丘，聲聞大眾，無量諸天。七寶宮殿，觀世音菩薩執金剛臺，與大勢至菩薩至行者前。

阿彌陀佛放大光明，照行者身，與菩薩授手迎接。觀世音，大勢至，與無數菩薩，讚歎行者，勸進其心。行者見已，歡喜踴躍，自見其身，乘金剛臺，隨從佛後，如彈指頃，往生彼國。生彼國已，見佛色身，眾相具足；見諸菩薩，色相具足；光明寶林，演說妙法。聞已，即悟無生法忍。經須臾間，歷事諸佛，遍十方界，於諸佛前，次第授記，還至本國，得無量百千陀羅尼門。是名上品上生者。」「上品中生者，不必受持讀誦方等經典，善解義趣。於第一義心不驚動，深信因果，不謗大乘。以此功德，迴向願求生極樂國。行此行者命欲終時，阿彌陀佛與觀世音、大勢至，無量大眾，眷屬圍遶，持紫金臺，至行者前，讚言：法子！汝行大乘，解第一義，是故我今來迎接汝！與千化佛，一時授手。行者自見坐紫金臺，合掌叉手讚歎諸佛，如一念頃，即生彼國。七寶池中，此紫金臺如大蓮華，經宿則開。行者身作紫磨金色，足下亦有七寶蓮華，佛及菩薩俱時放光，照行者身，目即開明，因前宿習，普聞眾聲，純說甚深第一義諦。即下金臺，禮佛合掌，讚歎世尊。經於七日，應時即於阿耨多羅三藐三菩提，得不退轉。應時即能飛至十方，歷事諸佛。於諸佛所修諸三昧，經一小劫，得無生忍，現前授記。是名上品中生者。」「上品下生者，亦信因果，不謗大乘，但發無上道心。以此功德迴向，願求生極樂國。行者命欲終時，阿彌陀佛及觀世音、大勢至、與諸菩薩，持金蓮華，化作五百化佛，來迎此人。五百化佛一時授手，讚言：『法子！汝今清淨，發無上道心，我來迎汝！』見此事時，即自見身坐金蓮華，坐已華合，隨世尊後，即得往生七寶池中，一日一夜，蓮華乃開，七日之中，乃得見佛。雖見佛身，於眾相好，心不明了，於三七日後，乃了了見。聞眾音聲皆演妙法，遊歷十方，供養諸佛，於諸佛前，聞甚深法。經三小劫，得百法明門，住歡喜地。是名上品下生者，是名上輩生想，名第十四觀。」「中品上生者，若有眾生，受持五戒，持八戒齊，修行諸戒，不造五逆，無眾過患，以此善根，迴向願求生於西方極樂世界。臨命終時，阿彌陀佛與諸比丘眷屬圍遶，放金色光，至其人所，演說苦、空、無常、無我，讚歎出家，得離眾苦。行者見已，

心大歡喜，自見己身坐蓮華臺，長跪合掌，為佛作禮，未舉頭頃，即得往生極樂世界。蓮華尋開，當華敷時，聞眾音聲讚歎四諦，應時即得阿羅漢道。三明六通，具八解脫。是名中品上生者。」「中品中生者，若有眾生，若一日一夜，持八戒齊；若一日一夜，持沙彌戒；若一日一夜，持具足戒；威儀無缺，以此功德迴向願求生極樂國。戒香熏修。如此行者，命欲終時，見阿彌陀佛，與諸眷屬，放金色光，持七寶蓮華，至行者前，行者自聞空中有聲，讚言：『善男子！如汝善人，隨順三世諸佛教法，我來迎汝！』行者自見，坐蓮華上。蓮華即合，生於西方極樂世界。在寶池中，經於七日，蓮華乃敷。華既敷已，開目合掌，讚歎世尊，聞法歡喜，得須陀洹，無半劫已，成阿羅漢。是名中品中生者。」「中品下生者，若有善男子，善女人，孝養父母，行世仁慈，此人命欲終時，遇善知識，為其廣說阿彌陀佛國土樂事，亦說法藏比丘四十八願。聞此事已，尋即命終。譬如壯士，屈伸臂頃，即生西方極樂世界。經七日已，遇觀世音，及大勢至，聞法歡喜，得須陀洹，過一小劫，成阿羅漢。是名中品下生者。是名中輩生想，名第十五觀。」「下品上生者，或有眾生作眾惡業，雖不誹謗方等經典，如此愚人，多造惡法，無有慚愧。命欲終時，遇善知識，為讚大乘十二部經首題名字，以聞如是諸經名故，除卻千劫極重惡業。智者復教合掌叉手，稱南無阿彌陀佛，稱佛名故，除五十億劫生死之罪。爾時彼佛，即遣化佛，化觀世音、化大勢至，至行者前，讚言：『善男子！以汝稱佛名，故諸罪消滅，我來迎汝！』作是語已，行者即見化佛光明遍滿其室，見已歡喜，即便命終，乘寶蓮華，隨化佛後生寶池中。經七七日，蓮華乃敷。當華敷時，大悲觀世音菩薩，及大勢至菩薩，放大光明，住其人前，為說甚深十二部經。聞已信解，發無上道心，經十小劫，具百法明門，得入初地。是名下品上生者。」「下品中生者，或有眾生毀犯五戒、八戒，及具足戒，如此愚人，偷僧祇物，盜現前僧物，不淨說法，無有慚愧。以諸惡業，而自莊嚴。如此罪人，以惡業故，應墮地獄。命欲終時，地獄眾火一時俱至。遇善知識，以大慈悲，即為讚說阿彌陀佛十力威德，廣讚彼佛光

明神力，亦讚戒定慧解脫，解脫知見；此人聞已，除八十億劫生死之罪，地獄猛火化為清涼，風吹諸天華，華上皆有化佛菩薩，迎接此人。如一念頃，即得往生七寶池中，蓮華之內，經於六劫，蓮華乃敷。觀世音、大勢至，以梵音聲安慰彼人，為說大乘甚深經典。聞此法已，應時即發無上道心。是名下品中生者。」「下品下生者，或有眾生，作不善業五逆十惡，具諸不善，如此愚人，以惡業故，應墮惡道，經歷多劫，受苦無窮。如此愚人，臨命終時，遇善知識，種種安慰，為說妙法，教令念佛，彼人苦逼，不遑念佛；善友告言：汝若不能念彼佛者，應稱無量壽佛。如是至心，令聲不絕，具足十念，稱南無阿彌陀佛。稱佛名故，所念念中，除八十億劫生死之罪。命終之時，見金蓮華，猶如日輪，住其人前，如一念頃，即得往生極樂世界。於蓮華中，滿十二大劫，蓮華方開，觀世音、大勢至，以大悲音聲，為其廣說諸法實相，除滅罪法。聞已歡喜，應時即發菩提之心。是名下品下生者。是名下輩生想，名第十六觀。」[420]

以上經文所述，是佛告阿難，及韋提希三輩九品之人，臨命終時，遇善知識，為說妙法，教令念佛，發菩提之心。可往生極樂世界，生蓮華寶池中。池中蓮華，大如車輪，微妙香潔。彼國又有阿彌陀佛所幻化之種種奇妙雜色之鳥，如白鶴、孔雀、鸚鵡、舍利、迦陵頻伽、共命之鳥，晝夜六時出和雅音，演暢五根、五力、七菩提分、八聖道分如是等法，令其土眾生聞是音已，皆悉念佛、念法、念僧。

據《華嚴經》中說，在極樂世界過一天一夜，娑婆世界就過了一大劫。

關於極樂世界之敘述，除《長阿含經》中之〈遊行經〉、〈世紀經〉有敘述外《道行般若經》、《小品般若經》與《正法華經》亦有描述。如後漢月支三藏支謙迦懺譯《道行般若經・薩陀波倫菩薩品》云：

---

[420] 《大正藏》經 365，頁 344-346。

善男子！當作是守念，從是東行索般若波羅蜜，去是間二萬里，國名犍陀越，王治處其國豐熟，熾盛富樂，人民眾多。其城縱廣四百八十里，皆以七寶作城，其城七重，其間皆有七寶琦樹，城上皆有七寶，羅縠緹縵以覆城上，其間皆有七寶交露間垂鈴。四城門外皆有戲盧。遠城有七重池水，水中有雜種優缽蓮花、拘文羅華、不那利華、須犍提華、末願犍提華，皆在池水中生間，陸地有占匐華，如是眾華數千百種。其池中有眾雜琦鳥，鳧，鴈、鴛鴦、異類琦鳥數千百種。池中有七寶之船，其人乘船娛樂戲池中。城中皆行列五色幢幡，復懸五色幢幡，復有羅列雜色華蓋，城中街巷各各周遍，譬若忉利天上帝釋宮殿幢幡。音樂之聲，數千百種，日日不絕，譬如忉利天上難檀桓戲盧，其中有音樂之聲，快樂不絕，其城快樂亦復如是。其城中無有異人，皆是菩薩，中有成就者，中有發意者，皆共居其中，快樂不可言。其中所有服飾，玄黃琦珍不可復計。其國中有菩薩，名曇無竭，在眾菩薩中最高尊。有六百八十萬夫人、采女共相娛樂。犍陀越國中諸菩薩，常共恭敬曇無竭，為於國中央施高座，隨次轉下施座，中有黃金座、白銀座、琉璃座、水精座，座皆有雜色文繡綩綖，座間皆散雜色香華，座上皆施雜寶交露之蓋，中外周匝皆燒名香。曇無竭菩薩常於高座上，為諸菩薩說般若波羅蜜。[421]

此言薩陀波倫菩薩前往東方二萬里之犍陀越國，城縱廣四百八十里，皆以七寶作城，其城七重，城中皆是菩薩，有音樂之聲，快樂不絕，國中央施高座，曇無竭菩薩於高座上，為諸菩薩說般若波羅蜜。可見無論西方、東方，極樂之國甚多，但都屬修行之菩薩居住。

西晉月氏國三藏竺法蘭譯《正法華經・應時品》亦有佛告舍利佛，有關蓮華光佛離垢世界之敘述：

其世界名離垢，平等快樂，威曜巍巍。諸行清淨，所立安隱。米穀豐

賤人民繁熾。男女眾多，具足周備。琉璃、黃金以為長繩，連綿路傍。一切路邊，有七寶樹八重交道，行樹枝葉，華實常茂。蓮華光正覺亦當承續說三乘法，而佛說法具足一劫。所可演經，示奇特願，劫名大寶嚴。所以名曰大寶嚴者，謂彼佛國諸菩薩眾，諸菩薩眾有無央數，不可思議無能限量，唯有如來乃能知數。菩薩大士在其佛土，為覺意寶行如蓮華，無有新學久殖德本，淨修梵行而無年限，親近如來常應佛慧，具大神通志存法要，勇猛志強，諸菩薩眾，具足如是，無有缺減。是故其劫名大寶嚴。蓮華光佛當壽十二中劫，不可計童子時也。其國人民當壽八劫，蓮華光如來過十二劫，有菩薩名堅滿，當授其決。告諸比丘言：「此堅滿大士，吾滅度後當得無上正真道，號度蓮華界如來正覺。」蓮華光佛滅度之後，正法像法住二十中劫，其佛世界如前佛土等，無差特。度蓮華界如來亦壽二十二中劫。[422]

　　犍陀越國支曇無竭菩薩、離垢世界之蓮華光佛、極樂世界之阿彌陀佛之描寫，如七重行樹、黃金鈴網、蓮池、眾色之鳥和鳴等，有些類似之處。《正法華經・信樂品》又云：

　　此大聲聞耆年須菩提，當復奉侍供養八千三十億百千姟佛，在諸佛所常修梵行，積累功德具足究竟，竟後世時當得作佛，號稱歎如來至真等正覺明行成為善逝世間解無上士道法禦天人師為佛眾祐，世界名寶成，劫曰寶音。普佛之土周匝悉遍，有諸寶樹，自然莊嚴，無沙礫石山陵谿澗，其樹音聲，哀和柔雅，無庶產業不可稱數。人所居躊館宇若干，重閣交露有無央數，聲聞之眾，欲計算者，無能限量，悉識宿命。彼土菩薩亦不可計億那術百千。其佛當壽十二中劫。滅度之後，正法當住二十中劫，像法亦立二十中劫，則坐虛空，為一切人講說經法，開化無數百千菩薩。……聲聞大迦旃延，後當供養奉侍八千億佛。佛滅度後各起塔廟，高四萬里，廣長各為二萬里，皆七寶成，

[422] 《大正藏》經 262，卷 2，頁 74。

金、銀、琉璃、水精、車渠、馬瑙、珊瑚、碧玉、香華、雜香、搗香、繒綵、幢幡供廟。如是過斯數已，當復供養二十億佛，然後來世當得作佛，號曰還已紫磨金色如來至真等正覺明行成為善逝世間解無上士道法御天人師為佛眾祐。國土嚴淨，平等無邪，名聞顯現，琉璃為地。若干種樹，眾寶校飾。紫磨黃金，為繩連綿，諸樹華實，茂盛華遍。佛土無有地獄、餓鬼、畜生，但有諸天人民眾多，具足充滿。又諸聲聞無數百千那術之眾，諸菩薩等無數百千，莊嚴國土，其佛當壽十小劫。滅度之後，正法當住二十中劫，像法亦住二十中劫。[423]

　　此言大聲聞者年須菩提後當奉侍供養八千三十億百千姟佛，聲聞大迦旃延後當供養奉侍八千億佛。皆是佛陀預言之佛化世界。

　　「南無阿彌陀佛」六字名號，在早先出現之《無量壽經》與《阿彌陀佛經》中，並無此稱號。後出之《觀無量壽經》，始見於經文。「淨土」一詞，鳩摩羅什所譯之《阿彌陀經》，未曾用此名詞，但姚秦三藏鳩摩羅什譯《摩訶般若波羅蜜經》須菩提白佛言：「世尊！云何菩薩摩訶薩淨佛國土。」[424]姚秦三藏鳩摩羅什譯《維摩詰所說經·佛國品》中佛向寶積言：「直心是菩薩淨土」、「菩提心是菩薩淨土」、「若欲得菩薩淨土，當淨其心，隨其心淨則佛土淨。」[425]等。至於鳩摩羅什以前之譯經家，如吳三藏支謙譯《維摩詰經·佛國品》時，亦言：「國土清淨，佛國清淨之行。」、「佛國嚴淨」[426]等句，未用「淨土」二字。又魏譯《無量壽經》中，強調「信心歡喜」、「至心迴向」、「願生」等。甚至主張靠信心即可往生阿彌陀佛淨土。

　　我國最早信仰他方淨土之高僧，如道安、慧遠、慧思、玄奘等人，是求生彌勒淨土，並非阿彌陀佛淨土。

　　又大乘佛教中，以燃燈佛為首之過去十方諸佛出現，釋迦牟尼佛以後之未來佛亦出現。此信仰產生他方佛國土之觀念。其中，最古者是阿閦佛

[423] 《大正藏》經 263，卷 3，頁 87。
[424] 《大正藏》經 223，卷 26，頁 408。
[425] 《大正藏》經 475，卷上，頁 538。
[426] 《大正藏》經 474，卷上，頁 510。

（不動如來即阿閦佛）之信仰。阿閦佛之世界名為妙喜世界，位於娑婆世界之東方，一千佛國土那邊。阿閦佛成佛之世界，大唐三藏菩提流志譯《大寶積經・不動如來會授記莊嚴品》佛告彌勒菩薩云：

> 汝頗見具足清淨威德莊嚴佛剎，及見空中樹林、園苑、涌泉、池沼不耶？汝見大地乃至色究竟天，於虛空中散花樹林以為莊嚴。復有眾鳥住虛空界，出種種音。皆是化作，非實畜生。[427]

　　綜上所述，不論西方、東方，有無數佛化世界，由諸佛、菩薩在各國土說法。

　　極樂世界不僅為娑婆世界眾生嚮往之國度，亦見無量阿羅漢聽法之後，皆積集善根，精進修行，欲達到化生淨土之心願。淨土國度雖然遙遠，但借佛菩薩之神力，一念頃即至，當可為眾生嚮往歸宿之所在。

第四節　道德論

一、儒家之立志與佛教之發心

（一）儒家之立志

　　立志是確立人生之方向與目標。若不立志，將如無舵之舟，飄盪於茫茫大海，無處登岸；又如無銜之馬，在荒野中踽踽獨行無處歇息。故不論從師交友，讀書窮理，為聖為賢，皆須以立志為先。《論語・為政篇》云：

> 子曰：「吾十有五而志於學，三十而立，四十而不惑，五十而知天命，六十而耳順，七十而隨心所欲，不逾矩。」[428]

---

[427] 《大正藏》經 310，卷 18，頁 100。
[428] 《論語注疏》，卷 2，頁 16。

孔子從十五歲就立志向學，三十歲就能卓然自立，四十歲明白事理而不惑，五十歲明天人而知天命，六十歲能聽言而知其理，七十歲可以隨心所欲，而不逾法度。

孔子立志學習者為何？應為儒家之道，故《論語·為政篇》云：

> 士志於道，而恥惡衣惡食者，未足與議也。[429]

士立志追求之道，應該是儒家內聖外王之道，從修身、齊家、治國，到平天下。而不以衣食粗惡為恥。《論語·衛靈公》亦云：

> 子曰：「君子謀道不謀食。耕也，餒在其中矣；學也，祿在其中矣。君子憂道不憂貧。」[430]

此言君子謀求者，為實踐儒家之道、而不謀求衣食。耕種，有時遇到災荒，也難免飢餓。至於學道，將來可以為官受祿。故君子憂慮不能道濟天下，而不憂慮貧窮。

孔子有一次與弟子子路、顏回談立志。《論語·公冶長篇》云：

> 子曰：「盍各言爾志？」子路曰：「願車馬、衣輕裘，與朋友共。敝之而無憾。」顏淵曰：「願無伐善，無施勞。」子路曰：「願聞子之志。」子曰：「老者安之，朋友信之，少者懷之。」[431]

孔子與顏回、子路談志向，子路願車馬、衣輕裘，與朋友共用，用壞也無遺憾，是從物質上幫助他人；顏回不誇善行，不張揚功勞，是從言行上表現謙卑。孔子自己卻期望有和諧安樂之社會，使老者獲得安養，朋友誠信相待，年少者得到養育而懷恩。《孔子家語·致思篇》亦云：

---

[429] 《論語注疏》，卷4，頁37。
[430] 《論語注疏》，卷15，頁140-141。
[431] 《論語注疏》，卷5，頁46。

孔子北游於農山，子路、子貢、顏淵侍側，孔子四望，喟然而歎曰：
「於斯致思，無所不至矣。二三子，各言爾志，吾將擇焉。」子路進
曰：「由願得白羽若月，赤羽若日，鐘鼓之音，上震於天；旍旗繽
紛，下蟠於地，由當一隊而敵之，必也攘地千里，搴旗執馘。唯由能
之，使二子者從我焉。」夫子曰：「勇哉！」子貢復進曰：「賜願使
齊、楚，合戰於漭漾之野，兩壘相望，塵埃相接，挺刃交兵，賜著縞
衣白冠，陳說其間，推論利害，釋國之患，唯賜能之。使夫二子者從
我焉。」夫子曰：「辯哉！」顏回退而不對。孔子曰：「回！來，汝
奚獨無願乎？」顏回對曰：「文武之事，則二子者既言之矣，回何云
焉？」孔子曰：「雖然，各言爾志也。小子言之。」對曰：「回聞薰
蕕不同器而藏，堯桀不共國而治，以其類異也。回願得明王聖主輔相
之，敷其五教，導之以禮樂，使民城郭不修，溝池不越，鑄劍戟以為
農器，放牛馬於原藪，室家無離曠之思，千歲無戰鬥之患，則由無所
施其勇，而賜無所用其辯矣。」夫子凜然曰：「美哉德也！」子路抗
手而對曰：「夫子何選焉？」孔子曰：「不傷財，不害民，不繁詞，
則顏氏之子有矣。」[432]

　　孔子與弟子子路、子貢、顏淵游於魯地農山，並由弟子三人言志。子
路驍勇善戰，希望披上鎧甲，搴旗執馘，克敵制勝。孔子讚揚其勇敢；子
貢希望齊、楚交兵時，以辯才說服兩國，以釋國患。孔子稱讚其善辯；顏
淵願以仁德輔佐聖王，以禮樂治國，變兵器為農器，放牛馬於原野，使人
民生活安寧，永無戰爭之患。孔子之志向，是選擇不傷財，不害民，不繁
詞之顏回。

　　孔子有為天下百姓解憂之大志，在魯國無法發展抱負時。五十五歲
時，帶弟子周遊列國，以仁德禮樂遊說諸侯，無法實現理想。六十八歲回
到魯國曲阜，著述六經，教授弟子。孟子私淑孔子，同樣重視立志，提出
尚志之說。《孟子·盡心篇上》云：

---

[432]《孔子家語》，卷2，頁1。

　　齊王子墊問曰：「士何事？」孟子曰：「尚志。」曰：「何謂尚志？」曰：「仁義而已矣。居仁由義，大人之事備矣。」[433]

　　孟子主張士應立仁義之志，就是要居仁由義。居心仁，行事義，將可為公卿大夫。此仁義之氣，如何表現？孟子又進一步闡述養氣之說，《孟子‧公孫丑》云：

　　「夫志，氣之帥也，氣。體之充也。夫志至焉，氣次焉。故曰：『持其志，無暴其氣。』」「既曰：『志至焉，氣次焉』，又曰：『持其志，無暴其氣』者，何也？」曰：「志壹則動氣，氣壹則動志也。今夫蹶者、趨者，是氣也；而反動其心。」[434]

　　志與氣不可分，並且要配合得宜。志是氣之統帥，由志率領氣。氣，充塞於人體之中。志到何處，氣隨之而至。故要持守住氣，不暴亂其氣。因為志專一，就會引動氣。氣專一，就會引動志，故氣與志是相互引動之關係。如跌倒者，都是走太快時，用氣過度，而心志無法配合，就會跌倒。

　　何謂氣？孟子提出浩氣之說。《孟子‧公孫丑篇上》云：

　　「敢問何謂浩然之氣？」曰：「難言也。其為氣也，至大至剛，以直養而無害，則塞於天地之間。其為氣也，配義與道；無是，餒也。是集義所生者，非義襲而取之也。行有不慊於心，則餒矣。」[435]

　　孟子說明浩然之氣，至為廣大，至為剛強，要用正直培養它，不可以傷害它，就會充塞於天地之間。此氣須配合道義，若失去道義，氣就會空虛餒弱。此氣是聚集道義而產生，而非從外界襲取而來。行為若失去道

[433] 《孟子注疏》，卷 13，頁 210。
[434] 《孟子注疏》，卷 3，頁 54。
[435] 《孟子注疏》，卷 3，頁 54-55。

義，使心中無法滿足，氣就會空虛餒弱。因此，培養浩然之氣，才能達成經世濟民，澄清天下之大志。

　　孟子浩然之氣，是以道義作為行事之準繩，如覺得是合乎道義之事，雖千萬人而往矣。這需要做「反身而誠」之工夫。《孟子・盡心上》云：

> 孟子曰：「萬物皆備於我矣。反身而誠，樂莫大焉。強恕而行，求仁莫近焉。」[436]

　　反省自己之行為，是否做到誠，誠是內心真實無妄，俯仰無愧，若有虛矯不實之處，立即改過。如此方能勉強自己，往忠恕之道行之，不僅行為做到仁義，也是人生最大之快樂。

　　由上敘述，儒家希望君子效法古聖先賢之道德勇氣，做天地間一等之大事。清・曾國藩《家書・修身篇》云：

> 君子之立志也，有民胞物與之量，有內聖外王之業，而后不忝于父母之生，不愧為天地之完人。故其為憂也，以不如舜不如周公為憂也，以德不修學不講為憂也。是故頑民梗化則憂之，蠻夷猾夏則憂之，小人在位賢才否閉則憂之，匹夫匹婦不被己澤則憂之，所謂悲天命而憫人窮。此君子之所憂也。[437]

　　曾國藩勉勵六弟曾國華立志太小，不可以屈於小試而稱數奇。君子不可以一身之屈伸，一家之飢飽，世俗之榮辱、得失、貴賤、毀譽為憂，而應有民胞物與之量，有內聖外王之業，方不愧為天地之完人。此等胸襟、志向，當為儒家士子之典範。

（二）佛教之發心

　　佛教之發心，一如儒家之立志。或稱「發意」、「發願」。即發菩提

---

[436] 《孟子注疏》，卷 13，頁 229。
[437] 《曾國藩家書》，卷 1，頁 5。

心，求圓滿菩提而成佛。在佛教百千法門中，發菩提心是一切諸佛之種
子，淨法長養之良田，亦是成佛之根本。若發此心，心無怯懦，勤行精
進，當得證無上菩提。大周于闐三藏實叉難陀譯《大乘起信論》云：

> 為欲發起大乘淨信，斷諸眾生疑暗邪執，令佛種性相續不斷，故造此
> 論。有法能生大乘信根。[438]

此言眾生欲求善法之心，必須斷除心中之疑暗邪執，令善根增長成
熟，起不退轉之信心。又云：

> 此菩薩一發心後，自利利他，修諸梵行。心無怯懦，尚不畏墮二乘之
> 地。況於惡道。若聞無量阿僧祇劫勤修種種難行苦行方始得佛，不驚
> 不怖，何況有起二乘之心，及墮惡趣。已決定信一切諸法。從本已來
> 性涅槃故。解行發心者，當知轉勝。[439]

此說發心之菩薩，決定信一切諸法。無怯懦之心，亦不畏墮二乘之
地。勤修種種難行苦行，當可轉最勝果而成佛。又云：

> 發心中有三種心，一、真心，無有分別故；二方便心，任運利他故；
> 三業識心，微細起滅故。[440]

發心是從淨心地到菩薩究竟地，已無虛妄心與分別想念，故真心顯
現；又修諸善行，以方便心利己利人，普化眾生；又修行般若波羅蜜，具
有福德智慧，深解業識之微細起滅，達到本來寂滅，自性涅槃之境界。海
運撰《菩提心義》云：

---

[438] 《大正藏》經 1667，卷上，頁 584。
[439] 《大正藏》經 1667，卷上，頁 589。
[440] 同上注。

《起信論》云：發心有三，一者信成就發心，二者解行發心，三者證發
心。初信成就發心者，謂不定聚眾生，有熏習善根力故。信業果報，能
起十善。厭生死苦，欲求無上菩提。乃至云；經一萬劫，信心成就故。
諸佛菩薩教令發心。或以大悲，能自發心，得入十住。此則同前信想發
心也；……二解行發心者。當知轉勝。以是菩薩從初正信已來，於第一
阿僧祇劫，將欲滿故。於真如法中，深解現前所修離相等；三證發心
者。從淨心地。乃至菩薩究竟地。證何境界？所謂真如。[441]

　　此引《大乘起信錄》之說，將發心分為：信成就、解行和證發心三種
道位。信成就發心是有信心求得無上菩提；解行發心是在真如法中，深解
現前所修離相等；證發心是從淨心地至菩薩究竟地，證得真如之境界。

　　文中又引《維摩經》云：欲得佛身，斷一切眾生病者。當發阿耨多羅
三藐三菩提心。又引《華嚴》七十八云：菩提心者，猶如種子，能生一切
諸佛法故；由如良田，能長眾生白淨法故；猶如大地，能持一切諸世間
故；由如淨水，能洗一切煩惱垢故；猶如大風，普於世間無所礙；猶如盛
火，能燒一切諸見薪；猶如淨日，普照一切諸世間；菩提心者。猶如盛月
諸白淨法悉圓滿；猶如明燈，能放種種淨光明；猶如淨目，普見一切安危
處；猶如大道，普令得入大智城；猶如正濟，令其得離諸邪法。又云：

復有四緣能發是心。一者思惟諸佛，二者觀身過患，三者慈愍眾生，
四者求最勝果。[442]

　　此言有四種因緣，能發無上菩提之心。一為思惟三世諸佛，發大明
慧，建立勝心；二為觀身過患，知貪、瞋、癡能興造無量惡業，而生厭離
心；三為慈愍眾生，為無明所縛，眾苦所纏，而發菩提心；四為求最勝
果，見如來相好莊嚴。有戒、定、慧，知見、清淨，具一切智。為修習故
發菩提心，常修六波羅蜜等。曹魏天竺三藏康僧鎧譯《佛說無量壽經》下

---

[441] 《大正藏》經 1953，頁 987。
[442] 《大正藏》經 1953，頁 988。

亦云：「舍家棄欲而作沙門，發菩提心。」[443]沙門舍家棄欲，亦在發菩提心，修戒忍進定慧，以發阿耨多羅三藐三菩提心。罽賓國三藏沙門般若譯《心地觀經‧功德莊嚴品》云：

> 一切菩薩復有四願，成熟有情住持三寶，經大劫海終不退轉。云何為四？一者誓度一切眾生，二者誓斷一切煩惱，三者誓學一切法門，四者誓證一切佛果。善男子！如是四法，大小菩薩，皆應修學，三世菩薩所學處故。[444]

此言世尊要求大小菩薩發心四種誓願：誓度一切眾生，誓斷一切煩惱，誓學一切法門，誓證一切佛果。此為三世菩薩之願行，發堅固心，永斷邪見，超越生死，得大法忍及陀羅尼，得阿耨多羅三藐三菩提。

又據唯識學派之理論，發心是「欲」心所，「欲」心會令人生起「精進」心，發心後就會朝它努力精進。如世親菩薩造、玄奘譯《大乘五蘊論》云：

> 云何為欲？於可愛樂事，希望為性。[445]

此言欲是對自己愛樂之事，即對可愛見、聞等事，生起希求之心。但所希求者，有善，惡，或無記三種。世俗之人通常有貪得等愛欲，屬於惡。佛教推許「善法欲」屬於善，即對各種善法之願，悅樂希求，如發心修行十善，發心勤修禪定，發心往生西方極樂淨土等。如果所欲之事，非善非不善，就是無記。又唐于闐國三藏沙門實叉難陀譯《地藏菩薩本願經》中，地藏菩薩悲憫眾生，因發願言，其云：

---

[443] 《大正藏》經 360，卷下，頁 272。
[444] 《大正藏》經 159，卷 7，頁 325。
[445] 《大正藏》經 1612，頁 848。

　　為是罪苦六道眾生，廣設方便，盡令解脫。而我自身，方成佛道。[446]

　　發心必須實踐，才算成就佛道。當年佛陀在菩提樹下證道之後，經梵天請求，使得佛陀發心濟度天下蒼生。於是佛陀馬不停蹄地向國王、貴族、百姓，甚至向天神、鬼怪、外道等說法，直到涅槃。此皆緣起於發心。

　　歷代高僧大德，都能做佛、菩薩，亦是發心弘法，終身修持，直到證果；如玄奘大師發心到印度求法，歷經艱難，留學十九年，回國後仍然發心譯經，直到圓寂。直到今日，尚有許多高僧大德，皆在默默地發心弘法，傳承法業。

　　佛教徒發心，不是為自己，還要利益眾生，才是真正之佛法。放眼天下蒼生，許多人在苦海中迷航，甚至在死亡邊緣掙扎；還有一些人，因為心靈枯萎，處在憂鬱沮喪之中；他們都需要佛教徒發心來幫助；所以僧眾、居士，都要發心改善自己，體恤別人，才能功德圓滿，證得無上正等正覺。唐・實叉難陀譯《大方廣佛華嚴經・梵行品》云：

　　初發心時，即得阿耨多羅三藐三菩提。知一切法，即新自性，成就慧身，不由他悟。[447]

　　此勉勵吾等不要忘記學佛最初所發之菩提心，因其功德甚大。初發心之後，如能修五戒、十善業、住四禪、四無量心、四無色定，具一切智性，正無上菩提，其功德善根，無邊無際。《大方廣佛華嚴經・入法界品》亦云：

　　善男子！菩提心者，猶如種子，能生一切諸佛法故；菩提心者，猶如良田，能長眾生白淨法故。猶如大地，能持一切諸世間故；菩提心者，猶如淨水，能洗一切煩惱垢故；……善男子！菩提心者，成就如

---

[446] 《大正藏》經 412，卷上，頁 778。
[447] 《大正藏》經 279，卷 17，頁 89。

是無量無邊乃至不可說不可說殊勝功德。若有眾生發阿耨多羅三藐三
菩提心，則獲如是勝功德法。……能知學菩薩行，則以成就無量功
德。[448]

　　發菩提心，能長眾生白淨法故。能洗一切煩惱垢，但要出自真心。
《大方廣佛華嚴經‧離世間品》說菩薩摩訶薩有十種魔業，首為「忘失菩
提心修諸善根，是為魔業。」[449]若忘失菩提心，或心態不正，即使行為上
是善行，亦是魔業。

　　發心之內容和層次，會產生修行者不同之心識，並成就不同之果報。
譬如人天乘、聲聞乘與菩薩乘之差別，在於大乘菩薩發心至為廣大，要求
「自覺覺他」，不僅上求佛道，還要化度無量眾生，不住涅槃，繼續修行
至十地，方得以成就究竟圓滿之智慧。

　　清代淨土宗十一祖省庵大師（1686～1734）在涅槃法會上，撰寫《勸
發菩提心文》，文中將「發心」分為邪正、真偽、大小、偏圓八種，並清
楚地說明其中之差別。其宗旨在勸導眾生發廣大圓滿之菩提心，而菩提心
又為成佛之正因。其云：

嘗聞入道要門，發心為首；修行急務，立願居先。願立，則眾生可
度；心發，則佛道堪成。苟不發廣大心。立堅固願。則縱經塵劫。依
然還在輪迴。[450]

　　任何發心，都應基於自己內心真實之情況，而不是自欺欺人之發心，
智者大師依據《金光明經》制定《金光明懺法》儀軌。「齋天」法會之目
的，並不是崇拜天神，而是對護法天神表示感恩與迴向，祈願佛法常住世
間、法輪常轉。

　　在《菩提道次第廣論》，用發心來貫通整個大乘道，並將發心分為三

---

[448] 《大正藏》經 279，卷 78，頁 429。
[449] 《大正藏》經 279，卷 58，頁 307。
[450] 《卍續藏》經 1179，冊 62。

個次第：一、下士道之發心：因畏懼三惡道之痛苦，而發心修學佛法，冀
望來世能得生人天善趣。二、中士道之發心：修行者了知輪迴之本質為痛
苦，若僅往生人天善趣，仍身處輪迴之中，來日遭逢惡緣，極易墮入惡
趣，因此，發心修學佛法，期使自己能從輪迴中解脫。三、上士道之發
心：修行者除希求自己能從輪迴中解脫，亦希求一切有情眾生，皆能從輪
迴中得到解脫。因此，發「利眾生願成佛」之心願，而學佛法。

　　若能從發心，再進一步皈依，更具殊勝之意涵。皈依為受持一切戒律
之根本。行者欲受持解脫戒、菩薩戒、密乘根本墮戒與三昧耶戒，均須皈
依三寶後，方能受持。二、皈依為一切功德之本：皈依之後，受持戒律與
修持佛法，能生一切功德。三、皈依為判別內外道之依據：唯有皈依三寶
方能成為真正之佛教徒。四、皈依一切法之入門：行者欲領受修持任何教
法，均需以皈依作為基礎與起始，因此，皈依是修持一切佛法之基本條
件。

二、儒家之仁義與佛家之布施

（一）儒家之仁義

　　仁義是儒家一貫之思想，亦是孔孟思想之精髓。仁是體，義是變。仁
是泛愛眾人，是不變之常道；義是依事而行正道，以應世事之變化。兩者
可一以貫之。《論語・衛靈公篇》云：

> 子曰：「賜也，女以予為多學而識之者與？」對曰：「然，非與？」
> 子曰：「非也，予一以貫之！」[451]

　　孔子告訴弟子子貢，說其學一以貫之。但未明說如何將所學一以貫
之？《論語・里仁篇》云：

---

[451] 《論語注疏》，卷 15，頁 137。

> 子曰：「參乎！吾道一以貫之。」曾子曰：「唯。」子出。門人問
> 曰：「何謂也？」曾子曰：「夫子之道，忠恕而已矣。」[452]

孔子告訴弟子曾子，說明其道一以貫之。曾子告訴其他之門人，孔子之道是以忠恕貫通其思想。朱子解釋忠恕二字云：「盡己之謂忠，推己之謂恕。」[453]可見孔子之學，是從自我忠誠之心，推廣至他人，即是恕道。可見孔子之學並非遙不可及，而是忠恕之道。《禮記・中庸篇》云：

> 子曰：「道不遠人。人之為道而遠人，不可以為道。……故君子以人
> 治人，改而止。忠恕違道不遠，施諸己而不願，亦勿施於人。君子之
> 道四，丘未能一焉：所求乎子以事父，未能也；所求乎臣以事君，未
> 能也；所求乎弟以事兄，未能也；所求乎朋友先施之，未能也。[454]

孔子認為道離人不遠，忠恕其實是要推己及人，從人倫中之父子、君臣、兄弟、朋友之四倫做起。孔子謙卑，覺得自己未能做到。其實孔子胸懷天下，汲汲奔走於諸侯之間，席不暇暖，寢不安蓆，家庭倫理定然無法兼顧。

仁道中，包含一切做人之道理。《禮記・中庸》云：「仁者，人也。」[455]《孟子・告子上》云：「仁，人心也。義，人路也。」[456]仁是一個人內在之仁心，義是仁人應該走之大道。故人人都應心存仁義，終身奉行不渝。《孟子・離婁下》云：

> 君子以仁存心，以禮存心。仁者愛人，有禮者敬人。愛人者人常愛
> 之；敬人者人恆敬之。[457]

---

[452] 《論語注疏》，卷 4，頁 37。
[453] 《四書章句集注》，卷 2，頁 97。
[454] 《禮記注疏》，卷 52，頁 883。
[455] 《禮記注疏》，卷 52，頁 887。
[456] 《孟子注疏》，卷 11，頁 202。
[457] 《孟子注疏》，卷 7，頁 153。

　　君子常以仁與禮存於心中，因為人與人相處是互相對待者，仁人愛人，人亦愛之；禮敬別人，別人義禮敬於他。所以《論語・述而》云：「仁遠乎哉？我欲仁，斯仁至矣。」[458]

　　行仁是畢生奉行之事，不可間斷，亦不可終止。《論語・里仁》云：

　　　君子去仁，惡乎成名？君子無終食之間違仁，造次必於是，顛沛必於是。[459]

　　孔子認為君子離開仁，就無法成就君子之美名。故君子無食頃之間違背仁，不論倉皇急遽之時，或顛沛流離之時，都必須心存仁義。甚至於到死都不可以改變。《論語・泰伯》云：

　　　曾子曰：「士不可以不弘毅，任重而道遠。仁以為己任，不亦重乎？死而後已，不亦遠乎？」[460]

　　曾子認為，一位有志之士，一定要培養宏大之胸襟，堅毅之志節，以實現行仁義於天下為己任，所以責任重大；奮鬥至死不渝，所以歷程遙遠？因此，行仁義之道，並非只是愛人、行禮而已。

　　行仁並非易事，孔子就不輕易許仁。被孔子稱許為仁人者，只有堯、舜、禹、湯、文王、武王、周公等數人而已。孔子自己卻不敢當。《論語・述而篇》云：「若聖與仁，則吾豈敢。」[461]《論語・雍也篇》云：「回也，其心三月不違仁。」[462]如孔子弟子顏回亦僅能做到三個月不違仁而已。

　　仁人最不容易做到者，是當生命與仁義亦不能兼顧時，必須殺身成仁、捨身取義。《孟子・告子篇上》云：

---

[458] 《論語注疏》，卷 6，頁 64。
[459] 《論語注疏》，卷 4，頁 36。
[460] 《論語注疏》，卷 8，頁 71。
[461] 《論語注疏》，卷 7，頁 676。
[462] 《論語注疏》，卷 6，頁 52。

> 孟子曰：「魚我所欲也，熊掌亦我所欲也。二者不可得兼，舍魚而取
> 熊掌者也。生亦我所欲也，義亦我所欲也。二者不可得兼，舍生而取
> 義者也。」[463]

　　孟子以魚與熊掌為喻，當生命與仁義不可兼得時，要捨魚而取熊掌。
同理可證，義與生命不能兼顧時，應捨棄生命而換取義。因為義是不苟
得，甚於死者。可見視義比生命重要。
　　儒家行仁，尚有次第與等級之不同。《禮記·中庸篇》云：

> 仁者，人也。親親為大。義者，宜也。尊賢為大。親親之殺，尊賢之
> 等，禮所生也。[464]

　　〈中庸〉將仁義並稱。仁是做人之道，最重要者是親愛自己之親人。
親愛親人，有次第之分。對父母、妻子、兄弟、子女之仁，都有所不同。
尊敬賢人，也有等級之分。其區分都依據禮制產生。《孟子·盡心篇上》
云：

> 孟子曰：「君子之於物也，愛之而弗仁；於民也，仁之而弗親。親親
> 而仁民，仁民而愛物。」[465]

　　君子愛育禽獸草木，但不加之以仁。若犧牲，會有不得不殺之時；對
於人民，當仁愛之，而弗視為親屬。因君子之愛有差等。則先親愛親屬，
再推廣至仁愛人民；再從仁愛人民，推廣至愛育禽獸草木。可見君子行
仁，亦有差等。如稱父母為親、人民為仁、禽獸草木為物，有等級之分。
　　儒家稱愛護禽獸草木，有其限度。如《論語·述而篇》記載：

---

[463] 《孟子注疏》，卷 13，頁 201。
[464] 《禮記注疏》，卷 52，頁 887。
[465] 《孟子注疏》，卷 13，頁 243-244。

孔子曰：「釣而不綱，弋不射宿。」[466]

　　孔子具有仁心，以線繫餌於竹竿釣魚，而不以網截流取魚；又以生絲繫矢而射，而不夜射棲鳥。《禮記・王制篇》亦云：「諸侯無故不殺牛，大夫無故不殺羊，士無故不殺犬豕，庶人無故不食珍。」[467]亦是言此。《孟子・梁惠王篇上》云：

　　君子之於禽獸也，見其生，不忍見其死；聞其聲，不忍食其肉。是以君子遠庖廚也。[468]

　　孟子認為君子能體認上天有好生之德，人有仁愛之心，故對禽獸有不忍見其死，不忍食其肉之心。雖然如此，在祭祀時仍殺犧牲以祭。《禮記・王制篇》云：

　　天子社稷皆太牢，諸侯社稷皆少牢。[469]

　　所謂太牢、少牢，按《公羊傳》桓公八年：「冬曰烝。」注云：

　　禮，天子、諸侯、卿大夫，牛羊豕凡三牲曰太牢，天子、元士、諸侯之卿大夫，羊豕凡二牲曰少牢。[470]

　　此言殺犧牲祭祀之時，殺牲多者，表示祭禮恭敬隆重。《論語・八佾篇》記載：

---

[466] 《論語注疏》，卷 7，頁 63。
[467] 《禮記注疏》，卷 12，頁 245。
[468] 《孟子注疏》，卷 1，頁 22。
[469] 《禮記注疏》，卷 12，頁 245。
[470] 《公羊傳注疏》，卷 5，頁 59。

　　　　子貢欲去告朔之餼羊。子曰：「賜也！爾愛其羊，我愛其禮。」[471]

　　孔子認為君主於宗廟行告朔之禮，是基於禮之需要，而用犧牲牛羊豕等動物祭祀。故對子貢要廢除告朔之禮所用之羊。孔子認為禮比羊重要。
　　孔子認為行仁是發自人性中之良心，孟子稱為惻隱之心，用心實踐為行仁。《論語・里仁篇》云：

　　　　唯仁者，能好人，能惡人。[472]

　　孔子認為仁者之好惡，必須公正無私。而且對善惡之分辨，應該十分清楚。因此能喜好善人，厭惡惡人。《禮記・表記篇》云：

　　　　仁者安仁，知者利仁。[473]

　　仁者行仁，是認為行仁是心安理得之事；智者行仁，是認為行仁是有利而無害之事，《論語・陽貨》記載子張問仁於孔子，孔子云：

　　　　能行五者於天下，為仁矣。請問之。曰：「恭、寬、信、敏、惠。恭則不侮，寬則得眾，信則人任焉，敏則有功，惠則足以使人。」[474]

　　孔子告訴弟子子張，能行恭、寬、信、敏、惠五者，就是行仁。因為謙恭是不受人侮，寬厚是能得眾民，信實是受到重用，勤敏是能成就事功，慈惠是能任使他人。可見行仁之效益很大。

（二）佛教之布施

　　佛教與儒家相同，提倡仁愛。發大悲心，是佛教之根本精神。主張施

[471]《論語注疏》，卷 3，頁 29。
[472]《論語注疏》，卷 4，頁 36。
[473]《禮記注疏》，卷 54，頁 909。
[474]《論語注疏》，卷 17，頁 155。

與而不求回報。此種大悲心與布施直接相關。大乘佛教之修度，是用六度和四攝，其中「六度」是布施、持戒、忍辱、精進、禪定、般若。「四攝」是布施、愛語、利行、同事。六度和四攝中，第一個都是布施。布施是無上正法。以佛為根本、為導首，是攝盡一切菩薩道之總行，是自度度他、福慧雙修、三學具足之行為。故布施為六度、四攝之首。

　　布施就是捨，古印度稱為「檀那」，漢語翻譯為布施。布施之意，就是布己之所有，施與眾生。亦即以慈悲心，給予他人福祉與利益。西明寺沙門玄則撰《大般若波羅蜜多經・布施多羅蜜》中。世尊再三命勸舍利子云：

> 汝應為諸菩薩摩訶薩宣說布施波羅蜜多。爾時，具壽舍利子蒙佛再三殷勤命勸承佛神力，先以先行布施波羅蜜多。教戒教授諸菩薩摩訶薩言：「若菩薩摩訶薩欲證無上正等菩提，應緣一切智，以大悲為首，修行布施波羅蜜多。」……一切行中，應先行施。[475]

　　此言布施為一切修行之首。諸菩薩摩訶薩欲證無上正等菩提，應緣一切智，智以大悲為上首。應速發心，布施十方界一切有情，令永解脫惡趣生死。發無上菩提心，令永不退轉，圓滿一切智。姚秦三藏鳩摩羅什譯《維摩詰所說經・佛國品》佛告訴毘耶離城長者之子寶積與五百長者子云：

> 布施是菩薩淨土，菩薩成佛時，一切能捨眾生，來生其國。[476]

　　眾生欲來生菩薩淨土，修持六波羅蜜為重要方法。故行布施，一切能捨，可以來生淨土。因為能捨則心淨，心淨則智慧淨，一切功德淨，佛土亦淨。可見布施不僅是修行之第一步，亦可藉布施歷練自己之身心。去除慳貪之習性，增長福慧，長養慈悲心，積累自己成佛之資糧。

---

[475] 《大正藏》經 220，卷 579，頁 991-992。
[476] 《大正藏》經 474，卷下，頁 538。

　　佛教之布施，相當於儒家之推己及人，仍以持戒為本，施正業、正命為先。亦即先做到諸惡莫作，然後能眾善奉行。所以佛教之布施，包含一切道德之行為。

　　布施尚有積極與消極之不同。沙門施護譯《佛說五大施經》言佛告諸苾芻眾云：

> 有五種大施，今為汝說：何等為五？所謂一不殺生、是為大施；二不偷盜、三不邪染、四不妄語、五不飲酒，是為大施。以何義故？持不殺行而名大施？能與無量有情施其無畏，以無畏故，無怨無畏無害，由彼無量有情得無畏，已無怨憎害，已乃於天上、人間得安隱樂，是故不殺名為大施。不偷盜、不邪染、不妄語、不飲酒亦復如是。[477]

　　上言五戒，只是消極地諸惡莫作，算是消極之布施。積極性之布施，大唐三藏法師玄奘譯《解深密經・地波羅蜜多品》有三種布施，其云：

> 善男子，各有三種施。三種者，一者法施，二者財施，三者無畏施。[478]

　　此三施屬積極之布施，其中法施是資益他人善根，財施是以財務資益他人，無畏施是資益他人之心，遠離憂怖。北涼・中印度三藏曇無懺譯《優婆塞戒經》云：

> 善男子！有智之人，施有五種：一者至心施、二者自手施、三者信心施、四者時節施、五者如法求物施。[479]

　　布施原為佛陀勸導優婆塞、優婆夷等之修行方法。真正之布施，要純粹出於慈悲利他，破除我執之心。不以獲得利樂為條件，方屬布施。《優

---

[477] 《大正藏》經 706，頁 813。
[478] 《大正藏》經 676，卷 4，頁。705。
[479] 《大正藏》經 676，卷 4，頁 705。

婆塞戒經‧雜品之餘》又云：

> 智人行施，不為報恩，不為求事。不為護惜慳貪之人，不為生天人中
> 受樂，不為善名流布於外，不為畏怖三惡道苦。不為他求，不為勝
> 他。不為失財，不以多有。不為不用，不為家法，不為親近。智人行
> 施，為憐湣故，為欲令他得安樂故，為令他人生施心故，為諸聖人本
> 行道故，為欲破壞諸煩惱故，為入涅槃斷於有故。[480]

　　經文中強調布施不為報恩等事，可見布施不可以有利己之動機，亦不
以世間之利樂為交換條件。《優婆塞戒經》又認為布施應遠離四惡、五
法、三事、八事。其云：

> 善男子！菩薩布施遠離四惡，一者破戒、二者疑網、三者邪見、四者
> 慳悋。復離五法：一者施時不選有德無德，二者施時不說善惡，三者
> 施時不擇種性，四者施時不輕求者，五者施時不惡口罵。復有三事，
> 施已不得勝妙果報：一者、先多發心後則少與，二者、擇選惡物持以
> 施人，三者、既行施已心生悔恨。善男子！復有八事，施已不得成就
> 上果：一者、施已見受者過，二者、施時心不平施，三者、施已求受
> 者作，四者、施已喜自讚歎，五者、說無後乃與之，六者、施已惡口
> 罵詈，七者、施已求還二倍，八者、施已、生於疑心；如是施主，則
> 不能得親近諸佛賢聖之人。[481]

　　此言布施時，應破除許多不正確之心理觀念，不論四惡、五法、三
事、八事，都是施者在布施時必須有之態度，否則將無法親近諸佛賢聖之
人。姚秦天竺三藏鳩摩羅什譯《金剛波若波羅蜜經》中，云：

> 菩薩不住於事，行於布施。無所住，行於布施，不住色布施，不住

---

[480] 《大正藏》經 1488，卷 5，頁 1058。
[481] 同上註。

聲、香、味、觸、法布施。[482]

　　佛告須菩提菩薩，布施著重在行，不住於色、聲、香、味、觸、法六塵。凡夫若受六塵繫縛，則不免產生生老病死，憂悲大苦，一切煩惱。宋代沙門慧等依泥洹經加之《大般涅槃經·梵行品》云：

> 凡行施時，不見受者不見受者持戒、破戒；是田、非田；此是知識、此非知識；施時不見是器、非器；不擇日時、是處、非處；亦復不計饑饉、豐樂，不見因果；此是眾生、此非眾生；是福、非福。雖復不見施者、受者及以財物，乃至不見斷及果報，而常行施，無有斷絕。[483]

　　此言行施之時，應不見受者持戒、破戒；不擇時日、處所；不計饑饉、豐樂；不見因果、福分，以及財物；能常行施，無有斷絕。《大智度論·梵行品》須菩提云：

> 若菩薩摩訶薩作施主，能施沙門、婆羅門、貧窮、乞人，須食與食，須飲與飲，須衣與衣，臥具、床榻、房舍、香華、瓔珞、醫藥，種種所須資生之物；若妻子、國土、頭目、手足、支節，內外之物，盡以給施。施時作是念：「我與、彼取，我不慳貪，我為施主，我能捨一切，我隨佛教施，我行檀波羅蜜。」作是施已，用得法與一切眾生共之，迴向阿耨多羅三藐三菩提，念言：「是布施因緣，令眾生得今世樂，後當令得入涅槃。」[484]

　　此言菩薩摩訶薩布施時，不論沙門、婆羅門、貧窮、乞人，須給與飲食、衣物、臥具、床榻、房舍、香華、瓔珞、醫藥等，布施因緣，令眾生得今世樂，後當得入涅槃。

---

[482] 《大正藏》經 236，頁 753。
[483] 《大正藏》經 373，卷 14，頁 696。
[484] 《大正藏》經 1509，卷 53，頁 439。

《增壹阿含經·邪聚品》中，是尊告諸比丘，有五惠施不得其福，復有五施令得大福，其云：

> 有五惠施不得其福，云何為五？一者以刀施人；二者以毒施人；三者以野牛施人；四者淫女施人；五者造作神祠。是謂比丘有此五施，不得其福。比丘當知，復有五施，令得大福。云何為五？一者造作園觀，二者造作林樹，三者造作橋梁，四者造作大船，五者與當來、過去造作房舍住處。是謂比丘！有此五事，令得其福。[485]

此言布施有五施不得其福，復有五施，令得大福。其實佛典中，無論任何行為，乃至起心動念，都有因果報應。其用意在預示後果。讓人起希望或警惕之心。就布施而言，即使是至為輕微之財施，皆有無邊無量之果報。如《賢愚經》記載有一貧婢女，因供養迦旃延尊者一缽之水，命終生忉利天；又如《佛說摩訶迦葉度貧女經》記載一貧苦老母，供養佛之大弟子摩訶迦葉少許臭米汁，老母數日後命終，生於第二忉利天上。

舉要言之，凡人間種種福報，如健康、美貌、財富、地位、賢妻、良夫、孝子、以及超人間之天堂之樂、超輪迴之解脫之樂，皆與今生前世之布施、持戒有關。如宋天竺三藏求那跋陀羅譯《雜阿含經》中提到天子問佛布施之果報，世尊說偈答言：

> 施食得大力，施衣得妙色。施乘得安樂，施燈得明目。虛館以待賓，是名一切施。以法而誨彼，是則施甘露。[486]

西天三藏法賢譯《佛說布施經》中，佛舉三十七種微妙布施之果報，如親手施、得手指纖長、以臥具施，得生貴族；以鈴鐸施，得延因美妙；以捨心施，得離罣礙，正寂滅樂；以無住無相心施，得無上正等正覺。又云：

---

485 《大正藏》經 125，卷 27，頁 699。
486 《大正藏》經 99，卷 36，頁 261。

佛言：大王！若求勝妙福報而行施時，慈心不殺離諸嫉妬，正見相應遠於不善，堅持禁戒親近善友，閉惡趣門開生天路，自利利他其心平等，若如是施，是真布施，是大福田。復次行施，隨自心願獲其報應，或以妙色名香珍味軟觸，親手布施，得眾人尊重，眷屬圓滿，富貴安樂之報。或以飲食布施而得大力，或以酥油之燈布施而得天眼，或以音樂布施而得天耳，以湯藥布施而得長壽，或以住處布施而得樓閣田園，或以法說布施而得甘露。

　　以上皆為布施而獲得果報，與前言布施布裘之受者為何人，此為布施之態度。但就因果而言，布施可得甘露、善果、福報，亦屬理所當然。

三、儒家之禮制與佛教之儀規

（一）儒家之禮制

　　儒家之禮制是人倫道德之規範，更是孔、孟、荀所重視。可做兩種解釋，廣義之禮，包含一切合乎禮之行為，以及國家之禮法制度。先秦經典中，《儀禮》、《周禮》、《禮記》中，可以瞭解其廣大之內涵。若從狹義解釋，則禮是日常生活之應對進退，送往迎來之規範程序，婚喪喜慶之儀式禮節，以及個人生活上，

　　父子、兄弟、夫婦、親屬、朋友、師生之間之相處，都有應守之禮節。

　　儒家是以禮制做為治國之根本思想。國家制定之禮制，分為五種。《周禮・春官・小宗伯》云：「掌五禮之禁令與其用等。」鄭玄注引鄭司農云：

　　五禮：吉、凶、軍、賓、嘉。[487]

---

[487] 《周禮注疏》，卷 19，頁 290。

古禮分吉、凶、軍、賓、嘉五禮。《隋書・禮儀志一》說明五禮之不同。云：

> 周公救亂，弘制斯文，以吉禮敬鬼神，以凶禮哀邦國，以賓禮親賓客，以軍禮誅不虔，以嘉禮合姻好，謂之五禮。[488]

此言五禮是有關君國之大事，吉禮是國家敬祀鬼神之事；凶禮是哀悼邦國之喪事；賓禮是親迎外國賓客之事；軍禮是軍中誅殺不敬之軍士；嘉禮是禮讚兩國通婚之美好。

在人際交往，團體聚會，甚至於個人獨處時，禮是應有之態度與作為，而且必須遵循一定之儀式與行事。《禮記・仲尼燕居篇》云：

> 子張、子貢、言游侍，縱言至於禮。子曰：「居！女三人者，吾語女禮，使女以禮周流無不遍也。」子貢越席而對曰：「敢問何如？」子曰：「敬而不中禮，謂之野，恭而不中禮，謂之給，勇而不中禮謂之逆。」[489]

孔子弟子子張、子貢、言游陪侍孔子，泛論廣論，說到禮時，孔子說明禮要做到隨遇而施，無不中節。孔子認為表現恭敬而不合禮，稱為粗野，是無知而不明禮；表現謙恭而不合禮，稱為巧言足恭便給，是貌似禮而悖仁；表現勇敢而不合禮，稱為悖戾爭鬥而亂仁。《論語・學而篇》云：

> 有子曰：「禮之用，和為貴。先王之道，斯為美，小大由之。有所不行，知和而和，不以禮節之，亦不可行也。」[490]

---

[488] 《隋書》，卷6，頁105。
[489] 《禮記注疏》，卷50，頁852。
[490] 《論語注疏》，卷1，頁8。

　　孔子弟子有若認為聖王治民，制訂禮制，讓人民遵行，是以溫順和婉最為可貴。故不論小事大事，都要依禮而行。若僅知「和為貴」，而不以禮節制，就不可能施行。可見禮雖是一種形式，要能實行，方能表裏一致。

　　儒家雖然講求外在之禮節，卻處處強調行禮時合乎敬、理、讓、仁、和等原則。《禮記・仲尼燕居篇》云：

　　　子曰：「禮也者，理也。……君子無禮不動，無節不作。」[491]

　　孔子認為禮以理為依據，君子要以禮做為一切行為之準繩。先王以詩、書、禮、樂召士，春秋教禮、樂，冬夏教詩、書。就是學禮有一定之季節、時序。

　　《論語・八佾》云：「人而不仁，如禮何？」[492]《論語・里仁篇》云：「不能以禮讓為國，如禮何？」[493]

　　至於喪禮之時，內心應有哀傷之情。《論語・八佾篇》云：「臨喪不哀，吾何以觀之哉？」[494]

　　把握禮之實質以後，各種禮儀，都能依次進行。禮之行事，有繁有簡，有奢有儉。其目的在表達內心之情意，應捨棄繁奢而從簡易著手。《論語・八佾》云：

　　　禮，與其奢也，寧儉；喪，與其易也，寧戚。[495]

　　《論語・先進》亦云：

　　　子曰：「先進於禮樂，野人也；後進於禮樂，君子也。如用之，則吾

---

[491] 《禮記注疏》，卷 50，頁 852。
[492] 《論語注疏》，卷 1，頁 26。
[493] 《論語注疏》，卷 4，頁 37。
[494] 《論語注疏》，卷 3，頁 32。
[495] 《論語注疏》，卷 3，頁 26。

從先進。」[496]

　　孔子認為前輩之人喜好禮樂，猶有樸野之風；後輩學習禮樂，文質得宜，如君子一般。如要我選其中之一，會選有樸野之風之禮樂。可見孔子對禮樂，主張有樸實之風。而非表面之禮敬。

　　禮是行為之規範，節度，及做事之準則。若能在善加講求，可以立身處世，可以治國化民，可以定名止分，使萬物各得其宜。《論語·季氏》云：

　　　嘗獨立，……鯉趨而過庭，曰：「學禮乎？」對曰：「未也。」「不
　　　學禮，無以立！」鯉退而學禮。[497]

　　此言孔子對其子鯉說明學禮之重要。禮是立身處世之原則，行事要依循禮。《論語·為政》云：「道之以德，齊之以禮，有恥且格。」[498]《論語·憲問》云：「上好禮，則民易使也。」[499]上位者好禮，下民循之，依理而行，則民眾循規蹈矩，在上位之政令，必然容易實行。《孝經》廣要道章云：「安上治民，莫善於禮。」[500]此亦言禮可以安定上位，下治萬民。百姓有恥且格，自然容易治理。《禮記·哀公問篇》云：

　　　哀公問於孔子曰：「大禮何如？君子之言，禮何其尊也？」孔子曰：
　　　「丘也小人，不足以知禮。」君曰：「否！吾子言之也。」孔子曰：
　　　「丘聞之：民之所由生，禮為大。非禮無以節事天地之神也，非禮無
　　　以辨君臣上下長幼之位也，非禮無以別男女、父子、兄弟之親、昏姻
　　　疏數之交也；君子以此之為尊敬然。然後以其所能教百姓，不廢其會

---

[496]《論語注疏》，卷 11，頁 96。
[497]《論語注疏》，卷 16，頁 150。
[498]《論語注疏》，卷 2，頁 16。
[499]《論語注疏》，卷 14，頁 131。
[500]《孝經注疏》，卷 12，頁 43。

節。」[501]

　　禮是治國之要道。故孔子告訴魯哀公禮之重要性。禮可以節事天地之神明，可以分辨君臣上下長幼之位，可以分別男女、父子、兄弟之親，以及婚姻、親疏等人際交往關係。執政者以禮為表達尊敬之事，可以教導百姓，不荒廢各種集會之禮節。《孟子‧盡心上》云：「**無禮節則上下亂。**」[502]禮節有設官分職，訂定名位，各安其分之功，君臣、上下、長幼都循禮行事，天下才不會混亂。

　　禮節講求外在形式與內心恭敬之一致，《論語‧雍也篇》云：「**文質彬彬。然後君子。**」[503]雖然是言君子外在之文采與內在之本質各半。禮之講求，亦不可太過，以避免偏頗。太講形式，會流於繁文縟節；太講用心，則成鄙野粗疏。若形式用心配合，才不會使禮變成嚴肅呆滯。故儒家施行禮儀時，必須合乎中道，方能行之久遠。《禮記‧仲尼燕居》記載：

　　　　孔子云：「禮乎禮乎！夫禮所以制中也。」[504]

　　禮儀之進行，應採用中道之方式進行，就不會偏頗。《禮記‧檀弓上》云：

　　　　弁人有其母死而孺子泣者，孔子曰：「哀則哀矣！而難為繼也。夫禮
　　　　為可傳也，為可繼也。故哭踊有節。」[505]

　　此言弁地有幼子死其母而哀泣，孔子以為此哀之深也，後人無法繼續學之者。是因為禮不僅要傳於後世，還要繼續下去。母死哭泣跳躍，要有節制，不可過度哀痛而傷身。《禮記‧檀弓上》又云：

---

[501] 《禮記注疏》，卷 50，頁 848。
[502] 《孟子注疏》，卷 14，頁 251。
[503] 《論語注疏》，卷 6，頁 54。
[504] 《禮記注疏》，卷 51，頁 853。
[505] 《禮記注疏》，卷 8，頁 142。

> 伯魚之母死，期而猶哭。夫子聞之曰：「誰與哭者？」門人曰：「鯉也。」夫子：「嘻！其甚也。」伯魚聞之，遂除之。[506]

伯魚之母親死，一年後還在哭泣。孔子聽聞後，認為鯉不可過度悲傷。《禮記・禮器》云：

> 古之聖人，內之為尊，外之為樂。少之為貴，多之為美。是故先王之製禮也，不可多也，不可寡也，唯其稱也。[507]

先王製禮之時，以內心最為尊貴，外在之繁富為樂。禮以少為貴，禮多為美。因此，先王製定禮時，以適當為要。前言哭踴有節，就是適當之義。此為孔子對禮最精微之言論。

孟子講禮，注重權變，不可拘泥。《孟子・離婁篇上》云：

> 淳于髡曰：「男女授受不親，禮與？」孟子曰：「禮也。」曰：「嫂溺，則援之以手乎？」曰：「嫂溺不援，是豺狼也。男女授受不親，禮也；嫂溺援之以手者，權也。」曰：「今天下溺矣，夫子之不援，何也？」曰：「天下溺，援之以道；嫂溺，援之以手。子欲手援天下乎？」[508]

孟子說明禮在不同情況下，要有所權變。男女授受不親，是禮；但嫂溺水援之以手，是權；天下有溺水者，援之以道，亦是權也。若論實際之禮儀，則有千百種不同。《禮記・中庸篇》云：

> 大哉！聖人之道，洋洋乎發育萬物，峻極於天。優優大哉，禮儀三

---

[506] 《禮記注疏》，卷 7，頁 125。
[507] 《禮記注疏》，卷 23，頁 456。
[508] 《孟子注疏》，卷 7，頁 135。

百，威儀三千，待其人然後行。[509]

此言國家所包含之禮制，可以說是「禮儀三百，威儀三千。」說明禮之規範繁雜廣大。若言個人之動靜云為，《論語‧鄉黨篇》云：

> 入公門，鞠躬如也，如不容。立不中門，行不履閾。過位，色勃如也，足躩如也，其言似不足者。攝齊升堂，鞠躬如也，屏氣似不息者。出，降一等，逞顏色，怡怡如也。沒階趨進，翼如也。復其位，踧踖如也。[510]

孔子敘述進入君或諸侯之宮門，低頭而進，如鞠躬然，如同無處容身。不在門中間站立，腳不踩門檻。從君主座位前經過，表情莊嚴，腳步輕快，說話好像氣有不足之貌。提著衣邊上堂，像鞠躬。憋著氣，像沒有氣息一般。出來時，每下一個臺階，神態舒展，心情舒暢。下完臺階，步伐加快，如同長了翅膀。回到自己之位置，又顯得恭敬謹慎。

在服飾方面，孔子非常講求禮。《論語‧鄉黨》云：

> 君子不以紺緅飾。紅紫不以為褻服。當暑，袗絺綌，必表而出。緇衣羔裘，素衣麑裘，黃衣狐裘。褻裘長。短右袂。必有寢衣，長一身有半。狐貉之厚以居。去喪，無所不佩。非帷裳，必殺之。羔裘玄冠不以弔。吉月，必朝服而朝。[511]

君子不用紅青色做袖邊，紅紫二色不可做私居服。夏天穿單葛衣，外出必穿外套。黑褐色內衣，配紫色外套；白褐色內衣，配小鹿皮裘外套；黃褐色內衣，配狐皮裘。內衣較長，右袖較短。一定要有寢衣，長一身再半。坐墊要厚。喪事結束後，無所不佩。不是正式場合之衣服，一定要裁

---

509 《禮記注疏》，卷 52，頁 897。
510 《論語注疏》，卷 10，頁 87。
511 《論語注疏》，卷 10，頁 88。

邊。弔喪時，不穿黑衣，不戴黑帽。每月朔日，必穿朝服上朝。

在飲食方面，《論語・鄉黨》云：

> 食不厭精，膾不厭細。食饐而餲，魚餒而肉敗不食。色惡不食。臭惡
> 不食。失飪不食。不時不食。割不正不食。不得其醬不食。肉雖多，
> 不使勝食氣。惟酒無量，不及亂。沽酒市脯不食。不撤薑食。不多
> 食。祭於公，不宿肉。祭肉不出三日。出三日，不食之矣。食不語，
> 寢不言。雖蔬食菜羹瓜祭，必齊如也。[512]

孔子認為食物儘量精緻，肉類儘量細。變質之食物不吃，變色之食物
不吃。變味之食物不食，烹飪時不食。非吃飯時間不食，肉切不正不食。
調味醬不好不食，肉多時不可過量。有酒不限量，以不喝醉作亂為限。市
集買之酒肉不食。每餐必有薑，但不多食。參加公家祭典，分得之祭肉不
過夜。家裏之祭肉，不留過三日。吃飯不說話，睡覺不說話。即使粗茶淡
飯，食瓜時必先祭祖，像齋戒一般。

在人際交往方面，當知應對進退之禮節。《論語・鄉黨》云：

> 孔子於鄉黨，恂恂如也，似不能言者。其在宗廟朝廷，便便言，唯謹
> 爾。[513]

又云：

> 朝與下大夫言，侃侃如也；與上大夫言，誾誾如也。君在，踧踖如
> 也，與與如也。[514]

孔子在鄉親面前，溫和恭順，像不會說話之人，表現非常謙恭；在宗

---

[512] 《論語注疏》，卷10，頁89。
[513] 《論語注疏》，卷10，頁86。
[514] 《論語注疏》，卷10，頁86。

廟朝廷上，口齒清晰，祇是很謹慎。上朝時，同下大夫說話，輕鬆和樂；同上大夫說話，嚴謹剛正；在國君面前，表現恭敬，儀態嚴肅。

《禮記・曲禮篇上》云：

> 父召無諾，先生召無諾，唯而起。[515]

父召，不稱諾，稱唯後起身。先生召，不稱諾。唯和諾都是應答之辭，唯比諾更表示恭敬。《禮記・曲禮篇上》又云：

> 男女非有行媒，不相知名；非受幣。不交不親。[516]

婚姻為人倫之始，萬化之原。故孔子鄭重其禮。男女見媒往來，傳婚姻之言，乃相知姓名。幣為納徵之幣。庶人緇幣五兩，大夫士玄纁束帛，諸侯加以大璋，天子加以穀圭。蓋納吉而後納幣，納幣而婚姻之禮定。其後男女兩家交際往來，成為親家。《禮記・內則篇》云：

> 子事父母，雞初鳴，咸盥漱，櫛縰笄總，拂髦冠緌纓，端韠紳，搢笏。左右佩用，左佩紛帨、刀礪、小觿、金燧，右佩玦、捍、管、遰、大觿、木燧、偪，屨著綦。[517]

子奉侍父母，雞剛啼叫，就起身洗手、漱口，梳髮，用黑繒束髮髻，插上髮簪，用拂去塵土之髦著冠，玄冠以緌飾纓以固冠，穿玄端之士服，以大帶束之，插笏於帶中，以行縢裹腳。左右配件由自己配用，左邊佩拭巾、小刀及礪礱、象骨做可解小結之觿、可取火於日之金燧等小物；右邊佩玉玦、弦捍、筆管、刀鞸、大觿、鑽火之木燧等大物。屨以青幅拘繫，以為行戒。

---

515 《禮記注疏》，卷1，頁35。
516 《禮記注疏》，卷1，頁37。
517 《禮記注疏》，卷27，頁517。

以上為人子在服飾上之物件上之禮。至於在出入應對之時，《禮記‧內則篇》云：

> 在父母舅姑之所，有命之應唯敬。進退周旋慎齊，升降出入揖游，不
> 敢噦噫、嚏咳、欠伸、跛倚、睇視，不敢唾洟；寒不敢襲，癢不敢
> 搔；不有敬事，不敢袒裼，不涉不撅，褻衣衾不見裏。[518]

此言子與婦在父母公婆之所，有所命時，唯有禮敬。不論進退周旋，都要謹慎齊一，不敢打飽嗝，不敢打噴嚏、咳嗽，不敢打呵欠、伸懶腰，不敢跛足倚坐，不敢斜視，不敢吐唾沫、流鼻涕。寒冷時不敢加衣，身癢時不敢抓搔。不是為長者幹重活，不敢脫衣露臂；不是涉水，不敢撩起衣服。自己之內衣，外看不可見裏。

以上略舉數例，在禮書中，甚為繁多，不勝枚舉。至於國家之大禮，不論吉、凶、軍、賓、嘉五禮，其所應遵守之儀式，具見於《禮記》〈王制〉、〈明堂位〉、〈郊特牲〉、〈祭統〉、〈投壺〉、〈射義〉、〈喪服〉等篇，以及《儀禮》各篇之中。如天子宴饗大夫之時所用之牲肉、籩豆之數目；祭祀天地、祖先時所奠酒之數目、種類，擺設之次第；親屬死亡時，服喪之日期，喪服之款式，哭啼之禮節，及一切喪禮之儀式；迎親之時，父母、新郎、新娘站立之位次等，皆有明確之規定。

荀子之禮，用於治國。《荀子‧禮論篇》云：

> 禮有三本，天地者，生之本也；先祖者，類之本也；君師者，治之本
> 也。無天地，惡生；無先祖，惡出；無君師，惡治。三者偏亡焉，無
> 安人。故禮上事天，下事地。尊先祖而隆君師，是禮之三本也。[519]

荀子認為禮包括天地、先祖、君師。故禮應敬祀天地，祭拜先祖，感念君主之祿廩教誨之恩德。此為禮之三本。

---

[518] 《禮記注疏》，卷 27，頁 520。
[519] 《荀子集解》，卷 13，頁 233。

儒家之禮教，雖在禮書上述說甚詳。但禮制會隨時代之變化而有因革。《論語・為政》記載，孔子云：

> 殷，因於夏禮，所損益可知也；周，因於殷禮，所損益可知也。其後繼周者，雖百世可知也。[520]

今日人類生活之變化，不斷更新變改，禮制亦當隨時變改，以適應社會之需要，不可僵化。

（二）佛教之儀規

佛教重視儀規，它象徵佛法之精神，以及實踐佛法之教義。不論叢林、殿堂、傳戒、度牒、清規、課誦、國師、俗講、浴佛、行像、讚唄、水陸法會、懺法、盂蘭盆會、焰口，以及日常生活，從入寺，禮敬三寶、隨師，掛單，乃至上香、穿袍、搭衣、拜佛、過堂食飯、入眾、執事、居家、外出，以及睡臥等事，都有詳細規定。

後世種種律儀之規範，乃是佛陀入滅之初夏，大迦葉召集五百阿羅漢，在七葉窟結集，由優婆離所誦出，而為各宗派所共同承認者。佛陀具有大智慧，以究竟了達諸法之總相、別相，深知一切言語、行為之利弊。所以能制定正確妥善之儀規，作為言行之準則。後世叢林、寺廟之清規，莫不依佛陀所示推行。

佛陀雖制定儀規，但自己之行、住、坐、臥，莫不遵照儀規，如臥時必以吉祥臥，坐時必以尼師檀敷座而坐，受供養時，必於中午，晚間從未時受食。又如佛制定出家之地位，視戒臘之多少而定。戒臘多者為長，縱使佛陀之堂弟難陀出家，亦一視同仁，命其禮拜原先為其僕人，先出家之優婆離。

中國古代各叢林、寺院，皆訂有清規。中唐時，禪宗盛行，百丈懷海禪師於元和九年（814），別立禪居之制，作為寺眾日常行事之章則，世人

即稱為《百丈清規》[521]；在宋神宗崇寧二年（1103），重編為《禪苑清規》十卷，亦稱《崇寧清規》；南宋咸淳十年（1274），編成《叢林校定清規總要》二卷，又稱《咸淳清規》；元代至大四年（1311），編成《禪林備用清規》十卷，又稱《至大清規》。元順帝元統三年（1335），更由朝廷命江西百丈山住持德輝重輯定本，德輝乃取《崇寧》、《咸淳》、《至大》三本重新詮次刪補，名《敕修百丈清規》，頒行全國。

　　佛教之儀規，內容繁多，包含修行及舉行各種法事活動所依據之儀規，僧眾日常修行之朝暮課誦、念佛禮拜儀式，各種懺法，以及應信徒、施主要求而作之超度、薦亡、修福等佛事。廣義而言，佛教舉行之各種宗教活動儀式，都可稱為佛教儀規。若依人分，有在家優婆塞，優婆夷之儀規；有出家沙彌、比丘尼、菩薩之儀規。若依事分，有個人生活起居之儀規，如睡法、疊衣法、坐禪法；有人際相處之儀規，如禮拜法、供養法、稱呼法；有團體共處時之儀規，如受戒法、皈依法、安居法、懺悔法、乞食法、坐次排列法等。內容十分繁富。

　　佛教注重修心，一切佛法莫不以修心為依歸。故在施行儀規之時，必須注意攝心一事。《雜阿含經》云：

> 佛告訴比丘，當恭敬住，當常繫心，常當畏慎。若不恭敬，不繫心，不畏慎，而欲令威儀具足者，無有是處。不備威儀，欲令學法滿者，無有是處。學法不滿，欲令五分法身具足者，無有是處。五分法身不具足，欲得無餘涅槃者，無有是處。[522]

　　佛告訴比丘，應以恭敬心修習梵行，當住於恭敬，當常繫心，當常畏慎。而令威儀具足，就能滿足學法，乃得無餘涅槃。又後秦弘始年佛陀耶舍共竺佛念譯《長阿含經・阿摩晝經》云：

> 如是比丘，若行步出入，左右顧視。屈申俯仰，執持衣鉢，受取飲

食，左右便利，睡眠覺悟，坐立語默，於一切時，常念一心，不失威儀，是為一心。[523]

又東晉瞿曇僧伽提婆譯《增壹阿含經》卷十七云：

或有比丘性行似踈，視瞻不端，亦不隨法行，喜左右顧視；然復精進多聞，修行善法，恒持戒律，不失威儀，見少非法，便懷恐懼，是謂此人熟而像生。彼雲何人生而像生？或有比丘不持禁戒，不知行步禮節，亦復不知出入行來，亦復不知著衣持鉢，諸根錯亂，心著色、聲、香、味、細滑之法，彼犯禁戒，不行正法。[524]

以上經文，說明比丘之行步、顧視、執持衣鉢，甚至飲食、睡眠，都要常念一心，不失威儀。攝心修行善法，恒持戒律，不犯禁戒，常行正法，不失威儀，都是佛陀再三告誡比丘有關威儀之事。後秦龜茲國三藏鳩摩羅什譯《梵網經・盧舍那佛說菩薩心地戒品第十卷下》云：

若佛子見大乘法師，大乘同學、同見、同行，來入僧坊、舍宅、城邑。若百里千里來者，即起迎來送去，禮拜供養。日日三時供養，日食三兩金，百味飲食、牀座、醫藥，供事法師。一切所須盡給與之。[525]

此言佛子見大乘法師，同學、同見、同行，來入僧坊、舍宅、城邑。即起迎來送去，禮拜供養。又云：

我佛法中先者先坐。後者後坐；而菩薩部次第坐者，犯輕垢罪。[526]

佛法中對先受戒者在前坐，後受戒者在後坐。菩薩亦應按次第坐。此

---

[523] 《大正藏》經 1，卷 13，頁 85。
[524] 《大正藏》經 125，卷 17，頁 634。
[525] 《大正藏》經 1484，卷下，頁 1005。
[526] 《大正藏》經 1484，卷下，頁 1008。

及尊卑有次之義。宋·道誠集《釋氏要覽·臥法》云：

> 《寶雲經》云：欲臥，身向右邊，累足。以法衣覆身，正念正知，起
> 明了想，但為長養諸根大種故。[527]

又《釋氏要覽·長幼序》云：

> 《大莊嚴經》云：佛弟難陀有僕名優婆離，投佛出家受戒，後依僧次
> 坐。王子難陀，後至出家，次第坐禮，至優婆離前念：「是我僕，不
> 當設禮。」爾時佛告難陀言：「佛法如海，容納百川，接同一味。但
> 據受戒前後，不在貴賤。四大假名為身，於中空寂。本無吾我，當思
> 聖法，勿生憍慢。」爾時難陀，去自貢高便禮。[528]

佛教儀規之制定，其目的在使身心有所安頓，行為有所遵循。更由利
己，進而利人，達到人我兩利之目的。《華嚴經·賢首品》云：

> 威儀具足度眾生，一切世間所好尚。[529]

可見佛教儀規，不僅在規範自己，尚有利他之功用。如《釋氏要覽》
記載禮佛之時，身心不低不昂，正直而住。不動不搖，行寂靜行；合掌之
時，能去除心慢情散；睡臥時採用師子座，得無所畏。[530]
由上可知，清規雖幾經修改，但制定儀規之目的，在使眾佛弟子，能
在個人與團體生活中，起居作息，皆有準繩，不至逾越軌度，破壞佛教清
譽。《雜阿含經》云：

> 若有比丘不恭敬住，不繫心，不畏慎，不隨他自在諸修梵行上、中、

---

527 《大正藏》經 2127，卷下，頁 299。
528 《大正藏》經 2127，卷下，頁 299。
529 《大正藏》經 279，卷 14，頁 74。
530 《大正藏》經 2127，卷 14，頁 259-309。

　　下座，而欲令威儀足者，無有是處；不備威儀，欲令學法滿者，無有
　　是處。[531]

　　可見威儀是藉外在之形式，作為成就道果之手段。若內在不恭敬住，
不繫心，不畏慎，不修梵行，將無法做到法滿。
　　由上敘述，可知佛陀設置儀規，意在折服眾生我慢之心。今觀佛教儀
規，有所謂「三千威儀，八萬細行。」在在皆有其功用。與儒家「禮儀三
百，威儀三千。」略同。總結佛教儀規，不僅可以有益身心，使眾生彼此
謙敬相處，養成端正之行為，與良好之生活習慣。並以威儀感化眾生，去
除起惑造業，都是佛子要做到之事。

四、儒家之義行與佛教之持戒

（一）儒家之義行

　　儒家常將仁義並言，蓋因仁為內心，義為外行，二者有內外、剛柔之
不同。仁心是內在汎愛眾人之心，義是表現於外在之行為。仁出於一片惻
隱之心，義發出浩然之氣。仁本於情感，義出自理智，兩者有所不同。
《禮記‧表記》云：

　　孔子曰：「仁者，右也。道者，左也；仁者，人也。道者，義也。厚
　　於仁薄於義，親而不遵；厚於義者薄於仁，尊而不親。」[532]

　　此言仁義二者，在精神之本質上不同，卻須相輔相成，不可偏廢。若
有所偏廢，即不合聖道。《禮記‧表記》云：

　　君子不失足於人，不失色於人，不失口於人。君子貌足畏也，色足憚

---

[531] 《大正藏》經 99，卷 47，頁 340。
[532] 《禮記注疏》，卷 54，頁 908。

也，言足信也。[533]

　　此言君子之容儀戒慎莊重，不諂私曲媚於人，可謂貌足以使人敬畏，色足以使人畏憚，言足以使人信任。

　　《禮記‧中庸》云：「義者，宜也。」[534]《孟子‧告子》云：「羞惡之心，義也。」[535]《周易‧繫辭傳》云：

　　天地之大德曰生，聖人之大寶曰位。何以守位曰仁，何以聚人曰財。
　　理財正辭，禁民為非曰義。[536]

　　天地最偉大之德性是生養萬物，聖人最珍貴者乃是其仁德之位。如何守住聖王仁德之位？聖人應讓冢宰、司徒、司空幫助人民營生聚財之道，理財是正當之言辭。但禁止人民為非作歹，聚集不義之財為義。

　　與義關係最密切者為利，儒家講義，常言取與之道。《論語‧述而》云：「不義而富且貴，於我如浮雲。」[537]《孟子‧盡心上》云：「非其有而取之，非義也。」[538]義不僅與取與有關，舉凡一切合禮之行為，皆含攝於義之中。《國語‧周語中》云：「五義紀宜。」注云：「五義謂父義、母慈、兄友、弟恭、子孝。」[539]此將家庭倫理中之父母兄弟子之人倫關係，皆涵蓋在義之範疇中。因此，義之行為，不僅家庭生活之態度與行為上要合乎義。在社會人群中，待人處事之道，甚至國家之存亡興廢，都與義有關。

　　儒家認為義是士、君子、大人所必備之德行。《論語‧子張》云：「士見危致命，見得思義。」[540]此言士見到國家危難，應為國效命；見到

[533]《禮記注疏》，卷52，頁887。
[534]《禮記注疏》，卷52，頁195。
[535]《孟子注疏》，卷13，頁135。
[536]《周易正義》，卷7，頁166。
[537]《論語注疏》，卷7，頁62。
[538]《孟子注疏》，卷13，頁210。
[539]《國語》，卷2，頁65。
[540]《論語注疏》，卷19，頁171。

可得知財，應思考是否合乎義？亦即不取不義之財。

《論語・里仁》云：

> 君子之於天下也，無適也，無莫也，義之與比。[541]

此言君子對天下之事，是以義為衡量行事之準繩。《論語・里仁》又云：「君子喻於義，小人喻於利。」[542]此言君子與小人之分別，在於對義之觀念。君子見義勇為，小人見利而為，是其不同。《論語・陽貨》記載：

> 子路問：「君子尚勇乎？」子曰：「君子義以為上。君子有勇而無義為亂，小人有勇而無義為盜。」[543]

此為孔子告訴弟子子路勇敢之意義。一為君子是把義放在最上面，若勇而無義，就會犯上作亂；小人有勇而無義，就會淪為行事不義之盜賊。故勇必須用義衡量，才是真正之勇。《孟子・告子上》云：

> 居仁由義，大人之事備矣。[544]

孟子認為能做到居心仁，行事義，不僅可以做到士，還能做到公卿大夫。《孟子・離婁下》亦云：

> 大人者，言不必信，行不必果，惟義所在。[545]

此言公卿大夫行事，不僅其言語信實，行事果決。而且義之所在，勇

---

[541] 《論語注疏》，卷 4，頁 37。
[542] 《論語注疏》，卷 4，頁 37。
[543] 《論語注疏》，卷 17，頁 158。
[544] 《孟子注疏》，卷 13，頁 158。
[545] 《孟子注疏》，卷 8，頁 144。

往直前。可見義是士、君子、大人言行之依據。

　　義所以成為士、君子、大人之德行，是因為義是配合道義所產生之浩然正氣。《孟子・公孫丑上》云：

> 「敢問何為浩然之氣？」曰：「難言也。其為氣也，至大至剛，以直養而無害，則塞於天地之間。其為氣也，配義與道；無是，餒也。是集義所生者，非義襲而取之也。行有不慊於心，則餒矣。我故曰告子未嘗知義，以其外之也。」[546]

　　孟子認為義可以產生至大至剛，充塞於天地間之浩氣。此氣是從內在表現於外，是配合道義所產生者。具有浩氣之人，能以此氣安身立命，心境坦蕩，內心悅樂，俯仰天地間而無愧，故聖賢皆樂於涵養浩然之氣。故《孟子・告子》云：「理義之樂我心，猶芻豢之悅我口。」[547]

　　行義對自身之效益有如上述，對於事功而言，更有許多好處。《孟子・離婁下》云：

> 人有不為也，而後可以有為。[548]

　　此言人若有所不為，是違反義理之事。故君子能特立獨行，有所作為。就是行事合義之表現。《論語・子路》記載：

> 孔子云：「其身正，不令而行；其身不正，雖令不從。」[549]

　　此言為政者應為人民表率，自身端正，合乎理義。則人民聞風歸附，不令而行。若自身不正，多行不義。即使下令，人民亦不願依從。故《孟

---

[546] 《孟子注疏》，卷3，頁54-55。
[547] 《孟子注疏》，卷11，頁196。
[548] 《孟子注疏》，卷8，頁143。
[549] 《論語注疏》，卷13，頁116。

子‧離婁上》云：「君正莫不正，一正君，而國定矣。」[550]即是言此。
《論語‧憲問》記載：

> 子問公叔文子於公明賈。曰：「信乎？夫子不言不笑不取乎？」公明賈
> 對曰：「以告者過也。夫子時然後言，人不厭其言；樂然後笑，人不厭
> 其笑；義然後取，人不厭其取。」子曰：「其然！豈其然乎？」[551]

　　孔子向公明賈請問有關於公叔文子之為人。公叔文子即衛大夫叔發。
公明賈認為公叔文子財利取之有道，合乎義之財才取，人不厭其取。
　　儒家重義，甚於生命，尤以孟子為然。《孟子‧告子》云：

> 孟子曰：「魚，我所欲也，熊掌亦我所欲也；二者不可得兼，捨魚而
> 取熊掌者也。生亦我所欲也，義亦我所欲也；二者不可得兼，捨生而
> 取義者也。生亦我所欲，所欲有甚於生者，故不為苟得也；死亦我所
> 惡，所惡有甚於死者，故患有所不辟也。如使人之所欲莫甚於生，則
> 凡可以得生者，何不用也？使人之所惡莫甚於死者，則凡可以辟患
> 者，何不為也？由是則生而有不用也，由是則可以辟患而有不為也，
> 是故所欲有甚於生者，所惡有甚於死者。非獨賢才有是心也，人皆有
> 之，賢者能勿喪耳。」[552]

　　孟子以魚與熊掌為喻，說明生命與行義有所取捨時，賢才是選擇捨生
取義。可見義在聖賢眼中，是何等重要！

（二）佛教之持戒

　　佛教徒持戒，是釋迦牟尼佛教導弟子達到涅槃之三無漏學中，以尸羅
為一切修行之基礎。尸羅可以分成五戒與十善。它包涵一切佛弟子應防止
之惡行，應遵行之善行，及應追求之方向。

---

[550] 《孟子注疏》，卷7，頁136。
[551] 《論語注疏》，卷14，頁125。
[552] 《孟子注疏》，卷11，頁201。

佛教有關「戒」之規定與解釋之經典，總稱為律藏。與「經」、「論」合稱「三藏」。專門學習戒律之僧侶稱為律師，以研習戒律為主之宗派，稱為律宗。

「律宗」以持戒而得名，依《四分律》發展出南山律學，《四分律》之形式，雖屬聲聞乘，而內容可通菩薩乘，以求融會漢傳大乘佛教。漢地禪宗之寺院，為適應禪僧傳法和參禪，還發展出《禪苑清規》、《敕修百丈清規》、《永平清規》等禪寺清規。

釋迦牟尼涅槃之後，僧團領導者大迦葉擔心僧團成員，因懈怠而任意妄為，在王舍城召開佛教史上第一次集結。在集結中，最重要之決議，是由優波離尊者主持，將波羅提木叉集結起來，形成戒經。大迦葉主張佛陀制定之一切學處，都應該遵守不改，但阿難根據釋迦牟尼之遺命：「自今日始，聽諸比丘捨小小戒」，主張「小小戒可捨」，最終以大迦葉之意見主導此次之集結。集結結束後，耶舍四友之一，富蘭那尊者從印度南方遊行回來，對集結之內容提出異議，其異議被記錄下來，形成犍度之開端。

今日之佛教僧團，南傳佛教遵循《巴厘律藏》，漢傳佛教曾盛行《摩訶僧祇律》和《十誦律》。唐朝以後，遵循《四分律》，並兼受《大乘梵網經》或《菩薩地持經》之菩薩戒；藏傳佛教遵循《根本說一切有部毘奈耶》，其菩薩戒傳承自《虛空藏菩薩經》和《瑜伽師地論·菩薩地戒品》。修持密法者，除修唐密或藏密以外，又兼受三昧耶戒。

在佛法中，戒、定、慧三學是最根本之修行綱領。戒更是一切善法之根本，亦是無上菩提之本。戒之定義，北涼中印度三藏曇無讖譯《優婆塞戒經》解釋戒之涵義。云：

> 何因緣故得名為戒？戒者名制，能制一切不善之法，故得名制；又復戒者名曰迫陜。雖有惡法，性不能容，故名迫陜；又復戒者名曰清涼。遮煩惱熱，不令得入，是故名涼；又復戒者名上，能上天，上至無上道，是故名上；又復戒者名學。學調服心智慧諸根，是故名學。[553]

---

[553] 《大正藏》經 1488，卷 7，頁 1071。

此言戒又稱名制、迮隘、清涼、上、學等，皆就戒之功用而分別取名。如名制，是說能制止一切不善之法；名迮隘，是說雖有惡法，性不能容；名清涼，是說能遮煩惱熱；名上，是說能上天，上至無上道，不令得入；名學，是說學調服心智慧諸根。但戒最初之合意是制止，即制止一切不善之行為，使不染著世俗之欲樂，以及防範惡戒。北涼中印度三藏曇無懺譯《優婆塞戒經・五戒品》云：

> 智者當觀戒有二種。一者世戒，二者第一義戒。若不依於三寶受戒，是名世戒，世戒不堅，如彩色無膠。是故我先歸依三寶，然後受戒。[554]

優婆塞是在家菩薩，行優婆塞戒必須受三歸依。三歸依是佛、法、僧三寶。佛者，能說壞煩惱，因得正解脫；法者，即是壞煩惱因真實解脫；僧者，稟受破煩惱因得正解脫法。歸依三寶，能得第一義諦，獲正解脫，乃至阿耨三藐三菩提，方屬第一義戒。東晉天竺三藏佛馱跋陀羅譯《華嚴經・賢首菩薩品》云：

> 戒是無上菩提本，應當具足持淨戒。若能具足持敬戒，一切如來所讚歎。[555]

此言戒是無上菩提之根本，亦是清淨解脫之法門。可以精進修習諸妙戒，渡過生死大苦海，讚嘆佛力諸神通。後秦龜茲國三藏鳩摩羅什譯《佛垂般涅槃略說教誡經》云：

> 戒是正順解脫之本，故名波羅提木叉。依因此戒，得生諸禪定及滅苦智。是故比丘，當持此戒，無令毀犯。慧，若人能持淨戒，是則能有善法。若無淨戒，諸善功德，皆不得生。是以當知戒為第一安穩功德

---

[554] 《大正藏》經 1488，卷 7，頁 1063。
[555] 《大正藏》經 278，卷 6，頁 433。

住處。[556]

又云：

> 汝等比丘，於我滅後，當尊重珍敬波羅提木叉，如闇喻明，貧人得
> 寶，當知此則是汝等大師，若我住世，無益此也。[557]

此經為釋迦牟尼佛初轉法輪，度阿若憍陳如，最後說法度須跋陀羅，
所應度者，皆已度訖。於娑羅雙樹間，將入涅槃，最後之教誨。經文中說
明持戒可以生諸禪定及滅苦之智慧。可以從四禪八定中，心得明悟，而產
生出世間之智慧。唐天竺沙門般刺蜜帝譯《大佛頂如來首楞嚴經》亦云：

> 所謂攝心為戒，因戒生定，因定發慧，是則名為三無漏學。[558]

阿難將攝心稱為戒，就稱白己滅度後之末法時代，六道眾生應先斷心
婬，其次要斷殺心，才能修禪定。由定產生清淨之智慧。也可以稱為戒、
定、慧三無漏學。東晉天竺三藏佛馱跋陀羅譯《華嚴經‧十地品》中第八
地云：

> 持戒不動如須彌，十力成就不動搖。一切魔眾無能轉，諸佛護念天王
> 禮。[559]

此言若持戒不動，一切魔眾無法轉變，而且有諸佛護念，金剛侍衛。
又姚秦涼州沙門竺佛念譯《瓔珞本業經》云：

> 一切眾生，初入三寶海，以信為本；住在佛家，以戒為本。[560]

---

[556] 《大正藏》經 389，頁 1111。
[557] 《大正藏》經 389，頁 1110。
[558] 《大正藏》經 945，卷 6，頁 131。
[559] 《大正藏》經 278，卷 23，頁 201。
[560] 《大正藏》經 1485，卷下，頁 1020。

　　經文中云：「戒是正順解脫之本」、「戒為第一安穩功德住處」、「此則是汝等大師」，皆言持戒之重要。但戒律必須發自內心，作自我之要求，屬於自律，而非他人加以束縛。

　　佛教之戒律有大小乘之分，小乘之戒律窄，如《四分律》、《十誦律》等所講求者，有三種律儀：別解脫律儀、靜慮律儀、無漏律儀；大乘之戒律寬，有菩薩三聚淨戒，包括斷一切惡之攝律儀戒，積集一切善之攝善法戒，攝受一切眾生之饒益有情戒。

　　戒律有通戒與別戒之分，通戒是通於僧俗二眾之禁戒。東晉罽賓三藏瞿曇僧伽提婆譯《增一阿含經・序品》尊者阿難說〈七佛通戒偈〉云：

　　　　諸惡莫作，眾善奉行。自淨其意，是諸佛教。[561]

　　此言僧俗二眾應發菩提心，受持諸惡莫作，眾善奉行之禁戒，可生出一切善法。

　　別戒則為僧團七眾各別制定之戒律，又可分為在家戒與出家戒，在家戒有：優婆塞、優婆夷所受持之五戒、八關齋戒、十善戒；出家戒有：沙彌、沙彌尼所受持之十戒，式叉摩那所受持之六法戒以及比丘二百五十戒、比丘尼三百四十八戒之具足戒，在大乘中，又有菩薩十重四十八輕戒。總之，層次越高，發心愈大，所受戒條愈多，將來之成就愈速。所有之戒，都是導向解脫之正道。

　　五戒是佛教戒律之根本。五戒就是不殺生、不偷盜、不邪淫、不妄語、不飲酒。五戒與儒家之五常有相通之處：不殺曰仁，不盜曰義，不淫曰禮，不妄曰信，不酒曰智。受持五戒之人，會有無盡之利益。東晉天竺三藏帛尸梨蜜多羅譯《佛說灌頂經》云：

　　　　世尊說言。若持五戒者，有二十五善神衛護人身，在人左右，守於宮宅門戶之上，使萬事吉祥。[562]

---

[561]　《大正藏》經 125，卷 1，頁 551。
[562]　《大正藏》經 1332，卷 2，頁 502。

此延持五戒者，有二十五善神在人左右，衛護人身。並守於宮宅門戶之上，使萬事吉祥。高祇天竺三藏那連提耶舍譯《月燈三昧經》中，佛告月光童子修菩薩戒淨有十種利益。云：

> 一者滿足一切智，二者如佛所學而學，三者智者不毀，四者不退誓願，五者安住於行，六者棄捨生死，七者慕樂涅槃，八者得無纏心，九者得勝三昧，十者不乏信財。[563]

出家人持戒，要先受沙彌戒，次受比丘、比丘尼戒，再受菩薩戒，即所謂三壇大戒。

宋罽賓國三藏求那跋摩譯《四分比丘尼羯摩法》中又提到沙彌尼十戒，其云：

> 盡形壽不殺生，是沙彌尼戒。能持不？答言能；盡形壽不盜是沙彌尼戒，能持不？答言能；盡形壽不得婬是沙彌尼戒。能持不？答言能；盡形壽不妄語，是沙彌尼戒。能持不？答言能；盡形壽不得飲酒是沙彌尼戒，能持不？答言能；盡形壽不得著花鬘香油塗身，是沙彌尼戒。能持不？答言能；盡形壽不歌舞倡伎，亦不歡聽，是沙彌尼戒。能持不？答言能；盡形壽不得高廣大床上坐，是沙彌尼戒。能持不？答言能；盡形壽不得捉持生像金銀寶物，是沙彌尼戒，能持不？答言能；盡形壽不得非時食，是沙彌尼戒。能持不？答言能。如是沙彌尼十戒，盡形壽不得犯。能持不？答言能。[564]

此言沙彌尼十戒，有不殺生、不盜、不婬、不妄語、不飲酒、不著花鬘香油塗身、不歌舞倡伎、不得高廣大床上坐、不非時食、不得捉持生像金銀錢寶物等十戒。受戒竟，當供養三寶，修三乘座禪誦經勸助諸事。

東晉天竺三藏佛陀跋陀羅共法顯譯《摩訶僧祇律》中，佛告舍利佛

---

[563] 《大正藏》經 639，卷 6，頁 584。
[564] 《大正藏》經 1434，頁 1065-1066。

云：

> 有十事利益故，諸佛如來為諸弟子至戒立說波羅提木叉法。何等十？
> 一者攝僧故；二者極攝僧故；三者令僧安樂故；四者折伏無羞人故，
> 五者有慚愧人得安隱住故，六者不信者令得信故，七者已信者增益信
> 故，八者於現法中得漏盡故，九者未生諸漏令不生故，十者正法得久
> 住，為諸天人開甘露施門故。[565]

此十事是僧眾最勝之正法，可以折服無羞人，慚愧得安穩，為佛陀開
甘露施法門。

佛教更認為持戒可以獲得無量之幸福。北涼中印度三藏曇無懺譯《優
婆塞戒經・業品》云：「受善戒者，得無量福。受惡戒者，得無量罪」[566]
後漢沙門安世高譯《阿難問事佛吉凶經》亦云：

> 受佛五戒者，福德人也。……戒行之德，福應自然。天神擁護，感動
> 十方。與天參德，功勳巍巍。眾聖嗟歎，難可稱量。智士達命，沒身
> 不邪。善知佛教，可得度世之道。[567]

此言受佛五戒者，是福德之人，會有天神擁護，感動十方。還受眾聖
嗟歎，難可稱量。可知佛教度化世人，是世人無上之福。

由於持戒者行為端正，有為有守。待人處事，自然順利無礙，獲得人
生之幸福。不僅如此，許多佛典中，更謂持戒精嚴之人，來世可享天道之
福。如觀無畏尊者集、西天譯經三藏紗門日稱等奉詔譯《諸法集要經・持
戒品》云：

> 戒為最勝財，如日光普照。若人命終時，唯戒為伴侶。持戒得生天，

---

[565] 《大正藏》經 1425，卷 1，頁 228。
[566] 《大正藏》經 1488，卷 7，頁 1069。
[567] 《大正藏》經 492，頁 753。

或得諸禪定。於此世他世，光明無與等。[568]

　　佛教認為持戒之人，以戒為伴，命終時能生天，獲得諸禪定，具福慧，建立善緣。不論此世他世，光明無與倫比。北涼中印度三藏曇無懺譯《優婆塞戒經‧五戒品》云：

　　善男子，若受戒已，當知是人為諸天人恭敬守護，得大名稱。雖遭惡對，心無愁惱。眾生親附，樂來依止。[569]

　　此言持戒之人，對他人有利無損，故人緣甚佳。不但獲得天人之恭敬守護，世人亦樂意與其交往。《長阿含經‧遊行經》亦云：

　　阿難！汝謂佛滅度後，無復覆護，失所持耶？勿造斯觀，我成佛來所說經戒，即是汝護，是汝所持。阿難！自今日始，聽諸比丘，捨小小戒。[570]

　　此言佛告阿難，在佛滅度後，就以佛以前所說之經戒，作為覆護身心之憑藉。捨棄小小戒，修三歸五戒。
　　佛教持戒之最後目的，是成佛解脫。持戒是因，成佛解脫是果。有其因必有其果，故持戒最大之果報為成佛。後秦龜茲國三藏鳩摩羅什譯《梵網經盧舍那佛說菩薩心地經》云：

　　一切有心者，皆應攝佛戒。眾生受佛戒，即入諸佛位。位同大覺已，真是諸佛子。[571]

　　此偈言眾生受佛戒，可入諸佛位，其位階可同以大覺之佛。西天譯經

---

[568]　《大正藏》經 728，卷 8，頁 500。
[569]　《大正藏》經 1488，卷 6，頁 1064。
[570]　《大正藏》經 1，卷 2，頁 26。
[571]　《大正藏》經 1484，卷下，頁 1004。

三藏施護譯《佛說大乘戒經》中，世尊亦告苾芻云：

> 若人持戒，當得見佛。戒為最上莊嚴。戒為最上妙香，戒為歡喜勝因。
> 戒體清淨，如清冷水，能除熱惱。戒法最大，世間呪法、龍蛇之毒而不
> 能侵。持戒得名聞，持戒獲安樂。如是命終時，復得升天上。[572]

　　世尊認為戒是最上莊嚴、最上妙香、歡喜勝因。能除熱惱，龍蛇之毒
而不能侵。若能持戒，可獲得安樂，成就一切法寶。命終之時，得升天
上。可見持戒為佛弟子必須精進奉行之事。

五、儒家之智慧與佛教之般若

（一）儒家之智慧

　　儒家經典之智慧，是傳承聖哲數千年之人文精神，不論政治、文化、
道德、人生、教育，都影響到中國人之生存發展。不僅是古聖先哲之智慧
結晶，也是經過實踐而有效之理論。

　　觀孔子之一生，十又五而志於學，三十而立，四十而不惑，五十而知
天命，六十而耳順，七十而從心所欲，不踰矩。可知孔子之聖道，是由求
知入手；而所謂學、不惑、耳順、知天命，皆與知識哲理有關。而儒家思
想中之《周易》、《中庸》等，又是超越經驗與思維，進入天人合德之哲
理，值得後人深入之探討。

　　儒家之智慧，可從三方面加以觀察：

1. 從經驗中獲得智慧

　　此智慧來自於自身之見聞，以及古人存留下來之經驗。《禮記‧大學
篇》云：

> 博學之、審問之、慎思之，明辨之，篤行之。有弗學，學之弗能弗措

572　《大正藏》經 1105，頁 1104。

也；有弗問，問之弗知弗措也；有弗思，思之弗得弗措也；有弗辨，
辨之弗明弗措也；有弗行，行之弗篤弗措也。[573]

此言博學，是說求知之時，須廣博地學習，還要配合詳審地詢問師
友，謹慎地思慮，明確地辨析，篤實地踐履，才能獲得經驗與智慧。《論
語・述而篇》云：

吾非生而知之者，好古敏以求之者也。[574]

孔子認為自己之知識，來自篤守古道，勤敏求知。故能述說六經，並
教導弟子。《論語・八佾篇》云：

周監於二代，郁郁乎文哉！吾從周。[575]

孔子認為《周禮》借鑒夏、商兩朝之禮法，真是文采豐富！故吾贊同
《周禮》中記載之禮制。可知孔子對三代禮制之瞭解，深入而有見地。

2. 從思維中獲得智慧

哲學所追求之智慧，乃是宇宙人生之哲理。此哲理並非支離破碎之知
識，而是有系統之知識。如孔子編定之六經，每部經書皆是三代重要之文
獻。《論語・衛靈公篇》云：

子曰：「賜也，女以予為博學而識之者與？」對曰：「然！非與？」
曰：「非也！予一以貫之。」[576]

孔子認為其學問並非博學強記而來，其學問是把握一個道理之根本，

---

[573] 《禮記注疏》，卷 53，頁 894。
[574] 《論語注疏》，卷 7，頁 63。
[575] 《論語注疏》，卷 3，頁 28。
[576] 《論語注疏》，卷 15，頁 137。

然後將之融會貫通。《孟子・離婁篇下》云：

> 博學而詳說之，將以反說約也。[577]

孟子認為廣博地學習，而詳說其理。並非要誇耀知識廣博，而是要融會貫通後，歸於簡約。同時，讀書之目的，是要將繁雜之知識，貫通其道理，然後簡約地表達出來。不可治絲益棼，道理越說越繁瑣難懂。

孔、孟皆認為知識要進一步思考推理，以求融會貫通，才能得到更高之智慧。

《論語・述而篇》云：

> 子曰：「蓋有不知而作者。我無是也。多聞，擇其善者而從之；多見而識之，知之次也。」[578]

孔子認為有人不知道理，而穿鑿妄作篇籍。多聽別人之言論，選擇其中良善之部分依從之。多看別人之行事，記在心中，就是求知之方式。是次於天賦異稟，生而知之者。可見孔子求得智慧，不是憑空捏造出來，而是多聞多見而來。亦是孔子「述而不作」之原因。

3. 從價值觀獲得之智慧

哲學講求邏輯推理，而獲得智慧。但用推理所得之智慧，間接而有限。《周易》、《中庸》提出直觀之智慧。直觀之智慧，是將分析之思維作形上之觀察，以明白問題之核心。《周易・繫辭上》云：

> 易、無思也，無為也。寂然不動，感而遂通天下之故。[579]

此言卜筮《易》卦之時，以蓍草與龜占卜。蓍草為植物，不能思慮，

《孟子注疏》，卷8，頁144。
[578] 《論語注疏》，卷7，頁64。
[579] 《周易正義》，卷7，頁154。

故曰無思；龜雖有思，然無所作為，故曰無為。無思、無為，故寂然不動。感者，人問卜筮也。通天下之故者，知吉凶禍福也。由此，《易》卦是由卦爻之位置、陰陽、爻變，觀察宇宙人生之道理，其直觀是敏銳而有創意。

　　儒家之智慧，在表現上是「仁智並用」，也就是仁與智相輔而行。《論語·子張篇》云：

　　　　子夏云：「博學而篤志，切問而近思，仁在其中矣。」[580]

　　子夏認為博學、篤志、切問、近思之目的都在行仁。行仁要做到修己治人，廣博學習、切實請問、從淺近逐步深入思考，都是修己之事，篤志才是立治人之大志。《孟子·離婁篇上》云：

　　　　愛人不親，反其仁；治人不治，反其智；禮人不答，反其敬。行有不得者，皆反求諸己；其身正，而天下歸之。[581]

　　此言反省之重要。仁愛他人，他人不願親近，就應反思自己行仁是否有不當之處？要治理他人，他人不願接受，就要反思自己是否有不智之處？向人行禮，其人不願答禮，就要反思自己是否有不敬之處？行事有不能如願者，都應反省自己。如果自己行事公正，天下人都會歸附。《孟子·盡心篇上》又云：

　　　　孟子云：「知者無不知也，當務之為急；仁者無不愛也，急親賢之為務。堯、舜之知而不徧物，急先務也；堯、舜之仁不徧愛人，急親賢也。」[582]

---

[580] 《論語注疏》，卷 19，頁 171。
[581] 《孟子注疏》，卷 7，頁 126。
[582] 《孟子注疏》，卷 13，頁 244。

孟子認為有智慧之人，無所不知，但須掌握當務之急。仁者無所不愛，但以親近賢才為急務。堯、舜之智慧，不偏重物質之需求，而以禮樂為當務之急。堯、舜之仁愛，不偏愛某一個人，而急於親近賢才。治理天下，應知輕重緩急。故《論語・顏淵篇》云：

> 樊遲問仁，子曰：「愛人。」問知，子曰：「知人。」[583]

孔子認為仁者會愛恤人民，智者會知道誰是賢才。如此，就能掌握治國之要領。《論語・雍也篇》云：

> 樊遲問知，子曰：「務民之義，敬鬼神而遠之，可謂知矣。」問仁，
> 子曰：「仁者先難而後獲，可謂仁矣。」[584]

孔子弟子樊遲問何者為有智慧之人？孔子認為有智慧之執政者，要致力於讓人民做合乎義理之事。讓人民恭敬鬼神，但不迷信，就是有智慧之執政者。問何謂仁？孔子認為仁人要先做困難之事，把個人之利益放在後面。

智慧應該如何獲得？孔子認為應該從學與思著手。《論語・為政篇》記載：

> 孔子曰：「學而不思則罔，思而不學則殆。」[585]

學與思兩者同樣重要。學是聚集知識，思是將知識融會貫通。學習後不加以思考，就會有疑惑不明之處；思考而不學習，就會流於空想而不切實際。學與思雖然都重要，但要先學後思，才能達到效果。《孟子・公孫丑篇上》云：

---

[583] 《論語注疏》，卷 12，頁 110。
[584] 《論語注疏》，卷 6，頁 54。
[585] 《論語注疏》，卷 2，頁 18。

> 昔者子貢問於孔子，曰：「夫子聖矣乎？」孔子曰：「聖則吾不能，
> 我學不厭而教不倦也。」子貢曰：「學不厭，智也；教不倦，仁也。
> 仁且智，夫子既聖矣乎！」[586]

　　此處孟子引述孔子與弟子子貢之對話，說明仁與智是聖人必備之修養
與條件。可見仁人要有智慧，若無智慧，是無法達到聖賢之境地。

　　在智慧之運用上，儒家偏重政治與倫理方面，並不代表儒家不重視物
質科學。因為春秋時代，政治黑暗，戰爭四起，民不聊生。孔子一生棲棲
遑遑，周遊列國，就是想以仁德、禮樂改變紊亂之局面。孟子與荀子所處
之戰國時代，政治苛暴，殺伐激烈，故孟、荀二人，欲以仁義禮樂拯救百
姓。《荀子‧勸學篇》云：

> 故學至乎禮而止已，夫是為道德之極。[587]

　　荀子之學，偏重治國之道。學習應止於學禮，因為禮是道德之極致。
《荀子‧解蔽篇》又云：

> 故學也者，固學止之也。惡乎止之？曰：「止諸至足。曷謂至足？」
> 曰：「聖也。聖也者，盡倫者也；王也者，盡制者也。兩盡者，足以
> 為天下極矣。故學者，以聖王為師。」[588]

　　荀子認為儒家之學，應學禮與人倫之道。禮與人倫之道，即聖王之
道。聖王制定禮樂與人倫之道，使天下重禮樂人倫，可平治天下。故學應
以聖王為師。

（二）佛教之般若

　　佛教「般若」之含義，就是智慧。智是通達諸法，慧是斷惑證理。佛

---

[586] 《孟子注疏》，卷3，頁55。
[587] 《荀子集解》，卷1，頁7。
[588] 《荀子集解》，卷15，頁271。

教之智慧與世間之智慧不同。中國將「般若」譯為智慧，不足以彰顯般若之含義，所以譯經家不直接漢譯為「智慧」，而音譯為「摩訶般若波羅蜜多」。「摩訶般若」是大智慧，波羅是「彼岸」，蜜多是「到」，波羅蜜多合為「到彼岸」，般若波羅蜜多是「究竟圓滿之智慧」。

　　般若一詞，最早出現於東漢高僧支婁迦讖所譯之《道行般若經》。般若即智慧。在佛教三學，戒、定、慧中，慧是學佛經以增長智慧。大乘佛教之興起，主要是般若思想。《大般若經》指出大乘即是般若，般若即是大乘。

　　若依人分，佛智最高，次為菩薩，次為緣覺、聲聞，次為世間之凡夫。凡夫有三大迷惑，即見思惑、塵沙惑、無明惑。凡夫三惑俱備，雖有智慧，只是膚淺之分別，未能通達究竟；緣覺、聲聞破見思惑，得一切智；菩薩破見思惑、塵沙惑，得一切智及道種智；佛則三惑俱破，得一切智、道種智及一切種智三種智。

　　般若所產生之智慧，是經由內觀所產生之正見，是證得金剛性如來藏空性心而生起之實相智慧。龍樹菩薩造、後秦龜茲國三藏鳩摩羅什譯《大智度論·釋初品中般若波羅蜜》說明實相之義云：

> 諸菩薩從初發心求一切種智，於其中間知諸法實相慧，是般若波羅蜜。……菩薩行般若波羅蜜，是義捨一切觀，滅一切言語，離諸心行，從本以來不生不滅如涅槃相，一切諸法相亦如是。是名諸法實相。[589]

　　佛教之實相般若，是佛祖在菩提樹下體驗真理之智慧。唐·玄奘譯《大般若波羅蜜多經·示相品》世尊告具壽善現云：

> 甚深波羅蜜多是諸佛母，甚深波羅蜜多能示世間諸法實相。是故如來應正等覺，依法而住，供養、恭敬、尊重、讚歎、攝受、護持所依住

---

[589] 《大正藏》經 1509，卷 18，頁 190。

法。此法即是甚深波羅蜜多。[590]

後秦龜茲國三藏鳩摩羅什譯《摩訶般若波羅蜜經‧常啼品》亦云：

善男子，即當觀諸法實相。何等諸法實相？所謂一切法不垢不淨。何
以故？一切法自性空無，無人無我。一切法如幻、如夢、如響、如
影、如焰、如化。善男子，觀是諸法實相已，當隨法師。汝不久當成
就般若波羅蜜。[591]

此言觀諸法實相，可生離相心。知一切法不垢不淨，一切法自性空
無，一切法如幻、如夢、如響、如影、如焰、如化。其後隨法師行菩薩
道，就可以成就般若波羅蜜。般若為諸佛、菩薩之母。諸佛、菩薩所以能
解脫輪迴之苦，推論其根本原因，在於佛有大智慧。菩薩發菩提心，立宏
誓願，修菩薩行，方能功德圓滿。菩薩行即六度萬行，六度又以「般若」
為首。唐三藏法師玄奘譯《般若波羅蜜多心經》云：

三世諸佛，依般若波羅蜜多故，得阿耨多羅三藐三菩提。[592]

《般若心經》僅二百六十字，撮取《大般若波羅蜜經》之精華，言簡
意賅，包含全部般若之要旨。言三世諸佛，具有三世智慧者，可悟無上正
等正覺。後秦龜茲國三藏鳩摩羅什譯《妙法蓮華經‧方便品第二》云：

佛所成就第一希有難解之法，唯佛與佛乃能究竟諸法實相。所謂諸
法，如是相、如是性、如是體、如是力、如是作、如是因、如是緣、
如是果、如是報、如是本末究竟等。[593]

---

[590] 《大正藏》經 220，卷 443，頁 232。
[591] 《大正藏》經 223，卷 27，頁 416。
[592] 《大正藏》經 251，頁 848。
[593] 《大正藏》經 261，卷 1，頁 5。

　　此言佛陀能盡知究竟諸法實相。對實相中之性、體、力、因、緣、果、報等，皆能知其本末究竟。佛具有大智慧。智慧是諸法之母，能生一切法。佛能超越諸法，推知其本末。西晉月氏三藏竺法護譯《佛昇忉利天為母說法經》云：

> 天子！如來則從智慧度無極生。設人觀察、推其本末，過去、當來、現在諸佛，誰為母者？則當了知：智慧度無極，是其母也。[594]

　　此為佛告月氏天子，無極有無上、無等、無邊之意。佛陀從至高無上，廣大無邊之大智慧中出生。而此智慧，稱為般若智。印度龍樹菩薩造、後秦龜茲國三藏鳩摩羅什譯《大智度論・釋集散品》云：

> 般若者，秦言智慧。一切諸智慧中最為第一。無上無比無等，更無勝者。[595]

　　若論佛教之智慧，可依不同之經論，而有不同之看法。龍樹菩薩又將世間智慧分為三種。云：

> 世間三種智慧：一者世俗巧便，博識文藝，仁智禮敬等；二者離生智慧。所謂離欲界，乃至無所有處；三者出世間智慧。所謂離我及我所，諸漏盡聲聞、辟支佛智慧。般若波羅蜜為最殊勝，畢竟清淨、無所著故，為饒益一切眾生故。聲聞、辟支佛智慧，雖漏盡故清淨，無大慈悲，不能饒益一切故不如；何況世俗罪垢不淨、欺誑智慧。三種智慧不及是智慧故，名為般若波羅蜜。

　　此言世俗之三種智慧，以出世間智慧之般若波羅蜜為最殊勝。因為般若波羅蜜是畢竟清淨，無所著，而且饒益一切眾生故。北涼中印度三藏曇

---

[594]《大正藏》經 815，卷中，頁 792。
[595]《大正藏》經 1509，卷 43，頁 370。

無懺譯《優婆塞戒經‧般若波羅蜜品》將智慧分為三種，其云：

> 當知人能得智慧有三種，一從聞生，二從思生，三從修生。從字得
> 義，名從聞生；思維得義，名從思生；從修得義，名從修生。能讀如
> 來十二部經[596]，能除疑網，能讀一切世論世事，能善分別邪正之道，
> 是名智慧。能善分別十二部經，陰界入等因果字義，毘婆舍那舍摩他
> 相，上中下相，善惡無記，及四顛倒見道修道，能善分別如是等事。
> 是名智慧。[597]

此言智慧從聞、思、修三學而生。聞慧只是從文字得而已；思慧從思
維得，內心有所融通；修慧從禪定得，真理當下現前，其極致即般若空
智。若深入言之，尚須要能讀如來十二部經，能讀一切世論世事，能善分
別邪正之道，能善分別十二部經，陰界入等因果字義，毘婆舍那舍摩他
相，上中下相，善惡無記，及四顛倒見道修道，能善分別如是等事，方可
稱智慧。

上言聞、思、修為佛教求取智慧之過程，聞為第一階段。後漢安息國
三藏安世高譯《八大人覺經》云：

> 覺悟愚癡生死，菩薩常念，廣學多聞。增長智慧，成就辯才，教化一
> 切，悉以大樂。[598]

佛陀知十大弟子中，阿難多聞第一，獲得佛陀之讚歎。一個人之見聞
廣博，知識豐富，會產生偉大之心胸及客觀之態度。在待人處世上，比較
能得心應守。多聞之益。高齊天竺三藏那連提耶舍譯《月燈三昧經》中，
世尊告月光童子云：

---

[596] 依據《大乘義章》：十二部經是：1、修多羅，2、祇夜，3、和伽羅那，4、伽陀，5、憂
陀那，6、尼陀那，7、阿波陀那，8、伊帝越多伽，9、周陀伽，10、毘佛略，11、阿浮陀
達摩，12、優婆提舍等十二部經。
[597] 《大正藏》經1488，卷7，頁1075。
[598] 《大正藏》經779，頁715。

菩薩多聞，有十種利益。何等為十？一者知煩惱資助，二者清淨助，三者遠離疑惑，四者作正直見，五者遠離非道，六者安住正路，七者開甘露門，八者近佛菩提，九者與一切眾生而作光明，十者不畏惡道。[599]

菩薩多聞後，尚須進一步思惟推證，使知識融會貫通。隋天竺三藏闍那崛多共笈多譯《添品妙法蓮華經‧譬喻品》敘述舍利佛向佛言：「初聞佛法，遇便信受，思惟取證。」[600]可見舍利佛聽聞佛法之後，有作思惟取證之工夫。

無論修行者見聞之多寡，思惟是成佛必要之過程，其利益無量無邊。如學佛教小乘者，必須思惟四念處、十二因緣、五停心觀度[601]，能入於四禪八定，乃至於入滅盡定；學大乘者則思惟法常無性、生滅有無、捨離滅度、無餘涅槃等。宋天竺三藏求那跋陀羅譯《雜阿含經》云：

世尊告諸比丘。我憶宿命未成正覺時。獨一靜處，專精禪思。生如是念。世間難入所謂若生、若老、若病、若死、若遷、若受生。然諸眾生，生、老、死上及所依，不如實知。我作是念。何法有故生有？何法緣故生有？即正思惟。起無間等知。有有故生有，有緣故生有……即正思惟。如實無間等起知。取法味著、顧念、心縛、愛欲增長。彼愛有故取有，愛故緣取，取緣有，有緣生，生緣老病死憂悲惱苦。如是如是，純大苦聚集。[602]

此言世尊告諸比丘，當我憶宿命未成正覺之時，專精禪思之後。覺得世間很難深入理解生、老、病、死、遷、受生等輪迴觀念。必須正思維，在不斷從因緣、思維中，逐漸認知愛有故取有，愛故緣取，取緣有，有緣

[599]《大正藏》經639，卷6，頁549。
[600]《大正藏》經264，卷2，頁143。
[601]指不淨觀、慈悲觀、緣起觀、念佛觀、數息觀等五種停止、息滅心中煩惱魔障所修之觀想方法，又稱為五觀、五念、五停心、五度觀門等。
[602]《大正藏》經99，卷12，頁80。

生，生緣老病死憂悲惱苦，此皆是大苦聚集而成，亦即四聖諦苦集滅道中之集諦。古筠比丘德異撰《六祖大師法寶檀經‧般若第二》云：

> 善知識！智慧關照，內外明澈。識自本心，若識本心，即本解脫。若得解脫，即是般若三昧。般若三昧，即是無念。何名無念？若見一切法。心不染著，是為無念。[603]

此言萬法盡在自心，智慧識亦自本心。若識本心，即本解脫。若自性清淨，從自心關照，即得般若三昧。若見一切法，心不染著，即是無念。六祖惠能大師說弟子法海集錄《六祖大師法寶檀經‧定慧第四》又云：

> 善知識！我此法門，從上以來，先立無念為宗，無相為體，無住為本。無相者，於相而離相；無念者，於念無相者；無住者，人之本性。於世間善惡好醜，乃至冤之與親。言語觸刺欺爭之時，並將為空。不思酬害，念念之中。不思前境，若前念今念後念。念念相續不斷，名為繫縛。於諸法上，念念不住，即無縛也。此是以無住為本。[604]

此言定慧之法門，要以無念為宗，無相為體，無住為本。讓心中無念世間之善惡好醜，乃至冤之與親。不思酬害，不思前境，念念不住，即無束縛。從自性真如起念，不染萬境而，真性長自在，就能達到定、慧之境界。姚秦鳩摩羅什譯《法華經‧方便品》，佛告舍利弗，諸佛之說法云：

> 諸佛隨宜說法，意趣難解。所以者何？我以無數方便，種種因緣、譬喻、言辭，演說諸法。是法非思量、分別之所能解，唯有諸佛乃能知之。所以者何？諸佛世尊，唯以一大事因緣，故出現於世。舍利弗！云何名諸佛世尊唯以一大事因緣故出現於世？諸佛世尊，欲令眾生開佛知見，使得清淨，故出現於世；欲示眾生佛之知見，故出現於世；

---

[603] 《大正藏》經 2008，頁 351。
[604] 《大正藏》經 2008，頁 352。

欲令眾生入佛知見道，故出現於世。[605]

　　佛言有一大事之因緣，欲令眾生入佛知見道，出現於世。故用種種因緣、譬喻、言辭等方便法門，向眾生演說諸法，使得清淨。故唐・實叉難陀譯《華嚴經・須彌頂上偈讚品》云：「如來大智慧，希有無等倫。一切諸世間，思惟莫能及。」[606]

　　佛陀具有大智慧，其智慧已離一切相，故能知真如本性，凡夫妄取五蘊相，故聽佛陀說法，就如暗路之明燈，苦海之舟行。高齊天竺三藏那連提耶舍譯《月燈三昧經》世尊告月光童子云：

> 童子！菩薩摩訶薩行般若波羅蜜有十種利益，何等為十？一者一切悉捨不取施想；二者持戒不缺而不依戒；三者住於忍力而不住眾生想；四者行於精進而離身心，五者修禪而無所住；六者魔王波旬不能擾亂；七者於他言論其心不動；八者能達生死海底；九者於諸眾生起增上悲；十者不樂聲聞、辟支佛道。[607]

　　此言行菩薩摩訶薩行般若波羅蜜有十種利益，此利益與其五波羅蜜都能互補互利，但其中魔王波旬不能擾亂，能達生死海底，皆是菩薩摩訶薩成佛之重要法門。唐于闐國三藏實叉難陀譯《大方廣佛華嚴經・佛不思議法品》云：

> 佛子！諸佛世尊有十種知一切法盡無有餘。何等為十？所謂：知過去一切法盡，無有餘；知未來一切法盡無有餘；知現在一切法盡無有餘；知一切言語法盡無有餘；知一切世間道盡無有餘；知一切眾生心盡無有餘；知一切菩薩善根上、中、下種種分位盡無有餘；知一切佛圓滿智及諸善根不增不減盡無有餘；知一切法皆從緣起盡無有餘；知

---

[605] 《大正藏》經 262，卷 1，頁 7。
[606] 《大正藏》經 279，卷 16，頁 81。
[607] 《大正藏》經 639，卷 6，頁 585。

一切世界種盡無有餘；知一切法界中如因陀羅網諸差別事盡無有餘，
是為十。[608]

　　諸佛世尊有十種智慧，能知一切法盡無有餘，包括知過去、未來、現
在一切法，以及一切言語法、一切世間道、一切眾生心、一切菩薩善根、
一切佛圓滿智及諸善根、一切緣起、一切世界種、一切法界中如因陀羅網
諸差別事等。其智慧至高無上，若能恭敬尊重，歡喜供養，修諸功德，都
能獲無上福田，入真法界。

　　護法等菩薩造、三藏法師玄奘譯《成唯識論》將智分為四種，並言其
相應心品，其云：

> 云何四智相應心品？一、大圓鏡智相應心品：謂此心品，離諸分別。
> 所緣行相微細難知。不妄不愚一切境相。性相清淨，離諸雜染。純淨
> 圓德，現種依持。……如大圓鏡，現眾色像；二、平等性智相應心
> 品：謂此心品，觀一切法，自他有情，悉皆平等。大慈悲等，恒共相
> 應。隨諸有情所樂；……三、妙觀察智相應心品：謂此心品，善觀諸
> 法自相共相，無礙而轉。攝量總持之門及所發生功德珍寶。於大眾會
> 能現無邊作用差別，皆得自在。雨大法雨，斷一切疑；令諸有情，皆
> 獲利樂；四、成所作智相應心品：謂此心品，為欲利樂諸有情故，普
> 於十方示現種種變化三業，成本願力所應作事。四心品，雖皆遍能緣
> 一切法；而用有異。謂鏡智品，現自受用身淨土相，持無漏種。平等
> 智品，現他受用身淨土相。成事智品，能現變化身及土相。觀察智
> 品，觀察自他功能過失，雨大法雨，破諸疑網，利樂有情。如是等
> 門，差別多種。[609]

　　以上四智中，大圓鏡智由第八意識阿賴耶識轉化而得；平等性智由第
七末那識轉化而得；妙觀察智由第六意識轉化而得；成所作事智由前五識

---

[608] 《大正藏》經 279，卷 47，頁 248。
[609] 《大正藏》經 1595，卷 10，頁 56。

（眼、耳、鼻、舌、身）轉化而得。此四智相應心品，總攝佛地一切有為功德，雖皆能緣一切法，而用有異。鏡智品現自受用身淨土相，持無漏種；平等智品現他受用身淨土相，成事智品，能現變化身及土相；觀察智品，觀察自他功能過失，雨大法雨，破諸疑網，利樂有情。

　　智慧與慈悲並論，兩者是一體之兩面，智慧低者，慈悲心亦低；智慧廣大者，慈悲心亦廣大。東晉天竺三藏佛馱難陀譯《大方廣佛華嚴經·如來出現品》所云：

> 佛子！如來智慧，大藥王樹，亦復如是，以過去所發，成就一切智慧善法，普覆一切諸眾生界，除滅一切諸惡道苦，廣大悲願，而為其根，於一切如來真實智慧種性中生，堅固不動，善巧方便，以為其莖，遍法界智諸波羅蜜以為共枝，禪定解脫，諸大三昧，以為其葉。總持辯才，菩提分法，以為其華。究竟無變，諸佛解脫。以為其果。[610]

　　此以大藥王樹為譬喻，說明如來智慧。如來過去曾發悲願，以一切智慧善法，除滅眾生諸惡道苦為其根。如來真實智慧從種性中生，堅固不動，善巧方便為其莖。總持辯才為其華。諸佛解脫為其果。東晉天竺三藏佛馱難陀譯《大方廣佛華嚴經·離世間品》云：

> 有十種莊嚴道，何等為十？佛子！菩薩摩訶薩不離欲界，入色界無色戒禪定解脫。及諸三昧，一不因此而受彼生，視為第一莊嚴道；智慧現前，入聲聞道。不以此道而取出離，是為第二莊嚴道；智慧現前，入辟支佛道。而起大悲，無有休息。是為第三莊嚴道；雖有人天眷屬圍遶，百千采女歌舞侍從。未曾暫捨禪定解脫及諸三昧，是為第四莊嚴道；與一切眾生受諸欲樂共相娛樂，乃至未曾於一念間捨離菩薩平等三昧。是為第五莊嚴道；已到一切世間彼岸，於諸世法悉無所已。到一切世間彼岸，於世諸法，悉無所著，而亦不捨度眾生行。是為第

---

[610] 《大正藏》經 279，卷 50，頁 272。

六莊嚴道；安住正道正智正見，而能示入一切邪道。不取為實，不執為淨。令彼眾生遠離邪法，是為第七莊嚴道；常善護持如來淨戒，身語意業無諸過失。為欲教化犯戒眾生，示行一切凡愚之行。雖已具足清淨福德，住菩薩趣而示生。於一切地獄、畜生、餓鬼及諸險難、貧窮等處，令彼眾生皆得解脫。而實菩薩不生彼趣，是為第八莊嚴道；不由他教，得無礙辯。智慧光明，普能照了一切佛法。為一切如來神力所持，與一切諸佛同一法身。成就一切堅固大人明淨密法，安住一切平等諸乘。諸佛境界皆現其前。具足一切世智光明。照見一切諸眾生界。能為眾生作知法師，而示求正法未曾休息。雖實與眾生作無上師，而示行尊敬闍梨和尚。何以故？菩薩摩訶薩善巧方便住菩薩道，隨其所應，皆為示現・是為第九莊嚴道；善根具足，諸行究竟。一切如來所共灌頂，到一切法自在彼岸。無礙法繒，以冠其首，其身遍至一切世界，普現如來無礙之身，於法自在，最上究竟。轉於無礙清淨法輪，一切菩薩自在之法，皆已成就。而為眾生故，於一切國土，示現受生。與三世諸佛，同一境界。而不廢菩薩行，不捨菩薩法。不懈菩薩業，不離菩薩道。不弛菩薩儀，不斷菩薩取。不息菩薩巧方便，不絕菩薩所作事。不猒菩薩生成用，不止菩薩住持力。何以故？菩薩欲疾證阿耨多羅三藐三菩提，觀一切智門，修菩薩行無休息故，是為第十莊嚴道。若諸菩薩安住此法，則得如來無上大莊嚴道，亦不捨菩薩道。[611]

以上敘述菩薩具有智慧，得菩薩摩訶薩十種莊嚴道，而不捨菩薩道，就可證阿耨多羅三藐三菩提。若能安住此法，則得如來無上大莊嚴道，亦不捨菩薩道。

---

[611] 《大正藏》經 279，卷 57，頁 301。

六、儒家之誠信與佛教之正語

（一）儒家之誠信

儒家重視誠信，將誠信列為四教之一。《論語・述而篇》云：

> 子以四教：文、行、忠、信。[612]

孔子常以「信」教授弟子。東漢許慎《說文解字》云：「信，誠也，從人言。」又云：「誠，信也，從言成聲。」[613]誠與信二字，意義相近，自古常連用為誠信一辭。

儒家又將信列為五常之一，《尚書・泰誓篇下》云：

> 今商王受狎侮五常，荒怠弗敬，自絕於天。

此言商紂輕狎五常之教，大為怠惰，不敬天地神明，將自絕於天。唐・孔穎達疏云：

> 五常即五典，謂父義、母慈、兄友、弟恭、子孝。五者，人之常行。[614]

《漢書・董仲舒傳》云：

> 夫仁、誼（義）、禮、知（智）、信，五常之道，王者所當脩飭也。五者修飭，故受天之佑，而享鬼神之靈，德施於方外，延及羣生也。[615]

董仲舒言五常之道，即人倫中仁、誼（義）、禮、知（智）、信。此五常之道為王者所當修治之事。因為五倫為王道之基礎，行五倫可平治天

下。其中禮可享鬼神之靈佑，仁可德施於方外，擴延至天下生靈。

　　孔子認為君子亦應當做到誠信，《論語・子罕篇》云：「主忠信。」
[616]是指君子應做到忠誠信實。《禮記・儒行篇》云：

　　　　儒有不寶金石，而忠信以為寶。[617]

　　儒家重德行之修養，故不以金石為寶，而將忠信作為個人修養心性，
以及齊家治國之根本。推其原因，個人無忠信，無法立足於社會；國家無
誠信，將失去民心。《論語・顏淵篇》云：

　　　　子貢問政。子曰：「足食，足兵，民信之矣。」子貢曰：「必不得已
　　　　而去，於斯三者何先？」曰：「去兵。」子貢曰：「必不得已而去，
　　　　於斯二者何先？」曰：「去食。自古皆有死，民無信不立。」[618]

《論語・學而篇》亦云：

　　　　子曰：「道千乘之國：敬事而信，節用而愛人，使民以時。」[619]

　　孔子主張治理國家應以誠信為先，對人民之誠信，勝過足食、足兵，
當人民唾棄國家時，國家又如何屹立不搖呢？

　　誠信是誠實不欺，若推衍其義，誠信有言行一致、言合於義等意義。
《孟子・離婁篇下》云：

　　　　言無實不祥。不祥之實，蔽賢者當之。[620]

---

[616]　《論語注疏》，卷 9，頁 81。
[617]　《禮記注疏》，卷 59，頁 974。
[618]　《論語注疏》，卷 12，頁 107。
[619]　《論語注疏》，卷 1，頁 6。
[620]　《孟子注疏》，卷 8，頁 145。

此言若言語虛妄不實，不論是掩人之善或飾人之惡，皆屬不祥之事，必定會產生禍害；以奸巧之言辭掩蔽賢人，是最真實之不善，應承擔其禍害。

君子應言行一致，言出必行。《孟子‧盡心篇下》云：

> 浩生不害問曰：「樂正子，何人也？」孟子曰：「善人也，信人也。」「何謂善？何謂信？」曰：「可欲之謂善，有諸己之謂信。充實之謂美，充實而有光輝之謂大，大而化之之謂聖，聖而不可知之之謂神。」[621]

孟子說樂正子是善人，亦是信人。接著說明值得喜愛，稱為善，自己確實具有善，稱為信，善充實在身上，稱為美。既充實於身，又能發出光輝，稱為大。既大又能感化萬物，稱為聖。聖到達妙不可知，稱為神。由善、信、美、大、聖、神，是一個人之人格，由善、信到達聖、神之層次。但是，聖、神之人，仍要從內心之善與信著手。

若言語無誠心，不僅是小人，而且會為惡害人。《禮記‧緇衣篇》云：

> 可言也，不可行，君子弗言也；可行也，不可言，君子弗行也。則民言不危行，而行不危言矣。[622]

此言可以說但不可行之事，君子不說；可以行，但不可以說之事，君子不行。

因此，君子在化育人民之時，言不高於行，行不高於言。言行一致，是君子言行之原則。故《論語‧里仁篇》云：「古者言之不出，恥躬之不逮也。」[623]古人不輕易出言，怕做不到，反覺可恥。因此，必須謹言。

---

[621] 《孟子注疏》，卷 14，頁 254。
[622] 《禮記注疏》，卷 55，頁 929。
[623] 《論語注疏》，卷 4，頁 38。

《論語·憲問篇》云：「君子恥其言而過其行。」[624]君子言行一致，若言過其行，是可恥之事。《論語·憲問篇》云：「久要，不忘平生之言。」[625]與朋友有舊約，不可忘記平生說過之話。都是講言行一致之重要。《論語·衛靈公》云：

> 群居終日，言不及義，好行小慧，難矣哉！[626]

此言小人之言行，言語不合義理，行為只會耍小聰明，很難有所作為。因此，孔子非常厭惡小人之言行。因為小人常用言語傷害人，是不可原諒之行為。《論語·陽貨篇》云：

> 子貢問：「君子亦有惡乎？」子曰：「有惡。惡稱人之惡者，惡居下流而訕上者，惡勇而無禮者，惡果敢而窒者。」曰：「賜也亦有惡乎？」「惡徼以為知者，惡不孫以為勇者，惡訐以為直者。」[627]

此為孔子回答弟子子貢問君子所厭惡之事，其中「稱人之惡」，「居下流而訕上」是在言語上稱揚別人之缺點，居下位而訕謗上位之人。孔子深感厭惡。子貢所厭惡之事中，「訐以為直」，是揭發別人之短處，還自認為坦率，亦屬言語之惡。因此，《孟子·離婁下》云：「言人之不善，當如後患何？」[628]孟子認為詆毀別人之缺點，會招來被人懷恨報復之後患，不可不知。

儒家重視言語之道，是因為言語與個人、社會、國家之關係重大。《論語·子路篇》記載：

> 定公問：「一言而可以興邦，有諸？」孔子對曰：「言不可以若是其

---

[624] 《論語注疏》，卷 14，頁 128。
[625] 《論語注疏》，卷 14，頁 125。
[626] 《論語注疏》，卷 17，頁 158。
[627] 《論語注疏》，卷 15，頁 159。
[628] 《孟子注疏》，卷 8，頁 143-144。

幾也！人之言曰：『為君難，為臣不易。』如知為君之難也，不幾乎
一言而興邦乎？」曰：「一言而喪邦，有諸？」孔子對曰：「言不可
以若是其幾也！人之言曰：『予無樂乎為君，唯其言而莫予違也。』
如其善而莫之違也，不亦善乎？如不善而莫之違也，不幾乎一言而喪
邦乎？」[629]

　　孔子告訴魯定公，作君主很困難。有時一句話能興邦，一句話能喪
邦，言語要很謹慎。因為君主可號令天下，影響萬民。所以君主之言語，
關係到國家之興亡。《周易‧繫辭上》云：

君子居其室，出其言善，則千里之外應之。況其邇者乎？居其室，出
其言，不善則千里之外違之，況其邇者乎？言出乎身，加乎民；行發
乎邇，見乎遠。言行，君子之樞機，樞機，制動之主。樞機之發，榮
辱之主也。言行，君子之所以動天地，可不慎乎？[630]

　　此言君子即使居於室內，口出善言。千里外之人、事、物，亦遙相呼
應。言語實在是君子之樞機，榮辱之根本。一言一行之善惡，可以感動天
地，必須謹慎為之。《論語‧為政篇》云：

人而無信，不知其可也。大車無輗，小車無軏，其何以行之哉？[631]

　　孔子以大車、小車為喻，說明一個人沒有信用，就如大車缺少連接車
和牛之輗，小車缺少連接車和馬之軏，要如何行駛？《論語‧子路》云：
「君子於其言，無所苟而已矣。」[632]君子之言語，不可苟且隨便。
　　言語既是禍福之樞機，故正確信實之言語，能進德興邦，得千里外之
響應，在蠻貊之邦暢行無阻；若言行不慎，會造成莫大之災禍。《周易‧

---

[629]　《論語注疏》，卷 13，頁 117。
[630]　《周易注疏》，卷 7，頁 151。
[631]　《論語注疏》，卷 2，頁 19。
[632]　《論語注疏》，卷 13，頁 115。

繫辭上》孔子云：「亂之所生也，則言語以為階。」[633]《禮記‧大學》
云：「一言僨事，一人定國。」[634]不要看輕言語之力量，一個人說錯一句
話，可能敗壞國家大事，亦能安定國家。《禮記‧表記》云：「口惠而實
不至，怨菑及其身。」[635]口惠是善言，但說話不能信實，災害會集之於
身。亦是言此。

（二）佛教之正語

　　佛教有十善道，是佛教對世間善行之總稱。是由三種身業（不殺生、
不偷盜、不邪淫）、四種語業（不妄語、不惡口、不兩舌、不綺語）及三
種意業（不貪欲、不嗔恚、不邪見）所組成。其中四種語業，是「口」業
之實踐工夫，不妄語是不得對人妄言欺騙，不惡口是不可以惡言罵辱，不
兩舌是不可以挑撥離間，不綺語是不可說淫詞浮語，還要以善言勸勉、愛
語安慰，都與言語有關。

　　佛教講因果，有因方有果，而因由業而生，業有三種，身業、口業、
語業，又名三業。佛教修三業，是轉惡為善之關鍵。三業之中，以意業為
本，但意業做到完全清淨不容易。在意業未清淨前，必須在身業、口業上
多下工夫，三思而後言，三思而後行。

　　佛教戒律中有五戒，即不殺生、不偷盜、不邪淫、不妄語、不飲酒。
其四為不妄語。龍樹菩薩造、後秦龜茲國三藏鳩摩羅什譯《大智度論‧釋
初品中尸羅波羅蜜義》云：

> 妄語者，不淨心欲誑也。覆隱實，出異語，生口業，是名妄語。妄語
> 之罪從言聲相解生。若不相解，雖不實語，無妄語罪。……妄語之
> 人，先自誑身，然後誑人。以虛為實，以實為虛。虛實顛倒，不受善
> 法；譬如覆瓶覆盆，水不得入。妄語之人，心無慚愧，閉塞天道。[636]

---

[633] 《周易正義》，卷7，頁152。
[634] 《禮記注疏》，卷60，頁986。
[635] 《禮記注疏》，卷54，頁920。
[636] 《大正藏》經1509，卷13，頁157。

此言心存欺誑，口不實語，是心不清淨。將虛實顛倒，想欺騙別人，把事實之真相隱瞞，稱為覆隱實。口初不實之言，會生口業，稱為妄語。將真相遮蔽，說虛假之言，稱為出異語。先欺誑自己，再欺誑他人。顛倒虛實，不受善法。而且，心無慚愧，閉塞天道。後世將有大惡報，死墮地獄。《大智度論‧釋初品中尸羅波羅蜜義》又說明實語。云：

> 知實語之利甚廣，實語之利自從己出，甚為易得。是一切出家人利。如是功德。居家、出家人共有此利，善人之相。復次，實語之人，其心端直，易得免苦。[637]

實語自從自己之口發出，甚為容易做到。不論居家、出家之人，說實語具有功德之利，且內心端直，具善人之相。

要保持口業清淨，口說實語，必須做到正語。若引申言之，凡一切不實之語，皆屬妄言。北涼中印度三藏曇無懺譯《優婆塞戒經‧六波羅蜜品》云：

> 常修遠離瞋、恚之心，或時暫起，覺生愧悔。實語、軟語，遠離兩舌及無義語。[638]

此言佛弟子當修遠離瞋恚之心，即使是暫時升起，都要覺得愧悔。在口業上，應多說實語、軟語，遠離兩舌及無義之語。姚秦天竺三藏鳩摩羅什譯《金剛般波羅蜜經》亦云：

> 須菩提！如來是真語者、實語者、如語者、不誑語者、不異語者。[639]

此言如來是說真語者、實語者、如語者、不誑語者、不異語者。希望

---

[637] 同上注。

[638] 《大正藏》經 1488，卷 4，頁 1052。

[639] 《大正藏》經 235，頁 750。

眾生亦能常修遠離瞋恚之心，說實語、如語，不誑語，不異語。

佛教有八正道，又名八聖道。是八種通向涅槃解脫之正確方法，亦是眾生從迷到悟，從此岸到彼岸之途徑。宋天竺三藏求那跋陀譯《雜阿含經》世尊告諸比丘云：

> 我當今說修八聖道，諦聽善思。何等為修八聖道？是比丘，修正見，依遠離，依無欲，依滅，向於捨，修正志、正語、正業、正命、正方便、正念、正定。依無欲，依滅，向於捨，是名修八聖道。[640]

此言八聖道中，第三為正語。正語是正當之語言，又稱實語。對於實語、妄語，《沙彌律儀要略述義》以甘露、毒藥比喻，說明妄語自不利，亦不利他人。西明寺沙門釋道世集《諸經要略·妄語緣》云：

> 惟夫稟形人世，逢斯穢濁之時，受質偽身，恆在虛詐之境。所以妄想虛構，惑倒交懷。違心背禮，出語皆虛。誑惑前人，令他妄解。致使萬苦交纏，百憂總萃。種虛妄之因，感得輕賤之報。地獄重苦，更加湯炭。迷法亂真，實由妄語也。[641]

此言妄語誑惑於人，令人妄解。致使萬苦交纏，百憂總萃。將受地獄重苦。《諸經要略·妄語緣》又引《禪秘要經》，說明妄語之人，命終後，將受無邊苦痛。其云：

> 此妄語人，命終之後，疾於電雨，必定當墮阿鼻地獄，壽命一劫。從地獄出，墮惡鬼中，八千歲時，噉熱鐵丸，從惡鬼出，墮畜生中。身恆負重，死復剝皮，經五百身。還生人中，聾盲瘖啞，癃殘百病，以為衣服。如是經苦，不可具說。[642]

---

[640] 《大正藏》經 99，卷 28，頁 1052。
[641] 《大正藏》經 2123，卷 14，頁 135。
[642] 同上注。

　　佛說人若能正語，則來世可獲得莊嚴端正之相貌，尤其牙齒可長得白淨而齊密。此外說話聲音美好，為人信受，口氣香好，為人所愛，不受無禮之誹謗攻擊。

　　反之，說妄語人，命終之後，必定當墮阿鼻地獄，壽命一劫。從地獄出，墮入惡鬼道中，八千歲時，吃熱鐵丸。再從惡鬼道出，墮入畜生道中。身上常負重物，死後又被剝皮，經五百身之後。才會回生人中。但聾盲瘖啞，癃殘百病，經歷諸多之苦。北涼中印度三藏曇無懺譯《優婆塞戒經‧修三十二相品》云：

> 為菩薩時，終不欺誑一切賢聖、父母、師長、善友知識，是故次得手過膝相。得是相已，次得象王馬王藏相。何以故？為菩薩時，於無量世，見怖畏者能為救護，心生慚愧，不說他過善覆人罪，是故次得象馬藏相。……為菩薩時，善能分別善不善相，言無錯謬，不說無義，可受之法口常宣說，不可受者不妄宣傳，是故次得缺骨滿相。得是相已，次得二相：一者上身，二者頰車，皆如師子。何以故？為菩薩時，於無量世，自無兩舌，教他不為，是故次得如是二相。得是相已，次得三相：一四十齒，二白淨相，三齊密相。何以故？為菩薩時，於無量世，以十善法教化眾生，眾生受已，心生歡喜，常樂稱揚他人功德，是故次得如是三相。……次得梵音相，何以故？為菩薩時，於無量世，自不惡口，教他不為，是故次得梵音聲相。[643]

　　此言菩薩能得三十二相，其中許多與不妄言有關，如不欺誑、不說他過、言無錯謬，不說無義之言，口常宣說可受之法，不可受者不妄宣傳不可受之法，自無兩舌。稱揚他人功德，自己不惡口等，皆是言語上之美好，故得象王馬王藏相、象馬藏相、缺骨滿相、四十齒白淨相、齊密相、梵音相、梵音聲相等。後漢安息國三臟安世高譯《佛說分別善惡所起經》云：

---

[643]　《大正藏》經 1488，卷 1，頁 1039-1040。

佛言：人於世間，不兩舌讒人。不惡口，妄言綺語。自貢高，誹謗聖道、嫉賢妬能、啤呰高才，從是得五惡。何等五？一者多怨憎；二者自欺身，亦從是人皆不信；三者數逢非禍；四者入太山地獄中，太山地獄中，有鬼從人項拔其舌，若以燒鐵鉤其舌斷，若以燒鐵根撐其咽，欲死不得，欲生不得，不能語言，如是數千萬歲；五者從地獄中來出，為人惡口，齒或兔缺，彌筋謇吃重言，或瘖瘂不能言語。今見有是曹人，皆故世宿命兩舌讒人，誹謗聖道所致也。如是分明，亦可慎惡口！[644]

佛陀說明人在世間，若兩舌讒人，惡口妄言綺語，會得五大惡報。而且惡口之人，齒或兔缺，瘖瘂不能言語。故慎莫兩舌讒人，誹謗聖道，以免招來諸多惡報。北涼中印度三藏曇無懺譯《優婆塞戒經·受戒品》云：

善男子！若復有人，樂於妄語。世人現得惡口惡色，所言雖實，人不信受，眾皆憎惡，不喜見之，是名現世惡業之報，捨此身已，入於地獄，受大苦楚，飢渴熱惱，是名後世惡業之報。若得人身，口不具足。所說雖實，人不信受，見者不樂。雖說正法，人不樂聞。是一惡人因緣力故，外物一切資產減少。[645]

此言不受五戒而妄語者，會惡口惡色，得現世惡業之報；死後入於地獄，受大苦楚，饑渴熱惱。同時受現世惡業之報，及受後世惡業之報。《佛說四自侵經》第一輯云：

諦觀一切擾擾紜紜，但諍咽喉不急之事，禍從口出，千殃萬罪，還自纏繞。或相害傷，忿怒成仇，皆由貪起，競諍利欲。群迷雷同，不識道義之真俗偽之惑，老死忽至，不得自由。仁賢知者，若能曉了，財

[644] 《大正藏》經729，卷1，頁518。
[645] 《大正藏》經1488，卷3，頁1048。

物非常，忽若風雨暴至、如電、如夢幻、化野馬。[646]

此言禍從口出，會有千殃萬罪，纏繞自身。切莫因貪念，而失去道義，或相害傷，忿怒成仇，遭來口業。《法句經》云：

> 言語品者，所以戒口發說談論，當用道理。惡言罵詈，憍陵蔑人，興
> 起是行，疾怨滋生。遜言順辭，尊敬於人。棄結忍惡，疾怨自滅。夫
> 士之生，斧在口中。所以斬身，由其惡言。[647]

此言發言談論，當用道理。惡言罵詈，疾怨滋生。尊敬於人，疾怨自滅。士出惡言，初生之時，如斧在口中，會斬害自身。粗言惡說，會輪轉三塗，苦惱無量。可知不攝口業，會對自己有重大之影響，不僅有現世報，還會有來世報，不可不慎。

七、儒家之勤奮與佛教之精進

（一）儒家之勤奮

儒家重視勤奮，是鼓勵身體力行，而不空談理論。尤其是立身處世之道，以及倫常之修養，都要切實踐履，才能獲得成果。

孔子《論語·述而篇》記載楚國大夫葉公問子貢有關孔子之為人，子貢並未回答，回去告訴孔子。其云：

> 孔子曰：「女奚不曰：『其為人也，發憤忘食，樂以忘憂，不知老之
> 將至云爾』。」[648]

孔子向子貢說，汝何不說孔子之為人，發憤勤學，甚至忘記飲食。當

---

[646] 《大正藏》經 736，頁 538。
[647] 《大正藏》經 210，頁 561。
[648] 《論語注疏》，卷 7，頁 62。

學有所悟時，快樂得忘記飲食。不知自己已將年老。《論語・述而篇》中，孔子曾自稱：「我非生而知之者，好古敏以求之者也。」可知孔子在學問之追求上，並非生而知之，只是篤好古道，勤敏地探求學問而已。

孔子弟子亦勤奮不懈，孔子曾讚美弟子顏淵好學。《論語・子罕篇》記載：「語之而不惰者，其回也與？」[649]《論語・子罕篇》記載：

> 子謂顏淵，曰「惜乎，吾見其進也，未見其止也。」[650]

孔子說顏淵有好學不倦之精神，看到他力求進步，而不停止。《論語・學而篇》記載：

> 曾子曰：「吾日三省吾身：為人謀而不忠乎？與朋友交而不信乎？傳不習乎？」[651]

此言孔子弟子曾參，每日以三事自省，為他人謀事，是否做到真誠？交友之時，是否做到誠信？老師傳授之學業，學習上，是否時常溫習？由此可知曾子之勤勉不懈。《論語・公冶篇》云：

> 子路有聞，未之能行，唯恐有聞。[652]

子路在孔門弟子中，最勇猛精進，聽聞孔子之說，如未能實踐，唯恐又聽聞其他之道理，會來不及踐行。

孔子在言語中，時常勉勵弟子，實踐聖賢之道理。《論語・憲問篇》云：「君子恥其言而過其行。」[653]孔子告訴弟子，君子必須言行一致。若言語浮誇不實，應該感到可恥。

---

[649] 《論語注疏》，卷9，頁80。
[650] 《論語注疏》，卷9，頁80。
[651] 《論語注疏》，卷1，頁6。
[652] 《論語注疏》，卷5，頁44。
[653] 《論語注疏》，卷14，頁128。

　　孔、孟二人，在春秋、戰國之亂世，皆曾遊歷列國，尋求能被重用，以發展抱負。孔子想實現文武之道，制禮作樂，再回到西周初年之太平盛世。孟子則想實現王道之政治，以仁義道德治國，達到天下統一。而堯、舜、禹、湯、文、武，都是孔、孟取法之聖王。

　　儒家追求聖道，是指堯、舜、禹、湯、文、武等聖王。孔、孟並非聖王，無法實現理想。故孟子認為：實踐聖道，雖難如登天。可勤勉以及也。《孟子・盡心篇上》云：

> 道則高矣美矣！宜若登天然，似不可及也。何不使彼為可幾及，而日孳孳也？[654]

　　此言聖人之道高且美，似乎如登天一般。其實不然，可以日日自勉，精勤以及之。

　　儒家不僅個人修身而已，還要經世濟民，為天下百姓謀幸福。《論語・憲問篇》云：

> 子路問君子。子曰：「脩己以敬。」曰：「如斯而已乎？」曰：「脩己以安人。」曰：「如斯而已乎？」曰：「脩己以安百姓。修己以安百姓，堯舜其猶病諸！」[655]

　　孔子認為君子應該以誠敬之心修身，還要安定天下百姓。此目標連堯、舜還憂慮做不到，君子更應以精勤之心，全力以赴。

　　前言君子往聖賢之目標邁進，除以精勤為之外，應以何種態度面對？首須有恆。有恆即《周易・乾卦》所言之自強不息。《周易・恆卦》象辭所言之久於其道。既言有恆，即須自強不息，鍥而不舍，長久以行之。《論語・子罕》云：

---

[654] 《孟子注疏》，卷 13，頁 243。
[655] 《論語注疏》，卷 14，頁 131。

譬如為山，未成一簣，止，吾止也；譬如平地，雖覆一簣，進，吾往也。[656]

勤奮必須以恆心與毅力克服。因此，成功絕無倖致，不可一曝十寒，或功虧一簣。《孟子‧盡心》云：

有為者，辟若掘井。掘井九軔而不及泉，猶為棄井也。[657]

有恆是一種恆久不懈之努力，若無精勤之心，將無法成功。《論語‧子罕篇》云：

子曰：「苗而不秀者有矣夫！秀而不實者有矣夫！」[658]

孔子以種稻、麥等莊稼為喻，有些幼苗能成長，卻不能吐穗揚花；有些能吐穗揚花，卻不能結成果實。說明不論進德立業，都須精進不懈，方能成功。半途而廢，將如苗而不秀，或秀而不實，無法開花結果。

沒有恆心，將無法成聖成賢，連巫、醫都無資格。《論語‧子路篇》云：「人而無恆，不可以作巫醫。」[659]孔子認為巫醫為人治病，亦須有恆之人。甚至如《周易‧恆卦九三》云：「不恆其德，或承之羞，貞吝。」王弼注云：

德既无恆，自相違錯，不足問其事理，故明其羞辱之深。[660]

沒有恆心之人，自己違背信諾。造成錯失，將受人羞辱。故《禮記‧中庸》勉人精勤努力，要有「人一己百，人十己千」之心志，勇往直前，

---

[656] 《論語注疏》，卷9，頁80。
[657] 《孟子注疏》，卷13，頁239。
[658] 《論語注疏》，卷9，頁80。
[659] 《論語注疏》，卷13，頁119。
[660] 《周易正義》，卷4，頁84。

定能成功。其云：

> 有弗學，學之弗能，弗措也；有弗問，問之弗知，弗措也；有弗思，
> 思之弗得，弗措也；有弗辨，辨之弗明，弗措也；有弗行，行之弗
> 篤，弗措也。人一能之，己百之；人十能之，己千之。果能此道矣，
> 雖愚必明，雖柔必強。[661]

　　不論學、問、思、辨、行，皆須精勤學習，求教他人，做到徹底明白
為止。如能比別人高出百倍之努力，即使愚昧之人，亦能徹底明白；雖是
柔弱之人，必定變得堅強。

　　有恆必須靠長久之時間，持續不斷地努力。此累積之功，亦不可小
覷。所謂積漸之功，將積小成為大成。《周易・繫辭上》云：

> 善不積不足以成名，惡不積不足以滅身。小人以小善為無益而弗為
> 也，以小惡為無傷而弗去也。故惡積而不可揜，罪大而不可解。[662]

　　此言積善可以成名，積惡足以滅身。君子忽小善而不為，不足以成君
子；小人忽小惡而不去，待小惡積為大惡時，將滅其身而不可化解。可見
善惡亦須平日累積而成。《周易・坤卦文言》云：

> 積善之家，必有餘慶；積不善之家，必有餘殃。臣弒其君，子弒其
> 父，非一朝一夕之故，其所由來者漸矣。[663]

　　一國有臣弒其君，子弒其父之事，非一朝一夕所造成，是社會風氣敗
壞已久，政治貪窳已久所致，故不論家國，應有良好之環境，方有忠臣孝
子。《荀子・勸學篇》云：

---

[661] 《禮記注疏》，卷53，頁894。
[662] 《周易注疏》，卷7，頁170。
[663] 《周易正義》，卷1，頁20。

> 積土成山，風雨興焉；積水成淵，蛟龍生焉；積善成德，而神明自
> 得，聖心備焉。故不積跬步，無以致千里；不積小流，無以成江海。
> 騏驥一躍，不能十步；駑馬十駕，功在不舍。……真積力久則入，學
> 至乎沒而後止也。[664]

　　荀子認為為學要有積漸之功，荀子取積土成山，積水成淵，積善成德
為喻。為學亦要終身行之。只要認真力行，長久之後，自然有所收穫。

　　如有精勤之心，尚須循序漸進，不可躐等以求。也就是說，儒家之聖
道，歷經無數聖賢之努力，已有豐碩之成果。欲追隨前人，繼續前進，就
須從修身到齊家、治國、平天下，按部就班而行，自然有成。《孟子・盡
心篇上》，孟子以水作比喻，云：

> 流水之為物也，不盈科不行；君子之志於道也，不成章不達。[665]

　　流水不把低坑灌滿，就不會繼續向前流動。君子立志追求聖賢之道，
不日積月累，使文采外顯，就不能通達其道。《孟子・離婁篇下》亦云：

> 源泉混混，不舍晝夜，盈科而後進，放乎四海。有本者如是，是之取
> 爾。[666]

　　此處孟子又以水為喻，說明有源頭之水，流滿低坑之後，再繼續奔
流，可以一直奔流到大海。學習聖賢之道，亦在有根基。日積月累，循序
漸進，就能有所成就。

　　精勤之道，還要專一不亂，方能有成。孟子以弈棋為喻，說明專心致
志之重要。《孟子・告子篇上》云：

---

[664] 《荀子集解》，卷1，頁4-5。
[665] 《孟子注疏》，卷13，頁238。
[666] 《孟子注疏》，卷8，頁145。

今夫弈之為數，小數也。不專心致志，則不得也。弈秋，通國之善弈
者也。使弈秋誨二人弈，其一人專心致志，惟弈秋之為聽。一人雖聽
之，一心以為有鴻鵠將至，思援弓繳而射之；雖與之俱學，弗若之
矣。為是其智弗若與？曰：非然也。[667]

弈棋雖是小技藝，若不專心致志，還是學不會。如弈秋是善弈之人，
假如使弈秋誨二人學弈，其一人專心致志，另一人則思援弓繳而射鴻鵠，
誰能學好棋藝，可想而知，與智能無關。《荀子・勸學篇》亦云：

行衢道者不至，事兩君者不容。目不能兩視而明，耳不能兩聽而聰。
螣蛇無足而飛，梧鼠五技[668]而窮。《詩》曰：「屍鳩在桑，其子七
兮。淑人君子，其儀一兮。其儀一兮，心如結兮。」故君子結于一
也。[669]

荀子認為走在歧路上，會達不到目的地；同時事奉兩位君主，雙方都
不容納他；眼不能同時看兩物而看得明白，耳不能同時聽兩音而聽得清
楚；螣蛇無足能飛，是專一所致，梧鼠有五技而不專精，故有窮困之時。
故君子貴能專一。

一味講求精勤，長久之後，會有精神疲累，心力交瘁之虞，故孔、孟
皆提醒為人處世，應講求中道，順其自然，不可勉強。《論語・子路篇》
云：

子夏為莒父宰，問政。子曰：「無欲速，無見小利。欲速，則不達；
見小利，則大事不成。」[670]

---

[667]《孟子注疏》，卷 14，頁 201。
[668] 楊倞注：「梧鼠當為鼫鼠，蓋本誤為鼫字，傳寫又誤為梧耳……五技謂能飛不能上屋，能
　　 緣不能窮木，能遊不能渡谷，能穴不能掩身，能走不能先人。」
[669]《荀子集解》，卷 1，頁 5。
[670]《論語注疏》，卷 14，頁 118。

孔子告訴子夏，為政操之過急，就不能達到目的；只顧眼前小利，就不能成就大事。《孟子‧盡心篇上》亦云：「其進銳者，其退速。」[671]又《孟子‧公孫丑篇上》，孟子自述培養浩然之氣時，不能揠苗助長：

> 「敢問何謂浩然之氣？」曰：「難言也。其為氣也，至大至剛，以直養而無害，則塞於天地之間。其為氣也，配義與道；無是，餒也。是集義所生者，非義襲而取之也；行有不慊於心，則餒矣。我故曰告子未嘗知義，以其外之也。必有事焉而勿正，心勿忘，勿助長也。」[672]

揠苗助長，不僅無益於培養浩然之氣，且有危害。可見任何事物，必須順其自然，以中道為之。

儒家精勤之目標，是成為聖賢。成聖之後，要親愛人民，安定國家，兼善天下。然而廣土眾民，國事紛繁，非一時可以安天下，必須鞠躬盡瘁，死而後已。《列子‧天瑞篇》云：

> 子貢倦於學，告仲尼曰：「願有所息，」仲尼曰：「生無所息。」子貢曰：「然則賜息無所乎？」仲尼曰：「有焉耳，望其壙，睪如也，宰如也，墳如也，鬲如也，則知所息矣。」子貢曰：「大哉死乎！君子息焉，小人伏焉。」仲尼曰：「賜！汝知之矣。人胥知生之樂，未知生之苦；知老之憊，未知老之佚；知死之惡，未知死之息也。」[673]

《列子》雖為道家典籍，亦記載儒家孔門之事。孔子弟子子貢對讀書感到倦怠，告訴孔子想休息。孔子告訴子貢，生命須無所止息。役肢體，亦無所休息。孔子又告訴子貢：「當看到墳地如高壤，如長冢，如堤防、如鼎釜，就知道死亡才是生命休息之時。」子貢說：「死亡是一件大事啊！君子樂天知命，知死可以離憂去苦，將死視為休息；小人則無奈而伏

---

[671] 《孟子注疏》，卷 14，頁 243。
[672] 《孟子注疏》，卷 3，頁 54-55。
[673] 《列子集釋》，卷 1，頁 26。

命。」孔子又說：「人都知生之樂，而不知生之苦；都知老之疲憊，而不知老之安佚；都知死之厭惡，而不知死之休息。」由上可知，孔子一生皆如君子，以勤奮不休之精神，向人生之理想邁進；子貢欲休息時，孔子勉其樂天知命，泰然以待。

（二）佛教之精進

　　佛教之精進心為修菩薩六波羅蜜之一，也可說是六種成佛方法之一，六波羅蜜包括布施、持戒、忍辱、精進、禪定、智慧六項。精進為其中之一。其意有勤勞、勤奮之義。護法等菩薩造、三藏法師玄奘譯《成唯識論》云：

　　　　勤謂精進，於善惡品修斷事中，勇悍為性，對治懈怠，滿善為業。[674]

　　此言精進是對於善事，要以勇猛強悍之心行之。對於惡事，要克制自己懈怠之心，做到圓滿完善為止。

　　由於精進是對善業之堅猛不捨，會產生一種向上之力量，且具備勇敢無懼之特質。故後漢安息國三藏安世高譯《佛說八大人覺經》第四覺知，云：「常行精進，破煩惱惡。」[675]就是要學佛者不可懈怠墮落，以精進破除諸煩惱惡，摧伏四魔出陰界獄。故精進不僅是六度之一，也是八正道之一、大善地法之一。

　　天竺三藏菩提燈譯《占察善惡業報經》中，佛請地藏王菩薩開導眾生，以占察木輪相法，修學信解，疾入菩薩種性。並從唯心識觀，解般若波羅蜜多，修得一行三昧，成廣大微妙行心。再從深解法性，照見五蘊皆空，知如來業無造無作，離分別妄想心，知生死即涅槃，生如幻、如夢，依止於如來一實境界，起般若佛智，證得法身恆清涼不變異，功德圓滿之法，故成佛。由此可知，若能依「信、解、行、證。」之次序修持，[676]是眾生成佛必經之過程。

674　《大正藏》經 1585，卷 6，頁 30。
675　《大正藏》經 779，頁 715。
676　《大正藏》經 839，頁 901-909。

　　成佛是一種境界，雖是無形無相，但是可以具體實踐。要用修行實證，才能精進身心，成就一切善法。佛陀之一生，就具有實踐之精神。佛陀在未悟道前，先在雪山苦行六年，往往日食一麻一米，晝夜坐禪，思維真理。最後在菩提樹下苦思四十九天，終於大徹大悟。悟道之後，又連續二十一日，不起於坐，為諸大菩薩及天龍八部，開演《華嚴經》。其後遍遊印度半島，說無數經典，普渡眾生。臨涅槃前一刻，猶為梵志須跋說法。其自度度人之行為，充分顯示其教學不倦之精神。

　　佛陀弟子亦是如此，如阿那律尊者因懈怠貪睡，而被佛陀呵責。後來精進修行，雙目失明，卻因而修得天眼通。又大迦葉尊者修習苦行，日中一食，樹下塚間過夜，被佛讚為苦行第一，列為上首，最後傳承佛陀衣缽。

　　精進之利益，可以總說，可以分說。若總說之，北涼中印度三藏曇無懺譯《優婆塞戒經‧毘黎耶波羅蜜品》所說最為扼要。其云：

> 若善男子！善女人！已生惡法，為欲壞之。未生惡法，為遮不起；未生善法，為令速生。已生善法，為令增廣。勤修精進，是名精進。如是精進，即是修行六波羅蜜之正因也。是勤精進，能脫一切諸煩惱界。[677]

　　此言世尊告訴善生，必須勤修精進。以壞惡法，速生善法。脫離一切諸煩惱界，即是修行六波羅蜜之正因。又盧樹菩薩造、後秦鳩摩羅什譯《大智度論‧毘黎耶波羅蜜義》對精進之利益，亦有精闢之論述。其云：

> 問曰：「菩薩觀精進有何利益，而懃修不懈？」答曰：「一切今世、後世道德利益，皆由精進得。復次，若人欲自度身，尚當懃急精進，何況菩薩誓願欲度一切，如讚精進偈中說：有人不惜身，智慧心決定，如法行精進，所求事無難！如農夫懃修，所收必豐實；亦如涉遠

---

[677] 《大正藏》經 1488，卷 7，頁 1073。

路，勤行必能達。若得生天上，及得涅槃樂，如是之因緣，皆由精進
力。……復次，精進法是一切善之根本，能出生一切諸道法，乃至阿
耨多羅三藐三菩提，何況小利？如毗尼中說：一切諸善法，乃至阿耨
多羅三藐三菩提，皆從精進不放逸生。」[678]

此言精進法是一切善之根本。能生出一切諸道法，乃至阿耨多羅三藐
三菩提。一切今世、後世之道德利益，皆由精進獲得。並謂精進如農夫勤
修，所收必定豐實；若得生天上，及得涅槃樂，皆從精進不放逸生。

若分說之，高齊天竺三藏那連提耶舍譯《月燈三昧經》，以為菩薩精
進有十種利益，其云：

菩薩精進有十種利益。何等為十？一者他不折伏，二者得佛所攝，三
者為非人所護，四者聞法不忘，五者未聞能聞，六者增長辯才，七者
得三昧性，八者少病少惱，九者隨所得食，食已能消，十者如憂缽羅
華，不同於杵。[679]

此言修行精進，心不放逸。不僅可以聞法不忘，增長辯才，得三昧
性，得佛所攝。還能少病少惱，得三昧性。于闐國三藏實叉難陀譯《華嚴
經·菩薩問明品》中，勤首菩薩以偈頌答文殊師利菩薩云：

佛子善諦聽，我今如實答。或有速解脫，或有難出離。若欲求除滅，無
量諸過惡。當於佛法中，勇猛常精進。譬如微少火，樵濕速令滅。於佛
教法中。懈怠者亦然。如鑽燧求火，未出而數息，火勢隨止滅。[680]

此言諸眾生若欲速解脫，或有難出離之時。若欲求除滅無量過惡，應
勇猛精進，不可懈怠。有如鑽燧求火，須不斷燃燒，不可令火止滅。又東

<hr>

[678] 《大正藏》經 1509，卷 15，頁 173。
[679] 《大正藏》經 639，卷 6，頁 584。
[680] 《大正藏》經 279，卷 13，頁 67。

晉瞿曇僧伽提婆譯《增一阿含經》云：

> 爾時，世尊告諸比丘：「若有人懈惰，種不善行，於事有損。若能不
> 懈惰精進者，此者最妙，於諸善法，便有增益。所以然者，彌勒菩薩
> 經三十劫應當作佛至真等正覺，我以精進力、勇猛之心，使彌勒在
> 後。」[681]

此言若有人不懈惰精進，於諸善法便有增益。我以精進力、勇猛之
心，使彌勒在後。後秦龜茲國三藏法師鳩摩羅什譯《法華經・序品》中，
亦記述文殊師利以偈言說彌勒佛精進成佛之事。其云：

> 最後天中天，號曰燃燈佛。諸仙之導師，度脫無量眾。是妙光法師，
> 時有一弟子。心常懷懈怠，貪著於名利。求名利無厭，多遊族姓家。
> 棄捨所習誦，廢忘不通利。以是因緣故，號之為求名。亦行眾善業，
> 得見無數佛。供養於諸佛，隨順行大道。具六波羅蜜，今見釋師子。
> 其後當作佛，號名曰彌勒。廣度諸眾生，其數無有量。[682]

此言彌勒佛廣具六波羅蜜，行眾善業，供養於諸佛。成佛之後，廣度
眾生，其數無有量。可知佛教精進之目標是成佛，成佛是人格圓滿之境
界。欲達此境界，必須勤修各種法門。罽賓國三藏般若譯《大方廣佛華嚴
經・入不思議境界普賢行願品》云：

> 爾時，普賢菩薩摩訶薩，稱讚如來勝功德已，告諸菩薩及善財言：
> 「善男子！如來功德，假使十方一切諸佛，經不可說不可說佛剎極微
> 塵數劫，相續演說，不可窮盡！若欲成就此功德門，應修十種廣大行
> 願。何等為十？一者禮敬諸佛，二者稱讚如來，三者廣修供養，四者
> 懺悔業障，五者隨喜功德，六者請轉法輪，七者請佛住世，八者常隨

---

[681] 《大正藏》經 125，卷 11，頁 600。
[682] 《大正藏》經 262，卷 1，頁 5。

佛學，九者恆順眾生，十者普皆迴向。且此十大願，永無止息。眾生
界盡，眾生業盡，眾生煩惱盡。而十大願王，無有窮盡。」[683]

此言普賢菩薩稱讚如來勝功德，並稱欲成就此功德門，應修十種廣大
行願。如果確實去做，可以使眾生界盡、眾生業盡、眾生煩惱盡。修此十
種廣大行願，就是行菩薩道，成就華嚴世界。于闐國三藏實叉難陀譯《大
方廣佛華嚴經·離世間品》有更具體說明大菩薩有十種勤精進，其云：

佛子！菩薩摩訶薩有十種勤精進。何等為十？所謂教化一切眾生勤精
進，深入一切法勤精進、嚴淨一切世界勤精進、修行一切菩薩所學勤
精進、滅除一切眾生惡勤精進、止息一切三惡道苦勤精進、摧破一切
眾魔勤精進、願為一切眾生作清淨眼勤精進、供養一切諸佛勤精進、
令一切如來皆悉歡喜勤精進，是為十。[684]

佛教修行之法，有六度萬行。若總而言之，不外二門。一者自覺，二
者覺他。在精進之過程中，首要方向正確。其方法是以正見引導。八正道
中，以正見為首。北涼中印度三藏曇無讖譯《優婆塞戒經·毘黎耶波羅蜜
品》云：

精進二種，一正一邪。菩薩遠離邪精進已，修正精進。修信施戒聞慧
慈悲，名正精進。[685]

此言菩薩修信、施、戒、聞、慧、慈悲，名正精進，修正精進，不可
懈怠。應自讀誦書寫十二部經，供養父母師長有德之人，遠離貪、恚、
癡，並轉化眾生，令調伏者亦悉名正精進。其次要精進不息。後秦龜茲國
三藏法師鳩摩羅什譯《法華經·序品》彌勒菩薩以偈問云：

[683]《大正藏》經 293，卷 40，頁 844。
[684]《大正藏》經 279，卷 56，頁 280。
[685]《大正藏》經 1488，卷 7，頁 1073。

> 又見佛子，未嘗睡眠。經行林中，懃求佛道。[686]

此言世尊見佛子精進修行，於林中經行，未嘗睡眠。後秦龜茲國三藏法師鳩摩羅什譯《持世經》云：

> 大意山王佛知此二王子身心所願，而為廣說是五陰、十二入、十八性菩薩方便經，於四萬歲中，終不睡眠。常不滿腹食，亦不傾臥，若坐、若經行。又於四萬歲中，不念餘事，但念五受陰虛妄空相。……時有菩薩，名曰寶光，聞是陰界入緣四念處、五根、八正道，分世間出世間，有為無為法方便，即時發於精進。二十億歲，終不生惡心。若貪欲、若瞋恚、若愚癡、若利養、若飲食、衣缽，但為入如是法方便門，常勤精進。[687]

此舉大意山王二王子，無量意、無量力二菩薩。於四萬歲中，終不睡眠，後其智如海，得阿耨三藐三菩提，次第成佛，一名無量光，一名無量音；寶光菩薩精進十二億歲，得諸法實相，度脫無量無邊眾生，得阿耨三藐三菩提，成寶光菩薩。又後漢月支沙門支婁迦讖譯《雜譬喻經》第一卷云：

> 天帝言：「波羅柰國有一人作沙門，自誓言：『當經行仿佯，不得應真，終不臥息。』於是晝夜經行，足壞流血。百鳥逐啄，三年得道；諸天稱察，無不奉承矣。有一人在羅閱祇國，亦作沙門，布草為蓐坐其上，自誓曰：『不得道，終不起。』而蔭蓋來，但欲睡眠，使人作錐長八寸，睡來時便刺兩髀，以瘡痛不睡，一年之中，得應真道；天亦歎未曾有也。」[688]

此舉波羅柰國一沙門，晝夜經行，足壞流血，百鳥逐啄，三年得道；

---

[686] 《大正藏》經 262，卷 1，頁 3。
[687] 《大正藏》經 482，卷 2，頁 631 及卷 4，頁 663。
[688] 《大正藏》經 204，頁 500。

一人在羅閱祇國作沙門，使人作錐長八寸，睡來時便刺兩髀，以瘡痛不睡，一年之中得應真道。此皆精進不息，終於得道之例。

　　精進不息，必須堅持到底，若是一曝十寒，難望有成。故佛典中多所告誡。吳月支國居士支謙譯《佛說孛經抄》云：

> 人所欲為，譬如穿池。鑿之不止，必得泉水。事皆有漸，智者見微，能濟其命。如人健泅，截流度也。[689]

　　此言修持精進，譬如穿池得泉，必須持之以恆，方能成功。凡事應知積漸之功。支者應知見微知著。又後秦龜茲國三藏法師鳩摩羅什譯《佛垂般涅槃略說教誡經》云：

> 汝等比丘，若勤精進，則事無難者，是故汝等，當勤精進。譬如小水，常流則能穿石；若行者之心，數數懈廢；譬如鑽火，未熱而息，雖欲得火，火難可得，是名精進。[690]

　　此以水流穿石，鑽木取火為喻，只要勤奮精進，定能成功。但許多修行者，常因求功心切，躐等躁進。以致步履錯亂，迂曲難成。由於佛法之境界，高下殊異。修行人若好高騖遠，一開始即鄙棄小乘，仰望大乘。往往一事無成。故佛陀勸人循序漸進。《百喻經·三重樓喻》云：

> 往昔之世，有富愚人，癡無所知。到餘富家，見三重樓，高廣嚴麗，軒敞疏朗，心生渴仰，即作是念：「我有錢財，不減於彼。云何頃來而不造作如是之樓？」即喚木匠而問言曰：「解作彼家端正舍不？」木匠答言：「是我所作。」即便語言：「今可為我造樓如彼。」是時木匠即便經地壘墼作樓。愚人見其壘墼作舍，猶懷疑惑，不能了知，而問之言：「欲作何等？」木匠答言：「作三重屋。」愚人復言：

---

[689] 《大正藏》經 790，頁 733。
[690] 《大正藏》經 389，頁 1111。

「我不欲作下二重之屋，先可為我作最上屋。」木匠答言：「無有是事！何有不作最下重屋，而得造彼第二之屋？不造第二，云何得造第三重屋？」愚人固言：「我今不用下二重屋，必可為我作最上者。」時人聞已，便生怪笑，咸作此言：「何有不造下第一屋而得上者！」譬如世尊四輩弟子，不能精勤修敬三寶，懶惰懈怠，欲求道果，而作是言：「我今不用餘下三果，唯求得彼阿羅漢果。」亦為時人之所嗤笑，如彼愚者等無有異。[691]

此言佛弟子不肯精勤修敬三寶，懶惰懈怠，欲求阿羅漢果，正如文中愚癡無知之富人，不從地基建起，一心只想造第三重屋，只是遭人嗤笑而已！

精進不息，雖為佛陀稱許。但若過度勇猛，遭致身心俱疲，會徒勞無功。故在用功之時，不急不緩，適度自然。北涼中印度三藏曇無讖譯《優婆塞戒經・毘梨耶波羅蜜品》云：

善男子！若能受於三惡道苦，當知是人真實能修毘黎耶波羅蜜品，平等修集，不急不緩。[692]

此經文中言等修集，不急不緩。當知修持佛法，不可急躁。無一蹴可及之法，必須循序漸進，自然可成。後漢西域紗門迦葉摩騰共法蘭譯《四十二章經》亦云：

有沙門夜誦經甚悲，意有悔疑，欲生思歸。佛呼沙門問之：汝處于家將阿修為？對曰：對曰：「恆彈琴。」佛言：「弦緩何如？」曰：「不鳴矣！」「弦急如何？」對曰：「聲絕矣！」「急緩得中何如？」對曰：「諸音普悲！」佛告沙門：「學道亦然。執心調適，道

---

[691] 《大正藏》經 209，卷 1，頁 544。
[692] 《大正藏》經 1488，卷，頁 1073。

可得矣。」[693]

　　佛陀以沙門在家愛彈琴為喻，告訴沙門修習佛道，應調適內心，不可身疲生惱。必須清淨安樂，方不失佛道。無論修習戒、定、慧三學，都須專心一志，始能有成。修習佛道，必須以積少成多之態度，精進不息。釋迦牟尼佛也是歷經無量劫，不斷積累功德，而成菩提道。後秦龜茲國三藏法師鳩摩羅什譯《法華經‧提婆達多品》云：

> 智積菩薩言：我見釋迦如來，於無量劫難行苦行。積功累德求菩提道，未曾止息。觀三千大千世界，乃至無有如芥子許，非是菩薩捨身命處。為眾生故，然後乃得成菩提道。[694]

　　此言釋迦如來，經歷無量劫難行苦行。積功累德，求菩提道，然後乃成。法救撰、吳維祇難等譯《法句經‧惡行品》云：

> 莫輕小惡，以為無殃。水渧雖微，漸盈大器。莫輕小善，以為無福。水滴雖微，漸盈大器。凡福充滿，從纖纖積。[695]

　　此言修行佛道，要以水滴盈器之精神，積小善而成福。最後精進到最高境界，便不會見到身心勤苦之相，方為菩薩精進之相。龍樹菩薩造、後秦龜茲國三藏法師鳩摩羅什譯《大智度論‧毘梨耶波羅蜜義》云：

> 如佛所說：「爾時菩薩精進，不見身，不見心。身無所作，心無所念，身心一等而無分別。所求佛道，以度眾生，不見眾生為此岸，佛道為彼岸，一切身心所作放捨；如夢所為，覺無所作。是名寂滅。諸精進故，名為波羅蜜。所以者何？知一切精進，皆是邪偽故。以一切

---

[693] 《大正藏》經 784，頁 723。
[694] 《大正藏》經 261，卷 4，頁 35。
[695] 《大正藏》經 210，頁 565。

> 作法，皆是虛妄不實，如夢、如幻；諸法平等，是為真實。平等法
> 中，不應有所求索，是故知一切精進，皆是虛妄；雖知精進虛妄，而
> 常成就不退，是名。」[696]

此言菩薩精進，要做到不見身，不見心。身無所作，心無所念。放捨
身心，乃是寂滅諸精進波羅蜜。同時了解諸法平等，不應有所求索。雖知
精進虛妄，而常成就不退，才是菩薩真實精進。

八、儒家之定力與佛教之禪定

（一）儒家之定力

儒家思想是以提倡倫理道德，實現王道政治為主。孔子一生，學而不
厭，誨人不倦。因魯國不能實現理想，周遊列國，六十八歲始回魯國。在
故居曲阜編定六經，教授弟子；孟子繼承孔子，以仁義道德為思想，以仁
政治國為目標，與弟子公孫丑、萬章等人，遊歷諸侯，欲實現抱負而未
果；荀子主張以禮樂治國，以富國強兵之策，實現一統天下之理想，後終
老蘭陵。以上儒家三人，不忍獨善其身，而要兼善天下。經歷無數顛沛艱
難，如無定力，如何面對動亂之危局。

據《論語・憲問篇》記載，孔子曾不得志於衛，仍擊磬以自娛：

> 子擊磬於衛，有荷蕢而過孔氏之門者，曰：「有心哉！擊磬乎！」既
> 而曰：「鄙哉！硜硜乎！莫己知也，斯己而已矣。深則厲，淺則
> 揭。」子曰：「果哉！末之難矣。」[697]

孔子在衛國不得意時，以擊磬自娛。有隱者背竹簣，從門前走過，覺
得孔子獨善其身即可，何必鄙陋而固執？孔子對此隱者，並不責備，只是
認為對方不了解自己。人各有志，隱者獨善其身，孔子卻想博施濟眾，兩
人想法有所不同。

---

[696] 《大正藏》經 1509，卷 15，
[697] 《論語注疏》，卷 14，頁 130。

　　從前，魯國季氏之家臣陽虎，曾侵入匡城（今河南省長垣縣西南），施暴匡民，匡民深為怨恨。孔子因像貌似陽虎，經過匡時，遭匡人圍禁五天。一時解釋不清，情況非常險急。《論語‧子罕篇》記載：

> 子畏於匡。曰：「文王既沒，文不在茲乎？天之將喪斯文也，後死者不得與於斯文也；天之未喪斯文也，匡人其如予何？」[698]

　　孔子被圍之時，如何解圍？《太平御覽‧樂部九‧歌二》云：

> 家語曰：「孔子厄於匡，謂子路曰：『汝歌，予和汝。』子路彈劍，孔子和之。曲終，匡人解甲。」[699]

　　《太平御覽》引《孔子家語》，敘述子路彈劍，孔子和之，曲終解圍。後人多不解，為何唱曲能解圍？其實歌唱是表示孔子並非凶暴之陽虎，暗示自己與陽虎無關，匡人遂解圍。

　　《論語‧述而篇》記載司馬桓魋欲殺孔子。子曰：「天生德於予，桓魋其如予何？」[700]依《史記‧宋微子世家》記載：當為宋景公時之事。云：

> 二十五年，孔子過宋，宋司馬桓魋惡之，欲殺孔子，孔子微服去。[701]

　　又《史記‧孔子世家》記載：

> 孔子去曹適宋，與弟子習禮大樹下。宋司馬桓魋欲殺孔子，拔其樹。孔子去。弟子曰：「可以速矣。」[702]

---

[698] 《論語注疏》，卷9，頁77。
[699] 《太平御覽》，卷572，頁2710。
[700] 《論語注疏》，卷9，頁77。
[701] 《新校本史記》，卷38，頁1637。
[702] 《新校本史記》，卷47，頁1935。

　　孔子能脫離災難，在於能依據當時之情況，沉著應變。可以解釋就解釋，不可解釋就離去，亦是有定力之表現。

　　有定力之人，表現在風度上，是雍容自在。處逆境而不懼，處順境而不安逸，就是定力之表現。孔子之風度，如《論語・述而篇》所云：「溫而厲，威而不猛，恭而安。」[703]孔子之外表溫和，但很嚴正；很有威嚴，但不兇猛；態度謙恭，而且安穩。又云：「子之燕居，申申如也，夭夭如也。」[704]孔子在閒居之時，容貌舒泰自然，神色和樂喜悅。《論語・學而篇》云：

　　　子禽問於子貢曰：「夫子至於是邦也，必聞其政，求之與？抑與之與？」子貢曰：「夫子溫、良、恭、儉、讓以得之。夫子之求之也，其諸異乎人之求之與！」[705]

　　孔子有溫和、善良、恭敬、儉樸、謙讓五種美德，不論前往何國，都用這種態度對待他人，對方亦願意將政事告知，此即孔子聽聞政事之方式。

　　孔子之定力來自內在之涵養，孟子則在培養浩然之氣，此氣至大至剛，充塞於天地之間，是內在之道義表現在外，正氣凜然而不可禦。宋・文天祥（1236～1283）〈正氣歌〉云：

　　　皇路當清夷，含和吐明庭。時窮節乃見，一一垂丹青。[706]

　　文天祥面對元世祖之利誘威逼，將浩然正氣化為不屈異族之節操。以成仁取義，讓自己名垂青史。

　　儒家之定力，不講求禪坐，而是發自崇高之道德心。道德源自內心對善惡之分辨，故儒家從「養心」、「克己」、「內省」等，克制「多

---

[703] 《論語注疏》，卷 7，頁 65。
[704] 《論語注疏》，卷 7，頁 60。
[705] 《論語注疏》，卷 1，頁 7。
[706] 《宋詩鑑賞辭典》，頁 1371。

欲」、「恐懼」、「忿懥」、「憂患」之心，導之以歸於正道。並使內在之「四端」、「明德」、「良知良能」顯現道德之作用。《論語・顏淵》云：

> 司馬牛問君子，子曰：「君子不憂不懼。」曰：「不憂不懼，斯謂之君子矣乎？」。子曰：「內省不疚，夫何憂何懼？」[707]

孔子認為一個人不憂不懼，必須內省不疚。內心無疚，是言行皆合乎仁義。亦即「居仁由義」，俯仰無愧。有何憂懼可言？《孟子・公孫丑篇上》記載：

> 昔者曾子謂子襄曰：「子好勇乎？吾嘗聞大勇於夫子矣：自反而不縮，雖褐寬博，吾不惴焉？自反而縮，雖千萬人，吾往矣！」[708]

曾子曾聽聞孔子對大勇之闡釋。如果反躬自省，覺得自己義理不直，即使對面是一位穿粗布寬大衣服之人，都會害怕；如果自己義理正直，即使眼前有千軍萬馬，亦勇往直前。因此，儒家以義理作為判斷行為之準則，合乎義理，就理直氣壯，氣定神閒。定力就是從義理中產生之大無畏精神。

儒家之定力，還來自自己堅定之信念。包括肯定天命，確信自己之能力。《論語・子罕》云：

> 子罕言利，與命，與仁。[709]

孔子少言天命，是因為天理深奧難知，非凡智者所能知曉，多言亦只是徒勞口舌而已。孟子與孔子相同，亦少談天理。但在《論語》、《孟

---

[707] 《論語注疏》，卷 12，頁 106。
[708] 《孟子注疏》，卷 3，頁 54。
[709] 《論語注疏》，卷 9，頁 77。

子》書中，多次提及天命。孔子相信有天命存在，確信自己肩負天命，來傳授聖道。故遇危難時，皆能泰然自若。前言司馬桓魋欲殺孔子，子曰：「天生德於予，桓魋其如予何？」[710]被匡人所圍時，孔子云：「天之未喪斯文也，匡人其如予何？」[711]此固言有孔子臨危不懼之定力，亦相信有天命之存在。

孟子相信天命之存在。《孟子‧盡心上》云：

　　求之有道，得之有命，是求無益於得也，求在外者也。[712]

得不到富貴，不必憂心悄悄。富貴是外在之事物，應歸之於天命，不必強求。由於孔、孟二人，有此信念，再加上道德之修養，在內心形成一股安定之力量。

無論孔子、孟子，都能以內省之法，反求諸己，以提升自我之生命力，開發內在之良心與智慧，使人格達到完美之境界。孔子面對春秋之亂世，是知其不可而為之；孟子在戰國時代，群雄逐鹿於中原，亦認為禍福無不自己求之者。將身外之富貴窮通，交由自己掌握。至於上天之賞罰禍福，只要自己努力奮發，則內在和諧之境界，定可以獲得。甚至外在之命運，亦能扭轉。孔子「不怨天，不尤人。」[713]「不患無位，患所以立；不患莫己知，求為可知也。」[714]一個人在自我追求時，所展現之定力，即在於此。

儒家獲得定力，可以啟發智慧。《禮記‧中庸篇》云：

　　知止而後有定，定而後能靜，靜而後能慮，慮而後能得。[715]

---

[710] 《論語注疏》，卷 7，頁 63。
[711] 《論語注疏》，卷 9，頁 77。
[712] 《論語注疏》，卷 13，頁 229。
[713] 《論語注疏》，卷 14，頁 128。
[714] 《論語注疏》，卷 4，頁 37。
[715] 《禮記注疏》，卷 60，頁 993。

執政者若能知道為政在明明德、在親民、在止於至善時，就能使心念由雜亂而趨於安定，也能以靜定之心思慮問題，必然有所心得。《周易・繫辭上》云：

> 《易》，無思也、無為也，寂然不動，感而遂通天下之故。非天下之至神，孰能與於此。[716]

《周易》運用自然變化之理，不勞心思慮，是無思也；又任運萬物自動之原理，不須刻意營造，是無為也。既無思無為，有感必應，遂通天下之萬事。《易》理之神妙莫測，非天下之至神，孰能如此。

又由於《易》理寂然不動，是卦爻已有定見，能感通天下之事物。《荀子・解蔽篇》云：「虛一而靜，謂之大清明。」[717]虛一而靜，是在內心靜定之後，不以夢劇亂知。內心豁然開朗，就能坐於室而見四海，處於今而論久遠。此種大清明之狀態，就是虛靜之功能。

定力之發揮，只要堅持不變，恆久不變，就能有所作為。《孟子・離婁篇下》云：

> 人有不為也，而後可以有為。[718]

有所不為，是一個人之操守，亦是一種定力之表現。人有操守定力，遇事才會堅定立場，不隨風轉舵，而有所作為。《孟子・離婁上》云：

> 至誠而不動者，未之有也；不誠，未有能動者也。[719]

至誠是內在之動力。動是感動、感化，如能以至誠之心，感動對方，一定可以達到成功之目標。

---

[716] 《周易正義》，卷7，頁154。
[717] 《荀子集解》，卷15，頁264。
[718] 《孟子注疏》，卷8，頁143。
[719] 《孟子注疏》，卷13，頁233。

定力之終極，是內心之清明安定。孔子在堅定之自信下，能流露「申申如也，夭夭如也。」[720]之氣度，也就是在體貌上顯露出和舒灑脫之相；孟子則以「仰不愧於天，俯不怍於人。」[721]列為君子三樂之一。當一個人俯仰無愧於天地之時，不僅是至誠之表現，亦是定力之發揮。

（二）佛教之禪定

佛教有三無漏學，「戒、定、慧。」定，居第二，就是除持戒以外，還要修禪定，才能夠見證智慧。在八正道中，也講到正定。六度是從生死苦惱之此岸，度到涅槃之彼岸，最為重要之法門，禪定居第五。可見禪定是佛教根本之學。

佛教認為修道之人，有堅定之操守，高超之智慧，是由禪定中修來。不修禪定，則無論世間法、出世間法，都無法成就。釋迦牟尼佛成道前，在雪山修習禪定和苦行，歷時六載，後於尼連禪河邊之畢缽羅樹下，結跏趺坐，端身正念，靜思冥索，發誓：「我今若不証無上大菩提，寧可碎此身，終不起此座。」經過七天七夜，在菩提樹下入定四十九天，始徹悟宇宙之真相。佛教雖有顯密二教，大小二乘，十一大宗派，其修法雖各有不同，而禪定卻是一致追求之目標。

禪定在佛法上，有禪、定、三昧、正受、三摩提、奢摩他、解脫、背捨等別名。禪之定義，據《大乘義章》云：

> 禪者，是其中國之言。此翻名為思惟修習，亦云功德叢林。思惟修者，從因立稱，於定境界審意籌慮，名曰思維。思心漸進，說為修習。從剋定思惟修寂。……功德叢林者，從果為名。智慧、神通、四無量等是其功德。眾德積聚說為叢林，定能生之。[722]

此言禪是思惟修習，或稱功德叢林。思維是從禪定修習而得，功德叢林則從智慧、神通、四無量等功德而生之果。禪又有「靜慮」之意。尊者

---

[720] 《論語注疏》，卷 7，頁 60。
[721] 《孟子注疏》，卷 13，頁 233。
[722] 《大正藏》經 1851，卷 13，頁 718。

世親造、三藏法師玄奘譯《阿毘達磨俱舍論・分別定品》云：

> 依何義故立靜慮名，由此寂靜能審慮故。審慮即是實了知義，如說心
> 在定，能如實了知。審慮義中置地界故，此宗審慮以慧為體。……止
> 觀均行，最能審慮。[723]

此言禪為心體寂靜，能審慮；定為心定止於一境，而遠離散動。亦即
禪為一心考物，定為一境靜念。合而言之，禪定之心，不是放空不想，而
是具有安靜與觀察之作用。若只能靜而不察，是頑定，如同木石之無知；
若只能察而不能靜，即是散慧，如同猿猴之躍動。都不能算是禪定。

禪定之功益，論述之佛典甚多，在《月燈三昧經》、《大智度論》、
《圓覺經》、《六度集經》、《大乘理趣六波羅蜜多經》等，都有論及。
如高崎天竺三藏那連提耶舍譯《月燈三昧經》中，佛告月光童子云：

> 童子！若有菩薩摩訶薩與能與禪相應。有十種利益。何等為十？一者
> 安住儀式、二者行慈境界、三者無諸惱熱、四者守護諸根、五者得無
> 食喜樂、六者遠離愛欲、七者修禪不空、八者解脫魔羂、九者安住佛
> 境、十者解脫成熟。[724]

此言禪定具有安住儀式、行慈境界、滅除煩惱、守護諸根、無食喜
樂、遠離渴愛欲、修禪不空、遠離魔境界、安止佛行處、解脫成熟等十種
利益。龍樹菩薩造後秦龜茲國三藏法師鳩摩羅什譯《大智度論・釋初品中
禪羅波羅蜜》云：

> 菩薩因此發大悲心，欲以長樂涅槃，利益眾生。此長樂涅槃，從實智
> 慧生，實智慧從一心禪定生。譬如然燈，燈雖能照，在大風中，不能
> 為用。若置之密宇，其用乃全。散心中智慧亦如是，若無禪定靜室，

---

[723] 《大正藏》經 1558，卷 28，頁 145。
[724] 《大正藏》經 639，卷 6，頁 584。

　　雖有智慧，其用不全。得禪定則實智慧生。以是故，菩薩雖離眾生，遠在靜處，求得禪定。以禪定清淨故，智慧亦淨。譬如油炷淨故，其明亦淨。以是故，欲得淨智慧者，行此禪定。[725]

　　此以燃燈譬喻禪定，燈火不能用在大風之中，須安置於密宇。禪定必須在靜室中，方能獲得實智慧。《大智度論》又云：

　　八背捨、八勝處、十一切入，四無量心、諸定三昧，如是等種種定，不名波羅蜜，何以但言禪波羅蜜。答曰：「此諸定功德，都是思惟修。禪秦言思惟修。言禪波羅蜜，一切皆攝。」[726]

　　此言禪波羅蜜有八背捨、八勝處、十一切入、四無量心、諸定三昧等功德。妙定都在禪中，故在去五欲，除五蓋，行五法，得初禪須陀洹，第二禪斯陀含，三禪阿那含，四禪得阿羅漢，皆須從禪定中得。又在禪定中不可受亂相擾，以免前功盡棄。《大智度論》又云：

　　禪為守智藏，功德之福田。禪為清淨水，能洗諸欲塵。禪為金剛鎧，能遮煩惱箭。雖未得無餘，涅槃分已得。得金剛三昧，摧碎結使山。得六神通力，能度無量人。罛塵蔽天日，大雨能淹之。覺觀風散心，禪定能滅之。[727]

　　此言禪為清淨水、守智藏、功德田、洗欲塵、金剛鎧、遮煩惱箭、得涅槃分、得金剛三昧、得六神通力、度無量人、滅風散心等。
　　禪定為智慧水，當修禪定以存之，令不漏失。各宗派都講求修禪定之法。如禪宗教人參話頭，觀鼻端；密宗講持咒、六成就法、大手印、寶瓶氣；天台宗講六妙門、小止觀、摩訶止觀；華嚴宗講法界觀；法相宗講五

重唯識觀。修法雖有不同，其修習之原理原則，則大同小異而已。

　　修禪定主要有兩大原則。一者主功，二者助功。主功是做心地之功夫，即制心、觀心、淨心、無住心；所謂助功，是做輔助修定之功夫，如佈施、持戒、忍辱等道德修養。以及調身、調息、調睡眠、調飲食、減少雜務、節制情慾等。

　　禪定之主要功能，首在制心，勿令放縱。後秦龜茲國三藏法師鳩摩羅什譯《妙法蓮華經‧安樂行品》中，佛以偈言告文殊師利云：

> 在於閑處，修攝其心。安住不動，如須彌山。[728]

　　佛子修禪定之工夫，要在幽閑寂靜之處，修攝自己之身心，安住於無名無相，實無所有，無量無邊，無礙無障，如此觀一切法空，不生不出，不動不退，就如須彌山一般，常住實相。後秦龜茲國三藏鳩摩羅什譯《佛垂般涅槃略說教誡經》亦云：

> 汝者當好制心，心之可畏，甚於毒蛇惡獸怨賊。大火越逸，未足喻也。動轉輕躁，但觀於蜜，不見深坑。譬如狂象無鈎，猿猴得樹，騰躍跳躑，難可禁制。當急挫之，無令放逸。縱此心者，喪人善事。制之一處，無事不辦。是故比丘，當勤精進折伏其心。[729]

　　此言心必須時時反觀自心。不妄生輕躁，使心如脫韁野馬，狂奔不止。在修禪定時，若不制止妄念。身雖不動，而煩惱不止，定境亦無法生起。又制心並非勉強壓制，而是將心安頓於某一事物上，或者是身上某一關竅，或者將心與呼吸合一，或者一心念佛、持咒。久之，自然升起禪定。

　　次言觀心。所謂觀心，是如實觀察起心動念，使本心澄靜明瞭，便成菩提。唐代善無畏三藏、唐代一行三藏等譯《大毗盧遮那成佛神變加持

---

[728] 《大正藏》經 264，卷 5，頁 37。
[729] 《大正藏》經 389，頁 1111。

經・入真言門住心品》云：

> 佛言：「菩提心為因，悲為根本，方便為究竟。祕密主！云何菩提？
> 謂如實知自心。祕密主！是阿耨多羅三藐三菩提，乃至彼法，少分無
> 有可得。何以故？虛空相是菩提無知解者，亦無開曉。何以故？菩提
> 無相故。祕密主！諸法無相，謂虛空相。[730]

　　佛告金剛手，觀心是觀菩提心。菩提心為因，悲為根本，方便為究
竟。如實知自心，因諸法無相，虛空相是菩提無知解者，無法開曉。菩提
心是阿耨多羅三藐三菩提，亦即無上正等正覺。

　　次言觀心，是以真心觀妄心，使妄心不能作用。如賊入莊園，主人觀
之，賊人不敢下手。直待妄念銷歇之時，心地光明皎潔，便入三昧。小乘
三十二道品中，有四念處觀，其一即為觀心無常，將不生妄心。

　　三言淨心，所謂淨心，就是澄淨本心。凡夫所以無智，就是因為煩惱將
光明之本性層層遮蔽所致。若能清淨本心，除去雜念、邪念，久之，就能湛
然常寂，虛靈不昧。所見所聞，皆了然於胸，無有顛倒迷惑。自合於空明覺
照之禪定境界。宋明教大師契嵩譯《六祖壇經・行由第一》，神秀禪師云：

> 身是菩提樹，心似明鏡台。時時勤拂拭，勿使惹塵埃。[731]

　　此偈是神秀禪師開示修行之方法。從淨心漸悟下工夫，勉人心自見本
性，做到萬境自如如，即是無上菩薩之本性。至於惠能提出「菩提本無
樹，明鏡亦非台，本來無一物，何處惹塵埃？」[732]之偈語，則主張自識本
心。但自識本心而見自性，已是頓悟之工夫。對初學佛道者，若無法體悟
無上菩薩之本性，還須要有淨心漸悟之基礎才行。

　　四言無住心。所謂無住心，是讓心超然物外，不住動、不住靜、不住

過去、現在、未來之一切境界。後秦龜茲國三藏鳩摩羅什譯《金剛經・莊
嚴淨土分》云：

> 諸菩薩摩訶薩應如是生清淨心，不應住色生心，不應住聲、香、味、
> 觸、法生心，應無所住而生其心。[733]

此言大菩薩應離一切相，發阿耨多羅三藐三菩提，不應住色、聲、
香、味、觸、法生心，無所住而生其心，方為莊嚴淨土。

關於助功，主要是布施、持戒、忍辱等工夫。布施是積極犧牲自己，
利益眾生；持戒是消極地制止邪念邪行，堅持操守；忍辱是對一切逆順之
境，不起憎愛，其狹義之義是對外來之凌辱，不施報復，甚至不起瞋心。
此三者在表面上與禪定功夫不同，但佛教與儒家一般，認為道德修養乃是
禪定之基礎，無道德之人，其心根本與禪心不相應。縱有定力，只是邪
定，而非禪定。北涼中印度三藏曇無讖譯《優婆塞戒經・禪波羅蜜品》
云：

> 善生言：「世尊，菩薩摩訶薩修禪波羅蜜，云何禪定？」「善男子！
> 禪定即戒慈、悲、喜、捨，遠離諸結，修集善法，是名禪定。」[734]

此言禪定即戒慈、悲、喜、捨，以遠離諸結，修集善法。其方法在先
親近真善知識，修集三昧方便之道。三昧識一切善法之之根本。善男子
聞、思、修三法漸漸增上，或從四緣，從欲、精進、心、慧攝心，可得菩
提道之莊嚴。又云：

> 菩薩欲得禪波羅蜜，先當親近真善知識。修集三昧方便之道；所謂
> 戒，戒攝諸根戒，斷於邪命，如法而住。隨順師教，於善法所，不生
> 知足。修行善時，心無休息，常樂寂靜。遠離五蓋。心樂思惟，觀生

---

[733] 《大正藏》經 235，頁 749。
[734] 《大正藏》經 1488，卷 7，頁 1074。

死過。常修善法，至心不廢。具足正念，斷諸放逸。省於言語，亦損眠食，心淨身淨。不親惡友，不與惡交，不樂世事。[735]

以上言修禪定，隨順師教，心無休息。常樂寂靜，遠離五蓋。心樂思惟，觀生死過。具足正念，斷諸放逸。心淨身淨。不親惡友。皆與道德修養有關。後秦龜茲國三藏鳩摩羅什譯《佛垂般涅槃略說教誡經》云：

> 戒是正順解脫之本，故名波羅提木叉。因依此戒，得生諸禪定，及滅苦智慧。是故比丘，當持淨戒，勿令毀缺。若能持淨戒，是則能有善法。若無淨戒，諸善功德皆不得生。是以當知戒為第一安隱功德住處。[736]

此言禪定之工夫，戒是正順解脫之本。當持淨戒，得生諸禪定，及滅苦智慧。因此戒為第一安隱功德住處。

禪定與布施、持戒、忍辱等道德修養，關係密切。至於禪定之實修，《華嚴經》言佛有無量三昧海，可知禪定之內容繁雜，境界極高。一般而言，色界之四禪，及無色界之四定，是一切三昧之根本。色界之四禪，是色界之四種禪定，即初禪、二禪、三禪、四禪；八定是色界之四禪與無色界之四無色定，包括空無邊處定、識無邊處定、無所有處定、非想非非想處定，合稱之為八定。

四禪八定之修持，於《阿含經》、《天台止觀輔行》、《法界次第》、《俱舍論》、《成實論》等佛典中，皆有詳細之論述。茲簡述如下：

初禪之前，有粗住、細住、欲界定、未到地定等境界。所謂粗住，乃習定之初，心念不馳散之現象；細住之功夫，較為細密，故稱細住；得細定後，繼續用功，覺此身如雲如影，爽然清淨，名欲界定；其後不見身心外物，心如虛空，名未到地定。

進入初禪時，其身發動八觸及十功德。八觸是：動、癢、輕、重、

冷、暖、澀、滑；十功德是定、空、明淨、喜悅、樂、善生、知見明、無累解脫、境界現前、心柔軟。若以主要境界言之，初禪有五支，即覺、觀、喜、樂、一心；二禪有四支，即內淨、喜、樂、一心；三禪有五支，即捨、念、慧、樂、一心；四禪有四支，即不苦不樂、捨、念、一心。以上為色界之四禪。

　　修禪定時，產生厭捨色界四禪之牢籠，心與無邊虛空合一。久而久之，入於「空無邊處定」；其後，又以虛空乃心外之物而厭離之，觀照心識無邊，遂入「識無邊處定」。其時，尚有微細之觀想作用；其後，厭其內在之心識，而觀想心識之本質一無所有，其心遂與心無所有相應，遂入「無所有處定」，其實已進入無想境界；其後，再捨前有之無想，而成為非非想，遂入「非想非非想處定」。其實只有微妙之精神生活。以上四種定為無色界四定。

　　以上四禪八定，因未生菩提心，未出離三界，尚有生死輪迴。禪定若盡，仍會隨業投生他道，未得解脫。若想超出輪迴，尚須修習小乘之「滅盡定」，以及大乘之「九大禪」或「祖師禪」。所謂「九大禪」，為不共於外道二乘，而為菩薩所修之禪定：一、自性禪，二、一切禪，三、難禪，四、一切門禪，五、善人禪，六、一切行禪，七、除煩惱禪，八、此世他世樂禪，九、清淨淨禪。其中，各大禪又各有分支，其境界高妙難知，可參閱《菩薩地持經》第六〈方便處忍品〉。

　　「祖師禪」又稱南宗禪，指禪宗初祖菩提達摩傳至六祖惠能以下五家七宗之禪。主張教外別傳，直接由師父傳給弟子，祖祖相傳，不立文字，頓悟直入，虛空粉粹，言語道斷，心行處滅，以心印心，見性成佛，故稱祖師禪。其真正境界，非言語所能形容。

　　由上所述，修習禪定，能制止邪念，遠離罪惡；銷遮煩惱，解脫自在；開啟智慧，悟真實理；發起神通，普渡眾生。而此四者之中，又以開啟智慧為最大功益。因為智慧是人生幸福之樞紐，有智慧即能知眾生平等之理，破除五蘊之煩惱，明見一切事物之因果循環。若能深知禪定解脫之道。則寂靜涅槃之期，宛然在目。後秦龜茲國三藏鳩摩羅什譯《佛垂般涅槃略說教誡經》云：

實智慧者，則是度老病死海堅牢船也，亦是無明黑闇大明燈也，一切
病苦之良藥也，伐煩惱樹者之利斧也。是故汝等當以聞、思、修慧而
自增益，若人有智慧之照，雖無天眼，而是明見人也。[737]

　　此言修禪定必須得實智慧，是度老病死海之堅牢船，亦是無明黑闇大
明燈，一切病苦之良藥。若不能得，必須以聞、思、修三學，自會開啟智
慧之燈。《佛垂般涅槃略說教誡經》又云：

若攝心者，心則在定。心在定故，能知世間生滅法相。是故汝等常當
精勤，修習諸定；若得定者，心則不散。譬如惜水之家，善治堤塘；
行者亦爾，為智慧水故。善修禪定，令不漏失，是名為定！[738]

　　此言禪定必先攝心，心定方能知世間生滅法相。佛子當常精勤修習諸
定，得定則心不散。如惜水之家，當善治堤塘，以儲存智慧之水。善修禪
定，令个漏失。禪定之精義在此。

[737] 《大正藏》經389，頁1112。
[738] 《新修大正藏》經389，頁1111-1112。

第三章　從儒家經典論與佛教之不同

第一節　儒家《大學》修己治人與佛教出世解脫之不同

一、儒家《大學》修己治人之思想

　　《大學》一書為儒家之經典，本為《禮記》第四十二篇，作者或為秦漢之際儒家學者所作。宋·朱熹以為是曾子所作。北宋司馬光撰《大學廣義》，是《大學》獨立成書之始。朱熹撰《四書章句集注》時，《大學》成為四書之一。朱熹和程頤都認為《大學》是孔門之遺書，是初學入德之門。由此書可知儒家為學之次第。至於內容，後儒疏釋註解甚多，可知此書之重要性。

　　《大學》始云：

　　　　大學之道，在明明德，在親民，在止於至善。[1]

　　唐·孔穎達疏云：

　　　　在明明德者，言大學之道在章明己之光明之德。為身有明德而更彰顯之。此其一也；在親民者，言大學之道在於親愛於民，此其二也；在止於至善者，言大學之道在止於至善之行，此其三也。言大學之道，在於此三事矣。[2]

---

[1]　《禮記注疏》，卷 60，頁 983。
[2]　《禮記注疏》，卷 60，頁 984。

孔穎達認為大學之道，在於彰明自己光明之德，親愛於民，止於至善之行三事。在明明德，屬修身之事，即個人應有光明之德；親民則治國應做到親愛於民；止於至善之行，則是使天下人安和樂利為止，應屬平天下之事。

朱熹將明明德，親民，止於至善，視為《大學》三綱領。其《大學章句》中，闡釋此三綱領之涵義云：

> 大學者，大人之學也。明，明之也。明德者，人之所得乎天，而虛靈不昧，以具眾理而應萬事者也。但為氣稟所拘，人欲所蔽，則有時而昏；然其本體之明，則有未嘗息者。故學者當因其所發而遂明之，以復其初也。新者，革其舊之謂也，言既自明其明德，又當推以及人，使之亦有以去其舊染之汙也。止者，必至於是而不遷之意。至善，則事理當然之極也。言明明德、新民，皆當至於至善之地而不遷。蓋必其有以盡夫天理之極，而無一毫人欲之私也。此三者，大學之綱領也。[3]

朱熹以為《大學》為大人之學。大人是執政之公卿大夫，必須學習《大學》中所揭示之知識與能力。大人首先要明明德，即具備靈明不昧之心，以應對天下之萬事。新民，是推己及人，以革除舊染，而明其明德。止於至善，是止於天理之極，而無一毫人欲之私也。此說將人己平行敘，注重自我之真實工夫。至於治國之具體作法與目標，尚待申論。

王陽明為明代理學大儒，在《大學問》中，錢德洪問陽明：「《大學》者，昔儒以為大人之學矣。敢問大人之學何以在於明明德乎？」陽明答云：

> 大人者，以天地萬物為一體者也。……大人之能以天地萬物為一體也，非意之也，其心之仁本若是，其與天地萬物而為一也。……是其

3　《四書章句集注‧大學章句》，頁5。又按大學古本作「新民」，朱熹、二程子作「新民」，王陽明作「親民」。

一體之仁也。……是乃根於天命之性，而自然靈昭不昧者也，是故謂之「明德」。……故夫爲大人之學者，亦惟去其私慾之蔽，以明其明德，復其天地萬物一體之本然而已耳。非能於本體之外，而有所增益之也。[4]

此為陽明說明大人之居心，以仁為本。故具有視天地萬物為一體之仁心。又因大人去其私欲之蔽，以明其明德，恢復其與天地萬物一體之本然。又云：

明明德者，立其天地萬物一體之體也，親民者，達其天地萬物一體之用也。故明明德必在於親民，而親民乃所以明其明德也。是故親吾之父，以及人之父，以及天下人之父，而後吾之仁實與吾之父、人之父與天下人之父而爲一體矣。實與之爲一體，而後孝之明德始明矣。……君臣也，夫婦也，朋友也，以至於山川鬼神鳥獸草木也，莫不實有以親之，以達吾一體之仁，然後吾之明德始無不明，而真能以天地萬物爲一體矣。夫是之謂明明德於天下，是之謂家齊、國治而天下平，是之謂盡性。[5]

此言陽明將大人視天地萬物一體，而親民為其用也。此說與朱熹之「新民」不同，親民是將父子、兄弟、夫妻、君臣、夫婦、朋友，以至於山川、鬼神、鳥獸、草木，莫不親之。如此進而齊家、治國、平天下。又云：

至善者，明德、親民之極則也。天命之性，粹然至善，其靈昭不昧者，此其至善之發見，是乃明德之本體，而即所謂良知也。……明明德、親民而不止於至善，亡其本矣。故止於至善以親民，而明其明

---

4 《維基百科》王陽明《大學問》。
5 《維基百科》王陽明《大學問》。

　　德，是之謂大人之學。[6]

　　此言陽明將止於至善，視為明德、親民之極則。因大人具靈昭不昧之仁心，是明德之本體，亦是具有良知之意。此說僅從良知、明德著眼。將大人視為執政者個人之良知；其實，親民應推己及人，至治國層面。而止於至善，應至平天下為止。方與《大學》之八條目契合。

　　其次，《大學》之大人，必須思慮國家大政，應如何領導萬民，治理國家？須有思維之進程，其云：

　　　知止而後有定，定而後能靜，靜而後能安，安而後能慮，慮而後能
　　　得。[7]

唐・孔穎達疏云：

　　　知止而後有定者，更覆說止於至善之事，既說止於至善，而后心能有
　　　定，不有差貳也；定而後能靜者，心定無欲，故能靜不躁求也；靜而
　　　後能安者，以靜故情性安和也；安而後能慮者，情既安和，能思慮於
　　　事也；慮而後能得者，既能思慮，然後於事得安也。[8]

　　此言執政之公卿大夫，知止於至善之事，則心能有定；心定無欲，則心能靜而不躁求；以心能靜，則情性安和；情性安和，則能思慮於事；心能思慮，則於事得安。由此可知，執政者應在思慮上，依循定、靜、安、慮、得之過程，思慮國政，應有所得。

　　朱熹《大學章句》之闡釋，云：

　　　止者，所當止之地，即至善之所在也；知之，則志有定向；靜，謂心

---

[6]　《維基百科》王陽明《大學問》。
[7]　《禮記注疏》，卷60，頁983。
[8]　同上註。

不妄動；安，謂所處而安；慮，謂慮事精詳；得，謂得其所止。[9]

　　朱熹在闡釋中，並未指明止為至善之所在，則依前所述，當為明德、親民之極則也。只是明德、親民，還不能治國、平天下。故須止於至善之所在。故定、靜、安、慮、得是邁向治國、平天下之思維方法。

　　《王陽明全集》〈續編一〉〈大學問〉之闡釋與朱熹不同。其云：

> 今焉既知至善之在吾心，而不假於外求，則志有定向。而無支離決裂、錯雜紛紜之患矣。無支離決裂，錯雜紛紜之患，則心不妄動而能靜矣。心不妄動而能靜，則其日用之間，從容閒暇，而能安矣。能安，則凡一念之發，一事之感，其為至善乎？其非至善乎？吾心之良知，自有以詳審精察之，而能慮矣。能慮，則擇之無不精，處之無不當，而至善於是乎可得矣。[10]

　　王陽明之闡釋，言至善發乎本體之心，亦即靈昭不昧之良知。良知在吾心而不假外求。說明定者，志有定向，而無錯雜紛紜，支離決裂之患。則心不妄動，而能靜矣；靜則從容閒暇，擇之無不精，處之無不當，而能安矣；安則吾心之良知，自可詳審精察，而能慮矣；能慮則可，而至於至善之地步。此說與朱熹之說，其不同之處，在朱熹以至善為明德、親民之極則；王陽明則為發乎本體靈昭不昧之良知。其實止於至善為治國、平天下之達成，非指人性之善惡。朱熹較接近《大學》之本意，但未指出明明德、親民，止於至善之極則為何？

　　再言《大學》之八條目，即「格物」、「致知」、「誠意」、「正心」、「修身」、「齊家」、「治國」、「平天下」。此為大人從個人修身至平天下之進程。其云：

> 古之欲明明德於天下者，先治其國；欲治其國者，先齊其家；欲齊其

---

[9]　《禮記注疏》，卷60，頁983。
[10]　《王陽明全集》，卷26，頁471-472。

家者，先修其身；欲修其身者，先正其心；欲正其心者，先誠其意；欲誠其意者，先致其知；致知在格物。物格而後知至，知至而後意誠，意誠而後心正，心正而後身脩，身脩而後家齊，家齊而後國治，國治而後天下平。自天子以至於庶人，壹是皆以修身為本。[11]

唐・孔穎達疏云：

先治其國者，此以積學能為明德盛極之事。……言欲彰明己之明德，使徧於天下者，先須能治其國。……欲正其心，先誠其意者，總包萬慮，謂之為心。情所意念，謂之意。若欲正其心，使無傾邪，必須先至誠，在於憶念也。若能誠實其意，則心不傾邪也。欲誠其意者，先致其知者，言欲精誠其己意，先須招致其所知之事，言初始必須學習，然後乃能有所知曉其成敗，故云先致其知也。……致知在格物者，言若能學習，招致所知。格，來也。……物格而後知至者，物既來，則知其善惡所至。善事來，則知其至於善；若惡事來，則知其至於惡。既能知至，則行善不行惡也。既能知至，則意念精誠也。意能精誠，故能心正也。[12]

　　此言治國是積學以明德之事，亦即彰明己之明德，使徧於天下也；欲正其心，先誠其意者，是因誠實其意，則心不傾邪也；欲誠其意，先致其知者。初始必須學習，乃知其成敗也；物格而後知至者，物既來，則知其善惡所在。則行善而不行惡也，並且由於意念精誠而心正所致也。

　　朱熹《大學章句》有不同之闡釋，其云：

明明德於天下者，使天下之人皆有以明其明德也。心者，身之所主也。誠，實也。意者，心之所發也。實其心之所發，欲其一於善而無自欺也。致，推極也。知，猶識也。推極吾之知識，欲其所知無不盡

11　《禮記注疏》，卷60，頁983。
12　《禮記注疏》，卷60，頁984。

也。格，至也。物，猶事也。窮至事物之理，欲其極處無不到也。此八者，大學之條目也。物格者，物理之極處無不到也。知至者，吾心之所知無不盡也。知既盡，則意可得而實矣，意既實，則心可得而正矣。脩身以上，明明德之事也。齊家以下，新民之事也。物格知至，則知所止矣。意誠以下，則皆得所止之序也。[13]

朱熹認為大人要使天下人皆明其明德，其進程必須先治其國，再齊其家，再修其身；修身先正其心，是因為心是身之主，故須先正其心；格物，是窮至事物之理，欲其極處無不到也。其中格物、致知，皆從事物之理出發，以達到明明德、新民之目標。

王陽明對《大學》之闡釋，與朱熹之說有所不同。《大學問》云：

曰：此正詳言明德、親民、止至善之功也。蓋身、心、意、知、物者，是其工夫所用之條理，雖亦各有其所，而其實只是一物。格、致、誠、正、修者，是其條理所用之工夫。雖亦皆有其名，而其實只是一事。[14]

陽明認為致良知唯一之對象，是主觀之我，身、心、意、知、物，其實只是一事，皆在致良知之範疇內。故格、致、誠、正、修，則是致良之所下之工夫。陽明闡述如下：

何謂修身？為善而去惡之謂也。吾身自能為善而去惡乎？必其靈明主宰者欲為善而去惡，然後其形體運用者始能為善而去惡也。故欲修其身者，必在於先正其心也。然心之本體則性也，性無不善，則心之本體本無不正也。何從而用其正之之功乎？蓋心之本體本無不正，自其意念發動，而後有不正。故欲正其心者，必就其意念之所發而正之。凡其一念而善也，好之真如好好色，發一念而惡也。惡之真如惡惡

13　朱熹《大學章句》，頁4。
14　《王陽明全集》，卷26，頁472。

臭，則意無不誠，而心可正矣。[15]

陽明說明修身即是為善去惡，必須先從心做起。亦即以靈明之心主宰之。故修身必先正心。又以為心之本體為性，由於性無不善，則人之心亦無不正也。人心所以不善、不正，皆由意念引起之。故正心之工夫，必須端正意念。而意念之善惡，必須以良知判斷之。如屬善，好之如好好色；如屬惡，如惡惡臭。為善去惡，如能真誠篤實，意無不誠，而心可正矣。此乃陽明在致良知上，所下之磨練工夫。陽明又云：

> 然意之所發，有善有惡，不有以明其善惡之分，亦將真妄錯雜，雖欲誠之，不可得而誠矣。故欲誠其意者，必在於致知焉。……致知云者，非若後儒所謂充擴其知識之謂也，致吾心之良知焉耳。良知者，孟子所謂「是非之心，人皆有之」者也。是非之心，不待慮而知，不待學而能，是故謂之良知。是乃天命之性，吾心之本體，自然良知明覺者也。凡意念之發，吾心之良知無有不自知者。其善歟？惟吾心之良知自知之。其不善歟？亦惟吾心之良知自知之。是皆無所與於他人者也。……今欲別善惡以誠其意，惟在致其良知之所知焉爾。……今於良知所知之善惡者，無不誠好而誠惡之，則不自欺其良知，而意可誠也已。[16]

此言意念善惡之分，會有真妄錯雜之情形。故欲致知，不僅是擴充知識而已，還要致良知。良知乃天命之性，亦是心之本體。若欲分別善惡，去妄存真，則要從致良知著手。故致知者，致吾心之良知耳。若能徹底為善去惡，以誠其意，惟在不欺良知，則可知至而意誠矣。

陽明又繼續揭示致良知之意旨，其云：

> 然欲致其良知，亦豈影響恍惚，而懸空無實之謂乎？是必實有其事

矣。故致知必在於格物。物者，事也，凡意之所發必有其事，意所在之事謂之物。格者，正也，正其不正以歸於正之謂也。正其不正者，去惡之謂也。歸於正者，為善之謂也。夫是之謂格。……今焉於其良知所知之善者，即其意之所在之物而實為之，無有乎不盡，於其良知所知之惡者。即其意之所在之物而實去之，無有乎不盡。然後物無不格，而吾良知之所知者，無有虧缺障蔽，而得以極其至矣。夫然後吾心快然，無復餘憾而自謙矣。夫然後意之所發者，始無自欺，而可以謂之誠矣。[17]

此言致良知時，欲避免心神恍惚，懸空無實，必先格物。陽明釋物者，事也；格者，正也。事為意所發之事，而物為意所在之事。格物為正其不正以歸於正之謂也。而此事物又有善惡之分，為善去惡，使良知無有虧缺障蔽，即致良知之工夫。致良知能使吾心快然，無所缺憾；意之所發，始不自欺，可以謂之誠矣。

陽明以良知闡釋《大學》之「格物」、「致知」、「誠意」、「正心」、「修身」。其入手處，仍在格物，致良知。又物格、知至、意誠、身修之條目雖有五項，實際上不外明明德與致良知而已。陽明《大學問》云：

蓋其工夫條理，雖有先後次序之可言。而其體之惟一，實無先後次序之可分。[18]

至於踐履之過程，則在明明德與致良知之時，仍具有「格物」、「致知」、「誠意」、「正心」、「修身」個別精微之作用。故陽明又云：

其條理工夫雖無先後次序之可分，而其用之惟精，固有纖毫不可得而

---

[17] 《王陽明全集》，卷 26，頁 473。
[18] 同上註。

缺焉者。[19]

陽明以為「格物」、「致知」、「誠意」、「正心」、「修身」，不僅是明明德或致良知之工夫，更是親民、止於至善之細密工夫。蓋致良知之真實內容，即是格物；而意念所著之對象，為家、國、天下，則可齊家、治國、平天下矣。惟有如此格惡、致知，才是磨練自身之踏實工夫。故陽明云：

> 若明明德，而親民，以明其明德。則明德、親民，焉可析為兩乎？[20]

故以致良知為本，以至善存於心，以明德、親民為磨練之工夫。《大學》又深入探討齊家在修身之道，其云：

> 所謂齊其家在脩其身者，人之其所親愛而辟焉，之其所賤惡而辟焉，之其所畏敬而辟焉，之其所哀矜而辟焉，之其所敖惰而辟焉。故好而知其惡、惡而知其美者，天下鮮矣。故諺有之曰：「人莫知其子之惡，莫知其苗之碩。」此謂身不修不可以齊其家。[21]

此言修身之譬喻。假設人之其所親愛、賤惡、畏敬、哀矜、敖惰之人，當反自譬喻於我也。若彼人有德，為我所親愛，則我自修身有德，亦能使眾人親愛於我也。諺語有「人莫知其子之惡，莫知其苗之碩。」皆指人不能以己譬人，又不能以己待物也。

《大學》又闡釋治國必先齊其家之道，其云：

> 所謂治國必先齊其家者，所謂治國必先齊其家者，其家不可教而能教人者無之。故君子不出家而成教於國：孝者，所以事君也；悌者，所

---

[19] 同上註。

[20] 同上註。

[21] 《禮記注疏》，卷 60，頁 986。

以事長也；慈者，所以使眾也。《康誥》曰：「如保赤子。」心誠求之，雖不中，不遠矣。未有學養子而後嫁者也！一家仁，一國興仁；一家讓，一國興讓；一人貪戾，一國作亂。其機如此。此謂一言僨事，一人定國。堯、舜帥天下以仁，而民從之；桀、紂帥天下以暴，而民從之。其所令反其所好，而民不從。是故君子有諸己而后求諸人，無諸己而后非諸人。所藏乎身不恕，而能喻諸人者，未之有也。故治國在齊其家。[22]

　　此言為大人能以恕道治國，行孝、悌、慈，則上行下效，天下就可以平治。故《尚書·康王之誥》云：「如保赤子。」[23]成王命康叔治國之時，只要以誠心保愛赤子之心治民，雖不能達到正中，也不遠矣。君主有仁讓之善行，一國之人亦仁讓。君主貪戾不仁，國人亦作亂。關鍵就在於此。故君主一人之惡言，會覆敗國家；君主一人之善政，能安定國家。試觀殷商興亡前例：堯、舜帥天下人行仁政，而人民都依從之；桀、紂帥天下人行暴政，而民從之而亂。

　　《大學》又闡釋治國必先齊其家之道。其云：

所謂平天下在治其國者，上老老而民興孝；上長長而民興弟；上恤孤而民不倍。是以君子有絜矩之道也。所惡於上，毋使以下；所惡於下，毋以事上；所惡於前，毋以先後；所惡於後，毋以從前；所惡於右，毋以交於左；所惡於左，毋以交於右；此之謂絜矩之道。詩云：「樂只君子，民之父母。」民之所好好之，民之所惡惡之，此之謂民之父母。……道得眾，則得國；失眾，則失國。是故君子先慎乎德：有德此有人，有人此有土，有土此有財，有財此有用。德者，本也；財者，末也。外本內末，爭民施奪。是故財聚則民散，財散則民聚。是故言悖而出者，亦悖而入；貨悖而入者，亦悖而出。……此謂唯仁人，為能愛人，能惡人。見賢而不能舉，舉而不能先，命也；見不善

---

[22]　《禮記注疏》，卷60，頁986-987。
[23]　《尚書注疏》，卷14，頁202。

而不能退，退而不能遠，過也。好人之所惡，惡人之所好，是謂拂人之性，菑必逮夫身。是故君子有大道，必忠信以得之，驕泰以失之。生財有大道：生之者眾，食之者寡；為之者疾，用之者舒；則財恆足矣。仁者以財發身，不仁者以身發財。未有上好仁，而下不好義者也；未有好義，其事不終者也；未有府庫財，非其財者也。……此謂國不以利為利，以義為利也。長國家而務財用者，必自小人矣；彼為善之，小人之使為國家，菑害並至，雖有善者，亦無如之何矣。此謂國不以利為利，以義為利也。[24]

此言治國才能平天下。執政之君主能有絜矩之道，即指恕道。以民心為己心，愛民如子，民亦必愛之如父母。君主不可輕德重財，與民爭利，而行劫奪民財之事。德是根本，財是枝末，故仁君應散財以得民，不仁之君聚財以失民。君主見賢則舉之，若不能使賢者位在自己之先，是自己怠慢賢人。見不善惡人而不能屏退，屏退而不能遠離，是君主之過失。君主喜好人所厭惡之事，厭惡人所喜好之事，是違逆人性，災禍必及於身。君主生財之道，是生產之民眾多，食用之民少；工作之人勤快，使用之人舒緩；則財用恆常足夠。君上好仁義，民必從之，故治國不以財利為利，以仁義為利也。治理國家之人，猶致力於聚斂財貨，必是小人之行。待災害來臨時，君主雖有善政，亦無可奈何矣。

綜上所論，《大學》從三綱八目敘述修己治人之道，皆為數千年來，自君主至士大夫，皆奉之為圭臬。而文中之論述，條理井然，雖唐孔穎達之《正義》，朱熹之《四書章句集注》，王陽明之《大學問》，皆各有不同之說法，但對讀書人之啟發及推論，皆能使讀書人體認修身為修己之工夫，從正心、誠意到格物、致知，指出修德性與道問學，是修身之兩要件。當自己從修身到德行高尚，學問淵博時，再推己及人，去做齊家、治國、平天下之大事。

---

[24]　《禮記注疏》，卷 60，頁 987-988。

二、佛教出世解脫之思想

　　佛教與儒家不同，儒家主入世，由個人格物、致知、誠意、正心，修身，然後推而至齊家、治國、平天下。此修己以治人之思想，是做濟世治國之工作。佛教則先修世間法，以世間法作為出世之資糧。至於出世間法，可以《阿彌陀經》為代表，而出世間法又不離世間功德。可以說，佛教是先修身，再輪迴，生淨土，究竟成佛，普渡有情眾生。

　　佛教修行之目的，是為解脫煩惱，出離三界，此乃出世之思想。佛教講究「弘法利生」，入世行菩薩道，廣度眾生。究竟是出世好？還是入世好？若深究佛陀之意，修道最終之目的是出世解脫，而人生在世，又無法離開世間法，所以佛教在出世或入世上，主張「先入世，後出世」。

　　佛教主張在世間得道，而不是遁入山林，以求解脫。在世間以「六度」為成佛之次第。其中小乘佛教是以自我出世解脫為根本，在現實世界，徹底反省思惟，認定在生死流轉中，一切是無常、是苦、是無我。亦即無真正之永恆，必須從無常、苦、無我之正觀中，勘破自我，得心解脫；大乘佛教則以救世為根本，行菩薩道，就是要淨化社會、淨化人心，度化眾生。

　　不論大乘或小乘，都認為修道應先自覺，而後覺他。亦即先了悟自己之心體，肯定人皆本具般若、解脫、法身諸德，而自性是無善無惡之真體，無是無非。無人無我，無內無外，只要內心一片光明，自在如如，就能達到覺悟生死，進入涅槃之解脫境界。

　　依小乘佛教之理論，了悟生死，就可達到出世之目的。而大乘佛教則在激發入世之精神。由於出世只是獨善其身之自利行為，只能證得清淨無為之涅槃解脫。入世方可兼善天下，自利利他，福慧雙修。當覺行圓滿，所有法界眾生都已度盡之時，不但自己解脫，還能修成佛果。

　　要了悟生死，獲得解脫屬於智，禪宗稱為「靈知」。大唐罽賓三藏佛陀多羅譯《大方廣圓覺修多羅了義經》中，世尊告彌勒菩薩云：

善男子！知幻即離，不作方便。離幻即覺，亦無漸次。[25]

　　萬法皆心識所生，凡所有相，皆是假相，虛妄不實。從朝至暮，一切心內心外，都是幻影，而無自體。唯覺性念根，隨幻即覺。故應時時返照自心，收攝六根。保持覺性，不受幻相所拘。所謂「知幻即離」，妄念遠離。當下即頓悟見性，不假方便次第，直了成佛。一切眾生，都應修習菩薩三昧方便，遠離一切幻化虛妄境界。然後證得無方清淨，即八萬四千陀羅尼清淨，一切實相清淨。再以慈悲心悟入如來圓覺境界，當可究竟涅槃。唐天竺沙門般剌密帝譯《大佛頂首如來密因修證了義諸菩薩萬行楞嚴經》云：

　　　　若復世間一切根、塵、陰、處、界等，皆如來藏清淨本然，云何忽生山河大地諸有為相，次第遷流終而復始？……若於因地，以生滅心為本修因，而求佛乘不生不滅，無有是處。……以湛旋其虛妄滅生，伏還元覺得元明覺，無生滅性為因地心，然後圓成果地修證。[26]

　　此言世間一切根、塵、陰、處、界等，皆是如來藏清淨本然，不須生山河大地諸有為相，地水火風屬自然界，本性圓融周遍法界，並無生滅。如來藏妙覺明空，非心非空，即心即空，故不必用山河大地為本修因，應以菩提心為生滅因。如此修行，不論世間、出世間法無不包容其間，並得圓滿無上菩提。後秦龜茲國三藏法師鳩摩羅什譯《妙法蓮華經・譬喻品》中，佛以偈言宣說出世間道云：

　　　　今此三界，皆是我有。其中眾生，悉是吾子。而今此處，多諸患難。唯我一人，能為救護。雖復教詔，而不信受。於諸欲染，貪著深故。以是方便，為說三乘。令諸眾生，知三界苦。開示演說，出世間道。[27]

25　《大正藏》經 842，頁 916。
26　《大正藏》經 945，卷 4，頁 121。
27　《大正藏》經 262，卷 2，頁 14-15。

　　此言三界眾生，本有法身，原無生死。但因多諸患難，實是出於欲染、貪著，迷失本來之佛性，起貪、瞋、癡，造種種業，迷惑於往來生死之中。故佛陀開示演說出世間道，令眾生知三界苦，而信受於佛陀，覺悟解脫。

　　出世間禪之修行者，離世間之種種煩囂，靜寂地直觀自性，又稱為出世禪。所謂出世解脫，是指對世俗煩惱雜染之超越、出離。出離先要離分別心、妄心，妄心離，相就可離。故出離要有「離相」，就可達到無相之境界。風幡報恩光孝禪寺住持嗣祖比丘宗寶編《六祖大師法寶壇經‧定慧第四》云：

> 先立無念為宗，無相為體，無住為本。無相者，於相而離相；無念者，於念而無念；無住者，……於諸法上念念不住，即無縛也。此是以無住為本。善知識！外離一切相，名為無相，能離於相，則法體清淨，此是以無相為體。[28]

　　此言六祖法門告示眾生，坐禪必須先立無念為宗，無相為體，無住為本。無念是於一切境上不染，亦即在自念上離境，不在法上生念。若百物不思，念盡除卻。念斷即死，就非無念。所謂離相，非用身體去離，而是心要遠離。心不生取捨分別，六根不攀緣六塵，若見諸相非相，即見如來。所以非相要離一切相，著相即眾生，離一切相即成佛。著相即迷，離相即悟。反過來說，悟要離相，離相才能悟。眾生如何由迷而悟，轉識成智。而成涅槃解脫？後秦龜茲國三藏法師鳩摩羅什譯《金剛般若波羅蜜經》云：

> 「我相即是非相，人相、眾生相、受者相即是非相。何以故？離一切諸相，則名諸佛。」佛告須菩提：「如是，如是！若復有人得聞是經，不驚、不怖、不畏，當知是人甚為稀有。」[29]

---

[28] 《大正藏》經 2008，頁 353。
[29] 《大正藏》經 235，頁 750。

　　此言離一切諸相，則名諸佛。眾生皆需經歷「生」「老」「病」「死」，不知蟲蝦魚鳥只是相之萬變，只要出離悟徹，萬幻實無一化。故非相，人相、眾生相、受者相皆屬非相，若能離一切相，生無所住心，就能發阿耨多羅三藐三菩提。北涼天竺三藏曇無懺譯《大般若涅槃經》中云：

> 佛說偈；「比丘若修習，戒定及智慧。當知是不退，親近大涅槃。」世尊，云何修戒？云何修定？云何修慧？佛言：「善男子！……受持戒時，若為度脫一切眾生，為護正法，……如是修時，是則名修習戒也；……云何復名修於智慧？……智者若觀生老死苦，一切眾生無明所覆，不知修習無上正道，願我此身悉代眾生受大苦惱。眾生所有貧窮下賤、破戒之心、貪、瞋、癡業，願皆悉來集于我身。願諸願諸眾生不生貪取，不為名色之所繫縛。願諸眾生早度生死，令我一身處之不厭；願令一切皆得阿耨多羅三藐三菩提。如是修時，不見智慧、不見智慧相、不見修者、不見果報，是則名為修習智慧。修習如是戒定智慧，是名菩薩。」[30]

　　由上可知，涅槃解脫，要戒、定、慧三修。天台宗常以「止觀」來代替「定慧」，因此有「止觀雙修」、「定慧等持」之說。但兩者之區別，止觀是因，定慧是果，故先修止觀，可得定慧。天台宗主張修習圓頓止觀。止，是止其散；觀，是從念頭中斷除愛欲，到達無欲之境界，就能解脫。天台山修禪寺沙門智顗述《修習止觀坐禪法要》前言中開示定慧雙修之要云：

> 止是禪定之勝因，觀是智慧之由藉。若人成就定、慧二法，斯乃自利利人法皆具足。故《法華經》云：「佛自住大乘，如其所得法定慧力莊嚴，以此度眾生。」當知此之二法，如車之雙輪，鳥之雙翼。若偏

---

30 《大正藏》經 3774，卷 29，頁 537。

修習，及墮邪倒。若偏修，故經云：「若偏修禪定福德，不學智慧，名之曰愚；偏學智慧，不修禪定福德，名之曰狂。」狂愚之過。雖小不同。邪見輪轉，蓋無差別。若不均等，則行乖圓備，何能疾登極樂？[31]

此言止觀是定慧雙修之法。禪定與智慧應均等並重。否則稱為狂愚。其修習法首要持戒清淨，不受染色。亦即因戒能生定慧。禪定時，當發大誓願，度脫一切眾生，願求無上佛道。其心堅固，猶如金剛。精進勇猛，不惜身命。若成就一切佛法，終不退轉。然後坐中正念思維，一切諸法，真實之相。

定慧雙修之止觀《修習止觀坐禪法要·方便行》，更提出五種方便法門，其云：

一者欲：欲離一切世間妄想顛倒，欲得一切諸禪智慧法門故。亦名為智，亦名為願，亦名為好，亦名為樂，是人志願好樂一切諸深法門故，故名為欲。如佛言曰：「一切善法，欲為其本。」二者精進：堅持禁戒，棄於五蓋。初夜後夜，專精不廢，譬如鑽火未熱，終不休息，是名精進善道法。三者念：念世間為欺誑可賤，念禪定為尊重可貴。若得禪定，即能具足，發諸無漏智。一切神通道力。成等正覺，廣度眾生，是為可貴。故名為念。四者巧慧：籌量世間樂、禪定智慧樂得失輕重。所以者何？世間之樂，樂少苦多，虛誑不實，是失是輕。禪定智慧之樂，無漏無為，寂然閒曠，永離生死，與苦長別，是得是重。如是分別，故名巧慧。五者一心，分明明見世間，可患可惡；善識定慧功德，可尊可貴。爾時，應當一心決定修行止觀。心如金剛。天魔外道不能沮壞，設使終無可獲，終不回易，是名一心。[32]

此言修習止觀之五種方便法門是欲、精進、念、巧慧、一心。其中一

心最為重要，心如金剛，終不回易，是首要功夫；其次是精進，堅持不
廢，終不休息。其三欲是智慧；念是禪定；巧慧是定慧之工夫。五者不偏
離定、慧二者。亦當是止觀重要之方便法門，智者大師晚年，在華山頂上
開悟後，講「四種三昧」和「十乘觀法」，是天台宗三種止觀中之一種，
最為圓滿殊勝。

　　《雜阿含經》中，佛陀開示止觀之義，當可更清楚瞭解止觀之涵義：

> 如是我聞，一時，佛住拘睒彌國瞿師羅園。爾時，尊者阿難往詣上
> 座。……問上座言：「若比丘於空處、樹下、閑房思惟，當以何法專
> 精思惟？」上座答言：「尊者阿難於空處、樹下、閑房思惟者，當以
> 二法專精思惟。所謂止觀。」尊者阿難復問上座：「修習於止。多修
> 習已，當何所成？修習於觀，多修習已，當何所成？」上座答言：
> 「尊者阿難修習於止，終成於觀。修習觀已，亦成於止。謂聖弟子
> 止、觀俱修，得諸解脫界。」阿難復問上座：「云何諸解脫界？」上
> 座答言：「尊者阿難。若斷界、無欲界、滅界，是名諸解脫界。」尊
> 者阿難復問上座：「云何斷界。乃至滅界？」上座答言：「尊者阿難
> 斷一切行，是名斷界；斷除愛欲，是無欲界；一切行滅，是名滅
> 界。」時，尊者阿難聞上座所說。歡喜隨喜。往詣五百比丘所，恭敬
> 問訊，退坐一面。白五百比丘言：「若比丘於空處、樹下、閑房思惟
> 時。當以何法專精思惟？」時，五百比丘答尊者阿難：「當以二法專
> 精思惟，乃至滅界。」如上座所說。時，尊者阿難聞五百比丘所說，
> 歡喜隨喜，往詣佛所。稽首佛足，退坐一面。白佛言：「世尊！若比
> 丘空處、樹下‧閑房思惟。當以何法專精思惟？」佛告阿難：「若比
> 丘空處、樹下、閑房思惟，當以二法專精思惟，乃至滅界。如五百比
> 丘所說。」時，尊者阿難白佛言：「奇哉！世尊！大師及諸弟子皆悉
> 同法、同句、同義、同味。我今詣上座，名上座者。問如此義。亦以
> 此義、此句、此味答我。如今世尊所說，我復詣五百比丘所，亦以此
> 義、此句、此味而問。彼五百比丘亦以此義、此句、此味答。如今世
> 尊所說。是故，當知師及弟子一切同法、同義、同句、同味。」佛告

阿難：「汝知彼上座為何如比丘？」阿難白佛：「不知。」世尊佛告
阿難：「上座者是阿羅漢。諸漏已盡，已捨重擔，正智心善解脫。彼
五百比丘亦皆如是。」佛說此經已。尊者阿難聞佛所說，歡喜奉行。[33]

　　有一次，尊者阿難問上座之阿羅漢，專精思惟修學時，應當如何思
惟？上座告知，應以止、觀二法專精思惟。尊者阿難繼續問，在止、觀上
修習後，能有何成就？上座告尊者阿難，在「止」上修學，最後要能成就
「觀」；修習「觀」，最後也要能成就「止」。聖弟子止觀都成就，就能
到解脫的境界。阿難繼續問解脫之境界如何？上座告尊者阿難，是斷、無
欲、滅之境界。斷除一切行，叫作斷之境界；斷除愛欲，叫作無欲之境
界；滅盡一切行，叫作滅之境界。尊者阿難聽上座之教導後，又問許多比
丘。答案相同。又再以相同問題向佛陀求證，佛陀之答案亦同。此時，尊
者阿難不由得讚歎大師與弟子們都說同樣之法，相同之語句，相同樣之義
涵，相同之文辭。世尊告知阿難，上座是斷除所有煩惱，捨離生命所有之
重擔，得正智心解脫之阿羅漢，你所問之比丘們亦同。叮知要成就解脫，
成阿羅漢果，都要從止觀著手。

　　止觀統攝萬行之法，必須一以貫之，不僅是修行之勝路，亦是眾德圓
滿之指歸。《圓覺經》是釋迦牟尼佛回答文殊菩薩、普賢菩薩、普眼菩
薩、金剛藏菩薩、彌勒菩薩、清淨慧菩薩、威德自在菩薩、辯音菩薩、淨
諸業障菩薩、普覺菩薩、圓覺菩薩和賢善首菩薩所提出之問題，以長行和
偈頌形式，宣說如來圓覺之妙理和方法，應可了悟止觀之依歸。《大方廣
圓覺修多羅了義經》云：

爾時，世尊告文殊師利菩薩言：「善哉！善哉！善男子，汝等乃能為
諸菩薩，諮詢如來因地法行，及為末世一切眾生求大乘者，得正住
持，不墮邪見。汝今諦聽，當為汝說。」時，文殊師利菩薩奉教歡
喜，及諸大眾默然而聽。……「善男子，無上法王有大陀羅尼門，名

---

[33]　《大正藏》經 99，卷 17，頁 118。

　　為圓覺。流出一切清淨真如、菩提、涅槃及波羅蜜,教授菩薩。一切
　　如來本起因地,皆依圓照清淨覺相,永斷無明,方成佛道。」[34]

　　上言世尊告文殊師利菩薩,一切眾生,無上法王有大陀羅尼門,名為
圓覺,能流出一切清淨真如、菩提、涅槃及波羅蜜,若皆依圓照清淨覺
相,永斷無明,可成佛道。一切眾生種種幻化,皆生如來圓覺妙心。可知
世尊成佛之圓覺旨趣,亦可做住大涅槃之法門。

　　六祖大師惠能,在出家之前,一十六年居士之修行,是修如來清淨因
地法,從理事無礙、事事無礙,到圓悟、圓修、圓證,是在家修行之榜
樣。出家之後,在曹溪修行三十七年。修六度菩薩行,無一度欠缺。一直
修到圓覺心,圓悟、圓修、圓證為止。

　　歸結前言,出世之生活,一樣是在世間生活,而且要把佛教出世之思
想,無邊深廣之悲智,運用六度去救度眾生,使眾生發出離心,了脫生死
外,更能效法佛陀首座弟子大迦葉尊者,日以繼夜,精進苦修「頭陀
行」。希望藉苦行,使自己之身心清淨不染,解脫世間上一切煩惱束縛,
成就圓滿果地。

第二節　儒家《中庸》之中道思想與佛教中觀思想之不同

一、儒家《中庸》之中道思想

　　儒家《中庸》一書,為孔子之孫子思所作,最早見於《史記・孔子世
家》。云:

　　伋,字子思。年六十二。嘗困於宋。子思作《中庸》。[35]

---

[34]　《大正藏》經 842,頁 913。
[35]　《史記》,卷 47,頁 1945。

此說漢・鄭玄、唐・孔穎達、宋・鄭樵、南宋・朱熹等，皆採信之。
朱熹《中庸章句序》云：

> 《中庸》何為而作也？子思子憂道學之失其傳而作也。……若吾夫子
> （孔子），則雖不得其位，而所以繼往聖、開來學，其功反有賢於
> 堯、舜者。然當是時，見而知之者，惟顏氏、曾氏之傳得其宗，及曾
> 氏之再傳，而復得夫子之孫子思，則去聖遠而異端起矣。子思懼夫愈
> 久而愈失其真也，於是推本堯、舜以來相傳之意，質以平日所聞父師
> 之言，更互演繹，作為此書，以詔後之學者。[36]

　　朱熹認為《中庸》之作，為子思憂道學之失傳，異端之紛起，故繼往
聖、開來學，推本堯、舜以來相傳之意，及聽聞父鯉、師曾參之言，演繹
而作此書。
　　《中庸》流傳之年代，約在西漢武帝年間。其時佛教尚未傳入中國，
與隋、唐以後佛教之盛行，及宋明理學之流衍，並無相互激盪及影響。但
中印兩國，同是文明古國，在思想之形成，文化之軌跡上，卻有不謀而合
之處。《中庸》之思想，偏重宇宙觀念與人生哲學之融合；佛教則更深入
探討宇宙本體論，如緣起性空、般若、禪定、解脫等之探索，實有探討之
必要。
　　「中庸」一辭，出自孔子，《禮記・中庸》第三章云：

> 子曰：「中庸其至矣乎！民鮮能久矣。」[37]

　　孔子認為《中庸》有至為崇高之境界。一般百姓很少能做到。為何中
庸有此崇高之境界？宋・朱熹《中庸章句》引二程子之說云：

> 不偏之謂中，不易之謂庸。中者天下之正道，庸者天下之定理。此篇

---

[36] 《四書章句集注》，頁20。
[37] 《禮記注疏》，卷52，頁880。

> 乃孔門傳授心法，子思恐其久而差也，故筆之於書，以授孟子。其書
> 始言一理，中散為萬事，末復合為一理。放之則彌六合，卷之則退藏
> 於密，其味無窮，皆實學也。善讀者，玩索而有得焉，則終身用之，
> 有不能盡者矣。[38]

　　二程子以為《中庸》之「中」為不偏，為天下之正道；「庸」為不
易，為天下之定理。「中」與「庸」是孔門傳授之心法。書中始言一理，
中散為萬事，末復合為一理。放開可充滿天下，捲藏可藏於密微之中。不
僅滋味無窮，且為實用之學。讀者應玩索其中之理，可終身受用無窮。
　　《禮記·中庸》「始言一理」者，見首章，其云：

> 天命之為性，率性之為道，修道之為教。道也者，不可須臾離也；可
> 離，非道也。是故君子戒慎乎其所不睹，恐懼乎其所不聞。莫見乎
> 隱，莫顯乎微，故君子慎其獨也。喜怒哀樂之未發，謂之中；發而皆
> 中節，謂之和。中也者，天下之大本也；和也者，天下之達道也。致
> 中和，天地位焉，萬物育焉。[39]

　　「天命之為性，率性之為道，修道之為教。」三句為全書之綱領。天
命之為性，指出天道與人性之關係；率性之為道，闡發人性與人道之關
係；修道之為教，敘述人道與教化之關係。從天道說到人性，再從人性說
到人道，再從人道說到教化，三句一氣呵成，貫通天人，故可為天人合一
之縮辭。次言修道在慎獨，慎獨是道不可須臾離之義。再次言中和，是教
化之目標，可以使天地定位，萬物化育，達到天人合德之目標。
　　中言「散為萬事」是將前言之「慎獨」、「致中和」散開為修身、齊
家、治國、平天下。修身包含智、仁、勇三達德、君臣、父子、夫婦、昆
弟、朋友之交五達道；齊家為治國之根本；治國、平天下有九經：修身，
尊賢，親親，敬大臣，體群臣，子庶民，來百工，柔遠人，懷諸侯。如此

---

[38]　《四書章句集注》，頁20。
[39]　《禮記注疏》，卷52，頁880。

則《中庸》由理論變為具體可行之步驟，條理縝密可行。

　　《中庸》之內容，雖包羅萬事，但中道為最重要之理論。中和之涵義，前言「喜、怒、哀、樂之未發，謂之中；發而皆中節，謂之和。」喜、怒、哀、樂，稱為情，尚未發出時稱為性，無所偏倚稱為中，發皆合乎節度，無所乖戾稱為和。因此，「中」是天下人之本性；「和」是天下之達道。達到「中和」之境界時，天地各在其位，萬物生長繁育。

　　《中庸》之中，上言「中和」之義外，其次為「時中」之義。《禮記・中庸》首章云：

> 仲尼曰：「君子中庸，小人反中庸。君子之中庸也，君子而時中；小人之反中庸也，小人而無忌憚也。」

　　此為引述孔子之言，認為君子之德行中庸，小人之德性反中庸。朱熹注云：

> 中庸者，不偏不倚，無過不及。而平常之理，乃天命所當然，精微之極致也。唯君子能體之，小人反是。

　　朱子以中庸有君子與小人之不同。兩者之不同。北宋程頤加以申論云：

> 君子之所以為中庸者，以其有君子之德，又能隨時處中也。小人之所以反中庸者，以其有小人之心，而又無所忌憚也。蓋中無定體，隨時而在，是乃平常之理也。君子知其在我，故能戒慎不賭，恐懼不聞，而無時不中。小不知有此，而肆欲妄行，而無所忌憚也。[40]

　　此說將君子與小人不同者，在君子之德行中庸，小人反之；君子性情

---

[40]　《四書章句集注》，頁 25。

中和，小人反之。蓋君子性情中和，德行時時戒慎恐懼。小人性情暴戾，恣意妄為，故無中庸可言。

《中庸》不偏不倚，無過不及，故屬君子之正道，然孔子之時，屬春秋亂世，故孔子慨歎道之不行。其第四章云：

> 子曰：「道之不行也，我知之矣。知者過之，愚者不及也。道之不明也，我知之矣。賢者過之，不肖者不及也。」

孔子深知正道不能常明，是因為智者是知之過，知道不足行而不行；愚者不及知，又不知行。故慨歎正道不明。雖然如此，孔子仍舉舜與顏回為實踐中庸之道之人。《禮記・中庸》第六章云：

> 子曰：「舜其大知也與！舜好問而好察邇言。隱惡而揚善。執其兩端，用其中於民。其斯以為舜乎！」

朱熹《中庸章句》注云：

> 舜之所以為大知者，以其不自用而取諸人也。邇言者，淺近之言。猶必察焉，其無遺善可知。然於其言之未善者，則隱而不宣，其善者則播而不匿。其廣大光明又如此。則人孰不樂告其善者哉！兩端，眾論不同之極致。蓋凡物皆有兩端，如大小厚薄之類，於善之中又執其兩端，而量度以取中，然後用之，則其擇之審而行之至也。然非在我之權度精切不差，何以與此。此知之所以無過不及，而道之所以行也。[41]

孔子讚美舜具有大智，能好問於人。且能從淺近之言中，觀察他人言語之善惡。並有隱惡而揚善之美德。舜在採用他人言語時，必審度權衡，取其中道，而無太過或不及。由此，正道得施行無礙。又第八章言顏回能

---

[41] 《四書章句集注》，頁 26。

行中道，其云：

> 子曰：「回之為人也，擇乎中庸。得一善則拳拳服膺而弗失之矣。」

孔子稱讚其弟子顏回之為人，凡事能選擇中庸之道，無太過或不及。
如有一善，能誠懇奉行，而無失誤。

孔子又說明君子重視中庸。《禮記・中庸》第十一章云：

> 子曰：「君子遵道而行，半途而廢，吾弗能已矣。君子依夫中庸，遯
> 世不見知而不悔，唯聖者能之。」[42]

孔子說明君子依循中道，不會半途而廢。即使遯隱不見於世，仍不後
悔。此種至誠不息，心中裕如之襟懷，唯有聖人能為之。《禮記・中庸》
第十二章又云：

> 子曰：「君子之道費而隱，夫婦之愚，可以與之焉，及其至也，雖聖
> 人亦有所不知焉；夫婦之不肖，可以能行焉，及其至也，雖聖人亦有
> 所不能焉。……君子之道，造端乎夫婦，及其至也，察乎天地。」[43]

孔子說明君子之道不僅廣大，而且隱微。其大無外，其小無內。近可
言夫婦居第之內，大則聖人亦有所不聞；君子之道，造端夫夫婦，即生育
子女之事；大可觀察天地化育萬物之事。《禮記・中庸》第十三章又云：

> 子曰：「道不遠人。人之為道而遠人，不可以為道。……君子以人治
> 人，改而止。忠恕違道不遠，施諸己而不願，亦勿施於人。君子之道
> 四，丘未能一焉：所求乎子以事父，未能也；所求乎臣以事君，未能
> 也；所求乎弟以事兄，未能也；所求乎朋友，先施之，未能也。庸德

---

[42] 《四書章句集注》，頁28。
[43] 《四書章句集注》，頁29。

之行，庸言之謹，有所不足，不敢不勉，有餘不感盡；言顧行，行顧言。君子胡不慥慥爾。」[44]

孔子認為道並不遠人，因此君子治人，是以其人之道，還治其人之身。其人若能知改，即止而不治。又行忠恕之道，忠為盡己之心，恕為推己及人。如施諸己而不願，亦勿施之於人，即忠恕之事。能以己度人，離道不遠。君子之道有四，即子事父、臣事君、弟事兄、先施朋友，此四事，孔子自謙未能做到。故言平常之言行，必須謹慎。所謂言語時要顧到行事，行事時要顧到言語，才能言行相顧。故君子之言行，何不篤實謹慎哉！

前言中道不可離身，近可修身、事親、治國，遠可即於天地化育萬物。而推動中道之動力為誠。《禮記・中庸》第二十章云：

誠者，天之道也。誠之者，人之道也。誠者，不勉而中，不思而得，從容中道，聖人也。誠之者，擇善而固執之者也。[45]

「誠」是天道，是上天中和至善，合外內之道之正道；「誠之」是人道，是是不須勉強而相合，不須思維而得到，從容自在之中道。而此中道之推動，是聖人以擇善而固執之心推動之。《禮記・中庸》第二十一章云：

自誠明，謂之性；自明誠，謂之教。誠則明矣，明則誠矣。[46]

此為子思承孔子天道與人道之意，闡述其含義。朱子注云：

自，由也。德無不實而明無不善者。聖人之德，所性而有者也。天道

44　《禮記注疏》，卷53，頁883。
45　《禮記注疏》，卷53，頁894。
46　《四書章句集注》，頁43。

也；先明乎善，而後能實其善者，賢人之學。由教而入者也，人道
也。誠則無不明矣，明則可以至於誠矣。

朱子說明從天性而有者，屬天道；聖人之德，來自天性，故由誠身而
明善；至於賢人，是由教而明善，屬人道。由誠身入手，即可明善；由明
善入手，亦可誠身。故天人可以合一。至於誠身之工夫，前言擇善而固執
之。至於功效，《禮記‧中庸》第二十二章云：

> 唯天下至誠，為能盡其性；能盡其性，則能盡人之性；能盡人之性，
> 則能盡物之性；能盡物之性，則可以贊天地之化育；可以贊天地之化
> 育，則可以與天地參矣。[47]

此言唯有天下至誠之聖人，因德行真實，無人欲之私。故能審察自
我，鉅細靡遺，而盡知自己之本性。聖人之性與眾人之性，僅形氣不同而
已。故能盡知他人之本性，進而盡知天地間萬物之本性。聖人能盡知天地
間萬物之本性，故可以贊助天地萬物之化育，而與天地並立為三。朱子以
為此乃聖人自誠而明之事。《禮記‧中庸》第二十五章云：

> 誠者自成也，而道自道也。誠者物之終始，不誠無物。是故君子誠之
> 為貴。誠者，非自成己而已也，所以成物也。成己，仁也；成物，知
> 也。性之德也，合外內之道也，故時措之宜也。[48]

此言「誠」是天道，萬物當自然化育成長，故誠涵蓋萬物生命之終
始。缺少誠之原動力，就無一切事物。故君子必以誠為貴也。誠不僅是自
己誠身而已，而且要及之於萬物。自己誠身，是存之於己之仁心；及之於
萬物，是推及宇宙萬物之智慧。是聖人發自內在本性之仁德，無內外之分
之道，此道內能成己，外能成物。故隨時安置，皆得其宜也。

---

[47] 《禮記注疏》，卷 53，頁 895。
[48] 《禮記注疏》，卷 53，頁 896。

　　至誠之道，可以成己、成物，而且禍福可以前知。《禮記‧中庸》第二十四章云：

> 至誠之道，可以前知。國家將興，必有禎祥；國家將亡，必有妖孽；見乎蓍龜，動乎四體。禍福將至：善，必先知之；不善，必先知之。故至誠如神。[49]

　　若能以至誠之心，明察國家之興亡，是有機兆可循。如國家將興，必有福兆；國之將亡，必有禍萌。在筮卦龜卜之時，亦可顯現。在動作威儀之時，亦有徵候可循。故無一毫私心之時，不論善惡，必可先知。至誠之心，如鬼神之前知也。

　　又至誠無息，將與天地一般高明、悠久、博厚。《禮記‧中庸》第二十六章云：

> 故至誠無息。不息則久，久則徵，徵則悠遠，悠遠則博厚，博厚則高明。博厚，所以載物也；高明，所以覆物也；悠久，所以成物也。博厚配地，高明配天，悠久無疆。如此者，不見而章，不動而變，無為而成。[50]

　　至誠而不止息，就可長久。長久處於中正之道，就可獲得徵驗。得到徵驗，就可悠遠無窮，積聚廣博而深厚。積聚廣博而深厚，就可高大光明。廣博而深厚，是指大地覆載萬物。高大而光明，是指天覆育萬物。悠遠而長久，是指天地成就萬物。廣博而深厚，是配合大地而言。高大而光明，是配合上天而言，悠遠長久，是天地之無窮。如此推論，不用表現，自然就會彰顯，是配地而言也。不見上天之動，萬物因而變化入神。以配天而言。天地自然無為，是其悠久無疆之原因。

　　《禮記‧中庸》第二十六章又云：

49　《禮記注疏》，卷53，頁895。
50　《禮記注疏》，卷53，頁896。

> 天地之道，可壹言而盡也：其為物不貳，則其生物不測。天地之道：
> 博也，厚也，高也，明也，悠也，久也。今夫天，斯昭昭之多，及其
> 無窮也，日月星辰繫焉，萬物覆焉。今夫地，一撮土之多，及其廣
> 厚，載華嶽而不重，振河海而不洩，萬物載焉。今夫山，一卷石之
> 多，及其廣大，草木生之，禽獸居之，寶藏興焉。今夫水，一勺之
> 多，及其不測，黿鼉、蛟龍、魚鱉生焉，貨財殖焉。[51]

此又復言天地至誠無息之功用。天地之道，可一言而盡，誠而已矣。天地之於物，誠一不貳，故生物之多至不可測也。天地之道，即前言之博厚、高明、悠久。如指其一處，可見生物之多。及其無窮，可擴至無窮。則天有日月星辰繫之；地有華嶽、河海、萬物居其間；山有草木生長、禽獸居住、寶藏興於其中；水有黿鼉、蛟龍、魚鱉生長其中。故不論天、地、山、水，皆由積累而後廣大盛多，推其原因，實以誠為動力也。

聖人深知天地之道，故能以此道治理天下，其至道如天一般高峻。《禮記‧中庸》第二十七章云：

> 大哉聖人之道！洋洋乎！發育萬物，峻極於天。優優大哉！禮儀三
> 百，威儀三千。待其人而後行。故曰苟不至德，至道不凝焉。故君子
> 尊德性而道問學，致廣大而盡精微，極高明而道中庸。溫故而知新，
> 敦厚以崇禮。是故居上不驕，為下不倍，國有道其言足以興，國無道
> 其默足以容。[52]

聖人治理天下，使萬物發育，其道如天之高峻。聖人制定禮儀三百，威儀三千，是以其至德完成之。聖人敬受於上天中正之理，而由問學中成就禮制，其至道極其高明，而且依循中庸之道；又時常溫故知新。內在之修養敦厚，而且崇尚禮節。因此聖人之存心，可以居上位而不衿驕，在下位也亦不違離理義。國家有道，其言論足以興國濟世；國家無道，則沈默

---

[51] 《禮記注疏》，卷53，頁896。
[52] 《禮記注疏》，卷53，頁897。

不言，亦足以容於世人。

孔子為天下之至聖，雖非如堯、舜、禹、湯、文、武等聖王，能王天下。但能承繼天地聖王之道，創業垂統。《禮記・中庸》第三十章云：

> 仲尼祖述堯舜，憲章文武；上律天時，下襲水土。辟如天地之無不持載，無不覆幬。辟如四時之錯行，如日月之代明。萬物並育而不相害，道並行而不相悖，小德川流，大德敦化，此天地之所以為大也。[53]

孔子遠宗堯舜之道，近守文武之法。上法天時運行，下因水土之理。其德譬如天無不持載，地無不覆幬。又如一年四時交錯運行，日月依晝夜更替。萬物化育於天地之間，而不相妨害。天地之道並行而不相悖。是因宇宙有細微之德，如川流之不息；其廣大之德，則是敦化萬物而無窮。此不僅說明天地之永恆廣大，亦譬喻孔子之大德也。

由上所言，古之聖王，不僅聰明睿知，寬裕溫柔。而且齊莊中正，文理密察。稟持中庸之正道，制作禮樂制度，使親疏貴賤皆依禮儀而行。故民見之莫不敬，聽其言莫不信，觀其行莫不悅。皆是以至誠之心，掌握天地間之本性，而與天地合德也。

二、佛教之中觀思想

大乘佛教在印度發展，主流有兩派：即「空宗」和「有宗」，常被稱為「中觀」和「唯識」兩宗。另外還有一系「如來藏」思想，曾於西元五世紀左右在印度相繼出現。其中中觀思想根源於大乘佛教初期流通之《大般若波羅密多經》，著重實踐。主張一切法無自性，諸法畢竟空，遠離顛倒戲論，得知正確真實之十二因緣法，因此而得正見，致涅槃，稱為中觀。所以中觀學派又被稱為空宗。

印度龍樹菩薩（150～250）上承阿含與般若思想，造《中論》以觀察

---

[53] 《禮記注疏》，卷 53，頁 899。

中道作為核心思想與修持方法，並闡述正確之中觀思想與修持方法，提出
八不、二十四觀闡發原始佛教緣起性空之中道義理，說明緣起性空是解脫
之根本。故中觀又稱「性空學」、「般若學」、「中觀學」。同時，揭示
《般若經》無自性，諸法畢竟空之實相義。其云：

> 大乘法說因緣相，所謂一切法不生不滅，不一不異等。畢竟空無所
> 有。如般若波羅蜜中說。佛告須菩提：菩薩坐道場時，觀十二因緣，
> 如虛空不可盡。佛滅度後，後五百歲像法中。人根轉鈍，深著諸法。
> 求十二因緣、五陰、十二入、十八界等決定相。不知佛意，但著文
> 字。聞大乘法中說：「畢竟空」，不知何因緣故空？故生疑見。若都
> 畢竟空，云何分別有罪福報應等？如是則無世諦、第一義諦。取是空
> 相而起貪著，於畢竟空中生種種過。[54]

以上所言，為龍樹菩薩造《中論》之緣起。文中對眾生不解：「十二
因緣」智慧，以及「畢竟空」之涵義，而生種種過。故揭示不生不滅，破
一切法為宗旨。並以偈「諸法不自生，亦不從他生；不共不無因，是故知
無生。」「如諸法自性，不在於緣中；以無自性故，他性亦復無。」[55]說明
生、住、滅、法、性、相、緣等，皆不可執著空無，應從因緣與性空說明
中道之義。

在中國，龍樹被尊為大乘宗派（三論、天台、華嚴、唯識、禪、淨
土、密、律等八宗）之共祖。雖然各宗論述不同，都殊途同歸。其終極目
標，都在見證「真如」之本體。如天台、華嚴等宗派，都是以般若中觀的
性空見作為大乘佛教之基礎思想，而以《大般涅槃經》中所說一切眾生皆
有佛性，皆能成佛之思想，作為圓滿教法。北涼天竺三藏曇無讖譯《大般
涅槃經》云：

> 善男子！生死本際，凡有二種。一者無明，二者有愛。是二中間是二

54　《大正藏》經 1564，卷 1，頁 1。
55　《大正藏》經 1564，卷 1，頁 2。

中間，則有生老病死之苦，是名中道，如是中道能破生死，故名為
中。以是義故，中道之法名為佛性，是故佛性常樂我淨。[56]

此言中道能破生死，故名為中。以是義故，中道之法，名為佛性。是
故佛性常樂我淨。一般眾生不能見佛性，若見佛性，即得常樂我淨。應如
何能見佛性？《大般涅槃經》又云：

善男子！眾生起見有二，一者常見，二者斷見。如是二見，不名中
道。無常、無斷，乃名中道。無常、無斷，即是觀照十二緣智，如是
觀智，是名佛性。二乘之人，雖觀因緣，猶亦不得名為佛性。佛性雖
常以諸眾生無明覆故，不能得見。又未能渡十二因緣河，猶如兔、
馬。何以故？不見佛性故。善男子！是觀十二因緣智慧。即是阿耨多
羅三藐三菩提種子。以是義故。十二因緣名為佛性。……佛性即第一
義空，第一義空名為中道。中道者，即名為佛。佛者，名為涅槃。[57]

此言眾生之見有二，一者常見，二者斷見。皆非中道。二乘之人，雖
觀因緣，猶亦不得名為佛性。觀十二因緣智慧是阿耨多羅三藐三菩提種
子，無上正等正覺之種子，故為佛性。佛性即第一義空，第一義空名為中
道。中道者即名為佛。佛者名為涅槃。

法相宗之中觀思想，講求「偏、依、圓」三性。護法、安慧等菩薩
造、唐三藏法師玄奘譯《成唯識論》云：

今造此論，為於二空有迷謬者生正解故。生解為斷二重障故。由我法
執，二障具生。若證二空，彼障隨斷。斷障為得二勝果故。由斷續生
煩惱障故，證真解脫。由斷礙解所知障故，得大菩提。又為開示謬執
我法，迷唯識者。令達二空。於唯識理如實知故。復有迷謬唯識理
者，或執外境如識非無。或執內識如境非有。或執諸識用別體同，或

執離心無別心所。為遮此等種種異執。令於唯識深妙理中，得如實解故，作斯論。[58]

論中說明眾生應知定無實我，而且因果相續，由妄薰習，而現似我之相。緣與色亦非實有。眾生應知有實常法，名曰真如。實無外境，只是習氣擾動濁心所致。又阿賴耶識與諸轉識，於一切時輾轉相生，互為因果。又阿賴耶識具諸種子，故能攝，藏諸雜染法。人皆依止於根本識——阿陀那識。此識內攝染淨諸識，而五識則隨緣浮現。故說一切法，非空非不空。惟有識涵攝無餘，故眾生應如實了知唯識之真實理。對二空之理起正解而不謬，進而證得人我空、法我空之唯識深妙理，此即為中道。

鳩摩羅什與《中觀論》相應之譯著有《中論》、《十二門論》和《百論》，號稱「三論」。其中《十二門論》係龍樹菩薩造，以十二門，包括因緣、果、緣、相、一異、有無、性、因果、作、三時、生等，說明萬法所因，似各有性。推而會之，實自無性。通達無滯，故曰十二門。龍樹菩薩造、後秦龜茲國三藏法師鳩摩羅什譯《十二門論》序云：

《十二門論》者，蓋是實相之折衷，道場之要軌也。十二門者，總眾枝之大數也。門者，開通無滯之稱也。論者，欲以窮其源，盡其理也。……當以十二門入於空義。[59]

此言《十二門論》則以十二門入於空義，彰顯一切有為法空，無為法亦空，更見「我空」之義。

龍樹之弟子提婆菩薩，提出「八不中道」之說。即從現象界破空、破假、破執中之辨證方法，體認絕對之中道實體。所謂「八不」，是指：「不生不滅，不斷不常，不一不異，不去不來。」反之，「生、滅。斷、常、一、異、去、來。」就是「八迷」。「不」含有泯和破之意，故「八迷」是指世間一切之現象，都屬假有。如果執著迷惑，以為是實有。將會

[58]　《大正藏》經1585，卷1，頁1。
[59]　《大正藏》經1568，頁159。

產生妄有，故須一一破除，以洞見中道。

譬如「不生不滅」，《十二門論‧觀性門》云：

> 問曰：「若一切法空，則無生無滅；若無生滅，則無苦諦；若無苦
> 諦，則無集諦；若無苦集諦，則無滅諦；若無苦滅，則無至苦滅道。
> 若諸法空無性，則無四聖諦；無四聖諦故，亦無四沙門果；無四沙門
> 果故，則無賢聖。是事無故，佛法僧亦無，世間法皆亦無。是事不
> 然，是故諸法不應盡空。」答曰：「有二諦：一世諦，二第一義諦。
> 因世諦，得說第一義諦；若不得第一義諦，則不得涅槃。若人不知二
> 諦，則不知自利他利共利。……諸佛因緣法，名為甚深第一義。是因
> 緣法無自性故，我說是空。若諸法不從眾緣生。則應各有定性五陰，
> 不應有生滅相五陰。不生不滅，即無無常。……一切有為法空。有為
> 法空，則無為法亦空。」[60]

此從一切法空，論生滅之道。眾生從世諦入手，則不得第一義諦，亦
不得涅槃，不知自利他利共利之道。眾生應明諸佛因緣法，因緣法無自性
故，諸法不從眾緣生，則一切有為法空，無為法亦空。故云不生不滅，即
無無常，應以中道論之。

提婆菩薩造、後秦龜茲國三藏法師鳩摩羅什譯《百論》中，破斥數
論、勝論、正理等各派之說。僧肇《百論序》云：

> 《百論》者，蓋是通聖心之津塗，開真諦之要論也。……於是外道紛
> 然，異端競起，邪辯逼真，殆亂正道。乃仰慨聖教之陵遲，俯悼群迷
> 之縱惑，將遠拯沉淪，故作斯論。[61]

《百論》是古印度佛教破斥外道，其論辯方法，是以「唯破不立」之
方式，設一個論題，加以批駁；再設一個論題，再批駁。通過「外曰」代

60　《大正藏》經 1568，頁 165。
61　《大正藏》經 1568，頁 159。

表外道異說、與「內曰」提婆之論述，破除外道之異論。破而無執，事不失真。如《百論·捨罪福品》云：

> 外曰：「何等善法相？」內曰：「惡止善行法（修妒路）。佛略說善法二種，止相行相。息一切惡，是名止相。修一切善，是名行相。何等為惡？身邪行，口邪行，意邪行。身：殺、盜、婬；口：妄言、兩舌、惡口、綺語；意：貪、瞋、惱、邪見。復有十不善道，所不攝鞭杖繫閉等，及十不善道前後種種罪，是名為惡。何等為止？息惡不作。若心生，若口語，若受戒，從今日終不復作，是名為止。何等為善？身正行，口正行，意正行。身：迎送合掌、禮敬等；口：實語、和合語、柔軟語、利益語；意：慈悲正見等。如是種種清淨法，是名善法。何等為行？於善法中信受修習，是名為行。」[62]

此以佛說善法相，告知修習善法之方法，就是息一切惡，修一切善之種種清淨法，是名善法。並對善法信受修習。如此將修行之真諦，加以剖析論述，使修行者能循中道而行。碩法師撰《三論遊意義》將《中論》、《十二門論》和《百論》三論合而論之。其云：

> 《中論》、《十二門論》即破內學，若是《百論》，即破外學。所以然者，龍樹出時，正法始滅，像法始興。此中有內病興世故。大論云：「佛滅後五百歲後，有五百不出興於世。皆持自見為是，他見為非，不知佛意。為於解脫故，聞畢竟空法，開邪覆正。是故菩薩破邪顯正，所以稱為破內學也。」[63]

此言三論之學，不僅是破內學，亦是破外學。並說明佛滅後五百歲，眾生皆持自見為是，他見為非，不知佛意。故菩薩以畢竟空法破邪顯正。《三論遊意義》又云：

62　《大正藏》經 1659，卷 1，頁 168。
63　《大正藏》經 1855，頁 118。

所言中者，以實為義，亦以五為義也。以實為義者，開中叡師云：
「以中為名者，然其實也，以正為義者。」肇公正觀論云：「中即是
正也。若以實為中義者，即名為實相實際，若以正為中義，即明正法
正性也。」[64]

此言三論之中義，一為實，即實相實際；二為正，即正法正性。實相
實際是針對虛妄失道者而言，此種人未見佛性，無生死定斷，佛果定常，
故失中道。以正為中義，即明正法正性。次對中觀論之意涵加以解說。
《三論遊意義》云：

次合釋三字者，以為二義。以中對觀，即是境智之名。以觀對中，即
是智境觀，即是境智。以境是中實，故生觀，便是正觀。以觀正故，
所以境是中。故中發於觀，觀發於中也。所言中發觀者，由諸法不生
不滅，無來無去，是故能發菩薩正觀。故理乘云：十二因緣，不生不
滅，非因非果。故能生觀者，猶如胡瓜能發熱病，是中發於觀義也。
觀發中者，以觀正故，能了達諸法，皆無生滅，是觀發於中也。以觀
對論為行說者，觀論即是如行而說，論觀即是如說而行。如行而說，
即是說我所行。如說而行，即是行我所說。說我所行，故名為中論
也。行我所說，故名中觀也。[65]

此段反覆說明中觀論三字之涵義，指出中觀若是正觀，即能發十二因
緣，不生不滅之菩薩正觀。亦即能了達諸法皆無生滅之智。吉藏《三論玄
義》直稱般若智為「境智」，此境即指實相境。由實相境發生般若，由般
若故萬行得成，即是境智之義。中觀論亦如三種般若，中是實相般若，觀
是觀照般若，論是文字般若。

天台宗即是以實相為中觀，亦即「三千諸法，一一絕待。」然天台宗
所立之中觀，有「隔歷之中」、「圓融之中」二法。所謂「隔歷之中」，

---

[64]　《大正藏》經 1855，頁 119。
[65]　《大正藏》經 1855，頁 120。

是不能明顯空觀、假觀、中觀於一貫之道理，以為「空觀」與「假觀」相對，遂將「空觀」與「假觀」相隔。並且以為在「空觀」與「假觀」之外，有絕對之中，於是空觀、假觀、中觀三者之間，隔著一條鴻溝，如此「隔歷之中」自非中觀之實相，屬別教所說。須知空觀順「真諦」，假觀順「俗諦」，而中觀順「第一義諦」。空觀是破眾生執空為實之幻象，使其擺脫情欲，離開幻境，返歸於真，故稱「真諦」；假觀是迴照現象界背後之真境，而顯現萬有之一切，故稱「俗諦」。由上可知，本體界與現象界彼此交織之關係，不離空、假二字，可說是「非空非假」，亦可謂「即空即假」。中觀即是要證見此種相關中之絕對實相。如能「一心三觀」，「三觀具足」，即是「即空」、「即假」、「即中」之「圓融之中」，成無上正等正覺，名曰「第一義諦」。

　　欲具足「圓融之中」，而明中道之實相。唐毘陵沙門湛然述《止觀輔行傳弘決》云：

　　　　中道即法界，法界即止觀。止觀不二，境智冥一。[66]

　　湛然陳述一色一香，無非中道。中道即法界，法界即止觀。一切事物，皆為中道實相。止觀二門，乃統萬行。圓頓之設，一以貫之。所謂「止觀不二」，南嶽思大師曲受心要作《大乘止觀法門》對止觀之說，頗得法要，其云：

　　　　所言止者，謂知一切諸法，從本以來，性自非有不生不滅。但以虛妄因緣故非有而有。然彼有法有即非有，唯是一心體無分別。作是觀者，能令妄念不流，故名為止。所言觀者，雖知本不生今不滅，而以心性緣起不無虛妄世用。猶如幻夢非有而有。故名為觀。[67]

　　此言一切諸法，性自非有，不生不滅。但以虛妄因緣故，非有而有。

---

[66] 《大正藏》經1912，卷1之2，頁151。
[67] 《大正藏》經1924，卷1，頁642。

故「止」是諸法所經驗之客境，亦即清淨之法性。「觀」是意念和客觀情境打成一片，而忘卻事物間相關之差別相。止與觀都是法性之一體兩面，必須止觀不二，境智冥一，才能泯滅主體與客境之別，進入常樂我淨之境界。隋天台智者大師說、門人灌頂記《摩訶止觀》云：

> 圓頓者，初緣實相，造境即中，無不真實。繫緣法界，一念法界，一色一香，無非中道。己界及佛界、眾生界亦然。陰入皆如無苦可捨。無明塵勞即是菩提。無集可斷，邊邪皆中正。無道可修，生死即涅槃。無滅可證。無苦無集，故無世間；無道無滅，故無出世間。純一實相，實相外更無別法，法性寂然名止，寂而常照為觀。雖言出後無二無別，是名圓頓止觀。[68]

　　此言法性寂然名止，寂而常照為觀。圓頓止觀是菩薩最初發心時，一向求菩提堅固不可動，彼一念功德，深廣無崖際，稱為菩薩聞圓法。菩薩起圓信，立圓行，住圓位，以圓功德而自莊嚴，以圓力建立眾生，即菩薩圓頓法。此法所圓成之實性，是圓滿成就之真實性，稱為法性，或稱真如。是真實存在之中觀實體。

　　由此，大乘佛法之中觀思想，各宗所論，雖有不同，僅是方法上有所殊異。其終極目標，都在見證佛教之「真如」本體。

第三節　儒家《論語》經世濟民與佛教出世解脫之不同

一、儒家《論語》經世濟民之思想

　　《論語》是儒家重要之經典。其經世濟民之思想，是孔子一生經世濟民之懷抱，及大同世界之理想。書中雖是與時人及弟子相與問答之語錄，

---

[68]　《大正藏》經 1911，卷 1，頁 1-2。

但其中有許多孔子治國之理想，可勾勒出儒家修己治人，內聖外王之道。
與佛教力求出世解脫之思想，截然不同。

　　孔子生於春秋中葉，周天子之王權衰落，諸侯互相攻伐，魯定公九年
（B.C. 499），孔子年五十，定公以孔子為中都宰，一年，四方皆則之。又
由中都宰為司空，由司空為司寇。次年（B.C. 498），孔子攝相事。夾谷之
會後，魯國日益強大。定公十四年（B.C. 494），齊國選女樂八十人遺魯
君，季桓子受之，三日不聽政。孔子去魯，周遊列國。所遊歷之國，有
衛、魏、曹、宋、鄭、陳、蒲、蔡，葉、楚等國。孔子六十八歲，季康子
召孔子，孔子歸魯。以詩、書、禮、樂教授弟子，有若、曾參、言偃、卜
商、顓孫師等，先後從學。[69]

　　孔子認為君子修身之後，應以安定天下百姓為職志，亦即君子應以天
下為己任。《論語‧憲問》云：

> 子路問君子。子曰：「脩己以敬。」曰：「如斯而已乎？」曰：「脩
> 己以安人。」曰：「如斯而已乎？」曰：「脩己以安百姓。脩己以安
> 百姓，堯舜其猶病諸！」[70]

　　孔子認為學而優則仕，修身包括修學與修德，修德孔子以敬為本，即
以誠敬之心，培養仁孝禮樂之道；修學應知如何治國、平天下。治國之
時，應以何者為先？在春秋亂世，以正名為首要工作。《論語‧子路》
云：

> 子路曰：「衛君待子而為政，子將奚先？」子曰：「必也正名乎！」
> 子路曰：「有是哉，子之迂也。奚其正？」子曰：「野哉！由也！君
> 子於其所不知，蓋闕如也。名不正則言不順，言不順則事不成，事不
> 成則禮樂不興，禮樂不興則刑罰不中，刑罰不中則民無所錯手足。故

---

[69]　鄭緒平《孔子世家商榷》，頁 10-29。
[70]　《論語注疏》，卷 14，頁 131。

　　君子名之必可言也，言之必可行也。君子於其言，無所苟而已矣。」[71]

　　魯哀公十年，孔子自楚返衛，孔子告訴子路，治國必先正名。名實相符，方能名正言順，國事亦可順利進行。執政者興禮樂，明刑罰。使百姓依禮處世，以樂陶冶心靈，安居樂業，國泰民安。如果不能正名，國事窒礙難行，禮樂無法興隆，百姓不知所措，國家將處於顛危之中。

　　在治國方面，孔子認為「信」比「食」、「兵」更為重要，只有取信於民，才能得到人民之擁護。《論語・顏淵》云：

　　子貢問政。子曰：「足食。足兵。民信之矣。」子貢曰：「必不得已而去，於斯三者何先？」曰：「去兵。」子貢曰：「必不得已而去，於斯二者何先？」曰：「去食。自古皆有死，民無信不立。」[72]

　　信是人民與政府之間，緊密結合之充要條件。君主一意孤行，獨裁專斷，人民不會為國家犧牲奉獻。因為糧食充足，軍備修整，固然是國家生存之基本條件。但當人民不信任國家時，國家將如何屹立不搖？

　　在施政上，孔子強調以仁德治國。《論語・為政》云：

　　為政以德，譬如北辰，居其所，而眾星共之。[73]

　　執政者，仁德治國，己飢己溺，愛民如子，會獲得全民之愛戴。譬如天上之北極星，恆居北方，而其他眾星環繞圍拱一般。《論語・顏淵》記載：

　　季康子問政於孔子曰：「如殺無道，以就有道，何如？」孔子對曰：「子為政，焉用殺？子欲善，而民善矣。君子之德風，小人之德草。

---

[71]　《論語注疏》，卷 13，頁 115。
[72]　《論語注疏》，卷 12，頁 107。
[73]　《論語注疏》，卷 2，頁 16。

草上之風必偃。」[74]

孔子回答魯國季康子問政，認為執政者應為民表率，以仁善待民。並以風比喻君子之德，草比喻百姓之德，風行則草偃。說明上行下效，治國將易如反掌。

為政首要之任務，應讓百姓豐衣足食，生活無虞。《論語・堯曰》記載帝堯告誡舜云：

> 堯曰：「咨，爾舜。天之曆數在爾躬，允執其中。四海困窮，天祿永終。」舜亦以命禹。[75]

此言堯告誡舜，舜告誡禹。治國要執守中道，當天下百姓生活窮困時，上天授與之政權就會永遠終結。故保障人民之生活，富裕民生，以遂其生養，是治國之要道。

孔子祖述堯舜，憲章文武，一直嚮往西周初年文武之政。《禮記・中庸》云：

> 哀公問政，子曰：「文武之政，布在方策。其人存，則其政舉；其人亡，則其政息。」[76]

文武之政，在《尚書》中有許多記載，主要表現在以禮樂制度上。其實，中國禮樂制度可追溯至堯、舜時代。《尚書・舜典》云：

> 帝曰：「夔，命汝典樂。教冑子，直而溫，寬而栗，剛而無虐，簡而無傲。詩言志，歌永言，聲依永，律和聲。八音克諧，無相奪倫，神人以和。」夔曰：「于予擊石拊石，百獸率舞。」[77]

---

[74] 《論語注疏》，卷 12，頁 109。
[75] 《論語注疏》，卷 20，頁 178。
[76] 《禮記注疏》，卷 52，頁 887。
[77] 《尚書正義》，卷 3，頁 46。

舜命夔為樂官，虞舜二臣，夔為樂官，龍為諫官。負責禮樂制度。禮包括各種穿戴之服飾及禮儀規範。樂用以陶冶民心，使民眾正直而且溫和，寬大而且恭謹，剛強而不苛虐，簡易而不傲慢。用詩歌表達意志，用歌唱表現婉轉悠長之情感，用聲音配合高下清濁之歌辭，用律呂調和樂聲。使金、石、絲、竹、匏、土、革、木八種樂器之音調都能和諧，不致失序。如此，神與人皆能和睦。夔甚至還擊拍石磬，使各種獸類亦舞蹈歡樂。《尚書·益稷》亦記載：

> 夔曰：「戛擊鳴球、搏拊琴瑟以詠。」祖考來格，虞賓在位，群后德讓。下管鼗鼓，合止柷敔，笙鏞以閒。鳥獸蹌蹌；《簫韶》九成，鳳皇來儀。夔曰：「於！予擊石拊石，百獸率舞，庶尹允諧。」[78]

此敘述舜之樂正夔用擊玉磬、鼓琴、彈瑟以歌詩章。祖考來至，帝堯十子中之長子丹朱雖遠在丹水，亦在位其中，群王以德相讓，顯示廟堂之光輝燦爛，神人來集。堂下樂所用之樂器有管、鼗鼓配合柷、敔，並以笙、大鐘間迭演奏，鳥獸相率而舞，動作蹌蹌然；又以簫吹〈韶〉樂凡九奏，有靈鳥鳳凰飛來。夔云：「於！吾拍擊玉磬，各種野獸率皆起舞歡樂，百官見天子以禮樂治國，神人和洽，信皆和諧。」

孔子還重視禮治。「禮」有一件重要之意義，就是祭神。祭神有一定之儀式，除祭獻、祖拜、祈禱、占卜之外，還要以樂舞迎神、娛神、送神。

在西周文王、武王之後，成王年幼。由周公攝政，三年天下太平，六年始制禮作樂。《左傳》文公十八年（B.C. 609）記載：

> 先君周公制周禮，曰：「則以觀德，德以處事，事以度功，功以食民。」[79]

---

[78] 《尚書正義》，卷5，頁72-73。
[79] 《左傳正義》，卷20，頁352。

　　周公制作周代之禮樂制度，將遠古至殷商之禮樂加以改造，形成有具體法則之典章制度和行為規範，使禮樂有助於國家之治理。並可以觀德行，處事務，度功效，供民食，成為西周政治制度之主體。《論語·述而》記載：「子曰：『甚矣，吾衰也！久矣，吾不復夢見周公。』」[80]孔子極力主張恢復西周的禮樂制度，甚至想夢見周公，實現以禮樂治國之理想。

　　《論語》中亦多論及禮之事。〈顏淵〉云：

　　　子曰：「克己復禮為仁。一日克己復禮，天下歸仁焉。為仁由己，而由人乎哉？」顏淵曰：「請問其目。」子曰：「非禮勿視，非禮勿聽，非禮勿言，非禮勿動。」顏淵曰：「回雖不敏，請事斯語矣。」[81]

　　孔子提主張「克己復禮」，認為每個人都能克制自己之行為，使視、聽、言、動都合乎禮。當可使社會合乎規範。《論語·顏淵》又云：

　　　齊景公問政於孔子。孔子對曰：「君君，臣臣，父父，子子。」公曰：「善哉！信如君不君，臣不臣，父不父，子不子，雖有粟，吾得而食諸？」[82]

　　此言君主要像君之樣，臣子要像臣之樣，父親要像父之樣，子要像子之樣。使人倫關係表現和諧安定，尊卑有序之狀態，必須以禮規範之。

　　由上可知，禮樂是治國之要道，不僅是日常禮節、鐘鼓、樂舞而已。《史記·太史公自序》云：

　　　余聞之先人曰：「伏羲至純厚，作《易》八卦；堯舜之盛，《尚書》載之，禮樂作焉；湯武之隆，詩人歌之；《春秋》采善貶惡，推三代

---

[80]　《論語注疏》，卷 7，頁 60。
[81]　《論語注疏》，卷 12，頁 106。
[82]　《論語注疏》，卷 12，頁 108。

之德，褒周室，非獨刺譏而已也。」[83]

司馬遷敘述《尚書》中之記載，伏羲作《易》八卦；堯舜之時，製作禮樂；商湯、周武王時之興盛，《詩經》以詩歌頌；孔子作《春秋》，是要褒善貶惡，推崇三代之德，褒揚周初文、武之政，不僅是刺譏而已。

《論語・先進》中，弟子各言其志，曾皙言其志向云：

> 莫春者，春服既成。冠者五六人，童子六七人，浴乎沂、風乎舞雩、詠而歸。夫子喟然歎曰：「吾與點也！」[84]

孔子認同曾皙所言，在和諧安樂之社會，民眾愉悅之生活，春天悠閒地前往沂水洗浴，在祭天求雨之雩壇邊乘涼舞蹈，然後歌詠而歸。孔子嚮往者，即是自由歡樂之大同社會。

二、佛教清淨寂滅之思想

佛教修行之目的，是要解除人生之苦難，出離三界，超脫生死輪迴。與孔子關注現實社會，重視君臣、父子、夫婦、兄弟、長幼之人倫之道，講求仁義孝悌之情，以及修齊治平之政治理想等不同。

小乘佛教重視自我解脫，認為出世可以證得清淨寂滅之涅槃境界，不再淪入六道輪迴之苦海中。有人認為小乘佛教只是自利利己，獨善其身，必須修持大乘佛教才行。但修成大乘佛果，談何容易？修持若不能解脫生死，終究還是在業力之造作與受報之中，又如何普渡眾生？因此，先求出世，修得阿羅漢果，再往菩薩、佛之境界邁進。亦即先了脫生死，解脫自在，再入世作利益眾生之大業，才是應走之路。

要涅槃解脫，要看破現象界之幻境，放下名利物欲之貪婪，離惡行過失、垢染。斷除貪欲、瞋恨、愚痴和一切煩惱，不再輪迴於生死苦海。佛

---

[83] 《新校本史記》，卷120，頁3285。
[84] 《論語注疏》，卷11，頁100。

教並未否定現象界之存在，而是講本體是空。但人不能離開現象界，不論
遁入山林，或在家修持，都還在三界之中。因此，要涅槃解脫，必須從
聞、思、修，戒、定、慧中，依次修行，方能得道成果。

　　風旛報恩光孝禪寺住持嗣祖比丘宗寶編《六祖大師法寶檀經》為禪門
重要之經典。六祖惠能在〈般若第二〉闡述萬法盡在自心，應從自性頓見
真如本性，做到六塵無染，即得般若三昧，自在解脫。並頌云：

> 佛法在世間，不離世間覺。離世求菩提，猶如覓兔角。[85]

　　「禪」並非離開世間，而是在世間生活。若廣義而言，三藏十二部，
都是教人為善。以因果輪迴之規律，說明三世因果；以五戒十善，改造人
身、口、意所造之三業，領悟人世間之苦、空、無常、無我，對世俗煩惱
雜染之產生超越，出離。亦即徹底斷除無明，清淨寂滅，才能出離三界，
脫離輪迴之苦。北涼天竺三藏曇無讖譯《大涅槃經》云：

> 解脫之法，亦非涅槃。如來之身，亦非涅槃。摩訶般若，亦非涅槃。
> 三法各異，亦非涅槃。我今安住如是三法，為眾生故，名入涅
> 槃。……度諸眾生一切無知無明繫閉，皆令解脫，然後乃入於般涅
> 槃。……真解脫者，即是如來。如來者，即是法也。……又解脫者，
> 名離諸有，滅一切苦，得一切樂。永斷貪欲瞋恚愚癡，拔斷一切煩惱
> 根本。……又解脫者，斷諸有貪，斷一切相，一切繫縛，一切煩惱，
> 一切生死，一切因緣，一切果報。[86]

　　此言解脫是要度諸眾生一切無知、無明、繫閉，皆令解脫，然後乃入
涅槃，真解脫。故解脫並非只是個人之煩惱、生死、因緣、果報之問題，
而是要發悲願，度化眾生，方是真解脫。

　　解脫並非空言佛理，空談名相而已。世尊二月十五日涅槃之時之情

---

[85]　《大正藏》經 2008，
[86]　《大正藏》經 374，卷 2，頁 376-395。

形。北涼天竺三藏曇無懺譯《大般涅槃經‧壽命品》云：

> 一時，佛在拘尸那國力士生地阿利羅跋提河邊娑羅雙樹間。爾時，世
> 尊與大比丘八十億百千人俱前後圍遶。二月十五日臨涅槃時，以佛神
> 力出大音聲。其聲遍滿乃至有頂，隨其類音，普告眾生：「今日如
> 來、應供、正遍知，憐愍眾生，覆護眾生。等世眾生如羅睺羅，為作
> 歸依屋舍室宅。」……爾時，拘尸那城娑羅樹林，其林變白，猶如白
> 鶴。於虛空中自然而有七寶堂閣，雕紋刻鏤、綺飾分明。周匝欄楯，
> 眾寶雜廁。堂下多有流泉浴池。上妙蓮花，彌滿其中。猶如北方欝單
> 越國，亦如忉利歡喜之園。爾時，娑羅樹林中間，種種莊嚴，甚可愛
> 樂。[87]

此言世尊涅槃時，大比丘八十億百千人俱前後圍遶，世尊又以神力，
顯現七寶堂閣，流泉浴池，上妙蓮花，彌滿其中等神蹟，眾佛及比丘僧設
供養以哀憫之。

北涼天竺三藏曇無懺譯《大般涅槃經‧壽命品》記載世尊再遇入涅槃
時，以偈告純陀云：

> 有為之法，其性無常。生已不住，寂滅為樂。[88]

佛陀此言，告純陀觀一切行雜諸法，無我、無常、不住，應以寂滅為
樂。此言為何？是因凡夫不知四聖諦，苦、集、滅、道，是釋迦牟尼佛在
成道之後，第一個夏天，在中印度婆羅奈國之鹿野苑，為五位修苦行之比
丘弟子開示之佛法，說明世間之因果。後漢西域沙門迦葉摩騰、竺法蘭共
譯《佛說四十二章經》云：

> 佛言：「有人患淫情不止，鋸斧刃上，以自除其陰。」佛謂之曰：

---

[87] 《大正藏》經374，卷2，頁365-369。
[88] 《大正藏》經374，卷2，頁375。

「若斷陰，不如斷心。心為功曹，若止功曹，從者都息。邪心不止，斷陰何益？斯須即死。」[89]

此言修心最為重要，若有邪心，即使斷陰，亦無法解脫。《維摩詰所說經・菩薩行品》云：

觀於無常，而不厭善本；觀世間苦，而不惡生死；觀於無我，而誨人不倦；觀於寂滅，而不永寂滅；觀於遠離，而身心修善；觀無所歸，而歸趣善法。[90]

此言菩薩觀察生命無常，仍不厭惡善之根本；觀察世間多苦，仍不厭惡生死；觀察無人我，無說法者，無聽法者，仍不厭倦教化眾生；觀察諸法本來清淨寂滅，卻不常住寂滅；觀察出離濁世，身心仍不離修善；觀察無所歸趣，仍不忘歸趣善法。

末沙門慧嚴等依泥洹經迦之《大般涅槃經・四諦品》中，佛告迦葉四聖諦法是微密甚深之法。其云：

所言苦者，不名苦聖諦。何以故？若言苦是苦聖諦者，一切畜生及地獄眾生應有聖諦。善男子！若復有人不知如來甚深境界，常住不變，微密法身。謂是食身非是法身。不知如來道德威力，是名為苦。何以故？以不知故，法見非法，非法見法。當知是人必墮惡趣，輪轉生死。增長諸結，多受苦惱。若有能知如來常住，無有變異。或聞常住二字音聲若一經耳，即生天上後解脫時，乃能證知如來常住，無有變易。既證知已，而作是言。……苦集諦者，於真法中不生真智，受不淨物，所謂奴婢。能以非法言是正法，斷滅正法不令久住。以是因緣，不知法性。以不知故，輪轉生死，多受苦惱，不得生天及正解脫。若有深知，不壞正法。以是因緣，得生天上及正解脫。若有不知

---

[89] 《大正藏》經 784，頁 734。
[90] 《大正藏》經 475，卷下，頁 554。

苦集諦處。而言正法，無有常住，悉是滅法。以是因緣，於無量劫流
轉生死，受諸苦惱。若能知法常住不異。是名知集，名集聖諦。……
苦滅諦者，若有多修習學空法，是爲不善。何以故？滅一切法故。壞
於如來眞法藏故。作是修學，是名修空。修苦滅者，逆於一切諸外道
等。若言修空，是滅諦者。一切外道，亦修空法，應有滅諦。若有說
言。有如來藏，雖不可見。若能滅除一切煩惱，爾乃得入。若發此
心，一念因緣。於諸法中而得自在。若有修習如來密藏，無我空寂。
如是之人，於無量世，在生死中，流轉受苦。若有不作如是修者。雖
有煩惱，疾能滅除。……道聖諦者，所謂佛法僧寶及正解脫。有諸衆
生顛倒心言，無佛法僧及正解脫。生死流轉，猶如幻化。修習是見以
此因緣，輪轉三有，久受大苦。若能發心，見於如來常住無變。法僧
解脫，亦復如是。乘此一念，於無量世，自在果報，隨意而得。何以
故？我於往昔，以四倒故，非法計法。受於無量惡業果報。我今已
滅。如是見故，成佛正覺。是名道聖諦。若有人言三寶無常。修習是
見，是虛妄修非道諦。若修是法，爲常住者。是我弟子，眞見修習四
聖諦法。是名四聖諦。[91]

　　此深入言四聖諦之道。苦聖諦之如來甚深境界，常住不變，微密法
身，及如來道德威力。不知此法者，必墮惡趣，輪轉生死。增長諸結，多
受苦惱。集聖諦是指眾生不知如來眞法，滅除一切煩惱。若發此心，一念
因緣。於諸法中而得自在。滅諦是眾生應知如來藏。道聖諦是眾生若能發
心見於如來常住無變。法僧解脫，亦復如是。乘此一念，於無量世，自在
果報隨意而得。
　　四聖諦在因果論述之外，還要修八聖道，即正見、正思惟、正語、正
業、正命、正精進、正念、正定，使苦集滅盡，通向涅槃寂靜之境界。北
涼天竺三藏曇無懺譯《大般涅槃經‧聖行品》云：

> 八聖道見一切法，所謂常、無常；有為、無為；有眾生、非眾生；
> 物、非物；苦、樂；我、無我；淨、不淨；煩惱、非煩惱；業、非
> 業；實、不實；乘、非乘；知、無知；陀羅驃、非陀羅驃；求那、非
> 求那；見、非見；色、非色；道、非道；解、非解。善男子！菩薩如
> 是住於大乘大般涅槃觀道聖諦。[92]

　　此言八聖道可見一切法，已如上述。若再深入探討，八聖道是世尊舉
八種通往涅槃寂靜之路。眾生不可執著於修何種道，繫縛自己。因為所有
之道，皆是諸佛隨眾生根性不同而有種種說法。北涼天竺三藏曇無懺譯
《大般涅槃經・聖行品》云：

> 如來亦爾，以一佛道隨諸眾生種種分別而為說之。或說一種，所謂諸
> 佛一道無二。復說二種，所謂定、慧。復說三種，謂見、慧、智。復
> 說四種，所謂見道、修道、無學道、佛道。復說五種，所謂信行道、
> 法行道、信解脫道、見到道、身證道。復說六種，所謂須陀洹道、斯
> 陀含道、阿那含道、阿羅漢道、辟支佛道、佛道。復說七種，所謂念
> 覺分、擇法覺分、精進覺分、喜覺分、除覺分、定覺分、捨覺分。復
> 說八種，所謂正見、正思惟、正語、正業、正命、正精進、正念、正
> 定。復說九種，所謂八聖道及信。復說十種，所謂十力。復說十一
> 種，所謂十力、大慈。復說十二種，所謂十力、大慈、大悲。復說十
> 三種，所謂十力、大慈、大悲、念佛三昧。復說十六種，所謂十力、
> 大慈、大悲、念佛三昧，及佛所得三正念處。復說二十道，所謂十
> 力、四無所畏、大慈、大悲、念佛三昧、三正念處。善男子！是道一
> 體，如來昔日為眾生故，種種分別。[93]

　　此言佛可說一種道，定、慧兩種道，見、慧、智三種道，見道、修
道、無學道、佛道四種道，信行道、法行道、信解脫道、見到道、身證道

---

[92]　《大正藏》經 374，卷 13，頁 441。
[93]　《大正藏》經 374，卷 13，頁 442。

五種道，須陀洹道、斯陀含道、阿那含道、阿羅漢道、辟支佛道、佛道六
種道，念覺分、擇法覺分、精進覺分、喜覺分、除覺分、定覺分、捨覺分
七種道，正見、正思惟、正語、正業、正命、正精進、正念、正定八種
道，八聖道及信九種道，十力[94]十種道，十力、大慈十一種道，十力、大
慈、大悲十二種道，十力、大慈、大悲、念佛三昧[95]十三種道，十力、大
慈、大悲、念佛三昧，及佛所得三正念處十六種道，十力、四無所畏[96]、大
慈、大悲、念佛三昧、三正念處[97]二十種道。其實道實一體，因眾生而有種
種分別。

　　由以上種種修道之法，都是要眾生從各種修習中，進入清淨寂滅之境
界。《大般涅槃經・師子吼菩薩品》云：

　　云何寂靜？寂靜有二，一者心靜，二者身靜。身寂靜者，終不造作身
　　三種惡；心寂靜者，亦不造作意三種惡，是則名為身心寂靜。身寂靜
　　者，不親近四眾，不預四眾所有事業；心寂靜者，終不修習貪欲、
　　恚、癡，是則名為身心寂靜。或有比丘，身雖寂靜心不寂靜、有心寂
　　靜身不寂靜、有身心寂靜、又有身心俱不寂靜。身寂靜心不寂靜者，
　　或有比丘坐禪靜處，遠離四眾，心常積集貪欲、瞋、癡，是名身寂靜
　　心不寂靜。心寂靜身不寂靜者，或有比丘親近四眾、國王、大臣，斷

---

[94] 十力：一、發深堅心力：為一切種智，是諸佛究竟圓滿果位之大智慧故；二、不捨一切眾
生力：具慈心故；三、具大悲心力：不求一切利養故，捨一切世界飾好故；四、具大進
力：信一切佛法故，能成是法故，心不退沒故；五、住不動定力：行念安慧故，不壞儀法
故；六、具般若波羅蜜力：離二邊故，順緣生法故，斷一切見，不別戲論故；七、於生死
中無疲倦力：成眾生故，受無量生死故，習善德無厭足故，信解有為法如夢故；八、無生
法忍力：觀諸法相故，無我無人無眾生故，信解不生不起法故，信樂無生法論故；九、得
脫門力：入空無相，無作法故，觀諸脫門故，得聲聞辟支佛乘解知見故；十、具無礙智
力：於深法中不隨他智故，觀一切眾生心所行故。

[95] 《大智度論》龍樹菩薩云「諸菩薩禪定心調，清淨智慧方便力故，能生種種諸三昧。何等
為三昧？善心一處住不動，是名三昧。」《摩訶止觀》隋天台智者大師云「通稱三昧者，
調直定也。大論云：善心一處住不動，是名三昧。法界是一處，正觀能住不動。四行為
緣，觀心藉緣調直，故稱三昧也。」

[96] 四無所畏：說一切智無所畏，說漏盡無所畏，說盡苦道無所畏，說障道無所畏。

[97] 三念處，佛大慈大悲，為攝化眾生，時常安住在三種之念中。第一念住是眾生信佛，佛恆
常不變，安住在正念與正智之中；第二念住是眾生不信佛，佛恆常不變，安住在正念與正
智之中；第三念住是同時有眾生信佛與不信佛者，佛恆常不變，安住在正念與正智之中。

貪、恚、癡，是名心寂靜身不寂靜。身心寂靜者，謂佛、菩薩；身心不寂靜者，謂諸凡夫。何以故？凡夫之人，身心雖靜，不能深觀無常、無樂、無我、無淨。以是義故，凡夫之人不能寂靜身、口、意、業。一闡提輩、犯四重禁、作五逆罪，如是之人，亦不得名身心寂靜。[98]

　　此研修習寂靜，必須身心都要做到寂靜。身寂靜者，不親近四眾所有事業。

　　可知佛教各宗各派，最後之目的，都是要引導眾人進入究竟涅槃之境界。心寂靜者，終不修習貪欲、恚、癡。凡夫身心雖靜，不能深觀無常、無樂、無我、無淨。故不能寂靜身、口、意業。

　　婆藪跋摩造、陳‧真諦譯《四諦論》中言涅槃別名六十六句。如涅槃、解脫、彼岸、寂靜、甘露、不生、不捨、不破、不動、聖果、能度、真諦、愛盡、無爭、無畏、無墮、無壞、無爭、無失、無垢、無害、無憂、無為、無求、無流、無下、無上、無邊、無量、無數、無跡、無譬、無損、無災、無等、無枉、無著、無假、無所有、無戲論、非住、非作、非對、希有、未曾德、難解、難見、難思、離欲、歸依、淨、住、捨、等、勝、樂、安、尊、止、洲、燈、微細、聽細、應讚、遍滿、極妙。以上名相，雖有不同，都屬涅槃之義。亦即指引眾生清淨寂滅之解脫道。天台山修禪寺沙門智顗述《修習止觀坐禪法要》云：

故《法華經》云：「佛自住大乘，如其所得法定慧力莊嚴，以此度眾生。」……以此推之，止觀豈非泥洹大果之要門，行人修行之勝路，眾德圓滿之指歸，無上極果之正體也！……《大般涅槃》名常寂定，定者，即是止義。《法華經》中，雖約觀明果，則攝於止。故以三德為大涅槃。此二大經雖復文言出沒不同，莫不皆約止觀二門，辨其究竟，並具定、慧二法。[99]

---

[98]　《大正藏》經 374，卷 27，頁 526。
[99]　《大正藏》經 1915，頁 463。

　　此言《法華經》與《大般涅槃》二經，皆具定、慧二法，然後以止、觀二門，修達到圓滿寂定之境界，並以此渡化眾生。又密法之最高禪定為大手印與大圓滿，大圓滿即清淨寂滅禪定。失譯經人名《佛說金剛三昧本性清淨不壞不滅經》云：

> 爾時世尊從精舍出往詣法座。自敷尼師壇結加趺坐，入滅意三昧身心不動；從滅意三昧起，入師子吼意三昧；從師子吼意三昧起，入師子奮迅王三昧；從師子奮迅王三昧起，入大光明王三昧；從大光明王三昧起，入大悲王相三昧；從大悲王相三昧起，入無緣慈想三昧；從無緣慈想三昧起，入勝意慈三昧；從勝意慈三昧起，入大空三昧；從大空三昧起，入如相三昧；從如相三昧起，入解脫相三昧；從解脫相三昧起，入不壞不滅王三昧；從不壞不滅王三昧起，入金剛三昧；從金剛三昧起，入大空涅槃相三昧；爾時世尊從諸三昧起遍身放光。其光如雲，入佛面門，從佛頂出。如金剛幢住於虛空。普照大會及毘耶離城重閣講堂。猶白寶色。……佛告阿難。此經名為百三昧海，不壞不滅，亦名金剛相寂滅不動，亦名金剛三昧本性清淨不壞不滅經。當奉持之。[100]

　　此言世尊從禪定三昧中至大空涅槃相三昧之過程。此過程稱為三昧海不壞不滅，亦名金剛相寂滅不動，亦名金剛三昧本性清淨不壞不滅。達此境界時，不僅解脫世間上一切煩惱束縛，證入無餘涅槃，而且還能現金剛相寂滅不動，或得金剛三昧本性清淨不壞不滅。因此，佛教各宗派，都在努力教導眾生解脫之道。世尊亦是經由清淨寂滅而成就佛道。

---

[100] 《大正藏》經 644，頁 697。

第四節　儒家《孟子》仁政與佛教行菩薩道之不同

一、儒家《孟子》之仁政思想

　　孟子是戰國時代儒家之大儒，當時百家爭鳴，楊朱、墨翟之言盈天下。而戰國時代之諸侯，征戰不已。如《孟子・梁惠王上》記載「東敗於齊」[101]，是指西元前三四一年，齊、魏馬陵之戰，齊田忌敗魏於馬陵；又「南辱於楚」[102]，是指西元前三四二年，楚敗魏於襄陵；「西喪地於秦七百里」[103]，是指前三二○年秦取魏曲沃之戰。不過，秦伐魏達五次，取曲沃為第五次。而孟子於西元三一九年至梁，時間上與《孟子》書中之敘述相符。又齊伐燕兩次，齊威王二十五年，與宣王七年，孟子都在齊。錢穆《先秦諸子繫年・孟子在齊威王時已先游齊考》云：

　　　　余考《孟子》書，其初在齊，乃值威王世。去而至宋、滕諸國，及至梁，見惠王、襄王，又重返齊，乃值宣王也。[104]

　　又孟子繼承孔子之學說，主張以仁政一統天下。為實現此理想，曾遊說列國，先後前往齊、宋、薛、鄒、魯、滕、魏、梁等國，但各國君主都不能採納其思想。孟子六十四歲返鄒，一面講學育才，一面與弟子萬章等一起著書立說。司馬遷《史記・孟子荀卿列傳》云：

　　　　退而與萬章之徒，序《詩》、《書》，述仲尼之意，作《孟子》七篇。[105]

101　《孟子注疏》，卷 1，頁 14。
102　《孟子注疏》，卷 1，頁 14。
103　《孟子注疏》，卷 1，頁 14。
104　《先秦諸子繫年》，卷 3，頁 314。
105　《史記新校本》，卷 74，頁 2343。

在《孟子》一書中，孟子勸誡當時之國君，實行仁政。《孟子‧梁惠王上》記載：

> 孟子見梁惠王。王曰：「叟！不遠千里而來，亦將有以利吾國乎？」孟子對曰：「王何必曰利？亦有仁義而已矣。王曰：『何以利吾國？』大夫曰：『何以利吾家？』士庶人曰：『何以利吾身？』上下交征利，而國危矣。萬乘之國，弒其君者，必千乘之家；千乘之國，弒其君者，必百乘之家。萬取千焉，千取百焉，不為不多矣。苟為後義而先利，不奪不饜。」[106]

孟子對梁惠王言，國家應講仁義，不可講利，如王、大夫、士、庶人，都求取利，必然為利而貪得求取，國家就會陷入危險。

仁政之涵義，《孟子‧梁惠王上》記載：

> 先王有不忍人之心，斯有不忍之政矣。以不忍人之心，行不忍人之政，治天下可運之掌上。[107]

不忍人之心，是指王者有不忍害人之心，也就是仁心。先王有仁心，所以行仁政。以仁治國，治理天下將易如反掌。

實行仁政，可治天下，是因為仁君有愛民之心，天下人爭相歸往，就是王道政治。《孟子‧梁惠王上》云：

> 梁惠王曰：「晉國，天下莫強焉，叟之所知也。及寡人之身，東敗於齊，長子死焉；西喪地於秦七百里；南辱於楚。寡人恥之，願比死者一灑之，用之何則可？」孟子對曰：「地方百里而可以王。王如施仁政於民，省刑罰，薄稅斂，深耕易耨；壯者以暇日修其孝悌忠信，入以事其父兄，出以事其長上，可使制梃以撻秦楚之堅甲利兵矣。彼奪

---

[106] 《孟子注疏》，卷1，頁9。
[107] 《孟子注疏》，卷3，頁65。

其民時，使不得耕耨，以養其父母，父母凍餓，兄弟妻子離散。彼陷溺其民，王往而征之，夫誰與王敵？故曰：『仁者無敵。』王請勿疑！」[108]

文中敘述梁惠王之前身晉國，在西元前三四一年，魏與齊戰於馬陵（今河南范縣西南），兵敗，主將龐涓被殺，太子申被俘。馬陵之戰後，魏國國勢漸衰，秦屢敗魏國，魏國獻出河西之地與上郡十五縣，約七百里地。西元前三二四年，又被楚將昭陽擊敗於襄陵，失去八邑。故問孟子雪恥之道。孟子告以實行仁政，省刑罰，薄稅斂，深耕易耨。壯者以暇日修其孝悌忠信，就可以制服秦楚之堅甲利兵。就是仁者無敵之道。

實行仁政，能無敵於天下。最主要之原因是以民為本，為人民謀求幸福。在經濟上讓百姓生活安定，家有恆產。《孟子·梁惠王上》云：

無恆產而有恒心者，惟士為能，若民，則無恆產，因無恒心。苟無恒心，放辟邪侈，無不為已。及陷於罪，然後從而刑之，是罔民也。焉有仁人在位，罔民而可為也？是故明君制民之產，必使仰足以事父母，俯足以畜妻子；樂歲終身飽，凶年免於死亡；然後驅而之善，故民之從之也輕。今也制民之產，仰不足以事父母，俯不足以畜妻子；樂歲終身苦，凶年不免於死亡，此惟救死而恐不贍，奚暇治禮義哉？王欲行之，則盍反其本矣！五畝之宅，樹之以桑，五十者可以衣帛矣；雞豚狗彘之畜，無失其時，七十者可以食肉矣；百畝之田，勿奪其時，數口之家可以無飢矣；謹庠序之教，申之以孝悌之義，頒白者不負戴於道路矣。七十者衣帛食肉，黎民不飢不寒，然而不王者，未之有也。[109]

孟子勸梁惠王行王道之政，讓百姓都家有恆產，安居樂業。仰足以事父母，俯足以畜妻子。生活無飢寒之慮，子女入庠序接受教育，家中能盡

---

[108] 《孟子注疏》，卷1，頁14。
[109] 《孟子注疏》，卷1，頁23-24。

孝悌之道，七十歲之老者衣帛食肉。如此，定能讓天下人歸往而稱王。

　　孟子認為君主應以德行仁，百姓悅服。厭惡不行仁政，暴虐百姓之王侯。《孟子·公孫丑上》云：

> 孟子曰：「以力假仁者霸，霸必有大國。以德行仁者王，王不待大，湯以七十里，文王以百里。以力服人者，非心服也，力不贍也。以德服人者，中心悅而誠服也，如七十子之服孔子也。詩云：『自西自東，自南自北，無思不服。』此之謂也。」[110]

　　孟子舉商湯以七十里而王，文王以百里而王。要王天下，不需要大國。但王者應以德行仁，然後興仁義之師，弔民伐罪，就能無敵於天下。
　　《孟子·梁惠王下》記載燕國發生大亂。齊國乘機攻打燕國，取得大勝。獲勝後，齊宣王有心吞併燕國，問孟子對此事之看法：

> 孟子對曰：「取之而燕民悅，則取之。古之人有行之者，武王是也。取之而燕民不悅，則勿取。古之人有行之者，文王是也。以萬乘之國伐萬乘之國，簞食壺漿，以迎王師。豈有他哉？避水火也。如水益深，如火益熱，亦運而已矣。」[111]

　　孟子認為欲吞併燕國。燕國百姓用簞盛飯，用壺盛湯來迎接齊國之軍隊。是希望仁義之師來解救他們於水火之中。而不是用武力征服燕國。由此可知，孟子厭惡實行霸道之國家。《孟子·離婁上》云：

> 孟子曰：「求也為季氏宰，無能改於其德，而賦粟倍他日。孔子曰：『求！非吾徒也；小子鳴鼓而攻之可也！』由此觀之，君不行仁政而富之，皆棄於孔子者也。況於為之強戰？爭地以戰，殺人盈野；爭城以戰，殺人盈城：此所謂率土地而食人肉，罪不容於死。故善戰者服

---

[110] 《孟子注疏》，卷3，頁63。
[111] 《孟子注疏》，卷2，頁43。

上刑；連諸侯者次之；辟草萊，任土地者次之。」[112]

孟子主張王道，以德服人。反對以武力征服人之霸道，並反對戰爭。認為致力於戰爭者，如孫臏、吳起之徒，應服上刑；連諸侯，如蘇秦、張儀之合縱、連橫者，應服中刑；反對開拓草蕪之地，擴大領土。或如李悝之任地力，商鞅之開阡陌，亦應服下刑。

孟子不齒各國諸侯以征戰稱雄，故貶抑諸侯之地位，主張民貴君輕。《孟子‧盡心下》云：

> 孟子曰：「民為貴，社稷次之，君為輕。是故得乎丘民而為天子，得乎天子為諸侯，得乎諸侯為大夫。諸侯危社稷，則變置。犧牲既成，粢盛既絜，祭祀以時，然而旱乾水溢，則變置社稷。」[113]

民貴君輕是以民為主之觀念。此觀念繼承孔子為政以德之民本思想，把人民放在第一位。執政者應法先土、重民意、施仁政。並舉二代之興亡為例。《孟子‧離婁上》云：

> 孟子曰：「三代之得天下也以仁，其失天下也以不仁。國之所以廢興存亡者亦然。天子不仁，不保四海；諸侯不仁，不保社稷；卿、大夫不仁，不保宗廟；士、庶人不仁，不保四體。今惡死亡而樂不仁，是猶惡醉而強酒。」[114]

仁政關乎國家之興亡，為政者應保民而王，與民同樂，爭取民心，才是國家長治久安之道。

---

[112] 《孟子注疏》，卷7，頁134。
[113] 《孟子注疏》，卷14，頁251。
[114] 《孟子注疏》，卷7，頁126。

二、佛教行菩薩道之思想

　　孟子以民為本，致力於以仁政治國。佛教中，小乘佛教主張個人之苦修，以得阿羅漢果為目標。大乘佛教則在自利利他，以成菩薩、佛為目標。然而觀察中國佛教徒口說大乘經教，行不離小乘禪觀。故大乘佛教「菩薩道」之思想，必須加以闡釋，並請佛弟子修行大乘佛法。

　　菩薩是梵語「bodhisattva」之譯音，指追求成佛之道，上求菩提，下化眾生，而從事菩薩行之人。佛陀在過去無量無數劫之生死中，常以犧牲、利他之精神，行菩薩道，以無上菩提為修行目的，稱為菩提薩埵（bodhi-sattva），簡稱「菩薩」。佛弟子最初只以解脫生死煩惱，而證入阿羅漢果。繼續往菩薩道修持，以成佛果。

　　在佛陀入滅之後，弟子源於對佛陀之崇拜，開展「菩薩道」思想。大乘佛法是以人空、法空闡明佛法。因此，「空」可說是大乘佛法共同之基礎。但在一切皆空之前提下，為何有山河大地，以及如何成佛等問題？唯識宗假名安置阿梨耶舍緣起說、如來藏緣起說，即是從「假」達到成佛。以此立論，即是「中觀」思想，亦即大乘佛法發展之歷程。尤其「假」凸顯一位修行者證知諸法皆空後，如何運用般若智慧，慈悲化物，藉由六度四攝，圓滿佛乘。此即是大乘菩薩道之開展。

　　佛教雖講無我，修道者即使修到無我，其實蘊含著強烈之自我；又如修十善道：不殺生、不偷盜、不邪淫、不妄言、不綺語、不兩舌、不惡口、不慳貪、不嗔恚、不邪見。其中前三屬身業，中四屬口業，後三屬意業。合則為身口意三業中所行之十種善行。又作十善業道。反之，身口意所行之十種惡行為，稱為十惡道，又作十不善業道。此十善道都是為我打算。至於解脫，也是為自我之解脫。即使行菩薩道，也是為我想成佛。成佛之後，並非一空百空，諸佛仍有諸佛之國土、諸佛之法身、報身、化身，可以證明佛教講無我，乃是我之強烈化。

　　《維摩詰經》說法，主要有釋迦牟尼佛和維摩詰居士，一位是在世間，示現成佛；一位則是居士，助佛弘化之大覺者。透過與文殊師利等共論佛法之方式，同時以「出世」及「入世」兩種修行法門，顯示成佛之

道，根據南傳佛教經典，發心修菩薩道者，必須實踐十種巴拉密（parami）。巴拉密是與大悲心和善巧智相應，又未受我慢與邪見污染之高尚素質，也是成佛之十種修習出離波羅蜜之方法。依次是：布施、持戒、出離、智慧、精進、忍耐、真實、決意、慈、捨。布施是積極之行動，可以帶來財富；持戒是修習戒禁，可以在來世投生為人或天神；出離是捨離欲界之煩惱，而獲得心清淨；智慧是洞察無常與無我之實相，顯現善巧智，而獲得圓滿與淨化；精進是發揮慈悲心，而為眾生之利益努力不懈；忍耐是瞭解無常、無我、緣起等實相後，藉「法忍觀想法」，忍受苦難，達到圓滿；真實是實踐發願度脫無量眾生之誓願，甚至對傷害他之惡人以德報怨。決意是菩薩對自己之誓願堅決與不動搖，而達到圓滿；慈是以慈心實踐福利眾生之悲願，而使菩薩心時常安住於慈中；捨比慈更上一層，即使受到傷害，也能以非凡之仁德，為眾生之福利做出奉獻。

　　菩薩道之主要內涵，是指慈悲與智慧。于闐國三藏實叉難陀譯《華嚴經‧十地品》金剛藏菩薩告於大眾云：

> 諸佛子！若眾生厚集善根，修諸善行，善集助道法，供養諸佛，集諸清白法，為善知識所護，入深廣心，信樂大法，心多向慈悲，好求佛智慧，如是眾生，乃能發阿耨多羅三藐三菩提心。為得一切種智故，為得十力故，為得大無畏故，為得具足佛法故，為救一切世間故，為淨大慈悲心故，為向十方無餘無礙智故，為淨一切佛國令無餘故，為於一念中知三世事故，為自在轉大法輪，廣示現佛神力故，菩薩摩訶薩生如是心。諸佛子！是心以大悲為首，智慧增上，方便所護，直心深心淳至，量同佛力，善決定眾生力佛力，趣向無礙智，隨順自然智，能受一切佛法，以智慧教化，度大如法界，究竟如虛空，盡未來際，菩薩發如是心，即時過凡夫地，入菩薩位。[115]

　　此言眾生若厚集善根，修諸善行，善集助道法，供養諸佛，信樂大

---

[115]《大正藏》經 278，卷 23，頁 544。

法，心多向慈悲，好求佛智慧，就能發無上正等正覺。發阿耨多羅三藐三菩提心，得一切種智，得十力，得大無畏，得具足佛法，救一切世間等。是以大悲心為首，智慧增上，受一切佛法，然後以智慧教化，度大如法界，就可以過凡夫地，入菩薩位。

龍樹、世親及中國佛教之天台智者，唐于闐三藏沙門尸羅達摩，於北庭隆興寺譯《佛說十地經》，視為不共二乘之菩薩法，由金剛藏菩薩開示修持「十地」之重要及修持方法。其云：

> 諸佛子！何等是諸菩薩摩訶薩智地？諸佛子！諸菩薩摩訶薩智地有十。過去未來現在諸佛，已說今說當說為是地故，我如是說：「何等為十？一名喜地、二名淨地、三名明地、四名焰地、五名難勝地、六名現前地、七名深遠地、八名不動地、九名善慧地、十名法雲地。諸佛子！……此十地，是菩薩最上妙道，最上明淨法門。……十地者，是一切佛法之根本，菩薩具足時是十地，能得一切智慧。」[116]

此在言十地之名，並言此十地是菩薩最上妙道，最上明淨法門。又言十地是一切佛法之根本。菩薩具足是十地，能得一切智慧，不可不知。

菩薩修十地時，每地各有殊勝。如于闐國三藏實叉難陀譯《華嚴經·十地品》云：

> 菩薩摩訶薩住於初地，能行大施。……已修初地，欲入第二地。當起十種深心。何等為十？所謂正直心、柔軟心、堪能心、調伏心、寂靜心、純善心、不雜心、無顧戀心、廣心、大心。菩薩以此十心，得入第二離垢地；……已淨第二地，欲入第三地。當起十種深心。何等為十？所謂清淨心、安住心、厭捨心、離貪心、不退心、堅固心、明盛心、勇猛心、廣心、大心。菩薩以是十心，得入第三地；……菩薩摩訶薩第三地善清淨已，欲入第四焰慧地，當修行十法明門。何等為

---

[116] 《大正藏》經 286，卷 1，頁 498-499。

十？所謂觀察眾生界、觀察法界、觀察世界、觀察虛空界、觀察識界、觀察欲界、觀察色界、觀察無色界、觀察廣心信解界、觀察大心信解界。菩薩以此十法明門，得入第四焰慧地。……佛子！菩薩摩訶薩第四地所行道善圓滿已，欲入第五難勝地，當以十種平等清淨心趣入。何等為十？所謂：於過去佛法平等清淨心、未來佛法平等清淨心、現在佛法平等清淨心、戒平等清淨心、心平等清淨心、除見疑悔平等清淨心、道非道智平等清淨心、修行智見平等清淨心、於一切菩提分法上上觀察平等清淨心、教化一切眾生平等清淨心。菩薩摩訶薩以此十種平等清淨心，得入菩薩第五地；……佛子！菩薩摩訶薩已具足第五地，欲入第六現前地，當觀察十平等法。何等為十？所謂：一切法無相故平等，無體故平等，無生故平等，無成故平等，本來清淨故平等，無戲論故平等，無取捨故平等，寂靜故平等，如幻、如夢、如影、如響、如水中月、如鏡中像、如焰、如化故平等，有無不二故平等。菩薩如是觀一切法自性清淨，隨順無違，得入第六現前地，得明利隨順忍，未得無生法忍；……佛子！菩薩摩訶薩具足第六地行已，欲入第七遠行地，當修十種方便慧起殊勝道。何等為十？所謂：雖善修空、無相、無願三昧，而慈悲不捨眾生，雖得諸佛平等法，而樂常供養佛；雖入觀空智門，而勤集福德；雖遠離三界，而莊嚴三界；雖畢竟寂滅諸煩惱焰，而能為一切眾生起滅貪、瞋、癡煩惱焰；雖知諸法如幻、如夢、如影、如響、如焰、如化、如水中月、如鏡中像、自性無二，而隨心作業無量差別；雖知一切國土猶如虛空，而能以清淨妙行莊嚴佛土；雖知諸佛法身本性無身，而以相好莊嚴其身；雖知諸佛音聲性空寂滅不可言說，而能隨一切眾生出種種差別清淨音聲；雖隨諸佛了知三世唯是一念，而隨眾生意解分別，以種種相、種種時、種種劫數而修諸行。菩薩以如是十種方便慧起殊勝行，從第六地入第七地；入已，此行常現在前，名為：住第七遠行地；……佛子！菩薩摩訶薩住此第七地已，入無量眾生界，入無量諸佛教化眾生業，入無量世界網，入無量諸佛清淨國土。……念念皆以大悲為首，修行佛法，向佛智故。所有善根，為求佛智，施與眾生，是名：檀那

波羅蜜；能減一切諸煩惱熱，是名尸羅波羅蜜；慈悲為首，不損眾生，是名羼提波羅蜜；求勝善法，無有厭足，是名毘梨耶波羅蜜；一切智道常現在前，未嘗散亂，是名禪那波羅蜜；能忍諸法無生無滅，是名般若波羅蜜；能出生無量智，是名方便波羅蜜；能求上上勝智，是名願波羅蜜；一切異論及諸魔眾無能沮壞，是名力波羅蜜；如實了知一切法，是名智波羅蜜。佛子！此十波羅蜜，菩薩於念念中皆得具足；如是，四攝、四持、三十七品、三解脫門，略說，乃至一切菩提分法，於念念中皆悉圓滿；……佛子！菩薩成就此忍，即時得入第八不動地，為深行菩薩，難可知無差別，離一切相、一切想、一切執著，無量無邊，一切聲聞、辟支佛所不能及，離諸諠諍，寂滅現前；……佛子！菩薩摩訶薩以如是無量智，思量觀察，欲更求轉勝寂滅解脫，復修習如來智慧，入如來祕密法，觀察不思議大智性，淨諸陀羅尼三昧門，具廣大神通，入差別世界，修力、無畏、不共法，隨諸佛轉法輪，不捨大悲本願力，得入菩薩第九善慧地……佛子！菩薩住此善慧地，作大法師，具法師行，善能守護如來法藏，以無量善巧智，起四無礙辯，用菩薩言辭而演說法。此菩薩常隨四無礙智轉，無暫捨離。何等為四？所謂法無礙智、義無礙智、辭無礙智、樂說無礙智；佛子！此法雲地菩薩，於一佛所一念之頃，所安、所受、所攝、所持大法明、大法照、大法雨、三世法藏，前爾所世界一切眾生所聞持法，於此百分不及一，乃至譬諭，亦不能及。如一佛所，如是十方如前所說，爾所世界微塵數，佛復過此數，無量無邊，於彼一一諸如來所所有法明、法照、法雨、三世法藏，皆能安、能受、能攝、能持，是故此地名為法雲。[117]

此言初地至十地菩薩，以修十波羅蜜為主，其餘諸波羅蜜則兼修之。其中以智波羅蜜最為增上。而一切智中，又當於一切眾生為首為勝。又以十相故，名菩薩行。其說如下：

---

[117] 《大正藏》經 279，頁 178-208。

何等為十？所謂歡喜地，出生大願漸次深故；離垢地，不受一切破戒
屍故；發光地，捨離世間假名字故；焰慧地，與佛功德同一味故；難
勝地，出生無量方便神通、世間所作眾珍寶故；現前地，觀察緣生甚
深理故；遠行地，廣大覺慧善觀察故；不動地，示現廣大莊嚴事故；
善慧地，得深解脫行於世間，如實而知不過限故；法雲地，能受一切
諸佛如來大法明雨無厭足故。[118]

　　《法華經》現世之後，一改過去以般若為核心之傳統思想，大力提倡
菩薩行之實踐，及菩薩慈悲之精神。猶如海納百川，讓佛陀之本衷，更具
體地呈現。依龍樹之看法，十地，乃是「但菩薩地」，亦即是指不共二乘
之菩薩法。後秦龜茲國三藏鳩摩羅什《大智度論・發趣品》云：

地有二種：一者但菩薩地；二者共地。共地者，所謂乾慧地乃至佛
地。但菩薩地者，歡喜地、離垢地、有光地、增曜地、難勝地、現在
地、深入地、不動地、善根地、法雲地，此地相如《十地經》中廣
說。[119]

　　此言「但菩薩地」是指《十地經》中之十地；「共地」，是指《摩訶
般若般若蜜經・發趣品》之十地。透過此二經十地之對比，可以了解龍樹
對此二部經之分判，亦可更顯示龍樹視華嚴十地菩薩道是不共二乘之「但
菩薩地」。

　　《十住毘婆沙論》是為龍樹菩薩所作，其內容是《華嚴經・十地品》
偈頌之廣釋，為闡揚廣大菩薩行之論書。《十住毘婆沙論・序品》對十地
有極扼要之界說，其云：

菩薩在初地始得善法味，心多歡喜，故名歡喜地；第二地中，行十善
道，離諸垢，故名離垢地；第三地中，廣博多學，為眾說法，能作照

---

[118] 《大正藏》經 279，卷 39，頁 209。
[119] 《大正藏》經 1509，卷 49，頁 411。

明，故名為明地。第四地中，布施持戒，多聞轉增。威德熾盛，故名
為炎地。第五地中，功德力盛。一切諸魔不能壞，故名難勝地；第六
地中，障魔事已。諸菩薩道法皆現在前，故名現前地；第七地中，去
三界遠，近法王位，故名深遠地；第八地中，若天魔、梵沙門、婆羅
門無能動其願，故名不動地；第九地中，其慧轉明，調柔增上，故名
善慧地；第十地中，菩薩於十方無量世界，能一時雨、法雨、如劫燒
已普澍大雨，名法雲地。[120]

　　此略說菩薩十地之名相。十者，數法；地者，菩薩善根階級住處。亦
即依菩薩修行自心多歡喜起，逐漸厚種善根，不貪、不恚、不癡，清淨持
戒，供養諸佛、善知識，以悲心念眾生，發願度眾生，當可得初地。《十
住毘婆沙論・序品》又云：

　　有菩薩初發心即入必定，以是心能得初地。因是人故，說初發心入必
　　定中。[121]

　　此言初地菩薩之發心時，認為此發心乃必定不退轉所發之心，所以能
於初發心入必定得初地位。顯示《十住經》之初地菩薩，乃是不退轉之菩
薩，唯有入必定得初地之菩薩，能發如是願。
　　《十住毘婆沙論・入初地品》中敘述初地菩薩必定當得諸佛無量功
德，必當作佛。其心決定，願不移動。且心多歡喜，無諸怖畏。其云：

　　是心不雜一切煩惱。是心相續，不貪異乘。是心堅牢，一切外道無能
　　勝者。是心一切眾魔不能破壞。是心為常能集善根，是心能知有為無
　　常。是心無動能攝佛法。是心無覆離諸邪行。是心安住不可動故。是
　　心無比無相違故。是心如金剛通達諸法故。是心不盡集無盡福德故。
　　是心平等等一切眾生故。是心無高下無差別故。是心清淨性無垢故。

---

[120] 《大正藏》經 1521，卷 1，頁 23。
[121] 《大正藏》經 1521，卷 1，頁 24。

是心離垢慧炤明故。是心無垢不捨深心故。是心為廣慈如虛空故。是
心為大受一切眾生故。是心無閡至無障智故。是心遍到不斷大悲故。
是心不斷能正迴向故。是心眾所趣向。智者所讚故。是心可觀小乘瞻
仰故。是心難見，一切眾生不能覩故。是心難破能善入佛法故。是心
為住一切樂具所住處故。是心莊嚴福德資用故。是心選擇智慧資用
故。是心淳厚以布施為資用故。是心大願持戒資用故。是心難沮忍辱
資用故。是心難勝精進資用故。是心寂滅禪定資用故。是心無惱害慧
資用故。是心無瞋閡慈心深故。是心根深悲心厚故。是心悅樂喜心厚
故。是心苦樂不動捨心厚故。是心護念諸佛神力故。是心相續三寶不
斷故。如是等無量功德莊嚴初必定心。如無盡意品中廣說。是心不雜
一切煩惱者。見諦思惟所斷二百九十四煩惱不與心和合故名為不雜。
是心相續不貪異乘者。從初心相續來。不貪聲聞辟支佛乘。但為阿耨
多羅三藐三菩提故。名為相續不貪異乘。[122]

此言初地菩薩其心「常能集善根」，其心如金剛「通達諸法」，是已
通達諸法之菩薩乃能如此。至於通達諸法之菩薩？簡言之，即是了悟我法
二空及無我之眾生，能離諸怖畏。《十住毘婆沙論・地相品》云：

菩薩如是常樂修空無我故，離諸怖畏。所以者何？空無我能離諸怖
畏。故菩薩在歡喜地，有如是等相貌。[123]

依龍樹之看法，初地菩薩所發菩提心永不退轉，且秉此實踐六度萬
行，成就佛十力。但因其漏未盡，故須藉由十地，一地一地修行，輾轉增
益，以圓滿佛果。

唯識宗對菩薩道之實踐，在《瑜伽師地論・住品》中，於十地前安置
菩薩種性住及勝解行住，則成十二住，若再加上十地後之如來住，則成十
三住。在《瑜伽師地論》及《攝大乘論》中所述之十地，皆引自於華嚴

122 《大正藏》經 1521，卷 1，頁 24-25。
123 《大正藏》經 1521，卷 2，頁 28。

《十地經》。如彌勒菩薩說、唐・三藏法師玄奘譯《瑜伽師地論》云：

> 當知是名略說菩薩極歡喜住，……。若廣宣說如《十地經》極喜地
> 說，彼《十地經》廣所宣說菩薩十地。即是此中菩薩藏攝，摩怛理迦
> 所宣說菩薩十住，如其次第，從極歡喜住，乃至最上成滿菩薩住，應
> 知此中由能攝持菩薩義故。說名為地，能為受用居處義故。說名為
> 住。[124]

　　其後世親《十地經論》即是針對《十地經》而作之疏解。其見解又受
無著《攝大乘論》之影響。不過《瑜伽師地論》及《攝大乘論》都是以生
滅義論阿賴耶識，與《十地經》視為第一義真心有所不同。

　　在《十地經論》中，論述十二因緣生命之輪轉時，以依阿賴耶識來作
解釋，其云：

> （因緣）自相者有三種：一者報相，名色共阿黎耶識生，……二者彼
> 因相，是名色不離彼（指阿賴耶識），依彼共生故，……三者彼果次
> 第相，從六入乃至於有。[125]

　　此以阿賴耶識為因，名色共阿賴耶識而生，起六入、觸等諸相。十地
菩薩所修，在於對治地障十種無明，能顯法界十相。無著菩薩造、真諦三
藏譯《攝大乘論・入因果修差別勝相第五》云：

> 云何應知以此義成立諸地為十？為對治地障十種無明故，於十相所顯
> 法界，有十種無明猶在為障。何者能顯法界十相？於初地由一切遍滿
> 義，應知法界，於二地由最勝義，於三地由勝流義，於四地由無攝
> 義，於五地由相續不異義，於六地由無染淨義，於七地由種種法無別
> 義，於八地由不增減義，於九地由定自在依止義，由土自在依止義，

---

[124] 《大正藏》經 1579，卷 47，頁 556。
[125] 《大正藏》經 1593，卷下，頁 142 中。

由智自在依止義，於十地由業自在依止義，由陀羅尼門三摩提[126]門自
在依止義，應知法界。[127]

　　此言十地是因為對治地障有十種無明，從十相顯示，法界有十種無明
障。再從十地，依次由初地一切遍滿義，一直到十地由業自在依止義，可
知十地菩薩在行菩薩道上，必須一地一地，逐步修行到三摩提自在依止之
境界。
　　唯識宗認為阿賴耶識為一切法之依止，十地菩薩是依阿賴耶識轉依而
成。《瑜伽師地論》即立阿賴耶識為種子依，且認為阿賴耶識耶識為染淨
法之依止，若無阿賴耶識，則一切不淨法及淨法等皆不能成立。故無著菩
薩造、真諦三藏譯《攝大乘論》云：

　　此阿黎耶識已成立，由眾名及體相。云何得知阿黎耶識以如是等眾名
　　故，如來說體相亦爾。不說生起識？若離此名相，所立阿黎耶識，不
　　淨品、淨品等皆不成就。煩惱不淨品、業不淨品、生不淨品、世間淨
　　品、出世淨品等，皆不成就。[128]

　　此言阿賴耶識耶識是由生起識產生，阿賴耶識唯一切種子識，別名為
意識，三界受生眾生，都須有受生種子，方能有出世心。
　　由於眾生性體與佛不二，一切眾生皆有佛智，只因眾生處於不淨中，
菩薩位於染淨中，佛則是最清淨位。眾生若深信大乘法界無差別，可住於
法性。堅慧菩薩造、大唐于闐三藏提雲般若等譯《大乘法界無差別》云：

　　不淨位中名眾生界，於染淨位名為菩薩，最清淨位說名如來。如說，
　　舍利佛！即此法身，厭離生死漂流之苦，捨於一切諸欲境界，於十波
　　羅蜜及八萬四千法門中，為求菩提而修諸行，說名菩薩。復次舍利

---

[126] 三摩提，又譯為三昧。三摩提，意譯為等持、正心行處。意指專注於所緣境，而進入心不
　　散亂之狀態，皆可稱為三摩地。又可譯為「止」、「定」、「禪定」。
[127] 《大正藏》經 1593，卷下，頁 126。
[128] 《大正藏》經 1593，卷上，頁 116。

佛！即此法身，解脫一切煩惱藏，遠離一切苦，永離一切煩惱隨煩惱垢，清淨極清淨最清淨，住於法性，至一切眾生所觀察地，盡一切所知之地，昇無二丈夫處，得無障礙無所著一切法自在力，說名如來應正等覺。[129]

此言以菩提心種子，具備般若與大悲心，再配合定，就可解脫一切煩惱藏，遠離一切苦，永離一切煩惱隨煩惱垢，清淨極清淨最清淨，由染至淨，得無障礙無所著一切法自在力，得如來應正等覺。

天台智者大師對菩薩道思想，採取批判之角度，提出「即空即假即中」之緣起中道實相論。對於菩薩道之看法，不外智慧與慈悲。菩薩因有智慧，故能自破縛著；因有慈悲，故能入生死，破眾生縛著。隋天台智者大師說、門人灌頂記《摩訶止觀》云：

菩薩從假入空，自破縛著，不同凡夫；從空入假，破他縛著，不同二乘。處有不染，法眼識藥。慈悲逗病，博愛無限。兼濟無倦，心用自在。善巧方便，如空中種樹。[130]

文中說明菩薩從假入空，一空一切空，非但空空生死而已；故菩薩自破縛著，不同於凡夫；菩薩從空入假，可破他縛著，不同於二乘。因有慈悲、博愛，濟度眾生。

天台智者認為三藏教菩薩於第三阿僧祇劫，由空入假，度化眾生；通教菩薩於斷惑盡，方能由空入假，度化眾生；別教菩薩則於十行位修假，方便化度眾生；圓教菩薩則於十信位六根清淨，度化眾生。藏、通、別、圓四教，各依根性，度化眾生。如三藏教下根者於第三阿僧祇劫行化物，中根者於第二阿僧祇，已能行化物，上根者則於初發心時，誓願度一切眾生。

華嚴宗之判教，擅以小乘、三乘、一乘之模式來判教，五教則是將三

---

[129] 《大正藏》經 1626，頁 893。
[130] 《大正藏》經 1911，卷 6，頁 75。

乘開展為始、終、頓三教，再配合小乘教及一乘教，則成為小、始、終、頓、圓等五教，其中始、終、頓為三乘教法，始教為大乘之始，終教為大乘之終。始、終二教皆屬於漸教；而頓教是相對於漸教而說。且依《華嚴宗》之看法，始教代表著一分生滅之阿賴耶識緣起；終教代表著如來藏緣起。對於此二種緣起說，法藏採批判態度，以凸顯華嚴別教一乘之法界緣起。

《華嚴宗》對於菩薩道之修證，其立論在於法界緣起。所謂法界緣起，即是見色、聞、聲、嗅、香等諸法，皆是緣起。如杜順說《華嚴五教止觀‧華嚴三昧門》云：

> 若有直見色等諸法從緣，即是法界緣起也。……以色等諸事本真實亡詮，即妄心不及也。……是故見眼耳等事，即入法界緣起中也。何者？皆是無實體性也，即由無體幻相方成，以從緣生，非自性有故。即由無性得成幻有，是故性相相渾融，全收一際。所以見法，即入大緣起法界中也。[131]

由於直見色、眼、耳等諸法，即入法界緣起。若直就諸法緣起把握緣起之道，此即是修華嚴三昧，亦即是實踐無盡願無盡行之菩薩道，以成就佛乘。

華嚴十地菩薩道，直就事事相即相入顯法界緣起，就圓教觀點論之，十地菩薩道乃是重重無盡之法界緣起。初發心住菩薩如同別教之初地，所證已深，而以普賢十地顯《華嚴經探玄記‧十地品》，依世親《十地經論》，闡述《華嚴經》十地菩薩之所修，云：

> 初地修願行，二地戒行，三禪行，四道品行，五諦行，六緣生行，七菩提分行，八淨土行，九說法行，十受位行。[132]

---

[131] 《大正藏》經 1867，頁 512。
[132] 《大正藏》經 1733，卷 9，頁 277。

此十地之修行成就，即信樂行（初地）、戒行（二地）、定行（三地）、慧行（四地至十地）。前三地為人天乘，四、五、六、七地為三乘，於第八地以上才顯一乘法。透過寄三乘以顯一乘，以六相陀羅尼門，融顯無盡，成普賢十地自在之義，以顯示普賢圓滿行德。簡言之，即是信、戒、定、慧之圓滿。[133]

以上論及各宗對菩薩道之論述。菩薩道之共同特色在於慈悲化物，至於如何運用慈悲化物，在大乘佛教諸經論各有不同，如《中觀》之性空緣起、《唯識》之阿賴耶識緣起、《如來藏》之緣起。此三種立論基礎各有所偏重，天台智者大師對諸立論採批判態度，即是對以非緣起作反思，而以「即空即假即中」之緣起中道實相論作為其菩薩道之立論基礎。同時，亦呈現諸立論是基於不同因緣而來，若以己是而非他，難免墮於外道之自我偏執中，而背離緣起。亦即天台透過「即空即假即中」之反省批判《華嚴宗》之無盡法界緣起，可說直接就事事相即相入呈現緣起，作為菩薩道之立論基礎，雖然其著眼點與天台有所不同，但其共通處皆基於緣起立論。

佛教各宗與如假思想皆兼具自利和利他，如大乘菩薩透過慈悲智慧以成佛，儒家透過內聖外王以成聖。立論基礎雖有不同，本無優劣可言。

第五節　儒家《荀子》禮治思想與人間佛教之不同

一、儒家《荀子》之禮治思想

荀子（？B.C. 313～238），為戰國時儒家大儒，《史記·孟荀列傳》有簡略之敘述：

> 荀卿，趙人，年五十始來游學於齊。騶衍之術迂大而閎辯，奭也文具

---

[133]　《大正藏》經 1733，卷 9，頁 277。

難施，淳于髡久與處，時有得善言。故齊人頌曰：「談天衍，雕龍
奭，炙轂過髡。」田駢之屬皆已死齊襄王時，而荀卿最為老師。齊尚
脩列大夫之缺，而荀卿三為祭酒焉。齊人或讒荀卿，荀卿乃適楚，而
春申君以為蘭陵令。春申君死而荀卿廢，因家蘭陵。李斯嘗為弟子，
已而相秦。荀卿嫉濁世之政，亡國亂君相屬，不遂大道而營於巫祝，
信禨祥，鄙儒小拘，如莊周等又猾稽亂俗，於是推儒、墨、道德之行
事興壞，序列著數萬言而卒。因葬蘭陵。[134]

　　此言荀卿曾在齊國任祭酒，後前往楚國，任蘭陵（今山東蘭陵縣）
令。春申君死，荀卿被免官。因在蘭陵著述講學以終。李斯、韓非嘗為弟
子。後李斯任秦國相，助秦兼併六國，一統天下。

　　荀卿今傳《荀子》三十二篇，對其思想，《史記・孟荀列傳》僅評論
荀子憎惡戰國時代是一個亂世，政治敗壞，亡國及亂君接連地出現，不循
正道，而致力於巫祝之事，即信奉求神賜福或禳災之事。又批評庸俗鄙陋
之儒者，拘泥於瑣碎之禮節，如莊周等人，又善言多辯，敗壞風俗。於是
推究儒、墨、道等家行事之成敗，著述數萬言而去世，死後葬在蘭陵。

　　荀子之心性論及禮治思想，以天論、禮論等為理論基礎。在心性方
面，荀子觀察到時代之混亂，與人性之缺陷有關。故主張性惡。《荀子・
性惡篇》云：

　　今人之性，生而有好利焉，順是，故爭奪生而辭讓亡焉；生而有疾惡
　　焉，順是，故殘賊生而忠信亡焉；生而有耳目之欲，有好聲色焉。順
　　是，故淫亂生而禮義亡焉。然則，從人之性，順人之情，必出於爭
　　奪，合於犯分亂理而歸於暴。故必將有師法之化、禮義之道，然後出
　　於辭讓，合於文理，而歸於治。用此觀之，然則人之性惡明矣；其善
　　者，偽也。[135]

---

[134] 《史記新校本》，卷 74，頁 2343。
[135] 《荀子集解》，卷 17，頁 289。

　　荀子認為人性生而有好利，疾惡，有耳目之欲，好聲色等欲望。倘若人人順從欲望而無所節制，自然會造成爭奪、殘賊、淫亂，而趨向暴亂，此為性惡之根源。如何對治性惡？荀子主張以外在之禮義，化除惡性，而歸於辭讓、文理。如此，方能使天下平治。因此。荀子認為人有惡性，需要用人為之禮義化除之。《荀子‧王霸篇》又云：

　　　　夫人之情，目欲綦色，耳欲綦聲，口欲綦味，鼻欲綦臭，心欲綦佚，
　　　　此五綦者，人情之所必不免也。[136]

　　王先謙，《荀子集解》楊倞注云：「綦者，極也。」綦色、綦聲、綦味、綦臭、綦佚，皆人極欲享受之物欲。然人之欲望無窮，故耳口目鼻心等感官，皆屬物欲。然物有限而欲無窮，必有爭奪之事發生。《荀子‧富國篇》云：

　　　　欲惡同物，欲多而物寡，寡則必爭。[137]

《荀子‧榮辱篇》亦云：

　　　　人之情，食欲有芻豢，衣欲有文繡，行欲有輿馬，又欲夫餘財畜積之
　　　　富也，然而窮年累世不知不足，是人之情也。[138]

《荀子‧禮論篇》亦云：

　　　　人生而有欲，欲而不得，則不能無求；求而無度量分界，則不能不
　　　　爭；爭則亂，亂則窮。[139]

---

[136] 《荀子集解》，卷7，頁137。
[137] 《荀子集解》，卷6，頁113。
[138] 《荀子集解》，卷2，頁42。
[139] 《荀子集解》，卷13，頁231。

故不節制物欲，必定破壞社會秩序，產生各種暴亂。荀子稱「人之性惡」，若從人之欲望推論，當有其道理。

荀子主張「人性本惡」，順性必然會產生欲望，欲望會造成為惡之事。但在《荀子‧禮論篇》中，又指出「禮」之目的，是「養人之欲，給人之求。」[140]滿足惡之追求豈不令人難以想像？其實，荀子並不反對欲望，如衣食之欲，使人生存養育。但蓄積財富，不知滿足，方是產生爭亂之原因。因此，禮義是解決性惡之良方。

禮義是人為之事，可以經由學習而做到。《荀子‧性惡篇》云：

> 凡性者，天之就也，不可學，不可事。禮義者，聖人之所生也，人之所學而能，所事而成者也。[141]

荀子認為「性」是屬天所成就之事，故稱天性。不可從學習獲得，亦無法從事天性之事。禮義是聖人制定而產生，人可以經由老師教化而知禮義。因此強調「師法之化、禮義之道。」《荀子‧性惡篇》云：

> 今人之性，飢而欲飽，寒而欲煖，勞而欲休，此人之情性也。今人飢而不敢先食者，將有所讓也；勞而不敢求息者，將有所代也。夫子之讓乎父、弟之讓乎兄，子之代乎父、弟之代乎兄，此二行者，皆反於性而悖於情也。然而孝子之道，禮義之文，理也。故順情性則不辭讓矣，辭讓則悖於情性矣。用此觀之，然則人之性惡明矣；其善者，偽也。[142]

荀子認為，順從人性之行為，如飢而欲飽、寒而欲煖、勞而求息，是不須謙讓與代勞。如今對父兄謙讓、代勞，是違反人性，悖離情欲之事。對父兄謙讓、代勞是孝子之道，是孝子行禮義之事。屬人為之善，非人性

---

[140] 《荀子集解》，卷 13，頁 231。
[141] 《荀子集解》，卷 17，頁 290。
[142] 《荀子集解》，卷 17，頁 291。

本善。《荀子・性惡篇》云:

> 夫薄願厚,惡願美,狹願廣,貧願富,賤願貴,苟無之中者,必求於
> 外。故富而不願財,貴而不願埶,苟有之中者,必不及於外。用此觀
> 之,人之欲為善者,為性惡也。今人之性,固無禮義,故彊學而求有
> 之也;性不知禮義,故思慮而求知之也。然則生而已,則人無禮義,
> 不知禮義。人無禮義則亂,不知禮義則悖。然則生而已,則悖亂在
> 己。[143]

荀子認為人皆各種希求,如財產薄少而希望富厚,相貌醜惡而希望美
貌,居處狹窄而希望寬敞,生活貧困而希望富裕,身份卑賤而希望顯貴。
倘若本身欲求不滿足,自然會向外追求。因此,荀子認為,人性中無禮
義,禮義是後天努力學習而來。若無禮義,僅有天性,必然產生悖亂。

荀子對「善」與「惡」之見解,認為善之動機是基於客觀現實之需
要,亦就是須要聖王制定禮義,使天下人明禮義、啟法政、重刑罰,而達
到「正理平治」之目標;若順人之惡性,使強凌弱、眾暴寡,天下紛亂,
終是歸於俱亡,且會產生偏險悖亂。故荀子「化性起偽」之理論基礎,是
以「人之性惡」為開端。

要化性起偽,首要勸學。故荀子將〈勸學篇〉置於首篇。其云:

> 學惡乎始?惡乎終?曰:其數則始乎誦經,終乎讀禮;其義則始乎為
> 士,終乎為聖人。真積力久則入。學至乎沒而後止也。……故書者、
> 政事之紀也;詩者、中聲之所止也;禮者、法之大分,類之綱紀也。
> 故學至乎禮而止矣。夫是之謂道德之極。禮之敬文也,樂之中和也,
> 詩書之博也,春秋之微也,在天地之間者畢矣。[144]

此言為學應從誦讀經書開始,讀禮為止。經書中之義理,是從做士開

---

[143] 《荀子集解》,卷17,頁292。
[144] 《荀子集解》,卷1,頁7。

始，最終要做到聖人。終身都應學習。經書中，《尚書》記載政事；《詩經》是中正平和之樂歌；《禮經》是法制之大原則，各類律法之綱紀。所以為學是學到禮為止，此為道德之最高準繩。《禮經》中之恭敬、文采、《樂經》中表現樂歌之中正平和、《詩經》、《書經》內容之廣博、《春秋經》之隱微，在天地間之道理，皆涵蓋於其中。故勸學將可達到化性起偽之功。

在為學之過程，不可讓自己變成陋儒，對化性起偽，無所助益。〈勸學篇〉又云：

> 學之經莫速乎好其人，隆禮次之。上不能好其人，下不能隆禮，安特將學雜識志，順詩書而已耳。則末世窮年，不免為陋儒而已。將原先王，本仁義，則禮正其經緯蹊徑也。[145]

荀子提出為學習沒有比喜好良師更快速得到效果，其次是尊崇禮。如只順著詩書之意學習，將會試學到雜亂知識之陋儒而已，因此為學應掌握法先王、本仁義之原則，禮就可以不斷化性、積偽，有正確之方向與範圍。

孔子與孟子言必稱堯舜，主張法先王，行文武之道；孟子之性善，是根源於人心中之仁、義、禮、智，而口、目、耳、鼻、四肢之欲求，歸之於命。人性是將善性表現在君臣、父子、夫婦、長幼、朋友之人倫之中。與荀子法後王，性惡之主張不同。

荀子不僅與孔孟思想有所不同，對其餘諸子亦有所批評。〈非十二子篇〉中，認為今世有飾邪說，文姦言，以濛亂天下，欺惑愚眾，使天下混然不知是非治亂之所存。如老、莊、慎到、宋鈃、申不害，子思、孟軻各家之說，皆有所偏。其云：

> 縱情性，安恣睢，禽獸行，不足以合文通治；然而其持之有故，其言

---

[145] 《荀子集解》，卷1，頁8-9。

之成理，足以欺惑愚眾；是它囂、魏牟也；忍情性，綦谿利跂，苟以分異人為高，不足以合大眾，明大分，然而其持之有故，其言之成理，足以欺惑愚眾：是陳仲、史鰌也；不知壹天下建國家之權稱，上功用，大儉約，而僈差等，曾不足以容辨異，縣君臣；然而其持之有故，其言之成理，足以欺惑愚眾：是墨翟、宋鈃也；尚法而無法，下脩而好作，上則取聽於上，下則取從於俗，終日言成文典，反紃察之，則倜然無所歸宿，不可以經國定分；然而其持之有故，其言之成理，足以欺惑愚眾：是慎到、田駢也。不法先王，不是禮義，而好治怪說，玩琦辭，甚察而不惠，辯而無用，多事而寡功，不可以為治綱紀；然而其持之有故，其言之成理，足以欺惑愚眾；是惠施、鄧析也。略法先王而不知其統。然而猶材劇志大，聞見雜博。案往舊造說，謂之五行，甚僻違而無類，幽隱而無說，閉約而無解。案飾其辭，而祇敬之，曰：此真先君子之言也。子思唱之，孟軻和之。世俗之溝猶瞀儒、嚾嚾然不知其所非也，遂受而傳之，以為仲尼、子弓為茲厚於後世：是則子思、孟軻之罪也。[146]

　　荀子批評儒、法、墨、道、名等家，如批評它囂、魏牟放縱情性，恣意而行，不知禮義。說法不合禮文，無法通達治道，卻有論證與說明，是在欺惑愚弄眾人；陳仲、史鰌抑制情性，不循禮義，言行深峭嚴峻；墨翟、宋鈃不能齊一人心，崇尚功用，其節用、節葬、非禮、非樂，是誇大儉約。又其兼愛，主張人無差等，似乎持之有故，是欺惑愚眾；慎到、田駢崇尚法治，好修新法，卻不循先王之法。只是上則聽從君上，下則隨從世俗；惠施、鄧析好鑽研奇辭怪說，如「天與地卑」、「山與澤平」。觀察深入而無益於人，巧辯而不切實用，做事多而少功效，不會談論治國之綱紀；子思、孟軻效法先王而不知統類，說法疏略，雜亂而無分類，言論幽隱不明，閉結簡約而無解說。文飾言辭，而推崇己說唯孔子遺言。

　　荀子認為諸子有所偏廢，在天下無道之環境下，禮治可矯正時弊。在

---

146 《荀子集解》，卷3，頁56。

《荀子》一書中，「禮」字出現之次數，達三七五次之多。故《荀子・天論篇》云：

> 隆禮尊賢而王，重法愛民而霸，好利多詐而危，權謀傾覆幽險而盡亡矣。[147]

《荀子・不苟篇》亦云：

> 禮義之謂治，非禮義之謂亂也。故君子者，治禮義者也，非治非禮義者也。[148]

　　如何達到禮治之社會？除學習儒家經典，學習做到聖人、君子之外，並重視經濟之發展經濟是使百姓富裕之方法。《荀子》提出「制天而用之」，是最重要之論述。《荀子・天論篇》云：

> 天有其時，地有其財，人有其治，夫是之謂能參。……枯耕傷稼，耘耨失薉，政險失民。田薉稼惡，糴貴民饑，道路有死人，夫是之謂人妖。政令不明，舉錯不時，本事不理，夫是之謂人妖。禮義不修，內外無別，男女淫亂，父子相疑，上下乖離，寇難並至，夫是之謂人妖。妖是生於亂，三者錯，無安國。其說甚爾，其災甚慘。勉力不時，則牛馬相生，六畜作妖，可怪也，而不可畏也。[149]

　　荀子認為天有天時，地有地利，人有人治。亦即人與天地並立為三。人之長處在修禮義，講倫理，尊賢才。愛人民。若政治險惡，失去民心。使田園荒廢，百姓飢餓，路有死人，禍災必至。當國者可稱為人妖。人妖治國，國家必陷於危亂之中。

---

[147] 《荀子集解》，卷11，頁211。
[148] 《荀子集解》，卷2，頁27。
[149] 《荀子集解》，卷11，頁206。

當政者應順應天道，使人民依四時耕耘。地能生財，國必富裕。《荀子・天論篇》云：

> 大天而思之，孰與物畜而制之。從天而頌之，孰與制天命而用之。望時而待之，孰與應時而使之。因物而多之，孰與騁能而化之。思物而物之，孰與理物而勿失之也。願於物之所以生，孰與有物之所以成。[150]

人君應掌握天道，使民眾依四時耕稼，使各種農作物皆能生長暢茂。人民豐衣足食，國家自然安定。

《荀子》治國之理想，是達到一統天下之目標，除重德隆禮外，《荀子》還提出重要之政治措施，如富國、王霸、君道、臣道、致士、議兵、強國、法行等篇，構成一強有力之治國系統。其中主張以霸道、法行以使國家富強，時有對其非議者，其弟子李斯、韓非將禮治轉為法治，屬行法家思想。李斯更以霸道助秦國統一天下，荀子之帝王思想，應為李斯思想之啟蒙者，殆無疑義。

二、人間佛教之思想

佛教本是人間佛教，人本再三法界中。一切眾生皆可成佛，釋尊在菩提樹下，徹悟成佛，欲以其大悲心，度化眾生。《佛本行集經》，釋尊言其放下權勢樂欲，辭別淨飯王，云：

> 大王！今者不可得障子出家心。何以故？譬如有人，從彼焚燒熾然猛焰火宅之中欲走出者，此是健人，不可遮斷。大王！諸有生者，會有別離。若人覺知世間之中，皆有別離而不能捐別離法者，此非善利。又如有人，作事不成，死時將至，而不疾為，此非善智。即為父王，而說偈言：「若觀一切決無常，諸有之法終散壞，寧忍世間諸親別，

死命欲至事須成。」[151]

　　釋尊並非被人欺侮而捨離父王，亦無瞋恨之心。而是見眾生在不正之路上，迷惑黑暗。因此欲利益眾生，讓眾生斷無常有漏之行，無生老病死，再無憂惱。

　　佛陀教化眾生，不論人、天、鬼、畜生，出家或在家。皆宣說三自皈依。南無佛陀耶！南無達摩耶！南無僧伽耶！此人間三大信仰，令常安樂，獲大善利。此為佛陀在人間施教之基礎。

　　其次，佛陀在人間佈教，要信眾依《優婆戒經》、《四分律》之規定，行五戒：一、不殺生；二、不偷盜；三、不邪淫；四、不飲酒；五、不妄語。以此五戒為日常行為之標準。

　　釋尊之弟子從其出家者，教化眾生者，依《過去現在因果經》之記載，有一千兩百五十人。又依宋居士沮渠京聲譯《佛說觀彌勒菩薩上生兜率天經》云：

> 尊者阿若憍陳如即從禪起，與其眷屬二百五十人俱。尊者摩訶迦葉與其眷屬二百五十人俱。尊者大目犍連與其眷屬二百五十人俱。尊者舍利弗與其眷屬二百五十人俱。摩訶波闍波提比丘尼，與其眷屬千比丘尼俱。須達長者，與三千優婆塞俱。毘舍佉母與二千優婆夷。復有菩薩摩訶薩，名跋陀婆羅，與其眷屬十六菩薩俱。文殊師利法王子，與其眷屬五百菩薩。[152]

　　若依《佛說觀彌勒菩薩上生兜率天經》所言計算，有七千五百十六人。此為常追隨者。佛陀成佛後，各僧團林立。還傳播至中國及世界各國，成為世界三大宗教之一。

　　釋尊度化眾生，是觀眾生痛苦，起大悲心，為說微妙法，以求解脫。《大寶積經》云：

---

[151] 《大正藏》經190，卷20，頁724。
[152] 《大正藏》經415，卷1，頁418。

菩薩摩訶薩為阿耨多羅三藐三菩提故，度諸眾生行於大悲，畢竟不捨
一切眾生。童子！云何菩薩摩訶薩於眾生所發起大悲？童子！菩薩摩
訶薩行大悲時，觀諸眾生虛偽身見之所纏縛、為諸惡見之所藏隱。菩
薩摩訶薩如是觀已，於諸眾生發起大悲，我當為彼說微妙法，令其永
斷虛偽身見種種纏縛諸惡見等。[153]

釋尊悲憫眾生之思想，太虛大師（1890～1947）曾發表《怎樣來建設
人間佛教》一文後，人間佛教之想法逐漸傳播。並撰《人生佛教》一書，
闡說此思想。

印順法師（1906～2005）是太虛大師之繼承者，將太虛大師由做人而
成佛之論點，擴展成嚴整之理論體系。印順指出：人間佛教之出發點是現
代人，而非死人、鬼神，是由人出發，向菩薩、佛陀之境界前進。人間佛
教之理論原則是「法與律合一」、「緣起與空性之統一」、以及「自利與
利他之統一」。要青年入世以利益人類，傳播法音。因而組織僧團，興辦
佛教學校，創辦佛教學術刊物。向人間佛教之理想推進。

趙樸初（1907～2000）追隨太虛大師，並深受其器重。一生宣導人間
佛教。在 1981 年撰寫《佛教常識答問》之最後一章就是《發揚人間佛教的
優越性》。一九八三年，在中國佛教協會第四屆理事會上，以《中國佛教
協會三十年》為題之報告，提出把人間佛教作為中國佛教協會之指導方
針。繼承太虛大師之思想，把人間佛教之基本內容，概括為五戒十善、四
攝六度，並將之發展成為關懷社會、淨化社會之思想，其云：

我們提倡人間佛教的思想，就要奉行五戒、十善以淨化自己，廣播四
攝、六度以利益人群，就會自覺地以實現人間淨土為己任，為社會主
義現代化建設這一莊嚴國土、利樂有情的崇高事業貢獻自己的光和
熱。[154]

---

[153] 《大正藏》經 310，卷 41，頁 236。
[154] 《生活禪鑰‧生活禪開題》，頁 164-165。

　　淨慧法師（1933～2013），法號妙宗，出生於湖北省新洲。早年就認為人間佛教思想對社會主義不但無害，而且有利。一九七九年至北京，參與中國佛教協會工作。一九八一年起，先後擔任中國佛教協會會刊《法音》專任編輯、主編，中國佛教協會理事、常務理事、副會長、河北省佛教協會會長等職。他一直大力提倡人間佛教，並從一九九三年開始，在河北趙縣柏林禪寺連續舉辦十二屆生活禪夏令營。「生活禪」實質上是人間佛教之禪宗化。《生活禪鑰》載淨慧法師《生活禪開題》中指出：

> 修行的目的，就是因為我們生活中有種種煩惱、種種痛苦要求得到解脫，所以要修行。離開了具體的生活環境，不斷除個人當下的無明煩惱，學佛、修行都會脫離實際，無的放矢。[155]

　　淨慧法師認為學佛、修行與生活要結合起來，在生活中落實修行。正是他提出生活禪之目的。所謂生活禪，即是：

> 將禪的精神、禪的智慧普遍地融入生活，在生活中實現禪的超越，體驗禪的意境，禪的精神，禪的風采。[156]

　　由此，淨慧法師進一步指出，修行生活禪，就應具足正信，堅持正行，保持正受，以三寶為核心，因果為準繩，般若為眼目，解脫為歸宿，以三學為修學之總綱，堅持四攝六度，投入到當下之生活。以平常心求得心靈之輕安明淨。在生活中透禪機，證得解脫。

　　淨慧法師之「生活禪」，實質上是將人間佛教之理念進一步禪宗化、生活化、社會化、具體化。使佛法進一步走進世俗生活，對佛教在當代的傳播與繁榮是大有助益。

　　傳統佛教不論大乘、小乘，都以出世、避世為目的。人間佛教則注重入世，重視利他而非自利。所以推行人間佛教，是將佛教利益眾生之事，

---

[155] 《生活禪鑰》，頁 164-165。
[156] 《生活禪鑰》，頁 164-165。

發揚光大。

　　以中國佛教的發展來說，四大名山是以四大菩薩為主。即觀世音菩薩、文殊菩薩、普賢菩薩、地藏王菩薩。四大菩薩中，觀世音菩薩、文殊菩薩、普賢菩薩是示現在家相，只有地藏王菩薩是現出家相。為何菩薩大都現在家相呢？原因是過去之出家眾，多聲聞眾，出世思想濃厚；在家者比較樂觀，積極向上，合乎大乘佛教之宗旨，更合乎佛陀之本懷。

　　葉海煙一○二年發表《人間佛教的倫理學視野——及其與儒教相契合之義理探索》一文，認為佛教「常樂我淨」推動人間佛教，在倫理學上具有出入自得、悲智圓融、空有無礙、人佛一體之意涵。此思想讓芸芸眾生在儒家之生死觀外，找到一條超越與解脫之道。

　　太虛大師（1889～1947），俗姓張，本名淦森，號華子、悲華、雪山老僧、縉雲老人。浙江海寧長安鎮人。為近百年來傑出之佛教宗師。幼年時，父死母嫁，貧無立錐。十六歲時剃髮為僧，法名唯心，字太虛。其年冬，於寧波天寧寺禮寄禪和尚八指頭陀，受具足戒。後加入孫中山先生同盟會，主張改革佛教。民國十二年，在江西廬山重建大林古剎。倡導以「菩薩行」興教救國。並強調一切眾生皆有佛性，一切法皆是佛法，人人皆有靈覺之心。只要真修實證，以明諸佛所證實相。就能去除煩惱障中之我執，所知障中之法執。不致迷妄顛倒，成為圓滿覺悟之人。

　　太虛又認為修佛法要做服務眾生之菩薩。菩薩不是泥塑，供養在佛堂。而是在人間活躍，有覺悟，在社會上要發揮積極救世之精神。佛教不是消極、避世、厭世之宗教，必須提倡「人間佛教」。如禪宗六祖惠能所云：「佛法在世間，不離世間覺；離世求菩提，猶如求兔角。」學菩薩就要學習人間佛教之旨趣。

　　印順法師（1906～2005），俗名張鹿芹，浙江杭州海寧人。剃度師為普陀山福泉庵清念和尚。天童寺受戒時，戒和尚是圓瑛和尚，為太虛大師門徒，慈濟證嚴法師之入門師父，是近代最具影響力之佛教思想家。法鼓山創辦人聖嚴法師推崇他不僅是「近代中國佛教界的瑰寶」，也是「中國佛教思想史上的里程碑」。其系列著作《妙雲集》之一《佛在人間》中，對「人間佛教」有很深入之探討與論述。

　　認為佛教三寶。佛、法、僧都在人間。要以出世之精神，作入世之事業。由於世人傾向戀世，唯有大乘佛法，能吻合現代人之根基。現代人不須出家隱遁，應修菩薩行，一方面淨化自身，覺悟自己，還要做許多利他之事業。

　　在自身修持上，印順法師要學佛者薰修佛法，大乘法門中，布施、持戒、愛語、習定、利行、修慧、念佛、供養、懺悔等，都可自利利他，培養福德智慧，並以信、智、悲三字為中心，信可啟發信心，莊嚴淨土；智可引生正智，清淨身心；悲可長養慈悲，成熟有情。三者可以作為行大乘道、學菩薩行之根本法門。

　　在法理上，主張緣起與性空之中道思想，世間一切事像，如人物蟲魚、山河大地、草木叢林，都是因緣合和幻生之法相。因此，個人之生死解脫，倫理道德，甚至世道之治亂，無非緣起。萬物既是緣起，所以一切性空。依據緣起性空，事相與理性，如花之表裏、形與影，不能離相覓性，亦不可執著本性或空理，唯有依據緣起性空，建立二諦無礙之中觀，才是正觀之佛法。

　　印順法師認為行菩薩道是感受眾生身心所引起之憂苦，不論理想之幻滅與心理之空虛，可以藉宗教獲得歸宿。行菩薩道是幫助世間解除憂苦，讓眾生知道貪、瞋、癡都會帶來苦，唯有正信、正念、正智可以解除憂苦。觀一切空，可以度一切苦厄。然後學習菩薩向善之正行，了解世間之善惡因果，用善知識引向真理，就能達到圓覺之境界，就能真正之證悟與解脫。

　　聖嚴法師（1930～2009）江蘇南通人，俗名張保康。一九四三年在狼山廣教禪寺出家為沙彌，戒名常進。一九四九年從軍，跟隨國民政府到台灣，服役十年後，於東初老人座下再度披剃出家。學名張志德，官章名張採薇。是佛教弘法禪師兼教育家，人間佛教思想之重要發揚者。沙彌戒戒名常進，曹洞宗法名慧空聖嚴，臨濟宗法名知剛惟柔，為禪門曹洞宗之五十一代傳人，臨濟宗五十七代傳人。聖嚴法師博學多識，心胸開放，曾在臺北、美國、歐洲各地指導過數十次禪七，隨緣應機開示弟子如何穩定情緒，使身心調和。

　　聖嚴法師在自傳中記述其童年至青年時期之前塵往事，以其堅強之毅力、信心，和高尚之宗教情操，披荊斬棘，突破重重困境，並稱自己為風雪中之行腳僧。聖嚴法師時常透過自己之生命歷程，以超越生死之豁達觀念，勉勵別人了悟生死，珍惜生命，以願力開展豐富之人生。

　　聖嚴法師在法鼓山傳教弘法多年，《法鼓全集》是其著作之完整集結。1993 年東初出版社（法鼓文化前身）將聖嚴法師已經出版之著作，以及散見於各報章之文章，搜集分類，完成了四十冊之巨著。內容深入淺出，對學佛者助益甚大。

　　星雲法師（1927～2020）童年出家，俗名李國深，法名今覺，法號悟徹，自號星雲，筆名趙無任。生於江蘇省江都縣（今江蘇揚州），十二歲於南京棲霞山禮宜興大覺寺志開上人出家。嘗學於棲霞律學院、焦山佛學院，後授記為臨濟宗第四十八代傳人。承續太虛大師、慈航法師之精神，以法界圓覺為宗旨，切近人間之佛陀觀，主張五乘融合，與以人乘通大乘菩薩之正道，兢兢業業，著述等身。在理論和實踐上，倡導以出世之精神，做入世之事業，佛教一定要落實在人間。佛教徒應發菩提心，行菩薩道，把佛陀之慈悲與智慧，走向人間化、生活化、現代化、社會化、大眾化、藝文化、事業化、制度化，甚至走上國際化、未來化，積極推進佛教文化、教育、慈善、弘法等事業，力圖轉變娑婆世界為人間淨土。強調生活佛法化，佛法生活化。使佛教思想落實到人倫日用之中，才算達成佛教普渡眾生之宏願。尤其在當今眾說紛呈，萬心迷淪之社會，星雲大師在佛光山倡導人間佛教之輝煌成果，已為當前之佛教，開闢出一片新天地。

　　星雲在佛光山倡導人間佛教。對於人間佛教，星雲大師《人間佛教回歸佛陀本懷》〈總說〉中說：

　　　　人間佛教是佛陀的本懷，因為佛陀出生在人間，修行在人間，成道在人間，佛陀所說的教法，都是為人間而說的。[157]

---

[157] 《人間佛教回歸佛陀本懷》，頁 14。

佛光山之宗風就是「弘揚人間佛教，開創佛光淨土」，佛光山幾十年來努力推動之弘法目標。就是要讓佛教深入家庭、社會、人心，才能與生活結合在一起，也就是佛法落實在每個人的心靈上。並認為佛陀應是人間佛陀，度化眾生在人間，一切都以人間為主。

星雲在佛光山創建之初，就為佛光山訂定了四大宗旨：一、以教育培養人才、二、以文化弘揚佛法、三、以慈善福利社會、四、以共修淨化人心。對人間佛教思想理念的具體實踐。因此，創辦了佛光精舍，提供老者安單；設立大慈育幼院，撫孤育雛；創設佛光診所、雲水醫院、萬壽園等，讓人的一生之生老病死，都可以在佛光山完成，這就是佛光山之慈善事業。

在弘揚佛教教義上，要以佛法淨化人心，在海內外陸續成立講堂，讓大家有地方聽聞佛法，有機會接受佛法的教育，以提昇信仰層次。

在培養弘法人才上，在壽山寺創辦了壽山佛學院，著手於人才的培養，三十多年來，又陸續興辦佛光大學，舉辦通俗化之佛學會考，來推展佛化社會之教育工作。

在文化紮根工作上，也是佛光山弘法的重心。民國七十八年，《佛光大辭典》榮獲金鼎獎，對海內外學佛者，助益甚大。編輯《禪藏》，收錄歷代禪宗語錄、公案，共有五十一鉅冊。《中國佛教經典寶藏》是將佛經白話化、通俗化，有助於大家深入理解佛教經義。又編輯一套《佛教》，內容分匯為一股清澈「禪」流的，總教理、經典、佛陀、弟子、教史、宗派、儀制、教用、藝文、人間佛教等十類。把佛教做一番有系統而完整之介紹。此外，普門雜誌、覺世月刊、小叢書等月刊，從來不曾間斷地寄達讀者手中，數十年來，已經接引無數初機認識佛教、進入佛門。

星雲大師認為釋迦牟尼佛出生在人間，修道在人間，成佛在人間，弘法在人間，亦在行人間佛教之工作。世尊一生，正是人間佛教的具體體現。釋迦牟尼佛出家修行，正是為了解決印度眾生生老病死等問題。釋迦牟尼成佛後，一生致力於教化眾生，足跡所及，遍及恒河兩岸。釋迦牟尼一生誨人不倦，寧願拋棄王宮富貴之生活，獻身於追求智慧和覺悟人群之事業，拯救人類脫離苦海是他唯一之職志。

十法界之眾生，不論胎生、卵生、濕生、化生，有無量無邊之眾生，在無量無邊之眾生中，以人最為可貴。星雲將原始佛教之經典《阿含經》、《般若經》之精華《大智度論》、以及華嚴宗、淨土宗、禪宗等有關六度等之論述，加以整理；又將歷朝歷代祖師大德如普賢菩薩、彌勒菩薩、惠能、玄覺，以至太虛等之言論，做為人間佛教之理論證據。

在佛、法、僧三寶中，僧是延續傳承、闡揚佛法之核心力量，星雲反對沒有慈悲，沒有智慧，沒有願力，沒有功行之佛教徒。而是積極倡導能夠弘揚佛法完成自己使命之佛教徒。

在佛教中，所謂五乘共法、五戒十善、四無量心、六度四攝、因緣果報和禪淨中道等，其核心思想，都是人間佛教。五乘是人、天、聲聞、緣覺、菩薩。人天乘重入世，聲聞、緣覺乘重出世。我們要有人天乘入世之精神，再有聲聞、緣覺乘出世之思想，就是菩薩道。我們要以菩薩為目標，自利利他，自度度人，自覺覺人。利他就是充實自己，從普渡眾生中得到自利。

五戒是不殺生、不偷盜、不邪淫、不妄語、不飲酒。其中不殺生，是尊重他人生命；不偷盜，是不侵犯他人之財產；不邪淫，是不侵犯他人之身體、名節；不妄語是不侵犯他人之名譽、信用；不飲酒是不傷害身體之健康。如果一個人能夠持五戒，個人之人格道德就健全。一家人持五戒，一家人之人格道德都健全。一個團體、一個社會、一個國家都能持五戒，社會、國家必定安和樂利。

十善是能永離殺生、偷盜、邪行、妄語、兩舌、惡口、綺語、貪欲、瞋恚、邪見。可分為身業三條、口業四條和意業三條。唐于闐三藏法師實叉難陀譯《佛說十善業道經》云：

> 龍王，當知菩薩有一法，能斷一切諸惡道苦。何等為一？謂於晝夜常念思惟觀察善法，令諸善法念念增長，不容毫分不善間雜，是即能令諸惡永斷，善法圓滿。常得親近諸佛菩薩及餘聖眾。言善法者，謂人天身，聲聞菩提，獨覺菩提，無上菩提，皆依此法，以為根本，而得

成就，故名善法。[158]

四無量心就是「慈、悲、喜、捨。」中國佛教為何會衰微？因為佛教徒沒有實踐佛法。佛教要我們慈悲，多少佛教徒有真正的慈悲？佛教要我們喜捨，多少佛教徒具有喜捨之性格？佛教徒如果沒有佛法，與世俗又有何不同？

六度是布施、持戒、忍辱、精進、禪定、般若。布施不論財物、飲食、容貌、語言等，都是布施；持戒就是守法；忍辱就是忍耐；精進就是不斷研發、創新；禪定就是去煩惱；般若就是智慧，不投機取巧。

四攝是指「布施」、「愛語」、「利行」、「同事」等四種度化眾生之方法，稱為「四攝法」。也就是以四種方法，攝受眾生。增進人際關係，是修佛者立身處事之準則。唐于闐三藏法師實叉難陀譯《大方廣佛華嚴經・賢首品》云：

> 若知一切眾生行，則能成就諸群生。若能成就諸群生，則得善攝眾生智。若得善攝眾生智，則能成就四攝法。若能成就四攝法，則與眾生無限利。若與眾生無限利，則具最勝智方便。[159]

四攝法門是菩薩度眾時之權巧方便，視眾生根器、喜好之不同，讓他們能夠轉迷成悟。可謂行菩提道之修行智慧。

中道思想是空有融和之智慧，可以直接契入世間實相。有中道之般若智慧，就能在現世生活中幸福快樂。所稱中道，是中觀之般若智慧，有此智慧，遇到了事情就懂得事待理成，懂得中之原則。遇到一切果，就知道果從因生，種什麼因，就會結什麼果，不會隨便怨天尤人，會去追查原因。「有」之現象，所以體悟空之人，是從「有」之真實中，體驗「空」之智慧。懂得空，就能擁有宇宙之一切，就是「真空」生「妙有」之道理。先有「妙有」，才能入「空」，入空就能如蓮花般高潔，心無掛礙，

---

[158] 《大正藏》經 600，頁 157-158。
[159] 《大正藏》經 279，卷 14，頁 73。

遠離顛倒。

　　佛教是修心之宗教，修心就是淨化心靈。佛陀認為人本具佛性，只因種種妄念，使內心煩惱不斷。因此將人間淨化，成為淨土，就可以不必逃避現實，憧憬未來之世界，勇敢地尋求現實世界之幸福。

　　六祖大師惠能在《六祖壇經‧般若第二》云：

　　　佛法在世間，不離世間覺，離世求菩提，猶如覓兔角。[160]

　　此言要成佛，必須在人間磨練、修行。由人才能成佛，在其他諸道中，無法成就佛道。

　　趙州從諗繼承慧能佛法在世間之思想，並將「平常心是道」進一步具體化，提出要在生活中修行。從諗之許多公案中，都含著在生活中修行之道理，《法華經》曾以「人身難得」之譬喻，來讚歎出生為人之可貴。經中說：黑夜裡有一雙盲眼的龜，想要上岸求救。茫茫大海，闇黑無邊，只有一根木頭，這根木頭有一孔，這隻瞎了眼睛的烏龜，在百年一浮一沈的剎那，找到那個孔，才能找到得救之道。得人身，就是如此困難、稀有。《雜阿含經》四零六經中云：「失人身如大地土，得人身如爪上泥。」[161]這些都是意謂人身難得，人間可貴。

　　漢傳佛教大乘思想，是利他之菩薩道精神。行菩薩道要具有菩薩之大悲心，先度化別人，後有自己。因為慈能與樂，悲能拔苦，學菩薩之慈悲，就是人間佛教之旨趣。

　　除大悲心外，還要有般若智慧，般若就是空之智慧，修佛之人必須從法性空寂中，體悟自性真如之道，就不被貪瞋癡三毒所害，便能自在無礙，不為無明所侵，而趨向成佛之道。

　　佛教「三法印」是諸行無常、諸法無我、涅槃寂靜。是要從世間萬法的遷流不息中，體悟無常、無我之道理。當煩惱已，是為寂滅。

　　我們人人要有一個目標，追求往生淨土。在西方有極樂淨土，在東方

---

[160] 《大正藏》經 2008，頁 351。
[161] 《大正藏》經 2，卷 15，頁 108。

有琉璃淨土。其實，淨土不一定在東方，在西方，佛教淨土到處都是。彌勒菩薩有兜率淨土，維摩居士有唯心淨土，我們大眾都說人間淨土。為什麼我們不能把人間創造成安和樂利之淨土，而要寄託未來之淨土？為何不落實於現實國土身心之淨化，而要去追求不可知之未來？在佛光山，對於護教之信徒，老年時，由本山為他頤養天年，不一定要兒女來養他，甚至也不一定要到往生以後，到西方極樂世界，讓阿彌陀佛來補償他，佛光山之僧眾對他說：「你對佛教很好，我來養你，給你往生。」各叢林就是西方淨土，因此，人間佛教是入世重於出世、生活重於生死、利他重於自利、普濟重於獨修。

　　佛教徒要發揚大乘入世之菩薩精神，走入世俗生活，深入眾生世界，奉獻力量。在生活中體悟佛法。從而超越生活，超越生死，淨化社會，達到莊嚴人間淨土之理想。

第四章　融合儒佛思想以建立中國之新文化

第一節　從歷史觀察儒家與佛教思想之融合

　　中國文化博大精深，源遠流長。儒家道統遠承堯、舜、禹、湯、文、武、周公、孔子、孟子、荀子以下，一脈相傳，奠定儒家在中國思想界之基礎。《周易》陰陽相生，卦爻之吉凶、剛柔、順逆、消長、窮通，亦能解說萬物生剋變化之道理。漢武帝時，董仲舒罷黜百家，獨崇儒術，使中國數千年來，君主皆採用儒者治國，儒家尊君愛民之思想，人倫禮教之維繫，皆能使國家長治久安。

　　東漢明帝時，佛教傳入中國，與儒家思想不斷融合會通，使出世思想之小乘佛學，受儒家仁愛、孝道思想之融入，轉變為度化眾生之大乘佛學。又佛教之因緣和合論，及因果報應論，中國民眾亦能普遍接受。

　　魏、晉以後，中國一直處在戰亂之中。文人多避居山林，以清談為事。產生以三玄為主之玄學。三玄即《周易》、《老子》、《莊子》三書。其中《周易》為儒家之經典，玄學雖是融合老莊思想，再加入名教、自然、言意等觀念，合為玄學。玄學追求人性之自由，雖屬道家自然無為思想之衍生，但是混亂無序之朝廷，征戰不已之時代，玄學成為撫慰人心之學。曹魏時期，建安七子領袖文壇，對儒學並未發揚。正始名士，如竹林七賢中，嵇康〈養生論〉、〈明膽論〉、〈聲無哀樂論〉；阮籍〈樂論〉、〈通老論〉、〈達莊論〉；以及山濤、向秀等人，遁跡山林，曠達不羈，王弼、何晏則雅號老、莊。夏侯玄重視儒家之綱常禮教。在兩者之衝擊下，轉向探討人生、自然、運命等問題。故正始玄學是融合儒家禮教與道家自然之說而成。

　　曹魏正始年間，何晏、王弼貴無之學說，與佛教並無影響。反而曹植、何晏等人都曾接觸佛教，朱士行為中國僧人前往西域求法之先導。《高僧傳‧朱士行傳》言：「出家以後，專務經典。」[1]並於魏甘露五年（260）自雍州出發，西渡流沙，至于闐。據梁‧僧祐《出三藏記集‧朱士行傳》記載：

　　　　果寫得正品梵書胡本九十章，六十萬餘言。[2]

　　由弟子弗如檀送回洛陽。又元康元年（291），於今河南陳留縣倉垣水南寺，由無羅叉手執梵本（竺）叔蘭譯為晉文，即為後世之《放光般若經》，廣為東晉義學僧伽所所研討，故朱士行為中國著名之般若學者。

　　其後，支謙，一名支婁迦讖，因感於經多梵文，因收集眾本，亦為漢言。從東吳黃武元年（222）至孫亮建興中，約三十餘年，譯出《維摩詰經》、《大般妮洹經》、《法句經》、《瑞應本起經》等二十九部經典。[3]支謙在譯經時，注重文采，故經文辭旨文雅，曲得聖義。時人易於接受，對佛法之傳播，影響重大。

　　東吳時，名僧康僧會具有般若與禪觀。《高僧傳‧康僧會傳》云：

　　　　篤志好學，明解三藏，博覽六經，天文圖緯，多所綜涉。辯於樞機，頗屬文翰。[4]

　　當時吳地佛法初興，風氣未開。僧會於赤烏十年（247），杖錫東遊，在建業營立茅茨，設象行道。以靈驗奇蹟，使吳主孫權嗟服。為其建塔造寺。遂於建出寺譯《安般守意經序》、《法鏡經序》至今尚存。其說以心為本，眾生為情慾牽纏，心多煩苦，故應攝心守意，以達心淨無想之境。其後，道安、鳩羅摩什、支遁、慧遠、僧肇等人，繼續整理內典，制定教

---

[1]　《大正藏》經 2059，頁 346。
[2]　《大正藏》經 2145，頁 97。
[3]　呂澂《中國佛學源流略講》，頁 292-293。
[4]　《大正藏》經 2059，頁 325。

規，融入中國儒道思想，以格佛法之正義，使大乘佛學，逐漸弘揚興盛。

　　佛教史上四大譯經家分別是鳩摩羅什、真諦、玄奘、不空。四大譯經家精通佛教義理，嫻熟中、印兩國語言，將佛經從梵語或其它西域語言翻譯成漢語。其後譯經之「譯場」人數多達百人，對佛教東傳，貢獻極大。

　　隋唐以後，天下統一，朝廷舉辦科舉求才，其中明經科考生最多。因為宰輔之才，都從明經科出身，試子趨之若鶩。可見唐代仍從儒生中擢拔治國長才。其中雖有玄宗喜好道學，及武宗毀佛之事，儒、佛思想終能延續不斷。

　　唐代佛教大盛，八宗並興。計有禪宗、淨土宗、天台宗、法相宗、律宗、三論宗、華嚴宗、密宗等。武后時，將佛教列為國教。其後雖有武宗會昌年間（840～846）毀佛之事，佛教受到重創，宣宗時，佛教隨即中興。後經宋、元、明、清等之傳播，佛教盛行於中國。

　　達摩祖師從佛教發源地天竺隻身前來中土，成為禪宗初祖；又晉代敦煌太守李浩，供給法顯等五人渡沙河，經鄯善，至烏耆、于闐國。唐鑒真法師（688～763）東渡日本傳經。日本天皇派群臣於奈良城外迎接，並下詔封鑒真為傳燈大法師。此皆佛教界之盛事。

　　宋、明盛行理學，理學有儒學與道學兩脈，周敦頤、邵雍為道學，程頤、程顥、朱熹為儒學，道學與儒學皆傳承《周易》之學，演變為象數之學。當時朝廷重視科舉，不受理學影響。儒學仍屹立不墜。同時，理學家皆出入佛理，程、朱理學較近禪宗，如伊川主張物我一理，合外內之道。即言一物一理，萬物皆合於理。同時，不論外在言行與內在修養，皆合於誠。「誠」為天道，「誠之」為人道，合外內之道，又有天人合一之意。陸、王則心性較近禪宗。理學家張載、二程、朱熹皆抨擊佛教，而其思想卻融入禪學。程、朱心性源自孔，孟，主張人性本善。修身則從內心自省做起，誠意、正心則為實踐之工夫，此與禪宗明心見性之說相近。明末王陽明之心學，與佛學相融，晚明王學以佛釋儒，如憨山大師以佛學釋《大學》，即以佛入儒。清初，顧炎武、顏習齋、王夫之等人，反躬自省，以實學矯正王學之流弊；乾嘉之際，重視考據、訓詁，經學復興，儒學亦一時稱盛。

　　儒家與佛教雖歷代有分有合，但文士、民眾，皆能接受兩家之思想，雖偶有互相排斥之事。在政治上，亦有分合，但皆屬一時之事，無關儒家與佛教融會之大趨勢。以唐代敦煌所藏經卷而言，有儒家經典，亦有佛教經典，皆互相融攝，並行不悖，可以為証。

第二節　儒家與佛教具有互補性

一、儒家與佛教同主濟世救人

　　儒家孔、孟、荀，在春秋、戰國時代，都目睹亂離之時代，諸侯互相攻伐，不論春秋五霸、戰國七雄，都期望有富國強兵之策。孔子與弟子無法在魯國實現抱負，前往衛國、曹國、宋國、鄭國、陳國、蔡國、楚國等，陳述仁政，亦無諸侯重用，實現禮樂治國之理想。六十八歲返魯，修訂六經，教授弟子。雖有隱者如楚狂接輿稱今之從政者殆而；長沮桀溺稱滔滔（亂貌）者天下皆是也；荷蓧丈人稱孔子四體不勤、五穀不分；[5]孔子不以為意，孔子治在濟世，雖知其不可而為之。

　　孟子在戰國時候，各國爭地以戰，殺人盈野；爭城以戰，殺人盈城。孟子四十歲以後，與萬章、公孫丑等弟子，遊歷各國，見梁惠王、齊宣王、齊威王、鄒穆公、滕文公、周赧王，談性善、重仁義、賤功利、先富後教、尊王賤霸、與民同樂、保民而王等。亦是心繫天下百姓，欲行仁政以濟百姓於水火也。

　　荀子為戰國時代，儒家之大儒。見戰亂相尋，源自性惡。欲以禮樂治國，以去情欲，樂人心。主勸學、修身、榮辱，以化性起偽。又主富國強兵，以禦外侮。

　　欲將戰國建立禮制，其弟子李斯助秦一統天下，卻未能實現荀子之理想。

5　《論語注疏》，卷18，頁104-105。

隋、唐以後，天下統一。儒家學者，多參加科舉，並立定安邦定國之宏願。考上科舉，為國家效力時，不論升遷貶謫，皆聽命於朝廷。甚至宋末兵敗於元時，文天祥（1236～1283）被俘，囚於大都（今北京）兵馬司牢房時，作〈正氣歌〉以明志。歌中言：

> 皇路當清夷，含和吐明庭。時窮節乃見，一一垂丹青。……是氣所磅礴，凜烈萬古存。當其貫日月，生死安足論。[6]

此言當天下清明太平時，臣子皆含和順之氣，效力於聖明之朝廷。在時局艱難窮困時，就要顯現操守。為國成仁取義，名垂青史。

儒家之思想，是積極入世，著重修己治人，內聖而外王之道。亦即先下內省自律之工夫，從個人內在之修養做起，再做安邦定國之大事。

若將儒家修己治人、內聖外王之思想，與佛教比較，有其相近之處。佛教之小乘思想，講求個人之苦修，祈求得阿羅漢果，永登極樂。儒家內聖之工夫，亦屬個人之修養。但儒家經世濟民，與佛教之小乘思想不同。佛教傳入中國後，中國文化中，孝道、仁愛之觀念，小乘思想逐漸轉變為大乘佛法。其修持之方法，主張以真誠之願心，布施眾生，此即濟世救人之心願。又行菩薩道，亦是自度度人、自利利他之觀念，與儒家老吾老以及人之老，幼吾幼以及人之幼，推己及人之思想相同。

釋迦牟尼佛教示眾生之說中，如八正道、三無漏學、四無量心等，都是要眾生修養心性，破妄去執，達到自在無為之境界，與儒家內聖之工夫，並無二致。不過，儒家把內聖之工夫，必須連繫到治國、平天下之事業上。佛教把人性淨化後，用在度化眾生之上。二者都是救世濟人之觀念。人生有生、老、病、死，有五蘊之苦，佛教傳入中國以後，助人消除業障，脫離煩惱。用禪定淨化思慮，殆清淨寂滅時，可以獲得解脫，得正等正覺，人生將更顯得圓融。

---

[6]　《宋詩鑑賞辭典》，頁 1371。

二、儒家與佛教同重視人生之價值

　　儒家思想綿延數千年，始終屹立不墜，不僅受歷代帝王之肯定，亦讓儒家學者奉行不渝。是儒家重視人生之理想與價值。儒家重視內在心性之發揚。孔子學說幾乎都是以仁為中心，少談鬼神、生死。《論語・先進篇》：

　　　　季路問事鬼神。子曰：「未能事人，焉能事鬼？」「敢問死。」曰：
　　　　「未知生，焉知死？」

　　孔子不是不信鬼神，不知生死。而是認為事人比事鬼重要，生比死重要。孔子教弟子做人之道理先從仁做起，孔子思想即以仁為中心。如言「樊遲問仁。子曰：『愛人』。」（〈顏淵〉）、「克己復禮為仁」（〈顏淵〉）、「仁者其言也訒」（〈顏淵〉）、「仁者必有勇」（〈憲問〉）、「當仁，不讓於師。」（〈衛靈公〉）、「志士、仁人，無求生以害仁，有殺身以成仁。」（〈衛靈公〉）、「仁，遠乎哉？我欲仁，斯仁至矣。」（〈述而〉）。依此數例，孔子以為人是以愛人為主，愛人先要自己之言行合乎禮。禮是行為之規範，言語要做到訒，訒是在說之前，先停頓一下，選擇適當之話回答。在行為上要勇。勇非意氣用事，而是見義勇為。在仁與生命之比較下，可以犧牲生命，以換取仁義。

　　孔子為人之目標，是做君子，君子之言行，是儒家之理想人格。如「君子不重，則不威，學則不固。主忠信。無友不如己者。過則勿憚改。」（〈學而〉）、「君子喻於義，小人喻於利。」（〈里仁〉）、「君子坦蕩蕩，小人長戚戚。」（〈述而〉）、「君子成人之美，不成人之惡。小人反是。」（〈顏淵〉）、「君子謀道不謀食」（〈衛靈公〉）、「君子不重，則不威，學則不固。主忠信。無友不如己者。過則勿憚改。」（〈學而〉）、「君子不憂不懼」（〈顏淵〉）、「君子和而不同，小人同而不和。」（〈子路〉）、「君子恥言之過其行也」（〈憲問〉），以上數例，說明古之君子，行為穩重。言語忠誠信實，有過則

改。明曉義理。胸懷坦蕩。喜成人之美。謀求道術不行，不謀求衣食之溫飽。認為言過其行可恥。至於小人，則與此相反。可之君子之言行舉止，皆可為人典範。

聖人聰明睿智，能為天下人造福。孔子提堯、舜、禹、湯、周公為聖人之代表。孔子自謙，自己尚無法做到。〈述而〉云：

> 子曰：「若聖與仁，則吾豈敢？抑為之不厭，誨人不倦，則可謂云爾已矣。」公西華曰：「正唯弟子不能學也。」[7]

孔子不敢自稱聖人與仁人，只是學之不厭，誨人不倦而已。然而吳國大宰嚭就曾問子貢，孔子是聖人之事。〈述而〉云：

> 大宰問於子貢曰：「夫子聖者與？何其多能也？」子貢曰：「固天縱之將聖，又多能也。」子聞之，曰：「大宰知我乎！吾少也賤，故多能鄙事。君子多乎哉？不多也。」[8]

孔子被稱為聖人，應無異議。在孔子自己之眼中，堯、舜、禹、湯、周公為古之聖人。《中庸》對聖人有所說明。其云：

> 大哉聖人之道！洋洋乎，發育萬物，峻極於天。優優大哉！禮儀三百，威儀三千，待其人而後行。故曰：苟不至德，至道不凝焉。故君子尊德性而道問學，致廣大而盡精微，極高明而道中庸。溫故而知新，敦厚以崇禮。是故居上不驕，為下不倍。國有道，其言足以興；國無道，其默足以容。[9]

此言聖人之道，崇高偉大，可比擬上天。制禮三百多，儀節三千多。

7　《論語注疏》，卷7，頁65。
8　《論語注疏》，卷9，頁78。
9　《禮記注疏》，卷31，頁897。

還等待有才德之君子出來執行。君子秉持天理，講求學問，到達廣大精微之境界，極其高明地依循中庸之道。溫習舊學而知創新，德行敦厚而崇尚禮儀。因此位居上位而不驕，處下位而不背亂。國家清明有道時，其言論足以使國家興盛；國家敗壞無道時，其沉默亦足以容於亂世。

孔子對堯推崇備至。〈泰伯〉云：

> 子曰：「大哉堯之為君也！巍巍乎，唯天為大，唯堯則之。蕩蕩乎，民無能名焉。巍巍乎，其有成功也。煥乎，其有文章。」[10]

此言孔子推崇堯為君之時，做人如天一般恩澤廣遠，百姓不知如何稱美；成就之功業偉大，有如文采煥然。對舜之推崇，亦見〈泰伯〉云：

> 舜有臣五人而天下治。武王曰：「予有亂臣十人。」孔子曰：「才難，不其然乎？唐虞之際，於斯為盛；有婦人焉，九人而已。」[11]

此言舜有臣子五人，依孔子所言，為禹、稷、契、皋陶、伯益。周武王言有亂臣十人。亂，治也。依馬融言，為周公旦、召公奭、太公望、畢公、榮公、大顛、閎夭、散宜生、南宮适、文母。此十人待考證。堯、舜之後，到武王之時，人才較多。對禹，孔子亦有稱美。〈泰伯〉云：

> 子曰：「禹，吾無間然矣！菲飲食而致孝乎鬼神，惡衣服而致美乎黻冕，卑宮室而盡力乎溝洫。禹，吾無間然矣！」[12]

孔子對禹，完美到無可非議。平日飲食菲薄，對鬼神之享祀豐厚。平常衣服粗惡，祭祀之衣冠卻很講究。平時住屋卑陋，卻盡力於農田水利之興修。由上可知，孔子心中之聖人，是堯、舜、禹、湯、文王、武王、周

---

[10] 《論語注疏》，卷8，頁72。
[11] 《論語注疏》，卷8，頁72。
[12] 《論語注疏》，卷8，頁73。

公等人，亦即儒家道統之代表。孔子並非要百姓做到聖人，但勉勵儒生、弟子，努力做到君子，為國家社會盡力，人生才有價值。

孟子與弟子公孫丑、萬章等人，周遊列國，是想繼承孔子之志願，實現儒家以仁治國之理想。見梁惠王時，不可好戰，應讓百姓衣食豐足為先。〈梁惠王篇上〉云：

> 五畝之宅，樹之以桑，五十者可以衣帛矣！雞豚狗彘之畜，無失其時，七十者可以食肉矣！百畝之田，勿奪其時，數口之家可以無饑矣！謹庠序之教，申之以孝悌之義，頒白者不負戴於道路矣！七十者衣帛食肉，黎民不饑不寒，然而不王者，未之有也。[13]

孟子勸梁惠王以仁義治國，以養民教民為本，使人民衣食無缺，又行孝悌之道，則可王天下。但梁惠王在意者，是晉、楚之強大，欲富國強兵，對孟子仁者無敵之說，亦不感興趣，遂往見齊宣王。孟子告以保民而王，與民同樂之說，仍無法說服齊宣王。可見戰國之時，七雄爭霸於中原，仁義、仁政無法引起當時君主之青睞。不過孟子仁性本善之說，卻引起後代學者之重視。

性善是引導人生走向光明之大道。孟子認為善性源自良知良能。〈盡心章上〉云：

> 孟子曰：「人之所不學而能者，其良能也；所不慮而知者，其良知也。孩提之童，無不知愛其親者；及其長也，無不知敬其兄也。親親，仁也；敬長，義也。無他，達之天下也。」[14]

此言良知良能，是人本然之善也。孩提之童，從小至大，無愛其親，敬其兄者。此為仁具有之仁義也。人應保有此仁義之心。此仁義是天與人之天爵也。人生在世，應永保天賦之天爵，而不貪求人爵。人爵是得之於

---

[13] 《孟子注疏》，卷1，頁12。
[14] 《孟子注疏》，卷13，頁232。

人之官職爵位，不論公卿大夫，有時得之而榮耀，也有失去而沉淪者。

孟子勉勵人應做大丈夫。〈滕文公下〉

> 景春曰：「公孫衍、張儀豈不誠大丈夫哉？一怒而諸侯懼，安居而天
> 下熄。」孟子曰：「是焉得為大丈夫乎？……居天下之廣居，立天下
> 之正位，行天下之大道。得志與民由之，不得志獨行其道。富貴不能
> 淫，貧賤不能移，威武不能屈。此之謂大丈夫。」[15]

孟子認為公孫衍、張儀這些縱橫家，不能算大丈夫。大丈夫是住天下
最寬廣之居所，站在天下最公正之地位，走在天下最寬大之道路。得志，
和人民走在一起；不得志，獨善其身。富貴不能放蕩心意，貧賤不能改變
操守，威武不能挫折志氣。此之謂大丈夫。

荀子胸懷大志，為戰國時代勾繪一治國藍圖。認為君主應效法聖王，
尚賢用能，使天下安定，無為奸做惡之人。〈君子篇〉云：

> 聖王在上，分義行乎下，則士大夫無流淫之行，百吏官人無怠慢之
> 事，眾庶百姓無姦怪之俗，無盜賊之罪，莫敢犯上之大禁。天下曉然
> 皆知夫盜竊之不可以為富也，皆知夫賊害之不可以為壽也，皆知夫犯
> 上之禁不可以為安也。由其道，則人得其所好焉；不由其道，則必遇
> 其所惡焉：是故刑罰綦省而威行如流。世曉然皆知夫為姦則雖隱竄逃
> 亡之由不足以免也，故莫不服罪而請。[16]

荀子以為君主應敦請聖王制定國家之各項制度，再聘請賢能之士執行
政策，以禮樂規範百姓，富國強兵，將百姓分長幼、親疏，互相仁愛。皆
能生活安樂。士大夫無淫亂之行，官吏無怠慢之事，庶民無姦詐怪異之
俗，社會無盜賊之罪，亦不敢犯上作亂。

由上所述，儒家之人生價值就是能為君子、聖賢。從修身、齊家到治

---

[15]　《孟子注疏》，卷6，頁108。
[16]　《荀子集解》，卷17，頁300。

國，能為國家社會做一番事業，造福民眾，就是最有價值之人生。宋儒張載要為天地立心，為生民立命，為往聖繼絕學，為萬世開太平，儒者常奉為圭臬；又國父孫中山先生手書「養天地之正氣，法古今之完人。」正氣凜然，不屈不撓，不僅充滿人性之光輝，亦是儒家偉大之精神所在。

　　次言佛教對人生之看法，可分世間法與出世間法，兩者同屬於一法界。佛教出世間法是引導眾生出離生死輪迴，回復真如本性。但是出離並非說說即可，必須在世間修持佛法。認為濁世煩惱多，再加上當今世界各國，競相發展軍備，製造各項武器，皆以毀滅對方為目標。如此兵凶戰危之時代，如何維護國家安全？應屬當務之急。亦凸顯只有宗教與文化，是當今世界轉危為安之良方。

　　人生無常，世間之一切，不免危脆破壞。再加上煩惱苦難，當如何自處？《雜阿含經》云：

> 有比丘名三彌離提，往詣佛所，稽首佛足，退坐一面，白佛言：「世尊！所謂世間者，云何名世間？」佛告三彌離提：「危脆敗壞，是名世間。云何危脆敗壞？三彌離提！眼是危脆敗壞法，若色、眼識、眼觸、眼觸因緣生受，內覺若苦、若樂、不苦不樂，彼一切亦是危脆敗壞。耳、鼻、舌、身、意亦復如是。是說危脆敗壞法，名為世間。」[17]

　　此言佛陀告知比丘三彌離提，世間危脆敗壞。《佛說八大人覺經》亦有相同說法。云：

> 第一覺悟：世間無常，國土危脆；四大苦空，五陰無我。[18]

　　依經文之說，佛陀常言世間無常及危脆。然而人生難得，雖然人間煩惱憂苦，可利用有生之年，推動人類為善之道。佛教有「十善道」。《魏書・釋老志》云：

---

[17]　《大正藏》經 99，卷 9，頁 119。
[18]　《大正藏》經 779，卷 1，頁 715。

心去貪、忿、痴，身除殺、淫、盜，口斷妄、雜、諸非正言，總謂之十善道。能具此，謂之三業清淨。[19]

世間法強調諸惡莫做，諸善奉行。推論佛教勸人為善，是因為惡會有有因果報應，及業障臨身。亦即今生為惡，將三世受報。業之產生，有十二因緣，即一、無明，二、行，三、識，四、名色，五、六入，七、觸，八、愛，九、取，十、有，十一、生，十二、老死。其中無明、行，是過去所作之因；識、名色、六入、觸、受，是現在所受之果；愛、取、有，是現在所作之因；生、老死，是未來所受之果。由此，十二因緣循環往復，使人在十二因緣之旋轉門中，無法脫離業網，在三界中生死流轉。因此，應依佛陀指示，修持梵行，得無漏智，就可脫離業之桎梏，獲得解脫。因此，人人都應心存善念，去除貪瞋癡等聲色之念，使靈台清淨。再勤修檀波羅蜜，布施、持戒、忍辱、精進、禪定、般若，自能產生智慧，得上上智。如繼續修行，直到產生同體大悲之心，自能究竟解脫，往生極樂淨土。

話雖如此，有些人發心修持，亦有為惡不斷者。因此近年佛教積極推動人間佛教，建設人間淨土。許多佛教叢林，都設學教、建醫院、授經典、急難救助等，試圖減少人間之苦難。因此，佛教重視人生之價值。在世之人，應常懷慈悲喜捨四無量心，幫助世人脫離苦難，以推己及人之胸懷，行菩薩道，讓人生命更有意義，亦為來世增添福報。

三、儒家與佛教在哲學上具有互補性

儒家孔子之中心思想是仁愛，一貫之道為忠恕；孟子之中心思想為仁義，一貫之道為實行仁政；荀子之中心思想為禮樂，一貫之道為王制。三者雖有不同，但思想之演變，都朝向修己治人之方向構思。孔子以仁愛為出發點，企圖用倫理道德、孝悌禮樂，改變人性，達到大同社會之目標；

---

[19] 《校注本魏書》，卷114，頁3025。

孟子更勾勒出以仁義服人，以仁政使四方歸附；愛恤人民，使其養生喪死無憾，以達到王道政治之理想；荀子有具體之治國藍圖，國內以禮樂化性起偽，富國強兵。同時依天時農耕，開發土地資財，以達到富強之目標。從孔、孟、荀三人之主張看來，都勾繪出帝王治國之思想藍圖。致力恢復西周文武之道之企圖，十分明顯。

　　佛教傳入中國後，融入中國大一統之思想。在大乘佛教中，充分發揮行菩薩道之精神。儒家要推己及人，與佛教自利利他之精神相通。儒家之忠恕之道，與佛教之慈悲，所謂無緣大慈，同體大悲，都是把他人之痛苦，感同身受。忠恕與慈悲，都以利他為目的，利他之先決條件，是自我犧牲。如地藏王菩薩誓願入地獄度化眾生。其自我犧牲之精神，與儒家孔子之殺生成仁，孟子之捨身取義，在基本觀念上，完全相同。

　　儒家《大學》首章，提出治國三綱領；「大學之道，在明明德，在親民，在止於至善。」與佛學之自覺、覺他、圓滿之修行過程相似。儒家先注重內修，再行治人之道。亦即先從格物、致知、誠意、正心、修身等之內聖工夫。再擴大到其家、治國、平天下等外王之工夫。格物是破除成見，格去物欲；致知是虛心求學，追求真知，是求真之精神；誠意是內省不疚，意念真誠；正心是內心端正，無憂無懼；修身是言行公正，道德崇高。以上四者，是個人內在之道德與學識之涵養。齊家是家庭和睦，父慈子孝；治國是正平訟息，民生康樂；平天下是大道之行，天下為公。此三者是從家庭推廣至社會、國家，再以天下為公之大同理想為止。是循序漸進，使人間盡為樂土之概念。

　　佛教禪宗注重明心見性，不生不滅。其說法有四因四果。四因是慈、悲、喜、捨。四無量心，又稱為「四梵住」。《六祖壇經》云：「慈悲即是觀音，喜捨名為勢至。」《華嚴經》云：「常行柔和忍辱法，安住慈悲喜捨中。」慈，意謂對一切眾生保持親切，猶如自己親人。悲，又稱拔苦，拔除眾生苦厄。喜，是給與眾生喜樂，使之改惡向善，離苦得樂；捨，是去除眾生之愛憎、善惡。

　　大乘大般涅槃所具有之四果是常、樂、我、淨。由於般若之空慧，能照見諸法實相，就能破煩惱網、出生死海、登涅槃岸，所以般若是涅槃之

因，而涅槃是由般若之功用而得之果。常，是涅槃之體，恆常不變，不生不滅。又能隨緣攝化，故諸行無常。此生滅法，是以寂滅為樂。《大涅槃經·聖行品》云：

> 諸行無常，是生滅法，生滅滅已，寂滅為樂。[20]

此為釋提桓因變身羅剎，下至雪山，向苦行者菩薩摩訶薩宣說過去佛所說偈語。菩薩摩訶薩能捨身利益眾生，是永住寂滅，得大自在，解脫一切之煩惱垢染，非常清淨，能到達彼岸，證得阿耨三藐三菩提。

儒家仁愛、中道、大同等思想，與佛教慈悲、中觀、解脫等思想，不同處在儒家以平天下為目標，是入世之極致；佛教則在行菩薩道後，仍以出世為目標。儒家內聖外王至成仁取義為止；佛教修行至清淨圓覺，與真如自性相合，悟如來知見。鳩摩羅什譯《妙法蓮華經》〈方便品〉云：

> 諸佛世尊，唯以一大事因緣故，欲出現於世。諸佛世尊，欲令眾生開佛知見，使得清淨，故出現於世。[21]

舍利佛讚歎佛陀願說無上甚深微妙法，是佛陀欲度化眾生，使眾生能開佛知見。如來但以一佛乘為眾生說法，並用無數方便，種種因緣譬喻，是使眾生皆得一切種智，得饒益安樂。

將儒家與佛教做一比較。儒家重生，佛教重死。生則依儒家之說，開展治國藍圖，建構人間淨土，為全民造福。同時，在世之時，應珍惜人生難得，多行六度波羅蜜，從布施、忍辱、持戒、精進、禪定、般若中，見五蘊皆空，人生如幻，不斷行菩薩道，累積善因，廣植福田。死時功德圓滿，清淨寂滅，往生極樂淨土。再無死亡之慮，將是美滿人生。由此可見，儒佛互補，將是今世重要之工作。

---

[20] 《新修大正藏》經 374，卷 14，頁 450-451。
[21] 《新修大正藏》經 262，卷 1，頁 7。

第三節　儒家與佛教思想合則雙美

儒家思想是積極入世、探討人生。要做內聖外王之事業。內聖推到極處，就是明明德於天下，使天下人皆能內省光明之德行，並推廣至天下百姓。即如佛教登彼岸之四因，慈悲喜捨四無量心，亦須從儒家倫常做起。儒家倫常若有佛教苦修六度之精神，可增強其力行之動力；佛教六度證果之修行，亦可藉儒家倫常之思想，強化修行之功德。

儒家雖然強調入世之修養，學習修己治人之道。但也重視慎終追遠之孝道，及父母年老壽終，應謹慎盡哀；對於遠代祖先，應誠敬地追念。在儒家經典《儀禮》、《禮記》中，對喪禮之禮儀、禮容、禮器、禮物之記載，亦十分詳盡。可見儒家對生死亦著墨甚深。與佛教不同者，佛教有六道輪迴、三世因果、十二因緣等觀念，是儒家未曾言及之處。可藉佛教彌補其不足。

佛教自東漢明帝時傳入中土，與中華文化經過長期之融合。如儒家結下深厚之因緣。故兩家思想早已息息相關，關係密切。禪宗興起後，更孕育宋明理學之成長。儒家思想亦因理學之崇儒，而蓬勃發展。孔孟思想深受理學家之推崇與探討。

儒家之言論思想，於平實切易之處，莫不與佛理脗合。而佛學經論與儒家之人文精神，亦深相契合。孟子云：「人皆可以為堯舜」，佛經云：「眾生皆有佛性」，儒家與佛教思想，如人身上之氣血，可加以調和。北宋蘇軾〈祭龍井辯才文〉云：

> 孔老異門，儒釋分宮。又於其間，禪律相攻。我見大海，有北南東。江河雖殊，其至則同。[22]

辯才法師（1011～1091）俗名徐元淨，辯才為宋仁宗賜號，北宋天台宗名師。蘇軾離開杭州之第二年圓寂，心中悲痛不已。其弟蘇轍撰《龍井

---

[22]　《蘇東坡全集・後集》，卷16，頁635。

辯才法師塔碑》，東坡撰〈祭龍井辯才文〉，以表哀悼。祭文中說明儒、
釋二道，有如大海，有北南東，涵蓋四方。江河雖各有不同，同匯入大
海。儒、釋終亦融合為一。

《印光法師文鈔》上，〈復安徽芳安校長書〉，云：

> 儒佛二教，合之則雙美，離之則兩傷。已世無一人不在倫常之內，亦
> 無一人不在能出心性之外。具此倫常心性，而以諸佛之諸惡莫作，眾
> 善奉行，為克己復禮，閑邪存誠，父慈子孝，兄友弟恭之助。由是父
> 子兄弟等，相率而盡倫性，以去其幻妄之煩惑，以復其本性之佛性，
> 非但體一，即用亦非有二也。[23]

印光大師（1861～1940）生於清咸豐十一年，本性趙，名紹伊，字子
任，法名聖量，字印光，自稱常慚愧僧。淨土宗第十三代祖師。幼年隨兄
讀儒書，穎悟非常。因讀程、朱、韓、歐之書而辟佛。後因病閱佛經，方
知佛法廣博精深。二十一歲時，於終南山南五台蓮花洞，依道純和尚出
家，專修淨土。二十二歲時，依印海定公律師受具足戒。

印光大師精通儒、佛二家之說，因有儒、佛二教，合則雙美之論。於
佛言諸惡莫作，眾善奉行；於儒則言克己復禮，閑邪存誠。父慈子孝，兄
友弟恭。佛教可藉儒家之道，去其幻妄之煩惑，復其本具之佛性。則儒佛
二教，合之則雙美，離則兩傷。又於〈復湯昌宏居士書〉云：

> 儒佛之本體，固無二致。儒佛之工夫，淺而論之，亦頗相同，深而論
> 之，則天地懸殊。何以言之？儒以誠為本，佛以覺為宗。誠即明德，
> 由誠起明，因明致誠，則誠明合一，即明明德。覺有本覺、始覺，由
> 本覺而起始覺，由始覺以證本覺，始本合一，則成佛。本覺即誠，始
> 覺即明，如此說去，儒佛了無二致。……儒者能明明德，為能如佛之
> 三惑圓斷、二嚴悉備乎？為如證法身菩薩之分，破無明、分見佛性

---

[23] 《印光大師文鈔》，卷 2，頁 303。

乎？為如聲聞、緣覺之斷盡見思二惑乎？三者唯聲聞斷見思最為卑下，然已得六通自在。……儒教中學者且置，即以聖人言之。其聖人固多大權示現，則本且勿論。若據跡說，恐未能與見思淨盡者比，況破無明證法性……體同而發揮工夫證道不同也。人聞同，即謂儒教全攝佛教。聞異，即謂佛教全非儒教。不知其同而不同，不同而同之所以然。故致紛紛諍論，各護門庭，各失佛菩薩、聖人治世度人之本心也。欲為真佛，須先從能為真儒始。若於正心誠意，克己復禮，主敬存誠，孝友弟恭等，不能操持敦篤，則根基不固，何以學佛？選忠臣於孝子之門，豈有行背儒宗，而能擔荷如來家業，上續慧命，下化眾生乎？[24]

　　印光大師又以為儒、佛兩家之工夫，淺而論之，頗為相同。深論則有天地之懸殊。儒以誠為本，誠即明德，由誠起明，因明致誠，則誠明合一，即明明德。佛以覺為宗。覺有本覺、始覺。由本覺而起始覺，由始覺以證本覺。始本合一，則成佛矣。其實，本覺即誠，始覺即明，如此說來，儒佛了無二致。儒佛體同而證道之工夫有所不同也。如謂儒教全攝佛教，或謂佛教全非儒教，皆有失佛、菩薩、及聖人治世度人之本心也。因此，儒者須先從正心誠意，克己復禮，主敬存誠，孝友弟恭等立下根基。再行學佛即可。

　　近日聞一青年在考上大學醫學系後，投水自盡。原因是其父母自幼囑咐要努力讀書，將來做醫生，以光宗耀祖。此生每日苦讀，終於達成父母心願。其自盡是認為已達成父母期望，心願已了，遂以輕生回報父母。其實，此青年只達成儒家之修身而已，其後還有齊家、治國、平天下之事要做。豈可一死百了。佛教則須修六度、三法印、四聖諦、去五蘊，積善成德，轉識成智，直到究竟解脫為止。

　　佛教認為人都需要面對死亡，死亡是人生正常之過程。必須把死亡看成是一件衣服穿舊，必須換一件新的一樣，許多高僧在禪定中，在內心反

---

[24]　《印光大師文鈔》，卷2，頁298-300。

覆證悟死亡之過程。雖然人生無常，生、老、並、死、怨憎會、愛別離、求不得、五取蘊等八苦不斷。死亡並不是解脫，也不能斷滅因緣，只是處在中陰狀態，中陰是死亡到轉世間之階段而已，會繼續依個人之業力、因果，在六道輪迴。六道是天、人、阿修羅、惡鬼、傍生、地獄。此六道依人之善惡，而有不同之歸趨，六道亦稱六趣。人在世時多修正道，如八正道、三學。八正道是八種正確之修行法，包括正見、正思維、正語、正業、正命、正精進、正念、正定。此八正道可使自己之心志、身心、思想都處在正確之態，從而產生智慧與解脫。三學是戒、定、慧，即依佛教之戒律、禪定、智慧，而獲得般若與解脫。

　　生死雖是個人之事，但佛教在中國發展之後，由個人解脫之小乘，轉為大乘。大乘思想，即由個人修行，轉為勤求佛道之菩薩行，以及度化眾生之大乘佛教。大乘佛教重視四攝、六度。四攝是布施、愛語、利行、同事。亦即布施財物、以善言慰藉、利益眾生、在共事中生。六度是布施、持戒、忍辱、精進、禪定、智慧。皆是以慈悲之精神，自利利人，度化眾生。

　　人要脫離輪迴，必須通過上述之修行，獲得果位。果位依修行之深淺，有人、天、阿羅漢、菩薩、佛之不同。天有三界二十八天、阿羅漢有四果、菩薩有十地、佛為圓滿正覺，契合真如實相之聖人。因此人應勤修善果，超越生死，才是真正之解脫。儒家與佛教皆有完美之人生規劃，儒家重生，將人生依修身、齊家、治國、平天下之階段，實現人生之理想。若有愛民如子、恫瘝在抱之心，施惠萬民，社會安和樂利，其功德無量。與佛教度化眾生，有相同之胸懷。佛教重死，將死後之事，深入解析，使眾生不再為生死恐懼。若佛子都接受佛陀之指示，修習善業，將對生死之迷惘，化為來生之憧憬，其功德何等巨大。

　　由上敘述，儒家與佛教並無衝突，亦無矛盾之處。若兩者互補交融，成為儒佛合體之新文化。則在科技文明飛躍進步之當代，人類生活日趨緊張，身心無法平衡。對生死無所適從，對來生亦無概念。唯有推行儒學，闡揚佛教。使人類在身，心，靈三方面，都能獲得健康之發展，邁向幸福安康之大道，則何幸如之！

第四節　儒家與佛教應融合為中國之新文化

一、佛教必須融合於中國文化之中

　　何以景教在唐出傳入中國以後，未見流行與傳播？明、清之際，西方諸國，挾經濟、軍事之優勢，東來中國，仍無多大影響？何以密教在唐後逐漸失傳，而期待西藏密教之東傳？何以佛教在中國，能由小乘思想發揚展為大乘佛學，並逐漸繁榮滋長，成為中國民眾之普遍信仰？

　　中國自古以來，對民族，宗教之觀念，甚為薄弱，少談神道信仰。只把天視為造物主，並尊崇上天。自秦始皇登泰山封禪之後，漢武帝、唐太宗、武則天、唐玄宗皆相繼有封禪之心。故天道思想，已深植中國人心。而佛教思想，含有高深之哲理，故能接受中國人之觀念，融合中國敬天愛民之思想。鼓勵佛子行菩薩道，濟度眾生，與儒家民胞物與之胸懷相合，故大乘思想在中國不斷發揚光大。又佛教重理解，密教重事修。佛教富學術性，密教滲入波羅門教之儀式，故信者不多。可見我國民族寬容並蓄，重視宗教之精神，而非儀規而已。

　　中國儒家思想，以經學為主。經過東漢、西漢兩代之發展。僅重視經書之考據、訓詁，使經學由拘泥繁瑣，趨向支離破碎。老莊清靜無為之說，方士神仙導引之術，踵武而興。佛教談空論寂，真空妙有，與老莊有無之說相似。禪定、神通、咒語，又頗似方術。故東漢至魏、晉、南北朝時期，佛教信者益眾，當有其原因。梁啟超〈中國佛法興衰沿革說略〉云：

> 季漢之亂，民瘼已甚，喘息未定，繼以五胡，百年之中，九宇鼎沸，有史以來，人類慘遇未有過於彼時者也。一般小民，汲汲顧影，旦不保夕，呼天呼父母，一無足怙恃，聞有佛如來能救苦難，誰不願托以自庇？其稔惡之帝王將相，處此翻雲覆雨之局，亦未嘗不自怵禍害。佛徒悚以果報，自易動聽，故信從亦漸眾。帝王既信，則對於同信者

必加保護，在亂世而得保護，安得不趨之若鶩？此一般愚民奉之之原
因也。其在「有識階級」之士大夫，聞「萬行無常，諸法無我」之
教，還證以己身所處之環境，感受深刻，而愈覺親切有味。其大根器
者，則發悲憫心，誓弘法以圖拯拔；其小根器者，則有托而逃焉，欲
覓他界之慰安，以償此世之苦痛。夫佛教本非厭世教也，然信仰佛教
者，什九皆以厭世為動機，此實無庸為諱。故世愈亂而逃入之者愈
眾，此士大夫奉佛之原因也。[25]

依據梁啟超之分析，在魏、晉、南北朝時期，士大夫欲弘法以挽救亂
世，小民則信佛教以憧憬來世。故自魏、晉至唐，佛教在中國之法，概分
為三個層次。其初以神靈不滅，輪迴報應。行齋祠祀，禪坐數息。依傍於
鬼神方術，漸入於鄉野民間。鳩摩羅什東來之後，梵典次第譯出。佛教之
義理漸次分明。再加上中國文化之融合，孝道格義之闡發，大乘佛教蔚然
興起。

印度佛法傳入中國後，分成兩派。一派與道教相融，成為儀軌繁雜之
佛教；另一派混入孔、老思想，成為侈談玄理之佛教。前者在千百年來，
使一般信眾對菩薩、鬼神混淆不清，將佛教視為膜拜祈福之信仰。後者在
唐代以後，不斷創立大小乘宗派達十三宗，其中天台宗、華嚴宗、淨土
宗、禪宗為我國自創之宗派。其餘各派，或依一經一論而立，或為印度原
有派別。經過歷史之考驗，許多宗派已相合併。如成實宗併入三論宗，三
論宗又併入天台宗與禪宗；地論宗併入華嚴宗；俱舍宗、攝論宗併入唯識
宗。唯識宗自玄奘印度取經歸國後，譯講開示，義理精到，其徒窺基亦能
發揚光大。晚唐以後，逐漸衰竭；涅槃宗併入天台宗；今較盛者，為淨土
宗與禪宗兩派，天台宗、華嚴宗則已大不如前矣。

今日佛教已不同於印度佛教，印度佛教在唐後亦已衰微。至於佛教之
真正精神，已與中國文化融合為一，當有開花結果之時。

---

[25]　《佛學研究十八篇》篇1，頁3。

二、對中國未來新文化之展望

　　從歷史之長流探討，中國之思想文化，經過二千年之巨大轉變，又發出輝煌燦爛之花朵。春秋、戰國時期，黃河流域與長江流域南北合流，百家爭鳴，成就先秦諸子學說之興起；魏晉以後，佛教與中國本土思想融合，經歷隋、唐之醞釀，產生宋、明理學。明、清之際，西方思想傳入中國，可謂舊已破而新未立，還在不斷揚棄、接受、消化、融合之中，造成今日混亂不定之情形。若歷史演進之軌跡不變，將來必將西方思想捨短取長，與中國儒、佛思想相融，產生另一輝煌燦爛之果實，當可期待。

　　一切變化發展，都隨時間之流逝，不斷更易。時空環境，亦瞬息萬變。揚棄與創新不斷變易更替。不論文化、風俗、思想，環境，隨時空之變遷，今非往昔，來日非今，是必然之趨勢。儒家思想經過先秦之經學，魏、晉之玄學，宋、明之理學，晚清之新儒學，已不復曩昔面目。印度佛教傳入中國，到今日有奉佛者、佞佛者、有假佛之名斂財者，入深山苦行者。此種紛雜不一之現象，當在中國新文化行成後，逐漸歸於一致。

　　儒家思想與佛教思想，都有待繼續發揚。今日之世界，雖是眾生業力造成，當娑婆世界改變為人間淨土之後，可讓億萬百姓同受人間福報。並期待眾生，共同期勉努力，儒佛思想融合之新文化，必將發揚於全世界。

第五章　結論

儒家思想與佛教非出同源，但釋迦牟尼是印度之佛，孔子是中國之聖人，兩者皆已融入中國傳統文化之中。佛教出自印度，佛祖釋迦牟尼悲憫印度民眾受種性制度之害，而有痛苦與煩惱。但佛教傳入中國後，儒、佛相融，逐漸由小乘轉變為大乘，也展現悲天憫人，普渡眾生之襟懷。在歷史上，儒家與佛教經歷無數之分合，終被中國之民眾、士大夫接受。高僧前來中國，亦與中國儒者時相往來。自帝王至平民，信仰佛教者眾。如南朝梁武帝甚至捨棄王位出家，武則天立佛教為國教；亦有韓愈排佛，唐武宗毀佛之事。清代以後，對宗教採自由信仰之態度，儒佛融合之趨勢平穩，兩者皆受中國人所接受。

在哲學思想上，不論從形上論、人生論、倫理論、道德論探討，論述雖各有不同，但都以百姓為依歸。佛教認為人在三界輪迴，必須清淨解脫，往生西方極樂世界，或前往東方琉璃世界，才能遠離輪迴之苦。儒家在生命思想上，認為道德之價值，超越個人之生命，可以殺生成仁，捨身取義。以有限之生命，立言、立德、立功，才算建立不朽之功業，顯現生命之崇高價值。佛教在倫理上，與儒家都重孝道，或言佛教《四十二章經》主張離家棄祖，出家修行，違背中國傳統倫理。其實，佛教與中國文化接觸久後，了解中國百姓注重孝道，歷代君王亦以孝治天下。故《孝經・廣要道章》云：

> 子曰：「教民親愛，莫善於孝。教民禮順，莫善於悌。移風易俗，莫善於樂。安上治民，莫善於禮。禮者敬而已矣。故敬於父則子樂，敬其兄則弟悅，敬其君則臣樂，敬一人則千萬悅，所敬者寡而樂者眾，

　　此之謂要道也。」[1]

　　儒家認為孝道天經地義，可以教民親愛父母，此外要以悌教民敬事長上，要以樂移風易俗，要以禮安上治民，孝悌禮樂興，則國治民安，實為治國之要道；佛教亦倡行孝道。如《父母恩重難報經》、《佛說孝子經》等，亦重視孝道。尤其以為父母恩重難報，故有目連救母變文流傳至今。

　　在道德上，儒家以仁愛為基礎，主張親親而仁民，仁民而愛物，即從親愛親人推廣至仁愛人民，從仁愛人民，推廣至愛護禽獸草木。是以愛心包容萬物。佛教亦主張發心潛修，持戒、精進、禪坐、般若等，屬自我之修持。至於布施，正語、誠信等。亦與儒家修身、仁愛之思想相近。兩者可相融合，並不矛盾。

　　由於佛教與儒家典籍，均極繁多，比較兩者之思想，實屬不易。因此本書取儒家重要之典籍如《大學》、《中庸》、《論語》、《孟子》、《荀子》等五種，與佛教比較其不同。希能能藉兩者相互差異中，認識兩者相輔相成之處。如《大學》主張修己治人，就是先做好修身之工作，再推廣至齊家、治國、平天下，修身必須誠意、正心，格物、致知，此四者與佛教之修心、般若相似。不過，儒家修身之終極目的為治國、平天下，佛教則重在了悟生死，獲得究竟解脫。脫離三界之苦，成就聲聞、緣覺、菩薩、佛四聖之後，再做普渡眾生之事。

　　《中庸》最重要之思想，是不偏、不易之中道思想。中道包括天地人三才之中和思想，以及深微之人生哲理。故《中庸》云：

　　致中和，天地位焉，萬物育焉。[2]

　　如天地間陰陽各就正位，萬物滋長亭育，就是中和之狀態。此一狀態，應如何推動？就必須掌握「誠」字，誠使天地萬物從容地處於中道之中。聖人以中道化育天下。至於佛教，亦講中道，即大乘佛學之中觀思

---

[1]　《孝經注疏》，卷6，頁43-44。
[2]　《禮記注疏》，卷52，頁875。

想。又稱性空學、般若論。認為一切法無自性，諸法一切空，故稱緣起性空。天台宗提出「圓融之中」說明中道之實相為清明之法相，即真如之本體，非世俗所謂之實相。

《論語》是孔子與弟子或時人相與問答之書，其中多說明經世濟民之治國思想。並以大同之治為目標。孔子祖述堯、舜，憲章文、武，嚮往西周初年周文王、周武王時之盛世，制禮作樂，人民安樂。儒家認為禮樂是治國之基礎，禮是禮儀制度，用以處事安民；樂是詩樂舞蹈，用以移風易俗，及祭祀娛神。同時，要實行王道政治，以仁政治國；孟子更主張王者以德行仁，仁者可以無敵於天下。荀子推行帝王之術，以富國強兵為要務。而且要君王愛民如子，以建立強盛之國家。佛教不談治國之事，而是要眾生精進持戒，達到清淨寂滅之境界。修成佛果，就可以出離三界，解除生死輪迴之苦。佛教如何修成正果？提出有「四聖諦」之說，即苦、集、滅、道，是四條神聖之真理。同時以四無量心，慈、悲、喜、捨；三學，聞、思、修；六波羅蜜，布施、持戒、忍辱、精進、般若、禪定等，鼓勵眾生做好修行之基本工夫。

《孟子》是亞聖，繼承孔子之思想。在戰國時期，孟子周遊梁、齊、宋、鄒、魯、滕等國，宣揚實行仁政。省刑罰，薄賦斂，深耕易耨，壯者以瑕日修其孝弟忠信，可地方百里而王天下。同時遊說王者，以民為本，使民有恆產，衣食豐足，可以使天下歸心。此說雖佳。但在戰國之時，韓、趙、魏、齊、楚、燕、秦七雄爭霸，競相尋求富國強兵之策。孟子之說，雖未實現，卻是後世治國之良方。佛教亦有自利利他之方法，即以大乘之說，行菩薩道。各宗修習之法雖有不同，但都必須以慈悲與智慧為前提。菩薩所追求之目標，是一條漫長之成佛之道。必須學習佛陀犧牲利他之精神，濟度眾生，達到無上菩提之境界。

《荀子》是繼承孔、孟思想之大儒。為解決戰國七雄紛爭之局面，勾勒出完整之治國藍圖。首先以學六經與從師開始，化除惡性。以禮義規範人民，以仁愛獲得民心。循天道以耕耘，使百姓生活富足。惟主性惡，以霸道富國強兵，與孔、孟之仁道思想不同。佛教界近年提倡人間佛教，欲藉宗教之力量，設學校、建醫院、修精舍、濟急難，欲將人間化為淨土。

　　不過，宗教僅行之於民間，不敵政治力之強大，故人間佛教之思想，尚須有仁道之政府配合。若遇執政者獨裁專擅、以強權領導，不顧民生疾苦，要達到人民幸福安樂之目標，實不可能。

　　從上所述，儒家與佛教，在中國經歷數千年之歷史分合，再從兩者之哲學思維、經典討論，及時空環境之推演，兩者融合，已是自然之趨勢，沛然莫之能禦。

　　由於儒家與佛教一本同源。皆有濟世救人之心。儒家學者，在科舉入仕之時，即抱心懷天下之壯志，不論出將入相，都要為天下蒼生謀幸福。佛教雖以出世間為目標，但是行菩薩道，濟度眾生，仍是每位出家者之職志。

　　在哲學上，儒家主張先修身，再齊家、治國、平天下。也就是先修己，後治人。從親愛親人，推廣至仁愛人民，再推廣至愛護禽獸草木。是以循序漸進之方式，達成人生之理想。在大乘佛教中，主張達到涅槃四果，常、樂、我、淨。常，指常住寂滅，屬涅槃之體；樂，是無垢染煩惱，屬涅槃之心；我，是達到自性空，屬究竟解脫；淨，是無絲毫束縛，屬清淨寂滅之狀態。四者是大乘佛教修行之目標。

　　佛教對生命之看法，分世間法與出世間法，兩者同屬於一法界。佛教認為濁世煩惱多，欲藉戒、定、慧三學清淨身心，以布施、持戒、精進、禪定、般若等六波羅蜜，達到出世解脫，往生極樂之目標。不過，在世之佛弟子應常懷慈悲喜捨四無量心，及行菩薩道之精神，讓煩惱困苦之生命，得到解脫。

　　由上所述，佛教與儒家思想合則雙美，兩者融合於一爐，將人生最難解決之生死問題，一以貫之。從生思之，儒家主張淑國安民之大同社會，執政者應懷抱「民之所欲，常在我心。」之治國理念，則四海一家之理想世界，將不難達成。也就是人人捨棄成見，常懷仁心，積善成德，世界將永遠安康喜樂。至於生死之問題，是國人最難解之問題，許多人在生、老、病、死中，憂心度日。若能以佛教輪迴果報之說，傳達世人。百姓將不再痛苦度日。每位佛弟子，應將世人導向行善積福，則成佛之道，不難達成。

　　由於儒家與佛教，受中國文化薰染，早已融合為一。修己治人與清淨寂滅，並無矛盾之處。儒家自孔、孟以降，深受歷代帝王喜愛。在漢武帝時，董仲舒罷黜百家，獨崇儒術；隋、唐以後，科舉以明經科為主。歷代宰輔之才，大多出自明經之士。又儒家經典，多治國之術。重視天人合一，內聖外王之道。如宋儒張載主張為天地立心，為生民立命，為往聖繼絕學，為萬世開太平之說，已為儒家學者一生追求之目標。

　　佛法雖有世間法與出世間法兩種，終以出世間法為宗。故佛教慈悲雙運，自覺覺他，不論大小乘經典，其終極理想，都在證悟清淨寂滅，修成佛果。一般世俗小民，若無法理解深奧之佛理。可以參考佛教之方便法門。如《法華經》中，佛陀向阿羅漢講述許多生動之事例。在每一品中，皆寓意深遠，足為修持佛學之方便法門。如〈方便品〉、〈譬喻品〉、〈信解品〉、〈藥草喻品〉、〈授記品〉、〈化城喻品〉等二十八品，除、〈序品〉外，皆可做為修大乘佛法之重要法門。又如禪宗拈花微笑，直指人心之修佛法，不但機趣雋永，亦是頓悟之法門，可以參證修習。

　　由上論述，儒學與佛學合則雙美，分則兩傷。尤其近年來，世界災變不斷，戰爭、瘟疫、洪水、乾旱、地震、颶風等交相而來，人類已走向瀕臨崩壞之邊緣。每個人心中憂懼不安，猶如終日被黑雲籠罩。如何揮去眼前之黑霧，迎接斑爛光明之雲天？必須學習儒家將人倫道德安置於生命之上，以禮義規範行為態度，以詩、歌、樂、舞陶冶心性。同時，學習佛教去除五蘊之黑雲，見到圓滿光明之日輪。更以行菩薩道之精神，讓濁世化為人間淨土，方是世界之福。

參考文獻

一、古代論著

〔周〕左丘明《國語》，臺北：宏業書局，1980.09。

〔東漢〕許慎《說文解字》，臺北：藝文印書館，1965.10。

〔魏〕王肅注《孔子家語》，上海：掃葉山房發行，1926。

〔唐〕韓愈《韓昌黎集》，臺北：河洛圖書公司，1975.03。

〔唐〕柳宗元《柳河東集》，臺北：河洛圖書公司，1974.12。

〔宋〕洪興祖《楚辭補注》，臺北：漢京文化事業公司，1983.01。

〔宋〕周敦頤《周濂溪先生全集》，臺北：藝文印書館，1966。

〔宋〕周敦頤《周子通書》，上海：上海古籍出版社，2000.12。

〔宋〕歐陽修《歐陽修全集》，全二冊，臺北：河洛圖書公司，1975.03。

〔宋〕蘇軾《蘇東坡全集》，臺北：河洛圖書公司，1975.09。

〔宋〕蘇軾《蘇軾詩集》，北京：中華書局，1983.02。

〔宋〕蘇轍《蘇轍集》，臺北：河洛圖書公司，1975.10。

〔宋〕程顥、程頤《二程集》，臺北：漢京文化事業有限公司，1982.03。

〔宋〕程顥、程頤《程書分類》，全二冊：上海：上海辭書出版社，
　　2006.07。

〔宋〕張載《張載集》，臺北：里仁書局，1981.12。

〔宋〕朱熹《四書章句集注》，臺北：大安出版社，1994.11。

〔宋〕陸九淵《象山語錄》，上海：上海古籍出版社，1995。

〔宋〕黎靖德編《朱子語類》，全八冊：文津出版社，1986.12。

〔宋〕黃榦《勉齋先生黃文肅公文集》，北京圖書館古籍珍本叢刊
　　（90），書目文獻出版社，1998。

〔宋〕王雲五主編《太平御覽》，全八冊：臺北：臺灣商務印書館，

1980，06。

〔明〕王守仁《王陽明全書》，臺北：河洛圖書公司，1978，05。

〔明〕顧亭林《顧亭林詩文集》，北京：中華書局，1983。

〔明〕顧炎武《原鈔本日知錄》，臺北：明倫出版社，1970.10。

〔明〕一如法師《大明三藏法數》，臺北：新文豐出版公司，1977.04。

〔明〕藕益大師《四書藕益解補注》，臺北：佛教出版社，1970.10。

〔清〕紀昀等《景印文淵閣四庫全書》，臺北：臺灣商務印書館，1983。

〔清〕戴震《戴震全書》，全七冊，合肥：黃山書社，1995。

〔清〕阮元《十三經注疏》全八冊，臺北：藝文印書館，1965.06。

〔清〕清聖祖御定《全唐詩》，全十二冊，臺北：文史哲出版社，1978.12。

〔清〕黃宗羲《明儒學案》，臺北：華世出版社，1987.06。

〔清〕黃宗羲《黃宗羲全集》，杭州：浙江古籍出版社，2000。

〔清〕江藩《國朝漢學師承記》，北京：中華書局，1983。

〔清〕孫奇逢《理學宗傳》，臺北：臺灣商務印書館，1969。

〔清〕仇兆鰲注《杜詩詳注》，臺北：里仁書局，1980.07。

〔清〕馮集梧注《樊川詩集》，臺北：漢京文化事業公司，1983.09。

〔清〕王先謙《荀子集解》，臺北：世界書局，1966.10。

〔清〕梁啟超《佛學研究十八篇》，北京：中華書局，1989。

〔清〕印光大師《印光大師文鈔》上下冊：臺中蓮社印行，1989.12。

〔清〕丁福保《佛學大辭典》全三冊，臺北：新文豐出版公司，1974。

〔日〕高楠順次郎，渡邊海旭等編《大正版大藏經》全一百冊，臺北：新文豐出版公司，1983。

二、近代著作

〔日〕溝口雄三《中國歷史大事年表》，臺北：華世出版社，1986.03。

嚴可均《全上古三代秦漢三國六朝文》，全三冊，北京：中華書局，1958.12。

楊家駱主編《新校本二十五史》，臺北：鼎文書局，1970.03。

傅永聚、韓鐘文《二十世紀儒學研究大系》，全二十一冊，北京：中華書局，2003.12。

張岂之主編《中國學術思想編年》全六冊，陝西師範大學出版社，2006.10。

程樹德《論語集釋》，上下冊，臺北：藝文印書館，1965.03。

邱鎮京《論語思想體系》，臺北：文津出版社，1981.07。

蔡尚思《蔡尚思全集》全八冊，上海：上海古籍出版社，2005.09。

陳大齊《孔子學說》，臺北：正中書局，1979.02。

林義正《孔子學說探微》，臺北：東大圖書公司，1987.09。

鍾肇鵬《孔子研究》，臺北：淑馨出版社，1993.11。

鄭緒平《孔子世家商榷》，臺北：幼獅書店，1963，06。

陳大齊等《孔子思想研究論集》全二冊，臺北：黎明文化事業公司，1983.01。

陳大齊等《孔學論集》全二冊，臺北：中華文化出版事業委員會，1957.07。

胡毓寰《孟子本義》，臺北：正中書局，1982.09。

董洪利《孟子研究》，南京：上海古籍出版社，2000.01。

駱建人《孟子學說體系探賾》，臺北：文津出版社，1995.02。

黃俊杰《中國孟學詮釋史論》，北京：社會科學文獻出版社，2004.09。

劉鄂培《孟子大傳》，北京：清華大學出版社，1998.04。

張奇偉《亞聖精蘊》，北京：人民出版社，1997.12。

蔡仁厚《孔孟荀哲學》，臺北：臺灣學生書局，1984。

黃公偉《孔孟荀哲學證義》，臺北：幼獅文化事業公司，1975.01。

吳康等著《中庸研究論集》，臺北：黎明文化事業公司，1982.10。

國立高雄師範學院國文系編《大學論文資料彙編》，高雄：復文圖書出版社，1981.09。

國立高雄師範學院國文系編《中庸論文資料彙編》，高雄：復文圖書出版社，1981.03。

胡志奎《學庸辯證》，臺北：聯經出版社，1984.08。

龐樸、馬勇、劉貽群編，《先秦儒家研究》，武漢：2003.08。

熊公哲《荀卿學案》，臺北：臺灣商務印書館，1986.02。

馬積高《荀學源流》，上海：上海古籍出版社，2005.09。

魏元珪《荀子哲學思想》，臺北：古風出版社，1987.12。

周群振《荀子思想研究》，臺北：文津出版社，1987.04。

陳光連《荀子分義研究》，南京：南京大學出版社，2013.12。

龍宇純《荀子論集》，臺北：臺灣學生書局，1987.04。

周群振《儒學探源——古代儒家的心性思想》，臺北：鵝湖出版社，
　　1986。

王開府《儒家倫理學析論》，臺北：臺灣學生書局，1984.1986.03。

黃懷信、李景明主編《儒家文獻研究》，濟南：齊魯書屋，2004.12。

楊伯峻《列子集釋》，北京：中華書局，1997.10。

李定生、徐慧君《文子校釋》，上海：上海古籍出版社，2004.03。

賴炎元《春秋繁露今註今譯》，臺北：臺灣商務印書館，2003。

張雙棣《淮南子校釋》，上下二冊，北京：北京大學出版社，1997.08。

楊寶忠《論衡校箋》，上下二冊，石家莊：河北教育出版社，1999.01。

陳正雄《王充學術思想述評》，臺北：文津出版社，1987.12。

張昱《從魏晉玄學到初唐重玄學》，上海：上海文化出版社，2002.05。

王利器《顏氏家訓集解》，臺北：漢京文化公司，1983.09。

楊勇《陶淵明集校箋》，臺北：明倫出版社，1975.09。

周天令《朱子道德哲學研究》，臺北：文津出版社，1999.12。

仇兆鰲《杜詩詳注》，臺北：里仁書局，1980.07。

朱金城《白居易集箋校》，全六冊，上海：上海古籍出版社，1988.12。

趙殿成《王右丞集箋注》，上海：上海古籍出版社，1998.08。

陳寅恪《元白詩箋證稿》，臺北：里仁書局，1982.09。

高海夫《唐宋八大家文鈔校注集評》，《穎濱文鈔》，西安：三秦出版
　　社，1998.09。

高海夫《唐宋八大家文鈔校注集評》，《盧陵文鈔》，西安：三秦出版

社，1998.9。

繆越《宋詩鑑賞辭典》，上海：上海辭書出版社，2002.02。

屠友祥校注《東坡題跋》，上海：上海遠東出版社，1996。

趙金昭主編《二程洛學與實學研究》，北京：學苑出版社，2005.04。

牟宗三《從陸象山到劉蕺山》，臺北：臺灣學生書局，1979.08。

朱建民《張載思想研究》，臺北：文津出版社，1989。

陳榮捷《朱學論集》，臺北：臺灣學生書局，1982。

張立文《朱熹評傳》，南京：南京大學出版社，1998.12。

〔日〕忽滑谷快天撰、譯：朱謙之《中國禪學思想史》全二冊，2002.04。

徐俊《敦煌詩集殘卷輯考》，北京：中華書局，2000.06。

陳榮捷《王陽明傳習錄詳註集評》，臺北：臺灣學生書局，1983.12。

蕭萐父、許蘇民《王夫之評傳》，南京：南京大學出版社，2002.04。

辛旗《中國歷代思想史·魏晉南北朝隋唐卷》，臺北：文津出版社，
　　1993。

錢　穆《中國思想史》，臺北：中華文化會，1963。

韋政通《中國思想史》，臺北：水牛出版社，1993。

姜廣輝主編《中國經學思想史》全四卷，北京：中國社會科學出版社，
　　2010.10。

錢穆《中國學術思想史論叢》，全五冊，臺北：東大圖書公司，1978.07。

張立文主編《中國學術通史》，全五冊，北京：人民出版社，馮友蘭《中
　　國哲學史》，臺北：臺灣商務印書館，1993。

曾春海《中國哲學史》，臺北：五南圖書公司，2012.08。

唐君毅《中國哲學原論》，全七冊，香港：新亞書院研究所，1968.02。

牟宗三《心體與性體》，臺北：正中書局，1979.09。

羅光《中國哲學思想史》，全七冊，臺北：臺灣學生書局，1980-1981。

勞思光《新編中國哲學史》，全四冊，臺北：三民書局，1981。

苗潤田等《中國儒學史》，全七卷，廣州：廣東教育出版社，1998.06。

程發軔等《儒家思想研究論集》全二冊，臺北：黎明文化事業公司，
　　1983.01。

侯外廬等主編《宋明理學史》，北京：人民出版社，1984。

龔書鋒主編《清代理學史》，全三冊，廣州：廣東教育出版社，2007.01。

張立文《宋明理學研究》，北京：中國人民大學出版社，1985.07。

蔡仁厚《宋明理學》，全二冊，臺北：學生書局，1977。

馮炳奎等《宋明理學研究論集》，臺北：黎明文化事業出版，1983.07。

孫振青《宋明道學》，臺北：千華出版公司，1986。

牟宗三《心性與性體》，臺北：學生書局，1996。

唐君毅《生命存在與心靈境界》，北京：中國社會科學出版社，2006.12。

徐復觀《中國人性論史・先秦篇》，臺北：臺灣商務印書館，1968。

方立天《中國佛教哲學要義》上下卷，北京：中國人民大學出版社，
　　2002.12。

方立天《佛教哲學》，北京：中國人民大學出版社，2006.10。

任繼愈主編《中國佛教史 —— 東漢—三國》，臺北：谷風出版社，
　　1987.04。

夏金華《中國學術思潮史・佛學思潮》，上海：上海社會科學院，
　　2006.05。

張曼濤《現代佛教學術叢刊》全一百冊，臺北：大乘文化出版社，1979，
　　02。

印順法師《妙雲集》全二十四冊，臺北：慧日講堂，1980.11。

演培法師《諦觀全集》全二十八冊，靈峯般若講堂，1980.01。

〔日〕中村・元等著《中國佛教發展史》，臺北：天華出版社，1984。

湯用彤《漢魏兩晉南北朝佛教史》，臺北：鼎文書局，1975。

方立天《魏晉南北朝佛教》，北京：中國人民大學出版社，2006.10。

方東美《中國大乘佛學》，臺北：黎明文化出版公司，1984.07。

方立天《隋唐佛教》，北京：中國人民大學出版社，2006.10。

湯用彤《隋唐佛教史稿》，臺北：木鐸出版社，1988。

顏尚文《隋唐佛教宗派研究》，臺北：新聞鋒出版公司，1980.12。

劉金柱《唐宋八大家與佛教》，北京：人民出版社，2004。

熊琬《宋代理學與佛學之探討》，臺北：文津出版社，1985.04。

鄧碧清譯注《文天祥詩文》，臺北：錦繡出版社，1992.03。

魏道儒《中國華嚴宗通史》，南京：江蘇古籍出版社，2001.05。

潘桂明《中國天台宗通史》，南京：江蘇古籍出版社，2001.12。

陳揚炯《中國淨土宗通史》，南京：江蘇古籍出版社，2000.01。

[日]望月信亨著，釋印海譯《中國淨土教理史》，慧日講堂，1974.03。

楊曾文《宋元禪宗史》，北京：中國社會科學出版社，2006.10。

洪修平《中國禪學思想史》，臺北：文津出版社，1994.04。

何國銓《中國禪學思想研究》，臺北：文津出版社，1987.04。

吳立民主編《禪宗宗派源流》，北京：中國社會科學出版社，2009.08。

釋印順《中國禪宗史》，臺北：正聞出版社，1990。

釋印順《佛法概念》，臺北：正聞出版社，2000。

釋印順《中觀今論》，臺北：正聞出版社，1992。

釋印順《空之探究》，臺北：正聞出版社，1989。

〔日〕舟橋一哉《業的研究》，臺北：法爾出版社，1988.08。

〔日〕鈴木大拙，江支地譯《娑婆與極樂》，臺北：法爾出版社，
　　1989.11。

〔日〕梶山雄衣等著，許洋主譯《般若思想》，臺北：法爾出版社，
　　1989.01。

方東美《華嚴宗哲學》，臺北：黎明文化出版公司，1981.07。

楊政河《華嚴經教與哲學研究》，臺北：慧炬出版社，1980.12。

〔日〕川田熊太郎著，李士傑譯《華嚴思想》，臺北：法爾出版社，
　　1989.01。

鄭郁卿《高僧傳研究》，臺北：文津出版社，1987.01。

黃公偉《印度佛教體系論史》臺北：臺灣商務印書館，1972.12。

印順法師《太虛大師年譜》，臺北：正聞出版社，1971.12。

印順法師《佛在人間》，臺北：正聞出版社，1971.01。

太虛大師《太虛大師言論集》，高雄：黃河出版社，1959.11。

印光大師《印光大師文鈔選讀》，新北：福峰彩色印刷公司，1995.05。

淨慧法師《生活禪鑰》，香港：三聯書店，2008。

星雲大師《人間佛教回歸佛陀本懷》，高雄：佛光山出版社，2016.08。

熊十力《新唯識論》，臺南：為一書業中心，1975.09。

傅偉勳《從哲學到禪佛教》，臺北：東大圖書公司，1986。

蔣義斌《宋代儒釋調和論及排佛論之演進》，臺北：臺灣商務印書館，
　　1988。

鄭力為《儒學方向與人之尊嚴》，臺北：文津出版社，1987.08。

陳戰國、強昱《超越生死》，開封：河南大學出版社，2004.07。

洪修平《中國佛教與儒道思想》，北京：宗教文化出版社，2004.08。

王曉毅《儒釋道與魏晉玄學形成》，北京：中華書局，2003.09。

劉蔚華《儒道會通與正始玄學》，濟南：齊魯書社，2000.01。

王洪軍《中古時期儒釋道整合研究》，天津：天津人民出版社，2009.01。

李申《隋唐三教哲學》，成都：巴蜀書社，2007.05。

鐘國發《神聖的突破──從世界文明視野看儒佛道三元一體格局的由
　　來》，成都：四川人民出版社，2003.10。

周誠明《唐人生命思想之多元探討》，臺北：元華文創出版社，2017。

三、期刊論文

梁漱溟〈儒佛異同論〉，《二十世紀儒學研究大系》21 卷，《儒釋比較研
　　究》，頁 309-325。

朱世龍〈儒佛兩家同體精神之寫照〉，《二十世紀儒學研究大系》21 卷，
　　《儒釋比較研究》，頁 178-190。

任繼愈〈佛教與儒教〉，《二十世紀儒學研究大系》21 卷，《儒釋比較研
　　究》，頁 326-330。

錢穆〈禪宗與理學〉、〈再論禪宗與理學〉、〈三論禪宗與理學〉，《二
　　十世紀儒學研究大系》21 卷，《儒釋比較研究》，頁 80-119。

郭彭〈佛教禪宗與程朱理學〉，二十世紀儒學研究大系 21 卷，《儒釋比較
　　研究》，頁 255-290。

朱建民〈張橫渠之弘儒以反佛〉，《鵝湖》第五卷第七-九期，1980。

鄭振煌〈人間佛教的內涵與外延〉，《普門雜誌》第 195 期，1995.12。

譚潔《人間佛教回歸佛陀本懷的解讀》，《人間佛教學報・藝文》第 12 期，2017.12。

葉海煙〈人間佛教的倫理學視野——及其與儒教相契合之義理探索〉，《第六期儒佛會通論文集》下冊，頁 9-20。

李開季、劉貴傑主編，〈佛教專題〉，《哲學與文化》350 期，2003.07。

葉海煙主編〈儒家倫理學專題〉，《哲學與文化》348 期，2003.05。

杜保瑞主編〈儒佛會通專題〉，《哲學與文化》349 期，2003.06。

尤煌傑主編〈儒道與性情專題〉，《哲學與文化》353 期，2003.10。

周誠明〈《禮記・月記中》禮樂詩之探討〉，《孔孟學報》93 期，2015.09。

周誠明〈論孔子思想溈儒家思想之核心〉，《孔孟月刊》653–654 期，2017.02。

周誠明〈尚書之禮樂思想〉，《孔孟月刊》713–714 期，2022.02．

周誠明〈清初李顒《四書反身錄》之內涵及在經學中之價值〉，《孔孟月刊》717–718 期，2022.06。

周誠明〈《敦煌詩集殘卷輯考》中僧詩之佛教思想及其價值〉，《唐代文學研究》第十七輯，2018.08。

周誠明〈蘇軾生命精神之探討〉，《中臺學報》第二十卷，第三期，2009.03。

國家圖書館出版品預行編目(CIP) 資料

儒家與佛教思想之多元論述 / 周誠明著. -- 初版. --
　　臺北市：元華文創股份有限公司, 2023.01
　　面；　　公分

　　ISBN 978-957-711-290-3 (平裝)

　　1.CST: 儒家　2.CST: 佛教　3.CST: 論述分析

218.3　　　　　　　　　　　　　　　111019710

儒家與佛教思想之多元論述

周誠明　著

發 行 人：賴洋助
出 版 者：元華文創股份有限公司
聯絡地址：100 臺北市中正區重慶南路二段 51 號 5 樓
公司地址：新竹縣竹北市台元一街 8 號 5 樓之 7
電　　話：(02) 2351-1607　　傳　　真：(02) 2351-1549
網　　址：www.eculture.com.tw
E - m a i l：service@eculture.com.tw
主　　編：李欣芳
責任編輯：立欣
行銷業務：林宜葶
出版年月：2023 年 01 月 初版
定　　價：新臺幣 800 元

ISBN：978-957-711-290-3 (平裝)

總經銷：聯合發行股份有限公司
地　址：231 新北市新店區寶橋路 235 巷 6 弄 6 號 4F
電　話：(02)2917-8022　　　　傳　真：(02)2915-6275